本书入选

中共中央宣传部和新闻出版总署
庆祝新中国成立60周年百种重点图书

庆祝新中国成立60周年百种重点图书

新中国管理学60年

主　编　陈佳贵
副主编　黄速建
　　　　黄群慧
　　　　王　钦

中国财政经济出版社

图书在版编目（CIP）数据

新中国管理学 60 年/陈佳贵主编. —北京：中国财政经济出版社，2009. 9
庆祝新中国成立 60 周年百种重点图书
ISBN 978 - 7 - 5095 - 1429 - 0

Ⅰ. 新… Ⅱ. 陈… Ⅲ. 管理学 - 思想史 - 中国 - 1949 ~ 2009 Ⅳ. C93 - 092

中国版本图书馆 CIP 数据核字（2009）第 168671 号

责任编辑：周桂元　　美术编辑：郁　佳
文字编辑：周桂元　刘五书　　责任校对：王　英
　　　　　林治滨　涂　慧　　版式设计：兰　波

中国财政经济出版社出版

URL：http：//www. cfeph. cn
E - mail：cfeph@ cfeph. cn

社址：北京市海淀区阜成路甲 28 号　邮政编码：100142
发行处电话：88190406　财经书店电话：64033436
北京富生印刷厂印刷　各地新华书店经销
787 × 1092 毫米　16 开　29 印张　702 000 字
2009 年 9 月第 1 版　2009 年 9 月北京第 1 次印刷
定价：52. 00 元
ISBN 978 - 7 - 5095 - 1429 - 0/F · 1224
（图书出现印装问题，本社负责调换）
本社质量投诉电话：010 - 88190744

《中国管理学60年》编委会

主　编　陈佳贵

副主编　黄速建、黄群慧、王　钦

编　委　陈佳贵（中国社会科学院）、黄速建（中国社会科学院）、黄群慧（中国社会科学院）、吴照云（江西财经大学）、林志扬（厦门大学）、卢福财（江西财经大学）、孙明贵（东华大学）、吴冬梅（首都经贸大学）、余　菁（中国社会科学院）、刘　刚（中国人民大学）、王　钦（中国社会科学院）、徐　炜（首都经贸大学）、刘建丽（中国社会科学院）

各章及附录作者

第一章　黄群慧、张　蒽（中国社会科学院）

第二章　陈黎琴（中国地质大学人文经管学院）

第三章　陈黎琴（中国地质大学人文经管学院）

第四章　林志扬、陈福添、马占杰（厦门大学管理学院）

第五章　徐　炜、张　飞（首都经济贸易大学工商管理学院）

第六章　黄群慧、刘兰凤（中国社会科学院）

第七章　喻　葵、李　宏、于君英、杨志勇（东华大学旭日工商管理学院）

第八章　赵秀清（山西大学管理学院）、王秋宇（首都医科大学卫生管理与教育学院）

第九章　屈文洲、林振兴（厦门大学管理学院）

第十章　卢福财、钟运动、王光俊（江西财经大学工商管理学院）

第十一章　蔡礼强、王世强（中国社会科学院研究生院）

第十二章　吴照云、刘　宁、张　敏、曹文锋（江西财经大学）

第十三章　刘　刚、冀凝煜（中国人民大学商学院）

第十四章　卢福财、李良贤、陈小锋、何小兰、余可发、钟　岭、梅小安（江西财经大学工商管理学院）

附　　录　沈力全、王　磊（中国社会科学院工业经济研究所文献信息中心）

目 录

第一章
新中国管理学发展概述

中国的管理学思想源远流长。公元前5世纪前后，先秦诸子就讨论了如何治国平天下的问题，呈现出了“国家管理学”百家争鸣的局面。而《孙子兵法》则因为探索战略的一般规律被认为是最早的战略管理学著作。在20世纪初，管理学作为一门科学逐步兴起并迅速发展，我国也开始向西方学习管理学。我国最早的本科层次的管理学教育可以追溯到1929年上海交通大学铁道管理学院的成立。在中华人民共和国成立以后，我国企业一方面学习和引进前苏联的管理模式和管理学知识，另一方面也总结出许多有中国特色的企业管理经验和模式。但中国管理学发展的真正的春天是在1978年以后，是以中国改革开放、高速工业化进程为背景的。尤其是进入20世纪90年代以来，随着我国市场化、工业化和国际化进程的不断加快，无论是管理创新实践，还是以探索市场经济条件下管理活动规律为己任的我国管理学学术研究，以及以培养大批管理人才为目标的管理学教育，都获得了很大发展，我国不仅产生了大量管理创新实践成果，而且管理学学术研究、管理学教育也呈现出前所未有的繁荣状态。

一、新中国管理学发展历程

管理学是一门与实践紧密联系的学科，中国管理学的发展是和中国的经济社会背景、管理实践创新紧密联系在一起的。按照中华人民共和国成立以来的发展历程，新中国管理学的发展大致可以分为三个大的阶段：第一阶段是从1949年新中国成立至1978年党的十一届三中全会召开之前，该时期是以计划经济体制为背景的，是新中国管理学的“探索奠基”阶段；第二阶段是1979—1992年，也就是从党的十一届三中全会至十四届三中全会，这个时期是以我国从计划经济体制向市场经济体制转轨为大背景的，是新中国管理学的“恢复转型”阶段；第三阶段是从1993年到现在，这个时期是以市场经济体制逐步完善和成熟为背景的新中国管理学的“完善提高”阶段。①

---

① 虽然现代管理学发展已经包括企业管理、公共管理和非政府组织管理等众多分支，但一般论述管理学发展，往往是以企业管理为主的，这里的分析也是如此。

（一）探索奠基：1949—1978 年

从 1949 年新中国成立到 1978 年党的十一届三中全会召开之前的这段时间，我国总体上实行的是高度集中的计划经济体制。这个时期的管理学基本是以社会主义企业管理为核心，呈现计划经济条件下的生产导向型企业管理研究的基本特征，从无到有，逐步建立，整体上处在摸索和建立阶段。我国企业管理学这一时期可以具体分为三个阶段，即学习借鉴前苏联模式阶段、探索建立中国社会主义企业管理学阶段和“文化大革命”的停滞阶段。

新中国成立后的整个 20 世纪 50 年代，中国企业管理主要以学习借鉴前苏联模式为主。新中国成立初期，私营工商业出现了经营困难，调整工商企业成为经济生活中的一件大事，既是调整公营与私营工商企业的关系，也为私营工商企业发展寻求思路。在经营思想上，最突出的是主张经济核算，强调降低成本，提高劳动生产率。《东北日报》上曾经发表文章，对东北地区国营企业实行经济核算制的经验作过总结，认为“经营企业化”的具体实施就是“贯彻经济核算制”。在这段摸索时期，还十分注重从工人的日常生产工作中提取经验，总结推广了郝建秀工作法（1951 年）、李锡奎调车法（1951 年）、苏长有砌砖法（1951 年）、黄润萍仓库管理法（1951 年）等等；表彰、总结了一批先进工作班组管理经验，如马恒昌小组（1949 年）、马六孩小组（1951 年）、刘长福小组（1952 年）等等。然而，实践没能上升为管理学。随后的第一个五年计划时期（1953—1957 年），新中国继续开展对资本主义工商业的社会主义改造，学习前苏联经验，实行计划经济。管理方面，在全国范围内全面地、系统地引进了前苏联的整套企业管理制度和方法，强调集中统一领导，关注计划、技术、生产和财务管理制度和方法，推行前苏联的“一长制”模式和“马钢宪法”，在计划管理、技术管理、经济核算制等方面奠定了生产管理的基础。这一时期，我国理论工作者对管理学的贡献至少表现在两方面：一是在管理科学与工程学方面。1956 年中国科学院成立了运筹学研究小组，许国志院士、刘源张院士编著了中国最早的《运筹学》，华罗庚编著了《统筹法》，向全国推广数量管理，在纺织生产管理、水文水库管理、邮电投递与电信管理以及建筑、运输、冶炼、医药、商业等部门的管理中都取得了一定的效果和经济效益。① 二是在企业经济学方面。20 世纪 50 到 60 年代，中国经济学界出现了孙冶方、顾准、卓炯等强调价值规律的作用、大胆探索商品经济（市场经济）的少数理论先驱。1956 年，孙冶方发表了“把计划和统计放在价值规律的基础上”，1957 年顾准发表了“试论社会主义制度下的商品生产和价值规律”。这些成果为企业内部进行经济核算提供了理论基础。

从 20 世纪 60 年代初开始，为扭转照抄照搬前苏联管理方法的倾向，针对管理学存在的问题，开始探索与建立社会主义企业管理模式和管理学。“鞍钢宪法”以及《工业七十条》是这种探索的集中体现。1957 年 3 月，党中央决定在工业企业中实行“党委领导下的职工代表大会制度”，以调动广大员工的积极性。1959 年 12 月至 1960 年 2 月，毛泽东在读《政治经济学教科书》（由当时的苏联官方组织编写）时，较深入地探讨了社会主义公有制建立后的管理问题。他认为，“私有制问题基本解决以后，最重要的问题是管理问题”；“对企业的管理，采取集中领导和群众运动相结合，干部参加劳动，工人参加管理，不断改革不合理的规章制度，工人群众、领导干部和技术人员三结合。”这样毛泽东就比较明确地形成了

① 陈晓田：“科学基金促进我国管理科学的发展”，《光明日报》，2008 年 12 月 23 日。

“两参一改三结合”的企业管理思想，后来成为“鞍钢宪法”的主要内容，并且在全国推广。“鞍钢宪法”在发达国家也引起了企业管理人士的关注，许多企业管理学家认识到，“鞍钢宪法”的精神实质是“后福特主义”（Post－Fordism），即对福特式的僵化的、以垂直命令为核心的企业内分工理论的挑战。1961 年，中央组织了企业管理调查组，通过对北京第一机床厂等企业管理的系统调查研究，制定了《国营工业企业工作条例（草案）》（简称《工业七十条》）。在《工业七十条》的思想指导下，1961 年由马洪主持、中国科学院经济研究所和有关大专院校的同志编写了 60 万字的《中国社会主义国营工业企业管理》一书（上、下册），由人民出版社于 1964 年内部出版发行。该书是中国社会主义企业管理学的奠基之作，也是新中国管理学的奠基之作。与此同时，中国人民大学等单位也编写了许多企业管理教材，例如 1963 年中国人民大学工业经济系李铁城编写的《工业企业管理纲要》。这表明，经过探索，我国社会主义企业管理学的学科开始形成。另外，在这个时期，大庆创造了“三老四严”（对待革命事业，要当老实人、说老实话、办老实事；干革命工作，要有严格的要求、严密的组织、严肃的态度、严明的纪律）经验，具有很大影响，体现了科学管理和精细管理的要求。

“文革”期间，中国的经济和管理处于严重混乱状态，管理的重要性被否定，管理学的发展受到了极大的制约。在“管理也是社教”的思维下，认为管理人员如不“拜老师学一门至几门手艺，那就一辈子会同工人阶级处于尖锐的阶级斗争状态中，最后必然要被工人阶级把他们当作资产阶级打倒”，财经院校的管理学高等教育被迫取消。“文革”结束后两年里，遗留下来的政治、思想、组织和经济上的混乱还很严重，中国管理学的发展依然处于停滞阶段。

1978 年以后，各项工作开始逐步恢复，企业管理和管理学的发展也开始逐步得到重视。1978 年 3 月，全国科学大会审议通过的《1978—1985 年全国科学技术发展规划纲要（草案）》为中国管理学的发展破除了坚冰，该纲要将“技术经济和生产管理现代化的理论和方法的研究”列为第 107 项，中国社会科学院、国家计委经济研究所是主要研究部门。[①] 这是新中国第一次在操作层面上正式提出要推进管理学研究工作，但仍是着眼于生产管理。党的十一届三中全会召开之前，新中国管理学引起了研究机构和领导人的重视，重新获得了发展动力。1978 年 5 月，中国社会科学院副院长于光远在得知人民大学的复校工作已经有了进展后，就曾致信邓小平：“……经济管理各系要能培养出具有比较丰富现代化生产知识的精明能干的管理人才……因此迫切需要我国先进经验和研究外国现代化管理的经验，尽快写出教材，训练师资……”。[②] 1978 年 9 月 27 日，钱学森、许国志、王寿云在《文汇报》上发表了中国第一篇全面阐释系统工程的文章“组织管理的技术——系统工程”，这篇文章回顾了组织管理的历史，阐述了系统工程的内涵、方法及其在现代化建设中的重大意义，为管理科学与工程的发展建立奠定了基础。1978 年 11 月，邓小平、李先念在听取国家计划工作会议汇报时指出，现代化的管理是从现代技术产生的，管理将成为能否实现四个现代化的关键，培养训练管理干部很重要。

---

① 中华人民共和国科学技术部：《1978—1985 年全国科学技术发展规划纲要（草案）》，http://www.most.gov.cn/ztzl/gjzcqgy/zcqgylshg/t20050831_24438.htm。

② 宋涛：“中国人民大学从停办到复校”，《百年潮》，2007 年第 5 期。

总体而言，1949—1978 年是中国管理学的初步探索和形成时期，其内容主要集中于计划经济体制下企业生产管理，前苏联的企业管理模式对我国这个时期的管理学的产生和发展具有决定性的影响。在这个时期，管理理论工作者结合我国国情，在管理民主化等方面进行了大胆的创新，也在价值规律、管理科学方法等方面进行了有益的探索。社会主义企业管理学教材的出版，也表明我国逐步建立起了自己的企业管理学体系。但是，“文革”又使得刚刚建立起来的中国管理学备受摧残。“文革”结束后，中国管理学的发展开始得到重视。

（二）恢复转型：1979—1992 年

1978 年 12 月，党的十一届三中全会标志着新中国从此进入了改革开放和社会主义现代化建设的历史新时期，开始了建设中国特色社会主义的新探索，逐步开始了从“以阶级斗争为纲”到以经济建设为中心、从封闭半封闭到改革开放的历史性转变。思想的解放打破了新中国管理学的封闭发展环境，经济发展与企业成长使管理学受到空前的重视，不仅从“文革”破坏中全面恢复起来，而且开始大量引进美国、日本、欧洲等发达国家的现代管理学知识，实现从计划经济下的企业管理向市场经济体制下的企业管理的转型。1979—1992 年，并不存在十分重大的事件可以将管理学发展继续划分为小的阶段，但这是一个管理学全面恢复转型的时期，大量的管理学新知识不断被引进，高等学校的管理学专业不断新建和扩张，管理学期刊、管理学研究组织不断出现，企业不断创新适应市场经济的管理实践、管理方法，管理学科体系不断丰富和完善，高质量的管理研究成果不断涌现。

该阶段管理学的发展始于对国外管理学知识的引进吸收。机械工业部于 1978 年 9 月举办了第一个“质量月”活动，将全面质量管理（TQM）从美国、日本引入了中国。全面质量管理活动从此轰轰烈烈地在我国开展起来了。随后，在 1979 年成立了专司推进全面质量管理工作的中国质量管理协会。1980 年 3 月 18 日，国家经委颁发了《工业企业全面质量管理暂行办法》；1979 年 1 月，中美两国政府签署了培训中国企业管理人才的中美合作协定书，中国工业科技管理大连培训中心成为中国改革开放以后第一个引进国外现代管理教育的办学机构，培养了一大批企业管理实践和研究人才；从国外引进的管理学著作在中国管理学发展进程中扮演着重要角色，20 世纪 80 年代初，由马洪主编、中国社会科学出版社出版的《国外经济管理名著》丛书包括了泰罗的《科学管理原理》、法约尔的《工业管理与一般管理》、孔茨的《管理学》等 37 本管理学著作，成为最早系统全面地介绍国外各种管理思潮的系列图书，影响了一大批管理学者。在 1983 年，袁宝华同志提出了我国企业管理理论发展的十六字方针：“以我为主，博采众长，融合提炼，自成一家”，从而指明了我国企业管理理论界和实践者们如何借鉴国外企业管理经验、建立有中国特色的管理理论和管理模式的正确方向。

为了推进管理学的发展，一批管理学研究机构、期刊开始陆续涌现。1978 年 11 月，中国管理现代化研究会成立；1979 年 3 月，中国企业管理协会在北京成立；1980 年，中国管理科学研究会、中国数学会运筹学会、中国系统工程学会相继成立；1981 年，中国工业企业管理教育研究会（现为中国企业管理研究会）成立。1979 年 5 月，国家经委、财政部等 6 个部门发出通知，确定在京、津、沪 3 市的 8 个企业（包括首钢、上汽等）进行企业管理改革试点，要求中国企业管理协会及有关科研单位和大专院校派出人员帮助企业总结经验。这为新中国的管理学研究机构提供了深入实践、开展企业管理咨询的宝贵机会。1979 年 1

月由中国社会科学院主管的《经济管理》创刊，这是我国第一本管理学学术刊物；1985 年，国务院发展研究中心主管、主办的《管理世界》创刊，国务院办公厅主管、中国行政管理学会主办的《中国行政管理》杂志创刊，这两本杂志后来成为经济管理和公共管理类的权威刊物。这些期刊为早期的管理学学术交流提供了重要平台。这一阶段在管理类期刊上发表的文章大多都还不是严格意义上的学术论文，且主要是表明立场、观点，提出管理建议，或者描述案例，研究较为粗浅，缺乏理论深度。但许多文章都注意了理论与实践的结合，积极探讨中国现实经济生活中的问题。

在这个时期，一些重要文献对管理学发展起到了重要的推动作用，其中最具代表性的文章是 1979 年蒋一苇“企业本位论”的发表。在争论经济体制改革如何进行的背景下，这篇文章指出：企业是现代经济的基本单位，是一个能动的有机体，企业应当具有独立的经济利益，经济改革应当着眼于增强企业活力。这些重要的论点明确了企业的地位和性质，为面向市场经济的中国企业和中国企业管理学奠定了基础。1980 年，中国第一个取得哈佛大学 MPA 学位的夏书章教授在《人民日报》上发表文章，呼吁“把行政学的研究提上日程是时候了”，得到高层重视，第二年行政管理学得到恢复与重建。从 20 世纪 80 年代开始，中国人民大学陆续出版了《中国工业企业管理学》系列教材，努力探索具有中国特色的社会主义工业企业管理学。为了建立具有中国特色的管理科学，中国社会科学院工业经济研究所前所长蒋一苇领导一批企业管理学专家陆续对最有代表性的 5 个国有大型企业的经营管理经验进行了全面考察，并完成了 5 本专著《首都钢铁公司经营管理考察》、《第二汽车制造厂经营管理考察》、《上海机床厂经营管理考察》、《成都量具刃具厂经营管理考察》、《青岛双星鞋业集团经营管理考察》，全面系统地反映了我国企业管理的现状、经验和问题。

这个时期同样也是中国管理学教育的全面恢复和发展时期。1979 年 3 月，国家经委举办企业管理培训干部研究班，这是新中国企业管理培训史上首次以国家层次命名的企业管理培训班，标志着企业管理培训的开始。1979 年开始，一些大学和研究机构相继恢复了管理学教育，开始了管理学专业的本科和研究生的教育。1984 年 4 月，教育部首先批准清华大学、武汉大学、上海交通大学、天津大学四所高校成立管理学院或经济管理学院，同年又批准西安交通大学、哈尔滨工业大学、同济大学等成立或恢复管理学院，管理学教育从此走上了快速发展的道路。1986 年 2 月，国家自然科学基金委员会成立，并设置管理科学组，此后一直为管理学研究提供经费保障。1990 年，新中国管理学教育的新形式——MBA 教育获得了国务院学位委员会批准，我国 9 所大学开始试办 MBA，翻开了管理学教育的崭新一页。1992 年 11 月，中国技术监督局颁布了国家标准的《学科分类与代码》（GB/T13745 92），管理学被列为工程技术科学的一个一级学科，下设有管理思想史、管理理论、管理心理学、管理计量学、部门经济管理、科学学与科技管理、企业管理、行政管理、管理工程、人力资源开发与管理、管理学其他学科 11 个二级学科和 48 个三级学科。这一学科分类标准首次确认了管理科学在整个科学知识体系中的地位，并正式提出了管理科学的学科层次结构。

与管理学研究和管理学教育发展相适应，这个时期企业也在不断尝试管理创新实践，尤其是应用现代化管理方法。1984 年初，国务院召开的全国经济工作会议提出“整顿好的企业要把重点转到企业技术进步和管理现代化上来”。国家经委总结并提出了企业管理现代化的“五化”内容，即管理思想现代化、管理组织现代化、管理方法现代化、管理手段现代化、管理人才现代化，并推荐了 18 种在实践中应用效果较好、具有普遍推广价值的现代化管理方法，又称为现代化管理“十八法”，并确定了20家企业为全国第一批管理现代化试点企业。为此，朱镕基同志还主编了《管理现代化化》，企业管理出版社1985年出版，系统地介绍了这些现代化管理方法。此后，国家经委先后专门制定和颁发了《企业管理现代化纲要》、《“八五”企业管理现代化纲要》和《“九五”企业管理纲要》。

总体而言，这个时期是我国管理学的全面恢复转型发展阶段，企业管理模式开始从生产型转为生产经营型，管理者和理论工作者十分重视学习国外的现代管理思想、方法、手段、技术，学习引进的重点从前苏联转向美、日、欧等发达国家，管理学从学科建设、学术研究、教育培训等各个方面全方位地进行转型。应该说，该时期我国管理学取得了巨大的发展，但是，无论是管理研究还是管理实践，与国外管理现代化水平还相差甚远。

（三）完善提高：1993年至今

邓小平同志1992年的南巡讲话阐述了社会主义的本质，带来了一次大的思想解放运动。当年10月召开的中共十四大把社会主义市场经济确立为中国经济体制改革的目标模式。1993年，中共十四届三中全会审议并通过了《中共中央关于建立社会主义市场经济体制若干问题的决定》，从此，新中国踏上了建设社会主义市场经济体制的征程，也开启了中国管理学发展的新阶段。

在这一时期，社会主义市场经济体制的逐步建立带来了市场竞争的加剧，企业要求管理学对改善生产经营、提升竞争能力提供指导；国有企业改革的推进要求管理学积极总结改革的经验教训、探讨改革难题、研究改革方向；经济社会的发展要求政府管理进行相应的调整，行政体制的改革需要公共管理学广泛研究、深入探索；中国日益融入到全球化的浪潮中，使得管理实践者和研究者能够接触到更多的国外先进管理思想和管理方法，提升了中国管理学的水平，也推动我们在学习、吸收的基础上结合中国实际不断创新；文化教育事业的繁荣，对管理学教育的发展、管理人才的培养和管理知识的传播发挥了重要作用。总体上这是一个管理学学科体系不断完善、研究水平不断提高的阶段。

在管理学学科建设方面，1997年国务院学位委员会与教育部颁布的《授予博士、硕士学位和培养研究生的学科、专业目录》中，将管理学科升格为一个大的门类，其下有5个一级学科，14种学科、专业，可见政府有关部门、社会各界对管理科学的高度重视。在该目录中，公共管理被列为一级学科，促进了公共管理学在中国的发展。1999年，中国高校首次授予管理学学位，管理学相关专业的学生从此不再被授予经济学学位。随着国家对管理学基础研究的重视，2000年6月，中国工程院第五次院士大会通过了设立工程管理学部的决议，9月正式成立了由32位院士组成的工程管理学部，诞生了我国首批工程管理院士。

在管理学教育方面，1999年，国务院学位委员会审议并通过了《公共管理硕士专业学位设置方案》，正式批准设立公共管理专业硕士学位（MPA），招生对象主要为有实际工作经历的政府部门及非政府公共管理机构的在职人员；2000年8月，国务院学位委员会办公室批准24所高校为首批MPA培养试点单位；2001年首次招生报名11847人，录取3506人，2005年报名18609人，录取人数首次超过万人。2002年8月，国务院学位委员会办公室批准30所高等院校开展EMBA教育，以企事业单位的高级管理人员为招生对象。除MBA和MPA以外，2003年，管理科学与工程领域的新学位——项目管理工程硕士学位（MPM）设立，其作为工程硕士的一个方向，由国务院学位办下设的全国工程硕士专业学位教育指导委员会管理；学位牵头院校为清华大学和北京航空航天大学，2004 年，批准设立该学位课程的院校扩充为 72 家。近年来，为满足企事业单位的管理人才培养需要，各种形式的管理培训班如雨后春笋般地出现。高层管理者培训与发展项目（Executive Development Programs，简称为 EDP）作为商学院非学位系列的主要服务项目，承担着商学院培训组织中高层管理人员的责任。与 MBA、EMBA 相比，EDP 不受政府的严格管制，针对性和灵活性更强，可更好地发挥智囊专家角色，服务于社会培训需求。可以预见，EDP 项目对提高我国在职管理人员的素质，促进终身学习将会起到越来越重要的作用。

伴随着中国经济的飞速增长和对外开放程度进一步提高，管理学的各项对外交流也蓬勃开展起来。1998 年 3 月 25 日，海尔集团 CEO 张瑞敏应邀登上哈佛大学讲坛，为哈佛商学院学生讲授中国企业的管理之道，《海尔文化激活休克鱼》的案例也被收入哈佛案例库，这是中国企业管理经验开始获得世界认可的一个标志。[①] 2001 年 12 月，中国加入世贸组织，在敞开中国经济大门的同时也开启了中国管理学通向国际学术平台之门。“第五项修炼”、“核心竞争力”、“平衡计分卡”等管理思想和工具不仅引起了管理学界的广泛探讨，也掀起了管理实践领域的学习热潮；中国学者开始追踪国外管理学研究前沿，国际管理学权威期刊逐渐为国内学者所熟悉，随着互联网的快速发展，追踪最新研究动态的时滞性问题得以解决；大批中国管理学研究者前往国外著名大学交流、深造，参加国际学术交流会，一些国内组织也开始组织国际学术交流活动；来自欧美的学者乐于在中国介绍其最新研究成果，讲授国外管理学前沿问题。这些交流活动不仅拓宽了中国管理学研究的视野，丰富了管理学理论，而且发展了管理学研究的方法，国外推崇的研究的“可验证性”逐步被国内接受，中国管理学研究的规范性得以增强，实证研究方法受到重视，越来越多的管理学研究成果发表于国外顶级学术期刊。

在国际学习与交流的同时，这一时期的中国管理学发展仍然体现了中国特色。在管理实践创新方面，我国企业管理者结合自己的企业情况，已经有了很多好的管理实践经验。如表 1－1 汇集了我国国家级企业管理现代化创新成果奖获奖情况，从中可以看出，自 1990 年第一届开始，到 2008 年第十五届，我国国家级企业管理现代化创新成果项目总数达到 1274 项，其中一等奖 276 项，二等奖 943 项，三等奖 55 项。其中一航集团成都飞机设计研究所的《提高飞机自主研发能力的敏捷管理》、海尔集团公司的《以“市场链”为纽带的业务流程再造》、邯郸钢铁有限责任公司的《模拟市场、成本否决为核心的集约经营》等都有很大的影响。在管理学研究上不断创新，注重研究中国企业管理问题。比如，在国有企业改革的背景下，中国管理学就社会主义市场经济体制、国有企业产权改革、国有企业股份制改造、国有企业公司制改革、国有企业资本重组、国有企业集团化改造、国有企业经理人市场和国有企业高管激励与约束等问题进行了大量的研究；在鼓励非公有制经济发展，民营企业迅速成长的形势下，关于乡镇企业产权配置、乡镇企业改制，民营企业治理、竞争力，家族企业优势与发展等问题的研究成果层出不穷。全国各大高校相继成立了中小企业研究中心或家族企业研究中心等研究机构，并举办了民营经济论坛等多种形式的企事业、政府官员和学术界的沟通对话会；中国上市公司的发展引起了关于上市公司资本结构、股利政策、会计舞弊、资产重组、信息披露等方面的探讨；伴随着行政管理体制的改革，对政府职能转变、社会管

---

① 刘国华、苏勇：“中国管理学发展进程：1977—2006”，《华东经济管理》，2008 年第 12 期。

理体制创新、政府绩效管理、政务公开与民主参与、非政府组织管理的研究也成为关注热点。近年来，提升自主创新能力成为中国经济发展的重要主题，中国企业“走出去”步伐加快，“贯彻落实科学发展观”与“构建和谐社会”深入人心，统筹城乡发展逐步推进，企业发展的社会与环境压力增加，国有企业改革进入新的阶段，这些经济管理热点也都成为中国管理学的研究议题。此外，源自中国古代管理思想的中国式管理学也发展起来，试图在中国古代的思想体系下建立起适合中国企业特点和文化特色的管理学理论。

表 1－1　　历届国家级企业管理现代化创新成果奖

届别	一	二	三	四	五	六	七	八	九	十	十一	十二	十三	十四	十五	合计
年份	1990	1992	1994	1996	1998	1999	2000	2001	2002	2003	2004	2005	2006	2007	2008	—
成果数	28	24	39	43	48	45	61	73	83	117	124	126	159	149	155	1274
一等数	4	2	6	7	7	9	13＋2	19	25	24	32	30	34	34	28	276
二等数	26	22	33	36	41	32	36	50	53	82	84	88	120	115	127	943
三等数	0	0	0	0	0	4	10	4	5	11	8	8	5	0	0	55

资料来源：根据中国企业联合会网站资料整理。

总体而言，新中国 60 年来，我国管理学历尽坎坷，经历了从无到有、逐步发展壮大、不断成熟的过程。虽然现在还不能与国际管理学主流研究同步，总体上还属于引进介绍国外现代化理论的阶段，自己还很难独立提出有影响的管理理论。但是，考虑到我国现代管理学发展时间还不长，真正发展只有 30 年的时间，而国外已经有了上百年的历史，我国管理学的发展现状仍是令人欣慰的。尤其是由于管理学的学科属性决定，国外最新的管理学理论未必是最适合我国企业实践的管理指导理论，从指导我国企业管理实践角度看，我国管理学发展对推进我国企业管理科学化和现代化进程发挥了巨大的作用，这无疑是值得肯定的。

二、改革开放以来促进中国管理学发展的因素

作为一门实践性很强的学科，新中国管理学的发展，受经济社会发展的影响十分巨大。改革开放以来中国管理学的大发展是和四个方面的大的背景因素密切相关的，这就是中国的市场化、工业化、信息化、国际化四个大的发展趋势。

（一）市场化改革

新中国成立以后即着手建立计划经济体制，1956 年基本建立起来，以后又不断强化。高度集中的计划经济体制，能够把社会的资金、物质和技术力量集中起来，迅速形成新的生产力，克服国民经济各个部门之间和各个地区之间的发展不平衡状态，促进国民经济在极端困难的情况下迅速恢复和发展。这一时期，企业没有经营自主权，管理学存在的必要性似乎只限于指导企业完成生产任务，因此管理学处于单纯的生产管理阶段，指导生产过程优化的运筹学走在了新中国管理学发展的前列。在中国知网的“中国学术期刊网络出版总库（社科）”中以“企业管理”为“题名”搜索 1949—1978 年的文章，共有 139 篇，探讨的问题

主要包括降低产品成本、提高产品质量、改善资金管理、企业定员管理等。其中，“文革”期间的寥寥几篇文章，在探讨企业管理的题目之下，论述了很多非企业管理方面的问题。

1978 年召开的党的十一届三中全会提出，应当让企业在国家统一计划的指导下有更多的经营管理自主权；应当坚决按照经济规律办事，重视价值规律的作用；1982 年党的十二大明确提出，正确贯彻计划经济为主、市场调节为辅的原则，是经济体制改革中的一个根本性问题；1984 年党的十二届三中全会指出，我国实行的是有计划的商品经济；1987 年党的十三大提出，国家对企业的管理应逐步转向以间接管理为主；1992 年党的十四大明确了我国经济体制改革的目标是建立社会主义市场经济体制；1993 年党的十四届三中全会勾画了社会主义市场经济体制的基本框架；1997 年党的十五大提出，到 2010 年，要建立比较完善的社会主义市场经济体制；2002 年党的十六大进一步提出，在 21 世纪的头 20 年，要完善社会主义市场经济体制。

社会主义市场经济体制的建立过程又可以分为四个阶段①：(1) 起步阶段 (1979—1984 年)。国有工业扩大了经营自主权，乡镇企业开始恢复和发展，个体企业和“三资企业”也有了发展的空间；产品市场和对外贸易迅速发展，以劳动力为代表的要素市场开始发展；广东、福建两省实行了对外经济活动的特殊政策和灵活措施，在深圳、珠海、汕头、厦门试办经济特区。(2) 全面开展阶段 (1985—1991 年)。国有大中型工业企业实行承包制，小型企业实行租赁制，乡镇企业迅速崛起，私营企业开始发展，个体企业和“三资”企业迅速发展；以资本为代表的要素市场开始发展；天津、上海、大连、青岛等 14 个沿海城市先后开放。(3) 初步完成阶段 (1992—2000 年)。大部分国有大中型企业建立了现代企业制度，非国有经济继续得到迅速发展，以公有制为主体、多种所有制共同发展的格局初步形成；资本和劳动力等要素市场达到巨大的规模；开放了沿边城市、沿江城市和内陆省会城市。(4) 完善阶段 (2001—2007 年)。以公有制为主体、多种所有制共同发展的格局进一步形成，中国加入 WTO 以后，按照世界贸易组织规则进一步推动了外向型经济的发展，现代企业制度的建设有了进一步推进，社会主义市场经济体系日趋完善。

社会主义市场经济体制的建设过程体现在管理学的研究对象发展方面。在中国知网“中国学术期刊网络出版总库（社科）”中以“管理”为“主题”搜索 1978—1984 年、1985—1991 年、1992—2000 年以及 2001—2008 年社会主义市场经济体制建设各阶段的论文，在此基础上根据国有企业、集体企业、私营企业和外资企业四类企业性质区分“题名”分别检索。其中，国有企业相关论文的检索“题名”包括国有企业和国营企业；私营企业相关论文的检索“题名”包括私营企业、民营企业、家族企业等；外资企业相关论文的检索“题名”包括外资企业、三资企业、合资企业、独资企业等。

从表 1-2 的检索结果中可以看出，1979—1984 年的社会主义市场经济体制起步阶段，国有经济在国民经济中处于绝对优势，因而管理学研究也以国有企业和集体企业为主要对象；私营企业和外资企业刚刚起步，较少受到关注。由于经济特区的设立，这一时期管理学对外资企业的研究甚至多于私营企业。1985—1991 年，管理学有了一定的发展，研究四类性质企业管理问题的文章数量是起步阶段的 3.8 倍，对国有企业和集体企业的相关研究所占比重有所下降，一批沿海城市与区域的开放使得研究者对外资企业的关注急速增加。

① 汪海波：《中国经济发展 30 年》，中国社会科学出版社 2008 年版，第 275—276 页。

1992—2000 年的社会主义市场经济制度建设初步完成阶段，中国管理学有了长足的进步，对四类性质企业的管理问题进行研究的论文是 1985—1991 年的 7 倍。这一时期，国有企业改革正如火如荼地开展，诸多问题需要在研究和实践中解决，这使得研究者对国有企业的探讨兴趣大大增加，论文比重达到 73.4%；大部分城镇集体企业实行股份制或股份合作制改造，集体企业数量减少，因此以集体企业命题的相关研究的比重也大幅减少。私营经济在国民经济中的比重提升，虽然私营企业相关研究的比重还不太高，但是文章数量已显著增加；探讨外资企业的论文数量仍在增加，但比重减少。2001—2008 年的完善阶段，私营经济焕发出巨大的生机与活力，国有企业改革继续推进，国有企业数量减少但经济控制力增强，体现在管理学的研究上，即对私营企业的研究成果呈现出井喷式的增长，论文数量比 1992—2000 年增加了 7 倍，比重从 8.1% 增加到 45.7%；对国有企业的研究略有减少，但比重仍然最大。集体企业改制进一步推进，数量继续减少，对集体企业的研究无论是在数量还是在比例上都大幅减少。

表 1-2　　1979—2008 年按研究企业的性质分类的管理学研究情况

企业性质 年份	国有企业		集体企业		私营企业		外资企业		合计
	数量（篇）	占比（%）	数量（篇）	占比（%）	数量（篇）	占比（%）	数量（篇）	占比（%）	数量（篇）
1979—1984	172	65.6	67	25.6	3	1.1	20	7.6	262
1985—1991	465	46.5	183	18.3	42	4.2	309	30.9	999
1992—2000	5204	73.4	328	4.6	571	8.1	988	13.9	7091
2001—2008	4930	47.7	93	0.9	4723	45.7	596	5.8	10342

社会主义市场经济体制的建设过程还体现在管理学的研究方向上。管理学的研究方向可以分为战略管理、生产管理、市场营销、人力资源管理、财务管理、组织管理以及管理科学与工程、公共管理等。在这些研究方向中，战略管理、市场营销只有在竞争激烈的市场经济体制下才有存在的必要，企业在按指令进行生产和销售的计划经济体制下，是不需要关注战略与营销的；而改善企业生产行为的生产管理是无论在何种经济体制下都有存在的必要性。因此，以生产管理、战略管理和市场营销这三个研究方向为例，可以从另一个角度看出社会主义市场经济体制建设过程与管理学发展的密切关系。

在“中国学术期刊网络出版总库（社科）”中以分别以“生产”、“战略”、“营销”为“题名”搜索 1978—1984 年、1985—1991 年、1992—2000 年以及 2001—2008 年等社会主义市场经济体制建设各阶段的论文，并限定“学科类别分组”均为“企业经济”，检索结果如表 1-3 所示。

表 1-3　　1979—2008 年生产管理、战略管理与市场营销的研究情况

研究方向 年份	战略管理		市场营销		生产管理		合计
	数量（篇）	占比（%）	数量（篇）	占比（%）	数量（篇）	占比（%）	数量（篇）
1979—1984	35	12.2	8	2.8	243	85.0	286
1985—1991	504	43.1	100	8.5	566	48.4	1170
1992—2000	6816	57.0	2665	22.3	2472	20.7	11953
2001—2008	19423	59.7	10361	31.9	2741	8.4	32525

从表1-3中可以看出，1979—1984年的社会主义市场经济体制建设起步阶段，经济体制以计划经济为主、市场调节为辅，企业缺乏经营自主权，表现在管理学上，就是生产管理论文占到三类研究方向论文总量的85%，战略管理有所涉及，市场营销研究寥寥无几。1985—1991年，企业开始转变为有一定经营自主权和经济利益的实体，企业管理工作由生产型转向生产经营型，开始考虑和策划如何持续生存并不断发展，因此，这一时期，战略管理研究比重增加，占到三个研究方向论文总量的43.1%，仅次于生产管理方向的论文。该阶段，商品经济还没有形成供过于求的局面，因此市场营销研究的发展较为缓慢，论文比重只占8.5%。1992—2000年，以公有制为主体、多种所有制共同发展的格局初步形成，企业经营自主权进一步扩大，许多私营企业参与市场竞争中来，一批大中型企业开始制定并实施发展战略，使得战略管理研究迅猛发展，战略管理论文数量比1985—1991年增加了12倍，比重占到三个研究方向论文数量的57.0%。同时，市场上产品供过于求的状况开始出现，企业必须关注买方需求，并配以合理的市场策略来赢得市场份额，这促使市场营销研究发展起来，论文数量快速增加，比1985—1991年增加了25倍之多；而生产管理相关论文虽然数量仍然在增长，但增速相对较慢，比重有所下降。2001—2008年，以公有制为主体、多种所有制共同发展的格局进一步发展，社会主义市场经济体系日趋完善，企业管理步入现代化，大中型企业开始推行战略管理。此外，中国加入WTO以后，企业面临着国内和国际两个市场的竞争，更加需要加强战略规划、提高竞争能力，因此，战略管理研究仍然保持着快速发展的势头，在三个研究方向的论文中所占比重继续提高。同时，在不断完善的市场经济体制下，企业面临着更加激烈的市场竞争，市场营销管理的重要性越发体现出来，促使市场营销研究继续快速发展，在三个研究方向的论文数量中占比超过30%。与之相反的是，生产管理研究的论文数量增速减缓，比重也下降到10%以下。这其中既有生产管理研究的受重视程度有所降低的原因，也因为现代生产管理在发展中已不仅仅是简单的生产制造，而是战略与战术的融合，是全程供应链协作进行的系统而综合的管理，生产管理已经提升到更高的层次，不是“生产”这样一个关键词所能够涵盖的。

（二）工业化进程

工业化并不是单纯意味着工业的发展，工业化的本质是一个国家的经济发展和现代化进程的推进，主要表现为人均收入的不断增长和从农业主导向工业主导的经济结构的转换。工业化主要表现为：国民收入中工业活动创造的收入所占比重逐步提高，乃至占主导地位；制造业内部的产业结构逐步升级，技术含量不断提高；在第二产业就业的劳动人口比例有增加的趋势；城市这一工业发展的主要载体的数量不断增加，规模不断扩大，城市化率不断提高；在上述指标增长的同时，整个人口的人均收入不断增加。

新中国成立以后，古老的中国开始了自己的以工业化为核心的新的现代化征程。新中国的工业化进程可以被划分为两个大的重要时期：一是1949—1978年传统的社会主义工业化道路时期；二是1979年至今的中国特色社会主义工业化道路时期。以第一个五年计划为标志，中国开始了传统的社会主义工业化道路时期。传统的社会主义工业化模式主要是学习前苏联的赶超型经济发展战略，其基本特征是：（1）以封闭的计划经济体制、极低的人均国民收入为基本经济背景；（2）以快速发展赶超资本主义国家、建立独立的工业体系、满足国内市场需求为目标；（3）以优先发展重工业和优先发展国有经济、采用高关税和高估本币等方式推进进口替代、采用外延增长方式改善工业生产布局、区域经济不平衡发展政策为四项基本的工业化战略。改革开放以来，中国进入了建设中国特色社会主义工业化道路时期，其工业化道路的基本特征可以概括为：（1）以市场化改革和对外开放、较低的人均国民收入为基本国民经济背景；（2）以改善国民经济结构、促进经济发展和人民富裕为目标；（3）以农轻重工业均衡发展、多种经济成分共同发展、积极利用外资和国内外两个市场、梯度发展的区域经济政策为四项基本的工业化战略。

显然，上述两个工业化发展阶段，与我们论述的中国管理学发展阶段是对应的。伴随着改革开放后中国工业化进程的快速推进，管理理论和实践也取得了巨大的进步，进而推进了管理学的迅速发展；也正是由于改革开放后企业管理现代化水平的不断提高，给中国经济发展提供了管理支持，促进中国特色的社会主义工业化道路取得了巨大的成功，这主要表现在：我国经济高速增长，整体经济实力显著增强；工业发展迅速，具备了庞大的工业生产能力，中国就成为一个名副其实的工业生产大国，主要工业产品产量都居世界前列；成为世界贸易大国和吸引外资的大国，我国实际利用外资、进出口总额都居世界前列，已成为最大的外汇储备国；人民生活水平不断改善，城市化水平不断提升。总体而言，中国工业化水平已经达到工业化中期的后半阶段，中国的基本国情已从一个农业经济大国转变为工业经济大国。

从历史经验看，一个大国实现工业化和经济发展的过程，必然是以自己企业管理创新与发展为基础的。日本在二战以后，推进了快速的工业化进程，在20世纪70—80年代跨入了发达国家的行列。而日本管理方式的形成，也正是20世纪80年代伴随着一系列管理研究成果被世界管理学界认可的。日本的看板管理、全面质量管理、零库存管理、企业文化（Z理论）、“一个流”的生产方式等，都是在20世纪80年代以战后日本快速工业化进程和经济发展为背景的。中国已经进入工业化的中期阶段，虽然还没有形成被世界认可的“中国式管理”或者“中国管理学派”，但是中国管理学发展对中国工业化进程的推进起到了重要的支持作用。

中国管理学发展与中国的工业化进程紧密相关，一个重要表现是管理学某个时期的研究问题往往是与其工业化进程中的现实问题相结合的。我们这里仅仅以工业化进程中的技术创新领域为例进行分析。1985—1994年，政府一方面继续推进科技计划的实施和科研机构的产权改革，提升创新能力；另一方面加大了技术引进消化吸收，满足技术改造的需求，相继出台了引进技术消化吸收工作条例、技术引进合同鼓励条例、技术进口企业所得税减免办法等政策。另外，国家经贸委还两次颁布了重点引进技术导向目录，推动企业开展技术创新。这一时期，管理学者对技术创新的研究兴趣显著增加，在“中国学术期刊网络出版总库（社科）”中以“技术创新”为“题名”搜索1985—1994年的论文，并限定“学科类别分组”均为“企业经济”，检索结果有212条，研究的主要议题包括技术创新的动力、技术引进模式、技术创新扩散、技术创新能力等，这其中，还出现了对技术创新的实证研究。1995—2005年，推进科技成果转化的政策陆续出台，扶持民营科技企业成为政策建设的着力点。为了推动企业成为创新的主体，政府各部门出台了《关于加快乡镇企业科技进步的意见》、《关于大力发展民营科技企业的若干意见》、《关于促进民营科技企业发展的意见》、《关于加速国家高新技术产业开发区发展的若干意见》、《关于进一步支持国家高新技术产业开发区发展的决定》等科技和产业政策。2002年，国家经贸委又发表了《“十五”全国技术创新纲要》，指出“要基本形成以企业为主体的技术创新体系，构建有利于技术创新的环境，政府、企业和社会初步建立适应WTO规则的技术创新工作机制，促使企业成为技术创新的主体”。在“中国学术期刊网络出版总库（社科）”中以“技术创新”为“题名”搜索1985—1994年间的论文，并限定“学科类别分组”均为“企业经济”，检索结果有5795条，研究的主要议题包括技术创新能力、技术创新影响因素、技术创新过程、技术创新风险、技术创新评价等，其中研究技术创新能力的文章多达818篇，占检索总数的14.1%。在扶持民营科技企业成长和促进高新技术企业发展的政策下，以民营企业为研究对象的论文有137篇，以高新技术企业为研究对象的论文有313篇。2006年初召开的全国科学技术大会进行了增强自主创新能力、建设创新型国家的战略部署，发布了《国家中长期科学和技术发展规划纲要（2006—2020）》以及相关配套政策。采用与以上相同的检索方法，2006—2008年短短三年间，技术创新论文就多达2969篇，研究的议题更加多样且深入，包括有产业集群与技术创新的关系、技术创新中的知识转移、企业社会资本与技术创新、技术创新激励机制等，此外技术创新能力、技术创新过程等依然受到研究者关注。

（三）信息化社会

从20世纪80年代我国开始重视信息资源的开发利用。1984年5月，邓小平同志为《经济参考》的题词就是“开发信息资源，服务四化建设”。1990年3月，中国信息协会在北京成立，该协会对于团结、组织、协调各方面力量开展信息化研究，开发信息资源，加强信息交流，推进信息化教育，具有重要的意义。1993年12月成立的国家经济信息化联席会议，确立了“实施信息化工程，以信息化带动产业发展”的指导思想。此后，启动了“金卡”、“金桥”、“金关”等重大信息化工程，拉开了国民经济信息化的序幕。

1996—2000年，信息化得到进一步发展。1996年3月，全国八届人大四次会议把推进信息化纳入了《国民经济和社会发展“九五”计划和2010年远景目标纲要》。1998年3月，全国九届人大一次会议批准成立信息产业部，主管全国电子信息产品制造业、通信业和软件业，以更好地推进国民经济和社会服务信息化。2000年10月11日，党的十五届五中全会就信息化建设作出重大决策，明确指出“大力推进国民经济和社会信息化，是覆盖现代化建设全局的战略举措。以信息化带动工业化，发挥后发优势，实现社会生产力的跨越式发展。”2001年9月7日，《信息产业“十五”规划纲要》正式发布，这是国家确立信息化重大战略后的第一个行业规划。2002年11月，党的十六大进一步明确了“信息化带动工业化”，“大力加强电子政务建设”方针，并提出了具体的目标和要求。

随着社会信息化的发展，管理信息化成为管理学发展的一个重要趋势，从20世纪末期以来的管理学发展都和信息化紧密结合。管理的各个职能领域都由于信息技术的应用而取得了巨大的进展，供应链管理、企业资源计划、敏捷制造、计算机集成制造、大规模定制管理、界面管理、网络营销等依靠信息技术的新管理思想或方法在中国发展起来，以信息技术为基础的管理学也随之产生并发展。信息管理和信息系统（Information Management and Information System）学科于20世纪60年代起源于美国，主要研究如何利用信息技术解决管理问题，作为管理学一个分支的信息管理在中国随着信息化进程迅速发展起来，决策支持系统（DSS）、电子数据交换（EDI）、业务流程重组（BPR）、企业资源计划（ERP）、电子商务（EC）等既是重要的研究方向，同时也是企业实施信息管理的重要方面。在中国知网“中国学术期刊网络出版总库（社科）”中以这几个议题为“题名”检索1984—1995年、1996—2000年以及2001—2008年各时间段的论文，限定学科领域为“经济与管理科学”，检索结果如表1-4所示。从中可以看出，各项研究都随着中国信息化战略的实施而增加，发展最快的是电子商务相关研究，其次是对企业资源计划的研究，这与这两项技术运用最为普遍、创造的经济效益最为显著相符合。反过来，这些研究又指导着信息技术研究和运用的改进，推动着中国信息化的发展。

表1-4 1984—2008年信息管理与信息系统研究情况

研究问题 年份	决策支持系统（DSS）	电子数据交换（EDI）	业务流程重组（BPR）	企业资源计划（ERP）	电子商务（EC）
1984—1995	162	151	1	2	11
1996—2000	367	199	102	398	4300
2001—2008	474	128	586	6471	14532

（四）经济全球化

新中国60年的经济发展以1978年为界，从封闭自守、效率低下、困难重重走向改革开放、活力焕发、富民强国。中国经济发展的动力不仅仅来自改革，还来自于对外开放，同样，中国的对外开放与经济全球化对中国管理学发展起到了巨大的促进作用。这主要表现在以下几个方面：

1. 结合中国国情，对国外现代化管理知识的引进、消化、吸收和再创新是新中国管理学的发展基本路径

从最初对前苏联模式的学习，到改革开放以后对美、日和欧洲发达国家的管理知识的学习引进，作为赶超国的中国，主要是通过引进消化基础上的再创新的途径来发展管理学的。而且，随着经济全球化的趋势日益加快，我国引进、学习、吸收和再创新的具体方式日益丰富：从出国考察、学术会议、人员互派、培训学习等管理知识短期交流机制，到文献学习引进、聘请具有国外学历或者国外管理人员在国内工作等管理知识长期交流机制；从派人学习、聘请人员传授等直接的管理知识引进机制，到国外的跨国公司在中国投资设厂而产生的管理知识外溢等间接的管理知识引进；从以学术论文、著作为成果和会议为平台的国外现代化管理知识研究，到通过国内外管理咨询公司将先进的现代化管理知识直接转换为我国企业具体管理指导思想、经营战略、技术方案，等等。随着我国对外开放进程不断加快，上述情况已经成为常态化。1984年11月，德国人威尔纳·格里希先生被聘为武汉柴油机厂厂长，这是中国国有企业聘请的第一位外籍厂长，当时在国内成为经济管理界的重大新闻。现在，不用说国内高校大量的外教，国内企业也聘请了大量的外籍管理人员，在浙江、福建等的民营企业中，到处都有外籍管理人员忙碌的身影，国人对此早就习以为常。

2. 经济全球化背景下中国企业管理面临的问题是中国管理学研究的重要内容

一方面，随着中国的对外开放，大量的中外合资、中外合作和外商独资企业（简称三资企业）在中国建立，有关三资企业管理中面临的问题成为中国管理学研究的重要内容；另一方面，随着中国企业实力的不断增强，中国企业开始实施“走出去”战略，有关中国企业的跨国经营战略、跨文化管理等问题成为中国管理学研究的热点。这包括从宏观层次研

究跨国公司与东道国以及母国之间的关系，包括跨国公司对于东道国产业发展的影响以及东道国基础设施和制度背景对于跨国公司投资决策的影响等。也包括从微观层次研究跨国公司战略行为和组织运作，包括跨国公司目标市场选择及其进入模式、技术转移、联合研发、人员配置以及全球学习等。

3. 在经济全球化的趋势下，中国管理学跟踪国外管理学研究热点日益迅速，使得中外管理学研究水平差距日益缩小

在这方面的例子数不胜数，这里仅谈一例。进入20世纪末期，可持续发展战略日益受到国际上的重视，中国管理学开始在环境保护的政策及管理方面做出探索，就环境影响评估、污染物总量控制、环境容量分析、发展循环经济、生态环境优化等问题进行了研究，许多学者开始在环境保护的前提下研究技术创新、市场营销、供应链管理、企业竞争力等传统问题，于是绿色技术创新、绿色竞争力、绿色营销等概念开始在研究中出现。在可持续发展的背景下，20世纪80年代被引入中国的企业社会责任理念也走过了从理念引进、知识介绍到结合中国实际、积极探讨的过程。相关研究成果数量迅速增加，研究质量逐步提高。在中国知网“中国学术期刊网络出版总库（社科）”中以“企业社会责任”为“题名”检索，1985—1990年，研究企业社会责任的论文仅14篇，研究内容以介绍概念为主；1991—2000年，数量增加到110篇，主要是探讨企业社会责任的概念、意义和内容等，并开始研究企业社会责任会计；2000—2005年，数量增加到603篇，结合中国国情的企业社会责任研究开始大量增加，但几乎没有实证研究；2006—2008年，中国企业社会责任实践与研究成果出现了井喷式的增长，企业纷纷发布社会责任报告，政府相关部门发布社会责任指引，各种社会责任学术会议层出不穷，论文数量猛增到2732篇，研究角度更加多样化，实证研究开始出现。

4. 面对经济全球化的趋势，专门研究不同国家和地区管理方式的一门管理学分支——比较管理学在我国取得了长足的发展

我国理论界对比较管理学的关注，相对于其他管理学分支而言，是比较超前的。20世纪80年代，我国就有比较管理学的教材，尤其是在80年代，我国为了研究学习移植国外先进的企业管理方式，提高企业管理现代化水平，对日美管理异同和特点的研究给予了充分的关注，对当时国际管理学术界流行的《日本的管理艺术》、《Z理论——美国企业如何迎接日本企业的调整》、《日本和西方管理的比价》、《寻求优势》、《企业文化》等著作进行了及时地引进，甚至还存在“是学习移植日本的管理方式、还是美国的管理方式”之争。尤其是进入20世纪90年代以后，随着我国外资企业的大量进入，在跨国经营和国际企业管理领域中出现了大量的研究成果，这客观上丰富了比较管理理论的应用成果。现在，有关中国的管理方式问题研究日益被关注，比较管理学研究的重点从通过比较国外管理方式来学习移植国外先进的管理知识，转移到通过中外管理方式的比较来总结什么是“中国式管理”。

三、中国管理学未来发展

新中国走过了60年的辉煌之路，中国管理学也在此过程中逐步成熟、壮大，取得了巨大的成就。对于一个转型中的发展中国家而言，中国管理学的发展成就的确值得骄傲。但

是，我们也必须清醒地认识到中国管理学发展存在的问题，如管理学基础发展不牢固，学科积累不充分、体系不完善①，管理学教育质量还有待提高，管理研究方法规范性和学术水平还存在差距。尤其是面对高速发展的中国经济，还没有形成有中国特色的社会主义市场经济条件下的中国管理理论，对丰富、活跃的中国企业管理实践还缺乏理论归纳和指导，中国管理学还需要一个自主创新、全面发展的新阶段。也就是说，在新中国成立60年之际，新中国管理学在经过“探索奠基”、“恢复转型”、“完善提高”三个阶段之后，要进入一个“创新发展”的新阶段。该阶段的核心任务是形成中国管理学的科学的管理理论模式和完善的学科体系。中国管理学的管理理论模式与完善的学科体系，应该来自于中国管理实践，但又能够被国际管理学界所接受、并对指导管理实践具有一定的普遍意义。为此，在该阶段中国管理学发展应该正确处理以下四方面关系：

（一）规范性与创新性

在研究方法上，要正确处理管理研究的规范性与创新性的关系，推进自主创新思维与科学研究规范相结合。

我国管理学研究必须强调科学研究规范，突出科学方法特色，这是一门学科走向成熟的标志，也是我国管理学走向国际的必然要求。但是，利用科学研究规范、突出科学方法并不意味着仅仅追求科学的形式，不意味着要用大量的数学语言和实证研究的形式“包装”没有新意的研究观点。管理研究的生命力在于是否有创新，创新性才是管理研究的最核心要求。当前，中国管理学论文的整体质量还不高，存在着两个突出问题：一是管理理论的框架停留在描述性和启发性的层面上，缺乏规范性；二是许多实证性研究全然不考虑特定的社会制度、价值体系和意识形态，一味照搬西方管理学的体系和方法，研究成果不具有实践意义。

（二）科学性与艺术性

在学科发展上，要正确处理管理学的科学性与艺术性的关系，形成既符合科学逻辑、又注重实践应用的完善的学科体系。

管理学是一门科学，也是一门艺术。这不仅要求管理学科发展按照科学的逻辑积累管理学知识，同时也要求管理学学科体系有利于管理知识指导实践、有利于转化为现实的管理生产力。因此，我国建立自己的管理学科体系时，不仅要有自己的学科理论、科学方法和系统的知识体系，而且还要有利于管理知识的传授和交流，有利于应用指导管理实践。其中，管理学的案例库建设和案例教学十分重要。由于在中国的管理教育中，采用案例教学的时间并不长，总体上还缺乏优秀的本土化管理案例。因此，在不断提高管理学学科逻辑性的同时，大力推进本土化管理案例建设，对于管理学学科体系的创新和完善，具有重要意义。

（三）国际化与本土化

在研究选题上，要正确处理国际化管理问题与本土化管理问题的关系，重点关注既具有

---

① 赵纯均：“管理学”，载教育部社会科学委员会秘书处编：《中国高校哲学社会科学发展报告2005》，高等教育出版社2005年版，第146页。

我国现实意义又具有国际学术前沿性的重大课题。

一方面，我国管理学研究关注国际学术前沿，追随国外管理研究潮流和国际研究热点，这无论是对提高我国管理学研究水平，还是加强我国管理学界的国际学术交流都是十分必要的。另一方面，中国管理学还要更注重研究和解决中国的实际问题，不能人云亦云，不能不顾国情，忽视对我国本土化的重大管理问题的研究。要促进中国管理学的发展，一方面要把握国际管理学最新研究成果和发展趋势，另一方面要深入研究中国的管理实际，分析我国管理科学化进程的规律，对中国企业管理实践和创新进行积极探索，科学总结，从而建立具有中国特色的管理学科学理论和学科体系。

（四）管理理论与管理实践

在研究内容上，要正确处理管理理论与管理实践的关系，注重从管理实践中归纳管理理论、同时致力于应用管理科学理论指导管理实践。

管理学是一门学以致用的科学，管理学研究必须注重管理理论与管理实践的结合。进行管理研究，一方面要注重系统研究我国管理实践，通过梳理归纳，提炼出相应的管理理论；另一方面，研究管理理论如何应用于管理实践。中国企业已经创造了大量的管理经验，进行了大量的管理创新实践，这些实践对于提升我国企业管理现代化、科学化水平发挥了巨大的作用，但是，这些管理经验和管理创新实践还有待理论提升。我国还没有具有中国特色的管理理论，这需要管理理论界与管理实践者密切配合。当前，我国管理理论研究者和管理实践者还缺少一个密切合作的有效平台，高等学校和研究机构与企业界合作的途径还较少，而且缺少制度化。另外，本土管理咨询业的发展还相对滞后。这一切都表明了推进管理理论和管理实践相结合的必要性。

从我国工业化进程看，经过多年的经济高速发展，现在中国已经进入到工业化中期的后半阶段，研究工业化进程中企业管理创新与发展，从国际视角分析中国经济快速发展的经验背后的管理内涵，研究中国管理方式或者“中国式管理”时机已经成熟。迄今为止，新中国管理学经过60年的发展，经过了“探索奠基”、“恢复转型”和“完善提高”等阶段，管理学研究已经取得了长足的发展，尤其是已经培养了一大批管理学的专业研究队伍，他们分布在科研机构、高等院校、政府机构和企业中，这些研究人员都具有很好的学术背景和研究能力。这实际上已经为我国研究“中国式管理”提供了很好的条件。可以相信，经过自主创新、全面发展，我国必然创建出世界上独一无二的中国式管理科学。

第二章 计划经济条件下的生产导向型管理

从1949年新中国成立到1978年党的十一届三中全会召开之前的这段时间，我国企业管理学从无到有，逐步建立。企业理论的发展在这一时期可以分为三个阶段，即学习借鉴前苏联阶段、开始探索建立中国社会主义企业理论阶段和“文化大革命”的停滞阶段。1960年毛泽东批示“鞍钢宪法”，提出“坚持政治挂帅，加强党的领导，大搞群众运动，两参一改三结合，大搞技术革新和技术革命”。1961年《国有工业企业工作条例草案》（即《工业七十条》）颁布。1958年前后和1969年我国曾前后进行过两次大的企业改革尝试，在一定程度上扩大了企业的自主权限。传统社会主义企业本质上是高度集中计划经济体制下的基层经济组织，是国家行政机关的附属物，类似于一个生产车间。这一时期，理论界较少关注企业，只将企业作为工业经济的一个组成部分，企业管理学研究也处在摸索和建立阶段，呈现计划经济条件下的生产导向型企业管理研究的基本特征。

一、20世纪50年代：全盘学习前苏联管理模式

20世纪50年代企业管理的特点是经过民主改革和生产改革，建立起基本的社会主义工业体制和企业制度之后，在政府经济管理部门的统一部署下，全国范围内全面、系统地引进和推行前苏联的企业管理制度和方法，其核心是严格计划指令下针对生产环节的生产型管理。

（一）企业管理的破旧立新

从前工业化阶段艰难起步，在特定的国家基本经济制度、工业化背景和经济发展战略指导下，根据中共七届二中全会决议和毛泽东同志在七届二中全会上所作报告的精神，我国开始实行高度集中的计划经济体制。经过驱逐帝国主义势力、没收官僚资本、继承解放区公营企业、三大改造①，我国建立起了国家直接投资体制。我国在较短的时间内基本消灭了商品

① 根据过渡时期的总路线和“一五”计划的方针，从1953年开始，对农业、手工业和资本主义工商业进行了社会主义改造。1956年底三大改造的完成，表明我国基本实现了生产资料私有制向社会主义公有制的转变，标志着社会主义制度在中国基本确立。

经济，清除了竞争性的市场，微观经济中形成了由全民所有制企业和集体所有制企业一统天下的局面，尤其是全民所有制企业在整个国民经济中居于统治地位，起主导作用。

新中国成立后的最初三年即1949—1952年，在着重完成新民主主义革命遗留任务的同时，也开始着手完成社会主义革命的任务。破旧立新过程是通过民主改革和生产改革完成的。进行企业民主改革的关键有两个方面：一是建立工厂管理委员会，实行工厂管理民主化；二是实行厂长负责制。企业生产改革的主要内容包括：第一，建立健全的企业管理机构，实行科学的分工建立生产管理和技术管理的责任制度；第二，推行经济核算制；第三，改革工资制度，贯彻按劳分配原则；第四，开展生产竞赛运动。通过企业民主改革和生产改革，初步建立起国营企业的领导机构和企业管理制度。

实现国家的工业化，是中国真正获得独立和走向富强的当然要求和必要条件。到1953年，中国已经具备了将实现工业化提上日程的国内和国际环境。新中国的工业化是从第一个五年计划（1953—1957年）开始起步的。“一五”计划是在中央领导下，由周恩来、陈云、李富春等主持编制的，是从我国的实际出发，参照了前苏联的经验，加上反复修改，成为切实可行的计划。

1953年12月，在毛泽东亲自修改审定的中共中央宣传部关于过渡时期总路线的学习和宣传提纲中，形成了对过渡时期总路线的完整和准确的表述：“从中华人民共和国成立，到社会主义改造基本完成，这是一个过渡时期。党在这个过渡时期的总路线和总任务，是要在一个相当长的时期内，逐步实现国家的社会主义工业化，并逐步实现国家对农业、对手工业和对资本主义工商业的社会主义改造。”

1949—1956年，我国基本上实现了从新民主主义到社会主义的转变。三大改造的胜利完成，标志着社会主义制度在中国基本确立。三大改造完成以后，我国的所有制结构发生了根本性变化。到1956年，在国民经济中，国营经济占32.2%，合作社经济占54.4%，公私合营经济占7.3%，资本主义经济下降到0.1%，个体经济则下降到7.1%。总之，在整个国民经济中，公有制（全民所有制和集体所有制）经济占92.9%，社会主义公有制已成为我国的经济基础。

（二）全面学习前苏联管理模式

新中国成立后，我国工业发展所面临的主要任务之一是建立社会主义的企业管理制度。

1953年，我国开始执行第一个五年计划，进入了大规模经济建设时期。国家集中了大量的人力、物力和财力，兴建156项重点工程。企业民主改革和生产改革中建立的企业管理制度虽然使企业发生了可喜的变化，但当时的企业管理还缺乏科学性，不能适应大规模经济建设的要求，不利于迅速提高生产力发展水平。

因此，在建设重点工程的同时，开始全面地、系统地引进前苏联的企业管理制度和方法。这套制度和方法的主要内容包括实行计划管理，推行生产作业计划，建立生产责任制度；实行技术管理，推行生产技术准备工作，制定技术标准、劳动定额、质量检查等制度；实行经济管理，建立经济核算制；进行干部、工人培训；实行各尽所能、按劳分配；建立、健全生产指挥系统和管理机构，等等。全国在工业企业管理中主要是推行前苏联的“一长制”模式和“马钢宪法”。新的企业管理制度和方法的引入，克服了企业管理工作中的无序状态，使我国的企业管理开始进入科学管理的轨道。1953—1957年，工业建设项目有1万多个，其中595个大型项目全部建成并投产，我国过去所没有的工业部门，如飞机、汽车、重型和精密机器、发电设备、高级合金钢和有色金属冶炼等，从无到有建设起来，基础工业的实力得到很大加强。5年内，工业总产值平均每年增长18%，钢材自给率达到86%，机械设备自给率达到60%以上。工业产值在工农业总产值中的比重，由1949年的30%上升到1956年的51.3%。

但是，在学习前苏联企业管理经验的过程中也出现了对一切不加分析、照抄照搬的问题。例如，单纯用行政办法管理经济，在企业内部单纯强调行政命令管理、忽视民主管理等，不同程度地出现了官僚主义、命令主义和个人独断专行的问题，给企业管理带来了不良影响。1956年4月，毛泽东同志在《论十大关系》中对那种盲目和机械照搬的错误学习态度进行了批评。同年9月，中共八大提出在企业中实行党委集体领导下的厂长或经理负责制。1957年3月，党中央又决定在企业中推行党委领导下的职工代表大会制，加强民主管理。

当前苏联第一批专家于1949年8月来到中国时，中央有关领导就在欢迎会上表示：这些专家“千里迢迢到中国来，这就是伟大的国际主义精神，我们要把他们当作很好的老师”。说到如何处理与这些专家的关系，中央有关领导提出了“有理扁担三，无理三扁担”的著名口号。[①] 这个说法在以后若干年几乎成为中国各级干部处理与前苏联专家关系的一条戒律，也是在那个时期无条件学习前苏联的保障。而在工业系统提出了更为具体的方针。1951年4月，铁道部领导代表中央政府要求在中长铁路工作的中国干部，发扬积极性和创造性，从各方面有计划、有组织地向前苏联专家学习，一件一件地学透彻，学会成套的经验。

然而在实际工作中，学习前苏联模式并非没有问题。如鞍山钢铁厂聘请前苏联专家两年来，企业面貌有了很大改进，但仍有144项合理建议未被采纳，其原因主要有两条，一是领导未加重视，长期搁置；二是操作人员思想保守，习惯于旧方法，无法贯彻。[②] 针对这种状况，1953年9月9日中共中央专门下发文件，其中规定：“各级领导干部必须巩固地确立学习苏联先进经验的思想，克服保守观念和骄傲自满情绪；各部门必须在专家参加之下制定工作计划，并邀请他们参加各级领导会议、专业会议和技术会议；对专家所提出的建议，必须结合我国实际情况，认真研究，加以采用；必须在苏联专家帮助之下有计划地加强在职干部的业务教育，请专家有系统地讲解各专业和各方面苏联的先进经验；各部门的主要负责人必须把使用专家作为自己领导工作中的重要方面之一；各部门的专家工作应有负责人专管，并根据专家人数建立适当的专家工作机构；各部门每半年（每年3月和9月）应对苏联专家的工作进行一次全面检查，并及时上报中央。”[③] 不仅如此，中共中央甚至针对个别企业的具体问题向全党和全国发出指示，强调发挥前苏联专家作用的必要性和重要性。

（三）学习前苏联管理模式取得的成就

中国很多工业部门从无到有都倾注了前苏联专家的心血和汗水。

---

① 李越然：《外交舞台上的新中国领袖》，外语教学与研究出版社1994年版，第7页。

② 《1951年2月鞍山钢铁公司关于贯彻苏联专家建议的指示》，鞍山钢铁公司档案馆，全宗500，目录2.1，案卷3。

③ 《1953年9月9日中共中央关于加强发挥苏联专家作用的几项规定》，吉林省档案馆，全宗1，目录1—9，卷宗52，第5—6页。

旧中国的工业管理大体上还处于手工业水平，如在电力系统，设备的检修和运行主要是靠老师傅的经验和言传身带，没有一套统一的、科学的操作方法。1949 年 9 月，北平石景山发电厂 6 号机发生重大事故，造成全市大面积停电，于是聘请前苏联专家到厂帮助处理。在修复设备的过程中，前苏联专家不仅在计划检修、改革管理体制、改进设备等方面提出了许多合理化建议，更重要的是为电厂编制了一套运行规程，要求工人按规程操作，这就从根本上提高了企业管理水平。为此，中央燃料工业部将此规程作为典型规程印发到全国各电厂。[①] 1950 年，前苏联专家又帮助东北电力企业建立起经济核算制及各种安全发供电规程和机构。应该说，是前苏联专家为中国电力系统科学管理体制的建立打下了基础。

中国汽车工业的摇篮是长春的第一汽车制造厂，该厂全套引进前苏联设备和零件，并由前苏联专家帮助筹建。在 1953 年 7 月 15 日破土动工前，前苏联政府就派出了总顾问希格乔夫和第一批技术培训和土建专家进行现场指导，以后又陆续派来近 200 名专家，从产品工艺、技术检查到设备安装、生产调度，都由前苏联专家把关，还配备了技术科长、车间主任直到各车间高级调整技工的全班人马。他们手把手地教中国技术人员和工人安装、调试及组织生产，直到 1956 年 7 月 13 日从总装线开出第一辆中国制造的汽车。

大连造船厂是前苏联 1945 年接管的老厂，较早地实行了一套前苏联的企业管理制度。1947 年陈云主管东北经济工作时，就对那里实行前苏联的八级工资制拍手叫好。20 世纪 50 年代中苏合营后，大连造船厂便成为全国企业社会主义管理模式的一面旗帜。当时在专家的主持下按照前苏联模式搞了一套规章制度，号称“企业管理天书”，1954 年在全国推行，带动了全国造船业企业管理现代化的发展。

冶金工业的管理工作也是前苏联专家推动的。早在 1951 年 1 月，前苏联专家就对鞍山钢铁公司的管理机构提出了一套完整的整编意见。[②]

前苏联专家在生产技术领域为中国各行各业改进工艺、提高效率、节约成本、增加产量所做的工作更是举不胜举。如 1952 年全国煤矿生产能力比上年提高 60%，大部分矿井使用期延长了 20—40 年，厚煤层的回采率提高了 20%—30%；阜新发电厂安装一台锅炉节省人工 20000 个，而发电机的基础工程缩短工时 4/5，整个安装工程提前一个月竣工，降低成本 60 亿元[③]；类似石景山发电厂的重大事故从 1949 年的 113 次减少到 1951 年的 2 次；本溪煤铁公司炼铁厂低磷铁的合格率在 3 个月内从 16% 提高到 88.5%，抚顺矿务局炼钢分厂钢锭合格率也提高到 95.3%，超过以往标准 15 个百分点；1952 年除新疆外全国原油产量即超过解放前最高水平的 19.66%，玉门优质油田和乌苏油田旺井的发现，老君庙旧油井的复活；阜新发电厂安装一部锅炉节省人工 25000 个，透平发电机的基础工程缩短工时 4/5，整个安装工程提前一个月竣工，降低成本 60 亿元（旧币）；1952 年全国煤矿生产能力比上年提高 60%，大部分矿井使用期延长了 20—40 年，厚煤层的回采率提高了 20%—30%；石景山钢铁厂 250 吨炼铁炉可炼铁 376 吨，太原钢铁厂 50 吨炼铁炉创造了炼铁 106 吨的纪录；山西

① 薛启宇主编：《北京石景山发电总厂历史大事（1948—1995）》，中共北京石景山发电总厂党史征编办公室 1999 年印制（未刊），第 202 页。

② 《1951 年 1 月 13 日鞍山钢铁公司关于苏联专家对鞍钢管理机构整编意见给东北人民政府工业部的报告》，鞍山钢铁公司档案馆，全宗 500，目录 2.1，案卷 9。

③ 敬书生：“前苏联专家在华待遇揭秘”，《湖北档案》，2004 年第 6 期，第 45—46 页。

浑河水库工程设计蓄水量增加2.25倍，投资节约2000亿元（旧币），等等。[①]

在管理制度建设方面，前苏联专家发挥了重大作用。例如，解放初期各地厂矿企业劳动纪律松弛，制度不健全，管理混乱。针对这种状况，前苏联专家小组认为需要立即进行制度上的整顿和改进，并于1954年1月建议中共中央责成劳动部和全国总工会及其他部门合作解决这一问题。半年后，政务院颁布了根据全国总工会建议制定的《国营企业内部劳动规则纲要》，并责成各企业主管部门根据《纲要》制定本部门的劳动规则。又如，东北人民政府和财政部聘请的前苏联专家契普洛夫不仅深入各省市解决实际问题，帮助沈阳、旅大、吉林等地编制预算，加强对企业财务的管理，而且对于领导机关的财政管理制度也提出了很好的建议，以致财政部请求政务院务必让他继续留在东北工作一年，并保证在这一年中组织干部加紧学习，力求提高，以达能胜任工作。

前苏联专家对企业管理工作推动的作用还体现在为我国培养了大量技术和管理人才。他们通过讲授技术课、现场指导工作、翻译讲解文献资料等各种方式，耐心而无私地向中国干部、工人传授知识和经验。以第一汽车制造厂为例，在1953—1956年的三年建厂期间，186名前苏联专家为2万名职工讲授技术课1500余次，直接培养管理干部和技术人员470名，其中处长56名，工程师139名，科长、车间主任60名，技术员173名，技工90名。[②] 大连造船厂自1952年移交中方以后，前苏联专家更加毫无保留地利用各种机会和方法向中国职工传授知识和经验。苏方总经理和总工程师亲自审查各科室专家的教学计划和材料，技术专家则是亲自示范，边做边教，耐心讲解。到1954年底已经培养出工段以上技术和管理干部近千人，其中65%的科长和车间主任是从普通工人中提拔起来的。新中国成立初期东北地区大量向内地输送人才，被称为全国的干部基地，这与前苏联专家的帮助也不无关系。

（四）学习前苏联管理模式产生的问题

在向前苏联专家学习的过程中，也出现了不少矛盾和问题，主要表现是前苏联专家提倡的某些在前苏联一贯采用的制度和方法不符合中国国情。

应该说，从前苏联专家的主导思想来说，并非要中国照搬苏联的一切。当时的苏联国家计委主席萨布洛夫在1952年10月与刘少奇、李富春谈话时就提出苏联专家不能太多，更不能包办一切的意见。[③] 然而在具体工作中，前苏联专家指手划脚和生搬硬套的情况却时有发生。然而，更令人担忧的倒不是前苏联专家本身提出的意见或建议不适合中国国情，而在于全国上上下下出现的一种事事听从专家、完全照搬的思想，这在工矿企业尤为严重。大连造船厂铸造分厂的职工在生产过程中自己不动脑筋，专家叫怎么干就怎么干，出了问题就找专家，说是“孩子哭了抱给娘”。[④] 武汉长江大桥工程局的工程人员盲目执行专家的建议，类似的情况在鞍钢基建部门和黑色冶金设计公司、沈阳电线厂等企业都普遍存在。[⑤]

---

① 《1949—1952年经济档案》工业卷，中国物资出版社1996年版，第753—776页。

② 《1960年9月3日第一汽车制造厂关于建厂以来专家工作情况的简要报告》，吉林省档案馆，全宗77，目录6，卷宗23，第40—43页。

③ 李越然：《外交舞台上的新中国领袖》，外语教学与研究出版社1994年版，第39—40页。

④ 《1954年10月中苏造船公司向苏联学习的初步总结》，大连市档案馆，全宗7，目录2，卷宗60，第2—16页。

⑤ 《内部参考》，1954年第281号，第130—131页；1954年第153号，第164—165页；1955年第21号，第387页；1954年第299号，第487—488页。

针对这种情况，在1955年底检查专家工作时，国务院已经开始提醒各部门，在发挥专家作用方面要注意结合实际情况，对专家的建议应“结合本部门的具体情况加以执行”。[①] 1956年2月毛泽东在听取重工业口各部领导工作汇报时指出：“学习苏联不要迷信。对的就学，不对的就不学。”

苏共二十大结束两个月后，毛泽东在中共中央政治局扩大会议上发表了《论十大关系》的讲话。这一讲话开宗明义地指出，“特别值得注意的是”，对于前苏联方面暴露的缺点、错误和走过的弯路，中国现在“更要引以为戒”。毛泽东所谈十个问题，无一不是针对前苏联的，特别是在讲最后一个问题时，反复强调不能对前苏联照抄照搬，不能盲目学习。[②] 1956年5月3日，周恩来在国务院司局长以上干部会议上作报告，在肯定“首先还是要向苏联学习”的前提下，也强调“要独立思考，避免盲从，不要迷信”。[③] 同年6月28日，国务院秘书长习仲勋又在全国外国专家招待工作会议上批评“一切依赖专家的思想”，指出“专家的建议有70%是可行的，有的建议是不可行的”，“外国的专家只能帮助我们，靠外国专家的思想是危险的”。[④]

在这样的气氛中，前苏联专家在中国地位自然会受到影响。1957年2月，外国专家局向国务院呈送了一份关于前苏联专家的报告，其中谈到前苏联专家的工作作风有了显著改进，“他们更加谦虚了，处处表示十分尊重中国同志的意见”，提建议也“比以前更加慎重了”，而且总要一再声明，“请按照中国具体情况研究采纳”。但同时在某些部门则出现了“一种对苏联专家冷淡、疏远，不虚心向专家学习，甚至傲慢无理的现象”。其表现是：不积极主动地安排专家的工作，致使专家感到无事可做；不及时向专家介绍业务情况，提供相关资料；对专家不尊重，自己不愿与专家合作进行工作，也不让研究生接近专家。[⑤] 国务院向全国批转了这份报告，并要求“勤勤恳恳地、老老实实地”向前苏联专家学习，“以亲切、热情的态度去对待在我国工作的苏联专家”。[⑥]

但是，在1958年“大跃进”及反右倾运动开始后，前苏联专家的作用受到了很大限制。例如，鞍山钢铁厂因忽视前苏联专家一再提出的遵守工艺规程的主张，一级钢轨的产量由过去的93%降低到42%—50%，平炉顶的寿命也比过去大为缩短。哈尔滨电机厂的例子更能说明问题。该厂当时正在设计的一种直流电机，使用的是前苏联提供的达到世界最新水平的整套图纸，按这种图纸生产的直流电机投入生产后，年产钢材可达300万—400万吨，相当于1957年中国钢材产量的70%—80%。然而，对于这样一个关系整个国民经济的重大产品，工厂设计人员为了节省几吨制作钢材，未同前苏联专家商量，就对原图纸的主要部件进行了重大修改。专家发现后甚为吃惊，认为这套图纸是总结了前苏联电机厂十几年经验设

---

① 《1955年11月14日国务院关于1955年年终专家工作检查的通知》，辽宁省档案馆，全宗ZE1，目录2，卷宗67，第31页。

② 中共中央文献研究室编：《毛泽东文集》第7卷，人民出版社1999年版，第23—48页。

③ 中共中央文献研究室编：《周恩来外交文选》，中央文献出版社1990年版，第158页。

④ 《1956年6月28日习仲勋在全国外国专家招待工作会议上的指示》，辽宁省档案馆，全宗ZE1，目录2，卷宗138，第2—5页。

⑤ 《1957年2月10日国务院外专局关于对苏联专家关系中一些问题的报告》，福建省档案馆，全宗136，目录9，卷宗294，第6—10页。

⑥ 《1957年2月25日国务院批转外专局关于对苏联专家关系中一些问题报告的通知》，福建省档案馆，全宗136，目录9，卷宗294，第4—5页。

计出来的，而中国在缺乏运转试验的情况下就进行如此重大的修改，是不适当的。由于中方坚持，前苏联专家又建议至少对头两台机组不要修改，可待试验后再作修改。为此，前苏联专家扎依采夫难过地流了眼泪，说自己到中国来没有发挥作用，也不知道怎样发挥作用。

不过，总体来讲，直到1958年下半年全国掀起"大跃进"的高潮之前，前苏联专家在中国基层单位，特别是在科学技术领域的作用并未减退。根据有关研究表明，这一时期执行前苏联专家建议的情况基本是良好和正常的，这至少从一个角度说明前苏联专家在工业企业中发挥的作用还是比较充分的（见表2-1）。

表2-1　部分企业执行前苏联专家建议的情况

单位	时间	提出建议	执行建议	执行比例	未执行的主要原因
阜新矿务局	1949—1954年3月	516	340	66.89%	条件不足和设备未到
石景山钢铁厂	1950—1955年	561	442	78.78%	不详
第一汽车制造厂	1953年6—9月	69	54	78.26%	条件不具备
第一汽车制造厂	1953—1960年	20000	19950	99.75%	事关重大，以后再议
鞍山钢铁公司	1957年	176	158	89.77%	条件不宜或正在商议
鞍山钢铁公司	1958年	262	绝大部分		不详

资料来源：沈志华："对在华前苏联专家问题的历史考察：作用和影响"，《中共党史研究》，2002年第2期，第38—44页。

二、20世纪60—70年代：探索适合中国国情的管理学

这一阶段企业管理的主要特点是探索我国自己的企业管理道路，创建有中国特色的现代企业管理理论体系。

1958年，在党的社会主义建设总路线的鼓舞下，工业企业的干部、群众发挥出高度的热情，努力探索我国自己的企业管理新方法，出现了工人参加小组日常管理、领导干部、技术人员和工人"三结合"，干部参加生产劳动等新经验。但是，由于片面夸大精神作用，不讲客观条件，在企业管理的指导思想上犯了"左"的错误，出现了许多不尊重客观规律、否定合理的规章制度、制定不切合实际的高指标、瞎指挥、弄虚作假等现象。

从中国企业管理理论角度的经验总结，这一阶段企业管理理论代表性的有1960年3月毛泽东同志在鞍钢经验的基础上提出并给予高度评价的中国企业管理的"鞍钢宪法"，有1961年9月颁发的《国营工业企业工作条例草案》简称《工业七十条》。企业管理实践也表明，企业管理制度和方法比"一五"期间大大地前进了一步。我国企业管理学理论体系也在孙冶方、顾准、马洪等学者的努力下开始建立。

（一）"鞍钢宪法"所体现的中国企业管理特色

1958年，中央提出"多快好省建设社会主义的总路线"和"大跃进"，作为初衷也是想探索一条适合中国国情的建设道路，但由于犯了急性病，使"总路线"和"大跃进"一

味强调“敢想敢干”的主观能动性，而违反客观规律，打乱了企业管理的科学秩序。“一五”期间建立起来的那套科学管理制度和方法，被视为不合理的东西加以批判，致使企业管理受到极大削弱，责任制度废弃，生产秩序混乱，在经济上造成了的巨大损失和浪费。

这一期间企业管理理论需要重点关注的是“鞍钢宪法”，其中“两参一改三结合”是“鞍钢宪法”中最具时代意义和理论意义的观点。1960 年 3 月，毛泽东在《中共中央批转鞍山市委关于工业战线上的技术革新和技术革命运动开展情况的报告》的批示中，将“两参一改三结合”的概念赋予鞍钢，并把鞍钢在大跃进期间实行的以政治挂帅和群众运动为核心内容的一套企业管理做法誉为“鞍钢宪法”，使之与“马钢宪法”[①] 相对立，要求在全国工业企业中加以推行。

“两参一改三结合”最初出现在齐齐哈尔国营建华机械厂，在北安庆华工具厂和长春汽车厂得到进一步发展，受到党中央和毛泽东的赞扬与肯定。1958 年 4 月 18 日的《中共中央对黑龙江省委〈关于企业干部参加劳动、工人参加管理及实行业务改革的批复〉的指示》中称，这项经验是完全符合社会主义企业的管理原则的，这项经验应当在全国一切具有条件的工业企业中推行。后来毛泽东对这方面的问题一直很关心，并且在中共八大二次会议上提出了：干部参加劳动、工人参加管理的建议。

1960 年 3 月 11 日，中共鞍山市委根据中央召开全国工业生产、交通运输会议的通知和省委指示，将鞍山市工业战线上技术革新和技术革命运动开展情况，给中央、辽宁省委写了《关于工业战线上的技术革新和技术革命运动开展情况的报告》。这个报告受到毛泽东主席的重视。3 月 22 日，毛泽东主席为此写了长达 700 字的批示，名为《中共中央批转鞍山市委关于工业战线上的技术革新和技术革命运动开展情况的报告》（中发［60］273 号），指出：“鞍钢宪法在远东，在中国出现了。”1960 年 6 月 24 日，《人民日报》发表了中共成都量具刃具厂委员会写的“新型的社会主义企业管理制度”一文和刘少奇为此所写的“编者按”。文章主要介绍了成都量具刃具厂是如何实行“两参一改三结合”的企业管理制度的。“编者按”则强调“凡是条件已经具备的厂矿企业，应当推广成都量具刃具厂的经验，条件尚未具备的厂矿企业，则应积极创造条件，以便在不久以后也能推广。”6 月 27 日，中共中央工业部发出的《关于组织企业干部学习“新型的社会主义企业管理制度”的通知》指出：“……成都量具刃具厂执行和发展‘两参一改三结合’管理制度的经验，是近两年来我国在企业中贯彻执行党所确定的企业领导制度和管理制度所取得的伟大成就的典型总结……。成都量具刃具厂的经验总结，也就是‘鞍钢宪法’的具体内容，也就是在毛泽东思想指导下所形成的领导和管理社会主义的宪法”。至此，“鞍钢宪法”在国营企业中的“宪法”地位已经确定，其内容也已经通过中共中央工业部文件的形式，被概括为“两参一改三结合”。[②]

“鞍钢宪法”的内容要点是：“坚持政治挂帅，加强党的领导，大搞群众运动，两参一改三结合，大搞技术革新和技术革命”，这“五项基本原则”，被称为管理社会主义企业的“根本大法”。毛泽东的批示实际上包括了三个方面的内容：一是政治挂帅，群众性技术革

---

① 前苏联马格尼沃托尔斯克钢铁联合企业是前苏联最大的钢铁联合企业，对工厂的管理有一套完整的规程、规范，甚至上升到法律的高度，这就是著名的“马钢宪法”。

② 戴茂林：“鞍钢宪法研究”，《中共党史研究》，1999 年第 6 期，第 38—40 页。

命，这是企业的指导思想；二是不同于一长制的党委领导下的厂长负责制，这是企业的领导体制；三是“两参一改三结合”，即干部参加集体生产劳动，工人参加企业管理，改革不合理的规章制度，在生产、技术、管理等改革和改进上实行领导干部、技术人员和工人相结合，这是企业的管理制度。

事实上，“鞍钢宪法”是探索社会主义工业化道路重要尝试，集中体现了当时中国对国营工业企业实行民主管理和科学管理的合理要求。作为极具中国特色的企业管理重要经验或方法，“鞍钢宪法”概括了人民群众创造的一些诸如“两参一改三结合”等宝贵经验，体现了依靠广大职工群众办企业，实行民主管理的管理思想，对于20世纪60年代初期克服国有企业中的官僚主义作风，调整企业内部各类人员的相互关系，消除企业内部矛盾，充分调动职工的积极性和创造性，发挥了一定作用。“两参一改三结合”中的“两参”（干部参加劳动，工人参加管理），是1949年后中国企业第一次为自己进行经验总结和管理方法的探索，也是中国企业第一次为自己制订的一种管理模式。“一改”（改革不合理的规章制度），正是中国企业最基本的改革内容。“三结合”（工人群众、领导干部、技术人员三结合）正是企业团队建设的最直接的途径。“鞍钢宪法”所体现的思想与现代企业管理中的人本观念、全员参与和权变管理等都有相通之处，这是我国社会主义工业企业在实践中的创造，也是毛泽东探索我国工业企业发展模式的重要成果。

但同时应当看到，“鞍钢宪法”在很大程度上是大跃进时期管理思想的反映。“鞍钢宪法”带有强烈的意识形态和政治色彩，其诞生与推广在更大的程度上是为了满足当时的政治需要，更多地是“大跃进”时期政治运动和“群众路线”的产物，这也符合当时的时代背景和特征。这一“根本大法”，针锋相对地批判了“马钢宪法”。“鞍钢宪法”否定了马钢的科学管理，提倡“大搞群众运动”这种违反科学管理的做法。[①]

实事求是地说，就当时企业管理科学化实践而言，“鞍钢宪法”所产生的影响有限，不应盲目夸大其在这方面的作用。实际上，由于当时政治的需要和经济形势的恶化，“鞍钢宪法”的执行力度是大打折扣的，也并没有得到长期的贯彻落实。到20世纪60年代中期，大庆油田成为国有企业管理的先进典范和新标杆，认为其能够更好地把党的优良传统和现代化大生产所要求的科学管理有机结合起来，从而很快取代了鞍钢的地位。

（二）《工业七十条》与中国企业管理

“大跃进”的沉痛教训，到1960年已开始被人们所认识。大跃进期间，由于建设上一哄而起加之大搞群众运动，废除了工矿企业中一些必要的规章制度，使企业管理出现混乱。《中共中央关于当前工业问题的指示》就指出：在一些工业管理部门和工业企业中间不同程度地滋生了浮夸作风和瞎指挥作风，在不少的企业中管理工作相当混乱，责任制度废除，设备损坏严重，劳动生产力下降，产品质量降低，企业之间原有的协作关系被破坏了。这些情况，造成企业经济效益普遍下降，以1960年与1957年相比：生铁合格率由99.4%下降到

---

① 著名经济学家蒋一苇认为：“不能把鞍钢宪法当作根本大法，更不能把所谓‘五项原则’当作管理科学的全部内容”。参见蒋一苇：《我的经济改革观》，经济管理出版社1994年版。学者对于鞍钢宪法持有的不同观点，还可参见戴茂林：“鞍钢宪法研究”，《中共党史研究》，1996年第6期；贾根良：“‘鞍钢宪法’的历史教训与我国跨越式发展战略”，《南开学报（哲学社会科学版）》，2002年第4期。

74.9%，工业企业全员劳动生产率下降12%。[①]

1960年6月14日至18日，中共中央在上海举行了政治局扩大会议。会议期间毛泽东写了一篇“十年总结”的文章，重新倡导“实事求是”的思想路线。毛泽东的这一认识，对不久后逐渐转向调整国民经济有重要意义。同年7月5日至8月10日，中共中央在北戴河召开工作会议，降温和调整的空气进一步浓厚。8月底，周恩来在李富春汇报的基础上形成了“调整、巩固、充实、提高”的八字方针，并在1961年1月召开的党的八届九中全会上获得批准。在执行“调整、巩固、充实、提高”的八字方针时，除了从宏观上调整部门之间和工业内部的比例关系外，还加强了企业内部管理，并且从重建必要的规章制度入手。

1961年9月16日，中央组织了企业管理调查组，通过对北京第一机床厂等企业的系统调查研究，在坚持尊重科学管理的正确态度前提下，制定了《国营工业企业工作条例（草案）》即《工业七十条》。关于制定《工业七十条》的目的和意义，在与它同时下发的《中共中央关于讨论和试行〈国营工业企业工作条例草案〉的指示》中有明确的表述：这是要把我们领导工业企业的经验，特别是最近三年多的经验，系统地加以总结，制定出一个适合我国实际情况的和能够更好地为总路线、大跃进服务的，管理企业的规章制度。……这个条例草案的讨论和试行，对于总结过去三年大跃进中国营工业企业管理工作的经验，对于贯彻执行调整、巩固、充实、提高的方针，对于我国工业今后的发展，都具有很重要的意义。

《工业七十条》共有十章加一个总则约2万多字，分别是：总则、第一章计划管理，第二章技术管理，第三章劳动管理，第四章工资奖励，第五章经济核算和财务管理，第六章协作，第七章责任制度，第八章党委领导下的厂长负责制，第九章工会和职工代表大会，第十章党的工作。上述内容总的来说可分为三大部分：第一部分是总则，阐述了国营企业的性质、任务、管理原则、职工在企业中的主人翁地位以及党组织在企业的领导核心地位；第二部分，从第一章到第七章共53条，是关于企业管理的内容；第三部分，对党委领导下的厂长负责制、企业党的工作以及工会和职工代表大会的职责作了若干规定。这个条例明确提出了国营工业企业的性质和基本任务，规定了企业与国家的相互关系（如“五定五保”），同时强调，在企业管理中既要解放思想，破除迷信，又要尊重科学，按照客观经济规律和技术规律办事；既要实行党委集体领导，又要建立以厂长为首的统一的生产指挥系统；既要依靠群众，走群众路线，又要建立责任制，严肃劳动纪律；既要加强思想政治工作，实行精神鼓励，又要贯彻按劳分配原则，实行物质鼓励。

1965年7月，中共中央颁发了《国营工业企业工作条例（修正草案）》。“修正草案”仍为七十条，但设立了二十章。由于1962年9月中共八届十中全会上毛泽东对阶级斗争作了扩大化和绝对化的论述，并且在其后的近三年时间里开展了一连串的“四清”运动，学大庆、学解放军、学习毛主席著作等项运动，因此，“修正草案”加进了这些内容。在“修正草案”颁发至1966年底文革波及到工矿企业的时间里，工矿企业的工作基本上是遵照这个修订本执行的。

《工业七十条》是新中国成立以来我国第一部关于企业管理方面的章程，是当时克乱求治、整顿工业企业和改进企业管理方面的重要文件。它系统地总结了新中国成立以来在领导

① 赵德馨：《中华人民共和国经济史》，河南人民出版社1988年版，第641页。

国营工业企业方面的经验教训，从当时的实际情况出发，提出了企业管理工作的基本指导原则，对企业管理的法制建设工作做了有益的探索。它在我国的企业管理和管理理论的发展史上有着重要的意义，是在计划经济体制内科学管理对主观蛮干的一次拨乱反正。它的颁发和试行，对于贯彻执行调整、巩固、充实、提高的方针，恢复和建立正常的生产秩序，促进生产力的发展，发挥了重要的作用。1962—1965 年，工业产值平均每年递增 17.9% ，工业净产值平均每年递增 21.3% ，生产中的物质消耗平均每年降低 1.5% 。[①]

（三）我国社会主义企业管理学的形成

1961—1966 年，我国的企业贯彻了“八字方针”和“工业七十条”，重新走上了科学管理的轨道，各项管理工作水平都有了显著的提高，生产突飞猛进，许多技术经济指标都创造了历史的最好水平。尤其是大庆油田，把党的优良传统和现代化大生产所要求的科学管理有机地结合起来，成为企业管理的先进典范。我国的企业管理学科体系也在《工业七十条》的思想指导下开始形成。

企业的自主权问题开始受到关注。1956 年《新华半月刊》发表文章，“在上海，一些国营工厂和公私合营的负责人经常这样说：由于上级机关在计划管理、干部管理、职工调配、福利设施等方面管理过多、过死，许多事情他们做不了、管不了，只能起算盘珠子的作用”[②] 1957 年当时在中国社会科学院工作的顾准同志发表了《试论社会主义制度下的商品生产和价值规律》，提出体制弊病在于政府直接经营企业，应让价格成为调节生产的主要工具[③]。毛泽东、刘少奇、陈云等中央领导人亦认识到该问题。例如毛泽东在上述的《论十大关系》的讲话中，说到工厂和其他生产单位都要有一个与统一性相联系的独立性，才会发展得更加活泼。陈云在 1956 年提出的三个主体、三个补充，即以国家经营和集体经营、计划生产、国家市场三者为主体，而以个体经营、自由生产、自由市场三者为补充。

孙冶方的“大权小权论”则是对传统社会主义本质理论的一个跨越。早在 20 世纪 60 年代初期，孙冶方就认识到经济体制改革的核心问题是企业与国家的关系[④]。他提出，经济决策权应划分为国家掌握的“大权”和企业自行掌握的“小权”，属于扩大再生产范围的是国家的大权，国家必须严格管理，属于简单再生产范围的事是企业自主管理的小权，国家多加干涉就会管死。如何处理独立核算企业之间的关系，在他看来是社会主义经济管理中的一个重大问题，不是车间内部技术分工的问题。此外，他提出的“利润是企业经营好坏的最集中表现”观点是对社会主义企业目标做出的科学表达。这一时期亦有马洪等其他学者的不懈探索，代表性的著作是马洪主编、人民出版社年内部发行的《中国社会主义国营工业企业管理》一书。

1. 试办“托拉斯”思想

刘少奇是我党最早研究企业管理的领导人之一。他是 20 世纪 60 年代在中国试办托拉斯的主要倡导者。在试办托拉斯中，刘少奇针对我国企业管理中存在的问题，提出了许多宝贵

---

① 国家统计局工交物资统计司：《中国工业的发展统计资料》，中国统计出版社 1985 年版，第 11 页。

② 汪海波：《新中国经济史》，经济管理出版社 1986 年版，第 152 页。

③ 张问敏、张卓元、吴敬琏：《建国以来社会主义商品生产和价值规律论文选》，上海人民出版社 1978 年版。

④ 孙冶方：“关于全民所有制经济内部的财经体制问题研究”，《社会主义经济的若干理论问题》，人民出版社 1979 年版，第 138—152 页。

的思想，如组建专业公司，减少行政干预，按经济的办法管理企业等。这些思想对当今中国的企业管理仍具有重要的现实意义。

在新中国成立后的很长一段时间里，我国的管理体制偏重于用行政办法管理经济，企业只是行政单位的附属物，管理多头多级，机构重叠庞大，效率不高。针对这种情况，刘少奇同志在党的八大政治报告中就明确提出要正确处理国家与企业的关系，“我们的经济部门的领导机关必须认真把该管的事管好，而不要去管那些可以不管或者不该管的事”。① 在他看来，作为行政机构的部、厅、局直接管理工业是不合适的，企业要搞经济核算，组织专业公司管企业，可能比行政机构管得好一些，因此可以考虑把各部、省的厅、局由原来的行政机构改为公司，减少行政职能，增强经济职能，以进一步接近生产，接近企业，变成业务机构。②

刘少奇十分注重企业经济效益这一核心问题。1962 年 1 月在扩大的中央工作会议上，刘少奇在谈到 1962 年经济建设工作时指出：“所有工业企业，都必须切实地改进管理工作，把提高产品质量、增加品种、提高劳动生产率、降低成本，当成首要任务。坚决扭转某些企业亏本赔钱的状况。”针对如何提高企业经济效益这一问题，刘少奇提出了许多重要途径，如努力提高产品质量；有效地利用人力、物力、财力，降低生产成本；奖励生产成绩卓著者，提高劳动生产率等等。还有重要的一条，就是学习和利用国外先进的企业管理经验，其中包括试办“托拉斯”。

刘少奇率先在 1949 年提出了组织“托拉斯”思想，“用经济方法管理企业”。“当前工业管理上的一个突出问题是个‘散’字，也就是没有组织起来。”③ 他在多次谈话中讲到，采用托拉斯这种经济形式，把原有中央有关部委、省厅局转化为专业公司可以进一步“接近生产，接近企业，变成业务机构”。这样，就可以做到有计划、有组织地进行生产经营，进而达到“提高质量，增加品种，降低成本，提高劳动生产率”的目的，以便“对国家有利，对地方有利，对整个社会有利”。在组建方法上，刘少奇认为，为了便于统一管理，托拉斯在组建上应该坚持以行业为主的原则。这种行业性包括全国性、区域性和地方性的三种不同类型。在行业范围上，刘少奇认为，要以工业化托拉斯为主，“托拉斯还包括商业，包括物资”。不应当只是管生产，而应当像外国托拉斯那样，同时“还管销售”，做到既是商品的生产者，又是商品的销售者，以形成产供销一条龙。在组织形式上，刘少奇提出，托拉斯应当在统一管理的前提下，可以有三种不同的组织形式：第一是“紧密型”，即“人权、物权、财权全部统，工厂全部收”；第二是“半紧密型”，即“只统一计划、价格、原材料供应和产品销售”；三是“松散型”，即“只管计划、安排任务、交流经验”。并指出：“几种形式都要有，只一种不行。统起来是主要的。”④

1963 年 9 月，中央在《关于工业发展问题》的文件中指出“管理工业企业，主要是要用经济办法，而不能片面地依靠行政手段”。1964 年 1 月 7 日，毛泽东在听取 1963 年工业、交通工业会议情况汇报时指出，要学会按照经济办法改进工业管理体制。根据中央的意见和决策，国家经济委员会当即会同工业、交通各部门开始研究扩大试办托拉斯的具体方案。8 月中共中央和国务院批转了国家经委《关于试办工业、交通托拉斯的意见报告》。这样，我

① 中共中央办公厅：《中国共产党第八次全国代表大会文献》，人民出版社 1957 年版。

② 中共中央文献研究室编：《刘少奇论中国经济建设》，中央文献出版社 1993 年，第 527 页。

③ 《刘少奇选集》下卷，人民出版社 2004 年版，第 474 页。

④ 刘少奇：“关于六十年代初期试办工业、交通托拉斯的一组文献”，《党的文献》，1993 年第 2 期。

国开始了工业管理体制改革的初步尝试，全国范围内试办托拉斯的工作正式启动。1964 年全国先后试办了烟草、铝业、橡胶、长江航运等 12 个分别代表几种类型的专业公司。实践证明，按专业协作原则实行工业改组、组织托拉斯的思想是正确的。它的优点是产、供、销协调，企业只有一个“婆婆”，办事快，效率高，产品质量有保证，经济效益是好的，是一次卓有成效的探索。例如 1965 年成立的中国橡胶工业公司，直接管理着 112 个企业，一年时间产值增长了 14%，上交利润增长 24.3%，成本降低了 14.7%。在中国盐业公司的统一管理下，所属各盐场精于管理调度，合理组织运输，1964 年每吨盐铁路运程比 1963 年下降 23 公里，全年节约 9600 万公里的运输成本，节约麻袋 300 万条，17 个直属盐场的流动资金占用额由 1963 年的 2160 万元降为 1964 年的 1580 万元。

刘少奇欲以试办托拉斯为契机，实行政企分开，同时注意政府和企业的协调关系，可见刘少奇在企业管理方面的远见卓识。刘少奇的企业管理思想是刘少奇经济思想中的一部分，是我国企业管理的重要指导思想，它的系统性和深刻性，仅仅通过试办托拉斯这一点，是不能一概而全的，况且 60 年代试办的托拉斯管理体制还存在着当时难以避免的局限性——未能突破计划经济体制的框框，但就其组织专业公司，减少行政干预，按经济办法管理企业的基本思路来说，一直为今天所借鉴。

2. 孙冶方等学者在管理学领域的探索及我国管理学的形成

长期以来，中国的经济学界形成了这样一种思维定势，似乎“计划经济等于社会主义，市场经济等于资本主义”。令人钦佩的是，在中国计划经济一统天下的时期，20 世纪 50—60 年代中国经济学界却出现了孙冶方、顾准等大胆探索商品经济（市场经济）的少数理论先驱。1956 年，孙冶方发表了“把计划和统计放在价值规律的基础上”（《经济研究》，1956 年第 6 期）；1957 年，顾准发表了“试论社会主义制度下的商品生产和价值规律”（《经济研究》，1957 年第 3 期）。这期间还有其他经济学家发表相关或类似的文章，如许涤新发表了“论农村人民公社化后的商品生产和价值规律”（《经济研究》，1959 年第 1 期）；于光远发表了“关于社会主义制度下商品生产问题的讨论”（《经济研究》，1959 年第 7 期）；卓炯发表了“试论社会主义制度下的商品”（《中国经济问题》，1961 年第 5、6 期合刊），等等。

顾准生于 1915 年 7 月 1 日，靠天分和自学成为会计学的专家，1934 年在上海组织马列主义秘密团体“进社”，主动联系并服从共产党组织的领导，于 1935 年加入中国共产党；1940 年，他毅然离开名高利重的职位，赴新四军工作。1949 年新中国成立后，任上海财政局局长，并兼任上海市政府党组成员（有陈毅、潘汉年、方毅等 7 人）、中共华东局财政部副部长。1952 年，在“三反”运动中，以所谓“思想恶劣阻碍三反”的罪名被撤职，在 1957 年的反“右”运动中，因为超前的经济学观点和其他言论被打成“右”派并被开除出党，1974 年 12 月因癌症逝世。顾准失去官位后，在中国科学院经济研究所从事研究工作。他在《经济研究》1957 年第 5 期上发表“试论社会主义制度下的商品生产和价值规律”一文，提出体制弊病在于政府直接经营企业，应让价格成为调节生产的主要工具，指出“让全社会成为一个大核算单位是不可能的”，提出要以“每个企业为单位进行核算”，“价值规律在客观上是制约着经济计划的”，主张价值规律的作用是“调节全部经济生活”。[①] 这是非

① 顾准：《顾准文集》，中国市场出版社 2007 年版，第 362、376—378 页。

常大胆和超前的观点，这使得他成为在中国第一个提出社会主义条件下市场经济理论的人。顾准这一“出格”的经济思想，曾推动他的老友——“新中国价值规律之父”孙冶方提出价值规律学说，从而导致孙冶方在“四清”中被定为“中国最大的修正主义者”。他的观点还影响了吴敬琏等年轻的经济学家，他们在30年之后为建立市场经济所进行的论证对改革开放起到了推动作用。

孙冶方是我国要求建立新的社会主义经济理论体系和企业管理目标的少数先行者之一。1956年，他写的“把计划和统计放在价值规律的基础上”，已经涉及社会主义政治经济学所应包含的内容。在1958年的一次发言中，他明确地提出：“形而上学的自然经济观点，妨碍了社会主义政治经济学的前进，使得我们的社会主义政治经济学教科书缺乏一个完整的体系，或者缺乏一条红线能把社会主义政治经济学的各个章节串连起来。”[①] 1959年，他在“论价值”一文中，又进一步结合价值在社会主义和共产主义政治经济学体系中的地位，提出了基本上应该按照《资本论》的程序来研究和分析社会主义经济，“就是说，先分析生产过程，再分析流通过程，最后分析社会主义社会的整个生产过程。”[②]

孙冶方从新的角度阐明社会主义经济中价值和价值规律的作用，并把它作为整个理论体系的基础。孙冶方从社会主义经济客观地要求在生产中进行社会必要劳动耗费的计算出发，从社会主义经济客观地要求把经济效果和生产费用进行比较出发，深感在社会主义经济中排斥或轻视价值的错误。他依据自己的理解，用马克思和恩格斯的著作中的一些重要论断和分析，支持自己的见解：第一，价值是同社会化大生产相联系的，而交换价值则是同商品生产相联系的，价值同交换价值应该区分开来；第二，社会必要劳动或社会必要劳动耗费只能表达出价值的“量”，而不能表达出价值的“质”，恩格斯说的“价值是生产费用对效用的关系”，表达了价值的“质”的方面；第三，由于价值不只是与商品经济相联系的范畴，价值和价值规律不但存在于尚保留商品生产的社会主义经济中，而且也存在于商品经济已经消亡的共产主义经济中；第四，价值规律在社会主义经济和共产主义经济中的作用是：社会必要劳动时间决定价值，由此就起着节省劳动时间和按比例分配劳动时间的作用。孙冶方认为这个价值理论是他的理论体系的基础：“千条，万条，价值规律第一条”。从价值理论出发，他明确地提出：用最小的劳动消耗取得最大的经济效果是社会主义政治经济学的一条红线。他指出：“社会主义经济最大的问题，就是只讲费用不讲效果，或只讲效果不讲费用”，[③] 而讲经济“就是以最小的耗费，取得最大的效果”，相当长一段时间，由于“反对讲最小最大，反对讲经济效果，空讲政治挂帅，空讲阶级斗争，结果走到了反面，变成了最大最小”。[④] 孙冶方认为“最小最大”是一切经济问题的秘密和核心，把它作为社会主义政治经济学贯串到底的一根红线，相应地，必然要求把提高经济效果摆在社会主义经济建设中的首要地位。

在《工业七十条》的思想指导下，1961年中国科学院经济研究所和有关大专院校的同志组成编写小组，由马洪主持编写了60万字的《中国社会主义国营工业企业管理》一书，由人民出版社于1964年内部出版发行。这是一部具有历史意义的、代表那个时代企业管理

① 孙冶方：《社会主义经济的若干理论问题》，人民出版社1979年版，第62页。
② 孙冶方：《社会主义经济的若干理论问题》，人民出版社1979年版，第123页。
③ 孙冶方：《社会主义经济的若干理论问题》，人民出版社1979年版，第128页。
④ 孙冶方：《社会主义经济的若干理论问题》（续集），人民出版社1982年版，第203页。

最高水平的著作。该书从我国企业管理实际出发，既肯定了社会主义建设成功的经验，也总结了教训，研究分析了前苏联以及一些西方国家企业管理的理论与实践，系统地提出了适合我国情况的企业管理制度和方法，对普及工业企业管理知识，提高工业企业管理水平起到了显著作用。1963 年中国人民大学工业经济系李铁城编写了企业管理教材《工业企业管理纲要》。我国社会主义企业管理学的学科开始形成。

值得一提的是，从 20 世纪 60 年代起大庆创造的岗位责任制等先进企业管理经验的出现，对建立和丰富中国社会主义企业管理学提供了许多新鲜经验。遗憾的是，由于“文革”，使我国开始形成的企业管理理论和方法遭到了破坏。在十年“文革”中，出现了全盘否定企业管理，把《工业七十条》污蔑为“复辟资本主义的黑纲领”，提出“砸烂一切规章制度”，拆散企业的管理机构，下放企业管理人员，烧毁管理资料，从而使我国的企业管理完全瘫痪，使企业的生产力遭到了极大的破坏。

“文化大革命”破坏了企业管理，也摧残了刚刚形成的管理理论。当时，把科学的企业管理污蔑为资产阶级对工人的“管、卡、压”，把生产技术责任制污蔑为“专家治厂”、“反对党的领导”，把发展生产和提高经济效益污蔑为“唯生产力论”和“利润挂帅”，把学习外国企业管理经验污蔑为“洋奴哲学”和“爬行主义”，等等。与此同时，解散了所有财经院校和企业管理专业，把企业管理学教授和毕业生撵到“五七干校”和农村，使企业管理理论的发展在 10 年间出现了空白，造成了管理界的思想混乱。

三、中国管理学发展的基本特征

从整体上看，从新中国成立至党的十一届三中全会召开前这段时期，在计划经济体制下，企业权力始终高度集中在各级政府经济管理部门手里，企业生产什么、生产多少、为谁生产，一律听从来自其上级政府主管部门的指令性计划。企业不是独立的法人实体，只不过是政府经济主管部门的附属生产单位，真正独立承担经营责任、自负盈亏意义上的企业并不存在，更不用说现代企业了。

（一）高度集中经济管理体制下的生产导向型管理理论

高度集中型经济管理体制下的企业管理理论的基本特征是，企业管理只注意研究企业内部的生产管理，而几乎不研究企业外部的流通领域，形成了生产型的管理理论。

这一时期，企业缺乏基本的自主经营管理权，当然也就不可能有规范化的现代企业管理。对于在数量、规模和功能上占绝对主导地位的国有国营企业而言，任何管理制度的变动和管理方法的引入，几乎都是由政府经济主管部门通过发文件、抓推广、促落实、勤检查的行政计划和命令方式，从上而下地统一部署、一致行动地进行，甚至成为在国家层面上由中央政府推动的某种群众性运动。由于生产实行指令性计划，生产资料统一调拨，产品统购统销，企业管理活动仅仅局限于计划控制下的生产制造环节，基本上是传统的基础管理方法，例如普遍采用工时测定和工序控制来提高工时利用率和产品质量等，管理科学化的实践空间极其有限。这样企业管理理论也就形成了生产型的管理理论。

（二）管理学发展学习和借鉴了前苏联模式

为适应“一五”大规模建设的需要，在全国范围内全面地、系统地引进前苏联的企业管理制度和方法，工业企业管理中推行前苏联的“一长制”模式和“马钢宪法”，使我国的企业管理开始进入科学管理的轨道。因此，我国企业管理理论早期主要是学习和借鉴前苏联管理理论，计划管理、技术管理、经济核算制等方面的内容奠定了我国企业管理学在生产管理方面的基础。

在学习和借鉴前苏联管理理论的同时，我国企业管理学也开始了自己的探索。例如毛泽东同志在《论十大关系》中对那种在学习前苏联企业管理的过程中出现了对一切不加分析、照抄照搬的错误学习态度进行了批评。

（三）企业管理理论重视民主管理

从新中国企业管理破旧立新阶段到社会主义建设阶段，民主管理始终成为我国企业管理理论的一个重要特征。

新中国成立时，要改变旧社会不合理的企业管理方式，让人民真正成为企业的主人，参与管理企业。在学习前苏联管理理论时，我们逐渐认识到不能对前苏联管理模式照抄照搬，1956 年中共八大提出在企业中实行党委集体领导下的厂长或经理负责制，1957 年党中央又决定在企业中推行党委领导下的职工代表大会制，加强民主管理。20 世纪 60 年代“鞍钢宪法”中“两参一改三结合”和《工业七十条》都提出民主管理的思想。即使在“文革”中，民主管理依然受到重视。可见，我国管理学从诞生起，民主管理就成为了重要特色。

（四）管理学发展具有鲜明的时代特色

企业管理是建立在基本的企业制度基础之上为实现企业目标而开展的活动，而企业制度又受到国家基本经济制度的制约，因此企业管理活动从经济运行的微观操作层面反映出国家基本经济制度的特征。改革开放前中国企业管理的实践历程完整地体现了这一基本原理，企业管理学具有鲜明的时代特色。

新中国成立以后，我国的企业管理首先经历了经民主改革和生产改革，建立起基本的社会主义工业体制和企业制度；然后在政府经济管理部门的统一部署下，全国范围内全面、系统地引进和推行前苏联的企业管理制度和方法，其核心是严格计划指令下针对生产环节的生产型管理；之后，逐步建立起中国自己的企业管理学体系。由此，新中国企业管理学作为一门新兴的学科，在曲折中探索和建立起来。

第三章

转轨时期的管理变革与创新

从党的十一届三中全会后到党的十四届三中全会前，企业管理实践和理论处于转轨时期。这一时期，通过企业“集体”学习，重新普及企业管理知识，使企业管理回到正确的轨道上来。大量西方先进管理思想和科学管理方法的引入和介绍，使中国企业管理工作者拓展了视野，明确了追赶目标。特别是1984年邓小平同志视察南方后，外资企业开始进入国内，国有企业改制加快了步伐，一批本土企业成长起来。相应的，企业管理学也恢复起来，并在学习和模仿西方企业管理理论的基础上进行了自己的探索。

一、我国管理学的恢复与重建

(一) 企业管理工作的恢复性整顿

粉碎“四人帮”以后，各项工作百废待兴，中共中央很快地提出对企业管理工作进行恢复性整顿的任务。1978年7月，中共中央制定了《关于加快工业发展若干问题的决定(草案)》即《工业三十条》，为企业的科学管理提供了正确的政策依据。同年12月召开的党的十一届三中全会号召全党、全国人民把工作重点转移到社会主义现代化建设上来，“现在我国经济管理体制的一个重要缺点是权力过于集中，应该让地方和工农企业在国家统一计划的指导下有更多的经营自主权”，“扩大企业自主权，并且把企业经营好坏同职工的物质利益挂起钩来”。为了贯彻落实党的十一届三中全会精神，1979年4月的中央工作会议提出了“调整、改革、整顿、提高”的方针。

恢复性整顿的内容，包括企业管理工作的指导思想、组织领导和管理制度等方面。首先，在指导思想上进行了拨乱反正，把企业各项工作中被“四人帮”颠倒了的思想路线重新纠正过来，清除了他们在企业管理方面散布的种种谬论。其次，在组织上清理了企业的领导班子。再次，在管理上重建了必要的规章制度，尽快地恢复企业的正常生产秩序和管理秩序。从而把企业管理逐步引入了正轨。

为了深入贯彻党对国民经济进行“调整、改革、整顿、提高”的方针，充分发掘现有国营工业企业的潜力，提高经济效益，促进国民经济状况的根本好转，党中央于1982年初作出了《关于国营工业企业进行全面整顿的决定》，要求从1982年起，用两三年的时间，有计划有步骤、点面结合、分期分批地对所有国营工业企业进行全面的整顿工作。这项工作是在过去恢复性整顿的基础上进行的，是建设性的。整顿的主要内容有五个方面：一是整顿和完善经济责任制，改进企业经营管理，搞好全面计划管理和经济核算工作。二是整顿和加强劳动纪律，严格奖惩制度。三是整顿财经纪律，健全财务管理制度。四是整顿劳动组织，按定员定额组织生产。五是整顿和建设领导班子，加强对职工的思想政治教育。通过全面整顿要把企业建设成为具有高度物质文明和精神文明、具有中国特色的社会主义现代化企业。其中，企业整顿的具体目标是“三项建设”和“六好要求”。“三项建设”是逐步地建设起一种又有民主、又有集中的领导体制，逐步地建设起一支又红又专的职工队伍，逐步地建设起一套科学文明的管理制度。“六好要求”是指通过“三项建设”使企业能够正确地处理好国家、企业、职工个人三者之间的经济关系，出色地完成国家计划，达到“三者兼顾好、产品质量好、经济效益好、劳动纪律好、文明生产好、政治工作好”，成为“六好企业”。

开展全面质量活动成为整顿和加强企业管理基础管理工作的切入点之一。针对当时正常生产秩序混乱，质量管理薄弱、产品质量普遍不高的状况，机械工业部于 1978 年 9 月举办了第一个“质量月”活动，将全面质量管理（TQM）从美国、日本引入了中国。全面质量管理活动从此轰轰烈烈的在我国开展起来了。随后，专司全面质量管理推进工作的中国质量管理协会在 1979 年成立。1980 年 3 月 18 日，国家经委颁发了《工业企业全面质量管理暂行办法》，中央电视台举办了全面质量管理电视讲座，全国几百万职工收看并参加了考试。20 世纪 80 年代，国家还组织了评选优质产品、全面质量管理奖和优秀 QC 小组等活动，使全面质量管理在中国形成了一个高潮。整顿和加强企业基础管理工作的另外三个切入点分别是企业标准化工作、编制定员和定额工作、成本管理。

1982 年 1 月，中共中央、国务院颁发《国营工厂厂长工作暂行条例》，提出企业管理的基本原则是党委集体领导、职工民主管理、厂长行政指挥。

（二）企业管理理论和管理学科的恢复与建设

政府和理论界在企业管理理论和学科的恢复与建设上做了许多卓有成效的工作：（1）由袁宝华等同志率领专家学者赴日本、美国考察，学习日、美企业管理的理论和经验。（2）国家经委和有关组织连续举办多次企业管理现代化座谈会和经验交流会。1979 年 3 月，国家经委举办企业管理培训干部研究班，这是新中国企业管理培训史上首次以国家层次命名的企业管理培训班，标志着真正意义上的企业管理培训的开始。1979 年成立中国企业管理协会[①]，随后中国企业管理教育研究会等全国一大批企业管理理论学会和研究会相继成立，进行了大量的企业调查研究和管理经验总结，交流推广国内外先进管理经验，并连续举办企业管理高级研修班。由中美联合创办的大连企业管理培训中心，请美国著名教授连续举办高级培训班，培养了一批高层次的企业管理理论工作者和大企业经营者。中国工业经济研究所依托中国工业企业管理教育研究会[②]和《经济管理》杂志于 1983 年正式创办了全国经济管理刊授联合大学，成员有 78 所设有经济管理专业的高等院校，在青、藏、新（当时海南未建省，重庆未直辖）之外的 26 个省市区 79 所分校，分 1983、1984、1985 三届，共招收培训

---

① 后来更名为中国企业联合会。来源：www. cec – ceda. org. cn。

② 后更名为中国企业管理研究会。

了3万学员，经济管理刊授大学成为“培训在职经济管理干部的一种好形式”。[①] 该学校会同中央电视台联合举办企业管理学电视讲座，再加之在全国范围内分批对厂长、经理统一考试，于是在全国范围内掀起学习企业管理理论、培养厂长和企业管理干部的热潮。1979年全国职工教育培训人数达1000多万人，1981年2月党中央、国务院作出《关于加强职工教育工作的决定》，在规范化的基础上进一步促进职工教育和培训。（3）1978年经国务院批准成立以马洪为所长的中国社会科学院工业经济研究所，并招收20名首届企业管理学和工业经济学的硕士研究生，专门研究企业管理理论。恢复全国高考后，恢复了中国人民大学和全国财经管理系科专业，在清华大学等工科大学增设企业管理系科，在全国设立企业管理专业硕士、博士制度。

（4）由马洪率领一批企业管理学专家赴黑龙江省大庆油田总结大庆管理经验，撰写了《大庆企业管理》专著。

（5）由中国社会科学院工业经济研究所所长马洪任主编、首都经济贸易大学教授罗元铮任副主编，从1979年起由中国社会科学出版社出版了《国外经济管理名著》丛书，将泰罗的《科学管理原理》、法约尔的《工业管理与一般管理》、梅奥的《工业文明的人类问题》、孔茨等的《管理学》等37本管理学世界名著介绍给中国的广大读者。

（6）由中国社会科学院工业经济研究所所长蒋一苇挂帅，同香港定期举行企业管理理论研讨会，同国外学者举行国际研讨会，加强海内外和国内外的学术交流。同时，领导一批企业管理学专家陆续对最有代表性的5个国有大型企业的经营管理经验进行全面认真的调查和总结，完成了5本专著即《首都钢铁公司经营管理考察》、《第二汽车制造厂经营管理考察》、《上海机床厂经营管理考察》、《成都量具刃具厂经营管理考察》、《青岛双星鞋业集团经营管理考察》，弄清了我国企业管理的现状、经验和问题，为建立和发展中国特色的企业经营管理理论奠定了坚实基础。

总体来看，企业的恢复性整顿工作是围绕产品结构和服务方向、节约能源、企业挖潜和技术改造等调整措施进行的，并且与扩大企业经营管理自主权的体制性改革相适应。1985年底，全国范围的企业全面整顿工作圆满结束，企业管理工作的重点开始全面转向企业管理现代化。通过全面整顿，恢复和强化了企业的基础管理工作，促进了各项专业管理水平的提高，从而为推进企业管理现代化、科学化创造了条件。

二、企业管理模式从生产型向生产经营型转变

改革开放以前，国家对国有企业实行计划统一下达，资金统贷统还，物资统一调配，产品统收统销，就业统包统揽，盈亏都由国家负责，国有企业没有经营自主权。党的十一届三中全会提出，要给企业更多的经营管理自主权。按照这一精神，先后在国有企业推进了扩大企业经营自主权、利润递增包干和承包经营责任制的试点，调整了国家与企业的责权利关系，进一步明确了企业的利益主体地位，调动了企业和职工的生产经营积极性，增强了企业

① 黄速建：“大师马洪”，《经济管理》，2007年第3期。

活力，为企业进入市场奠定了初步基础。

（一）扩大企业自主权的企业制度改革

中国企业制度的变革是从扩大企业自主权着手的。扩大企业自主权是党的十一届三中全会后企业改革的重要内容。在整个20世纪80年代的改革开放中，企业改革是先行的。1984—1993年的国企改革指导思想是两权分离，广义上的产权改革，也从这一阶段开始。邓小平同志亲自提出和推动了实行厂长（经理）负责制和制定企业法，并在1975年、1980年两次谈话中都要求“一定要搞好企业管理”。李先念同志和彭真同志亲自领导了扩大企业自主权和制定企业法[①]。

1978年12月党的十一届三中全会公报明确提出，企业是相对独立的经济实体，应该让企业拥有更多的经营自主权。1978年第4季度，四川省首先在6个地方国营工业企业进行试点。从1979年起，试点企业扩大为100个。国务院1979年7月13日下达5个改革企业管理体制的文件。这5个扩权文件包括《关于扩大国营工业企业经营自主权的若干规定》、《关于国营企业实行利润留成的规定》等，主要内容包括：第一，在完成国家计划的前提下，允许企业按照生产建设和市场需要，制定补充计划。补充计划生产的产品，企业可以按照国家定价自销。第二，实行利润留成，把企业经营的好坏同职工的物质利益直接挂钩，企业用利润留成建立的生产发展基金、集体福利基金和职工奖励基金，有权自行安排使用。第三，逐步提高固定资产折旧率及企业的留成比例。第四，企业有权向中央和地方有关部门申请出口自己产品，并按国家规定获得外汇分成。之后，全国有26个省、市、自治区在1590个工业企业里进行了试点。1980年8月9日，国家经委给国务院写了一个《关于扩大企业自主权试点工作情况和今后意见的报告》，指出：1979—1980年6月底，根据29个省、市、自治区和一些工交部门（不包括军工企业）的统计，试点企业总计为6600多个。这些试点企业约占全国预算内工业企业总数的16%，但试点后产值达到60%左右，利润达到70%左右。其中上海、天津试点企业利润达到80%以上，北京达到94%。1979年有4200多个试点企业，总的利润留成额为21.3亿元，按财政口径计算企业所得为14.04亿元，占增长利润的40.8%。

1983年4月《国营工业企业暂行条例》规定：“企业对国家规定由它经营管理的国家财产依法行使占用、使用和处分的权利。”

1984年3月24日，福建国有骨干企业55位厂长的呼吁书《请给我们松绑》在《福建日报》全文刊登，这成为当年度最具轰动性的事件。一周后，《人民日报》在第二版头条显著位置，报道了55位厂长、经理呼吁“松绑放权”的消息，还配发了相关的“编者按”，对福建省有关部门重视呼吁大加赞赏。至此，全国报纸纷纷转载、评论，“松绑”新闻演变成了一场全国性的事件。在企业史上，它是中国企业家第一次就经营者的自主权向资本方——政府部门提出公开的呼吁。尽管它的产生其实带有很强的政府操作的色彩，不过在实际的效果上确实对全国的企业改革起到了强力催化的效应。“公开信”带有强烈的时代气息，它第一次明确提出了“实行厂长（经理）负责制”的议题，呼吁通过扩大权力调动企业经营者的积极性。这一呼声很快成为一种共识。5月10日，国务院颁发《关于进一步扩大国

---

① 袁宝华：“难忘的历程 伟大的实践——十一届三中全会企业改革的回忆”，《企业管理》，2008年第12期。

营工业企业自主权的暂行规定》。“松绑新闻”是国营企业改革史上的一个标志性事件，“公开信”发表的3月24日还一度被命名为“中国企业家活动日”。

1984年10月28日，《人民日报》报道了江苏省常州市积极贯彻国务院关于扩大企业自主权10条规定的经验，希望各地区各企业进行效仿。1985年9月，国务院颁发了《关于增强大中型国营企业活力若干问题的暂行规定》。这个《规定》提出了搞活国营企业、发挥企业自主功能的14条措施，更为具体地贯彻了党的十二届三中全会关于搞活企业、扩大企业自主权的要求。

1986年9月，在广泛试点的基础上，中共中央、国务院颁发了《全民所有制企业厂长工作条例》、《中国共产党全民所有制工业企业基层组织工作条例》、《全民所有制工业企业职工代表大会条例》。在颁发3个条例的通知中明确指出，实行厂长负责制，必须保证厂长在企业生产经营重大问题上的决策权，突出厂长在行政指挥中的作用。1986年12月，国务院颁布《关于深化企业改革增强企业活力的若干规定》，推行多种形式的经营承包制。

随着企业扩权试点的发展，人们更多地遇到经济责任方面的问题。于是，改革又逐步向经济责任制方面扩展。工业经济责任制是在经济体制改革中出现的一种把企业和职工的经济利益同其承担的经济责任、实现的经济效益和劳动成果结合起来的经营管理制度。它既是经济体制改革的产物，也是企业管理的进步，是企业从生产型管理走向生产经营型管理的开端。这一改革从1981年春季开始，由山东省率先在企业中试行。主要围绕国家同企业之间、企业同职工之间的责、权、利关系，贯彻联产承包、按劳分配的原则。此后，首都钢铁公司创造了一整套实行经济责任制的经验。从1983年开始，全国又分两步对国营企业实行了利改税的改革。从1985年起，在改革分配制度上，通过落实企业内部的经济责任制，实行了多种形式的工资、奖金分配制度的改革试验。其中包括企业工资总额同上缴利税挂钩，按比例浮动，国家对企业工资进行分级管理，对工资、奖金突破限额的企业，开征工资调节税和奖金税，等等。实行工业经济责任制要求企业内部层层加强管理，搞好各项基础管理工作，建立健全各种规章制度和责任制度，全面改善经营管理。对企业的全面整顿和推行工业经济责任制，对提高当时我国的企业管理水平起到了积极的作用。

1986年4月，中共中央、国务院发出《关于认真执行改革劳动制度几个规定的通知》，而后又陆续颁布了《国营企业实行劳动合同制暂行规定》、《国营企业辞退职工暂行规定》和《国营企业职工待业保险暂行规定》。从当年10月起，全民所有制工业企业招收新工人全部实行合同制，迈出了劳动制度改革的重要一步。与此同时，对职工实行待业保险制度，以便为企业启动辞退职工的机制作好准备。当年12月，国务院发出《关于深化企业改革增强企业活力的若干规定》，指出企业可以自主决定内部职工工资、奖金分配的具体形式和办法，以奖勤罚懒，更为实际地体现按劳分配、多劳多得的原则。这对于克服“职工吃企业的大锅饭”、“企业吃国家的大锅饭”的弊端起了积极作用。

1988年4月，七届全国人大一次会议通过了《中华人民共和国全民所有制工业企业法》，用法律的形式肯定并维护了企业的自主权利，有力地推动了企业扩权改革的发展。1992年7月，国务院颁布《全民所有制企业转换经营机制条例》，明确赋予企业14项经营自主权，“使企业适应市场的要求，成为自主经营、自负盈亏、自我约束、自我发展的商品生产和经营单位，成为独立享有民事权利和承担民事义务的法人。”

在当时没有自主权利、没有自我改造和自我发展能力的情况下，这无疑给企业的发展注入了活力，有效地调动了企业的生产经营积极性。在这种减少政府直接干预、扩大企业自主权得到落实的情况下，企业开始重视发挥市场调节的作用，普遍增强了经营观念、市场观念、服务观念和竞争观念，一些重要企业开始形成有利于发展商品经济的经营机制，企业的经济效益有不同程度的提高。

这些企业制度的改革，以及围绕企业改革进行的一系列经济体制改革，必然要求企业管理突破生产制造环节的局限，向整个企业生产经营全过程延伸，从而推动 20 世纪 80 年代中国企业管理模式从“生产型”向“生产经营型”转化。中国的国有企业经营者开始了第一次转型：从厂长到经理，从“找市长”到“找市场”，从“生产”到“销售”。

（二）企业产权改革理论的探索与发展

1. 关于扩大企业自主权的研究

20 世纪 70 年代末期，胡乔木、薛暮桥、孙冶方等同志大力倡导扩大企业权限，主张企业是相对独立的商品生产者。理论界对此的研究持续了较长时期。

马洪强调充分发挥企业的主动性，指出：解决经济管理体制问题，应当把充分发挥企业的主动性作为基本的出发点，正确处理国家和企业的关系是实现国家、企业和劳动者个人三者利益统一的关键，明确国家和企业双方的经济责任才能更好地发挥企业的主动性。他进一步指出，“改革经济管理体制必须从扩大企业自主权入手”，这是因为“第一，现代工业是社会化大生产，而企业则是它的基本生产单位。第二，社会主义生产是建立在生产资料公有制基础上的商品生产，社会主义工业企业既是国家计划的基本单位，又是商品生产的基本单位。第三，企业必须实现经营管理‘自动化’。第四，建国 30 年来的实践证明，处理中央和地方的关系也必须有利于发挥企业的主动性和积极性，否则就不能取得很好的经济效果。”①

何伟认为，企业自主权不是一般的政策规定，而是所有制的实现。首先，全民所有制，实际上，“全民不全”，从全社会看，全民所有制倒像除了集体所有制之外，另一个以国家为代表的集体所有制。其次，从我国全民所有制建立的目的看，当时主要是为了摆脱剥削，解决生产力，并不是因为社会化的大生产和私人资本主义占有之间矛盾达到对抗的地步，不解决这一矛盾社会生产就会遭到严重破坏。第三，生产关系一是要适应生产力性质的规律是指整个社会而言的。社会主义初期，农业中不能建立全民所有制，不只是因为农业生产力水平低，而是整个社会的，包括农业和工业的生产力，都还没有达到全民所有制的水平。在这种情况下，勉强建立起全民所有制，就不能发挥社会主义制度的优越性。第四，从生产资料和劳动力的结合看，在生产还没有高度专业化和自动化以前，在人们还不能根据个人兴趣自由选择职业以前，劳动者和本企业的生产资料结合最紧密，对于全国生产资料的所有权只是一个抽象的概念，同时，分配方法还没有解决多劳少获或少劳多获的问题，只靠国家颁布工资标准和奖励办法是不行的，最好让企业在自负盈亏的情况下，根据国家政策自己来解决。②

1985 年 2 月 10 日和 3 月 24 日《光明日报》分别刊登了方恭温“利润是社会主义生产的直接目的”和俞明仁“利润作为社会主义企业的生产目的是有条件的”文章。方恭温认

---

① 马洪：“改革经济管理体制与扩大企业自主权”，载《向北京地区社会科学界庆祝中华人民共和国成立三十周年学术讨论会提交的论文》，1979 年 9 月。

② 何伟：“论社会主义制度下的商品经济兼论企业的独立性问题”，《经济学动态》，1979 年第 3 期。

为，在社会主义社会，从整个社会来说，生产是为了满足人们的需要，从每个企业来说，生产的直接目的是为了利润，“通过经济手段，辅之以行政手段和法律手段，把企业生产的直接目的和社会的生产目的联接起来，对我们是一个新的课题。”俞明仁进一步强调，“企业取得利润必须服务于满足人民日益增长的物质和文化需要目的”，社会主义生产企业的目的是第二位的、从属的。

在众多管理学家的研究之中，蒋一苇发表在《中国社会科学》1980年第1期上的“企业本位论”产生了较大影响，该文获得1984年度“孙冶方经济学奖”。“企业本位论”的主要论点包括：（1）企业是现代经济的基本单位。社会主义社会不但不能取消商品生产，还应当大力发展商品生产。由于商品生产而形成的企业的若干特征，在社会主义特征下加以继承，这绝不是与社会主义原则相违背，相反只会更有力地促进社会主义经济的发展。社会主义经济的基本单位仍是企业，而且是有独立性的企业。（2）企业必须是一个能动的有机体。对劳动力、劳动条件、劳动对象这些要素，企业应当有增减权和选择权。（3）企业应当有独立的经济利益。用经济方法管理经济，其根本前提是企业必须具有独立的经济利益，而且由企业职工“共负盈亏”。（4）社会主义制度下国家与企业的关系是：国家的政权组织和经济组织应当分离，国家从外部领导和监督经济组织，而不是作为经济组织的上层结构，直接指挥经济单位的日常活动，采取的主要手段也应该是经济手段。“企业本位论”建立在社会主义经济是商品经济的命题上，主张企业是社会主义经济的基本单位，具有自己独立的经济利益，拥有生产经营的自主权。它从根本上突破了传统高度集中的计划经济企业理论的框架，是对企业性质的科学阐述，被越来越多的人所接受。事实上，中国企业改革很长时期内是以企业本位论为指导的。

2. 企业产权改革理论

在20世纪80年代中期，比较普遍的观点是产权分离论，即所有权与经营权相分离，主张明晰产权，转变政府职能，使企业拥有经营权。

晓亮提出，所有权与经营权分离的模式有3种选择：第一种模式是所有权与经营权只是一定程度上分开，不是完全分开。这种模式在全民所有制企业是客观存在的，同资本主义制度下作为所有者的资本家同作为经营管理者的经理的关系相类似。第二种模式是所有权与经营权彻底分开，同借贷资本家与产业资本家的关系相类似，例如“拨改贷”。第三种模式国有企业的股份制，由“职工参股”逐渐过渡到“全民自由参股”，从当前的“全民所有”逐渐变为集体股东所有。他认为，生产社会化程度越高，越出现两权分离的趋势。[①]

杨瑞龙认为，由于两权分离的内在不完善性导致国有企业的双重依赖，提出所有权与经营权完全分离的二重递进模式。两权分离的第一阶段是在不改变国家所有制形式下，实行所有权的集中化、经营权的分散化。其中，首要的是清理国家与企业之间的财产关系；其次明确所有权与经营权的权限划分范围；再次，稳定国家与企业之间的分配关系。所有权与经营权分离的第二阶段是放弃所有权集中的国家所有制形式，在股份制形式下实行两权在更高层次上的分离。他进一步提出了“双层股份制模式”，该模式第一层次是通过发行准股票的形式，分散国家股份，包括两个环节：“宏观调控权与资产所有权分离，资产所有权由国资局行使；（2）国有股的收益权与操作权相分离，由国有控股公司行使操作权。第二层次，推

① 晓亮：“所有权同经营权分开的模式选择”，《光明日报》，1986年5月10日。

进到真正意义上的股份经济，又包括两个环节：（1）股权与物权相分离；（2）在股份公司内实行法人所有权与经营权相分离①。

张振斌主张采用所有权代理制，即国家将经济意义上的所有权交给企业资产委员会代理行使，也就是把国家所有掌握的国有资产的支配权和占有权交给企业代理行使，进一步推进所有权与经营权的适当分离，具体设想则包括核定企业独立资产、组建企业资产委员会、招聘企业经营者、明确收益分配和收益使用，成立国家的国有资产审计机构等。②

关于企业所有权与经营权两分离的具体行式，王国刚、魏杰提出 4 种方式：（1）资产目标制，针对于经济能量相当大的企业，采取“放中有管”的方式；（2）资产租赁制；（3）资产代理制，采用于相当经济规模的企业，由厂长（经理）作为企业的法定代表，全权受理和经营国家提供的资产，对实现代理公司合同的要求和扩展企业利益全权负责；（4）资产股份制。另外，对影响不大且市场变化剧烈的小企业可以拍卖转变为其他所有制关系。③

股份制成为关注的热点。曹风岐、严斯茂、丁宁宁、童大林等学者都较早提出对国有企业应实行股份制改造，最具有代表的当数厉以宁。厉以宁指出，“股份制是明确企业财产关系的最好形式”④，国有大中型企业改制只能走股份制这条路。实行股份制的企业是没有婆婆的企业，是自主的企业，使政府的行政职能与资产所有者职能分开，做到政企分开、产权明确、自主经营、自负盈亏。股份制的性质取决于投资者的性质，“以少数的公有资金去支配更多的社会资金，这不是公有制的削弱，而是公有制的壮大”⑤。

刘伟、平新乔、谢适汀和刘凤芹等人认为，两权分离是不够的，主张三权分立，即现代企业的财产权利结构应是所有权、产权和经营权三权分立，在此基础上提出了产权概念。他们认为，随着企业规模的扩大，使得所有权与经营权之间必须有另一种财产权利来集中代表分散的所有权，明确界定经营者的活动范围的准则。在股份公司中，这种权利的载体是董事会，董事会所代表的是集中的市场交易过程中作为一个法人整体发生作用的财产权利，这就是产权。⑥

与主张以产权改革为核心不同，还有一种观点认为国有企业改革应该以国有资本的市场化运营为核心，主张国有资本有进有退，基本上从竞争性领域逐渐退出来，而一些关系国计民生的需要保留和发展的国有企业依旧进行改革、改组、改造和加强企业管理，大力推进兼并重组，建立企业集团，国有资本越出国有企业范围与社会资本相融合。20 世纪 70 年代末至 80 年代中期，企业之间的协作关系逐渐发展为企业之间的横向经济联合。周绍朋认为这是一种客观必然趋势。⑦ 蒋一苇则针对实践中出现的行政干预问题，提倡“企业自由联合”⑧。厉以宁指出，企业集团是企业之间横向经济联合的产物，是若干个企业在同一地区、同一部门或跨地区、跨部门的经济联合体。这种职能可能主要是在生产、销售领域内，即企

---

① 杨瑞龙：“论所有权与经营权完全分离的二重递进模式”，《江苏经济探讨》，1987 年第 1 期；“产权清晰权与双层股份制模式”，《经济研究》，1988 年第 2 期。

② 张振斌：“论所有权代理制”，《光明日报》，1987 年 1 月 31 日。

③ 魏杰、王国刚：“国营企业所有制关系改革的构想”，《河北财政学院学报》，1987 年 2 期。

④ 厉以宁：“股份制是明确企业财产关系的最好形式”，《红旗》，1988 年 1 期。

⑤ 厉以宁：“论股份制”，《南方日报》，1992 年 3 月 16 日。

⑥ 刘伟、平新乔：《经济体制改革三论：产权论、均衡论、市场论》，北京大学出版社 1990 版。

⑦ 周绍朋：“试论企业横向经济联合”，载蒋一苇等：《古代管理思想与中国式管理》，经济管理出版社 1989 年版。

⑧ 蒋一苇：“企业自由联合的一种有效形式——东风汽车工业联营公司在自愿基础上搞好联合的调查报告”，《人民日报》，1984 年 11 月 30 日。

业之间主要是实行产品的联合、技术的联合，彼此之间存在着多层次的协作关系。但是这种联合也有可能深入到所有权范围内，即企业之间通过资金渗透、联合，朝着相互参股和股份联合的方向发展，最终形成控股的母公司——子公司——孙公司系统。上述两种可能出现的联合都会形成企业集团，相对来说，后一种联合形成的企业集团比较紧密。①

1986 年，国务院颁布《关于进一步推动横向经济联合若干问题的规定》，同年召开的六届全国人大一次会议在《关于第七个五年计划》中提出要按照自愿互利、共同发展的原则大力促进企业间的横向经济联合，逐步形成不同形式、不同层次的企业群体和企业集团。企业集团的理论研究开始兴起。1988 年 1 月，国务院发展研究中心与武汉市政府联合举办了第一个“全国企业产权转让改革研讨会”，突破了“企业不是商品”的传统观念，企业集团、企业兼并研究被推向新阶段。

三、引进和学习国外先进管理经验与方法

我国企业管理理论在这一阶段之所以有了长足发展，还得益于及时引进、消化、吸取了国外许多新的管理理论。

通过全面整顿，加强了企业的基础工作，促进了各项专业管理水平的提高，从而为推进企业管理现代化创造了条件。这一阶段，我国的企业开始接触并学到了一些国外的先进管理经验和现代管理方法，并加以借鉴应用，取得了较好的效果。一些世界著名跨国公司进入中国投资，使中国企业直接感受到经营管理上的巨大差距。这个时期的标志性事件是“全面质量管理”在中国的倡导和推广。这是中国的企业与国际先进管理理念和方法的第一次“亲密接触”。对于刚刚从打开的大门看世界的中国厂长、经理们，“全面质量管理”无疑是中国企业接受管理现代化教育的第一堂启蒙课程，新鲜而且富于成果。从此，企业现代化管理提上日程。与此同时，外企也逐渐感受到管理本土化的重要性。

（一）第一次走出国门

对国外经验的系统考察和借鉴，开始于 1977 年年底，到 1978 年 5 月中央共派出三个代表团出访时完全启动，至下半年华国锋出访东欧、邓小平出访日本及东南亚达到高潮。在 1978 年，中国有 12 位副总理、副委员长及以上领导人先后 20 次访问了 51 个国家。在访问的这些国家中，既有周边邻国，也有东欧社会主义国家，还有自新中国成立以来从无来往的西方国家。中国的决策者们亲眼见识了中国与发达国家之间的距离，也让他们以更大决心打开国门，并推动国内的变革。

最早的考察团是由袁宝华、李强率领的赴英法考察团。其他重要的考察团包括：以林乎加为团长的赴日经济考察团；以李一氓为团长，以于光远、乔石为副团长赴罗马尼亚、南斯拉夫考察团；以段云为团长的港澳经济贸易考察团；以谷牧为团长的赴西欧五国（法国、瑞士、比利时、丹麦、联邦德国）考察团。

其中西欧五国考察团最引人注目。该团于 1978 年 5 月 2 日出发，6 月 6 日回国，历时

① 厉以宁：“企业集团与垄断、竞争”，《光明日报》，1986 年 10 月 10 日。

36天。访问期间，欧洲经济的自动化、现代化、高效率，给考察团成员留下了深刻印象。他们看到：联邦德国一个年产5000万吨褐煤的露天煤矿只用2000名工人，而中国生产相同数量的煤需要16万工人，相差80倍；瑞士伯尔尼公司一个低水头水力发电站，装机容量2.5万千瓦，职工只有12人。我国江西省江口水电站，当时装机2.6万千瓦，职工却有298人，高出20多倍。法国马赛索尔梅尔钢厂年产350万吨钢只需7000名工人，而中国武钢年产钢230万吨，却需要67000名工人，相差14.5倍。西欧考察团于1978年6月6日回国，10天后完成了考察报告。30日下午3点半到晚上11点多，谷牧用了7个多小时向中共中央政治局汇报考察情况。谷牧集中讲了三个问题：二战以后西欧科技进步迅速，中国落后了很多，它们在社会化大生产的组织管理方面也值得借鉴；西欧的资金、商品、技术要找出路，看好与中国的关系；可以采用国际经济运作中许多通行的办法。谷牧汇报后，华国锋、叶剑英、李先念当场就在讲话中表示，是下决心采取措施实行对外开放的时候了。7月6日—9月9日，国务院召开务虚会，就对外开放、引进技术达成共识。在随后召开的全国计划工作会议上，中央进一步明确提出经济战线必须实行三个转变。第三个转变就是“从那种不同资本主义国家进行经济技术交流的闭关自守或半闭关自守状态转到积极地引进国外先进技术，利用国外资金，大胆地进入国际市场”。

党的十一届三中全会发表的公报提出：“根据新的历史条件和实践经验，采取一系列新的重大的经济措施，对经济管理体制和经营管理方法着手认真的改革，在自力更生的基础上积极发展同世界各国平等互利的经济合作，努力采用世界先进技术和先进设备”。公报中虽然没有出现“改革开放”四个字，但这一段话，概括起来就是“改革开放”。

为了打消外商的疑虑，邓小平在1979年访美时特意邀请美国商人阿曼德·哈默到中国投资。这位时年81岁的老人曾在20年代打破西方封锁与红色苏联做生意。邓小平破例同意哈默乘专机到达北京，随后更多外商循踪而至。到1981年底，已经有26个非香港企业在经济特区以外地方投资。根据《中华人民共和国实录》记载，1979—1982年，签订利用外资协议949个，金额205亿美元。虽然这个数字与当年的期望还有不小的距离，但增势不小，最终成为中国发展的主要动力之一。

随后，来自中央部委和高级学术机构的经济考察团开始走出国门。中国社会科学院和中共中央书记处政策研究室还专门出版了《经济研究参考资料》和《经济问题研究资料》两个内部刊物，刊登考察报告。在1979—1980年，总数400期的《经济研究参考资料》中，而用于刊登国外情况的期数即达179期，其中1979年达101期。刊有对日本考察报告、资料以及日本专家建议的约40期，涉及美国情况的33期，有关前苏联、南斯拉夫、匈牙利等东欧国家的共80多期。此外还有为数众多的比较总结报告、综述性资料。涉及近40个国家和地区。主要可划分为两类：一类是美、日、欧等发达资本主义国家和韩国、新加坡、香港、台湾等所谓新兴工业化国家和地区；另一类是前苏联、东欧等社会主义国家。在前一类国家中，日本显然是最受重视的国家。①

（二）国外管理理论的引进

学习西方先进经验，首先是从学习先进技术和企业管理经验开始的。当时体制的弊端和

---

① 萧冬连：“中国改革初期对国外经验的系统考察和借鉴”，《中共党史研究》，2006年第4期。

矛盾，集中反映在企业经营的低效率上，多年来寻找出路，苦无良策。1975年，邓小平就提出，企业管理是一件大事，一定要认真搞好。1977年9月29日，邓小平在会见英籍作家韩素音时，谈到学习外国，主要提出两条：一是学科学技术，一是学科学管理。提出要吸收世界先进的工业管理方法，要搞科研，搞自动化。西方现代企业管理思潮开始竞相涌入中国，中国企业开始大量接触和学习国外的先进管理经验和现代管理方法，并加以借鉴应用，取得了较好的效果。

1. 出访日本及日本企业管理理论的引入

日本企业在学习美国企业管理经验的基础上，通过结合自身民族文化的特性以及不断创新，创立了众多独具特色的管理理论和管理技术，而日本文化传统和中国有许多相同之处，因此成为中国企业优先进行学习和交流的对象。

1978年10月，邓小平对日本进行正式友好访问。在日产公司，邓小平讲了那句著名的话："我懂得什么是现代化了。"当时他入乡随俗地说：承蒙各位指教，使我获得了新的知识。他还说：中国也制定了现代化的目标，欢迎日本产业界到中国合作。邓小平还亲自体验了两个世界之最：最快的气垫船和最快的火车，他在新干线特快列车上的那句话同样被世人熟知："就像推着我们跑一样，我们现在很需要跑。"

1978年10月31日，即邓小平访日归来的第三天，袁宝华作为团长率一行23人去日本考察企业管理。副团长是徐良图、叶林，邓力群任顾问，张彦宁为秘书长，还有马洪、孙尚清、吴家骏。考察团发现，日本企业对中国厂长不负责全部管理深感惊讶。日本企业既生产又销售；而中国的企业只生产不销售，与市场不联系。再有，日本的重工业也生产耐用消费品。他们从战后起步，加强企业管理，用数学统计方法进行质量管理；工时测定、工序控制；重视市场营销、综合计划，高度重视发挥员工积极性。12月5日，代表团回到北京，很快写出了《日本工业企业管理考察报告》，涉及企业组织、企业计划、专业化和协作、质量管理、职工培训、日本企业刺激职工积极性的办法等内容。提出了六个方面建议：学习资本主义国家企业管理的科学方法；重视开发国内市场；计划经济与市场调节相结合；鼓励竞争；以改革推动管理；加强立法和经济调节手段。12月底，袁宝华和代表团成员向国务院作了汇报。汇报人指出，在"大跃进"前，日本和中国的经济水平差不多，而之后的差距越拉越大。1955—1976的20年，日本工人收入增长了2.1倍。除了工资，每年分红两次，每次分红增发1—3个月工资，还有福利补助。普通家庭有四五十平米住房，每两户多拥有一辆汽车，95%以上的人家有电视、冰箱、洗衣机等。而中国城市职工20多年没涨过工资，人均住房3.6平米，人们盼望着拥有自行车、手表、缝纫机，在农村，温饱尚不能解决。我们生产技术落后，管理更落后，因此，在引进技术时，必须引进先进的科学管理方法。汇报得到了正面反馈。余秋里和康世恩批准印发考察报告。1979年4月，中国社会科学出版社出版了单行本。

在代表团的建议下，在京津沪三市选少数基础较好的工厂进行改革企业管理的试点，试点厂分别与日本厂对口挂钩，定期互访，交流管理技术和经验；训练厂长、培训骨干；编印日本和其他国家企业管理、质量管理的教材；设立"质量月"，颁发质量奖；开展企业管理经验的国际交流。

国家经委访日团回国后，于1978年底成立了质量管理协会。代表团访日期间同日方达成了一个中日企业管理、质量管理经验交流的协议，规定日中双方互派厂长为主的考察团，互派人员参加对方的“质量月”活动。访日期间，他们还得知日本政府有一笔援外预算名为“协力基金”，如果能取得这笔资金，就可以用来培养我国管理人才。于是，张彦宁开始为此努力，最终争取到了日本政府提供的研修经费。

袁宝华和邓力群等人商量，向国务院提出成立中国企业管理协会，学习日本经验，由协会在政府和企业之间发挥纽带作用，很快获准。1979 年 3 月 3 日，中国企业管理协会在北京成立。袁宝华任会长，邓力群任顾问。协会成立后的第一件事，就是举办企业管理干部研究班，系统轮训省级、大城市经委负责人和国有企业管理干部。参加第一期研究班的学员 110 名，其中省、自治区、直辖市和主要工业城市经委（工交办公室）主任、副主任 27 名。[①] 第一期研究班听取了国外企业管理经验，首先是日本经验的介绍，袁宝华、邓力群、马洪、孙尚清、吴家骏等人都到研究班作报告。在中国社会科学院历史所小礼堂，邓力群组织了几场报告会，听众把会场挤得满满的。邓力群讲观感、讲积累和消费、讲农轻重，讲价值规律和计划性；马洪介绍“日本资本家怎样管理工业企业”；孙尚清介绍“关于日本的技术引进和企业对职工的经济刺激问题”；吴家骏报告“关于日本工业管理和企业管理”。1979 年 10 月，这四个报告也结集出版了，以邓力群的文章题目为书名，叫《访日归来的思索》。最初的企业改革正是从改善企业管理开始的，然后才是体制上的变革。

2. 出访欧美及欧美企业管理理论的引进

1979 年 10 月 7 日—11 月 3 日，薛暮桥与马洪率中国社科院和国家计委联合组成的中国工商管理代表团访问美国。代表团成员有中央办公厅、国家计委、国家建委、中国社科院、鞍山市委的负责人及大学教授。在美国考察和访问了哈佛大学、麻省理工学院等 5 所大学的管理学院和 17 家公司，参观了农场、超级市场、国会等。归国后，马洪在中央党校作了题为《美国经济与管理教育》的报告，对美国的科技、经济和社会发展进行了客观评价，认为战后美国在科技进步、人才培养、经济关系调整等方面的一些新举措值得我们借鉴，“同美国相比，我国的管理水平和经济管理教育差距甚大”。[②] 代表团编写了《美国怎样培养企业管理人才》一书，详细介绍了麻省理工、哈佛、斯坦福等 5 所顶级大学管理学专业教育的体系、学制、课程设置、教学方法、教师队伍、学生构成、科学研究等方面的情况。这本定价 0.73 元、不到 300 页的小册子，差不多是中国第一本 MBA 教材。紧接着，11 月 5 日—12 月 6 日，以袁宝华为团长、邓力群为顾问的国家经委代表团应邀访问美国，考察的重点仍然是企业管理。代表团成员有国家经委、中国社科院、北京市、天津市、辽宁省的负责人和学者。考察了福特汽车公司、通用电器公司、洛克希德飞机公司、可口可乐公司等著名大企业，也看了一些中小企业，访问了联邦政府有关经济部门和一些州政府部门。袁宝华等根据对美国的了解，回国后提出改革建议，其中最重要的是三条：一是计划调节与市场调节有机结合，应实行浮动价格和自由订价；二是扩大企业自主权，企业的一切经营活动都必须围绕市场这个中心；三是培训管理干部和网罗人才。

西欧国家的企业管理经验也受到重视。1980 年 1 月 30 日，国家计委副主任杨波率经济代表团赴瑞士达沃斯参加欧洲管理论坛年会，并考察瑞士、联邦德国和法国的企业；4 月 30 日—6 月 4 日，袁宝华、马洪率国家经委代表团访问联邦德国、瑞士、奥地利等，考察企业

---

① 《中国企联大事记》，中国企业联合会、中国企业家协会网站，www. cec - ceda. org. cn。

② 马洪：“在北京市委党校作的访美报告”，《经济研究参考资料》，1980 年第 84 期。

管理和职业教育。

3. 国外企业管理理论的引入与交流

为了扩大国内管理干部的视野，1979年，国家经委和中国企业管理协会作出两项决定：一是派出200—300名管理人员分批到国外短期学习；二是分批邀请50名左右外国管理专家、教授和有实际经验的管理人员来中国讲学，并接受联合国工业发展组织在培训方面的经济援助。美、日等国家对帮助中国培训管理干部也有很大兴趣。如1979年10月10日，国家经委副主任张彦宁同日本外务省课长高桥等人商定：1980年邀请30名日本企业管理专家、教授来华讲学和为中国企业进行诊断，中国向日本派遣150名进修生学习企业管理。这个计划从1980年初开始实行。[①] 再如，1979年11月，国家经委代表团访美时，美国一些企业协会、基金会、服务团和大公司、银行都向代表团表示，愿意为中国培训管理人员，并提出各种优惠办法。后经双方商定，在大连建立一个培训中心。1980年8月18日，中美两国合作举办的“中国工业科技管理大连培训中心”第一期研究班开学，来自全国各地120名企业管理人员参加研究班学习。此后，该培训中心定期举办，由美国纽约大学等高校的教授编写教材并授课。至1981年，教材陆续翻译出版13册，发行量近百万册，创经济类图书发行量纪录。

此外，还有不少美欧国家的专家来华传授管理知识。如1979年8月，联邦德国奔驰汽车公司董事海因兹·霍佩在京举办“奔驰汽车公司企业管理和销售”的报告会；10月，欧洲管理论坛代表团一行22人访华，介绍欧洲管理经验；11—12月，法国企业管理教育基金会代表团来访；1980年3月，美国管理协会代表团到京、津、沪三市介绍美国管理协会和美国企业管理的情况；6—7月，美国安达信会计公司代表团到京、津、沪举行学术报告，介绍西方财务管理及培训财会人员的方法；1981年6月，欧洲管理论坛与中国合作，在北京举行了第一次“企业管理国际讨论会”，西欧有8个国家的代表参加了会议。[②]

为了引导企业正确地学习和借鉴外国管理经验，中国企业管理协会于1983年1月召开了“借鉴外国管理经验座谈会”，后称为“全国第一次管理现代化座谈会”，对学习借鉴外国管理经验和方法进行了总结和论证。

1983年当时的联邦德国退休专家组织（SES）成员威尔纳·格里希先生“希望无偿奉献自己从业生涯中积累的经验和知识”。于是，作为SES最早向海外派遣的人员，他来到了中国武汉，成为当时武汉柴油机厂的技术顾问，1984年11月—1986年月11月任武汉柴油机厂厂长。作为中国国有企业聘请的第一位外籍厂长，格里希幸运地站到了中国改革开放的风口浪尖，曾一度成为国际社会观望中国改革开放的风向标。1986年，格里希先生成为中国第一位被授予永久居留资格的外国人。格里希的贡献绝不仅仅在于推动了“武柴”的发展，更重要的是他给人们的思想观念带来了冲击。作为中国首位洋厂长，他在“武柴”的成功迅速在全国掀起了引进国外管理人才的风气，被称为“格里希效应”。格里希之后，武汉先后引进了3位洋厂长，都取得了相当不错的成就。

---

① 1980年3月13日，日本6位日本专家来天津作为期16天讲学。来自19个省、自治区、直辖市的161名企业管理人员参加学习。日本专家还分别到天津市手表厂、自行车厂等四个企业进行考察和诊断。9月10日，中国企业协会在兰州市举办企业管理讲座，由日本专家讲授生产管理、信息管理、职工教育和财务管理等课程。12个省、自治区和直辖市的250名管理干部参加学习。《中国企联大事记》（1979—1980年）。

② 《中国企联大事记》（1979—1981年）。

（三）管理现代化试点

继企业整顿之后，一个以深化改革为动力，推动企业技术进步与管理现代化，努力赶超国际先进水平的战略行动在中国的企业特别是大中型骨干国有企业中广泛而深入地展开。

1984 年初，国务院召开的全国经济工作会议提出“整顿好的企业要把重点转到企业技术进步和管理现代化上来”，“逐步实现技术现代化、管理现代化、人才现代化”。国家经委紧接着召开了“全国第二次企业管理现代化座谈会”，总结提出了企业管理现代化的“五化”内容，即管理思想现代化、管理组织现代化、管理方法现代化、管理手段现代化、管理人才现代化，并推荐了 18 种在实践中应用效果较好、具有普遍推广价值的现代化管理方法，又称为现代化管理“十八法”，如价值工程、网络技术、目标管理等，确定了北京内燃机总厂、北京清河毛纺厂、天津自行车厂、上海汽轮机厂等 20 家企业为全国第一批管理现代化试点企业。

1985 年底，全国范围的企业全面整顿工作圆满结束，企业管理工作的重点开始全面转向企业管理现代化。1986 年，国务院作出了《关于加强工业企业管理若干问题的决定》，提出“抓管理，上等级，全面提高企业素质”，并要求加快企业管理现代化的步伐。为此，国家经委专门制定和颁发了《企业管理现代化纲要》，进一步明确了推进企业管理现代化的指导方针、奋斗目标、基本内容、实施途径和政策措施等，为中国实现企业管理现代化设计蓝图，勾画了轮廓，理顺了思路，明确了方向。①

1981 年沈阳第一机床厂引进了第一套 MRPΠ 软件。1990 年前后，ERP 逐渐取代 MRPΠ，成为企业管理中主流的管理软件系统。

1984 年，中国第一个聘用外国专家采用国际标准应用项目管理进行建设的水电工程项目，云南鲁布革水电站取得了巨大的成功。

1988 年，中国正式在医药行业企业中推 GMP、GSP 标准，标志着医药业全面质量管理的开始。此后于 1992 年和 1998 年进行了两次修订。

（四）外资进入中国

党的十一届三中全会后，我国开始积极引进外资。但是外资企业在中国的进入应该是在邓小平同志 1984 年南方视察后。1992 年邓小平同志的第二次南方视察并发表重要讲话更是揭开了外资企业在中国规模化投资的新篇章。

1982 年冬天，可口可乐公司在北京的各大商场推销可口可乐，被认为是中国现代市场上第一次卖场促销活动，使中国商业企业大开眼界，开始关注先进的市场营销理念和学习科学的营销方法。

1984 年，松下幸之助又一次来到了中国，青岛的海信、四川的长虹和广东的康佳相继引进了松下的彩电生产线。松下公司的率先进入中国，起到了巨大的示范效应，其他日本公司蜂拥而至，在其后的 10 年间，日本公司成为第一批中国市场的外来拓荒者。到 1985 年前后，中国一共引进了 105 条日本的彩电生产线，日本企业成为第一批在中国赚到钱的跨国企业。而那些引进了生产线的中国企业也迅速地崛起，在一个消费日渐苏醒的国家，生产的能

---

① 此后，国家经（贸）委还先后制定和颁发过《“八五”企业管理现代化纲要》和《“九五”企业管理纲要》。

力和设备的先进性往往是最强大的竞争力。

1984年，在上海，第一家进入中国的跨国汽车公司结出了硕果，前联邦德国大众汽车公司的桑塔纳汽车组装成功，上海大众汽车公司宣布奠基，前联邦德国时任总理科尔和中国时任总理李鹏都出席了盛大的奠基仪式。

这一年，一些新的合资公司也纷纷成立了。在北京，新创办的四通与日本三井株式会社达成协议，开发中文文字处理机，这款被定名为“四通2400”的打字机在随后几年内将风靡全国；在南京，南汽与法国的依维柯签约，开始生产该品牌的汽车；在上海，邮电部门与阿尔卡特集团联合创办了上海贝尔电话设备公司，这是中国第一个研制生产程控电话交换机的中外合资企业。

1986年12月，作为最早进入中国市场的国际快递巨头——敦豪，在中国建立了第一家合资公司——中外运敦豪国际航空快件有限公司。

1987年，摩托罗拉公司进入中国，先在北京设立办事处①。1992年在天津注册成立摩托罗拉（中国）电子有限公司。在手机业务崛起之前，摩托罗拉的BP机业务从中国市场中收获颇丰。在外商投资企业中，摩托罗拉有两个明显特点：一是本地化的程度很高，这并不仅仅指本地采购、生产、研发等有形的东西，更多的是指企业文化、市场策略以及细微到在待人接物上给外界的感觉，曾有业内人士感叹说，摩托罗拉是个最像国企的外企；二是无与伦比的政府关系，摩托罗拉两任中国总裁都是逢人必说，作为来中国发展的外企，摩托罗拉是先做人再做事。这符合中国人的习惯。所以，摩托罗拉在很多事情上享受着特殊的国民待遇。因而，摩托罗拉很快成为进入中国的许多跨国公司的榜样。

1987年，肯德基在北京前门繁华地带设立了在中国的第一家餐厅，北京肯德基有限公司也成了北京第一家经营快餐的中外合资企业。1990年麦当劳进入中国。不过，肯德基和麦当劳都不仅仅是一家餐厅。在全球肯德基和麦当劳的整个制度体系中，餐厅的营运只是其中很重要的一环。工业化的快餐制作包括食品原料基地的建立、食品质量检验以及高效的食品储运分发等重要的流程环节。先进的管理体系，使得质与量得以有效保证。而中式快餐店在整个流程管理控制方面的欠缺，导致了与洋快餐在质量控制方面的明显差异。

1988年，美国宝洁公司进入中国，这家日用化工行业的跨国巨头在中国广州成功地建立了第一家合资公司。

1992年，邓小平南方视察以后，对外开放进入新的局面，世界名国著名跨国公司纷纷投资中国，在中国展开了大规模、系统化的投资。1992年IBM中国公司成立，这是1978年后第一家在中国注册的外企。

四、管理学发展的基本特征

从计划经济向市场经济的转轨，从封闭状态向开放状态的过渡，对任何一个中国企业都意味着一种全局性的本质变化，在这一变化过程中充满着机遇和挑战。而企业自身体制的变

---

① 正是在这一年，摩托罗拉公司首创了六西格玛质量策略，作为全面满足客户需求的关键经营战略，经过多年的发展，这种建立在测量、试验和统计学基础上的现代质量管理方法逐渐被众多一流公司所认可并被采用。

革，使企业真正以一个独立的经济活动主体看待管理问题、从事管理实践。面对体制变革和运行环境的变化，任何一个企业都必须拓展管理的范围，丰富管理的内容。同时，每个企业也都有把握住市场机遇、通过管理创新一举超越同行确立竞争优势的可能性，尽管这时的管理创新有可能不过是某种率先模仿。相应地我国企业管理理论也在引进国外管理理论的同时，开始了一些探索。转轨时期我国企业管理科学发展的基本特征可以作如下概括：

（一）企业管理模式从生产型转为生产经营型

这一阶段初期，企业关心的是产品，在管理上开始追求质量，可称为“质量时代”。1988年在深圳市蛇口工业区，有标语写着：时间是金钱，效率是生命。可见当时管理追求的就是效率和有效性。随着企业体制和市场环境的变化，企业的管理活动不再仅仅局限于生产制造环节，而是面向市场适应整个运行环境的变化，从单纯的生产管理转向生产经营全过程的管理。企业领导人也开始承担全面的领导责任，不仅是过去只负责生产，而且要寻找市场，负责企业全面的经营管理。

（二）追踪、学习、模仿是管理学发展的主流

这一时期是中国企业管理科学化进程中的全面学习模仿阶段。与之前单纯学习前苏联管理理论和方法不同，不论是政府，还是企业，都敞开胸怀，大胆学习和借鉴日本、美国和欧洲等国家的企业管理理论的方法。在企业管理方面，面对因历史原因与西方同行之间产生的巨大差距，奉行“拿来主义”成为尽快缩小差距的必然选择，中国企业完全有必要借助人类智慧在企业管理领域的结晶，站在他人的肩膀上重新起步。尤其是在具体的企业管理活动中，操作性、流程性的西方科学管理方法和技术是完全可以借鉴并采用的。

（三）管理学发展以国有企业为主角，产权理论成为这一时期管理理论的主要内容之一

在这一阶段，国有企业仍然是我国企业的主体，因此企业改革仍然以国有企业为主角。特别是1984年邓小平视察南方后，以国有企业扩权让利、承包经营责任制、利改税和拨改贷等为主要内容的企业改革是体制改革的中心环节，伴随企业制度改革而推进的管理科学化、现代化也主要是围绕国有企业展开。相应的，企业产权改革理论成为这一时期企业管理理论的主要内容之一。

（四）政府倡导、推动仍然是管理学发展的主要方式

政府经济主管部门在促进企业管理科学化实践中继续起着主导作用，企业管理变迁是强制性的和准强制性的。政府发布相关文件，统一规范和步骤，企业全面推广实施是管理科学化实践的基本路径。先进管理方法的引进、实施，往往由政府通过选择试点、总结经验、树立标杆、普及推广的模式予以推进。针对这一阶段以国有企业为主的企业改革、发展和管理现状，这样的企业管理科学化推动模式是卓有成效的。但是，也反映出这一阶段由于企业仍在很大程度上缺乏自主能力，自觉进行管理科学化实践、创新的动力普遍不足。

（五）管理学理论内容逐步丰富和完善

企业经营模式向生产经营性的转变，推动了企业管理学理论的范围和内容得到极大的扩

展。1978年9月，钱学森、许国志、王寿云在《文汇报》上合作发表了中国第一篇全面深刻地阐释系统工程的文章——“组织管理的技术——系统工程”。该文引起了人们对管理科学的重视，第一次从理论上全面阐述了系统工程在现代化建设中的重大意义。1980年11月中国系统工程学会在北京正式成立。20世纪80年代中期，我国翻译出版了一系列国外企业文化的专著，企业文化理论在中国广泛传播，并产生了巨大影响。在我国理论界开始注意企业战略问题是80年代中期。潘承烈、刘冀生等教授较早地提出“企业要有经营战略思想”①，并进行了研究，中国企管协会等发起于1988年在苏州还召开了90年代中国企业发展战略研讨会。

（六）中国企业在管理实践创新方面进行了有益探索

企业管理现代化进程是引进外部经验与自主变革相结合的过程。不少企业在学习和运用国外现代管理方法的基础上，开始探索更加适合自身情况的新的管理方法。一些今天处于管理科学化前沿的企业抓住了创业和发展机会，实现了资本、人才和管理知识的积累，为大规模开展管理科学化实践创造了条件，做好了准备。例如海尔这样的少数领先企业在学习、模仿的基础上已经开始了具有赶超意味的有中国特色的探索。企业管理学是一门实践性很强的科学，总结我国典型企业的管理经验，并上升为中国特色企业管理理论，是我国企业管理理论在这个时期的发展。宝钢创造的“集中一贯”管理组织理论、邯钢创造珠“模拟市场”理论和海尔创造的“OEC”理论就是其中典型代表。中国人民大学工商管理学院李占祥教授等学者对宝钢的企业管理创新进行了系统总结。宝钢针对社会化大生产带来的管理分工越来越细，横向扯皮和组织低效率也时常发生的倾向，提出加强综合管理的思路，并结合钢铁联合企业生产连续性强的特点，在主生产线上实行了与国内其他大型钢铁企业不同的管理体制，这就是“集中一贯”管理体制，它是宝钢管理模式的核心内容。②

---

① 潘承烈：“企业要有经营战略思想”，《企业管理》，1985年第6期。

② 中国人民大学工程系宝钢调研组：“走现代化管理之路”，《中国工业经济》，1992年第12期。

第四章
市场经济条件下的管理学发展

党的十四届三中全会通过的《中共中央关于建立社会主义市场经济体制若干问题的决定》，指明了中国经济体制改革的方向。从宏观上讲，是要建立市场主义市场经济体制，理顺政府、企业和市场的关系；从微观上讲，是要转换国有企业经营机制，建立“产权清晰、权责明确、政企分开、管理科学”的现代企业制度。这种政策导向决定了中国管理学发展的主导思想是“立足国情、融入全球”。立足国情要求中国管理学的理论发展与实践探索必须立足于中国特殊的制度背景，理论联系实际；融入全球要求中国管理学的发展必须跟上时代步伐，融入全球市场竞争格局，借鉴国外先进的各种管理理论和方法来指导中国企业的管理实践。

一、中国管理学发展面临的新环境

（一）社会主义市场经济体制的建设蓝图

建立社会主义市场经济体制，就是要使市场在国家宏观调控下对资源配置起基础性作用。为实现这个目标，必须坚持以公有制为主体、多种经济成分共同发展的方针，进一步转换国有企业经营机制，建立适应市场经济要求，产权清晰、权责明确、政企分开、管理科学的现代企业制度；建立全国统一开放的市场体系，实现城乡市场紧密结合，国内市场与国际市场相互衔接，促进资源的优化配置；转变政府管理经济的职能，建立以间接手段为主的完善的宏观调控体系，保证国民经济的健康运行；建立以按劳分配为主体，效率优先、兼顾公平的收入分配制度，鼓励一部分地区一部分人先富起来，走共同富裕的道路；建立多层次的社会保障制度，为城乡居民提供同我国国情相适应的社会保障，促进经济发展和社会稳定。

中国社会主义市场经济体制的建立，对于中国国有企业改革影响深远。党的十五届四中全会通过的《中共中央关于国有企业改革和发展若干重大问题的决定》，进一步强调要大力促进国有企业的体制改革、机制转换、结构调整和技术进步；强调从战略上调整国有经济布局，要同产业结构的优化升级和所有制结构的调整完善结合起来，坚持有进有退，有所为有所不为，提高国有经济的控制力；要求在体制上积极探索公有制的多种有效实现形式，大力发展股份制和混合所有制经济，重要企业由国家控股。继续对国有企业实施战略性改组，充分发挥市场机制作用，着力培育大型企业和企业集团，放开搞活国有中小企业。要重视发挥各种所有制中小企业在促进经济社会发展中的重要作用，积极扶持科技型企业，培育中小企业服务体系；要求加快国有企业的技术进步和产业升级，以市场为导向，用先进技术改造传统产业，围绕增加品种、改进质量、提高效益和扩大出口，加强现有企业的技术改造。《决定》明确指出，要形成以企业为中心的技术创新体系，推进产学研结合，促进科技成果向现实生产力转化。继续搞好宏观调控和相关的配套改革，保持经济总量的基本平衡，扩大对外开放，健全社会主义市场经济法律制度，发展各类市场，维护经济秩序，为国有企业改革和发展创造良好的外部环境。《决定》还指出，要建立符合市场经济规律和我国国情的国有企业领导体制与组织管理制度，加强企业领导班子建设，发挥企业党组织的政治核心作用，坚持全心全意依靠工人阶级的方针。坚持和完善以职工代表大会为基本形式的企业民主管理制度。推进企业精神文明建设，加强和改进思想政治工作。必须努力建设高素质的经营管理者队伍，规范和完善对经营管理者培养、选拔、管理、考核、监督的办法，营造经营管理者和企业家队伍健康成长的社会环境。各级党委和政府要坚定地站在改革的前列，解放思想，实事求是，从各行各业国有企业的实际出发，团结和带领广大干部群众迎难而上，开拓前进。

正是因为中国社会主义市场经济体制的建立和企业作为市场经济活动主体地位的确立，引发了中国企业管理新的实践问题。即企业如何才能在市场经济的环境中，提高自身的竞争能力从而求得生存与发展？这些问题的解决就要求中国要建立与社会主义市场经济体系相适应的管理学理论体系，要培养能适应市场经济环境的企业家队伍。可以说，市场经济体制的建立确定了中国管理学新的发展方向，也极大地推动了中国管理学的理论与实践的发展。

（二）全球经济发展的趋势对中国管理理论与实践的影响

20 世纪末以来，全球经济出现了几大趋势，主要表现为全球化、网络化和知识化等，这些经济发展的新趋势深刻地影响了全球管理学和中国管理学的发展走向。

在全球化方面，随着经济全球化的深入，各国经济融为一体，国别经济的发展难以离开全球经济走势，国别经济危机将引发全球经济危机，从而影响到其他国别经济的发展，例如 1997 年的亚洲金融危机和 2008 年的全球经济危机。与此同时，全球化极大促进了跨国公司的发展，跨国公司成为全球资源配置的主导者，掌握着全球大部分的经济资源和发展命脉，其影响力在某些方面甚至高于国家机器。这些跨国公司在全球范围内进行资源配置，在不同国家设厂经营、开拓国际市场，聘用国际人才，从而使得管理学也必须进行相应的全球化。管理学日益重视全球物流配送、国际人力资源管理和国际风险投资管理等，重视全球市场竞争，识别国际市场消费倾向，树立企业社会责任意识和国际形象，极大地推动了国际管理的发展。2001 年，中国成功加入了 WTO。此后，中国经济全球化进程加快，中国不但重视引进来，而且还重视走出去。在国家关于“走出去战略”的指引下，中国企业和中国经济的全球化程度日益提高，跨国绿地投资与兼并收购步伐加速，中国企业在世界 500 强中的份额和排名也逐步上升。中国企业的国际化经营实践给中国的管理学带来了一个新的课题：中国的管理学理论体系如何才能有效地指导企业的国际化经营活动。该问题的解决同时极大地促进了中国管理学理论与世界管理理论的融合，促进了中国管理理论的发展。

在网络化方面，市场主体之间关系的网络化，推动了企业结构从科层范式向网络范式转型。伴随着产业裂变与产业融合的交替发展，市场结构亦从传统型向网络型转变，大型跨国公司在全球范围内通过网络平台掌握更多资源。这些资源并非完全属于企业本身，企业越来越多地利用蕴涵在企业外部的有形或无形资源来进行竞争。这无疑创造出了一种新的竞争局面，亦即企业间网络的平台竞争。企业追求的不再是企业间纯粹的竞争关系和交易关系以及企业内纯粹的科层关系，而是追求企业间的合作竞争和网络关系，强调通过在全球范围内进行资源的有机配置来提升企业竞争力。Malnight（1996）研究了跨国公司从分权模式向网络模式的演化，认为随着产业全球化的发展，在全球范围内配置资源是跨国公司的演变趋势。Tallman and Fladmore Lindquist（2002）研究了基于能力的全球化战略，发现多数产业企业都在搭建全球资源整合网络。网络范式已越发成为当前和未来企业竞争的重要模式，特别是在当前高度不确定性的和复杂的全球竞争环境下，企业更像一个由彼此套牢的准市场交易关系所形成的联合体，因此更加需要通过搭建企业间网络来提高战略柔性和运营柔性。一个成功企业的战略分析重心，并非局限于界定某个特定产业，而是必须聚焦于创造价值的系统本身。企业应以 Internet 为促成技术来进行知识交流，与供应商、合作者、战略联盟、竞争对手、员工和顾客等共创价值。Gulati and Singh（1998）认为，越来越多的企业处于顾客、供应商和竞争对手组成的战略网络中，其本质是在专业化分工的生产服务模式和相应的网络治理框架下，通过一定的价值传递机制，使处于价值链上不同环节和具有某种专用资产的企业及利益相关者彼此组合在一起，共同为顾客创造价值。产品或服务的价值是由每个战略网络的成员创造并由战略网络整合而成，每一个网络成员创造的价值都是最终整体价值的不可分割的一部分。罗珉（2006）基于网络经济环境，提出了资源配置和价值创造的价值星系模式，认为新锐的企业领导人已经把价值链放在一边了，转而去营造价值星系。价值创造的基本思维逻辑已经发生了改变，企业不能仅仅关注某一价值链条，而是必须开拓新的价值创造模式。总之，网络化趋势改变了市场主体间的关系范式，促使企业搭建网络平台以提升其对市场资源的掌控能力。市场主体间这种关系范式的转型，带来了诸多机遇，也带来了诸多挑战，要求企业能够彻底进行流程再造，以适应网络范式带来的各种管理挑战。

在知识化方面，知识经济是与农业经济和工业经济相对应的、以知识为基础的经济，是一种新型的富有生命力的经济形态。知识经济对投资模式、产业结构和增长方式等产生深远影响。在投资模式方面，知识密集型高科技产业的发展前景，推动了无形资产的大规模投资。在产业结构方面，电子贸易、网络经济、电子商务和在线支付等新型产业迅速兴起；农业等传统产业的知识化程度迅速提高；产业结构调整将以知识的积累和创新为前提，呈现出跳跃式发展模式。在增长方式方面，知识具有信息悖论特征，可以低成本重复使用，促使经济增长方式走出资源依赖型模式。知识经济带来的这些社会变化和产业转型，反映到管理上就是要创新管理范式，使新型的管理范式能够适应知识经济环境下的生产方式和竞争态势。例如，知识经济催生了首席信息官（CIO，Chief Information Officer），CIO 的价值不在于知道如何使用工具，而是在于为企业搭建灵敏的信息平台，并嵌入于物流、人流和资金流等，使企业能够适应知识经济带来的机遇和挑战。这就要求企业进行组织架构调整，摆正 CIO 在组织架构中的位置，并进行相应的组织架构调整和业务流程变革，以充分发挥 CIO 在企业信息流方面所具的独特价值。

二、中国管理学发展的主要内容

党的十四届三中全会以来，中国管理学发展以改革开放和高速工业化进程为背景，迎来了其快速发展的春天。随着中国市场化、工业化和国际化进程的不断加快，无论是中国企业管理创新实践，还是以探索市场经济条件下企业管理活动规律为己任的中国管理学学术研究，以及以培养管理人才为目标的管理学教育，都取得了很大发展。特别是进入21世纪以来，中国管理实践活动和学术研究平台日益国际化，促使中国管理学研究高速发展。以下从不同时期中国管理学研究重点、管理教育的发展情况和管理学研究的新进展三个方面，阐述十四届三中全会以来中国管理学发展的主要脉络，展现中国管理学发展所取得的巨大成就。

（一）中国管理学的研究重点

自十四届三中全会以来，中国经济体制改革的重大决定包括国有企业改革和经理人队伍建设、走出去发展战略与中国企业海外投资战略、鼓励非公有制经济与中国民营企业发展、自主创新战略与中国企业的战略性结构调整等。因此，中国管理学发展进程的回顾，也可以围绕这四个重大决定来展开。

1. 国有企业改革与经理人队伍建设

1993年，党的十四届三中全会通过的《中共中央关于建立社会主义市场经济体制若干问题的决定》，强调要转换国有企业经营机制，建立“产权清晰、权责明确、政企分开、管理科学”的现代企业制度。1995年，党的十四届五中全会通过的《中共中央关于制定国民经济和社会发展“九五”计划和2010年远景目标的建议》，强调要实行两个转变，一是经济体制从传统的计划经济体制向社会主义市场经济体制转变，二是经济增长方式从粗放型向集约型转变。这两个转变，是具有全局意义的根本性转变。强调要把国有企业改革作为经济体制改革的中心环节，国有企业是国民经济的支柱，建立现代企业制度是国有企业改革的方向。1999年，党的十五届四中全会上通过的《中共中央关于国有企业改革和发展若干重大问题的决定》，强调要大力促进国有企业的体制改革、机制转换、结构调整和技术进步；要大力发展股份制和混合所有制经济，重要企业由国家控股。继续对国有企业实施战略性改组，充分发挥市场机制作用，着力培育大型企业和企业集团，放开搞活国有中小企业。在这种宏观政策背景下，以国有企业产权改革和企业家队伍建设为主题的管理研究迅速发展。邓小平的“南方谈话”指明了中国社会主义市场经济体制改革的发展方向，国有企业逐渐脱离计划经济模式的束缚，转向以市场为主、计划为辅的经济模式。

党的十五届四中全会指出，国有企业改革是整个经济体制改革的中心环节。建立和完善社会主义市场经济体制，实现公有制与市场经济的有效结合，最重要的是使国有企业形成适应市场经济要求的管理体制和经营机制。会议要求，要大胆利用一切反映现代社会化生产规律的经营方式和组织形式，努力探索能够极大促进生产力发展的公有制多种实现形式，在深化国有企业的改革上迈出新步伐。这就为中国管理学借鉴国外发展模式奠定了指导方针。《中共中央关于国有企业改革和发展若干重大问题的决定》指出，国有企业改革和发展的目标，是适应经济体制与经济增长方式两个根本性转变和扩大对外开放的要求，在2010年基本完成战略性调整和改组，形成比较合理的国有经济布局和结构，建立比较完善的现代企业制度，经济效益明显提高，科技开发能力、市场竞争能力和抗御风险能力明显增强，使国有经济在国民经济中更好地发挥主导作用。为了实现该目标，国有企业改革强调如下特点：一是，从战略上调整国有经济布局和改组国有企业。着眼于搞好整个国有经济，推进国有资产合理流动和重组，调整国有经济布局和结构，积极发展大型企业和企业集团，放开搞活中小企业；二是，改革同改组、改造、加强管理相结合，着力转换企业经营机制，提高企业整体素质，构造产业结构优化和经济高效运行的微观基础；三是，建立“产权清晰、权责明确、政企分开、管理科学”的现代企业制度，使企业成为自主经营、自负盈亏的法人实体和市场主体；四是，推动企业科技进步，促进产学研结合，形成技术创新机制，走集约型和可持续发展道路；五是，建立企业优胜劣汰的竞争机制，实行鼓励兼并、规范破产、下岗分流、减员增效和再就业工程。国有企业改革的目标和进程引导着中国管理学的发展进程。

国有企业改革的方向是建立现代企业制度。现代企业制度是指以完善的企业法人制度为基础，以有限责任制度为保证，以公司制为主要形式，以“产权清晰、权责明确、政企分开、管理科学”为特征的新型企业制度。产权清晰要正确区分中央企业和地方企业的不同，区分国有企业的行政归属和部门归属，明晰其产权边界，从而为国有企业的市场化改革奠定自主经营、自负盈亏的基础。权责明确是在产权清晰的基础上，以自主经营、自负盈亏为原则，规范国有企业的权利和责任，明确界定所有者、经营者、劳动者及其他企业利益相关者各自的权利和责任，并使其权利和责任相互平衡。政企分开要求明确企业的经济与社会功能，企业将原来承担的社会职能分离后划归给政府和社会，如住房、医疗、养老、社区服务等，其目的是增进国有企业按照市场规律运行的能力，以推动其融入全球竞争体系。管理科学内涵广泛，从狭义上讲，是要求企业管理的各个方面，如质量管理、生产管理、供应管理、销售管理、研究开发管理和人事管理等方面，实现科学化。管理科学的一个重要方面是实行公司制改革，目标是建立公司法人治理结构。公司法人治理结构是公司制的核心，基于所有权与经营权相分离的指导原则，公司法人治理结构要求明确股东会、董事会、监事会和经理层的职责，使各部门各司其职，形成权力相互制衡的公司制度体系。

国有企业改革的一个重要条件是经理人队伍的建设。国有企业要适应社会主义市场经济体制改革的需要，参与激烈的国际市场竞争，就必须建设高素质的经理人队伍，培育一大批优秀企业家。基于中国特殊的国情，国有企业经理人队伍建设坚持党管干部原则，要求建立了对经营管理者培养、选拔、管理、考核、监督的管理办法，逐步实现人事管理的制度化和规范化。为此，国家政府大力支持经理人市场建设，要求按照公开、平等、竞争、择优原则，优化人才资源配置，打破人才部门所有、条块分割，促进人才合理流动。在这种经济环境下，经理人及其队伍建设成为中国管理学研究的一个重要分支，该研究嵌入于人力资源管理、公司治理和组织管理等各个方面，成为国有企业改革研究的重要组成部分。

2. 走出去发展战略与中国企业海外投资战略

顺应经济全球化发展的潮流，适应中国经济体制改革的需要，国家政府强调必须从“引进来”发展战略转向“引进来”与“走出去”相结合发展战略。实施“走出去”战略是对外开放新阶段的重大举措，我国政府将鼓励和支持有比较优势的各种所有制企业对外投资，带动商品和劳务出口，以形成一批有实力的跨国企业和著名品牌，积极参与区域经济交流与合作。

随着“走出去”战略的实施，我国跨国公司不断增多。2004 年，中国对外直接投资（非金融类）达到 55.3 亿美元，比 2003 年增长 93%；截至 2004 年底，中国非金融类企业累计对外净投资额已达 300 亿美元，项目分布在近 160 多个国家，总共近 7000 家企业，涉及能源、矿产、农林、机电、通信、基础设施、轻工等国民经济各个领域。2005年，我国非金融类对外直接投资69.2亿美元，较2004年同期增长25.8%，经商务部核准和备案设立的境外中资企业共计1067家。根据商务部、国家外汇管理局的统计，2008年我国对外直接投资突破500亿美元，达到521.5亿美元；其中，非金融类直接投资406.5亿美元，占78%；金融类115亿美元，占22%。2009年上半年，我国境内投资者共对全球105个国家和地区的1016家境外企业进行了直接投资，累计实现非金融类对外直接投资124亿美元，受全球金融危机的负面影响，同比下降51.7%。中国对外直接投资的规模和领域正在不断扩大，已被列为世界上主要的直接投资来源国之一，中国对外直接投资的关键驱动因素是其对自然资源需求的不断增长。例如，中国在拉丁美洲和非洲地区开展自然资源方面的投资项目，以及宝钢集团在巴西等国开展投资运作等。

中国海外投资呈现出4种类型：（1）绿地投资型。这种投资是指直接在海外投入资金设立独资或合资子公司。例如，海尔在美国和巴基斯坦建有工业园；TCL在越南建立彩电生产线以及数码相机和电工产品生产线；格力在巴西生产空调和中兴在巴基斯坦建厂等。（2）跨国并购型。按照并购目标的不同，可以分为4种并购类型。一是资源开发。中海油通过购入东道国现成油气田股份，成为印度尼西亚最大的海上石油生产商；中石油也收购了印度尼西亚部分油气田。二是生产与营销全球延伸。上汽通过购入通用大宇股份，走上国际化经营之路；TCL通过收购破产拍卖的德国施耐德电子公司，成为欧洲高端彩电主要生产商等。三是逆向代工。万向集团购入纳斯达克濒临摘牌的美国汽车零部件厂商UAI公司，后者每年从万向购入制动器，使万向销售成本大为降低。四是获取技术。京东方科技购入韩国现代显示株式会社，从而同时获得了对方的产品和技术。（3）研究开发型。例如，华为在硅谷、达拉斯、班加罗尔、斯德哥尔摩和莫斯科设立了研究所，同摩托罗拉、英特尔和微软等成立联合实验室；李宁集团和意大利著名的设计室ROK签订了设计合约；广东格兰仕集团在美国西雅图设立了研发中心；海尔在美国、欧洲等地已实现本土设计、本土制造、本土营销，不是从国内派人到国外经营，而是聘用当地人才，利用当地资源创品牌。（4）战略联盟型。它是指通过同其他国家公司开展某方面的联合，达到优势组合和跨国发展的目的。例如，TCL通过同法国汤姆逊公司合资组建TTE Corporation（简称TTE），合并双方彩电和DVD业务，在亚欧美各主要市场拥有高效率的制造中心。

中国企业海外投资的整体成绩十分明显，一方面扩张了企业的全球产能和市场，另一方面还提升了企业品牌的国际形象，如海尔、华为、TCL和青岛啤酒等企业已经获得了良好的国际声誉。此外，海外投资为企业拓宽了资金来源，如中石化通过与埃克森美孚和英国石油联盟，得以在纽约证交所筹资，为企业的全球发展创造了重要条件。但是，尽管中国企业对外投资发展进入快速发展时期，但是其规模还是远远不够的。中国企业“走出去”在境外投资还是一种新兴事业，中国跨国公司还处于发展的初级阶段，无论在产业布局、企业管理、市场拓展和技术开发等方面都需要不断地积累经验。因此，为了促使中国跨国公司在经济全球化背景下成长壮大，就有必要加强对中国跨国公司进行研究，包括目标市场选择、市场进入模式以及海外企业的战略定位和治理机制设计等，以完善中国跨国公司的管理水平，从而使其融入全球创新网络体系并形成自己主导的行业标准。

党的十六大以后，中国学者日益关注中国企业的跨国经营。有关这方面的研究日益得到重视，出现了许多期刊文章、研究报告和研究项目。以国家自然科学基金委员会管理科学部对课题资助的情况来看，当前我国学术界对于跨国公司的研究主要是从两个方面进行的[①]：

一方面，从宏观层次研究跨国公司与东道国以及母国之间的关系，包括跨国公司对于东道国产业发展的影响以及东道国基础设施和制度背景对于跨国公司投资决策的影响等。主要如：毛蕴诗主持的重点项目“跨国公司在华策略与中国企业的应对措施”（70132001）；宋泓主持的“开放条件下跨国公司的战略调整与我国产业成长对策研究”（70373063）；于英川主持的“外商对华直接投资对中国科技进步作用行为分析：理论及其应用”（70373059）；杨先明主持的“跨国公司技术转移策略与我国西部企业技术发展策略研究”（70162001）；孙遇春主持的“跨国公司与开发区互动关系比较研究”（70172037）和杨大楷主持的“中国海外企业投资效应分析及对策研究”（70172009）；等等。

另一方面，从微观层次研究跨国公司战略行为和组织运作，包括跨国公司目标市场选择及其进入模式、技术转移、联合研发、人员配置以及全球学习等。主要如：范黎波主持的“跨国公司技术转移与学习战略研究——中国的实践和印度的经验”（70572077）；吴晓云主持的“服务性跨国公司全球营销新战略模型的创设及其应用”（70572085）；郭燕青主持的“跨国公司对华技术转移战略与我国企业技术结构优化的协同效应研究”（70472065）；刘云主持的“跨国公司技术创新国际化的组织管理模式与影响研究”（70473005）；赵增耀主持的“中外合资企业外资控股独资倾向的发生机理、影响及应对策略研究”（70473064）；彭纪生主持的“跨国公司技术转移动态演化与跃迁机制研究”（70571036）；阎海峰主持的“在华跨国公司网络中本土企业学习效应的实证研究”（70302013）；杜德斌主持的“跨国公司在中国的 R&D 投资及其空间效应研究”（70371032）；陈飞翔主持的“促进外商直接投资和加速技术转移的政策选择”（70273028）；赵景华主持的“跨国公司在华成长战略研究”（70172043）；薛澜主持的“跨国公司在华战略技术联盟演进和管理的理论与实证分析”（70072017）；唐国春主持的“提高跨国公司财务管理效率的新方法的研究”（79970001）；以及李小建主持的“大型中外合资企业空间网络研究”（79971024）；等等。

3. 鼓励非公有制经济与中国民营企业的发展

改革开放 30 年来，中国民营经济、民营企业从无到有、从小到大，已经成为中国经济的重要组成部分，其发展历经了三次重大机遇。第一次是 1978 年党的十一届三中全会明确提出“一定范围的劳动者个体经济是公有制经济的必要补充”的论断，标志着我国民营经济发展的禁区被打破。但由于认识上的差距、传统观念的束缚以及传统体制的影响，社会上仍然存在对民营经济的偏见，民营经济发展受到重重阻力。1992 年邓小平的南方谈话强调，改革开放的胆子再大一点、步子再快一点，主张跳跃式发展，明确指出发展是硬道理，使我国民营经济发展迎来了第二次重大机遇。2003 年，为适应经济改革发展需要，党的十六届三中全会通过的《中共中央关于完善社会主义市场经济体制若干问题的决定》指出，要巩固和发展公有制经济，鼓励、支持和引导非公有制经济发展；要清理和修订限制非公有制经济发展的法律法规和政策，消除体制性障碍；要放宽市场准入，允许非公有资本进入法律法规未禁入的基础设施、公用事业及其他行业和领域；要使得非公有制企业在投融资、税收、土地使用和对外贸易等方面，与其他企业享受同等待遇；要支持非公有制中小企业的发展，鼓励有条件的企业做强做大。2005 年 2 月 24 日，国务院颁布了《关于鼓励支持和引导个体

---

① 下面两段所列出的各位学者的研究项目，来源于国家自然科学基金委员会管理科学部。

私营等非公有制经济发展的若干意见》（以下简称《若干意见》），标志着我国民营经济发展迎来了第三次机遇。《若干意见》使得中国民营企业的生产从偏重于民用商品向机械重工业产品转变，从单一经营模式向多元经营模式转变，从家族集权治理向现代企业制度转变，从企业组织小、散、乱向企业集团化经营转变，从企业产出低附加值向高附加值转变等等，这些转变构成了当前我国民营经济发展的主流。

中共中央和国务院对民营经济的重视以及相关政策的颁布实施，从制度层面上推动了中国民营经济的发展，同时也促使学术界开始重视民营经济研究。此后，有关民营经济的相关研究蓬勃发展，涉及民营经济的法律地位、产业结构调整、融资渠道、治理结构和经理人市场以及典型民营企业的案例分析等方面。

在法律地位方面，我国民营企业法律地位的确立经历了曲折过程。在计划经济体制下，代表私有制的私营企业在我国没有生存空间，私有企业完全不具合法性。1978 年党的十一届三中全会之后，我国开始进行经济体制改革，私有经济逐步得到认可并得到不断发展。私营企业合法地位的获得为民营企业的发展提供了坚实的制度保证。民营企业合法地位的取得经历了三个重要时期：一是个体经济合法地位的确立。1982 年，新修订的《中华人民共和国宪法》第十一条规定，在法律规定范围内的个体经济、私营经济等非公有制经济，是社会主义市场经济的重要组成部分。国家保护个体经济、私营经济等非公有制经济的合法的权利和利益。国家鼓励、支持和引导非公有制经济的发展，并对非公有制经济依法实行监督和管理。二是私营企业合法地位的确立。1988 年，全国人大七届一次会议通过的《中华人民共和国宪法修正案》规定，国家允许私营经济在法律制度规定的范围内存在和发展。私营经济是社会主义公有制经济的补充。国家保护私有经济的合法权利和利益，对私营经济实行引导、监督和管理。这是宪法第一次明确规定私营企业在法律上的合法地位。三是私营企业合法地位的提升。1997 年，党的十五大报告指出，非公有制经济是我国社会主义市场经济的重要组成部分。1999 年，全国人大九届二次会议通过的《中华人民共和国宪法修正案》规定，在法律规定范围内的个体经济、私营经济等非公有制经济，是社会主义市场经济的重要组成部分。国家保护个体经济、私营经济的合法的权利和利益。国家对个体经济、私营经济实行引导、监督和管理。

在产业结构调整方面，民营企业多以传统产业为主，这就迫使政府应该通过政策和经济的杠杆，引导那些科技含量高、市场前景好、管理水平高的企业率先发展高科技产业。在经济全球化和网络化的竞争环境下，民营企业应该加大产业结构调整力度，自觉融入全球经济网络体系。民营企业应该实行研发联盟，采用产、学、研联合等形式多样的研发模式，与高校和科研院所等建立起开放的和稳定的合作关系，吸收消化国际上先进的科技成果，形成自己的技术优势。

在融资渠道方面，我国现有的金融市场对于民营企业的扶持力度还有待提高，民营企业仍然存在融资渠道狭隘、融资方式简单和融资条件苛刻等问题。资料显示，民营上市公司融资结构以股权融资（42.37%）、短期借款（21.74%）和商业信用（20.43%）三中融资方式为主，长期借款（6.54%）、债券融资（0%）和留存收益（8.47%）的比例很低。与民营非上市公司相比，股票市场使，民营企业上市后股权融资比例大幅提高，债券融资比例大幅下降，从而大大改善了民营企业的资产负债结构。但是，从整体上看，我国民营上市公司数量有限，比例低下，导致民营企业整体的融资结构存在问题（黄速建、王钦、贺俊，2008）。2009 年 5 月份，中国证监会启动了创业板，这预示着民营经济将在资本市场上扮演着更加重要的角色，同时也将有力解决民营企业融资困难等问题。

在治理结构方面，应该探索建立现代企业管理模式，减少家族式管理模式的影响。家族式管理模式缺乏科学有效的管理机制，容易导致企业战略决策的失误。企业发展到一定规模后所产生的集权化倾向，无法适应企业对人才的更高要求。民营企业要真正建立起新的现代企业管理模式，必须进行所有制改造和建立现代企业制度。中国民营企业的制度转换、管理模式的更替依赖于民营企业家素质和人格的提升与完善。

在经理人市场建设方面，未来企业的竞争，更重要的是要依靠高素质的劳动者。民营企业在发展初期，管理能力主要来自国有或集体企业中管理人员的转移。这个阶段市场经济的发展引发了相当多的国有企业管理人员“下海”创业，这部分管理人员构成了中国民营企业的第一批职业经理人。到 20 世纪 90 年代后期，民营企业缺乏职业经理人的问题愈显突出，不少民营企业难以在市场上找到合适的高素质管理者。我国职业经理人市场发展滞后，对民营企业发展产生了重大影响。许多民营企业出现了危机，创业者难以将所开创的企业平稳地转交给子女，也无法找到合适人选来引领企业继续发展。经理人市场的完善与否将对民营企业发展产生重大影响，如何加大对经理人市场进行研究，着力构建符合我国制度背景的经理人市场，是中国管理的理论与实践亟待解决的一个问题。

4. 自主创新战略与中国企业的战略性结构升级

党的十六届五中全会通过的《中共中央关于制定国民经济和社会发展第十一个五年规划的建议》明确指出，要推进产业结构优化升级，以自主创新提升产业技术水平，要发展先进制造业、提高服务业比重和加强基础产业基础设施建设，是产业结构调整的重要任务，关键是全面增强自主创新能力，努力掌握核心技术和关键技术，增强科技成果转化能力，提升产业整体技术水平；要建立以企业为主体、市场为导向、产学研相结合的技术创新体系，形成自主创新的基本体制架构；要大力开发对经济社会发展具有重大带动作用的高新技术，支持开发重大产业技术，制定重要技术标准，构建自主创新的技术基础；要加强国家工程中心、企业技术中心建设，鼓励应用技术研发机构进入企业，发挥各类企业特别是中小企业的创新活力，鼓励技术革新和发明创造；要实行支持自主创新的财税、金融和政府采购政策，发展创业风险投资，加强技术咨询、技术转让等中介服务，完善自主创新的激励机制；要加大知识产权保护力度，健全知识产权保护体系，优化创新环境。之后，有关自主创新和战略性结构升级的管理研究得到迅速发展。

2006 年 9 月 28—29 日，中国工业经济学会 2006 年年会暨自主创新与创新政策研讨会在天津举行。与会学者从创新理论、技术创新、组织创新、产业创新、区域创新、创新政策和创新案例等前沿内容，分析了自主创新与创新政策的研究进展。创新对于提升一个企业乃至国家的国际竞争力，皆具有极其重要的作用。创新涉及多个层面，既有宏观层面的创新环境，亦有中观层面的创新战略，更有微观层面的创新管理；也涉及多种形式，既有技术创新，亦有制度创新。党的十六届五中全会明确提出了优化产业结构和提高自主创新能力的发展战略，为中国企业、政府和个人的创新行为提供了广阔的发展空间。有关产业结构调整和自主创新战略的管理实践和学术研究得到了迅猛发展。在创新实践方面，政府机构改革、产业结构调整和企业创新战略日益成为社会热点，创新模式亦从技术引进向自主创新转型。自主创新模式的提出，催生了诸如高速铁路、飞机制造、生物制药等具有自主知识产权的自主创新项目，极大地提高了中国经济的自主创新能力和可持续发展后劲，也提高了中国经济安全和世界地位。良好的技术创新需要相应的制度创新相配套，以培育创新环境，激发创新行为。制度创新成为管理研究的重要内容。制度创新研究的目的在于，从组织和人的行为角度出发，分析人的创新精神与创新行为，以及相应的组织安排，以激发人的创新精神，引导其创新行为，发展广泛的社会关系网络和构建独具特色的创新社区，促进自主创新要素的流动和积聚，形成适合个人创新或集成创新且高度分散的组织形式，制定与国际创新机制接轨的自主创新机制，最终构建一个组织完善、结构合理、运行高效的自主创新网络。自主创新的一个重要应用，是进行企业的战略性结构升级。它要求企业要调整产业结构，创新商务模式。但是，由于历史原因，中国企业在产业结构调整和商务模式创新方面处于相对滞后的状态，这不利于中国经济融入全球经济，容易导致中国经济的边缘化危机。因此，中国企业还需要借助自主创新，进行战略性结构升级，才能在能源、生物和制药等新兴行业的国际竞争中取得一席之地。

（二）管理教育的发展情况

党的十四届三中全会以来，我国现代管理学发展进入关键时期，管理理论和管理实践都取得重大发展。我国管理学扎根于中国特色社会主义实践，服务于改革开放对管理理论和实践提出的研究课题，初步形成了以管理科学与工程、工商管理、公共管理为主要构成的管理学学科体系，并大力开展了 MBA、EMBA、MPA 和 MPAcc 等应用类的管理专业学位教育，以 EDP 培训为主要形式和内容的对管理者进行的在职培训教育也得到了很快的发展。同时，沟通管理理论研究与管理实践的管理咨询业也有了长足的发展和进步。

1. 管理学学科体系逐步形成

中国管理的理论与实践虽然有着悠久灿烂的传统，但是真正成为一个独立学科，使管理成为一个专门化的职业却是最近几十年的事情。自改革开放以来，中国管理学发展历程可以分为三个阶段，分别是萌芽期（1978—1986 年）、重视期（1987—1996 年）和发展期（1997—2008 年）（苏勇、刘国华，2009）。在萌芽期，中国政府开始重视管理学，成立管理学研究机构和期刊，发表管理学文章、书籍和著作，开展管理学教育和研究，引入国际合作项目。在重视期，政府、部委、教育界、学术界和企业界等日益重视管理学，批准和实施了 MBA 学位教育。在发展期，随着中国经济体制改革的深化与发展，中国管理学教育得到了迅速提升。1997 年，国务院学位委员会和国家教委联合发出通知，正式颁布实施修订后的《授予博士、硕士学位和培养研究生的学科专业目录》，修订后的《目录》中增加了管理学学科门类。在国务院学位委员会通过的学科目录管理学门类项下，增设了公共管理，使之同管理科学与工程、工商管理、农林经济管理、图书档案情报学等其他管理学门类项下的一级学科或二级学科，并列出现于专业目录之中。1999 年，中国高校首次授予管理学科学位，首次将管理学学位从经济学学位中分离出来。根据《授予博士、硕士学位和培养研究生的学科、专业目录》（2008 更新版），管理学下设五个一级学科，分别是管理科学与工程、工商管理、农林经济管理、公共管理、图书馆、情报与档案管理，并形成了较为完善的二级学科体系。以工商管理为例，工商管理一级学科下设置了四个二级学科，分别是会计学、企业管理（含：财务管理、市场营销、人力资源管理）、旅游管理、技术经济及管理。

2. MBA 和 EMBA 教育快速发展

1990 年，国务院学位委员会正式批准设立 MBA 学位的论证报告，批准了清华大学、中国人民大学、南开大学、天津大学、复旦大学、厦门大学、西安交通大学、哈尔滨工业大学和上海财经大学等9所高校于1991年正式招生。1994年，MBA教育试点院校增加到26所，同年10月26日全国工商管理硕士（MBA）教育指导委员会成立。1997年，MBA教育试点院校扩大到56所，除纳入国家研究生统一招生计划的MBA学生外，在国家经委的支持下，主要面向国有大中型企业管理干部的“企业管理人员在职攻读MBA学位”的渠道也于1997年开通。2000年，配合西部大开发战略实施的需要，国务院学位办公室批准增设8所MBA教育试点院校，使MBA教育试点院校总数扩大到62所（原来的56所试点院校因学校合并减为54所）。2000—2001年，国务院学位办公室组织对第一、二、三批的54所MBA教育试点院校进行了教学合格评估。之后，我国的MBA教育结束了试点工作，进入了新的发展阶段。

1999年5月，国务院学位委员会第十七次会议审议通过《公共管理硕士专业学位设置方案》，正式批准在中国设立公共管理专业硕士学位（Master of Public Administration，简称MPA）。其培养目标是政府部门及非政府公共机构的高层次、应用型专门人才。2000年8月，国务院学位委员会办公室下发了关于开展公共管理硕士（MPA）专业学位试点工作的通知，批准24所高校为首批培养试点单位。这24所院校分别为北京大学、中国人民大学、清华大学、北京航空航天大学、北京科技大学、中国农业大学、北京师范大学、天津大学、东北大学、吉林大学、哈尔滨工业大学、复旦大学、同济大学、上海交通大学、华东师范大学、南京大学、浙江大学、中国科技大学、厦门大学、武汉大学、华中科技大学、中山大学、西安交通大学、国防科技大学。虽然我国引入MPA教育的时间不久，但其发展迅速，规模和范围不断扩大，这将对我国的公务员培训、干部队伍建设以及高等行政管理教育发展产生极大的影响和作用。它将成为我国公务员培训的一个重要途径，将成为推进政府机构改革、建立与市场经济相适应的公共管理体制的重要保障，也将成为我国高等行政管理教育发展的积极动力。开展MPA教育的目的，是通过大量的理论研究与教学实践，推动我国高等院校的行政管理学科的建立与发展，从而形成符合社会主义市场经济公共管理体制需要的、具有我国特色的行政管理教育体系。

2002年，国务院学位委员会办公室批准30所高等院校开展EMBA教育，招生对象是企事业单位的高级管理人员。首批批准的30所高等院校为北京大学、清华大学、中国人民大学、北京理工大学、北方交通大学、同济大学、对外经济贸易大学、复旦大学、上海交通大学、上海财经大学、上海海事大学、南开大学、天津大学、武汉大学、华中科技大学、南京大学、西南财经大学、浙江大学、湖南大学、电子科技大学、暨南大学、中山大学、西安交通大学、中南财经政法大学、大连理工大学、重庆大学、哈尔滨工业大学、华南理工大学、东北财经大学、厦门大学。我国EMBA教育采用市场化运作模式，国家赋予培养院校招生、录取和培养方式上较大的自主权，使EMBA教育基本上与市场实际需求接轨。中国EMBA已经走过7年的发展历程，已具备了一定的规模，办学模式和教学方法也不断探索创新，经历了初创、发展到成熟的过程。在这7年里，伴随着世界政治经济形势的发展变化，EMBA从诞生以来也经历了不断发展变化的过程。现在EMBA的同学已经遍布全国，在国民经济发展的各个领域都发挥着精英骨干的作用。

2003年，国务院学位委员会通过设立会计硕士专业学位（MPAcc）。2004年，国务院学位委员会办公室下发通知，批准北京大学、中国人民大学、清华大学、中央财经大学、南开大学、天津财经学院、东北财经大学、复旦大学、上海交通大学、上海财经大学、南京大学、厦门大学、武汉大学、中南财经政法大学、湖南大学、中山大学、暨南大学、重庆大学、西南财经大学、西安交通大学、财政部财政科学研究所等21个研究生培养单位开展会计硕士专业学位教育试点工作，并就试点工作有关事项进行了说明。设立会计硕士专业学位（MPAcc）的目的，是培养具有良好职业道德，系统掌握现代会计理论与实务以及相关领域的知识与技能，具备会计工作领导能力的高素质会计人才。会计硕士专业学位（MPAcc）是国家为培养面向会计职业的应用型、高层次、高素质会计专门人才而设立的学位。与学术性学位相比，MPAcc更侧重于培养实际能力，更突出会计职业实务工作要求，更注重学术性与职业性的紧密结合，更强调系统掌握会计学、审计学、财务管理、税法以及相关领域的知识和技能。

2003年，国务院学位委员会批准设立项目管理工程硕士学位（Master of Project Management，MPM），牵头院校为清华大学和北京航空航天大学。2004年，批准设立该学位课程的院校扩充为72家。本领域培养应用型、复合型的物流技术和物流管理高级人才。学位获得者应具有物流工程领域坚实的基础理论和宽广的专业知识，掌握物流设施应用、系统规划设计与评价以及物流管理的先进技术与方法，并具有独立担负物流技术和运作管理工作的能力。本领域工程硕士主要培养服务于物流企业、服务于生产性等企业、服务于政府行政管理部门三方面的物流工程高级人才。覆盖领域一般包括：物流产业规划与设计，物流园区、物流中心（配送中心）规划与设计等；物流系统功能规划与设计，物流系统流程设计与优化等；物流设施与设备的规划、设计、配置与运用等；物流信息系统规划、设计、开发与维护；企业物流的管理与运作、物流企业的经营与管理等；国际物流管理、供应链管理等。项目管理知识领域主要包括：项目集成管理、项目范围管理、项目时间管理、项目成本管理、项目质量管理、项目人力资源管理、项目沟通管理、项目风险管理和项目采购管理等。项目管理作为一种通用的管理技术已被广泛地应用于建设工程、信息工程、制造工程、农业工程、国防工程、能源工程、环境工程等工程行业，获得了瞩目的效率和效益。随着经济的高速发展、竞争的加剧和企业利润的走薄，需要以项目为单元进行精细的计划与控制。

3. 在职管理培训发展迅速

近年来，适应企事业等各类单位发展需要，各种形式的管理培训班，如雨后春笋般地成长起来。高层管理者培训与发展项目（Executive Development Programs，简称为EDP）作为商学院非学位系列的主要服务项目，承担着商学院培训组织中高层管理人员的责任。EDP的任务是根据个体和组织的知识需要，为其提供相应的补充性知识和前瞻性知识。补充性知识是指个体和组织缺乏的完成当前某项任务所必需的知识；前瞻性知识是指个体和组织缺乏的完成未来某项工作所必需的知识。与MBA、EMBA相比，EDP针对性和灵活性更强，强调终生学习，为中高层管理者提供了终身学习平台。EDP还可根据企事业单位的实际情况量身定制培训内容，更好地发挥智囊专家角色，服务于社会培训需求。

当前，EDP项目发展迅速，这是因为EDP终生教育的性质。企业中高层管理人员即使有了MBA学位或EMBA学位，仍需要持续培训以补充管理知识。每位管理人员都应该持续接受管理培训，这在当前快速变革的商业环境中显得尤为重要。另外，EMBA教育规模受到国家政府的严格管制，EMBA项目举办资格和招生人数以及收费标准等，都需要得到相关部门的批准，而EDP则没有这方面的限制。更为重要的是，EDP项目方不局限于商学院，全国各大高校的一些相关的学院和培训机构也在推广EDP项目。这使得EDP项目的推广更具市场性质，更能发挥EDP学员对EDP项目方和教学人员的市场筛选功能，从而更好地推动了EDP项目水平的提高。可以预见，EDP项目对提高我国在职管理人员的素质，促进终身学习将会起越来越重要的作用。

4. 管理咨询快速发展①

我国管理咨询近30年的发展历程，可以划分为以下三个阶段：

第一阶段：计划经济体制下的咨询业。20世纪80年代中期，为了有效地调整国家产业结构，解决瓶颈产业和建立合格的价格体系，当时的国家计委设立了投资咨询公司和工程咨询公司；为了推动科技成果转化，当时的国家科委和中国科协在全国创办和扶持了一批科技咨询企业；为推动企业财务会计咨询的社会化，以及会计、审计、评估工作的社会化，国家财政系统在各地创立了财务会计咨询公司和会计师事务所。其中比较典型的咨询单位是中国企业联合会。从1980年开始，由中国企业管理协会牵头，通过学习与引进国外管理咨询的理论与方法，结合中国的国情及企业的实际情况，开展企业管理咨询。

第二阶段：转轨时期的咨询业。20世纪80年代末，市场出现了一些信息咨询公司。进入20世纪90年代，我国经济开始向市场化方向发展，一批外资和国内私营信息咨询公司和市场调查公司浮现出来，为企业提供规范化的服务。由于当时中国刚刚开始实行市场经济，相当多的企业对市场了解有限，这些信息公司的出现满足了企业当时渴望了解市场、了解竞争对手的愿望。当时很多信息公司采用最原始的手段，也就是逐家搜集信息，再把这些信息加以编辑，以同样的方式免费地送出去，而他们的收益主要是来源于广告。

第三阶段：市场经济下的管理咨询。20世纪90年代初期，我国信息咨询业开始进入起步发展阶段，一些信息咨询公司已经脱颖而出，在市场调研、数据采集方面确立了自己的优势。但是，我国管理咨询业仍处于初级发展阶段。时至20世纪90年代中期，面对残酷的市场竞争，企业不得不寻求外部帮助，特别是在市场营销方面和企业管理方面，最先进入这个领域的是由各高等院校的教师所组成的管理咨询队伍。从20世纪90年代初期开始，国外的管理咨询公司进入中国的咨询市场。随着全球化的日益渗透，国外管理咨询公司在中国市场攻城掠地，中国管理咨询的市场正在逐渐走向规范和成熟。尽管这些国际著名咨询公司刚刚进入中国时，经常会犯一些生搬硬套不适合中国国情的西方经典和经验的错误，但是不可否认，这些著名咨询公司科学的分析工具、先进的管理理念与丰富的管理咨询经验，以及他们丰富的数据库、案例库、知识库和严格的执业操守，规范的项目管理程序等都给国内咨询公司带来了耳目一新的感觉。到20世纪90年代末，一部分国内管理咨询公司如“汉普咨询”、“新华信”、“远卓战略”、“北大纵横”、“合君咨询”、“派力营销”、“博通经纬”、“佐佑顾问”等，开始在市场的激烈竞争中脱颖而出。

中国管理咨询行业大致可以分为三个层次。第一层次，以麦肯锡为领头和典型代表的国际跨国公司，以其丰富的经验和优秀的人才占据了市场的主体地位。麦肯锡、安达信、罗兰贝格等国际咨询公司其市场份额占了50%以上。第二层次，国内有5年以上从业经验、比较成形稳定的咨询公司，构成了目前中国本土咨询公司的主力。这里包括新华信、中信咨询和派力营销等咨询公司。这部分公司的市场份额估计占20%。第三层次，国内众多新兴的成立不到3年的公司，数量众多，专业化明显，专门从事于某一领域的咨询服务，如风险投资、IT计算机相关技术、人力资源和营销策划等，市场份额约占30%。

中国管理咨询行业与国外管理咨询行业间还存在着较大的差距，主要表现在：管理咨询

① 中国管理咨询业发展现状分析，http://finance.sina.com.cn/leadership/mzxyj/20060430/15202543181.shtml。

业主缺乏准确定位；资金实力有限、咨询队伍规模小、咨询质量参差不齐、行业组织管理较弱等。但是，中国管理咨询业有其自身优势，对国情、历史与文化的理解要比国外咨询公司更为深透、全面和具体，能最大限度发挥低成本优势，敏锐把握细分市场。

（三）管理学研究的新进展

党的十四届三中全会以来，我国管理学研究取得了长足发展，建立了一系列专门从事管理学研究的科研机构以及引导和资助管理学发展的机构，创办了许多管理学领域重要的刊物，这对管理学的快速发展提供了必要条件。与此同时，一大批致力于管理学研究的优秀学者也脱颖而出，取得了大量的研究成果，对管理学的发展做出了杰出贡献。

1. 一些重要研究机构及刊物的创立

党的十四届三中全会以来，许多高等院校纷纷成立了管理学院或商学院，成为了管理学研究的重镇，尤其是学院内部设立了各种管理研究中心。如清华大学现代管理研究中心、北京大学科学管理中心、浙江大学人力资源与战略发展研究中心、复旦大学东方管理研究中心、厦门大学会计发展研究中心等，对推动管理学研究起了重要作用。这些管理学研究机构从不同视角对管理学进行了深入研究，取得了一系列研究成果，培养了一大批优秀人才，对管理学的发展起到了很好的促进作用。例如，1999 年 11 月，作为中国管理思想研究的重要基地，复旦大学东方管理研究中心成立，这是全国第一个专门的东方管理研究机构。该中心联合国内外学界精英共同研究东方管理思想，群策群力，缔造管理学的东方学派，目的在于充分挖掘中国古代管理思想，该中心成为向世界传播中国管理思想的重要机构。另外，除了高等院校的研究机构以外，一些民间管理研究机构，如中国商业联合会（CGCC，成立于 1994 年）、中国亚太经济贸易合作促进会（CAPATEC，成立于 1997 年）等，对企业研究成果的推广和应用以及促进我国管理水平的提高起到了很好的推动作用。

与此同时，管理学术期刊的发展促进了管理学研究的发展。管理学发展的水平往往与管理学研究机构和管理类学术期刊的发展水平密切相关。国际上顶尖的管理学期刊如 AMJ（《美国管理杂志》）、AMR（《美国管理评论》）、SMJ（《战略管理杂志》）等，对管理学学科的发展起到了重要作用。党的十四届三中全会以来，中国市场经济的发展和企业管理的现实需求为管理学期刊的发展，迫切需要高水平的管理学期刊来展示和交流管理学研究成果，于是许多有影响力的管理学刊物应运而生，《管理科学学报》、《南开管理评论》、《北大商业评论》等。实践证明，这些期刊的创立，为研究人员展示研究成果提供了很好的平台，对管理学研究起到了很好的导向作用。另外，为了推动我国期刊业的健康发展，1997 年，南京大学在全国率先提出了研制“中文社会科学引文索引”（ Chinese Social Science Citation Index，简称“CSSCI”）的计划。为深入开展 CSSCI 的研制，2000 年南京大学成立了中国社会科学研究评价中心，2001 年在教育部指导下成立了由 17 所著名高校的科学研究与管理专家组成的中文社会科学引文索引指导委员会，对各个期刊进行了相关评价。管理学科许多优秀期刊在参与相关评价的过程中，不断调整自己的办刊宗旨和定位，产生了在国内乃至国际上都有一定影响力的刊物，如《管理世界》、《经济研究》、《中国工业经济》、《经济管理》和《管理科学学报》等。

2. 管理学研究方法与范式的变化

管理学研究的发展，在很大程度上得益于研究方法的创新与突破。现代管理学研究者往往把管理学研究方法称之为范式。范式（Paradigm）是由美国哲学家、科学史学家库恩在《科学革命的结构》中提出来的、取代研究方法的一个术语。库恩认为，所谓范式是由某项重大科学成就所产生的，被某一科学界所公认的，指导科学家进行研究的理论、世界观、思路和思维模式①。

一般来讲，管理学研究的范式大致可以分为两类：一类是实证主义范式，另一类是诠释型范式。实证主义范式以客观、实证和规范为特征，是精确获取研究结果的方法，它建立在对客观事实观测的基础上，通过对一个或若干个具体事实或证据进行分析，从而得出结论或理论。从某种意义上，实证主义范式可以说是一种力求精确的求知方法。但是，当涉及到人的价值观、偏好领域以及发现新知识过程时，以逻辑思维和实证研究为主的研究范式往往无能为力。20 世纪 70 年代以来，学术界开始重视诠释型范式。诠释型范式也被称作后实证主义，它强调运用直觉判断和个人洞察力来获取知识。诠释型范式包括经验法或案例法、权变法、社会学法和经济学方法等。总体上讲，自然科学研究偏向于实证主义范式，人文科学偏向于诠释型范式。管理学科作为介于自然学科和人文学科之间的科学，具有其特殊性。管理学是一门基于实践的科学，管理学理论的发展离不开对社会实践的考察。因此，实证研究是发展理论的必要条件，也是管理学被称为“科学”的学科是否健全的重要标志。

从我国管理学发展的历程来看，20 世纪 80 年代之后的 20 年，学术界集中在对中国古典管理思想的挖掘和阐释上，显示了中国学者关注本土管理思想的敏锐性。与此同时，一些对中国企业发展尤其是失败问题进行探索的研究成果也得以发表，但在方法上主要采用思辨研究，其研究结论的获得主要依靠研究者的洞察力和直觉判断，具有很强的主观性，是一种不精确的方法。进入新世纪以来，我国的管理学研究方法和范式发生了重要的演变，随着数理知识及统计软件的发展，以及对西方管理学研究方法的应用逐渐增多，我国的管理学论文中实证论文所占比重逐年上升，参照西方实证研究方法和基本假设，对“中国情景问题”的研究逐渐增多，并似乎成为一时的“显学”。学术期刊倡导“实证研究”无疑对管理学研究方法的转变起到了重大的作用，从一定程度上纠正了过去我国的管理学研究不规范、不严谨的问题。

最近几年，我国管理学研究方法和范式在向多元化方向发展，诠释型范式逐渐获得重视，案例方法、建模方法、逻辑论证、试验方法以及计算机仿真等方法逐渐在管理学研究中得到广泛应用。例如，包括扎根理论在内的质化方法在得到国际主流管理学界的逐步重视（Gephart，2004；Suddaby，2006）的同时，国内管理学界也开始陆续出现了一些扎根理论研究成果（例如，李志刚、王迎军，2007；李志刚、李兴旺，2006；邓文君，2006）。这意味着相对于主流的量化实证研究，质化研究的价值正得到越来越多的学者的认同②。另外，管理学的案例研究逐渐兴起，国内许多著名管理学期刊如《管理世界》、《中国工业经济》等专门开辟了案例研究专栏。《管理世界》还组织了案例研究研讨会，并在 2009 年初发行了增刊，也说明了现在我国管理学研究方法和范式也在向多元化发展。

3. 管理学研究取得的成果

党的十四届三中全会以来，在国家自然科学基金、国家社会科学基金以及各种管理学奖

---

① 焦晓波：“从库恩的科学哲学看管理学研究范式的变革”，《技术经济》，2005 年第 10 期。

② 张敬伟、马东俊：“扎根理论研究法与管理学研究”，《现代管理科学》，2009 年第 2 期。

项的推动下，管理学研究在我国得到长足的发展，从事管理学研究的人数大大增加，发表了大量管理学研究的学术论文，取得了一大批对中国社会、经济、科技、行政和企业等各行各业的管理有重要影响的学术成果，对提高我国的企业管理水平发挥了重要的作用，并形成了一支高水平的科研队伍，出现了许多有影响力的学术带头人。

在期刊论文方面，从数量的角度，根据对修正过的 CSSCI 的数据进行统计发现，在1998—2006 年，我国境内 31 个省、自治区、直辖市管理学类的学术论文数量为 54101 篇，占 CSSCI 收录总数的 8.59%，在人文社会科学 19 个一级学科中居第 3 位（见表 4-1），仅次于经济学、教育学；从论文质量的角度，按照 CSSCI 数据统计，该阶段管理学论文被引用的总次数为 37600 次，平均被引次数为 0.6950 次，在 19 个一级学科中位居第 5；该学科实际被引论文篇数量为 13902 篇，被引率为 25.70%，在 19 个一级学科中居第 7 位。在该阶段，管理学学科有 11 位作者的发文量超过 20 篇，管理学论文作者被引的总人数为 8871 位，其中被引次数在 10 次以上的有 764 位，被引次数在 50 次以上的有 63 位，被引次数在 100 次以上的有 19 位①。

表 4-1　　1998—2006 年中国人文社会科学各学科学术论文产出与被引用情况

学　科	发表论文数（篇）	被引用论文数（篇）	论文被引率	被引总次数	篇均被引次数
管理学	54101	13902	0.2570	37600	0.6950
马克思主义	7517	718	0.0955	1039	0.1382
哲　学	25609	5024	0.1962	9111	0.3437
宗教学	5100	620	0.1216	825	0.1618
语言学	17535	4670	0.2663	10659	0.6079
文　学	30049	4655	0.1549	7122	0.2370
艺术学	12366	1623	0.1312	2400	0.1941
历史学	25936	5633	0.2172	9134	0.3522
考古学	5143	1526	0.2967	3055	0.5940
经济学	139385	16383	0.1175	98365	0.7056
政治学	32035	6170	0.1926	11477	0.3583
法　学	302539	662	0.3194	22942	0.7583
社会学	14386	4212	0.2932	10442	0.7258
民族学	6113	1214	0.1986	2147	0.3512
新闻传播学	22018	4297	0.1952	9165	0.4163
图书馆	35625	14744	0.4139	46406	1.3026
教育学	56527	12439	0.2201	25783	0.4561
体　育	13813	4234	0.3065	8734	0.6323
统计学	1726	262	0.151	8453	0.2625

资料来源：马晓军："近年来我国管理学研究进展分析—基于 CSSCI（1998—2006）数据统计"，《管理学报》，2009 年第 3 期。

在管理实践方面，通过国家级企业管理现代化成果的评审与发表，总结与归纳了我国企业在国家各项研究基金的资助下，管理学研究取得了一系列的研究成果。1996 年国家自然

① 马晓军："近年来我国管理学研究进展分析—基于 CSSCI（1998—2006）数据统计"，《管理学报》，2009 年第 3 期。

科学基金委员会将原来管理科学组升级为管理科学部，管理学部的成立进一步支持了管理科学的发展，加大了对管理学研究的资助力度，许多研究人员在相关资助并取得了一系列的研究成果，这些成果涵盖企业管理创新研究、企业管理信息系统、民营企业管理、管理者行为、企业管理模式等。在国家社科基金资助下，管理学研究人员在发展战略、国有企业治理结构、人力资本等方面取得了丰硕成果。

企业管理的实践经验，大大地提高了我国企业管理的理论与实践的水平。截至目前，国家级企业管理现代化成果已审定发布 15 届（1990—1998 年的前 5 届成果审定为两年一次，自 1999 年第六届起改为一年一次），共 1276 项国家级成果，包括一航集团成都飞机设计研究所的《提高飞机自主研发能力的敏捷管理》、海尔集团公司的《以“市场链”为纽带的业务流程再造》、邯郸钢铁有限责任公司的《模拟市场、成本否决为核心的集约经营》、潍坊亚星化工集团公司的《购销比价管理》和许继集团有限公司的《现代企业量化动态的人事管理》等成果在国内引起很大反响。“袁宝华企业管理金奖”自 2005 年设立以来，已经评选了 3 届，共推选出了谢企华、鲁冠球、宗庆后等 9 位在企业管理领域有突出贡献的杰出人物，重点推广他们成功的经营管理模式。“中国管理学院奖”则评出了海尔、招商银行、万达等优秀企业，大力推广其经营模式。这些成果的审定、表彰和推广，对于我国企业的改革与发展，起到了重要的促进作用。蒋一苇企业改革与发展学术基金会也评选出了三届管理学研究优秀成果的获奖者。

三、中国管理学发展的基本特征

中国的改革开放是“摸着石头过河”的进程，这决定了中国管理学发展具有两个基本特征：理论上，注重引进国外各种先进的管理理论；实践上，立足中国经济体制改革的特殊国情。

（一）理论研究方面：注重引进国外各种先进的管理理论

党的十四届三中全会以来，随着市场经济体制改革的推进，国有企业改革迫切需要管理理论作指导，以适应市场经济发展需要，融入全球竞争格局。在建立现代企业制度阶段中，为把深化国有企业改革同加强企业管理相结合起来，先后引入了国外企业管理的理论和方法，较有影响的著作有：舒尔茨（T. W. Schultz）的《论人力资本投资》（1990 年）；西蒙（M. A. Simon）的《管理行为》（1991 年）；哈默（M. Hammer）、钱皮（J. Champy）的《再造企业—工商管理革命丛书》（1993 年）；圣吉（P. M. Senge）的《第五项修炼—学习型组织的艺术与实务》（1994 年）；威廉姆森（O. E. Williamson）的《企业制度与市场组织》（1996 年）；波特（M. E. Porter）的《竞争战略》和《竞争优势》（1997 年）；德鲁克（P. F. Drucker）的《巨变时代的管理》（1998 年）；坎贝尔（A. Campel）、卢斯（K. S. Luchs）的《核心能力战略—以核心竞争力为基础的战略》（1999 年）；青木昌彦的《比较制度分析》（2001 年）；卡普兰、诺顿的《平衡计分卡：化战略为行动》（2004 年）；金、莫博涅的《蓝海战略》（2005 年）等。除此之外，国内系统引进了工商管理下属各个学科的系列教材，使得工商管理教学能够逐步与国际接轨。在研究上，通过国际会议、出国访问、出国留学、联合研究和聘请国外专家学者来华讲学等多种形式的国际学术交流，使中国管理学科能够主动融入全球发展平台，推动了中国管理学科的国际化接轨进程。

（二）实践探索方面：立足于中国经济体制改革的特殊国情

随着中国社会主义市场经济体制的建立、完善与发展，在管理学术研究和管理学教育的推动下，中国企业管理实践的科学化和现代化水平也得到了很大提高，而这些都是立足于中国经济体制改革的特殊国情。中国管理学发展是伴随着经济体制改革而同步推进。党的十四届三中全会以来，中国管理学的发展历经了四个重要的发展时期，分别是进行企业产权改革时期、实施“走出去”发展战略时期、鼓励发展非公有制经济时期和提倡自主创新发展战略时期。

第一阶段：国有企业产权改革时期。1992 年，为适应中国经济发展的需要，党的十四届三中全会通过的《中共中央关于建立社会主义市场经济体制若干问题的决定》提出，要转换国有企业经营机制，建立“产权清晰、权责明确、政企分开、管理科学”的现代企业制度。党的十四届五中全会提出的《中共中央关于制定国民经济和社会发展“九五”计划和 2010 年远景目标的建议》，强调要把国有企业改革作为经济体制改革的中心环节；强调建立现代企业制度是国有企业改革的方向，同时要大力发展集体经济，鼓励和引导非公有制经济的发展。党的十五届四中全会通过的《中共中央关于国有企业改革和发展若干重大问题的决定》，强调要大力促进国有企业的体制改革、机制转换、结构调整和技术进步。要积极探索公有制的多种有效实现形式，大力发展股份制和混合所有制经济，重要企业由国家控股。

在该时期，中国管理学理论发展主要以国有企业改革和企业家队伍建设为主线，这从国内重要学术期刊所刊发论文主题可以看出。以《中国工业经济》为例，1993—2002 年，该期刊刊发论文主要涉及如下领域：社会主义市场经济体制、国有企业集团化改造、国有企业产权改革、国有企业股份制改造、国有企业公司制改革、国有企业资本重组、国有企业经理人市场和国有企业高管激励与约束等。

第二阶段：实施“走出去”发展战略时期。顺应经济全球化发展的时代潮流，2001 年中国成功加入了世界贸易组织。为了更好地推动中国经济融入全球经济，2002 年党的十六大报告提出要坚持“引进来”和“走出去”相结合的发展方针，全面提高对外开放水平。实施“走出去”战略是对外开放新阶段的重大举措。国家鼓励和支持有比较优势的各种所有制企业对外投资，带动商品和劳务出口，形成一批有实力的跨国企业和著名品牌，积极参与区域经济交流和合作。此后，中国经济“走出去”发展进程明显加快，中国企业的海外直接投资、合作投资、并购重组等加快推进，中国以更加主动的姿态参与了全球经济竞争。此后至今，适应中国经济发展的实践需要，国内主要学术期刊开始重视中国企业海外经营问题，刊发了大量有关跨国管理的管理研究论文。

第三阶段：鼓励发展非公有制经济时期。为了更好地促进社会经济的协调发展，党的十六届三中全会通过了《中共中央关于完善社会主义市场经济体制若干问题的决定》，提出要巩固和发展公有制经济，鼓励、支持和引导非公有制经济发展（推行公有制的多种有效实现形式；大力发展和积极引导非公有制经济；建立健全现代产权制度）；完善国有资产管理体制，深化国有企业改革。此后，非公有制经济成为中国经济发展的重要组成部分，学术界对于非公有制经济的研究也给予了重视，全国各大高校相继成立了中小企业研究中小或家族企业研究中心等研究机构，举办了民营经济论坛等多种形式的企事业、政府官员和学术界的沟通对话会，民营经济的立法工作得到了快速发展。

第四阶段：提倡自主创新发展战略时期。为了迎接全球高科技挑战，提高在全球产业分工中的竞争地位，党的十六届五中全会通过了《中共中央关于制定国民经济和社会发展第十一个五年规划的建议》，强调要推进产业结构优化升级，以自主创新提升产业技术水平；要建立以企业为主体、市场为导向、产学研相结合的技术创新体系，形成自主创新的基本体制架构；要大力开发对经济社会发展具有重大带动作用的高新技术，支持开发重大产业技术，制定重要技术标准，构建自主创新的技术基础；要加强国家工程中心、企业技术中心建设，鼓励应用技术研发机构进入企业，发挥各类企业特别是中小企业的创新活力，鼓励技术革新和发明创造；要实行支持自主创新的财税、金融和政府采购政策，发展创业风险投资，加强技术咨询、技术转让等中介服务，完善自主创新的激励机制；要加大知识产权保护力度，健全知识产权保护体系，优化创新环境等。此后至今，国内重要学术期刊高度重视有关技术创新和制度安排的相关研究成果。中国企业管理研究会 2006 年年会的主题就是“中国企业自主创新与品牌建设”，充分体现了学术界、企业界和政府对于企业自主创新发展战略的关注。中国社会科学院副院长、中国企业管理研究会会长陈佳贵学部委员在该次会上指出，我国企业自主创新和品牌建设，是一个具有重大意义的课题。如何通过提升我国企业自主创新能力，打造国际知名品牌，建设创新型国家，是一个具有深远历史意义的国家战略问题。党中央、国务院提出了到 2020 年要使我国进入创新型国家行列的目标。技术创新绝不仅仅是技术问题，而是涉及国家宏观政策支持、相关产业支持和微观管理变革的综合工程。特别是在管理上，需要针对创新型企业特点采取灵活的管理制度，在管理目标和管理方法上进行相应创新，以鼓励和支持企业技术创新实践。

四、我国管理学发展面临的重大问题

（一）管理学教育面临的问题

改革开放以来，适应经济市场化趋势和国民经济高速发展的需要，管理教育进入了高速发展时期，但是也面临相应的问题。

1. 规模迅速扩张与教育质量改善存在突出矛盾

到 2000 年，我国共有 963 所普通高校开办管理类本专科教育。其中，398 所院校开办管理类本科教育，908 所院校开办专科类管理教育。管理类本科在校生达到 51 万人，专科在校生达到 31 万人；当年管理类本科和专业的招生人数分别为 17.5 万人和 15.5 万人。到 2003 年，管理类本专科在校生规模已经达到 178.4 万人，占本专科在校生总规模（1108.6 万人）的 16.1%；管理类本专科招生数达到 65.4 万人，占本专科招生总数（382.3 万人）的 17.1%；管理类本专科毕业生达到 28.1 万人，占本专科毕业生总数（159.3 万人）的 17.6%（黄速建、黄群慧等，2007）。短短三年间，管理类本专科招生规模和在校生人数都几乎翻了一倍。然而，在规模迅速扩张的同时，质量问题逐渐暴露出来。在招生规模不断扩大的形势下，各高校管理学院（商学院）师资队伍的规模并没有同比例增长，师生比例非常低，不少学校甚至达到1∶30，使得教师工作负荷量过大，特别是课堂教学以及论文指导的任务极其繁重。教学工作量过大，严重影响到教师的科研和实践，不利于教师提高学术水平和办学质量。其次，教学经费投入不足，配套措施没有跟上，严重影响课堂教学质量。例如，“大班上课”就是一个突出问题，一个课堂有100多名学生，严重影响教师与学生的课堂互动和课外辅导效果，案例研究几乎形同虚设。教学服务部门的服务质量和服务态度没有跟上，变成简单的信息发布者和命令者，而没有真正成为教学与科研事业的保障者。

2. 学位及在职教育的商业化现象严重

目前，国内诸多商学院过分注重经济效益，大量招生，导致教学质量难以跟上，严重违背学科发展所遵循的客观规律。如何鼓励与维持管理学科的学术严密性与实践运用性的平衡，成为提高管理学科教育质量的重要问题。

3. 学院教育在企业实践方面相对缺乏

由于教育规模过度扩张和配套改革严重不足，商学院教育在企业实践投入方面存在很大问题。一是企业难以提供足够机会来满足规模庞大的实践需求，导致学生实践活动仅仅停留在指标考核上，而没有真正提高学生实践能力。二是师生比例失调影响教师与学生之间进行充分的互动沟通，从而客观上影响到学生实践活动的深度，许多教师带领学生开展实践活动仅仅停留在形式上，而没有从根本上思考如何提高学生的实践活动能力。第三，学校配套经费难以满足教育规模的扩张要求，导致学校难以充分支持学生参与企业实践活动。

（二）管理学研究面临的问题

虽然我国管理学研究在这个阶段取得了巨大的成就，但也存在很多问题。

1. 管理研究追求时尚，基础理论研究不足

当前，各种管理时尚层出不穷，其更替速度之快更是前所未有。企业无法回避各种管理时尚的冲击，要么随波逐流，要么自寻出路，要么等待淘汰。大部分管理时尚具有可操作性强、符合潮流和新颖性等特征，迫切希望提升绩效的管理者极容易将管理时尚视作灵丹妙药。但是所有管理时尚又具有要求组织进行变革的特点，而这容易导致企业经营失败。业务流程再造的提出者哈默和钱皮经过研究发现，70%—80%的企业业务流程再造（BPR）计划都失败了；著名IT调查公司Gartner报告称，55%的客户关系管理（CRM）计划也失败了。甚至有人认为，不应用管理时尚是等死，应用管理时尚是找死。反观基础管理理论可以发现，当前系统梳理管理理论的研究极其匮乏，管理学界过分追逐管理时尚和应用性，而对基础理论研究存在严重不足。

2. 没有形成完善的管理学科研究体系

当前，虽然我国管理学科体系较为完善，但是研究体系还不完善，主要表现在如下三个方面。第一，管理学科的基础理论不完善。管理学科是一门综合性的学科，其基础理论涉及社会学、经济学、心理学和数学等，但是管理学科又不同于这些学科，而是这些学科在管理实践中的综合运用。当前，管理学科研究对如何将基础理论运用到管理研究则关注不足，限制了管理学科的发展。近年来，学者们开始日益关注跨学科的研究，例如将实验经济学思想引入管理学科研究，将心理学和行为学引入财务学和组织学研究等，都是很好的研究探索。第二，管理研究需要顶天立地，但是当前中国管理学科研究存在“顶天”与“立地”相分离的现象。有些学者“顶天”有余“立地”不足，注重引进国外管理潮流，但忽视了对其

加以中国化，或者仅仅简单地用中国的数据验证国外的理论模型，原创性不足；有些学者能够抨击时弊却难以给出有说服力的富有科学逻辑的“药方”，理论分析不深入。这两方面都使得中国管理学科难以与国际同行接轨。第三，管理研究不同于自然科学研究，它必须植根于社会实践，而当前中国研究部门与实践部门配合不够，实践部门对于管理研究的重要性认识不足，不愿支持各项管理研究所需的调查工作，这也成为中国管理学科发展的重要障碍。

3. 期刊和学术会议的学术水平有待提高

管理学的研究水平，主要是通过该领域学术期刊和学术会议来展示。当前，我国管理学学术期刊存在多而杂、定位不明确和学术水平不高的问题。国内的管理类学术期刊，除了少数的几本顶尖期刊以外，很大部分都缺乏明确定位，千篇一律地追求管理时尚。一个明确定位的学术期刊可以引导研究方向，但是目前我国管理学各种期刊在学术上的定位模糊，无论是文章类别、研究方法、研究视角等都缺乏较为明确的定位。往往同一杂志包罗万象，各种类别的文章，如经济类、管理类、以及其他各类社会科学类的文章，都出现在同一本刊物上，学术性和实践性的文章混杂在同一本期刊甚至一本期刊的同一个栏目中，而且很多刊物的栏目也是三天两头更换，未能形成鲜明的学术风格（苏勇、刘国华，2009）。也正是因为每个期刊都追求大而全，热衷管理时尚，从而导致期刊的学术水平下降，往往是顶尖期刊文章发表后，一些“学者”以该文章为蓝本进行改装，发表到二类核心期刊或者普通期刊上，甚至有些“学者”将同一文章进行形式修改，发表到不同杂志上，引发了形式各异的学术道德问题。在学术会议方面，近年来，随着中国经济全球化的深入，中国以更加开放的姿态举办了各类的国际学术会议。然而，由于评估制度存在缺陷，各类会议鱼目混珠，导致部分“学者”以开会为由进行公费旅游。这是需要高校和教师深刻反思的严重学术问题。

（三）管理学实践面临的问题

我国企业在该阶段创新了很多经验，但管理学实践中也存在以下一些问题：

1. 管理学本土化案例较为缺乏

管理学学科的特有属性，决定了管理教学必须更加重视案例教学。1980 年夏天，中美教师对中国 4 个城市多家企业进行调研，编写了 80 多个案例，在大连培训中心首期厂长、经理研修班上使用。2005 年，首期 PCMPCL（Program on Case Method and Participant - centered Learning）在哈佛商学院举行。PCMPCL 是哈佛商学院针对中国内地、中国香港、中国台湾地区和新加坡等地商学院举办的高级师资培训项目，旨在推广哈佛商学院的案例教学方法。但是，由于在中国的管理教育中，采用案例教学的时间并不长，各高校案例研究经费匮乏，企业配合案例采写的积极性不高，导致本土企业管理的经典案例很少。即使有些教师采写了相关案例，但是由于各商学院案例建设步伐不一致，案例共享程度不高，导致无法共享各大高校稀缺的案例资源。案例教学贵在再现分析企业的真实情景，特别是那些与制度背景密切相关的因素。如果无法采集到本土案例，或者采集到的案例素材仅仅停留在形式上，没有更深层次的信息披露和分析，那么案例教学将难以达到初衷。因此，中国管理学科的发展，需要加强校企合作，开发并共享本土化案例。

2. 经理人市场发展不完善

改革开放以来，特别是党的十四届三中全会以来，随着中国特设社会主义市场经济体制的建立、完善与发展，迫切要求建立符合市场规律的企业经理人市场，以适应社会主义市场经济体制的改革需要。经理人市场的建设、完善与发展，是一项系统工程，需要得到政府、企业和个体的共同扶持。然而，当前中国企业经理人市场发展仍然存在诸多问题。在政府方面，国有企业改革重在产权改革，而经理人管理制度仍然停留在人事管理体制上，没有建立完善的经理人市场，国有企业经理人没有真正实现政企分开，管理科学水平不高。这与"产权清晰、权责明确、政企分开、管理科学"的现代企业制度存在诸多差距。在企业方面，国有企业在产权改革方面虽然取得一定进展，但是在人事改革方面进展缓慢，还没有真正实现人才市场化；而民营企业虽然在体制上比国有企业灵活些，但是存在严重的经理人"代际传承"问题，一些民营企业家还没有跳出"家族企业家族管"的狭隘观念，对经理人市场持否定态度，不积极利用经理人市场来招聘合适的经理人/接班人。在个人方面，人们主动参与市场竞争的观念意识还较为薄弱，只是被动地认可人才市场的竞争机制，没有主动利用人才市场的竞争机制来规划自身的职业生涯，而是被动地适应市场竞争机制。其结果是，人才流动通道不畅通，经理人市场难以发挥其对人力资源的优化配置功能。

3. 尚未形成有效的校企合作研究平台

校企合作被证明是高校和企业共赢的平台。传统上，高校培养人才，企业招募人才，高校与企业之间是人才培养与人才需求的关系。这种培养模式的突出问题是，高校培养的人才可能难以适应企业动态发展的需要，这种问题在市场经济条件下显得更为突出。当然，高校需要秉持其大学的本质精神，而不只是企业所需人才的培训机构。但是，高校在秉持其大学本质精神的前提下，可以通过校企合作来更好地发现管理问题，找准研究主题，更好地提高学生的实践能力，也为企业培养更多的合格人才。美国诸多商学院都非常重视校企合作，建立庞大紧密的校企合作网络。这样，既可以从企业那里获得大量信息，以更好地提供教学素材和服务科研工作，又可以从企业那里获得办学的资金支持，同时也是学生参与社会实践的良好途径。而企业也可以通过校企合作，发现存在的管理问题，依靠大学教师和研究机构来开展研究，获得解决问题的方案。

第五章
战略管理学的发展

战略管理理论最早产生于20世纪60年代的美国，到现在有近半个世纪的发展历史了。在这近半个世纪的发展过程中，战略管理理论得到了不断的丰富和完善，各种学派层出不穷，各种理论不断涌现，新的思维、新的观念接连不断，可以说战略管理理论已经由60年代破土而出的一棵小树苗长成了现在枝繁叶茂的参天大树。相对西方国家而言，我国战略管理理论发展起步较晚，至今主要是将国外的各种战略管理理论引入到国内，起着介绍和传播的作用，在此基础上结合我国国情进行了一些改进和创新，这些工作促进了战略管理理论在我国的发展，同时也有助于这些理论在我国的实际应用，其理论价值和实践价值都是值得肯定。

一、新中国60年来战略管理理论的发展

新中国60年来，经历了由计划经济向市场经济转轨的发展过程，按照发展过程大体可划分为四个阶段：计划经济阶段（1949—1978年），计划与市场并存的过渡阶段（1979—1992年），社会主义市场经济体制初步建立阶段（1993—2002年），社会主义市场经济体制完善阶段（2003年至今）。伴随着经济体制转轨的历程，我国战略管理理论的发展也深深地打上了时代的烙印。鉴于此，本书将按照我国经济体制发展的这四个阶段来分别介绍我国战略管理理论的发展过程。

（一）计划经济条件下的战略管理理论探索（1949—1978年）

新中国成立初期，我国内忧外患、百废待兴。在缺乏建设社会主义的经验的情况下，我国借鉴了前苏联的成功经验，采用了计划经济体制。在这种经济条件下我国的战略管理理论探索主要体现在三个领域的研究和实践，即军事方面、国际局势方面、宏观经济方面。

1. 军事方面的战略理论探索

“战略”一词最早源于军事，在我国最早可以追溯到公元前360年孙武所著的《孙子兵法》，这本世界上最早的军事理论著作被誉为“兵学圣典”，之后又有吴起的《吴子兵法》、孙膑的《孙膑兵法》等一些列兵书，丰富和发展了我国的军事战略思想。我国近代军事战略思想的发展以毛泽东为主要代表，他的“武装割据，农村包围城市”的战略思想，以及“敌进我退，敌驻我扰，敌疲我打，敌退我追”的十六字诀等一系列作战理论堪称近代军事战略思想

的经典。建国后，为捍卫我国主权独立和领土完整，在进一步学习和发扬毛泽东战略思想的同时，我国针对美国和前苏联的军事战略研究也不断开展，其代表性文献详见表5-1。

表5-1　　计划经济条件下的军事战略研究文献举例

文献名称	作　者	文献来源	发表时间（年）
“军事战略特点”	—	《世界知识手册》	1954
“穷途末路的美国军事战略”	纪　隆	《世界知识》	1957
“毛主席的战略思想的伟大胜利”	王聚贤	《读书》	1958
“美国原子战略的破产”	吴景崧	《世界知识》	1959
“学习毛主席军事思想，提高对民兵战略地位的认识”	田日新	《北京体育大学学报》	1960
“美国的‘特种战争’战略破产以后”	张　放	《国际问题研究》	1964
“试论曹操战略战术的思想基础”	—	《苏州大学学报》	1974
“论《老子》的军事战略思想”	—	《河北大学学报》	1975
“苏联是如何改变战略力量对比的”	王仲京	《现代防御技术》	1976
“战略防御力量和计划”	高桂清	《现代防御技术》	1977

资料来源：作者整理。

新中国成立后，我国面临着以前苏联为中心的社会主义阵营与以美国为中心的资本主义阵营之间的强烈对抗。为了更好地应对国际局势，有关国际局势研究，尤其是针对美国的战略研究不断涌现，代表性成果见表5-2。

表5-2　　计划经济条件下的国际局势战略研究成果

文献名称	作　者	文献来源	发表时间（年）
“美帝战略上的弱点”	邓　超	《世界知识》	1950
“论美帝的‘东亚经济结合体’”	林天摩	《世界知识》	1951
“美英在战略上的矛盾”	邓　超	《世界知识》	1954
“人造卫星与世界战略”	新名丈夫、赤　松	《世界经济文汇》	1958
“肯尼迪的‘总战略’”	纪　隆	《世界知识》	1962
“从遏制政策到‘和平战略’”	张　放	《国际问题研究》	1963
“佐藤内阁的外交政策和美国远东战略的新开展”	川端治	《世界知识》	1965
“结成最广泛的国际反霸统一战线”	龚　胜	《山东师范大学学报》	1976
“无产阶级在国际斗争中的战略决策”	崔云鹏	《河北大学学报》	1977
“伟大的战略思想——学习毛主席关于三个世界的理论”	王淑莲	《吉林师范大学学报》	1977

资料来源：作者整理。

在计划经济体制下，企业只是政府的一种附属机构，没有自主经营权，其所有的生产和销售活动都由国家统一安排，而国家则以各种计划来指导经济发展。我国主要是以五年计划和长远规划来指导宏观经济的发展。这种国家计划与西方传统战略管理论所说的企业计划颇有相似之处，只不过站的角度和分析的方法和重心有所不同。这一时期国家制定的宏观经济战略情况见表5-3。

表 5-3　改革开放前的我国宏观经济战略情况介绍

时间（年）	时期	宏观经济战略情况
1953—1957	“一五”计划时期	提出的基本任务是：集中力量进行156个项目建设，发展部分集体所有制的农业生产合作社，基本上把资本主义工商业分别纳入各种形式的国家资本主义的轨道。计划所规定的各项建设任务到1957年底胜利完成。
1958—1960	大跃进时期	提出了“鼓足干劲、力争上游、多快好省地建设社会主义”的总路线，发动了“大跃进”运动。这种不切实际的经济战略最终导致了国民经济比例的大失调，并造成严重的经济困难。
1961—1965	调整时期	提出并批准了国民经济“调整、巩固、充实、提高”的“八字方针”，国民经济得到了较快地恢复和发展。
1966—1976	文革时期	“三五”、“四五”计划的制定大多从主观热情和愿望出发，缺乏研究论证，违背了经济规律，更为严重的是良好的经济秩序被政治斗争打乱，导致国民经济严重受挫。

资料来源：作者整理。

虽然以上三个领域的战略管理理论探索和国外20世纪60年代所发展起来的战略管理理论相去甚远，二者所指内容也不在同一个层面上，但是这种探索的实践意义是值得肯定的。俗话说“商场如战场”，如果能将军事战略理论恰当地应用于企业战略管理，将有助于企业家运筹帷幄，提高经营效益。如果把国际局势方面的战略理论探索应用到企业，那就是要求企业家认真分析竞争对手的战略，从而制定出相应的应对战略，以便争得一席之地。最后，宏观经济方面的战略理论探索说明了企业战略管理的重要性，不但要制定好切合实际的战略，而且要提供保证战略顺利实施的外部环境。这些方面的实践与理论研究对后来的企业战略管理理论发展有着借鉴意义。

（二）计划与市场并存的过渡阶段的战略管理理论发展（1979—1992年）

1978年党的十一届三中全会将党和国家的工作重心转移到了经济建设上，我国的经济体制也开始了逐步转轨的过程，首先从原来的高度集中的计划经济向“计划经济为主、市场调节为辅”（1978—1983年）发展。由于在这一时期计划经济还是起着主导作用，企业还是没有经营自主权，企业的战略管理无从谈起，战略管理理论发展也就没有驱动力，所以这一时期的战略管理还是处于探索阶段，文献成果更是凤毛麟角。值得一提的是早在1980年我国台湾企业家许是详就翻译了安索夫的《公司战略》（Corporate Strategy）（许是详将此书书名译作《企业经营策略》，由台北前程企业管理公司出版），这本可查文献中我国引进的最早的国外战略管理专著，率先介绍了企业战略管理研究的理论框架。另外，中国科学院的张云岗在1982年第3期的《科研管理》上发表了“战略管理——西方企业战略管理案例分析简介”，对西方战略管理做了简单介绍，这也是比较早的文献成果。还有，1982年5月应中国社会科学院的邀请，澳大利亚麦考里大学管理研究中心主任布鲁斯·麦克恩教授和朗斯伯里副教授来华讲学，《管理现代化》杂志社人员将其所讲内容进行了整理，并在1982年第3期上刊登了“战略规划及其在管理现代化中的作用”一文，文中所讲内容对我国企业战略管理实践很有参考价值。

从1984年开始，我国经济体制开始向有计划的商品经济（1984—1992年）发展，计划与市场在经济体制中的地位在这一阶段发生了改变，市场由“辅”变“主”。1984年党的十二届三中全会通过了《中共中央关于经济体制改革的决定》，提出了“社会主义经济是公有制基础上的有计划的商品经济”，并推动了一系列的企业改革，扩大了企业的经营自主权。在这种情况下，企业开始具备了进行自身战略管理的条件，同时为了长远发展，企业进行战略管理的需求也大大增加。于是，战略管理在中国初步具备了发展的条件，并慢慢的成长起来。

最初的理论研究主要包括三个方面：一是通过对国外战略管理专著原文的翻译来介绍国外的战略管理理论和方法；二是学者们自己学习国外战略管理论之后，根据自己的理解写成文章或书籍来介绍战略管理；三是将中国传统战略思想应用到现代企业战略管理中来创建中国式战略管理理论。前两者所介绍的内容都是国外学者的研究成果，国内学者对其深加工的成分较少，最后一方面的研究的则具有一定的创新性。1984年8月由李世俊、杨先举、覃家瑞合著的《孙子兵法与企业管理》一书由广西人民出版社出版，这是我国第一部用《孙子兵法》中的军事战略思想研究企业战略的著作。1985年在《管理世界》第2期和第3期上刊登了徐二明翻译波特的《竞争战略——分析工业和竞争者的技术》一书的部分内容，对波特的竞争战略管理理论作了介绍。林风在《华东经济管理》1986年第1期上发表了《关于企业战略管理》一文，对国外战略管理的一些理论方法进行了介绍，随后1987年他又编著了《工业企业战略管理》一书（由浙江人民出版社出版）详细介绍了企业战略从制定到实施的整个过程。1987年由陈文雅编著、中国财政经济出版社出版的《论企业战略》一书，较早地介绍了战略管理的内容、战略环境的分析、企业具体的战略措施以及跨国公司的战略管理，书中还对波士顿矩阵、波特的行业五种竞争力模型、通用矩阵等国外战略管理工具作了介绍。冯正虎在《财经研究》1987年第3期上发表了“战略管理过程研究”，对国外企业战略管理的基本过程进行了介绍，之后他又在《外国经济与管理》1987年第10期和1988年第1期上分别发表了“安索夫与他的战略管理思想”和“论安索夫的战略管理模式”两篇文章，对安索夫的学术发展生涯及其战略思想、战略管理模式进行了详细而深入的介绍。除此之外，其他学者也对战略管理相关理论、方法、模型、案例等作了介绍，可参见表5-4所列其他代表性文献。

表5-4　　　　我国战略管理研究初期的部分代表性文献

文献名称	作　者	文献来源	发表时间（年）
“企业的战略管理”	丛德奇	《经营与管理》	1986
“西方战略管理会计点滴”	乔世震	《上海会计》	1986
“企业战略管理浅论”	吕师实	《华东经济管理》	1987
“企业战略管理论”	孙海鸣	《财经研究》	1987
“战略管理：规划与实施　概念和案例”	Byars，L．L．著，王德中译	《机械工业出版社》	1988
“日美企业经营管理战略的比较”	尹淑兰	《外国经济与管理》	1988
“战略管理——管理领域发展趋势”	林　海，吴　瑶	《中国民航学院学报》	1989
“试论有效借鉴战略管理的条件和基础”	蔡华兴	《工业技术经济》	1989
《企业的战略管理：概要与案例》	李天和	中国科技大学出版社	1990
“战略管理过程的基本模式”	夏龙江	《管理科学》	1990

续表

文献名称	作　者	文献来源	发表时间（年）
“论战略管理研究”	李德才	《工业技术经济》	1990
《企业战略管理》	张一民	大连理工大学出版社	1991
“GE 模型与企业战略管理”	王秉安，金式容	《华侨大学学报》	1991
《跨国公司战略管理》	滕维藻	上海人民出版社	1992
“战略管理与企业效益”	王喜荣	《管理世界》	1992

资料来源：作者整理。

如上所述，随着经济体制改革的推进，我国企业生存和发展的环境发生了重大变化，而正是这种变化为我国战略管理理论研究提供了成长的土壤。从 20 世纪 80 年代初开始，我国战略管理理论研究正式起步，并在计划与市场两种经济体制并存的环境下取得了初步发展。虽然这些发展有很大一部分只是将国外的战略管理理论方法直接介绍到国内，没有结合国内实际情况作深入研究，但是这种努力的确为我国战略管理研究提供了参考，为后来学者们的研究打下了坚实的基础。

（三）社会主义市场经济体制初步建立阶段的战略管理理论发展（1993—2002 年）

1992 年底，邓小平“南巡讲话”掀起了我国经济体制改革的新一轮高潮，经济体制改革进入了整体推进、重点突破的新阶段。随后，1993 年 11 月，党的十四届三中全会通过了《关于建立社会主义市场经济体制若干问题的决定》，全面阐述了建立社会主义市场经济体制的步骤和措施。随着国家一系列经济改革政策的实施，国有企业改革进一步深化，企业经营自主权进一步扩大，非公经济快速发展，现代企业制度逐步建立，加之跨国公司大举进入，市场竞争更加激烈。在这种情况下，企业对自身的发展战略也越来越重视，对先进的战略管理理论的需求也更为迫切，这是我国战略管理论的发展的直接推动力。此外，1999 年 9 月，党的十五届四中全会通过的《中共中央关于国有企业改革和发展若干重大问题的决定》，明确提出了“加强企业发展战略研究”的要求，从政策上鼓励和促进了战略管理理论研究在我国的进一步发展。在企业需要、政府倡导的双重背景下，我国的战略理论在众多学者们的共同努力下取得了新的发展，主要表现在以下两个方面。

一方面，学者们在进一步介绍国外战略管理理论的同时，对相关理论的理解和认识逐步加深，在此基础上，很多学者开始对国外战略管理理论进行系统地归纳、对比和评析。这方面的代表文献包括武亚军所写的“90 年代企业战略管理理论的发展与研究趋势”（《南开管理评论》，1999 年第 2 期），徐二明和王智慧合写的“企业战略管理理论的发展与流派”（《首都经济贸易大学学报》，1999 年第 1 期），汪涛和万健坚合写的“西方战略管理理论的发展历程、演进规律及未来趋势”（《外国经济与管理》，2002 年第 3 期），周三多和邹统钎合著的《战略管理思想史》（复旦大学出版社 2002 年版），等等。这些文献不但让国内学者了解了国外不同战略管理理论的产生环境、发展过程以及在不同理论实践中的局限性，而且还帮助国内学者把握了国外战略管理理论的基本发展脉络，形成了对国外战略管理理论全面而清晰认识。

另一方面，学者们开始将国外理论与我国企业的具体实践结合起来，在不断总结和归纳我国企业战略管理的成功经验和失败教训的基础上，开始摸索适合我国企业的战略管理理论。其中，国家自然科学基金的资助对这一方面理论研究的发展起到了推波助澜的作用。笔者在科学基金网络信息系统（ISIS）上的查询结果显示，1993年至2002年间受到国家自然科学基金资助的项目的名称中包含“战略”一词的共计103项（以项目起始时间计算），平均每年超过10项，代表性的研究项目如表5－5所示。

表5－5　（1993—2002年）国家自然科学基金资助的战略管理研究代表性项目

项目号	项目名称	负责人	依托单位	项目起止年月
79300004	工业企业战略管理的研究	杨锡怀	东北大学	1994年1月至1996年12月
79600028	对我国企业战略联盟与国际竞争战略的研究	李新春	中山大学	1997年1月至1999年12月
79670085	国际制造业企业生产战略的比较研究及我国企业的对策	戴昌钧	东华大学	1997年1月至1999年12月
79870021	企业柔性战略形成与控制的系统研究	刘　益	西安交通大学	1999年1月至2001年12月
79870033	中国企业集团人力资源管理战略研究	赵曙明	南京大学	1999年1月至2001年12月
79930010	我国企业战略管理的研究	蓝海林	华南理工大学	2000年1月至2004年12月
70072013	我国高科技企业知识管理战略研究	刘冀生	清华大学	2001年1月至2003年12月
70072026	多角化战略与公司业绩关联研究	项保华	浙江大学	2001年1月至2003年12月
70073028	我国中小企业国际化发展战略的研究	蔡　宁	浙江大学	2001年1月至2003年12月
70163003	西部区域增长极培育与城市支撑体系形成的战略管理研究	刘朝明	广西大学	2002年1月至2004年12月

资料来源：科学基金网络信息系统，http：//isis. nsfc. gov. cn/portal/index. asp。

这些受资助的研究项目不再只是单纯地介绍国外的战略管理理论，而是在消化理解这些理论的基础上将其中国化，按照中国样本和实例来分析和总结战略管理的方法和规律。相对以前的研究，这些项目在研究内容上更有针对性，在研究方法上更为规范，在研究深度上更为深入，其研究成果的实践意义更为突出，一些好的方法、模型、建议、结论等成果不但直接为解决我国战略管理实践问题提供了依据和思路，而且丰富了我国的战略管理理论的内容，推动了我国战略管理理论的发展。与此同时，学者们所发表的有关战略管理理论的论文和著作数目也急剧增长，掀起了我国战略管理的研究高潮，使得相关理论在全国范围内得到了普及。

（四）社会主义市场经济体制完善阶段的战略管理理论发展（2003年至今）

2002年11月党的十六大的胜利召开标志着我国社会主义市场经济体制的初步建立，同时也是社会主义市场经济体制逐步完善阶段的开始。2003年10月党的十六届三中全会通过了《中共中央关于完善社会主义市场经济体制若干问题的决定》，进一步明确提出了“建成完善的社会主义市场经济体制和更具活力、更加开放的经济体系”的目标和任务。2004年11月国务院国有资产监督管理委员通过了《中央企业发展战略和规划管理办法（试行）》，明确提出企业要“企业应当按照本办法规定，制订本企业的发展战略和规划。有条件的企业可以设立发展战略和规划决策委员会。”在这些政策的指引下，我国战略管理理论的发展延续了前一阶段的发展高潮，研究学者和文献数量都有增无减。2003年至今国家自然科学基金资助的项目的名称中包含"战略"一词的共计达148项（以项目起始时间计算），平均每年的项目数比前一阶段翻了一倍，超过了21项。代表性的项目如表5-6所示。

表5-6　　国家自然科学基金资助的战略管理研究代表性项目（2003至今）

项目号	项目名称	负责人	依托单位	项目起止年月
70372025	基于企业战略和公司治理互动的企业可持续竞争优势研究	周　建	南开大学	2004年1月至2006年12月
70372004	面向战略实施的企业测控研究	金占明	清华大学	2004年1月至2006年12月
70472058	企业非市场战略与市场战略的整合模式研究	田志龙	华中科技大学	2005年1月至2007年12月
70472045	企业战略调整的内部影响因素研究	陈传明	南京大学	2005年1月至2007年12月
70433003	中国制造业发展战略的管理研究	孙林岩	西安交通大学	2005年1月至2008年12月
70502017	转型经济中的中小企业战略模式与战略风险研究	朱小斌	上海财经大学	2006年1月至2008年12月
70572062	基于产业变迁的企业战略演化的动力机制研究	袁泽沛	武汉大学	2006年1月至2008年12月
70572025	基于认知模式生成机理的企业多元化战略理论与实证研究	余光胜	复旦大学	2006年1月至2008年12月
70572003	基于中国实践的新创企业战略选择理论研究	姜彦福	清华大学	2006年1月至2008年12月
70672051	基于组织动态能力的企业战略变化理论与实证研究	弋亚群	西安交通大学	2007年1月至2009年12月
70672009	转型、战略复杂性与持续成长：中国优秀本土企业战略模式的扎根研究	武亚军	北京大学	2007年1月至2009年12月
70672012	竞争性战略联盟的合作效应与效率边界研究	龙　勇	重庆大学	2007年1月至2009年12月
70773125	政府部门战略管理中的群体决策组织方式及其效果研究	赵景华	中央财经大学	2008年1月至2010年12月
70772036	基于企业社会责任的战略绩效评价模型研究	徐光华	南京理工大学	2008年1月至2010年12月
70872031	国际代工背景下我国制造企业生产运营战略与绩效的关系研究	徐学军	华南理工大学	2009年1月至2011年12月

资料来源：科学基金网络信息系统，http://isis.nsfc.gov.cn/portal/index.asp。

以上研究项目一方面在实证分析的基础上进一步为我国企业战略管理实践寻求好解决方案，另一方面还将研究内容延伸到了国际战略管理理论的一些前沿性问题，比如动态能力、战略联盟、企业社会责任等等。总的来说，这一阶段的战略管理理论研究基本是朝着跟踪国际研究前沿问题、国际研究接轨的方向发展，在研究方法上已开始注重一定的规范性，从理论推导、命题建立、方法选择、数据分析以及命题验证等方面都形成了较为规范的技术路线。

二、战略管理方法的发展

不同的战略管理理论为我们提供了不同的战略管理视角，不同视角下的战略管理方法的侧重点也各不相同，有的关注企业外部环境，如PEST分析模型、五力模型；有的关注企业自身资源和能力，如价值链分析、波士顿矩阵、平衡记分卡；有的两者都要关注，如SWOT分析、通用矩阵、SPACE矩阵。按照关注点的不同，本书分三个部分来分别介绍相应关注点所涉及到的主要战略管理方法，并对这些方法在我国的发展情况进行阐述。

（一）关注企业外部环境的战略管理方法

1. PEST分析模型

PEST分析模型是分析宏观环境最常用的方法之一，包括四个方面，即政治环境（Political）、经济环境（Economic）、社会环境（Social）和技术环境（Technological）。PEST分析模型为外部环境分析提供了一个比较好的框架，借助这一模型，我们可以对影响企业经营的政治环境、经济环境、社会环境和技术环境进行深入分析，从而为企业制定发展战略提供依据，帮助企业发现商机、顺应趋势、趋利避害。

国外早期的战略管理学派，如“设计学派”和“计划学派”，虽然侧重点不同，但都主张企业战略的出发点是适应环境，这就要求企业对外部环境进行详细而又深入的分析，于是PEST分析模型就在这些理论的发展过程中孕育和发展了起来，进而得到了广泛的应用。国内学者对PEST分析模型的介绍和运用开始于20世纪80年代，1987年陈文雅在其编著的《论企业战略》一书中就对影响企业外部环境的四个方面进行了介绍，并利用这一分析模型对我国当时的外部环境进行了分析。之后这种战略管理方法便被广泛地应用到了我国企业市场分析和行业研究中。在中国期刊全文数据库中以“PEST分析”作为主题词进行精确检索，时间选择1980—2009年，结果共有72条记录，其中一半以上都是对有关行业的分析和研究。与此同时，查阅了国内一些研究机构发表的行业研究报告，发现其内容几乎都会对PEST分析模型的四个方面内容进行深入阐述分析。由此可见，PEST分析模型这种战略管理方法在理论方面已经成熟，对其进一步研究的价值比较小，但却有着很高的应用价值，历经几十年发展，依然备受青睐。

2. 五种竞争力模型

五种竞争力模型或“五力模型”，是迈克尔·波特（Michael E. Porter）于1980年在其著作《竞争战略》一书中提出的用于竞争战略分析的模型。该模型总结出了决定行业竞争规模和程度的五种力量，即替代品的威胁、供应商的议价能力、购买者的议价能力、潜在进入者的威胁、现有竞争对手的竞争。通过对这五种力量的逐一分析，企业就可以对所在行业的竞争情况有一个整体的把握，这也是企业制定自身发展战略起点。只有在此分析基础上，企业才能明确自己的竞争力量优势何在，进而扬长避短，制定合适的发展战略，培养自身的竞争优势。基于对行业五种竞争力的分析，迈克尔·波特提出了企业发展可供选择的三大战略，即总成本领先战略、差异化战略、专一化战略。

国内学者对“五力模型”的介绍最早的应该是徐二明，1985年在《管理世界》第2期和第3期上刊登了经过他翻译的波特的《竞争战略——分析工业和竞争者的技术》的部分内容。此外，陈文雅在其1987年编著的《论企业战略》一书中也对“五力模型”进行了介绍。夏忠华等译《竞争优势》、乔晓东等译《竞争战略》，先后由中国财政经济出版社出版。后来陈小悦翻译、华夏出版社出版发行迈克尔·波特的著作《竞争战略》，这些译著都成为国内学者研究竞争战略的权威性经典著作。

“五力模型”也就随着学者们对竞争战略地学习和研究传播开来，并在企业界得到了广泛应用。在中国期刊全文数据库中以“五力模型”作为主题词进行精确检索，时间选择1980至2009，共检索到228条记录。其中，大部分是有关该模型的应用，如不同产业的环境分析、企业的定位选择等，同时也有学者从理论角度对“五力模型”做了进一步研究，比如刘益的“波特五力模型的缺陷及其改进”（1999）、杨青松和李明生的“论波特五力模型及其补充”（2005）、缪俊的“对五力模型的理论反思”（2007），这几篇文章都对“五力模型”进行了进一步修正、补充和完善。

（二）关注企业自身资源和能力的战略管理方法

1. 价值链分析模型

价值链分析模型是迈克尔·波特于1985年在其《竞争优势》一书中提出的一种战略管理方法。这种方法将企业的活动分成了支持活动和基本活动两大类，基本活动是指生产经营的实质性活动，支持活动是指用以支持基本活动而且内部之间又相互支持的活动。这样分解是把每个作业都当成了整个创造价值的作业链中的一环，有助于准确地分析各个环节所增加的价值，从而更好地理解成本性态和产品优势产生的源泉。通过采取协调和最优化两种策略，可以对企业价值链进行优化，以便提高效率、降低成本。

国内学者有关价值链的研究相对较多。笔者在中国期刊全文数据库中以“价值链”作为主题词进行精确检索，时间选择1980至2009，共检索到1786条记录。从1996年开始，尤其是2000年以后，检索到文献数目急速上升，其具体增长趋势见图5－1所示。以“成本管理”和“成本”作为主题词分别对检索结果进行了二次检索，所得检索记录分别是747条和1054条，可见价值链分析这种战略管理方法在企业成本控制和管理中应用更为广泛。

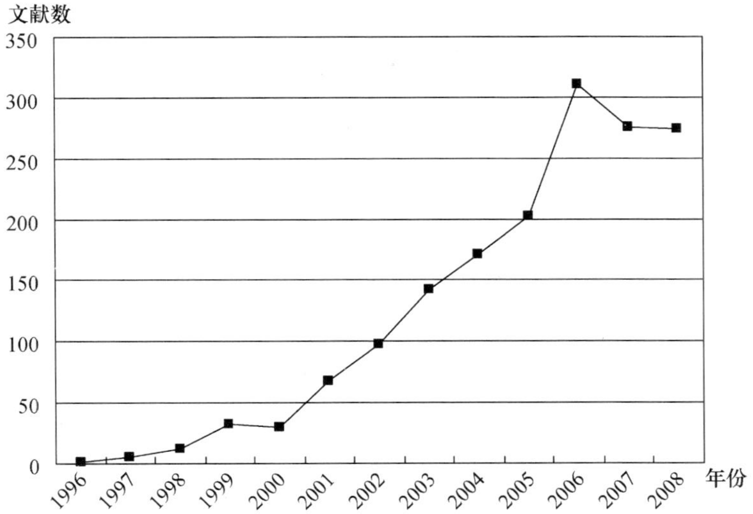

图5－1 1996—2008年主题中包含“价值链分析”的文献数量变化

2. 波士顿矩阵

波士顿矩阵（BCG Matrix），又称市场增长率——相对市场份额矩阵，是由美国著名的管理学家、波士顿咨询公司创始人布鲁斯·亨德森于1970年首创的一种用来分析和规划企业产品组合的方法。该矩阵按照企业现有产品的市场增长率和相对市场份额将其分为四类，即明星产品（stars）、现金牛产品（cash cow）、问号产品（question marks）、瘦狗产品（dogs）。通过这种分类，企业就可以知道哪些业务是企业的主要现金来源，哪些业务有很好的市场前景、哪些业务需要加大资金投入，哪些业务需要慢慢退出。针对不同产品的所属类别采取不同的投资策略，这样有利于制定出增加企业利润、提升企业市场地位的长期业务发展战略。国内有关波士顿矩阵的应用已经很广泛。在中国期刊全文数据库中以“波士顿矩阵”作为主题词进行精确检索，时间选择1980—2009年，共检索到186条记录。检索结果大都只是对波士顿矩阵的应用，有关该方法的进一步理论研究比较少，代表性的文献有周振平的“对波士顿咨询公司法的质疑和补正”（1998），易世志的“浅析波士顿矩阵法的局限”（2005），袁潮清的“浅析波士顿矩阵的局限及改进”（2006），肖波“波士顿矩阵法的局限性”（2007）。

3. 平衡记分卡

平衡记分卡（Balanced Score Card）是由哈佛大学教授罗伯·柯普朗（Robert Kaplan）与诺朗诺顿研究所当时的最高执行长大卫·诺顿（David Norton）两位学者所提出的，最早是针对传统业绩评价方法（主要是财务评价方法）的弊端而设计的，后来被应用到了战略管理上，算是一种比较新的战略管理方法，这种方法弥补了制订战略与实施战略之间的巨大鸿沟，成为实施战略管理的有力手段。该方法以组织使命和总体发展战略，从四个层面即财务层面、客户层面、内部流程层面和学习成长来分解战略，每个层面又有不同的衡量指标用以控制目标和战略的完成。

国内有关平衡计分卡在战略管理方面的研究和应用主要是从2000年开始的。在中国期刊全文数据库中以“平衡计分卡”和“战略管理”同时作为主题词进行检索（关系是“并且”），时间选择1980—2009年，共检索到1233条记录，具体增长趋势如图5－2所示。从该图中可以看出，平衡计分卡在战略管理上的研究和应用从2000年开始起步一直保持着很高的增长速度，说明这种方法的确具有很高的实用价值。从内容上也可以发现，这种方法不仅被用到了企业经营的方方面面，而且还在其他领域被广泛应用，比如政府管理、高校管理、医院管理等等。

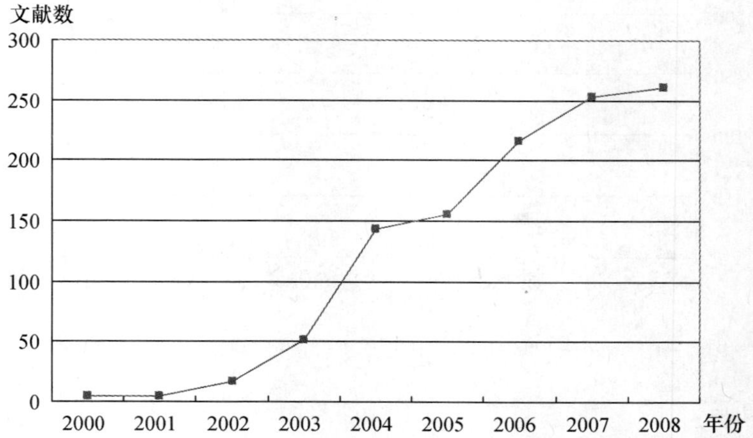

图5－2　2000—2008年主题词中同时含有“平衡计分卡”和“战略管理”的文献数量变化

（三）同时关注企业外部环境和自身资源与能力的战略管理方法

1. SWOT 分析

SWOT 分析最早是由 Learned 等人于 1965 年提出，后经设计学派进一步应用逐渐被世人所熟悉。这种方法为我们提供了一个分析企业的框架，一方面它要求我们分析企业内部的优势（Strengths）和劣势（Weaknesses），另一方面它要求我们要关注企业外部环境中所存在的机会（Opportunities）和威胁（Threats）。只有把这四个方面的信息搞清楚，才能制定出有针对性的应对和发展战略，具体采用何种战略，在实际分析过程中要进一步细化。

虽然 SWOT 分析方法存在一定的不足之处，比如评价带有主观性、只是静态的分析等，但它却是我国企业应用最广的战略管理方法。在中国期刊全文数据库中以“SWOT”作为篇名进行精确检索，时间选择 1980 至 2009，检索到的记录达到了 2875 条，其中 2000 年以前只有 20 条，其他 2855 条都是从 2000 年至今近十年时间发表的，平均每年超过了 285 篇。具体增长趋势如图 5－3 所示，检索出的文献数从 2005 年开始几乎是直线增长，这足以说明这种战略管理方法的适用性很强，普及率很高，应用领域很广。

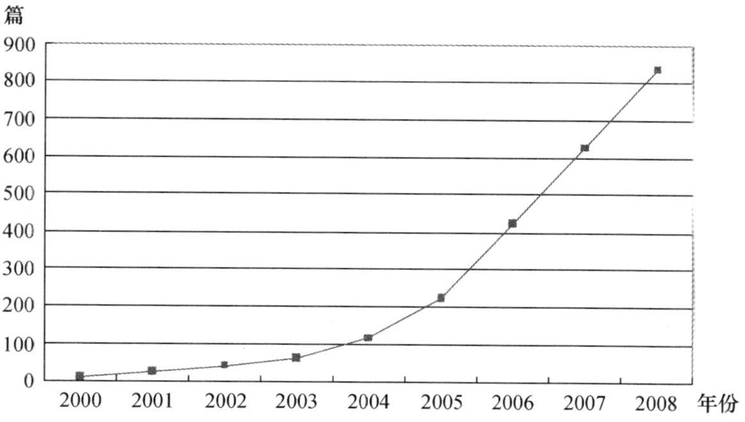

图 5－3　2000—2008 年篇名中含有“SWOT”的文献数量变化

2. SPACE 矩阵

战略地位与行动评价矩阵（Strategic Position and Action Evaluation Matrix，简称 SPACE 矩阵）主要是分析企业外部环境及企业应该采用的战略组合。SWOT 分析以简单明了的特点提供了评价一个企业战略能力的工具，但是，它最大的遗憾是“方向单一”。在 SWOT 分析中，反映外部环境机会与威胁由多个关键指标综合而成，而这些指标优劣的方向并不一致。比如，产业的发展潜力与产业的稳定性两个指标可能就不一致，对新兴产业，发展潜力大，而稳定性可能不足；而成熟产业，稳定性强，但发展潜力不大。同样，在 SWOT 分析中，反映企业内部条件优势和劣势也由多个指标综合而成，市场份额与企业财务实力（投资回报）可能不一致。因此，从 SWOT 分析得出的客户战略能力定位的结果中，不能判断企业外部环境的机会（或风险）以及企业的优势（或劣势）主要是由哪些因素决定的。为克服 SWOT 分析的不足，SPACE 矩阵做了很大的改进。SPACE 矩阵提出了从环境未定因素、产业实力要素、财务实力要素和竞争优势要素等四个纬度进行进一步来评估企业战略实施能力。

SPACE 矩阵有四个象限分别表示企业采取的进取、保守、防御和竞争四种战略模式。这个矩阵的两个数轴分别代表了企业的两个内部因素：财务优势（FS）和竞争优势（CA）；两个外部因素：环境稳定性（ES）和产业优势（IS）。对于这四大因素还需进一步细化到具体指标，比如财务实力因素就应该包括投资报酬、偿债能力、资本需求量与可供性、现金流量、经营风险等。

对而言，SPACE 矩阵这种战略管理方法在我国的应用比较少，笔者在中国期刊全文数据库中以“SPACE 矩阵”和“战略地位与行动评价矩阵”作为主题词进行精确检索（关系是“或”），时间选择 1980 至 2009，检索到的记录只有 8 条。究其原因可能是因为 SPACE 矩阵比 SWOT 矩阵难于理解，不便于操作，因而人们都选择了 SWOT 分析。

三、我国战略管理学科的发展

（一）改革开放前战略管理学科发展

1. 对前苏联管理学科的引进与吸收

改革开放前，我国主要引进和吸收了苏联的经验和理论，建立计划经济管理体制。传统的社会主义计划经济是一种高度集中的经济体制，人、财、物等资源都是按照行政部门、行政区划，依靠政府的行政指挥、计划指标来统一配置的，财政实行的是统收统支，商品价格由国家统一管制，重要的生产资料和商品都要按国家计划进行收购、分配和调拨，劳动用工和工资福利也按统一计划进行。计划经济体制下，企业是计划经济的基层经济组织，是国家指令性计划的执行单位。

在企业管理方面当时我国也是主要学习的前苏联经验和理论，在 1951 年实行一长制，即生产区域管理制，按照生产区域特征进行组织机构的调整，建立起厂长负责制，企业编制生产技术财务计划，推行作业计划，把计划和生产活动具体地结合起来。同时建立起计划工作系统的各职能组织机构。由于企业的任务主要是指行上级计划，组织好生产、技术、财务管理以完成国家计划，因此，企业管理在很大程度上是一种企业内部的生产管理，与市场很少发生直接联系。这时尽管企业中也有各种各样的计划，只能算是企业内部的计划管理，是一种与计划经济体制相适应的企业内部计划管理形式。

2. “文化大革命”时期的破坏与停滞

“文革”时期，企业管理制度和方法遭到严重破坏，大多数企业在相当长一段时期内生产停顿，产品产量下降，产品质量下降，事故频发，中国经济到了濒临崩溃的局面。

20 世纪 50 年代初进行的高等学校院系调整中，工科院校中就全面去除了管理类专业。而“文化大革命”彻底否定管理科学是一门科学，致使高等院校中有限的管理类专业也被彻底停办了，管理学科在专业调整、合并与停办中彻底消失。

（二）改革开放后的战略管理学科引进、吸收与创新

自党的十一届三中全会以来，我国经济管理体制进行了一系列重大的改革，实现了由计划经济体制向社会主义市场经济体制的转变。这为中国管理学科的发展，当然也包括战略管

理学科的发展提供了土壤。

1. 20世纪80年代的引入期

刚刚改革开放之初，迎来了“科学的春天”，也迎来了“管理科学的春天”，战略管理学科在我国进入了引入期。这一时期对于中国战略管理学科发展发挥重大作用的主要有五种力量：

（1）国家经委在培训全国大中型企业领导干部过程中推动了中国战略管理学科发展。1979年3月，国家经委开始举办企业管理研究班，1980年与美国合作建立中国工业科技管理大连培训中心培训企业领导干部。国家经委根据国务院《关于加强企业管理若干问题的决定》精神，于1986年颁发了《企业管理现代化纲要》。1987年国家经委、中央组织部、国家教委印发中共中央、国务院批准的《关于开展全国大中型企业领导干部岗位职务培训工作的报告》和国家经委、中央组织部印发《“七五”期间全国大中型企业领导干部岗位职务培训规划要点》，各地区、各部门积极规划，精心组织，培训了一大批企业领导干部。围绕《企业管理现代化纲要》，成立由国家经委副主任张彦宁任主编的《现代企业管理干部必读》丛书编委会，编辑了一套培训企业领导干部的系列图书，其中很重要的一本就是《现代企业经营战略》。

第二，中国工业科技管理大连培训中心的建立推动了中国战略管理学科发展。中国工业科技管理大连培训中心是在邓小平同志的亲自倡导下，于1980年成立的。1978年初，邓小平访问美国期间作出向发达国家学习，与美国合作建立管理培训中心的决策。1980年初，中美两国政府签署了《工业科技管理大连培训中心协议书》，规定在工业科技管理领域内，两国合作进行培训、研究与咨询，交换和提供图书资料及教学案例，以及互派学者开展学术交流等。[①] 第一期中美管理培训课，美国由30余位管理学教授组织讲授团队，中国从全国各大中型企业筛选了150多名学员，运用美国MBA教育模式培训学员，其中开设了公司政策一门课。中国工业科技管理大连培训中心最早将工商管理硕士（MBA）知识体系引入到中国。1985年10月，该培训中心根据美国哥伦比亚大学教授威廉·纽曼在培训中心讲课的录音整理编辑《企业战略与政策》一书，此书是最早引入国外战略管理方面的教科书之一。

第三，中国企业管理协会通过与日本、欧共体、加拿大等国家和国际组织的合作推动中国战略管理学科的发展。在改革开放之初，日本的崛起、日本的企业管理现代化强烈地吸引着中国理论界注意。中国企业管理协会成立后，在发展对外交流中致力于的引入各国企业管理先进思想、理论和方法，其中重要的引入内容就是日本企业管理的先进经验。中国企业管理协会和日本生产性本部合作举办企业经营管理通信讲座，培训了大量中国企业管理人员。1987年刘兴国等编写了《现代企业经营战略》一书，介绍了日本企业经营战略的理论和具体做法。1985年中国企业管理协会与欧共体合作举办了工商管理硕士研究生班，培养了中国大陆第一批38名MBA学员，在此后陆续开展的与德国合作的上海项目、与日本合作的天津项目、与加拿大合作的成都项目、与世界银行合作的西安项目等，在引进MBA教育，培训中国企业领导干部同时，引进了国外管理学科的知识体系，推动了包括战略管理学在内的管理学科的发展。

---

① 赵鹰：“管理学发展三十年：从零开始到繁花似锦”，《科学时报》，2008年11月4日。

第四，高校管理学科的建设推动战略管理学科的发展。在此期间，各高校多是通过与国外合作交流引入战略管理课程。中国人民大学、清华大学、南开大学、天津大学、复旦大学、哈尔滨工业大学、上海财经大学、西安交通大学、大连理工大学、上海交通大学、北京经济学院等高校设置了企业战略管理课程。这种合作与交流，一种形式就是引进来，像中国人民大学与加拿大的合作、大连理工大学通过中国工业科技管理大连培训中心与美国的合作等。另一种形式是选派教师到国外培训。两种形式都是把国外的管理学科知识体系引入中国，培训了一大批掌握国外管理学科知识的学者，这部分学者在各自高校为研究生开设企业战略管理课程，并开始编辑出版企业战略管理方面的教材。例如，1987 年中国财政经济出版社出版了陈文雅编著的《论企业战略》一书，1988 年上海交通大学出版社出版了冯正虎等人撰写的《企业战略》一书。

第五，对国外战略管理著作教材翻译推动战略管理学科的发展。这期间我国学者通过翻译出版国外的战略管理的著作、教材，引入和推广了国外的战略管理学科的知识体系。如，武鸿麟翻译，贵州人民出版社出版的 W. H. 纽曼的《企业战略》，王德中等翻译、机械工业出版社出版的 L. L. 拜亚斯的《战略管理—规划与实施，概念和案例》。尤其要提到的是，夏忠华等翻译、中国财政经济出版社出版的波特的《竞争优势》，乔晓东等翻译、中国财政经济出版社出版的波特的《竞争战略》。这些译著的出版，对我国企业战略管理学科的发展有着重大影响。

如表 5 – 7 所示，是 20 世纪 80 年代出版的主要企业战略管理书籍。

表 5 – 7　　　　20 世纪 80 年代出版的主要企业战略管理书籍

作者或主编、译者	书　　名	出版社	时　间
中国工业科技管理大连培训中心	《企业战略与政策》	企业管理出版社	1985
W. H. 纽曼著，武鸿麟译	《企业战略》	贵州人民出版社	1987
陈文雅	《论企业战略》	中国财政经济出版社	1987
刘兴国等	《现代企业经营战略》	企业管理出版社	1987
张彦宁等	《现代企业经营战略》	中国展望出版社	1988
冯正虎、胡荣毅、芮明杰	《企业战略》	上海交通大学出版社	1988
L. L. 拜亚斯著，王德中等译	《战略管理—规划与实施，概念和案例》	机械工业出版社	1988
迈克尔·波特著，夏忠华等译	《竞争优势》	中国财政经济出版社	1988
迈克尔·波特著，乔晓东等译	《竞争战略》	中国财政经济出版社	1989

资料来源：作者整理。

2. 20 世纪 90 年代的成长期

1992 年 10 月，党的十四大明确提出中国经济体制改革的目标是建立社会主义市场经济体制。在十四届三中全会通过的《中共中央关于建立社会主义市场经济体制若干问题的决定》中指出：以公有制为主体的现代企业制度是社会主义市场经济体制的基础，建立现代企业制度是我国国有企业改革的方向。建立现代企业制度，标志着我国国有企业将最终摆脱传统计划经济体制的束缚，真正成为在市场竞争中求生存、求发展的独立的市场竞争主体，这是我国微观经济基础的根本性变革。

市场经济体制作为中国经济体制改革的目标，现代企业制度作为我国国有企业改革党中央确立的方向，为我国的管理学科的发展提供了良好的制度背景，我国战略管理学科由此也进入了成长期。

国家教委决定在我国高校举办 MBA 教育，在引进的基础上确立我国战略管理学科的内容体系。1991 年国家教委决定开始在我国部分高校试办 MBA 教育，全国共有 9 所大学进行了 MBA 的试点，1993 年工商管理硕士专业学位培养单位增加了 17 所，1994 年 12 月成立了全国工商管理硕士教育指导委员会，即 MBA 教育指导委员会。1996 年又增加了培养单位 27 所，这样到 1996 年底全国共有 53 所高校成为工商管理硕士专业学位培养单位。MBA 教育不仅为我国工商企业培养了大量具有高素质的管理人才，更为重要的是把国外的管理学科体系直接引入我国的工商管理高等教育中，提升了我国工商管理的高等教育水平，在教学体系、课程设置、教学内容、教学方法等各方面逐步实现了与国际的接轨，同时也形成了具有一定规模的胜任工商管理教育的教师队伍，各个管理学院的办学硬件设施有了极大改善。这些 MBA 的教学硬件、软件不仅仅应用于 MBA 教育，更广泛地应用于高校的本科教育。因此，在这一阶段，特别是具有工商管理硕士专业学位培养单位资格的高校，MBA、企业管理硕士培养中企业战略管理类课程设置普及的同时，各高校陆续在 20 世纪 80 年代末，特别是 20 世纪 90 年代初为工商管理的本科生开设企业战略管理类的课程。全国工商管理硕士教育指导委员会将战略管理作为 MBA 培养计划中的核心课程之一，这样推动了工商管理各个层次的战略管理教学的发展。学者们又陆续出版了一些至今仍有很大影响力的教材，见表 5-8。

表 5-8　　20 世纪 90 年代中期前出版的主要企业战略管理教材

作者或主编	书　名	出版社	出版时间（年）
解培才	《工业企业经营战略》	中国人民大学出版社	1990
天津企业管理培训中心	《现代企业经营战略》	企业管理出版社	1990
吴振寰	《企业经营战略》	上海交通大学出版社	1990
李天和	《企业的战略管理：概要与案例》	中国科技大学出版社	1990
张一民	《企业战略管理》	大连理工大学出版社	1991
杨锡怀	企业战略管理	东北大学出版社	1994
解培才、徐二明	《西方企业战略》	中国人民大学出版社	1992
和金生	《企业战略管理》	天津大学出版社	1994
刘冀生	《企业经营战略》	清华大学出版社	1995
胡建绩	《企业经营战略管理》	复旦大学出版社	1995

资料来源：作者整理。

管理学成为学科门类之一为工商管理学科教育发展提供了无限空间。工商管理教育在 1998 年以前隶属于经济学门类，例如企业管理本科毕业生授予的是经济学学士学位。原国家教委 1997 年颁布《授予博士、硕士学位和培养研究生的学科、专业目录》、1998 年国家教育部颁布《普通高等学校本科专业目录》规定，管理学与经济学分离，成为与哲学、经济学、法学等一样的学科门类。管理学科门类下设包括管理科学与工程、工商管理、公共管理、农业经济与管理、图书档案学等5个学科门类，培养层次涵盖专科生、本科生、硕士研究生、博士研究生及MBA、EMBA、MPA、工程硕士等专业学位教育层次。战略管理属于工商管理下企业管理二级学科，这为管理学科的发展、工商管理类各专业的发展提供了广阔的前景。

3. 进入21世纪后的繁荣期

进入21世纪后，战略管理学科进入了繁荣发展的时期。

（1）战略管理课程成为各高校工商管理类专业的核心专业课。全国有500余所高校设有工商管理专业，战略管理都是无一例外的成为各高校工商管理专业的核心专业课。教育部工商管理学科专业教学指导委员会制定的《工商管理专业（本科）育人指南》中把战略管理列为核心理论课程。战略管理课程的内容体系、教材建设等各方面在我国管理学科发展中已经处于一种比较成熟阶段。

（2）院系机构设立突显战略管理学科的重要地位。战略管理课程作为工商管理本科、研究生、MBA教育的核心理论课程，在整个管理学科体系中地位无容置疑，与此同时从高校院系机构设立上也突显战略管理的学科的地位，各院校陆续设立战略管理系，例如清华大学、北京大学、南京大学、浙江大学、上海交通大学等组建立了战略管理系、战略研究所或类似机构，为战略管理学科的进一步发展提供了机构、资源、人才的保障。

（3）国内编写战略管理教材、特别是从国外引入战略管理教材数量众多。20世纪90年代中后期以后，随着我国高等院校工商管理专业开设战略管理课程的普及，出现了大量的国内学者编著战略管理教材，难以计数，很多是人云亦云。但也不乏像徐二明编著的《企业战略管理》、金占明编著的《战略管理》等出类拔萃的著述。这一阶段另一重要特点是从国外引入战略管理教材飞速发展。机械工业出版社、中国人民大学出版社、东北财经大学出版社、清华大学出版社、北京大学出版社、华夏出版社、人民邮电出版社、经济管理出版社、经济科学出版社、中国财政经济出版社等翻译出版及原版引入了国外几乎所有的著名教材，有时甚至几乎是同步出版发行。这些书包括了戴维·贝赞可等的《公司战略经济学》、格里·约翰逊等的《公司战略教程》、科利斯等的《公司战略》、汤姆森和斯迪克兰德的《战略管理概念与案例》、杰伊·巴尼的《战略管理》及亨利·明茨伯格的《战略过程——概念、情境、案例》等。

四、战略管理学术研究的进展

河海大学商学院的张阳、丁源、唐震曾刊载在《提高全民科学素质、建设创新型国家——2006中国科协年会论文集》上的一篇题为“中国近十年战略管理研究文献的综述与分析”的文章，对我国1996—2005年的战略管理研究情况进行了比较系统的分析和总结。我们这里采用类似的研究方法对我国近十年来（1999—2008年）的战略管理研究进展情况进行介绍和分析。

（一）研究文献的数量情况

从理论上讲，要研究近十年来战略管理学术的进展情况，就应该以期刊论文、会议论文、学位论文、研究报告、学术专著等各方面文献资料作为基础，但是本书主要以《中国期刊全文数据库》所包含的文献为样本提取基础，原因有三：其一，选取单一数据库进行文献检索便于操作、便于比较；其二，学者们在会议论文、学位论文、研究报告、学术专著等上面所呈现的研究成果大都会以各种形式（比如阶段性成果）发表在期刊上，内容上会有所重复；其三《中国期刊全文数据库》收录了8200多种国内公开发行的学术期刊，文献总量已超过3166万篇，覆盖面很广、很全，能够较好地反映国内相关研究的进展情况。

根据《中国期刊全文数据库》的检索功能和特点，以“战略管理”进行篇名精确匹配检索，范围分别选择“全部期刊”和“核心期刊”，时间分别选择1999—2008年各年份，检索结果如表5－9所示。

表5－9　近十年篇名中含有“战略管理”的期刊论文数量

期刊类别	1999	2000	2001	2002	2003	2004	2005	2006	2007	2008	总数
全部期刊（篇）	111	133	162	198	221	269	319	378	423	452	2666
增长率（%）	—	19.82	21.80	22.22	11.62	21.72	18.59	18.50	11.90	6.86	—
核心期刊（篇）	33	40	71	64	69	74	85	116	121	—	673
增长率（%）	—	21.21	77.50	－9.86	7.81	7.25	14.86	36.47	4.31	—	—
核心期刊占比（%）	29.73	30.08	43.83	32.32	31.22	27.51	26.65	30.69	28.61	—	—

资料来源：中国期刊全文数据库 http：//ckrd. cnki. net/grid20/Navigator. aspx？ID＝1

说明：因该数据库对2008年核心期刊分类工作尚未完成，故2008年的核心期刊数据缺失。

根据上表数据，我们绘制了近十年篇名中含有“战略管理”的期刊论文数量变化趋势图，如图5－4所示。从中我们可以清晰地看到近十年来有关战略管理的期刊论文数量表现出了急速上涨的趋势，由1999年的111篇上升到了2008年的452篇，增幅达3倍之多，全部期刊论文年平均增长率约为17%，十年总数达2666篇。由此可见学者们对战略管理的研究热情是有增无减，研究成果与日俱增。与此同时，有关战略管理的核心期刊论文数目的也不断增长。虽然图中显示出每年的核心期刊论文总数与全部期刊论文总数之间的差距越拉越大，但是核心期刊论文所占全部期刊论文的比例大都保持在30%左右，核心期刊论文数的平均年增长率约为20%，略高于全部期刊论文的年平均增长率，其中2001年最为突出，增幅达77.5%。这说明随着战略管理研究的不断发展，学者们有关战略管理的研究成果也不断增加，而且其成果的总体学术水平在这十年间并没有太大变化。

（二）研究主题和热点

根据对近十年来有关战略管理的期刊文献的综合分析，并参考张阳、丁源、唐震的研究成果，本书选取了30个研究主题来进行检索和分析。在《中国期刊全文数据库》中，以“战略管理”为篇名，以“企业”、“竞争”、“环境”等30个词分别作为主题进行精确匹配检索，时间分别选取1999—2008年各年份，共计检索300次，所得结果如表5－10所示。

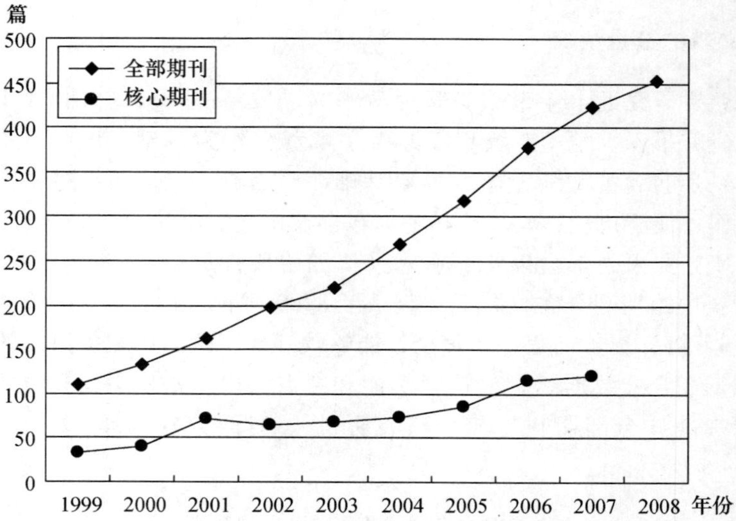

图 5－4　近十年篇名中含有“战略管理”的期刊论文数量变化趋势

表 5－10　1999—2008 年近十年战略管理各研究主题的期刊论文数量分布　单位：篇

主题 \ 年份	1999	2000	2001	2002	2003	2004	2005	2006	2007	2008	总数
企业	82	112	124	165	181	212	252	282	318	332	2060
竞争	50	63	80	95	104	132	122	157	201	185	1189
环境	37	46	51	60	69	71	83	110	134	132	793
理论	22	26	29	38	50	62	66	86	106	126	611
资源	21	28	27	39	50	64	61	73	76	74	513
能力	19	16	28	51	49	50	44	69	71	85	482
会计	17	19	38	39	47	53	58	57	80	63	471
系统	18	20	24	36	44	48	50	58	68	76	442
组织	19	18	17	31	36	42	47	72	53	72	407
信息	15	13	26	35	33	44	53	52	76	55	402
方法	16	19	23	26	28	48	50	44	61	68	383
财务	2	9	16	29	28	33	47	56	53	60	333
创新	14	17	22	23	35	30	25	41	52	51	310
技术	19	19	26	25	24	31	35	29	48	47	303
模式	9	11	15	16	16	26	28	41	47	64	273
文化	13	18	22	23	22	31	21	33	33	46	262
思想	6	11	13	18	26	23	31	38	47	42	255
价值链	7	6	15	29	29	38	22	25	23	17	211
知识	15	13	14	14	22	23	22	20	31	37	211
人力资源	8	9	10	14	26	21	29	26	18	26	187
绩效	0	1	6	9	6	23	19	32	23	28	147

续表

年份 主题	1999	2000	2001	2002	2003	2004	2005	2006	2007	2008	总数
产　　业	11	4	8	12	13	15	14	22	16	19	134
平衡计分卡	0	1	1	5	7	18	20	22	21	25	120
品　　牌	0	1	2	3	6	8	12	18	15	19	84
营　　销	4	6	6	6	4	5	9	10	10	13	73
联　　盟	2	5	3	7	8	3	6	6	8	15	63
学　　科	1	2	1	2	9	8	3	11	13	13	63
供 应 链	1	3	2	4	4	6	2	4	8	4	38
柔　　性	2	1	2	3	4	2	1	2	7	2	26
电子商务	0	0	3	3	2	3	1	2	5	0	19

资料来源：中国期刊全文数据库 http：//ckrd. cnki. net/grid20/Navigator. aspx？ ID = 1

根据表 5 - 10 中的数据，我们首先可以看出，“企业”、“竞争”、“环境”、“理论”、“资源”这五大主题一直是战略管理研究的最大热点，涉及每个主题的期刊论文总数都在 500 篇以上。

（三）重要文献介绍

一篇论文的被引用次数在很大程度上反映了这篇文章在其研究领域中的重要性。在《中国引文数据库》中，以“战略管理”为被引文献题名进行精确匹配检索，时间范围选择 1999—2008 年，按照被引频次排序，选取了前 20 篇文章列表 5 - 11。

表 5 - 11　　近十年来篇名中含有“战略管理”的 20 篇重要期刊论文

文献名称	作　者	文献来源	作者所在单位	被引频次
“90 年代企业战略管理理论的发展与研究趋势”	武亚军	《南开管理评论》	北京大学光华管理学院	232
“企业战略管理理论的发展与流派”	徐二明 王智慧	《首都经济贸易大学学报》	中国人民大学	181
“西方战略管理理论的发展历程、演进规律及未来趋势”	汪　涛 万健坚	《外国经济与管理》	武汉大学商学院	175
“论财务战略的相对独立性——兼论财务战略及财务战略管理的基本特征”	阎达五 陆正飞	《会计研究》	中国人民大学，北京大学光华管理学院	160
“企业战略管理理论的演变及新发展”	耿　弘	《外国经济与管理》	—	122
“战略管理会计：发展与挑战”	李苹莉	《会计研究》	北京商学院	104
“战略管理的演进与发展趋势”	简兆权 李　垣	《科学管理研究》	西安交通大学管理学院	83

续表

文献名称	作　者	文献来源	作者所在单位	被引频次
"价值管理的新方法：基于价值流的战略管理会计"	傅元略	《会计研究》	厦门大学	72
"从系统论看企业战略管理"	谢洪明 蓝海林 张德群	《科学管理研究》	华南理工大学，哈尔滨工业大学	59
"战略管理理论研究的发展历程与展望"	姚小涛	《预测》	西安交通大学管理学院	57
"价值链管理：一种提升企业竞争力的战略管理模式"	冯海龙	《经济体制改革》	河南大学管理学院	54
"企业战略管理模型：战略－文化－结构"	李相银	《中国工业经济》	暨南大学管理学院	52
"高等学校实施战略管理的理论探讨"	刘向兵 李立国	《中国人民大学学报》	中国人民大学	52
"基于核心能力的企业战略管理范式研究"	王　毅 应　瑛	《中国软科学》	清华大学经济管理学院，浙江大学	50
"企业战略管理若干问题试析"	项保华	《南开管理评论》	浙江大学	49
"企业战略管理理论的发展"	周文燕 陈辉华 刘微明	《吉首大学学报（社会科学版）》	湖南省科技厅，中南大学，怀化铁路总公司	43
"平衡计分卡和关键成功要素在战略管理中的运用与整合"	陈雪松 韩秀华	《西安交通大学学报（社会科学版）》	天津大学管理学院；西北大学经济管理学院	43
"论高校战略管理"	刘献君	《高等教育研究》	华中科技大学教育科学研究院	41
"基于平衡计分卡的企业战略管理框架"	张双才 王桂巧	《河北经贸大学学报》	清华大学，河北经贸大学	41
"企业竞争战略管理理论三大主流学派的回顾与思考"	刘艳梅	《哈尔滨工业大学学报（社会科学版）》	哈尔滨工业大学	39

资料来源：中国引文数据库 http：//ckrd. cnki. net/Grid20/Navigator. aspx？ ID＝6

说明：本数据的检索时间是2009年7月27日。

从文献内容来看，这20篇文章中涉及管理理论的有9篇，涉及财务会计的有3篇，涉及模式和结构的有3篇，涉及平衡计分卡的有2篇，可见除了传统的战略理论研究的成果以外，新兴的财务会计、模式和结构、平衡记分卡的战略管理研究成果的重要性也比较明显。从内容的另外一个角度看，明确研究企业的有14篇，研究高校的有2篇，这说明除了企业以外，有关高校的战略管理研究也卓有成效。从学者来看，武亚军、徐二明、王智慧、汪涛、万健坚、阎达五、陆正飞、耿弘、李苹莉的文章被引用的次数比较多，都超过了100次。从文献来源来看，《会计研究》上有3篇，《南开管理评论》、《外国经济与管理》和《科学管理研究》上各有2篇，说明这些期刊在战略管理研究中扮演着重要的角色。从作者所在单位来看，中国人民大学出现了3次，北京大学、清华大学、西安交通大学、浙江大学、哈尔滨工业大学各出现了2次，可见战略管理研究的主力军依然在重点大学的相关学院和研究所，他们为战略管理发展所做的贡献值得赞赏。

总体来说，我国战略管理研究在近20年来取得了长足的发展，出现出了一批优秀的战略研究专家，涌现了大量的研究成果，推动了我国战略管理学的发展，同时也对企业战略管理实践发挥了重要作用。但我们也应该清醒地认识到，我国的战略管理研究仍然处在引进、吸收和借鉴西方先进战略管理理论和方法的阶段。

目前在我国学术界，引进仍是主流，自主创新的战略管理理论少之又少，我国的战略管理研究水平与国际先进水平仍有较大差距。[①] 例如，国内战略管理研究缺乏能与西方主流战略管理研究比肩的研究题目和研究领域，此外，本地化研究不足，缺少专门的学术组织和刊物等。

新中国成立60年来，伴随着我国经济体制转换的过程，我国战略管理学经历了从无到有的发展历程。在这个过程中，我国战略管理学经历了漫长的探索阶段，直到改革开放以后的20世纪80年代初期才开始起步。在这不到20年的发展过程中，我国战略管理学在理论、方法、学科以及研究等方面都取得了长足的发展。虽然同国外战略管理学的发展相比，我们还存在相当大的差距，但是考虑到国外战略管理研究要比我们早起步大约20年，我们的发展速度还是值得肯定的。只要我们知道差距在哪，并采取有效的改进措施，我国战略管理学就有可能取得跳跃式发展，最终与世界同步。

---

① 金占明、杨鑫："改革开放三十年：中国战略管理的理论与实践之路"，《清华大学学报（哲学社会科学版）》2008年，增第2期，第24页。

第六章
生产管理学的发展

生产是人类最基本的活动，有生产活动就有生产管理。人类最早的管理活动就是对生产活动的管理，20世纪初的科学管理运动也正始于生产管理。随着服务业的兴起，生产的概念进一步扩展，它不仅是工厂里从事的活动，而是一切社会组织将其最主要的资源投入进去的最基本的活动。在企业管理的各领域中，生产管理涉及的面广，牵涉的部门多，是最复杂的领域之一。生产是企业最基本的职能，必须把握企业生产管理的基本规律与特征，才能经营管理好一个企业。

一、生产管理理论的发展

传统的生产管理主要的研究领域是制造业的制造过程，即狭义的生产过程。现代生产管理的研究领域已经扩展到制造业与服务业的生产和运作，所以又称生产运作管理。本章所使用的生产管理这个概念，在不同阶段，分别指传统的狭义的生产管理和现代的生产运作管理。

从新中国生产管理60年的历程来看，生产管理理论也经历了类似的发展变化过程，大致可分为三个阶段：计划经济体制下的以生产为导向的生产管理阶段、转型时期的向生产经营型过渡的阶段、市场经济体制下的现代生产经营管理阶段。每个阶段生产管理的发展，不仅同科学技术的发展、管理的科学化、现代化密不可分，也和我国特定历史条件下的生产力水平、政治经济体制、社会意识形态等因素保持着某种适应性的关系。

在计划经济时期，我国的生产管理基本照搬了前苏联的单纯生产型管理模式，理论相对比较简单，其重点解决的问题就是如何提高效率和产量、完成国家计划。改革开放以后，我国企业积极学习西方发达国家生产管理的先进理论和方法，力求生产管理的现代化，生产管理的研究领域开始从单纯生产领域向经营领域扩展，迎来了综合性生产管理的时代。党的十四届三中全会后，随着社会主义市场经济体制的逐步建立，我国的生产管理理论进入了快速发展时期，全面引进和吸收国外最先进的理论和管理技术，在实践中加以应用，和世界先进水平的差距正逐步缩小。

（一）生产导向阶段

该阶段是从新中国建立到改革开放。新中国成立后，经过社会主义改造，我国没收了官像资本主义企业，建立了社会主义国有企业，并逐步建立了以公有制为基础的社会主义计划经济体制，对企业实行了高度集中的计划管理体制。在这样的体制下，企业没有独立自主的经营权，生产管理系统是封闭的，与外界没有联系，生产管理的重点是提高效率，增加产量，保证完成和超额完成国家计划。企业的计划部门的工作就是将上级下达的指令性计划分解到有关部门。企业如果要加强生产管理，也只是从技术的角度来考虑提高生产效率。特别是当时有相对成熟和先进的前苏联经验可借鉴，这个阶段我国是全面引进和学习前苏联的一整套生产管理理论，我们可将这个阶段称为传统的生产管理理论阶段。它是指在计划经济体制下，我国根据自己的实际情况，学习和照搬前苏联的生产管理理论，形成的“以生产调度为中心”的生产管理理论，它主要通过计划来控制整个生产，强调为生产而管理，只追求产品数量，完全忽视市场。

新中国建国初期，我国的企业管理还处在摸索阶段，生产管理主要着眼于提高企业内部生产效率、追求产品数量，是以生产调度为中心的。这一阶段还没有形成独立的生产管理理论，主要学习前苏联生产管理模式。因为该阶段只追求产品生产数量，该阶段生产管理的理论主要重视劳动分工理论和规模经济理论两个方面，也就是说，该阶段生产管理的实践是一劳动分工论和规模经济论为为基础[①]。

劳动分工论可以解释企业如何有效利用内部资源，提高生产效率的问题，因此成为传统生产管理理论的理论基础。在劳动分工论的指导下，生产管理理论注重企业内部生产效率的提高，类似泰罗的科学管理理论相继产生，大大成为指导新中国建国初期生产活动的理论基础。劳动分工论还可以解释企业不同部门和工序的划分，企业建立起完整的、分工明确的组织体系结构。在生产过程中，按照功能或职能划分生产单位，造就了一批“机械组织”，能够像机器那样高速运转，使组织内部效率大大提高。企业通过精心设计的标准化部件和高效的流水线把简单的操作整合起来，生产出复杂的产品。因此，劳动分工论促使组织变革、分工和采用标准化的设施和标准化的工人，使生产效率得到空前的提高。在该阶段，围绕扩大产量、提高劳动效率，我国也探索了一些具体的生产管理实践，包括社会主义劳动竞赛，树立很多劳动模范和优秀劳动小组，郝建秀工作法、李锡奎调车法、苏长有砌砖法、黄润萍仓库管理法，如马恒昌小组、马六孩小组、刘长福小组等等。

由于该阶段只追求产品数量，并不重视产品品种，因此，规模经济是这一阶段生产管理理论的另一个理论基础。规模经济是指随着生产要素投入数量的增加以及生产规模的扩大，单位产品的生产成本不断下降。规模经济反映的是生产要素的集中程度同经济效益直接的关系。随着生产要素的聚集投入，生产规模不断扩张，而大规模生产效率的提高，便于采用先进的工艺和装备，可以使产品和生产程序标准化，还可以提高各种原材料、各种辅助材料、燃料和动力的利用率，从而平均到单位产品上的固定成本就会降低。

在该阶段，生产管理之所以重视劳动分工理论和规模经济理论，是和当时我国的整个计划经济体制相关的。劳动分工和规模经济理论主要用于解释产品数量的提高和成本的降低，不涉及产品品种的丰富和市场适应问题。计划经济是短缺经济，整个市场商品供不应求，市场实际上遵循着生产什么就流通什么，也就消费什么的规律，即生产决定消费。因此，企业生产管理的关键是能够提供低价的、标准化的产品，完成计划，或者最好是超额完成计划。

---

① 陈荣秋：《生产运作管理的理论与实践》，中国人民大学出版社 2002 年版。

我国国有企业，由于没有独立的自主经营权，企业实际上只是一个生产车间。国有企业是上级主管部门的附属物，企业行为的基本特征是对上级“等、靠、要”，即等上级安排计划；靠上级提供生产条件；要上级给钱、给料、给人、给任务。企业行为的基本指导思想是尽可能从上级争取较宽松的条件，以便顺利完成上级规定的计划任务，企业行为的活动轨迹是以主管部门为轴心运转的。企业不是一个独立的经济体。我国国有企业的一切生产经营活动均由上级计划安排，盈亏由国家统负，与企业及其职工不发生任何利益关系。企业无权也无利，就必然缺乏承担企业自负盈亏的条件和动力。企业生产缺乏柔性，对市场反应能力低。不以利润最大化为目标，而是以产量最大化为目标。大部分企业的生产管理只注重考核工人完成的工作量，鼓励超额完成任务，不注重他们是否按计划完成，造成严重的过量生产，也造成了严重的零件短缺。

（二）向生产经营转型阶段

该阶段是从党的十一届三中全会（1978 年 12 月）到十四届三中全会（1993 年 11 月），这个阶段由短缺经济开始向相对过剩经济过渡，是我国生产管理发展的转型期。在改革开放思想的指导下，企业开始向日本和欧美国家先进企业学习，吸收和借鉴国外生产管理的理论和实践经验，取得了一定的效果。

企业向生产经营型的过渡经历了一个渐进的过程。改革开放初期，在高度集中的计划经济管理体制尚未松动的情况下，企业的生产经营依然听从国家安排，计划观念在企业中仍然占有绝对重要的位置。党的十二届三中全会提出实行公有制基础上的有计划的商品经济模式，随着改革的深入，企业有了一定的经营自主权，并与市场有了一定的联系。然而，这一时期市场刚刚开始发育，计划经济的观念在企业中仍然处于统治地位，所不同的是增加了一些比较模糊的商品观念，意识到企业生产出来的产品是商品。直到 1992 年初邓小平南巡谈话之后，我国进入了建立社会主义市场经济体制的全新发展阶段。特别是党的十四届三中全会明确地把建立现代企业制度作为国有企业改革的方向，表明企业必须走向市场，与传统的计划观念决裂。进入这一时期，我国的企业才普遍地确立了商品观念，意识到自身的角色已经转变为商品生产者和经营者。

改革开放以后，随着我国经济的转型，供不应求的市场环境发生了变化，转变为由销定产的买方市场的局面。在此情况下，为有效满足顾客的个性化和多样化需求，我国企业纷纷由单一产品走向一定程度的品种多样化和提供个性化定制服务，在力图实现产品的低成本的同时，努力扩大产品系列，增加产品品种，利用或改造现有的生产运作系统，实现品种多样化的范围经济。由此，以多品种小批量生产为特征的现代化生产，使生产计划、组织、协调和控制工作，变得更为重要和复杂化。显然，劳动分工论的固有缺陷使它难以继续成为指导生产活动的理论基础，建立在劳动分工论基础上的生产管理工作方式需要变革。

因此，向生产经营性过渡阶段的生产管理理论，在劳动分工论和规模经济的基础上，有了进一步的理论发展，这时期生产管理推崇的主要是全面质量管理理论和基于范围经济的集成管理理论。

关于全面质量管理理论。随着人民生活水平的提高和我国经济的转型，以质量开拓市场，以质量占领市场，已成为企业获取竞争能力的行动准则。不论是在强手如林的国际市场，还是在竞争激烈的国内市场，提高产品质量水平，更好地满足社会和市场需求，是企业生存和发展的迫切需求。质量管理在发达国家依次经历了20世纪20—30年代的产品质量事后检验阶段、40—50年代的统计质量管理阶段以及60年代至今的全面质量管理阶段这三个阶段。我国改革开放后开始引入的就是第三阶段的全面质量管理。全面质量管理是组织企业全体职工和各有关部门参加，综合运用现代科学和管理技术成果，控制影响质量形成全过程的各因素，以节约的手段研制、生产和提供用户满意的产品和服务为目的的系统管理活动。我国的全面质量管理走过了先是国家推行到国家监管，最后由企业自发进行的过程。1978年，党的十一届三中全会以后，企业针对当时的产品质量问题，吸收和引进了日本、美国等国家的先进质量管理经验，开始推行全面质量管理。1980年3月，原国家经委颁发的《工业企业全面质量管理暂行办法》，明确了要求我国广大企业认真推行全面质量管理。中国质量管理协会同国家经委开始了全面质量管理的巡回演讲，直接参加培训的积极分子近5万人，形成了全面质量管理的基本骨干队伍。中国质量管理协会还在国家经委等单位的支持下，在1980—1986年连续6年举办了全面质量管理电视讲座，收看电视讲座的人数达2000万人次。与此同时，机械工业部、上海市质量管理协会等各部门和各省市质量管理协会也都广泛深入地开展普及培训，全面质量管理的基本理论和实践方法在广大职工中得到了普及。据不完全统计，当时全国有3000万人次参加了全面质量管理基本知识达标考试。全面质量管理的推广范围扩大到工业各部、建筑业、交通邮电业、商业和服务业，并在企业中取得了积极的成效。1976年，北京清河毛纺织厂尝试组织了第一个QC小组，1978年开始尝试在全国范围内推广QC小组的活动，1979年正式举行了第一次全国QC小组代表大会，从此以后，企业的QC小组作为一项行之有效的制度在我国一直坚持下去，从未间断。1989年，国家成立了质量管理与质量保证标准化技术委员会，先是等效后是等同采用国际标准化组织的ISO9000系列国际标准。1992年，国务院召开了改革开放以后的第一次全国质量工作会议，这是一次总结质量工作的重要的大会。1996年12月24日，国务院颁布了《质量振兴纲要(1996—2010)》，总结了过去20年的质量事业的经验，提出了今后质量管理的方向，强调了继续推行全面质量管理和大力贯彻质量管理体系标准。1998年，国家技术监督局改名为国家质量技术监督局，从此名正言顺，企业自己为产品质量负责，政府则是监管企业是否尽到责任。全面质量管理从计划经济下的国家推行、企业削足适履的情况脱胎出来，进入了市场经济下国家监管的企业自由施展才能的时期。企业比较普遍设立了质量总师或质量总监的职位，国家设立了质量工程师的资格考试和认证制度，为今后的人才培养和使用准备了条件。

关于集成管理理论。范围经济是指企业的生产经营范围而非规模带来的经济，只要把两种或更多的产品合并在一起比分开来进行生产成本低，就会存在范围经济。范围经济主要来源于共用生产要素的充分利用，一旦这种共用要素为生产一种产品而投入，无需增加太多的费用（甚至无需代价）就可以部分地或全部用于生产其他产品。如何使规模效益与多样化需求相结合，做好范围经济，就成为这个阶段生产管理理论的中心问题。由此，我国生产管理理论引入了集成管理。所谓集成管理，是将不同的生产活动，如市场分析、产品设计、加工制造、运作管理和售后服务等，紧密连接，统一考虑。它包括信息集成、功能集成、方法集成、过程集成、企业间集成、知识集成、人的集成等。而与此同时，计算机技术和网络技术的发展，CAD、CAPP、CAM、MRPⅡ/ERP、OA、SCM、CRM及CIMS等在企业中的推广应用，为企业内部、供应链内部的信息集成和供、产、销、财务、人事等功能的集成提供了有力的支持。自1986年我国设立国家高技术计算机集成制造系统（863/CIMS）主题以来，集成管理就成为我国生产管理理论的一个主要内容。由此，生产管理与企业经营管理紧密地融合和相互渗透成为可能。其中，计算机集成制造是解决有限生产能力和无限需求变化这对矛盾，提高企业柔性、提高企业竞争力的根本途径，也是组织生产运作管理的一种哲理。集成管理的主要作用是：第一，在市场环境急剧变化的时代，有效地解决企业有限的生产能力和顾客无限的需求变化这对矛盾，从根本上提升企业的应变能力；第二，集成的市场价值主要关注达到产品和服务展示的范围经济，集成能够提高企业的应变能力，提高对顾客的服务效率和质量，从而给顾客带来市场价值；第三，集成技术使得企业能够充分提高其反应能力，尽可能采取延迟策略，从而更好地满足顾客的要求；第四，集成能够提高运作系统的柔性，使运作系统能够为顾客提供更好更齐全的产品和服务品类。

（三）现代生产经营管理阶段

该阶段是在我国开始建立社会主义市场经济的条件下，从党的十四届三中全会到现在，生产管理由经营管理向全面的生产经营战略管理转变的阶段，可称之为现代生产经营管理阶段。近十几年来，我国市场经济、经济国际化不断发展，全球化经济正在逐步形成，在这种形势下，我国企业积极同步引进最先进的生产管理理论和实践经验。

1993年以来，我国的企业生产管理进入了适应社会主义市场经济体制的全面发展阶段。在这一阶段，按照党的十四届三中全会关于建立社会主义市场经济体制的重大战略部署，我国的企业管理开始向适应市场经济的方向转化。大多数企业开始面向市场，转变观念，抓企业管理，苦练内功，坚持“三改一加强”，结合我国的国情和企业的具体情况，积极地开展企业生产管理创新，探索适应社会主义市场经济体制的企业生产管理新模式，对企业改革和发展都起到了积极的推动作用。

现代生产管理的目标可以用一句话来概括：高效、灵活、准时、清洁地生产合格产品和提供满意服务。其中，高效是对时间而言，指能够迅速地满足用户的需要，在当前激烈的市场竞争条件下，谁的订货提前期短，谁就更可能争取用户；低耗是指生产同样数量和质量的产品，人力、物力和财力的消耗最少，低耗才能低成本，低成本才有低价格，低价格才能争取用户；灵活是指能很快地适应市场的变化，生产不同的品种和开发新品种或提供不同的服务和开发新的服务；清洁是指对环境没有污染；准时是指在用户要求的时间内提供所需的产品和服务。

在经济全球化和保护生态环境的大背景下，生产管理理论将时间—流程—价值等和提升企业的竞争能力引入生产管理理论，由此生产管理（生产与运作管理）理论的内容更加丰富。相比较前两个阶段的生产管理理论而言，现代生产管理理论无论是从内涵上还是从形式上都有了质的变化，一是以快速响应市场为导向。现代生产管理理论是向面向市场、快速适应市场变化的生产管理理论，通过管理创新，使生产管理的思想、方法和手段能够快速适应复杂多变的市场需求；二是由管理对象由单纯的物质产品转向包括服务、知识和物质产品在内的整个产品。以前生产管理理论，其对象仅仅是产品，而现代生产管理理论的对象已由实物型产品拓展为非实物型产品，包括对服务和知识的生产管理；三是生产管理的内容从单纯企业内部走向企业外部，管理的是整个供应链。以前的生产管理理论只是着眼于一个公司、一个企业内部如何组织好产品的生产过程，而现代的生产管理理论已经是超出公司、企业的范围，从敏捷制造、合理利用全社会资源和不同企业优势互补的思想出发，在全社会范围内组织生产经营，于是出现了供应链管理和动态联盟管理。

在该阶段，企业生产管理重视三个理论基础，一是供应链管理理论；二是适应性企业理论；三是可持续发展理论。

关于供应链管理理论。所谓供应链（Supply Chain，SC）是指围绕核心企业，由从原材料采购开始，到制成中间产品再到制成最终产品，最后到销售给最终顾客的所有产权独立的参与者，即供应商、制造商、经销商、最终顾客、物流服务提供商乃至供应商的供应商、经销商的经销商等形成的网链结构。供应链管理（Supply Chain Management，SCM）则是从系统、合作的观点出发，对供应链中的物流、信息流和资金流进行设计、规划和控制，以最大限度地减少供应链中各成员的内耗和浪费，通过整体最优来提高全体成员的竞争力，实现全体成员的共赢。供应链管理思想的出现，使上下游企业之间摈弃了传统的单纯竞争的方式，开始向竞合方向发展。通过协调上下游企业之间的运作，减少上下游企业之间的内耗，提高了供应链的整体竞争能力和经济效益，最终使供应链中所有的成员企业都得到实惠。一方面供应链管理理论强调开展整体最优的集成化生产管理。供应链管理的概念建立在效率能够通过上下游企业之间的信息共享和协同运作得以提高的信念之上；另一方面，供应链管理理论重视鲜明的顾客导向。供应链管理的基本目标被概括为“7R”，即将合适的产品或服务（Right Product or Service），以合适的数量（Right Quantity）及合适的成本（Right Cost），按照合适的状态或包装（Right Condition or Packaging），在合适的时间（Right Time）、合适的地点（Right Place），送达合适的顾客（Right Customer）手中。最终顾客的需求是供应链中物流、资金流、信息流的驱动源，顾客满意是供应链管理的出发点。

关于适应性企业理论。由于环境的不确定性和动态性日益加剧，生产管理必须适应这种环境的不确定性和动态性，在这种背景下，适应性企业理论为适应性企业提供的思路是：大型的、复杂的组织必须并能够系统地、成功地适应这种变化。系统是适应性企业理论中所描述的“意识—反应”模式的一个性质，成功则将由在此模式框架内做出特定选择的领导能力所决定。面对不可预测的变化唯一的措施就是使自己变得具有适应性。这要求企业快速进入市场、与顾客建立亲密关系、重视研究与开发、再造生产作业流程、突出核心能力、运行出类拔萃以及组织灵捷等等。

关于可持续发展理论。在企业生产过程中，要消耗自然资源和能源，产出有用物（产品）和无用物（废水、废气、废渣和噪音）。无用物直接排入江河、大海和大气中，造成空气和水质污染，使人类和各种生物受害。有用物随着产品生命周期的缩短，很快成为人们要抛弃的东西（垃圾），垃圾处理不当，又会污染空气和水源。将生产过程和生态平衡过程相比，发现生态系统没有资源和废物之分，生产却造成大量废物。如果生产过程中出现的“三废”都变成可利用的资源，产品使用后的废弃物也都变成可利用的资源，产品的报废不再是物流的终端，而是回收和再利用的起点，生产过程也就与自然的生态过程一样，不会破坏物流的循环，也不会造成对自然界的污染。然而，如何将所有废弃物变成可利用的资源，如何在不可再生能源即将耗竭之时发现新的能源，还有很多技术问题和管理问题需要解决，而这个管理创新就是当前生产管理的发展趋势。随着可持续发展观的提出，将中止“顾客决定一切”、“顾客是上帝”的时代。企业从事生产经营活动不仅要发现需求、满足需求，而且要引导需求。企业不应当把顾客当作实现利润的工具，把自然看作被征服的对象，而应该引导顾客建立新的人与自然和谐发展的伦理观和价值观。循环经济强调企业生产应最有效利用资源和保护环境，表现为“资源—产品—再生资源”的持续循环增长方式，做到生产和消费“资源消耗减量化、污染排放最小化、废物再生资源化和无害化”，以最小发展成本获得最大经济效益、社会效益和生态效益。

二、生产管理方法的变革发展

新中国建国后，我国工业基础薄弱，企业生产管理水平与世界上先进水平存在相当大的差距，虽然，抛开计划经济制度赋予中国企业的生产特征，我国生产管理的发展历程并非中国独有，发达国家的企业几十年前也曾走过类似的道路。但是，中国制造业还没有完全建立大规模生产方式之前，该种生产方式就已被发达国家加工装配型制造业所放弃，代之以“多品种小批量”的生产方式，我国的生产管理又落后于新的生产方式之后了。

严酷的现实和挑战，给发展中的中国生产企业带来巨大的压力，但同时也可以看成是一次很好的契机。改革开放后，我国企业抓住了这个机遇，彻底改变我们传统的生产管理理念和方式，积极引进先进的生产管理理论和方式，构造出适合中国国情的生产方法，跳过早期的发展阶段，直接迎接下一轮生产管理方法变革的挑战，在这个过程中，中国的企业发生了翻天覆地的质变，也带动了整个国民经济的腾飞。

（一）生产管理方法变革发展的环境因素

自工业革命以来，随着世界范围内经营环境的变化和制造业的蓬勃发展，在新的生产管理理论的指导下，各种先进的生产管理理论和方法不断产生。新中国建国以来的经济环境和市场条件发生了巨大的变化，特别是改革开放以来，企业计划经济体制下形成的管理观念逐步被适应市场经济体制的一系列管理理念所取代。我国的管理理论工作者、科研机构人员和企业家，在积极引进国外先进的管理理论和方法的同时，结合我国的实际情况在生产管理实践中加以推广应用，生产管理水平正逐步向世界先进水平靠拢。

一般来说，生产管理方法发展的动因来自两个方面，一是市场需求拉动；二是先进技术推动。对于我国而言，前者是更重要的原因。当企业和市场的关系发生变化，企业面临的市场逐渐走向成熟时，就能产生巨大的需求拉动，引发生产管理方式的变革，此时，再引进国外先进理念和技术加以支持，变革就顺理成章地实现了。

改革开放前，企业和市场供需关系的瓶颈在供方生产能力，是以企业为中心的生产管理；改革开放后，供需链瓶颈出现在需方，就开始形成以顾客为中心的生产管理。在不同的发展阶段，企业关注的竞争因素是不同的，相应采取了不同的生产管理方法。

1. 以生产为导向阶段

当时处于短缺经济下，企业以自身最大生产能力为限进行生产，“有没有”的问题比较突出，人们普通看好价格低廉的处理品，只要产品可用，价格成为顾客首选的考虑因素，企业当时的生产就是努力扩大生产规模，降低产品的成本和价格。

2. 向生产经营型过渡阶段

改革开放后，市场和企业的关系开始发生变化。随着人们消费水平的提高，“好不好”的问题突显出来，价廉质劣的产品不再受到青睐，产品的质量或服务档次比低价更重要，高质量和低成本的结合产生了精益生产方式。进而，当价格和质量达到一定水平后，单调的产品品种，束缚了顾客的挑选余地，这就需要企业提供多种多样的产品和服务，在先进技术手段的支持下，品种成为企业关注的主要因素，计算机集成制造应运而生了。

3. 现代生产管理阶段

品种的增加导致制造过程和管理工作复杂化，按期交货和尽快上市成为顾客关心的问题，企业要最及时地、最快地推出新产品和新服务，基于时间的 JIT 生产方式和全球化敏捷制造成为新的生产管理方式。在市场经济下，如何为顾客解决问题，满足顾客个性化的要求，培养起顾客对品牌和企业的忠诚就成了重要问题，基于服务的大规模定制恰恰能满足顾客的这种需求。当各个企业提供的产品和服务在价格、质量、品种、时间和服务上的差别不大时，随着现代环保意识的加强，产品清洁地生产出来，使用中对环境的污染最小，报废处理也由企业承担，这样的产品就能得到顾客的青睐。环保就成为影响竞争力的主要因素，与之对应的生产管理方式是绿色制造。

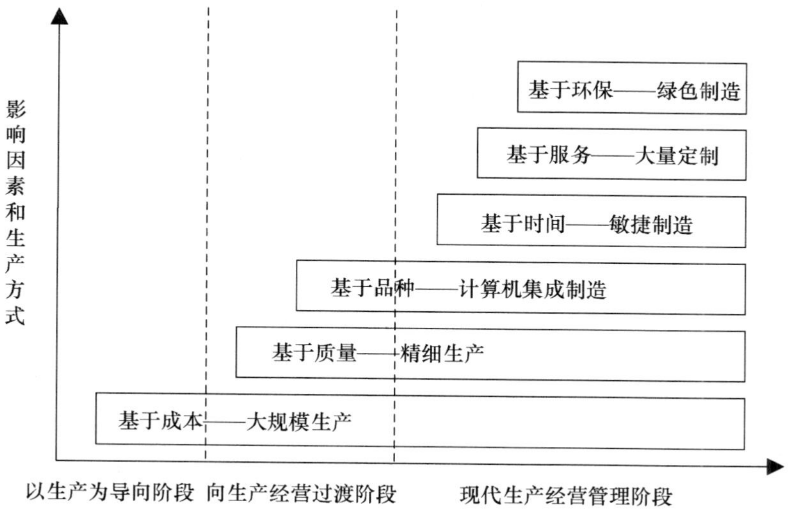

图 6－1　我国生产管理发展三阶段的决定因素及对应的生产方式

图 6－1 描述了在生产管理的不同阶段，影响生产管理的主要因素以及对应的生产方式变化的情况。当处于供不应求的短缺经济时代，价格是人们关注的因素时，企业基于成本采取的典型生产方式是大规模生产；改革开放后企业由生产型向生产经营型过渡，关注的主要因素是质量、品种，分别出现了基于质量的精益生产和基于品种的计算机集成制造；在市场经济下，企业间的竞争日益激烈，社会环境问题凸现，时间、服务和环保相继成为主要因素，对应的典型的生产方式分别是敏捷制造、大量定制生产和绿色制造。

由图 6－1 还可以看出，在各个阶段的基础层次的因素得到满足之后，较高层次的因素就会凸现出来，这并不意味着低层次因素就不重要了，只不过不是该阶段最主要的竞争因素了。这意味着企业必须考虑到所有这些重要因素的选择并合理地运用相应的生产管理方法，才能在激烈的市场竞争中立于不败之地。

（二）生产为导向阶段的生产管理方法

新中国建立后，处于计划经济体制下，强调集中决策，要求企业各部门按照统一的、周密细致的计划进行生产活动。国有企业按国家计划组织生产活动，企业为了完成这个计划，就必须进一步制定车间、工段、班组、厂内调度、原材料等一系列的子计划，做好与之相配套的计划管理工作，如作业计划、定额、生产原始记录等，建立各种责任制，保证完成计划。生产中实行专业化分工，将一个完整的生产过程细分成简单的一系列活动或操作，以提高每个环节的工作效率。严格按照计划决定的标准进行控制，通过上级下达的指令使生产进度符合计划的要求。企业生产出来的产品不愁卖不出去，企业间基本不存在竞争，企业只要努力降低成本，就能够获得利润。因此，企业管理以生产为中心，生产以产品为中心，只重视提高企业内部生产效率和降低成本。

这一阶段对应的生产管理方法是基于数量和成本竞争的大规模生产方式。生产管理方法的变革和发展，正是始于这种传统的大规模生产方式的②。大规模生产（Mass Production）是20世纪世界范围内最流行的制造业企业普遍采用的方法，在我国的计划经济阶段广为企业采用。大规模生产在事务处理上强调成批处理，以提高效率、降低成本。在当时的生产环境下，企业为中心的生产管理是适合的，它使得企业像一部机器一样高效运转，向顾客提供廉价的产品。大规模生产分工细，工作的专业化程度高，工人按照标准的操作方法作业，工人在劳动分工的基础上变得更加专业化，他们在管理者的密切指导下在生产线上完成最少的动作，反复进行一个零件的加工或装配，每项工作都有标准的工时定额，可以采用专业设备组织流水生产，大大提高了生产效率，产品品种和数量稳定。大规模生产的管理工作相对简单，生产管理人员可以对管理中的问题精益求精。在大规模生产方式下，生产只有达到一定的规模，才能实现最佳效果，即成本最低、利润最高。它靠的是劳动力的低工资和大量的资本投入，要求生产的规范化和产品的标准化、规范化可以最大限度地利用工人的劳动能力；标准化易于进行批量生产。尽管产品千篇一律，但在顾客只计较价格高低的年代，不愁没有销路。

在这个阶段，我国工人在生产过程中不断产生技术创造和新工作方法，这些新技术能使工作效率大幅度地提高，在主管部门的组织下，各种新技术得到迅速推广，如机械工业中的“高速快速切削与多刀多刃切削法”；按生产指示图表有节奏地进行工作的方法和杨守训“翻砂造型法”；煤矿工业中的崔国山掘进队的经验，马文治钻探经验，西安“竖井平行作业法”，施玉海安全生产经验；钢铁工业中的“平炉快速炼钢法”；电器工业中的劳动专业分工专业化等等。这些新技术和新方法的推广，对改进企业的生产经营管理，提高劳动生产率，降低生产成本发挥了积极作用。这个阶段的生产比较类似于泰勒的科学管理，通过标准化作业和技术革新提高生产率，降低生产成本。

（三）向生产经营过渡阶段的生产管理方法

以生产为导向阶段企业存在的问题是：突出生产，产销不见面，企业过着“三不愁”的“供给制”生活——产品不愁卖不出去，企业不愁没有任务，亏损不愁没有地方报销，企业在整个经济活动仅仅处在执行者的位置。在统购统销制度下的企业管理，必然片面追求产值，其结果是：资金周转慢，新产品开发少，技术进步小，经济效果差。

改革开放将企业推向国内外激烈的市场竞争，我国的企业为了生存和发展，必须重视研究市场动向，积极吸收引进、开发运用适应激烈竞争的生产管理模式，由单纯的生产型向生产经营型转变。这种重心的转移，是由于扩大企业经营自主权，在国家计划指导下充分运用市场调节作用而引起的。

在买方市场环境下，企业为了更好地销售产品，除了比其他企业价格更低外，如何保证高质量产品和为顾客提供可供挑选丰富的品种就成了企业生产经营管理中最重要的问题了。

1. 基于质量竞争的精益生产方式及实践

20 世纪 60 年代，准时生产在日本产生了，它是一种兼备单件生产和大规模生产方式两者优点的一种高质量、低成本并富有柔性的新的生产方式，又称丰田生产方式。在全面研究以准时生产方式为代表的日本生产方式在西方发达国家及发展中国家应用的基础上，美国学者提出了一种较为完整的生产管理理论——精益生产方式（Lean Production）。

精益生产是对准时生产方式的进一步提炼和理论总结。与传统的大规模生产相比，精益生产方式首先在产品质量上追求尽善尽美，保证用户在整个生命周期都感到满意；在企业内的生产组织上，充分考虑人的因素，采用灵活小组工作方式和强调相互合作的并行工作方式；在物料管理方面，准时的物料后勤供应和零库存目标使在制品大大减少，节约了流动资金；在生产技术上采用适度的自动化技术，明显地提高了生产效率。所有这一切，都使企业的资源能够得到合理的配置和充分的利用。传统的生产管理很少提出零缺陷的目标，一般企业只提出允许的不合格百分比和可以接受的质量水平。而精益生产的目标是消除各种引起不合格的原因，在加工过程中每一工序都要求达到最好水平，追求零缺陷。

高质量来自于零缺陷的产品，“错了再改”得花费更多的金钱、时间与精力，强调“第一次就做对”非常重要。凡事先做好准备及预防工作，认真对待，防患于未然，在很多情况下就不会有质量问题了。过去一般企业总是对花在预防缺陷的费用上能省则省，结果却造成很多浪费，如材料、工时、检验费用、返修费用等。精益生产要求不断取消那些不增加产品价值的工作。因此，可以认为精益生产是一种减少浪费的工作方法。

精益生产综合了大批量生产与单件生产方式的优点，力求在大批量生产中实现多品种和高质量产品的低成本生产。精益生产的新发展已经突破了传统的制造业，作为一种普遍的管理哲理在各个行业传播和应用。对于发展中国家来说，精益生产方式是无需大量投资，便可将生产制造技术迅速提高到世界级水平的一种手段。

改革开放以来，我国在建设社会主义市场经济的实践中，国有企业逐步走向了市场。市场经济要求企业充分认识市场需求变换的多元化，不断进行变革，有效地进行自我完善，采用与市场经济相适应的生产方式，提高企业的应变能力。企业生产方式是企业根据社会生产力的发展，在复杂的社会分工和经济结构中，处理好社会资源配置、企业与市场、企业内部生产力诸因素和内部生产关系的生产经营机制和组织方法。企业生产方式先进与否决定着企业经营的成效。精益生产方式能在最短的时间内满足所有消费者的需要，能最大限度地占领市场。对于刚刚进入市场经营机制的我国企业来说，无疑是很好的借鉴。

由于基于质量竞争的准时生产和精益生产方式有明显的优势，在其诞生后不久就被中国企业引进和借鉴，最具代表性的是中国第一汽车集团公司（原第一汽车制造厂，以下简称“一汽”）。一汽是我国第一个生产汽车的企业，其整体模式仿效前苏联，生产方式也是 20 世纪 50 年代照搬前苏联的，是大规模生产方式加上计划经济体制的产物。改革前，一汽的生产模式虽然显得笨重，但还勉强适应市场需求；到了 20 世纪 80 年代中期，一汽因设备老化，产品、资金断档而跌入困境。20世纪80年代后期，一汽有计划、有组织地进行了三项工程，其中重要的一项就是精益生产方式的变革。长期以来的计划经济体制，使企业追求“大而全”、“小而全”，企业包袱越来越重，造成生产成本高，劳动生产率低下。为改变这一现状，一汽借鉴国外精益生产方式，向管理要效益。

精益生产方式的精髓就是彻底消除企业各个环节的无效劳动，充分调动工人的积极性。一汽推行精益生产方式已有20余年的历史，经历了一个不断认识、逐步深化的过程。早在1978年，一汽就派出以厂长为首的专家小组去日本考察汽车工业的管理经验。一汽在引进日本日野公司带有同步器变速产品和技术的同时，也引入了先进的准时生产方式（JIT），建立了一汽第一个全面推行精益生产方式的样板厂。在变速箱厂经验的启示下，涌现出一批不同类型的积极推行精益生产方式的专业厂和车间。从1993年开始，公司连续举办了13期厂处级领导干部精益生产方式学习研讨班。公司领导认为，推行精益生产方式关系到今后公司的发展、前途和命运，要求每个领导干部都成为“精益迷”。

传统生产方式下质量管理只注重主体工序的管理，管理的重点是事后检查与分析，以检查员的专检为主。精益生产方式把主体工序拓展到环节工序和辅助工序，实行全过程管理，即全面质量管理，贯彻以预防为主的质量方针，以员工自控为主。

2. 基于品种（柔性）竞争的计算机集成制造及实践

对企业来说，既要保证成本、质量和速度，还要考虑多品种等因素。面对市场的多元化，企业必须选择新的生产方式。科学技术的快速发展，尤其是计算机和自动化技术的应用普及，为新生产方式提供了技术上的支持。计算机集成制造系统（Computer Integrated Manufacturing System，CIMS）就是在这一需求和技术的共同作用下应运而生的。

计算机集成制造系统，利用模块化思想，把企业的生产过程看作是一个数据收集和处理过程，把制造过程分割成相对独立的模块，使制造系统具有了相当的柔性，能够适应产品多品种、多变化的要求，利用集成的思想，对企业的制造环节对应的模块进行整合，消除了其中的浪费，提高了效率。

从源自西方的计算机集成制造（CIM）的概念开始，我国经历了信息集成、过程集成和企业集成的研究和实践，提出了现代集成制造系统的新概念，这个概念已大大超过了国外对CIMS的早期认识，就技术而言其内涵也大大丰富了。今天，我国的CIMS，其研究的深度、应用的广度，在国际上已经产生了积极的影响，可以说有了“一席之地”。

我国于1986年提出863/CIMS主题计划，开始了对CIMS的全面研究和实施，经过10余年的探索和实践，走出了一条适合中国国情的CIMS之路。包括CIM/CIMS哲理、技术及其应用实施等诸多方面。基于863/CIMS主题的实践，我国对新的CIM及CIMS的内涵概括为“CIM是一种组织、管理与运行企业的哲理。它将传统的制造技术与现代信息技术、管理技术、自动化技术、系统工程技术等有机结合，借助计算机（硬、软件），使企业产品全生命周期——市场需求分析、产品定义、研究开发、设计、制造、支持（包括质量、销售、采购、发送、服务）以及产品最后报废、环境处理等各阶段活动中有关的人/组织、经营管理和技术三要素及其信息流、物流和价值流有机集成并优化运行，实现企业制造活动中的计算机化、信息化、智能化、集成优化，以达到产品上市快、高质、低耗、服务好、环境清洁，进而提高企业的柔性、健壮性、敏捷性，使企业赢得市场竞争”。“CIMS是一种基于CIM哲理构成的计算机化、信息化、智能化、集成优化的制造系统”。

近些年来，我国几十家企业成功应用CIMS，使企业取得了明显的效益。例如，浙江省的两个小型企业，北京起重机厂、福建煤油厂、长安汽车公司、北京人机集团等等。浙江绍兴涤纶厂在实施CIMS工程后，新增产值6000万元，税收1000万元，利润720万元，而流动资金下降了19.1%。浙江诸暨电动工具厂是乡镇企业，在不增人的情况下，产值从6300万元上升到1.2亿元。由于产品设计可直接与国外接轨，增加了新的订单，出口4581万元。而流动资金则从5642万元减少到3758万元，人均产值32.1万元/人，这在机械行业是不多见的。产值上升而流动资金下降，反映了企业管理水平的提高。广东华宝空调器厂在人均产值几乎翻番的情况下，百元销售占用资金反而下降了51%以上。

企业效益的提高，CIMS功不可没，CIMS提高了其技术水平，也提高了其管理水平。因此，企业的竞争力得到加强。

（四）现代生产经营管理阶段的生产管理方法

在经历了向生产经营型过渡阶段后，现代生产经营管理阶段的管理模式又发生了重大变化，完全转变为激烈市场竞争下的以顾客为中心的管理模式。市场经济的发展要求企业决策者掌握社会需求变化、生产力发展等信息，自觉地进行变革，不断地完善企业生产方式，以适应市场经济的发展。现代先进生产技术和卓越的管理方法正在逐渐取代传统的生产技术与管理方法，企业运营管理的竞争正在从本地化的、对抗性的竞争转向全球化的合作式竞争，且竞争经历了价格竞争、质量竞争、服务竞争，并开始转向了基于时间、服务和环保的竞争。生产管理方法呈现出多样化，大规模生产、精益生产、集成制造、敏捷制造、大量定制生产、绿色制造等各种生产方式并存。

这个阶段，大量先进的生产管理方法产生和推广，在经济全球化的背景下，随着我国改革开放，我国生产方式的引进基本与外国同步，用于指导我国企业的生产管理实践。

1. 基于时间竞争的全球化敏捷制造及实践

随着科学技术的进步和普及，企业在成本与质量上差别不大，同时，随着市场竞争的激烈程度增加，企业生产运作管理的目标也开始从成本、质量、柔性转向对顾客需求的响应速度上，如何缩短时间以尽快响应顾客的需求成为企业生产运作管理的重点。其实，基于时间的竞争是和成本、质量、柔性结合在一起的。

基于时间的生产管理方式与其他管理理念存在本质的不同，其与质量和成本竞争一起主导着顾客响应和快速新产品推出战略，实质是压缩产品从创造到发送全过程时间；加快产品开发与推出，快速设计和制造，快速物流配送及顾客服务，这样使得新产品比竞争者更早或者第一个进入市场，赢得更多的市场份额；大大降低产品长周期所带来的时间成本，增强市场变化响应，降低风险；保证和节省运输时间及顾客时间，增加顾客满意度。

在顾客需求多样化的前提下，只依靠一个企业来对顾客进行快速响应是不现实的，也是不合算的（成本高），企业之间必须结合起来满足顾客的需要，这就形成了新的组织形式——供应链。即便是在供应链上，企业如果仍然按照原有的生产方式，还是满足不了顾客的需要速度，企业必须彻底摆脱原有的模式，转向敏捷制造并形成敏捷供应链。与此同时，供应链上的合作，应该是一种并行的，而不是传统的串行方式，只有这样才可以大大地缩短设计、生产和销售的时间，从而提高对顾客的响应速度。

粗略地说，敏捷制造（Agile Manufacturing）是一种能够对市场多变的需求（包括对产品的需要和对服务的要求）做出敏捷的反应，从而很好地满足市场需求的制造组织和制造方式，企业因此而具有很强的市场竞争力。敏捷制造被称为21世纪的制造战略，它与传统的大规模生产方式完全不同，敏捷制造在市场特征方面是全球化的竞争激烈的买方市场；在生产方式特征方面是以多品种、变批量的大规模定制代替了大规模生产。在组织特征方面，由可以快速重组的单元构成扁平化的组织结构，以自治的（充分授权的）、分布式的团队工作取代科层管理结构；在管理思想特征方面，敏捷制造十分重视人的因素，十分重视营造协同环境，认为高素质员工的协同、主动的工作是企业成功的关键因素；在企业之间的关系方面，敏捷制造创造性地提出了“虚拟企业”（又称为“动态联盟”）概念，通过组建虚拟企业，在企业间建立一种既有竞争而更强调合作的“双赢”的新型关系；在信息特征方面，敏捷制造强调基于信息互联网络的信息的开放、共享与集成；作为组织模式的映射，敏捷制造系统的信息模式也是单元化的、并行的、可重组的、分布集成的。

敏捷制造是针对现代竞争中的时间因素而提出的经营管理和生产组织模式。对竞争环境的快速响应能力是敏捷制造的关键。达到了敏捷制造的企业，综合了时间、成本、鲁棒性和柔性这四个方面。

我国企业要发展，敏捷制造将是一条重要的途径，但企业首先要具备实现敏捷制造战略的条件，以上仅从技术方面就可以看出这对我国制造业是严峻的挑战，但也绝对不能生搬硬套别国的敏捷制造战略，我国的制造业应当把解决我国制造企业的困难和创造性的吸收敏捷制造的先进思想结合起来，既要充分利用现有的制造能力和技术经验，有效地改进生产过程和技术配置，又要尽快建立强大的企业信息网，促进信息、工具和人员等高度集成，走出一条既先进又符合我国国情的振兴中国制造业的切实可行的路子。

2. 基于服务竞争的大量定制及实践

大量定制（Mass Customization）是指以大规模生产的成本和速度，为单个客户或单件（或小批量）多品种的市场定制加工任意多数量的产品，是为了适应消费需求个性化，提升企业竞争力而发展成的一种全新的生产经营模式。

由于需求市场已经发生了根本性的变化，很多企业已不再致力于面向统一的市场生产标准化的产品或服务，它们已经开始抛弃那种通过稳定性和控制力来达到高效率的大规模生产方式。大规模生产方式的目标是以几乎人人都买得起的低价格开发产品和服务，而大量定制生产方式的目标是人人都能买到自己想要的产品。

大规模生产方式不能适应以变化和不可控制为主调的新环境。在新环境中，那些能够充分满足客户的个性化需求的公司将会获得较高的销售额，而较高的利润和对客户的充分理解使公司可以提供更多的定制化产品，这会导致市场的进一步分割。由于在定制化方面比竞争对手有显著的优势，市场细分使这些公司能够更好地满足客户的个性化需求。

大量定制有两个关键点，一是规模经济带来的低价位和大规模生产过程带来的成本优势不可战胜，那些能以低成本和低价格组织生产的公司仍然具有竞争优势。如果在满足客户多样化需求的情况下能够保持低价格，就能更成功，如果不能做到这一点，则仅仅是回到手工单件生产方式，其成本太高；二是随着定制的深入，市场分化会越来越深入，细分的市场规模越来越小，市场日趋个性化。

过去，生产制造业致力于面向统一的市场提供标准化的产品或服务，靠大规模生产来降低生产成本。在大规模生产中，低成本主要是通过规模经济实现的，即通过高产量和生产过程的高效率降低产品和服务的单位成本。如今，随着消费市场的变化，人们发现通过灵活性和快速响应可以实现多样化的定制化，即大量定制。大量定制的低成本主要是通过范围经济实现的，即应用单个工艺过程便可更便宜、更快速地生产多种产品和服务。大量定制的企业可以做到用标准化的零部件实现规模经济，零部件按多种方式进行组合，形成多种最终产品，从而实现范围经济。

3. 基于环保竞争的绿色制造及实践

传统生产是一种末端治理的工业发展模式，不仅不能从根本上解决工业污染问题，而且还严重影响了人类的可持续发展。绿色制造（Green Manufacturing）是一种综合考虑产品技术、经济和环境特性的先进制造模式，它在不牺牲产品功能、质量和成本的前提下，系统考虑产品生命周期活动对环境的影响，从而尽可能地减少产品在整个生命周期中对环境的负面影响，提高资源利用率。

循环经济是从社会层面的高度和广度研究环境保护，随着经济全球化和全球经济一体化时代的到来，循环经济则将地球作为一个大系统，从全球经济的高度和广度重视和关注环境保护问题。绿色制造和循环经济是实现制造业可持续发展的必由之路，是制造业未来的发展趋势和方向。绿色制造是循环经济的技术支撑。

作为制造业可持续发展的根本方法，绿色制造从一提出就受到我国社会各界的关注，政府、工业界和学术界都纷纷投入大量的人力、物力和财力进行研究，以期实现社会经济的可持续发展。现在全社会已形成共识，绿色制造是解决制造业环境污染问题的根本方法和途径，是21世纪制造业的必由之路，进行绿色制造关键技术和装备的研发对国民经济的持续协调发展和人民生活水平的提高具有重大的意义。

目前正在开展的绿色制造的研究大致可分为绿色设计、绿色制造工艺、拆卸、循环再利用技术、全球同步生产设计技术、生态工厂的循环式制造技术等方面。绿色制造从产品生命周期的视角来组织企业、消费者的活动。研究内容涉及绿色材料、绿色能源、绿色设计、清洁生产、绿色包装、报废产品的再资源化等，内容丰富。这些研究不仅会对传统行业的经营理念产生较大的变革，形成新的经济增长点。

可见，研究和推行绿色制造关键技术，不仅可以减少污染，保护全球环境，实现生态工业和制造业的可持续发展，而且可以促进我国绿色产业的发展，增加我国产品的国际竞争力，提升整体经济实力。

（五）成效和展望

新中国建立以来，中国的企业经历了一个吸收引进国外先进技术和方法，不断成长和成熟的过程。而且企业面临的来自市场的压力，顾客的压力，社会的压力和技术进步的压力将愈演愈烈，这些变化将决定着企业在市场竞争中的命运。

现代化运营管理模式、方法开始在先进企业应用，并取得明显成效。面对激烈的市场竞争形势，国内部分先进企业结合自身实际，率先应用现代化运营管理模式和方法，取得了良好的社会效益和经济效益。根据全国企业管理现代化创新成果审定委员会、中国企业联合会管理现代化工作委员会发布的国家级企业管理创新成果第十二届获奖名单，在精益化管理与安全生产、系统优化与集成管理、节能降耗与清洁生产等运营管理相关的获奖项目达34个，占全部126个获奖项目的27%。这34个项目涉及六西格玛管理、精益管理、安全管理、系统集成管理、清洁生产等现代化生产管理模式和方法，为我国企业的生产管理现代化创造了新鲜经验。如中兴通讯股份有限公司实施六西格玛管理；烟台冰轮股份有限公司开展精确管理；大亚湾核电运营管理有限责任公司建立多重深度安全管理机制；云南红磷化工有限责任公司建设清洁生产体系；北京医药股份有限公司进行现代物流配送管理；马鞍山钢铁股份有限公司实施以能源消耗“减量化”为核心的节约型企业建设等等。

为推进企业运营管理现代化，我国在20世纪90年代开始，逐步探索建立适合中国国情的现代生产制造系统和运营管理模式。在引进、吸收国外现代化运营管理理念的基础上，一些学者提出了21世纪中国制造业的先进制造战略，如“精益—敏捷—柔性”（Lean - Agile - Flexible）生产系统，试图全面吸收精益生产、敏捷制造和柔性生产的精髓，包含全面质量管理、准时生产、重组工程和并行工程等现代生产管理经验，通过组织创新和调动人的积极性，全面集成技术、组织、人员等资源，从而实现快速灵敏适应市场变化、高效率满足顾客需求。这将是生产运营管理模式的新探索。

三、生产管理学科的发展

为了区别于传统生产管理学的研究领域局限于制造业的制造过程，国外的生产管理学教材的名称由“Production Management”变为“Production Operation Management”甚至“Operation Management”，在英文里，Production 含有生产有形物质产品的意思，而 Operation 的含义较广，可以指既包括制造有形产品的制造活动，又包含提供无形产品的劳务活动。我国的生产管理书籍在早期名为《生产管理学》，后将书名译为《生产运作管理》，目前很多书名直接译为《运作管理》，这显示了课程的名称和内容随着生产管理范围的扩大而变化的过程。

（一）生产管理学科发展概述

生产运作管理是管理类各专业的一门主要专业课，是管理科学与工程类、工商管理类的核心课程，理论与实践并重。它以社会学、经济学、管理学为理论基础，从生产系统的设计、运行和改进三方面来分析解决企业的相关问题，以缩短生产周期，降低成本，提高产品质量为目标，研究企业提高生产效率、效益的理论和方法。同时又是研究基础操作问题的一门课程，任务是使学生掌握生产运作管理的理论知识和操作技能，在生产、服务领域中具有分析、解决管理实务问题的能力。理解并掌握生产管理学的精髓，对促进企业管理进步，提高我国生产企业的国际竞争力，实现从制造大国向制造强国的转变，具有重要的战略意义和现实价值。

根据1992年颁布的管理学学科分类与代码的国家标准中，生产管理是企业管理二级学科（代码630.40）下设的三级学科（代码630.4010）。在教育部1998年颁布的《普通高等学校本科专业目录》和1997年教育部和国务院学位委员会颁布《授予博士、硕士学位和培养研究生的学科、专业目录》中，生产管理并未作为一个独立的专业出现。

在20世纪90年代，国家教委公布课程目录中对这门课程先后命名为《企业管理学》、《生产管理学》。最新公布课程目录为《生产与运作管理学》。从名称变化可见，这是一门内容在不断发展的课程。

生产运营管理的研究内容可从企业生产运营活动过程的角度分析。就有形产品的生产来说，生产活动的中心是制造部分，即狭义的生产。传统的生产管理学的中心内容，主要是关于生产的日程管理、在制品管理等。但是为了进行生产，生产之前的一系列技术准备活动是必不可少的，例如工艺设计、工装夹具设计、工作设计等生产技术活动。生产技术活动基于产品的设计图纸，所以在生产技术活动之前又是产品的设计活动。“设计—生产技术准备—制造”这样的一系列活动，才构成一个相对较完整的生产活动的核心部分。

进一步而言，在当今技术进步日新月异、市场需求日趋多变的环境下，产品更新换代的速度正变得越来越快。这种趋势，一方面使企业必须经常地投入更大精力和更多的资源进行新产品的研究与开发；另一方面，由于技术进步和新产品对生产系统功能的要求，使企业不断面临生产系统的选择、设计与调整。这两方面的课题从企业经营决策层的角度来看，其决策范围向产品的研究与开发，生产系统的选择、设计这样的“向下”方向延伸，而从生产管理职能的角度来看，为了更有效地控制生产系统的运行，生产出能够最大限度地实现生产管理目标的产品，生产管理从其特有的地位与立场出发，必然要参与产品开发与生产系统的选择、设计，以便使生产系统运行的前提——产品的工艺可行性、生产系统的经济性能够得到保障。因此，生产管理的关注范围从历来的生产系统的内部运行管理“向宽”延伸。这种意义上的“向宽”延伸是向狭义生产过程的前一阶段延伸。“向宽”延伸还有另一层含义，即向制造过程的后一阶段延伸，更加关注产品的售后服务与市场。所有这些活动，构成了生产运营管理的研究内容，按照生命周期理论，可以将其归纳为生产运营系统的设计、运行、维护与改进三个部分。

包括运营战略的制订、运营系统设计以及运营系统的运行等多个层次的内容，把运营战略、新产品开发、产品设计、采购供应、生产制造、产品配送直至售后服务看作一个完整的“价值链”，对其进行系统管理，以满足客户对产品（Product）、时间（Time）、质量（Quality）、成本（Cost）、服务（Service）、环境（Environment）的个性化需求。

图6－2是根据国内经典教材1999年陈荣秋和马士华教授编写的《生产与运作管理》一书得到的生产管理学的内容体系结构。从图6－2可以看出，生产管理内容非常丰富，包括生产运作系统的设计、运行和维护与改进三大部分。

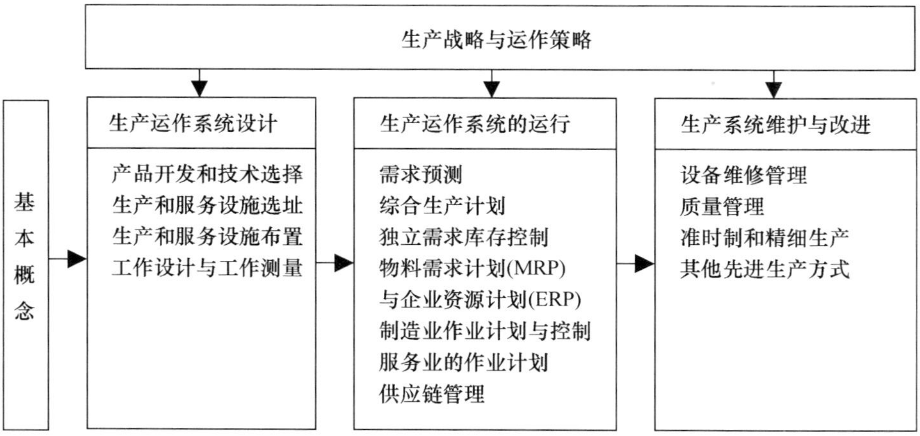

图6－2　生产管理学内容体系

除了生产管理范围从制造业延伸到服务业外，现代生产管理的内容较之传统的生产管理的变化还体现在战术与战略的平衡上。传统上，生产管理侧重介绍实用的工具、手段、操作等战术方面的内容及其应用，这些技术性方法旨在提高企业现行生产系统的效率，课程内容一般不涉及生产战略方面的问题。而现代生产管理作为一种战略远比仅仅作为工具、方法重要得多。生产战略是一种职能部门的战略，它制定出实现企业战略的产品（有形产品及服务）方案，确定构造符合企业战略的生产系统以及实现企业战略的一系列决策规划内容和程序。它要具体回答在什么时候构造何种类型的生产系统，在什么时候需要开发什么样的产品生产技术和工艺流程以及生产产品或提供服务所应遵循的作业流程。生产系统的设计是生产战略的核心。

现代生产管理学的研究对象，包括产品的制造过程和服务过程，研究产品的生产系统、生产战略、研究与开发、厂区合理布置、生产计划、作业排序、项目管理、物流管理、设备管理等一切与有形产品相关的战略、战术决策，还要研究与制造业服务过程相关的一切管理与决策活动。

以生产为导向阶段的生产管理主要的工作是执行上级的计划，基本不需要考虑需求的变化，因此，生产管理核心就是车间管理。改革开放后，过渡时期企业的生产计划需要根据市场需求的变化随时调整，因此，生产管理教学内容就需要增加战略性决策分析，增加需求管理的内容。进入现代生产管理阶段，现代生产管理必须是战略与战术并重，并从全程供应链协作生产管理进行系统而综合的管理。因此，要丰富生产管理的纵向内容，从战术层次与作业层次为主扩展到战略层次与战术层次并重，增加对外协作生产管理的内容，从供应链全程的业务流管理来控制生产进度与质量问题。

现代生产管理学是以定量分析和定性分析为武器，以有形产品和无形产品的制造过程和服务过程为对象，为设计、运行、评价和改进制造过程和服务过程提供科学理论的学科。

（二）生产管理学课程的发展

生产管理学作为一门学科在我国的发展始于20世纪80年代，顺应企业生产管理实践的迫切需求而产生。在近30年的发展历程中，立足本国实践，逐步吸收、引进国外先进理论和方法，经历了从起步到逐渐成熟的发展过程。

生产管理课程的发展主要经历了以下三个阶段：

1. “生产管理”阶段（1980—1990年）

该阶段，我国制造业产值在GDP中占绝对的比重。应实际管理的需求，生产管理首先在各类厂长经理和工程师培训班和夜大课程中开设，随后作为一门课程进入高等院校。早期的生产管理的教学一开始就注重从生产实践出发，为生产一线服务，该课程主要讲授离散型工业企业有形产品生产，教学内容有很浓厚的理工色彩，课程名称是《生产管理》。

2. “生产与运营管理”阶段（1990—1998年）

该阶段，我国服务业产值在GDP中的比重逐年上升，生产管理课程不仅要讲授离散型工业企业有形产品生产，还要讲授服务型企业无形产品的生产，与之配合的课程名称就是《生产与运营管理》。在总结20世纪80年代教学实践的基础上，各高等院校加大课程建设的力度，大力培养师资力量，增加投入，开始将其作为核心专业课程重点建设。

3. “运营管理”阶段（1998年至今）

该阶段，任何组织都是服务型组织的新观念开始得到广泛认同，无需再去划分工业企业有形产品生产和服务型企业无形产品生产。1998 年，教育部颁布了《普通高等学校本科专业目录》，生产管理成为工商管理本科专业的重要专业基础课，后来逐渐发展为各类管理专业的专业基础课程。生产管理也是管理科学与工程和工商管理专业硕士研究生和 MBA 的核心课程。很多高等院校的本科生、硕士生、MBA、博士生均开设了《运营管理》，形成了完整的运营管理课程体系。课程内容建立在为客户提供有价值的商品这一基础之上，相应的课程名称就是《运营管理》。

在我国，生产管理课程开设时间早、比较有代表性的有西南交通大学、南京大学等，下面以西南交通大学为例，结合教学改革，具体说明生产管理学课程的发展历程。

西南交通大学经济管理学院自 20 世纪 80 年代中期，开始在国内较早地在工业管理工程专业的本科教学中，作为核心课程开出了“生产管理工程学”这门课程，并列为管理科学与工程专业研究生必学的先修课程及研究生入学考试的专业考试科目。在“八五”、“九五”、“十五”计划的国有大中型企业的厂长和总工程师的干部培训中，进行了大量的生产管理及其相关课程的教学。1988 年之后，陆续开设了“生产系统工程”、“丰田生产方式”、“CIMS 概论”、“基础工业工程学”、“成组计划与应用”等选修课。并在研究生“管理科学与工程”专业中增设了“生产计划理论”这门专业学位课。

1995 年，西南交通大学开始试行学分制教学改革，学院对“信息管理与信息系统”、“工商管理”、“会计学”三个专业的教学计划进行调整，“生产管理工程学”这门课更名为“生产管理学”，列为三个专业的必修课程，并作为全校学生的选修课，同时在学院举办的成人教育相关专业“工商管理”和“会计学”开设。在“企业管理”研究生专业中将“运营管理”列为专业学位课；之后，在工程硕士专业“工业工程”中也将“运营管理”列为专业学位课。1998 年，学院开始在工商管理硕士（MBA）专业中开设“生产与运作管理”，将该课程的研究领域拓展到了服务领域。1999 年，开始为管理类专业本科生开设生产管理专题讲座。

21 世纪开始，学校对学分制改革进行深化，学院“生产管理”课程组对课程内容和体系作了进一步的研究和改革，通过精选教学内容，改进教学手段，并在学院四个本科专业中列为必修课。将生产管理中的一些更专业的内容设置在一些新课程中，如在“电子商务”专业中新设了“物流与供应链管理”、“企业资源计划”；在“工程管理”专业中设立了“项目管理”、“项目管理软件”等课程等。在 2001 年新设的网络教育的“工商管理”、“会计学”两个专升本专业中将“生产管理”列为必修课，通过现代教学媒体为数千人教授了该课程。

（三）生产管理学教材的发展

目前我国高校使用的生产管理教材，除了从国外引进的教材外，更多的是国内知名专家、学者自行组织编写。我国生产管理教材建设的历史，反映了生产管理理论和实践的发展和变迁。

我国生产管理教材建设起源于 20 世纪 80 年代初。在 20 世纪 80 年代出版的有代表性的教材有李必强编写的《机械制造企业生产组织学》，主要是介绍机械制造企业的生产管理方法，包括生产过程的时间与空间组织、流水线设计、生产期量标准、生产计划、生产作业计划、生产控制、物资管理等，其内容体系是20世纪80年代我国生产管理教材的模本。此外还有洪国芳编写的《生产组织学》和《生产管理学》，中国人民大学工业经济教研室出版的《工业企业生产管理》，马天超编写的《机械工业企业生产管理学》。20世纪80年代的生产管理教科书的共同特点是：（1）早期是以“生产组织学”概念出现，即强调生产过程的活动组织与实施，后改为生产管理学；（2）比较强调生产过程的基础性工作，即车间级的生产管理活动；（3）生产管理与质量管理分开，按照企业的管理职能分工介绍生产管理；（4）不考虑生产战略问题，也不涉及服务业的生产活动。

20世纪90年代我国出版的有代表性的教材有三本：一是潘家轺等编写的《现代生产管理学》，1994年由清华大学出版社出版，是20世纪90年代初我国最好的一本本科教材，多次再版，全国许多大学用作教材。该书的特点是：（1）按照大规模生产、批量生产、单件生产等不同生产类型来组织生产管理的内容；（2）以产品与技术管理、生产计划与控制、生产设施选址与布置、设备管理、劳动管理作为主要的内容，没有涉及质量管理内容；（3）是我国生产管理教材中第一次把生产战略作为一个内容引入的教材；（4）基本以我国企业生产管理，特别是机械制造企业为背景，对西方的生产管理理论也进行了介绍。二是周三多、蒋俊、邹一峰编写的《生产管理》，1998年由南京大学出版社出版。该书的特点是：（1）按照生产职能与要素来组织内容，包括生产过程组织、生产计划准备、生产计划与控制、生产要素管理、质量管理几个方面；（2）增加了质量管理，把质量管理当成生产系统的一部分；（3）对传统的生产管理理论与方法介绍比较全面，但是对20世纪80年代以来的新的生产管理理论与方法如生产战略、JIT、OPT/TOC、MRPII等基本没有介绍；（4）以中国企业为背景，继承了李必强等人编写的20世纪80年代的教科书的编写风格，比较注重实践方法介绍，实用性好。三是陈荣秋、马士华编写的国家级“九五”重点教材《生产与运作管理》。该书是国家教育部组织编写的面向21世纪的课程教材，1999年由高等教育出版社出版，是目前我国出版印刷发行量最大的一部本科生产管理教材。该教材的特点是：（1）按照生产系统的形成与发展过程为线索来组织教学内容，分绪论、生产系统设计、生产系统运行、生产系统维护与改进四大部分，比较接近美国等西方国家教材编写内容安排风格；（2）对20世纪80年代以来的新生产管理介绍比较多，特别是JIT/OPT、CIMS、敏捷制造等，充分反映了生产管理理论发展最新前沿；（3）增加了质量管理内容，把质量作为生产系统管理一部分。另外，第一次把服务作业管理的内容作为生产管理内容写入教材，把制造业与服务业的生产管理放在一起；（4）在处理定量与定性分析上做得比较好，既考虑管理工程类，也考虑了工商管理类专业的学生要求；（5）与20世纪80年代李必强、潘家轺、周三多等人编写的教材不同，该书有大量的练习与复习思考题，部分章节有案例，适合学生复习与教学。陈荣秋、马士华教授编写的这一国家级重点教材是20世纪90年代以后我国大学本科生产管理教材的一个新范本，其后国内许多学者编写的教材基本是以这一教材为参照模式编写的。

进入21世纪以来，国内一些大学根据各自对该门课程教学的理解与教学经验编写了一些本科层次的生产管理教科书，如刘启生等人编写的《现代生产与运作管理》、陈志祥编著的《现代生产与运作管理》、季建华等人编写的《运营管理》等。

表6－1列出了20部我国知名学者编写的、有较大影响力的生产管理重点教材。

表 6-1　　国内生产管理重点教材（出版年为序）

教材名称	编著者	出版社	出版时间（年）
《机械制造企业生产组织学》	李必强	机械工业出版社	1981
《工业企业生产管理》	中国人民大学工业经济系工业企业管理教研室	中国人民大学出版社	1985
《机械工业企业生产管理学》	马天超	机械工业出版社	1986
《生产管理学》	洪国芳	哈尔滨工业大学出版社	1987
《现代生产管理学》	潘家轺等	清华大学出版社	1994
《现代生产管理学》	吴玉瑞、马士华	华中理工大学出版社	1994
《现代生产管理》	汪星明等	中国人民大学出版社	1995
《生产与运作管理》	黄伟卫	中国人民大学出版社	1997
《生产管理》	周三多等	南京大学出版社	1998
《生产与运作管理》	刘丽文	清华大学出版社	1998
《生产与运作管理》	陈荣秋、马士华	高等教育出版社	1999
《生产管理》	蔡世馨	东北财经大学出版社	2000
《现代生产与运营管理》	刘启生等	华东理工大学出版社	2000
《现代生产与运作管理》	陈志祥	中山大学出版社	2002
《生产与运作管理》	冯根尧	重庆大学出版社	2002
《生产运作管理的理论与实践》	陈荣秋等	中国人民大学出版社	2002
《生产与运营管理——制造与服务业》	龚国华、王国才	复旦大学出版社	2003
《运营管理》	季建华	上海交通大学出版社	2004
《生产与运作管理》	张　群	机械工业出版社	2004
《生产与运作管理》	孙维琦	机械工业出版社	2004

资料来源：作者整理。

四、生产管理学术研究的进展

本节将选取有代表性期刊的论文，通过比较分析历年研究主题的变化，探讨我国生产管理学术研究的进展情况。关于生产管理的理论的研究较少，大多数生产管理论文从具体技术和方法的角度进行探讨，注重实用性。所以本节计量选择生产管理六种方法进行研究。

由于管理类期刊中没有专门研究生产管理的期刊，生产管理论文有的是刊登在管理科学与工程类、系统工程类期刊中，有的刊登在企业管理类期刊中，而且这些期刊也没有开辟专门的生产管理板块，因此，需要在按关键字初级检索的基础上，进行人工判断和归类，筛选出符合要求的相应类别的生产管理论文。涉及生产管理领域的 18 种国家重点管理类期刊及相关信息如表 6-2 所示。

表 6-2　　生产管理重点期刊

期刊名称	创刊年	主办单位	地　址
《中国管理科学》	1984	中国优选法统筹法与经济数学研究会、中科院科技政策与管理科学研究所	北京海淀中关村南四街甲一号
《中国工业经济》	1984	中国社会科学院工业经济研究所	北京阜外月坛北小街2号
《管理工程学报》	1987	浙江大学	浙江省杭州市古墩路浙江大学紫金港校区行政管理大楼1005-10室
《系统工程理论与实践》	1981	中国系统工程学会	海淀区中关村东路55号
《系统工程学报》	1985	中国系统工程学会主办，天津大学承办	天津市津卫路92号天津大学18教学楼411室
《管理科学》	1987	中国管理科学学会、哈尔滨工业大学管理学院	哈尔滨市南岗区法院街13号
《统计与决策》	1985	湖南省统计局统计科学研究所	湖北省武汉市水果湖东一路19-2号
《预测》	1982	合肥工业大学	安徽省合肥工业大学290信箱
《软科学》	1980	四川省科学技术促进发展研究中心	成都市人民南路4段11号5楼
《计算机集成制造系统—CIMS》	1995	国家863计划CIMS主题办公室	北京2413信箱34分箱
《工业工程》	1998	广东工业大学	广州市东风东路729号
《工业工程与管理》	1996	上海交通大学	上海市华山路1954号上海交通大学高科大厦806室
《研究与发展管理》	1989	高等学校科研管理研究会、复旦大学管理学院	上海市邯郸路220号复旦大学管理学院
《管理评论》	1989	中国科学院研究生院管理学院	北京中关村东路80号青年公寓6号楼2层
《技术经济与管理研究》	1980	山西省人民政府经济研究中心、山西省技术经济与管理现代化研究会	山西省太原市新建南路文源巷18号

从表6-2所列期刊中选取创刊时间相对较早、有较大影响力的期刊作为研究对象。在中国知网上，先按“刊名”和“年份”检索出所有论文；再按关键字进行二次检索，为尽量保证没有遗漏，适当扩大检索范围，选择按“主题”检索（主题包括篇名、关键词、中文摘要），键入关键字，如大规模生产/大量生产、精益生产/精细生产、集成制造、敏捷制造、大规模定制和绿色生产，检索出所需某一方面的生产管理论文。在初步检索的基础上，逐一审核每篇论文内容，人工剔除不符合研究要求的论文。检索出的论文很多是非生产管理领域的要剔除。本研究探讨生产管理在我国的应用和发展情况，很多论文是介绍最新的国外的生产管理技术和方法，比如美国的MRP和日本的JIT等，不属于本研究的范畴。本研究采用统计的方法，分别统计每种期刊自创刊以来刊登的我国生产管理方法的论文篇数。通过论文的发表时间和篇数来研究生产管理方法的发展历程。

《中国管理科学》和《管理工程学报》倾向于刊登管理科学与工程类的学术论文，而《中国工业经济》倾向于刊登工商管理类的学术论文，有较强代表性，因而选取这三种期刊关于生产管理学术论文建立样本库。

《中国管理科学》是由中国科协一级学会“中国优选法统筹法与经济数学研究会”和“中国科学院科技政策与管理科学研究所”主办的一级学术期刊。1984 年创刊，1993 年更名为《中国管理科学》。在国家自然科学基金委员会管理科学部组织的评议中，该刊 1999 年被认定为国内管理科学类十七种重要期刊之一；2002—2003 年被认定为 20 种重要学术期刊；2006 年被认定为管理科学 A 级重要期刊。以该刊自 1984 年创刊以来的论文为研究对象（其中 1991—1992 年的数据缺失），按照规范学术论文的标准，经过认真筛选，进行统计分析。经统计，《中国管理科学》刊登的研究我国的生产管理方法的文章篇数如表 6－3 所示。

表 6－3　《中国管理科学》1984—2008 年刊登生产管理方法的论文篇数统计

关键词 / 年份	大规模	精益	集成	敏捷	定制	绿色
1984—1990	0	0	0	0	0	0
1993	0	1	0	0	0	0
1994	1	0	2	1	0	0
1995	0	0	0	0	0	0
1996	0	0	0	0	0	0
1997	0	0	0	0	0	0
1998	0	0	0	1	0	0
1999	0	1	3	2	0	0
2000	0	0	3	2	0	0
2001	0	0	0	0	0	0
2002	0	0	2	1	1	0
2003	0	0	1	2	1	0
2004	0	0	1	0	1	1
2005	0	0	0	1	1	1
2006	0	0	0	1	1	0
2007	0	0	0	0	0	0
2008	0	0	1	0	0	0

资料来源：中国知网。

《管理工程学报》创刊于 1987 年，是浙江大学主办的管理工程学科的全国性学术期刊。该刊已被许多著名大学选定为一级刊物，被国家自然科学基金会和中国科学院文献情报中心认定为管理科学类重要期刊。该刊还被列入科技部中国科技论文统计源以及美国 International Periodical Directory，是《中国期刊网》、《中国学术期刊（光盘版）》全文收录期刊，为《中国学术期刊综合评价数据库》来源期刊全文收录，同时主要参考文献：

［1］李越然：《外交舞台上的新中国领袖》，外语教学与研究出版社 1994 年版。

［2］敬书生：“前苏联专家在华待遇揭秘”，《湖北档案》，2004 年第 6 期。

［3］中共中央文献研究室编：《周恩来外交文选》，中央文献出版社 1990 年版。

［4］戴茂林："鞍钢宪法研究"，《中共党史研究》，1999 年第 6 期。

［5］蒋一苇：《我的经济改革观》，经济管理出版社 1994 年版。

［6］贾根良："'鞍钢宪法'的历史教训与我国跨越式发展战略"，《南开学报（哲学社会科学版）》，2002 年第 4 期。

［7］赵德馨：《中华人民共和国经济史》，河南人民出版社 1988 年版。

［8］汪海波：《新中国经济史》，经济管理出版社 1986 年版。

［9］张问敏、张卓元、吴敬琏：《建国以来社会主义商品生产和价值规律论文选》（上卷），上海人民出版社 1978 年版。

［10］中共中央文献研究室编：《刘少奇论断中国经济建设》，中央文献出版社 1993 年版。

［11］刘少奇："关于六十年代初期试办工业、交通托拉斯的一组文献"，《党的文献》，1993 年第 2 期。

［12］顾准：《顾准文集》，中国市场出版社 2007 年版。

［13］孙冶方：《社会主义经济的若干理论问题》，人民出版社 1979 年版。

该刊是《中国科学引文数据库》来源期刊。经统计，《管理工程学报》刊登的研究我国的生产管理方法的文章篇数如表 6－4 所示。

表 6－4　　《管理工程学报》1987—2008 年刊登生产管理方法的论文篇数统计

关键词 / 年份	大规模	精益	集成	敏捷	定制	绿色
1987—1996	0	0	0	0	0	0
1997	0	2	1	1	0	0
1998	0	1	1	0	0	0
1999	0	0	3	1	0	0
2000	0	2	1	2	1	0
2001	0	1	1	2	0	1
2002	0	0	3	3	3	0
2003	0	0	0	1	0	0
2004	0	0	0	0	2	0
2005	0	0	0	0	3	0
2006	0	0	0	0	0	0
2007	0	0	0	0	0	2
2008	0	0	1	0	2	0

资料来源：中国知网。

《中国工业经济》于 1984 年创刊，由中国社会科学院工业经济研究所主办，所载论文为产业经济和企业经济领域的内容。在北京大学图书馆和北京图书馆期刊工作研究会编辑出版的《中文核心期刊要目总览》中，该刊历年被评为全国核心期刊工业经济类第一名、全国核心期刊企业经济类第一名。选取《中国工业经济》自 1984 年创刊以来的所有文献，统计每一年符合要求的文献篇数，结果如表 6－4 所示。

表 6－5　《中国工业经济》1984—2008 年刊登生产管理方法的论文篇数统计

关键词 年份	大规模	精益	集成	敏捷	定制	绿色
1984—1988	0	0	0	0	0	0
1989	1	0	0	0	0	0
1990—1998	0	0	0	0	0	0
1999	0	0	1	0	0	0
2000	0	0	0	0	1	0
2001	0	1	0	1	0	0
2002	0	0	0	0	0	1
2003	0	0	0	0	0	0
2004	0	0	1	0	0	0
2005	0	0	0	0	1	0
2006	0	0	0	0	1	1
2007	0	0	0	0	0	1
2008	0	0	0	0	0	0

资料来源：中国知网。

由于《中国管理科学》、《管理工程学报》和《中国工业经济》上刊登的研究我国的生产管理的论文篇数较少，为使统计结果更显著和直观，将这三本期刊的统计结果进行累计，表中空白处表示为0，如表 6－6 所示。

表 6－6　三种期刊的历年刊登生产管理方法的论文篇数总计

关键词 年份	大规模	精益	集成	敏捷	定制	绿色
1984—1988						
1989	1					
1990						
1991						
1992						
1993		1				
1994	1		2	1		
1995						
1996						
1997		2	1	1		
1998		1	1	1		
1999		1	7	3		
2000		2	4	4	2	
2001		2	1	3		1

续表

关键词 年份	大规模	精益	集成	敏捷	定制	绿色
2002			5	4	4	1
2003			1	3	1	
2004			2		3	1
2005				1	5	1
2006				1	2	1
2007						3
2008			2		2	

资料来源：中国知网。

通过对这三种期刊的生产管理文献的内容及特征进行分析，可以得出以下结论：一是我国生产管理研究起步晚，研究生产管理方法的论文比较新。大多数管理类期刊的创刊时间为20世纪80—90年代，此时已进入生产管理发展的第二阶段末甚至第三阶段，而关于我国生产管理方法的研究更迟一些，基本始于20世纪90年代中后期。因此，这个阶段刊登的文章大多数是较先进的生产管理方法。二是尽管各种生产管理方法的论文的刊登时间段比较集中，但在一定程度上仍然呈现出递进的特征。大规模生产除了1989年和1994年篇数都为0，原因可能是在这些期刊创刊之后，生产管理方法早就已经过了大规模生产方式的阶段，因此讨论很少。精益生产的研究集中在1997—2001年；集成制造多分布在1997—2004年；敏捷制造在1997—2006年；大规模定制在2000—2008年；绿色制造在2001—2007年。越是新出现的生产管理方法，在我国应用研究的年份就越晚。三是近年来，生产管理各种方法相融合的趋势越来越明显，如绿色供应链、精益六西格玛、精益生产方式的柔性管理等。四是生产管理方法在我国应用取得了巨大的进展，与世界先进生产方式的差距逐步缩小。

第七章 营销管理学的发展

一、营销管理理论的发展

新中国成立60年来，随着西方营销管理在理论、内涵与工具等方面的发展与传播，中国的营销管理也经历了从单纯的引用传播到本土化的应用扩展，再到国际化发展的三个主要时期，我国营销管理学科与营销管理研究也取得了长足的发展，并伴随着中国经济的增长，为中国本土企业的发展起到了不可磨灭的贡献。

（一）西方营销管理理论的发展

1. 营销观念的发展

从18世纪末期到21世纪初期，西方市场经济高度发达的社会里，相继出现了生产观念、产品观念、推销观念、市场营销观念和社会营销观念等五种营销观念，在不同时期依次占据主导地位。18世纪末至20世纪20年代，生产观念占主导；20世纪30年代，产品观念占主导；20世纪30—50年代，推销观念占主导；20世纪50—60年代，市场营销观念占主导；20世纪70年代至今，社会营销观念占主导。同时，纵观市场营销组合理论的发展历史，它大致经历了4PS理论，NPS理论，4CS理论，4RS理论这四个阶段。

2. 西方营销管理理论的阶段性演化

Prahalad和Ramaswamy曾从演变的角度，将营销管理理论分为三个主要的进化阶段，即20世纪50年代的交易营销（transaction marketing）阶段、20世纪80年代的关系营销（relationship marketing）阶段和2000年后的合作营销（collaborative marketing）阶段。其分别主要在于价值观点、市场观点、顾客角色、企业角色等方面的基本差异（见表7-1）。

（二）中国营销管理理论的演变

考查西方国家营销观念的发展轨迹，不难发现，西方国家营销观念的发展是一个不断更新、调整、补充和完善的发展历史。它动态地适应了不同历史时期社会、经济、科技的发展需要，为企业有效开展营销活动提供了理论依据。在我国，由于历史上遗留下来的传统轻商、抑商的自然经济思想的影响以及30多年统购包销体制的束缚，在改革开放之初，我国许多企业的管理者还不懂以市场为导向，不知何为市场营销，习惯于按产、供、销的顺序来

表 7－1　营销管理理论的阶段化演进

	交易营销（20 世纪 50 年代）	关系营销（20 世纪 80 年代）	合作营销（2000 年以后）
价值观点	交换中的供给	长期的顾客关系	共同创造体验
市场观点	交易价值的场所	各种供给汇集的地方	通过对话共同创造价值平台
顾客角色	购买者被动地接受供给	培养关系组合	消费前积极参与价值共创
企业角色	替消费者界定并创造价值	吸引、开发并留住有利可图的顾客	让顾客参与价值界定及共创过程
与顾客互动的性质	对顾客进行调查，以搜集需求和反馈信息	观察顾客并逐步学会适应	与顾客和社群积极对话

资料来源：改编自 C K Prahalad，and Venkatram Ramaswamy. Future of competition：Corereating unique value with customers［M］. Boston，M A：Harvard Business School press，Jan. 2004.

筹划和决策，而不善于按销、供、产的顺序考虑问题，缺乏按市场需要组织生产的市场经济意识。因此，如果说发达资本主义国家的企业，由于市场经济的发展，营销观念随着营销实践而发展的话，作为发展中社会主义国家的中国企业的营销思想也有其特定的演变过程。我们以 1956 年底的社会主义改造全面完成为标志，到目前社会主义市场经济体制建立中的企业经营机制转换作为研究的时间区域，可将我国企业营销观念划分为以下几个阶段。

1. 引用传播期（20 世纪 50—70 年代末）：计划观念

20 世纪 50—70 年代末，党的十一届三中全会以前，由于经济工作的指导思想存在着抵制和否定商品经济的“左”的错误，实行的是高度集权的计划经济体制，这种体制的最大弊端集中到一点就是政企不分。企业成了政府的附属物，失去了企业作为独立商品生产经营者的地位，成为国家计划经济实现的基本单元，企业只对国家计划负责，整个企业的生产、销售等经济活动都以国家计划任务的执行和完成情况作为考核的依据，企业相信，只有牢固树立计划观念，严格按国家计划办事，就能保证国民经济的整体有计划按比例的发展。

2. 应用扩展期（20 世纪 80—90 年代）：从生产观念到市场营销观念的引进

20 世纪 80 年代以来，伴随着中国的改革开放进程，市场营销思想和理论得到了广泛传播。许多企业由不知市场营销为何物，到广泛运用市场营销原理和策略指导企业实践，使市场营销在我国有了长足发展，企业由“计划观念”占主导转为“生产观念”占主导。

1984 年，中国共产党十一届二中全会通过了《关于经济体制改革的决定》（以下简称《决定》）。这个决定标志着中国的经济体制改革由农村发展到了城市，也标志着搞活企业和改革计划体制的开始。《决定》提出要对现行的计划体制进行改革，改革的取向是有步骤地适当缩小指令性计划的范围和适当扩大指导性计划的范围。这一决定在很大程度上促进了我国企业“生产观念”的发展。

从总体上看，这一阶段绝大多数企业实际上所致力的是生产“适销对路”的产品，而生产“适销对路”的产品的出发点却是指望获得更大的市场份额，增加企业和地方的产值。至于是否真的“适销对路”是问题的另一个方面。通过对这一阶段大多数企业产品的质量状况进行分析，或者从消费者在国产品和进口产品之间的选择上看出我国企业为生产而生产的营销观念。也正是由于当时企业以生产为中心的思想占支配地位，重视产值、产量和速度，而没有真正把消费者的需要放在第一位，企业发展遇到了生产与市场脱钩的瓶颈。生产品在市场上不能足值实现或根本不能实现，一方面企业天天讲以提高效益为中心；另一方面相当多的企业，尤其是国有大中型企业效益低下，甚至亏损。在此期间，多数企业应用市场营销原理时，偏重于分销渠道、促销、市场细分和市场营销调研部分。但是，这类企业经营体现的也主要是市场导向型的初级市场营销观念—推销观念。

20 世纪 80 年代末期以后，经济体制改革的经验和教训和国际政治经济形势的变化，推动着中国经济体制改革的进程，加大了改革的力度。以邓小平 1992 年的南巡讲话在全国发表为标志，使改革经历了从批评高度集权的计划经济体制弊端到全面否定这种体制，并逐步建立社会主义市场经济体制的综合改革，这为市场营销理论在中国企业充分运用创造了条件，西方企业在市场经济条件下形成的营销观念将实实在在地被大企业所借鉴和运用。不过，应予说明的是，中国由传统体制向市场经济体制过渡有一个过程，并且这一过程持续的时间可能还比较长，在这一并非规范的市场经济初建阶段，企业还不可能形成与市场经济完全合拍的营销观念，更多的还是注重西方发达商品经济国家企业营销观念的引进。

3. 国际化时期（21 世纪前 10 年）：市场营销观念的本土化应用

进入 21 世纪，随着我国加入世界贸易组织（WTO）以及国家整体经济实力的不断增强，中国的改革开放进入了一个新的历史阶段，西方市场营销学的传播在我国也进入了一个崭新的阶段。从 21 世纪初到 2007 年，中国的外贸进出口额已经从 2001 年的 5097 亿美元迅速上升到 2007 年的 21700 亿美元，7 年增加了 15000 亿美元，可谓创造了历史的奇迹。目前，中国企业正在调整国际市场营销的战略、策略，一方面从“中国制造”走向“中国创造”；另一方面根据国家制定的“互利共赢”、“合作共赢”方针到海外直接投资建厂。可以说，近年来，中国企业在运用西方市场营销理论指导企业的市场营销实践方面又向前跨进了一大步。

（三）中国营销管理理论的应用发展历程

改革开放以后，我国开始规模引进市场营销学，在翻译和介绍国外市场营销学书刊杂志及国外学者讲课内容的基础上，选派学者、专家、学生赴国外访问、学习、考察国外市场营销学开设课程状况及国外企业对市场营销原理的应用情况，还邀请外国专家和学者来国内讲学，系统介绍和引进国外市场营销理论。按着西方营销理论发展规律，根据我国营销理论引入与发展现实的情况，我国学术界在营销理论研究模式主要有以下五种：移植、比较、本土、委托及应用等研究类型。

1. 移植型模式

这种类型的研究模式就是研究者首先从国外文献着手，翻译研究工具，引进西方营销研究方法，熟悉研究设计，遵循研究步骤，再以我国（或华人社会）受试者为样本，试图得出与西方营销理论相符的结果。一旦发现类似研究结果，就肯定西方理论或概念的价值，并开始移植其实务训练的做法，如果不能获得同样的结果，则会归因于研究设计不当、步骤不够标准化等方法上的问题，或套上国情不同的说法。显然这种移植型的研究在当今我国营销理论界正处于主流模式，从我国历年国家自然与社科基金资助的项目与硕、博士学位论文选题可以得出这点。当然，在我国营销理论还处于引进、学习阶段，移植型的研究引入西方先进知识与研究方法上有其不可磨灭的贡献，可以在短时间内弥补我国与西方发达国家营销理论研究上的差距，所以，从某种程度上来说，我国应加强这方面的研究。但它也会带来一些问题，首先，我国营销移植型研究在引进新概念时，多为西方已进入评估与争论阶段，所以总会让我国的营销理论研究落后于西方营销理论研究水平；其次，多引入发达国家已成形理论成果，而对理论成果形成过程了解很少，“授人以鱼而不知渔”；最后，移植型研究还会助长我们对西方营销理论及学术研究路径的依赖，而难以对我国本土营销理论与实践问题进行创新性的研究与探索，难以指导我国的营销实践。

2. 比较型模式

比较型的研究模式强调必须把文化视为最重要的影响因素，文化差异将导致营销行为的差异，而影响营销的绩效。比较型研究的主要目的，是在寻找西方营销概念与模型在应用我国营销实践中表现出的不足，进而修正西方营销理论与概念，或者提出新的营销行为框架。这种研究也存在不足，就是无法摆脱西方思维模式，而进行彻底全面的本土突破；同时，东西方营销行为差异影响的变量也可能并非为研究者所设定文化情境变量。实践表明，比较型研究提供营销知识确实存在某种局限。

3. 本土型模式

移植与比较型研究模式是以西方营销行为的概念、变量、理论模式、及测量工具为准则，在西方文化或西方研究的基础上，来探讨我国营销行为，常易忽略我国的文化、历史及学术传统，所获得的知识难以准确地反映我国营销的真实面貌。因此，本土型研究模式特别强调，在进行营销行为研究时，必须要将研究对象所处的社会、文化、历史的特征纳入考虑，采用本土化的做法，建立一种不受西方营销理论控制、符合本土契合性要求的营销行为知识。本土型研究程序开始时大多是针对具文化特色的营销行为进行研究与探索性的理论分析，并追溯其历史渊源与相关文化传统，接着，再采用质性研究研究方法，初步建立研究架构，并据以推论假设，进行实证量化研究。

4. 委托型模式

委托型研究一般是营销实践者对已有营销行为无法控制或企图改善营销行为，委托学术界所进行的研究。在我国，一些产学研的项目及众多的企业营销咨询项目都属于此类。此类研究目的除了建构概念与理论模式之外，还为营销实务界提供有用的营销知识与营销对策，提升企业组织营销绩效。委托型研究模式强调营销研究者必须走入营销实践者的日常生活世界，尽力捕捉其实际行为，找寻各种营销实践者行为背后的逻辑。一般而言，由于委托型研究常常是问题或实践导向的，对现行学术理论的贡献较小，但有助于了解发现我国营销实践中新概念与新理论，推动市场营销实践活动的创新。

5. 应用型模式

应用型研究是营销理论研究难度最大，应用价值最高的。只有当营销理论模型与体系得到充分有效性检验后，才能推广于营销实践中，并具有较强的应用价值。一般来说，应用型研究中的理论与模型运用的实践是没有多大问题的，因为这些理论与模型一般是严谨的学术研究结果，通常是在各种控制良好的情境下所获得的。如果在实际工作场合或营销情境里面，也能获得与学术或基础研究类似的结果，则可以确认学术研究结果具有实务推广价值，并找到实际营销问题的解决之道。一般来说，应用型研究通常可以帮助我们了解营销理论模式的运用范围，并可得知各种可能的环境限制，从而有助于概念与理论模式的进一步深化。然而，应用型研究的类推基础大多来自于学术界，且假设学术界或研究领先于营销实务界。但这些假设，却不见得总是能够成立的。

（四）中国营销管理理论发展的未来趋势

新中国成立的60年间，中国的营销管理理论经历了从单纯的引用传播，到应用扩展，再到今天的国际化时期。随着整个社会经济、文化等多方面环境的不断发展与变化，中国营销管理理论未来的发展主要具有以下趋势。

1. 营销管理理论的创新与本土化

在引进西方营销管理理论的同时，发现西方的营销管理理论并不能完全适应我国的国情，并简单地移植到我国的营销管理实践中，因此，适应本国情景的本土营销理论的诞生迫在眉睫。

2. 互联网的迅速发展催生相应营销理论的创新

互联网的迅速发展，在很大程度上改变了人们的生活方式，随着消费者生活方式的变革，相应的营销理论也应该发生与之相适应的变革，以使企业的营销管理理论最大限度地指导与促进企业营销实践的发展。

3. 社会营销观念将逐渐成为中国企业营销观念的主导

随着我国环境恶化、资源短缺等一系列问题的出现以及三鹿“三聚氰胺”等一系列与企业社会责任有关事件的披露与曝光，许多人开始怀疑市场营销观念是否仍然是适当的组织经营哲学，一个极好的满足顾客需要的公司是否必须从消费者和社会的长远利益出发来处理问题呢？在这一时代背景的基础上，“社会营销观念”将成为中国企业营销观念的主导观念。

4. 理论应用方面，东西部差距逐渐缩小，不同行业之间的差距逐渐缩小

由于我国地大物博，不同地理区域的经济发展不平衡，表现为东西部地区营销理论差距大。如中国东部沿海经济较发达的地区大多奉行“现代市场营销观念”，并已出现“大市场营销观念”和“社会营销观念”，而我国西部经济欠发达地区则主要流行“现代市场营销观念”和“推销观念”，贫困山区甚至仍然残存着明显的“生产观念”。除此以外，营销观念的不同还存在于各个行业之间。因此，随着社会经济的进一步发展，西方营销理论在我国的应用方面会表现为东西部差距逐渐缩小以及不同行业之间的差距逐渐缩小的趋势。

总的说来，西方企业营销管理理论对中国企业的发展起到了不可磨灭的贡献，但随着中国经济的进一步发展以及消费者所具有的一些不同于西方国家的特点，中国企业的营销管理已不能完全照搬西方企业营销管理理论，开发和形成具有中国特色的市场营销管理理论势在必行。而中国市场营销理论的建立和发展，需要中国全体市场营销理论工作者和市场营销的实践者为之努力。

二、营销管理方法的发展

随着向市场经济体制过渡，在各种所有制形式的企业和国家机构的组织结构中，正在形成有利于消费者的解决管理问题的营销方法。营销管理作为一种艺术和科学，通过选择目标市场，通过创造、传递和传播优质的顾客价值，获得、保持和发展顾客。

（一）中国营销管理方法的演进阶段

中国市场营销经过60年的发展，经历了几次重大的变革，但是不管是初期的关于分销的看法，还是中期关于交换的观点，还是近期关于价值递送的理念，市场营销都脱离不开三个基本要素，即企业（或非盈利组织）、客户（前期为消费者）和产品。根据这种要素内容和要素之间关系的变化分为三个阶段。

1. 以交易营销为主的阶段

20世纪50—70年代，属于大众营销时代，以交易营销为主。这个时代是以产品为导向的，即企业先把产品生产出来，然后再向有关人群进行销售，也就是按照企业的意志进行产品的生产销售而不去考虑消费者的意见。这个阶段营销管理主线是以产品为中心，围绕着把产品（从农产品到工业品）如何从生产商的手中销售到消费者手中的过程进行讨论，其根本内容就是分销。

2. 以目标营销为主的阶段

20世纪80—90年代，属于目标营销时代。其特征是根据一定的标准将市场划分为若干的细分市场，并选择其中某个或某几个作为企业目标市场。此时，企业在生产产品的时候不再只考虑本企业的状况，而是同时考虑消费者的某些需求，在消费者需求引导下进行产品的生产和营销策略的制定，因此，这个时代是以细分市场为导向的。

3. 以个性化需求为主的阶段

21世纪前10年，属于定制营销时代。其特征是关注客户的个性化需求，面向市场提供客户可接受价格下的定制化产品。此时，由于产品是由企业和客户共同创造出来的，因此达到了产品在生产还没有开始的时候就已经销售出去的效果，客户的意见和感受成为企业配置产品的关键，因此，这个时代是以客户为中心的。

（二）营销管理方法发展趋势

同样根据1990—2004年JM“Marketing Literature Review”摘录的文献主题及数量分布统计，我们可以看出本时期在营销管理要素及其之间的关系方面与前一时代相比，已经有了很大区别，呈现出如下特征：第一，从1990年开始，由于客户在交易过程中的地位提高，企业不得不从根本上重视客户的需求，客户成为影响企业决策的核心力量，良好的客户关系成为企业制胜的法宝，实施以客户为中心的战略成为必然；第二，客户需求个性化，希望能够以可接受的价格获得定制产品；第三，在大规模定制的先进生产模式下，企业在一定程度上能够满足客户个性化的定制需求；第四，在信息技术尤其是网络技术发展的影响下，企业能够建立更便捷的信息沟通的渠道，如以先进的信息技术为支撑的呼叫中心、网站，从而实现销售自动化和营销自动化。

三、营销管理学科的发展

市场营销学是一门建立在经济科学、行为科学、现代管理理论基础上的综合性应用学科。作为一门科学的形成与发展，它最早创立于美国，后来传播到西欧和日本等地，在国外也只有80多年的历史，迄今还是一门比较年轻的正在迅速发展的学科。阿尔弗雷德·S. 艾克纳认为，从科学的角度来看，一门学问或者说一个系统化的知识集合要成为科学，一般要满足这样几个条件：理论内在的一致性；学科内理论间的一致性；相符性；普适性；精炼性。从上述条件来看，市场营销学满足多数条件，尽管还有未满足之处，但这并不妨碍市场营销学成为一门相对独立的交叉学科。

作为一门应用性经营管理学科，市场营销学在其发展过程中，不断吸纳了经济学、管理学等多门学科的相关理论，形成了自己的理论体系。表7-2是市场营销学与经济学、管理学等学科的区别与联系：

表7-2　市场营销学与经济学、管理学等学科的区别与联系

学科 / 视角	市场营销学	经济学	管理学
学科属性	交叉学科，边缘学科	独立学科	独立学科
构成要素	市场营销发展史、一般市场营销理论、营销战略、营销组合	经济学思想史、经济学理论	管理理论、组织理论、管理思想史
研究方法	传统研究法、历史研究法、管理研究法、系统研究法	规范研究、实证研究	规范研究、案例研究
实践意义	企业实践、提高企业营销绩效	学术思想传出、政府决策	企业实践、提高管理绩效

资料来源：杨保军："市场营销学学科体系及其发展方向"，《文化教育市场》，2008年第11期。

从学科的生长历史长短来看，依次是经济学、管理学、市场营销。市场营销学的历史最短，整个市场营销学的发展又离不开经济学、管理学两大学科。就目前状况而言，市场营销学尚未完全成熟，没有经济学、管理学支撑很难独立发展，无论是理论基础还是实践应用，这两个已经形成的独立学科都具有很重要的地位。

（一）营销管理学科教育在中国的发展

商品经济的运行导致市场营销，由此产生市场营销论著，进而形成市场营销专业，这可以说是市场营销专业产生和发展的一条轨迹，西方商品经济发达国家营销专业的组建，似乎大多遵循这一轨迹。以美国为例，在21世纪初陆续编著出版了市场营销学、广告学等论著，随之许多高等院校逐步组建起市场营销专业，学生人数也不断增加。据美国1987年7月3日《Marketing News》载文介绍，美国各大学自1973年以来所授市场营销学位（Marketing Degrees）是逐步增长的。

我国市场营销专业的建立和发展也没有脱离上述轨迹。1979年，我国开始比较系统地引进市场营销学，但当时限于经济政治背景，以自由市场经济为前提的市场营销之传播与研究仍相当微弱。高等院校中，只有中国人民大学等少数几所名牌大学开设了市场营销课程。20世纪80年代后半期开始进行的城市改革（或称为企业改革），导致经济背景有所变化，因而，对营销的重视较前半期增强。开设此类课程的院校有较大增加。1992年以来，除了原财经、商业院校的市场营销专业建设继续发展外，在一些理工科院校以及农、林院校都开始开设这一专业，并实行专、本科同时招生，此外，一批综合性大学过去未开设这一专业

的，也新开了市场营销专业。而不少师范院校也把市场营销专业作为非师范专业及创收的重要专业来开设。翻开近几年的专业招生目录，高等院校市场营销专业招生名额急剧增多。

市场营销学专业主干课教材编写、出版的种类和数量空前增多。1992 年以来，国内公开出版的市场营销学教材版本在 50 种以上，其中除了一批原来出版再加以修订出版外，一大批理工科院校及综合性大学都单独编著出版了一批市场营销学教材，特别是出版了一批以市场营销专业为骨干的系列性教材。同时，市场营销学教材也分别按专业与非专业教学要求的不同，出现了不同的版本。

同时值得强调的是，开始有规模、系统性地传播市场营销学是在 1995 年以后，尤其是近年来一大批国外优秀的市场营销教材（原文或中译本）相继出版，例如，清华大学出版社与 PRENTICE HALL 公司合作出版的英文原版营销教材第一、第二批；中国人民大学与 PRENTICE HALL 公司联合出版的系列英文教材《市场营销系列英文版》；东北财经大学出版社出版了系列的英文原版教材；机械工业出版社与 MCGRAW – HILL 出版公司合作出版了市场营销专业的系列教材。一批中国的名牌大学正式与欧美的大学合作培养 MBA 以及部分欧美大学直接到中国经济中心城市培养 MBA 等更是推动了这种传播。但无论如何，我们不得不承认，刚刚开始有规模的传播而来的营销学还需时日去消化，更需要中国学者主动去辨析。而这个能力的培养是需要较长的时间。

（二）中国营销管理学科学术研究的发展历程

有资料表明，中国最早的市场营销学著作是丁馨伯先生 1933 年译编，复旦大学出版的《市场营销学》。党的十一届三中全会以后，党中央提出了对外开放、对内搞活的总方针，从而为我国重新引进和研究市场营销学创造了有利的环境。1978 年，北京、上海、广州的部分学者和专家开始着手市场营销学的引进研究工作。虽然当时还局限在很小的范围内，而且在名称上还称为外国商业概论或销售学原理，但毕竟在市场营销学的引进上迈出了第一步。

在 20 世纪 80 年代前 5 年，社会公众、媒体极少提及市场营销这一概念。高等院校中，只有中国人民大学等少数几所名牌大学开设了市场营销课程，1983—1985 年，可以说是市场营销学的传播和发展时期。1984 年 1 月，全国高等综合大学、财经院校市场学教学研究会成立，它成为我国市场营销理论研究的一个里程碑。此后，各种规模的研究机构、协会相继成立，市场营销学的研究进一步正规化、系统化。

在 20 世纪的 80—90 年代期间，市场营销学在学校教学中也开始受到重视，有关市场营销学的著作、教材、论文在质量和数量上都有很大的提高。1987 年 8 月，全国高等综合大学、财经院校市场学教学研究会也更名为“中国高等院校市场学研究会”。从 20 世纪 80 年代后半期，国内许多大学对学生开设了市场营销学课程，有些学校还增设了市场营销学专业，并有 50 多所大学开始招收市场营销方向的硕士研究生。传播的对象由原来的在职干部为主，学校正规学历教育为辅发展到以学校正规教育为主，在职干部培训为辅。目前全国有数以千计的职业专科学校，绝大多数的高等院校都开始了市场营销学课程，或开办了市场营销学专业，选修市场营销学课程的学生多的难以统计。开设的课程由原来的市场营销基本原理发展到市场调查研究、市场预测、市场信息系统、消费者行为研究、战略营销、服务营销、国际市场营销、绿色营销、生态营销、关系营销、网络营销等市场营销学最新发展起来的课程以及一些市场营销的定量和实证研究方法方面的课程，可以说，在市场营销学的课程设置方面我们与西方发达国家已基本同步。1995 年 6 月，由中国人民大学、加拿大麦吉尔大学和康克迪亚大学联合举办的第五届市场营销与社会发展国际会议在北京召开。中国高等院校市场学研究会等学术组织作为协办单位，为会议的召开做出了重要的贡献。来自 46 个国家和地区的 135 名外国学者和 142 名国内学者出席了会议，25 名国内学者的论文被收入《第五届市场营销与社会发展国际会议论文集》（英文版），郭国庆等 6 名中国学者的论文荣获国际优秀论文奖。从此，中国市场营销学者开始全方位、大团队地登上国际舞台，与国际学术界、企业界的合作进一步加强。

（三）营销管理学科在中国的发展趋势

1. 加入国际权威的市场营销专业学术协会，征订专业刊物是吸收和消化欧美营销不可少的一条途径

除了经由国内已有的英文或翻译版营销文献外，消化与吸收欧美营销的另一途径是加入国际权威学术协会、征订其营销刊物。以下列举美国营销协会（AMA）的主要刊物，有 Marketing Research（Quarterly）、Marketing Management（Quarterly）、Journal of Marketing（Quarterly）、Journal of Marketing Research（Quarterly）、Services Marketing Today（Quarterly）、Marketing Health Services（Quarterly）、Journal of Public Policy and Marketing（Semiannual）、Marketing News（Biweekly）。

此外，欧洲市场与民意研究协会（ESOMAR）的 MARKETING RESEARCHTODAY（双月刊）也是非常专业化的刊物。

2. 中国本土大学管理学院与欧美国家商学院合作培养 MBA 将加快市场营销的国产化进程

中国的部分院校在与欧美的商学院合作培养 MBA 的过程中，普遍采用原版英文教材，并直接由欧美专家进行教学，在传播营销过程中起到了带头作用。这些合作项目会对中国院校学者们的营销思维框架带来很大影响，引导国内学者接受其规范的营销体系。所以，这一股力量对市场营销学院派冲击最大。现将这些合作项目列举如下：中欧国际工商学院、北京大学与美国福坦莫大学的国际 MBA 项目、浙江大学与美国任塞尔理工学院的国际 MBA 项目、中山大学与美国麻省理工学院斯隆商学院的国际 MBA 项目、复旦大学与美国麻省理工学院斯隆商学院国际 MBA 项目、复旦大学与挪威管理学院国际 MBA 项目、复旦大学与中国香港大学的国际 MBA 项目、清华大学与麻省理工学院斯隆商学院的国际 MBA 项目、中国人民大学与美国布法罗纽约州立大学国际 MBA 项目、上海财经大学与美国 WEBSTER 大学的国际 MBA 项目。

3. 建立起与国际接轨的市场营销学专业知识体系

本科教育层次的市场营销系专业知识体系由体现共性的共同必修课与体现学生个性或院校特色的专业选修课构成。市场营销专业必修课程应该包括：市场营销管理（或原理）、消费者行为分析、市场调查与研究、广告传播学、市场营销案例分析，这些专业必修课程可以为本科层次的学生提供一个专业平台。专业选修课程应该在如下范围内选择：产业营销学、服务营销学、非盈利营销学、中小企业营销学、国际营销学、渠道管理、客户管理、销售管理、促销设计与管理、营销中的模型、公共关系学、营销危机管理等，这些选修课程，学生将在自己兴趣范围内选择，为其毕业后的就业提供所需要的专业教育。目前，首先要检查必

修课程是否都已开设齐全，比如，市场研究（MARKETING RESEARCH）在欧美市场营销专业课程体系中一般是必修课，而在中国的院校中，较大部分院校是没有开设，一部分院校虽然开设但属于选修课，最重要的是，教学内容上是否与欧美权威教材有差距。尤其是在选修课方面，国内学者必须有在此领域的专门研究才能开设出这类课程，而目前这类原版教材与读物都相对较少，需要一段时间才能扭转困局。

在吸收、消化欧美同行现有研究成果基础之上，未来10年能初步建设好主要由大学本科层次营销专业的课程框架（硕士、博士的专业教育体系应该体现院校个性与特色，不宜讨论一个通用的课程结构）以及形成的市场营销的研究框架，已是一个不小的成就。未来的第二个10年，中国学者将真正拥有属于中国文化背景下与工商背景下的自己的市场营销学体系（当然也是与国际接轨的）。

四、营销管理研究的发展

（一）国内营销管理研究方法使用情况

营销管理研究方法涵盖理论与实证，演绎与归纳，定量与定性，数据收集方法等方法。实际上，这些方法在使用过程中是综合运用的，实证研究方法也设计理论的推演过程，定量与定性研究有时也会同时使用。数据的收集方法的分类也是为了描述的需要而加以分类，实际上，调查法、个人访谈、焦点小组法都可归为访谈法，而实验与观察的界限也是模糊的，实验也可看做是一种观察法，特别是实地研究、准实验研究与观察法的共性更多。另外，实验设计方法、数据的处理统计方法没有介绍，这些方法的使用是受实证研究的定量或定性研究约束的。由于营销管理理论源自国外，主要是北美，因此对于国内的学术研究而言，介绍、描述和概念的阐释在研究中也占有相当大的份量，而且在最初阶段起到了基础性的作用。

Svensson 等人①分析了营销领域六本学界公认顶级期刊跨度7年（从2000—2006年）总共1463篇文献所使用的研究方法，发现平均75%以上的文献使用了定量研究方法，8.5%使用了定性研究，两种方法都使用的有4.3%，不到20%的文献是理论回顾。

21世纪中国管理学发展研究课题组②调查了国内四本学界公认的权威期刊跨度5年（从2000—2004年）的196篇营销学文献所使用的研究方法，发现概念型占到37.9%，规范型占到14.16%，描述型占到13.7%，文献型占到6.85%，实证型仅占12.79%。如果把前四种类型的文献都归为一类，与Svensson等人使用的理论回顾型对应，那么这一部分的比例占到80%以上。显然，国内的实证研究比例太少。

不过，不能就此说明的国内研究的落后。Svensson 等人所研究期刊都是美国期刊，代表

---

① Svensson, Goran. et. al. Scientific identity of "top" research journals in the broader discipline of marketing [J]. *European Business Review*, *2008*, *20* (*5*), PP384-400.

② 21世纪中国管理学发展研究课题组："中国市场营销学研究的现状分析——基于文献计量的研究"，《学习与探索》，2007年第1期。

的是北美学术研究的价值观，其他与之相近文化的学术界，如欧洲与澳洲，对北美的价值观并不认同。即使北美学术界对这种研究范式也有不少反对声音，因为过多的定量研究导致了研究成果的碎片化，从而对于实践的指导意义不大。定量研究作为一种验证理论的方法是合适的，但对于产生理论却不合适，因此，伴随这种方法使用的日益上升，北美20年来突出的理论创新越来越少。

国内在引进、吸收国外理论与方法的事实决定国内研究的理论文献较多，随着理论的消化与吸收，本土化或者在国外理论在国内的验证研究会逐渐增加，反应在研究上是实证研究的增加。21世纪中国管理学发展研究课题组发现，虽然国内营销研究实证型比率总体比例不高，但逐年增加。

（二）国内营销文献研究主题趋势

参考国内外关于营销研究领域的分类，结合国内营销研究实际情况，分为五个方面描述研究演进过程：营销理论与学科发展、品牌研究、消费者行为研究、营销功能研究、顾客关系与营销新领域。

1. 营销理论与学科发展

关于市场营销学学科的介绍，最早见于学术期刊是1981年，使用的是“市场学”这一名称，介绍营销学的性质、研究方法和研究内容，其中有一篇是多次来大陆讲学的中国香港中文大学教授闵建蜀发表的，随后的三四年讨论的也是方法和研究内容的问题，1983年首次出现关于营销学的用词。1985年，贺名仑发表了“关于我国营销学建立与发展问题”的论文，1986年，梅汝和发表了“论市场营销学的过去、现在和未来”，同年，甘碧群发表了“建立具有中国特色的社会主义市场学问题初探”，1990年，郭国庆发表了“市场营销学与经济学的联系与区别”一文。之后的研究主要集中于这些主题：营销学的理论范式、最新发展、与其他学科关系、中国特色的营销学等。1994年之后，市场学词汇逐渐消失，学术界统一使用营销学这个术语。2002年之后，吴健安、汤正和、王方华等人撰文对市场营销学在中国的传播与发展进行了回顾与展望。

伴随市场营销学学科的引进和传播，国内学者在学术刊物上介绍和讨论关于营销学的核心理论。对这些发表的文献分析可以发现国内学者对国外理论的介绍越来越及时，而且这些引进的理论是否有生命力需要接受国内的过滤和选择，体现在研究热点上的差异，见表7-3。下面逐一介绍各热点的研究情况，热点研究趋势见图7-1，其中关于营销学的学科讨论前面已谈过，下面不再介绍。

表7-3　营销理论与学科发展研究热点及其起始年份

题名	首篇年份	发表篇数	题名	首篇年份	发表篇数
绿色营销	1994	348	营销学	1981	101
关系营销	1992	263	营销组合	1985	96
服务营销	1989	155	内部营销	1994	67
国际营销	1985	129	营销道德	1994	61
整合营销	1998	119			

资料来源：作者整理。

绿色营销是国内学者关注最多的营销理论，最早出现见于陈云卿1994年发表的《“绿色营销”：述评》，第二年就超过10篇，接下来的4年每年文献量基本都在15篇左右，讨论了关于绿色营销与企业竞争力、突破贸易壁垒、与可持续发展等问题。2001—2008年，文献量平均在30篇左右，探讨的主要内容没有变化，但涉及更加微观和具体的内容，如个别类型企业的绿色营销实施策略、绿色营销的评价体系，绿色消费与绿色营销，绿色营销的外部性分析、SWOT分析、动力分析、博弈分析、推进模式等等。绿色营销文献较多反映的是生产发展、环境恶化、出口受阻下的国家与企业的应对思考，有很大的现实意义。

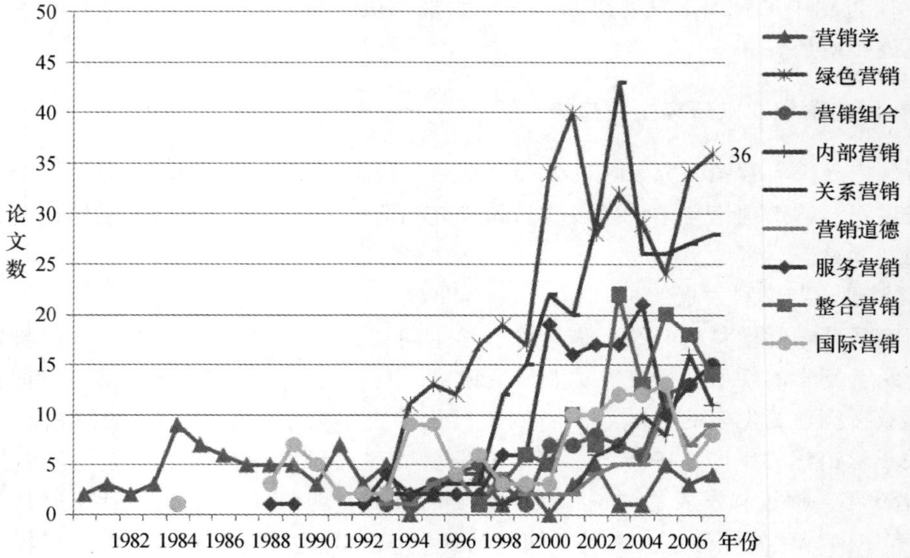

图7－1　营销理论研究热点走势图

资料来源：作者整理。

关系营销出现得比绿色营销要早，首篇是1992年王卫国发表于《外国经济与管理》的“市场营销的新发展——关系营销”，以后每年都有相关文献，不过发表在核心期刊的数量不多，1999—2004年的文献量急剧增长，1999年达到12篇，2001年达到22篇，2003年达到29篇，2004年的核心期刊文献量更是达到43篇，比绿色营销高峰期的数量40篇还多，可能受到2003年庄贵军在《管理世界》上发表的“关系营销在中国的文化基础”的影响有关系，2004年以后，每年维持在26篇以上，在营销理论的文献中仍然保持第二高的数量。

服务营销的文献量是营销理论中最多的，但被核心期刊收录的比率相对较少（超过900篇，发表在核心期刊仅155篇）。1985年，国外开始兴起服务营销热，国内最早见于1989年仲伟林发表在《外国经济与管理》的“服务营销的概念及战略规划”，从开始出现到1998年的10年间，核心文献数量一直不多，1999—2000年上升到6篇，2001年突然达到19篇，之后维持在每年15篇左右。服务营销的国内研究走向是营销理论传播上国内外现实情况互动的结果，一方面，服务营销是国外研究的热点和趋势；另一方面，国内的产业结构及发展的重点与国外存在差异。

国际营销的文献量最近两年虽有下降，但由于持续关注的时间较长，积累的文献量也不少。最早见于1985年陈东跃发表的“当代国际营销的一个重要趋势”，至2001年之前，文献量一直起起伏伏，没有超过10篇，2002—2006年的文献量超过了10篇，最近两年又降下来。

整合营销理论虽然出现得较晚，但传播很快，从1997年开始在国内传播，1998年出现在核心期刊上，2004年达到高峰。实际上，整合营销理论对商业实践界的影响更大，尤其是对广告界，在国内的传播也是从广告界开始的。

营销组合是营销功能的组合，它是一个概念构架，这个概念构架有重要的实践指导意义。最早出现在国内期刊的是甘碧群1985年发表的“我国企业进行市场营销组合的特点”。多年来，营销组合的词汇不变，但概念的构架不断发生变化，对于这些不同的构架，国内也都有介绍。按照营销组合理论演变的轨迹，从以生产为中心的4P营销组合到以需求为中心的4C营销组合，再到最新的3R、4V理论，不过主流仍然是4P。因为这不是一个新鲜的理论，国内文献一直徘徊不前，最近3年的文献量才超过10篇。

内部营销第一篇是1994年黄晶在《旅游学刊》上发表“对服务业中内部营销管理的探索”，以后每年文献量也不大，直到2005年才超过10篇，讨论的主题基本上与服务业有关，实际上，内部营销对服务业的影响较大，因此，只有服务业发展了，内部营销才会受到重视。

营销道德在营销学中不算核心概念，但在学术界却引起了不小的注意。最早见于1994年甘碧群“重视对市场营销道德的研究”，2006年还超过了10篇，并且有几个实证研究。道德与自律行为密切相关，对于营销道德的重视反映了市场的不规范及法律法规的不健全背景下对自律行为的呼唤。

除了以上主题，核心期刊中出现的社会营销有28篇，其他的概念，如营销哲学、整体营销都较少，核心期刊中出现的更少。除了上面谈到的国内外具体环境的影响之外，还有理论本身是否可以便于实证研究，可以进行实证研究操作的理论有助于发表在较高水平的刊物上。

2. 品牌研究

虽然品牌出现和发展的历史悠远，但是国内关于品牌的研究起步却是比较晚，最早见于1989年刘都庆在《统计与决策》发表的“品牌忠诚率预测中马尔柯夫链的应用”以及符国群于1992年在《外国经济与管理》发表的“谈谈品牌忠诚”。其后几年，经济管理学界对品牌的研究并没有跟进，直到1995年关于品牌的研究才大面积开花。虽然国内对品牌的关注较晚，但有关品牌的文献量差不多占到营销领域的半壁江山，而且营销领域的高质量文献多数也是关于品牌的研究。不过，关于品牌的研究，国内与国外关注的焦点不同，国外（六大营销期刊）关注较多的是品牌选择、品牌资产、品牌管理、品牌忠诚，国内品牌研究文献较多的领域是品牌战略、品牌延伸、品牌建设、品牌资产等，见表7-4。

表7-4　品牌研究热点及其起始年份

题名	首篇年份	发表篇数	题名	首篇年份	发表篇数
品牌战略	1995	310	品牌管理	1996	69
品牌延伸	1995	168	品牌忠诚	1989	64
品牌建设	1996	145	品牌价值	1998	64
品牌资产	1996	115	品牌竞争力	2002	60
品牌形象	1995	73			

资料来源：作者整理。

品牌战略的文献首见于1995年，1999—2003年是文献急速上升期，2003年之后，每年的文献量都维持在40篇左右，10多年的文献涉及较多的是品牌战略的对策和实施、农产品和中小企业的品牌战略等等。虽然品牌战略是品牌研究的热门词汇，文献量很大，但发表在高质量上的刊物较少，品牌战略涉及的层面较高，研究的操作性难度较大，很多属于规范性研究。

值得注意的是国家发展改革委员会品牌战略课题组2004年发表的“当前品牌战略推进工作中的几个突出问题”，以及2005年吴晓云在《管理世界》上发表的“跨国经营：全球品牌战略与本土化管理”，反映了国内从注重产品生产和外贸出口到注重品牌建设的努力转型。从图7－2可以看到，品牌建设的走势与品牌战略有相似性，不同的是急速上升期滞后3年。品牌管理和品牌竞争力的主题也有类似背景，但文献量相对较少。

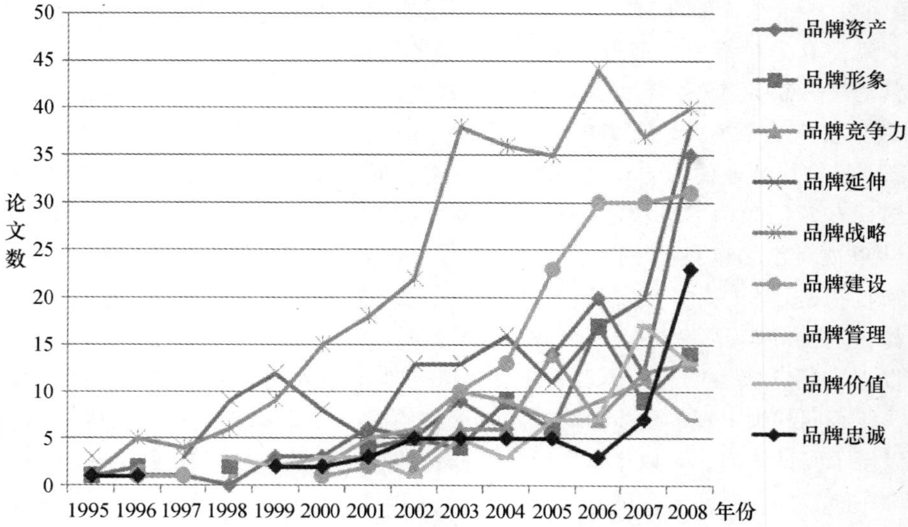

图7－2　品牌研究热点走势图

资料来源：作者整理。

从图7－2可以看到，品牌延伸、品牌资产、品牌忠诚最近一年的文献量急剧上升，正在成为研究的热点。品牌延伸的文献最早见于1995年符国群在《经济评论》发表的“中、美、新三国消费者对品牌延伸的评价”，1999年曾经超过10篇，但稳定在10篇以上是在2002年以后。对品牌延伸的较多关注与国内企业较多地运用品牌延伸策略进行快速的市场扩展有很大关系。

品牌研究中实证研究最多，发表刊物质量较高的就是品牌资产的文献。品牌资产的研究这里汇总的是品牌资产与品牌权益的文献，1996年，夏扬发表了第一篇“论品牌资产的价值基础”，2000年，卢泰宏的“论品牌资产的定义”对品牌资产作了最为清晰的定义。研究的内容涉及品牌资产的评估、品牌资产的提升、品牌资产的管理以及各品牌资产成分与品牌资产的关系等等。

品牌忠诚是国内最早关注的品牌研究领域，但多年一直徘徊不前，直到2008年才出现较多文献，这一年的文献占到整个20年文献量的1/3以上。国内引进品牌忠诚概念时，正是国外研究的热点，而品牌忠诚是品牌建设的最高阶段，国内直到最近才受到重视也是可以理解的。20年来的研究主要涉及品牌忠诚的测量、顾客满意与品牌忠诚、感知价值与品牌忠诚、品牌信任与品牌忠诚等方面。

品牌形象在传播学中的探讨比较多，本书在搜集数据时已去除该部分数据，管理学方面学者研究较多的是品牌形象的构成、品牌形象的测量和评估模型、品牌形象的塑造等方面。

除了以上方向，品牌研究的其他领域如品牌定位、品牌关系、品牌个性、自有品牌、品牌文化等方面也有不少文献。而品牌选择、品牌联想、关联品牌、品牌态度、品牌组合、品牌命名、品牌承诺、品牌信任等品牌研究领域的文献虽有涉及但都不超过 10 篇。不过值得注意的是品牌选择和品牌信任，品牌选择的文献有 6 篇，其中 5 篇是实证研究，品牌信任则是最近两年才出现的新的研究方向。

3. 消费者行为研究

关于消费者行为研究，不仅仅是营销学者的兴趣，经济学家、心理学家也关注。不同的是，经济学家更多从较为宏观的角度探讨经济因素与消费行为的关系，心理学家则从较为微观的角度探讨个体及环境因素对消费选择行为的影响。国内习惯上将涉及经济因素，如收入、储蓄、制度等对消费行为影响的分析归为消费经济学，涉及微观消费行为分析的归为消费心理学。

国内消费者行为研究上涉及“消费行为”、“消费心理”、“消费者行为”和“家庭消费”为题名的最多，见表 7－5。由于相当多的学者在表述“消费行为”时实指“消费者行为”，且经济学与心理学都是营销学的基础，我们将两部分文献都纳入分析，各题目文献走势见图 7－3。

表 7－5　　消费行为主题文献发表数量及起始年份

题　名	首篇年份	发表篇数	题　名	首篇年份	发表篇数
消费行为	1979	403	消费者行为	1983	137
消费心理	1981	194	购买行为	1984	87
家庭消费	1983	162			

资料来源：作者整理。

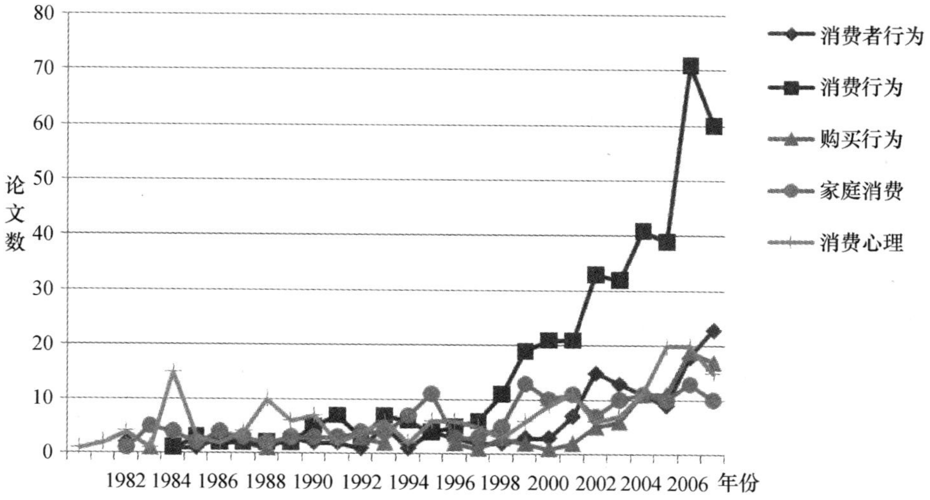

图 7－3　消费者行为研究文献主题走势

资料来源：作者整理。

关于消费行为的文献出现得最早也是最多的，且在2003年后急剧上升，远远超过其他主题。这与经济学研究的贡献有关，北美的心理学学术群体规模是经济学学术群体的3倍左右，而在国内，自从确立经济发展为中心以来，经济学就是“显”学，经济学学术群体的规模远大于心理学学术群体的规模。关于家庭消费，经济学家也有较多贡献。

消费心理和消费者行为的文献与国外目前的消费者行为研究比较吻合。从走势图上可以看到，关于消费者行为的主题有上升的趋势，而消费心理的主题多年来一直比较稳定。这些术语的使用显示多数文献探讨的问题比较综合，具体的领域研究的开展还没有大规模展开。

其他方面，研究比较多的是：消费决策、购买决策、消费动机、购买动机、消费者态度、感知风险、消费者选择。消费决策与购买决策是心理学家和经济学共同的研究领域，1983年就有相关文献，但直到2004年以后才稳定地出现，研究内容涉及购买决策影响因素、购买决策过程分析、最优消费决策，最近3年的研究集中在网络环境下的购买决策。关于消费者选择的文献1996年就出现了，不过也是最近3年才稳定出现，且最近3年的文献量占到总文献量的一半以上，主要涉及商店选择、品牌选择、选择偏好、旅游选择。感知风险的研究2004年才出现，主要涉及购买决策中的风险感知、品牌与风险感知、网上购物与风险感知及产品因素与风险感知。

值得注意的是，有不少新的研究主题最近才出现，如消费者学习、自我概念、生活方式、价值观、参照群体、购后行为、冲动性购买等研究主题，这些主题虽然文献量还不大，但我们可以从中看到消费者行为的学术研究逐渐走向关注更具体、更细节领域，消费者行为的研究才刚刚开始。

4. 营销功能研究

营销功能指营销战略与营销策略等营销执行程序，涵盖营销计划、营销调研、营销环境分析、市场细分、市场定位、目标市场选择、产品策略、促销策略、定价策略、渠道策略等方面，内容范围广，分析难度较大，涉及定位、细分、产品、促销、定价等常用词汇的题目有很大部分文献并非关于营销领域研究，因此，这里采取更具体词汇搜寻营销领域主题，如使用市场细分、市场定位、产品策略、促销策略、产品定价来缩减文献量。如定价的文献超过2000篇，通过聚焦于产品定价，缩减到176篇；促销的文献467篇，使用促销策略作为搜索词汇，仅剩63篇，这个筛选的比率差不多的是10%左右，不过在分析时，总量不作比较（见表7－6），主要关注走势（见图7－4）。

表7－6　营销功能研究文献数量及其起始年份

题　名	首篇年份	发表篇数	题　名	首篇年份	发表篇数
新产品开发	1981	371	市场细分	1983	149
营销渠道	1984	362	产品生命周期	1981	148
市场定位	1988	312	促销策略	1990	63
产品定价	1981	176			

资料来源：作者整理。

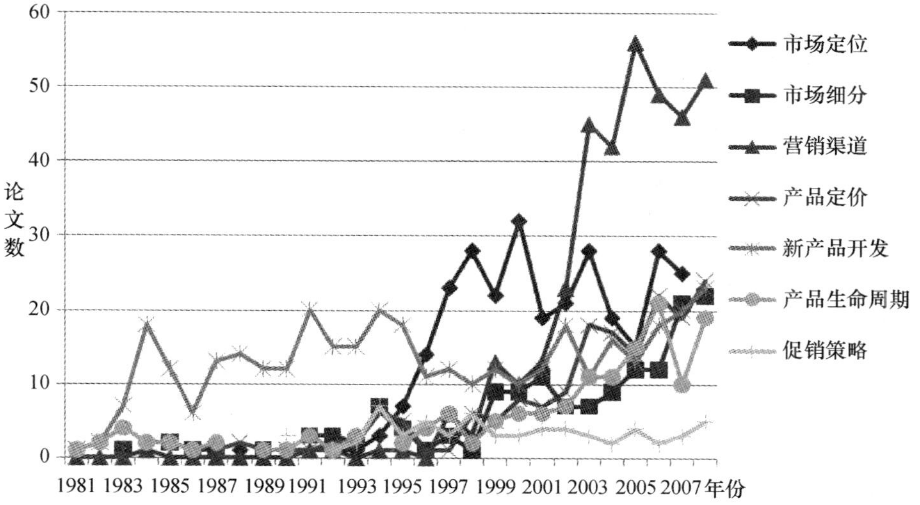

图 7－4　营销功能论文发表数量走势

资料来源：作者整理。

新产品开发的文献最早见于 1980 年，1984 年就达到文献研究的高峰，其后 20 多年一直稳定维持在 15 篇左右，文献总量大是持续积累的结果，主题主要涉及新产品开发的策略、决策、绩效等方面。对于新产品开发的较早的高密度关注与改革开放后解放生产力、产品供应日益丰富有密切的关系。

关于营销渠道的研究这里包含分销渠道的文献，文献介绍最早见于 1984 年，一开始三篇讨论的是国际营销及出口的渠道策略，显然是受当时国外研究热点的影响，其后多年一直没有明显增长，1999 年开始急剧增加，2003 年达到高峰，其后每年维持在 50 篇左右，主题涉及较多的是探讨渠道冲突、渠道管理、渠道创新、渠道权力等问题。

市场定位的研究文献 1988 年开始出现，从 1996 年开始明显增加，可能受里斯·克劳斯定位观念引进的影响，2000 年达到最高峰 32 篇，其后在 20 篇左右波动，主题涉及更多的是企业的市场定位，特别是银行业的市场定位。

产品定价和产品生命周期的文献走势有点相似，文献研究早在 1981 年就出现，但真正有较多的文献关注是在 2003 年。产品定价涉及的主题较多的是定价策略、定价方法、定价模型的研究。产品生命周期研究涉及较多主题的是产品生命周期的广告策略、营销策略以及产品生命周期的管理。

其他方面的研究，关于零售、批发和广告的文献量非常大，就如前面所说，使用这些词汇作为题目的文献有相当大的部分并非关于营销主题的研究，且前面以选用营销渠道作分析，足以说明学术界对渠道研究的重视，而广告过去与现在一直都是传媒专业研究的重点。文献较少涉及的也不少，如营销环境、营销信息系统、产品组合、营销计划、营销调研，文献量依次减少。

5. 顾客关系与营销新发展

1994 年，菲利普·科特勒提出了顾客让渡价值，2004 年，美国营销协会重新定义了营销的概念，聚焦于为顾客及顾客关系传递价值。同时，随着信息技术的发展与普及，企业与顾客之间的关联与互动成为现实，让顾客满意，提高顾客忠诚度，让顾客成为企业的资产成为新的研究热点。这些既可以看作是企业营销活动的新环节，也是营销的新发展，大多数关于顾客关系的研究出现于20世纪90年代后期，因此将这两部分放在一起。虽然出现较晚，但受关注的程度非常高（见图7-5），这一点可以从文献数量上体现出来，见表7-7。

表7-7　　顾客关系与营销新发展研究文献数量及其起始年份

题　名	首篇年份	发表篇数	题　名	首篇年份	发表篇数
顾客满意	1988	463	顾客忠诚	1993	232
网络营销	1996	435	体验营销	2001	102
客户关系管理	1999	397	顾客资产	2001	56
顾客价值	1999	280			

资料来源：作者整理。

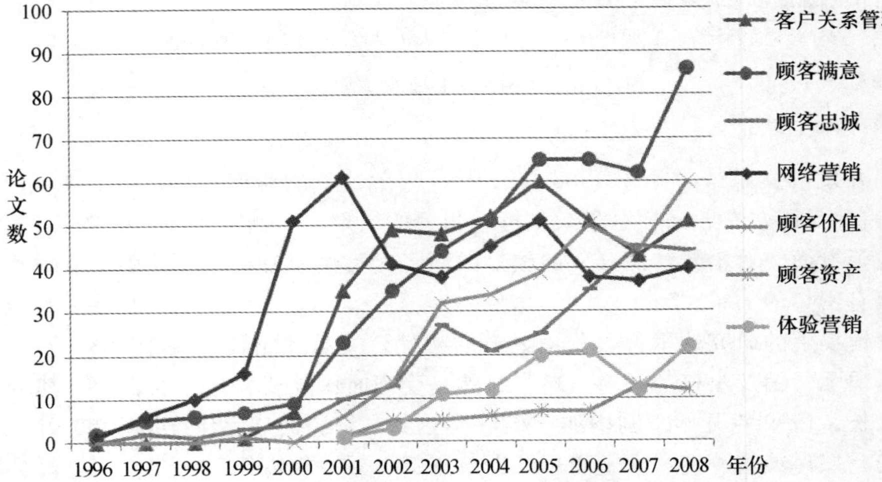

图7-5　顾客关系与营销新发展

资料来源：作者整理。

由于翻译上的原因，Customer一词国内学者翻成顾客与客户的都有，因此在搜寻文献时都分别查找了，表7-7所列文献已进行汇总，使用术语以最常用方式表示。顾客资产（customer equtiy）除外，因为客户资产有别的含义，而学者在翻译equity时，也有不少译为权益，不过顾客权益也有别的意思，所以这里关于顾客资产的文献只有一种来源。

关于顾客满意的介绍1988年就出现了，直到1996年以后才稳定出现，2001年开始受到较多关注，此后文献量不断增加，是所有这些新研究中最"旧"的，也是目前最"热"的方向。国内研究关注较多的有这样一些方面，如顾客满意与顾客忠诚关系，服务质量与顾客满意，顾客满意度的指标体系、模型和测量等。

网络营销的术语早在1996年就出现在国内文献上，虽然当时国内网络设施建设才刚刚起步，随着互联网的迅速兴起，网络营销也受到学术界的追捧，2001年达到高峰，文献量达到61篇。研究涉及较多的是网络营销与电子商务、中小企业的网络营销、网络营销策略、网络营销与传统营销的关系等方面。

客户关系管理的介绍是1999年才出现的，2001年的文献量就迅速提高，2005年达到高峰，研究较多的有数据挖掘与客户关系管理、电子商务与客户关系管理、商业银行的客户关系管理等等。由于侧重对技术的依赖，且也日益成为企业日常的、规范的管理流程，客户关系管理已逐渐脱离营销学研究的范畴。

顾客价值的研究也是1999年才出现，2003年迅速上升，目前学者的关注仍在持续增加，研究主要关注从顾客价值角度提升企业竞争优势、顾客满意度和顾客忠诚度。顾客忠诚研究也有类似的走势，虽然出现得更早，2003年文献量突然增加，目前仍受到持续增长的关注，涉及较多的是顾客满意与顾客忠诚、顾客价值与顾客满意、顾客转换成本与顾客忠诚。

顾客资产与体验营销都是2001年开始出现，相对而言文献量要少得多。其他方面，顾客让渡价值、顾客感知价值、顾客终身价值、顾客流失等研究文献更少。

（三）国内营销管理研究组织的发展历程

1. 研究机构的发展

国内市场营销学研究机构是伴随着市场营销学在国内的传播而逐渐成立和完善的。1979年，部分大专院校教师接受了市场营销学的培训，1979年，外贸部、一机部和少数大专院校开始聘请外籍教师来华讲授市场营销学，1980年，中美两国政府合作举办中国工业科技管理大连培训中心，与此同时，外贸部和国际贸易中心在北京举办市场营销培训班，1980年后，国家经委与外国合作在北京、上海、天津、成都成立培训中心，多次邀请外国专家来华讲授市场营销学，为市场营销学在中国的传播起到了散布种子的作用①。

1979年起，暨南大学、哈尔滨工业大学率先开设市场学课程，外贸部和一机部所属高校以及中国人民大学、湖北财院、广西商专、云南财院等大专院校，也于1980年、1981年先后开始市场学课程或讲座，1988年，国家教委批准山东大学试办市场营销专业②。伴随着市场营销专业的开始，一些市场营销教研室、市场营销学系相继成立，这些机构的成立为营销学研究的广泛开展汇集了力量。

1981年，中国人民银行组织编写《中国社会主义市场学》教材，六所财经类院校组成编写组商定编写提纲及分工，1982年5月在长沙召开了有24所院校参加的教材讨论会，不仅讨论了教材编写情况，还讨论了成立类似美国营销协会组织的想法，1983年10月召开市场学教学研究会的筹备会，1984年1月，在长沙正式成立市场学教学研究会。1987年改名中国高等院校市场学研究会③。这是国内第一个市场营销学的学术交流平台。1991年成立的中国市场学会则成为学术与实践的交流平台。

2000年之后，中国人民大学、上海财经大学、中山大学等高校相继成立营销研究中心。这些研究中心的成立代表了营销研究本土化与理论创新的开始。

2. 学术刊物的发展

期刊是学术研究传播的前沿阵地，国内首份市场营销专业期刊《营销管理》创办于1984年，目前在国内营销专业期刊中影响力较大的是中国市场学会于1992年创办的会刊

---

① 汤正如："改革开放30年市场营销学在中国传播应用的发展变化"，《市场营销导刊》，2008年第6期。

② 吴健安："市场营销学在中国的传播"，《市场营销导刊》，2002年第4期。

③ 同上。

《市场营销导刊》。由于专业期刊出现得较晚，且营销专业期刊学术与实践多数是不分家的，国内关于营销方面的研究大多散落于其他经济与管理类刊物中。

（四）中国营销管理研究发展的未来趋势

从以上研究领域的关键主题变化趋势分析可以看出，国内营销学研究的发展从无到有，从有到多，即与国际接轨又保留自己的特色，总结下来，有如下三个特点：

1. 全面引进，与潮流同步

国内学者在学习和介绍营销学时就同时引进了当时国外流行的研究方向，如服务营销、国际营销等领域，此后国外新出现的研究热点国内都有及时的介绍。

2. 整体了解，再重点展开

由于营销学是舶来品，国内引进的往往是已经较为成熟的研究领域，关于学科发展及新领域的整体探讨一般开始得最早，随着消化吸收的完成，整体性的介绍和探讨不断下降，转向更具体的细节性方向。如营销学、客户关系管理、网络营销的文献。

3. 立足国情，关注焦点问题

虽然国内对国外的潮流把握比较及时，但面临的发展环境与国外有较大的差异，潮流归潮流，国情的需要才是影响研究热点的最终导向。比如，对于新产品开发的较早集中关注与最初的产品生产密切相关，而绿色营销的特别重视与环境恶化和出口壁垒密切相关。

需要特别说明的是，在数据收集与处理过程中，我们对数据的解释会因为三种问题的存在而出现一定程度的夸大或缩小。一是历史问题，自营销学引进国内30年来，营销学的学术研究队伍越来越大，学术期刊越来越多，文献数量必然越来越多，有些营销领域受到重视是因为发展了，而有些领域我们将它判定为焦点实则仅仅为30年文献积累的结果；二是标准问题，不同时期的核心期刊存在变化，出于人力有限考虑，这里仅仅考虑最近一期的标准，即使这个不是问题，核心期刊发表的学术文献标准也在变化，过去能称之为学术的文献现在的标准可能就不算是了，何况学术的标准只是针对期刊而不是论文；三是工具问题，CNKI虽然是收录最全的数据库，但仍然还在完善中，它的完善程度也影响了分析的结果。

总之，研究分析的结论只供管中窥豹，不能完全作为最终的真理，发展仍然是主旋律，展望未来的研究，学术期刊的问题、研究方法的使用、研究的主导方向问题，这些问题都需要在发展中解决。

第八章
人力资源管理学的发展

一、人力资源管理理论的发展

（一）以“劳动管理”为主的发展阶段

党的十一届三中全会之前，我国实行的是高度集中的计划经济体制。人力资源管理理论与当时的社会经济体制是紧密相关的。在这种体制下，“我国实行国家层面的以统包就业、固定工制度、工资分配大锅饭等为特征的劳动人事工资计划管理体制，并不存在组织层面的人力资源管理。那时，即使是我们所用的‘人事管理’一词，也和西方语境中的人事管理不是一个概念。我们的人事管理是指干部身份管理，而劳动管理是指对普通工人的管理”①。在这一阶段并没有人力资源的概念，只有劳动力的概念。受前苏联劳动经济理论的影响，劳动管理研究主要限于规范劳动报酬和劳动计量。可以说，这段时间我国基本处于传统计划经济体制下的“劳动人事管理”阶段。主要注重对“物”的管理，“劳动依赖资本”，因此，劳动力仅仅被看成是生产管理的一种“附属品”，并没有真正科学使用，其重要性也没有提高。在采取计划经济体制下的集体所有制经济背景下，我国实行的是“大锅饭”这种平均主义的分配方式。这种方式是表面上的平均，但实际上是分配的不公平，从而导致了管理效率低下。劳动力被看做和机器一样，不仅劳动力本身被视为是同质的，没有任何差别，而且劳动力与机器之间是可以互相替代的。人的价值被认为和机器的价值没有区别，工人生活条件艰苦，效率低下。人的主观能动性没有得到充分的发挥。当时是借鉴前苏联的管理理论和经验，主要目标是实现科学规范管理和劳动规范，属于“劳动管理”阶段。主要依靠经验、直觉和个人意志进行管理，重点是对工人的工资和劳动条件等进行日常管理，很少考虑到人的需要和个性，严重束缚了生产力的发展。为了提高生产效率，促进企业改善经营管理，企业进行了一系列的改进，主要是为了规范劳动报酬和劳动的计量。因此，理论上主要是关注以下两部分：

1. 计件工资制

党的十一届三中全会之前，由于劳动人事部门基本上是负责档案的整理、工资的核算和

---

① 曾湘泉、苏中兴：“改革开放30年回顾：人力资源管理在中国的探索、发展和展望”，《中国人才》，2009年第3期，第10—13页。

发放等日常事务方面，把人当做生产的成本，而不是一种投资的对象。这种理念就导致了职工的积极性低，人力资源管理的效率低下。员工没有积极性去努力工作，分配上采取吃“大锅饭”的方法，“干好干坏一个样，干多干少一个样”，在这样的制度环境下，人必然竞争性差，生产效率不高。因此，时代呼唤一种适合当时国情的旨在提高企业劳动生产率、调动员工积极性的人事管理制度，因此提出了计件工资理论和劳动定额理论，并呈现出发展态势。

计件工资制，这是为了探讨调动劳动者积极性的手段和方法，把劳动报酬和劳动贡献相挂钩，从而努力提高劳动者的工作效率。企业对实行计件的工人，不论是采取什么样的计件方式，都要求根据其完成劳动定额的多少，按照计件单价计发工资。在保持劳动定额先进合理的前提下，可不限制工人的计件超额工资。

计件工资理论按照工人实际创造的劳动价值来获取报酬，在当时的情况下，这样的分配机制比其他分配机制更能体现按劳分配的思想，极大地调动了员工的积极性，大力促进了生产的发展，提高了企业的经济效益，给企业发展带来了活力。而计件工资理论的发展离不开合理的劳动定额。科学合理的劳动定额是实行计件工资理论的基础。合理的劳动定额是提高工人生产效率的手段，劳动力能更加合理的使用。劳动定额是在一定的生产技术和组织条件下，为生产一定量的合格产品或完成一定量的工作预先规定的必要劳动消耗量的标准，或规定在单位时间内完成合格产品数量的标准。劳动定额有两种表现形式，即工时定额（或时间定额）和产量定额。工时定额是指生产单位产品所需时间的多少，产量定额是指在单位时间内应当完成合格产品的数量①。借鉴劳动定额，劳动者所提供的劳动量才能够准确清楚地加以计算。因此说劳动定额是按劳分配的基础②。

劳动定额是企业实现科学管理的一种重要的基础工作，其作用是多方面的。企业制订各种经济计划、实行经济核算，检验企业各项经济指标的完成情况，职工的劳动报酬都是以科学合理的劳动定额为依据的③。在没有劳动定额的情况下，职工对工作都互相推诿，因为实行“大锅饭”，工资干多干少一个样，职工没有积极性去完成企业下达的任务，进而影响企业经济效益。在建立劳动定额管理之后，有了客观评价的标准，实行计件工资制，结果职工的积极性大幅提高，劳动生产率增加，职工的收入也大幅增加。

2. 劳动计量理论

由于劳动过程的复杂性和劳动形态的多样性，不同劳动的本质和特点存在差异，因此，如何对不同的劳动进行科学的计量，探讨一套科学的劳动计量的原理，就成为此时理论探讨的焦点。劳动计量理论主要包括两种：一是劳动定额理论；二是劳动定员理论。

在企业生产中，“按定员定额组织生产”是必要和科学的。概括来说，劳动定员是企业生产中科学用人的数量标准，劳动定额是产品生产过程中工时消耗的数量标准。劳动定员定额的基础原理，是对定员定额活动基本规律的高度概括和总结。科学合理的劳动计量理论不仅为组织的发展提供了强劲的动力，而且能够有效地计量不同劳动形式劳动量的大小，不仅能定量考核员工的工作业绩和贡献，从而对员工的考评、薪酬、奖惩、升迁和劳动成果的分

---

① 陈平：“劳动工作基本知识介绍（四）”，《中国劳动》，1980 年第 4 期，第 30—32 页。

② 许玉龙、王国栋：“劳动定额是按劳分配的基础”，《社会科学辑刊》，1980 年第 5 期，第 73—75 页。

③ 刘喜林：“劳动定额是实现企业科学管理的重要基础工作”，《机械设计与制造》，1982 年第 4 期，第 8—9 页。

配具有可操作的量化的标准，而且有助于企业制定切实可行合理的定岗定编计划和科学的生产计划，实现人力资源优化配置，从而增强企业的适应能力和竞争实力[①]。此时理论关注的是体力劳动、脑力劳动科学合理的劳动计量问题。

（二）人力资源管理理论的引入阶段

人力资源管理理论的发展随着1978年改革开放的进程，取得了历史性突破和进步，我国处于实行改革开放、建设有中国特色社会主义的新时期。此阶段我国人力资源管理工作得到了前所未有的进步和长足的发展。在改革开放初期，我国人力资源管理工作处于“拨乱反正”、人才解放和改革发展阶段。这个阶段人才的重要性得到了重视，尊重知识、尊重人才成为我国人才政策的核心思想。改革开放以来，国务院和人事部门共制定出台人事人才方面的指导性政策和相关的法律法规文件有将近1000件，逐步使我国人才工作走向法制化和科学化。这段期间大量国外的人力资源管理理论引入我国，属于人力资源管理理论的引入和磨合期。人力资源管理理论实现大发展，主要表现在：

1. 欧美人力资源管理理论和思想的引入

从20世纪80年代中后期开始，“人力资源管理”的基本理念逐步引入我国，但人力资源管理实践尚未大规模地应用，这与当时中国社会经济管理体制改革的情况是基本一致的。这一时期我国开始真正正式研究人力资源管理，翻译了大量的国外人力资源管理方面的论文和著作，在实践中尝试了大量的先进理念，但最开始的研究仅局限于企业。20世纪80年代，人力资源管理的概念从西方传入我国。20世纪90年代初，廖泉文、王通讯、赵曙明等学者率先研究人力资源管理，较系统地翻译和介绍了西方的人力资源管理研究成果，出版了一批专著和教材。20世纪90年代中期以来，人力资源管理问题日益受到我国学术界和企业界的重视。张德、于凯成、陆国泰等学者，率先把西方的先进理论与中国的特殊国情相结合，在借鉴美国和其他国家的人力资源管理模式的同时，从不同的角度对中国的人力资源管理进行了研究和探讨，在人力资源管理理论、方法研究与实证分析方面取得了丰硕的成果[②]。这一阶段的理论特点是处于“劳动人事管理”和“人才管理”阶段，属于我国人力资源管理理论的探索和运用过程。人力资源管理当时被视为“人事管理”，主要把对人的使用看做是一种成本而不是投资的手段，采取的是行政命令式管理方式。没有对人力资源进行合理开发，人事工作被认为是没有技术含量的工作，地位低下，缺乏有效的激励机制，职工的积极性不高。

人力资源管理的发展与人力资源管理理论的发展是密切相关的，虽然这一时期的计划经济烙印明显，但西方的人力资源管理理念导入我国后，为我国人力资源管理理论的发展注入了活力。初期的理论研究主要是对劳动人事管理和人才管理，对这些问题进行研究的学者主要有赵履宽、赵曙明和王通讯等人。赵曙明等人提出人力资源管理是对人力这一特殊的资源进行有效的开发、合理利用和科学管理。从开发的角度看，它不仅包括人力资源的智力开发，也包括人的思想文化素质和道德觉悟的提高；不仅包括人的现有能力的充分发挥，也包括人的潜力的有效挖掘。从利用的角度看，它包括人力资源的预测与规划，也包括人力资源

---

① 乐群星、魏法杰：“劳动计量理论与方法研究”，《生产力研究》，2004年第2期，第35—37页。

② 曾建权：“人力资源管理理论与实务研究”，《天津大学博士论文》，2003年。

的组织和培训。这些理论研究成果从不同的视角对国内学术界和企业界具有较大的影响力，丰富了我国人力资源管理理论的内容，使我们对人力资源管理有了全新的认识。

2. 人力资源管理理论的重点由“使用”转入到“开发”上来

人力资源管理理论的发展与当时所处的社会经济环境是紧密相关的。在计划经济向市场经济转型之后，我国非常重视人才，把人才当做是一种推动生产发展的要素。这使得众多学者对人力资源管理理论的研究更加深入。

管理学的发展在我国经历了从经验管理到科学管理到文化管理的阶段，而这些不同的管理理念包含着丰富的人力资源管理思想。过去把人等同于物品，看做是生产的成本，对人的激励也是从最初的物质激励——计件工资制度到现在的事业留人、待遇留人、感情留人，已经成为一个系统工程。这实际上反映了人力资源管理理论的核心由原来的把人当做“物”一样的使用转变成真正的“以人为本”，全面考虑人的各种需求，为实现人的自我价值而不懈努力。最为明显的现象是对人员的培训，通过对职工的培训，提高了职工的素质，职工在自我成长，组织给予职工发挥作用的空间，让他们不断提高自己，这样不仅职工的积极性提高，而且组织的效率也在不断提高，实现了真正的“双赢”效果。例如很多的高校，鼓励在职教师攻读硕士、博士学位，这样不仅教师的自我满足感增强，也愿意更加努力工作，而且学校的整体水平也提高了，对双方都有好处，学校如此，其他企业组织也是如此。很多的企业愿意给职工提供不断接受培训，不断提高的机会，注重把人才的潜能挖掘出来，实现组织竞争力的长久竞争优势和组织绩效的持续提高。因此我们说，在此阶段人们更重视对人才的开发，而不仅仅是“使用”。任何组织要想提升组织绩效首先要投资于职工，让他们的各项业务能力素质得到不断提高，而不能把他们当做“物”一样去只使用。而不培训和提高，该组织在竞争激烈的环境下必然要遭到严重的惩罚，甚至被无情的市场竞争所淘汰。只有对人力资源进行合理开发，才能创造出更大的价值。

3. 人力资源管理理论更注重对人的心理因素的研究

在这方面的理论中心问题是人的心理因素对组织绩效和人力资源管理方式的影响，科学的管理方式与人的各项心理特征相结合，从心理的因素来分析如何用人、如何管理人、如何激励人、如何培育人。如公平感等加入了主观价值判断理论的出现。

王重明、张德、时勘等人则是国内较早将心理学理论引入人力资源管理领域的学者，他们的研究成果丰富了中国人力资源管理发展的理论基础。因为人力资源的载体具有特殊性，其行为和心理的关系非常密切。因此，研究企业的持续发展必然要考虑到人力资源的特殊性，研究人的心理与行为的相互关系和影响成为很多学者关注的焦点。时勘教授在综合分析了国内外管理心理学发展概况的基础上，提出了管理心理学在人力资源应用中的一些理论和适用性。并得出结论，认为管理心理学的发展是更加重视组织层面的变革研究，强调对人力资源的系统开发，研究领域不断拓展①。

心理学方面，早期有我国的学者时勘教授在技术培训心理学方面进行了研究，随着新技术革命的到来，员工培训心理学已成为一个全球性的研究新领域，他分析了西方、前苏联和我国有关技术培训心理学研究的历史状况，分析人的认知能力形成规律以及跨文化培训的比

---

① 时勘：“管理心理学的现状与发展趋势”，《应用心理学》，2001年第7卷第2期，第52—56页。

较研究等[①]。后期针对经济全球化和信息化的要求，时勘教授提出了系统开展基于我国文化、历史和社会经济转型期背景的心理行为研究，并从心理学的角度探索适合我国国情的人力资源开发的理论基础，例如在组织设计、胜任特征评价、人员心理测试、结构化面试、情境评价、满意度调查、360 度多侧度评价等理论和方法[②]。众多学者在心理学方面的研究，扩展了人力资源管理理论的内容。

（三）人力资源管理理论本土化和国际化阶段

1992 年 10 月，党的十四大报告正式提出我国经济体制改革的目标是要建立社会主义市场经济体制。与之相适应，我国企业人力资源管理改革的市场化进程开始明显提速[③]。1993 年以来，我国宏观经济体制进行了以市场经济为基础的改革。改革主要包括三个方面：第一，改革人事制度，打破了干部和工人之间的身份界限，对干部实行了聘任制；第二，改革劳动制度，打破固定工制度下分配的“铁饭碗”，采取劳动合同制方式，规范工资管理制度；第三，改革分配制度，使职工工资与岗位挂钩，与职工贡献挂钩，打破了“大锅饭”这种平均主义的分配制度，从而提高职工的工作积极性。

这一阶段，市场成为调节资源配置的基本手段。企业人力资源管理改革明显体现了市场化改革导向。在以市场经济为主体的经济体制建立以后，人力资源理论实现了长足的发展，具体体现在：

1. 战略人力资源管理理论思想的提出

这一阶段的特点是以“科教兴国”战略为主导，以提升人才地位为重心，“以人为本，建设和谐社会”为主要思想，人力资源管理理论进入全面发展阶段。人力资源管理正在逐步向战略人力资源管理过渡，它已从传统的人事行政管理、行政管理、事务管理向战略管理方向发展，成为企业发展战略的重要合作伙伴。在此背景下，以人才测评、绩效评估和薪资激励制度为核心的人力资源管理模型得以确立。

人力资源的价值创造过程使企业具有可持续竞争优势的观点，促进了从提高企业竞争力的角度研究人力资源的战略管理，产生了战略人力资源管理概念[④]。组织人力资源管理一定要与组织的战略需求完全统一。

当今时代的特点就是世界在发生巨大地变革，传统人力资源管理的优势在这样剧烈变革的环境中已经不能再发挥出原有优势。因此必须转变观念，真正把人力资源的重要性放在战略的角度，放在与组织战略相互匹配的角度来认识。这种理论认为人力资源是组织的战略性资源。与传统的人事观念相比，战略人力资源管理的管理重心已经从“事”转变为“人”，管理者在人力资源管理过程中不再把员工当作“工具”，而是将员工看作为组织实现战略目标的第一资源。现代兴起的战略人力资源管理观点，更加强调组织资源的总体对企业绩效的全面贡献，它关注员工的创造性，组织职能系统的有效性和跨职能的整合。战略人力资源管理将员工视为企业的战略性资源，要提升公司绩效首先应投资于组织员工，使组织成员掌握

---

① 时勘：“技术培训心理学研究的发展概况”，《应用心理学》，1990 年第 4 期，第 46—51 页。

② 时勘：“转型期人力资源开发的心理学研究”，《中国人力资源开发》，2000 年第 11 期，第 12—13 页。

③ 曾湘泉、苏中兴：“改革开放 30 年回顾：人力资源管理在中国的探索、发展和展望”，《中国人才》，2009 年第 3 期，第 10—13 页。

④ 赵曙明著：《人力资源管理研究》，中国人民大学出版社 2001 年版，第 249 页。

丰富的组织智力资本①。

人力资源管理以前作为维持组织正常运作的一项管理职能，如今已经发展到了企业的战略管理层次，具有了与企业财务管理、市场营销、投资分析等工作同等重要的地位②。劳动不再依赖于资本，而成为与资本同等重要，甚至会产生资本依赖劳动的现象。人力资源成为组织的第一资源和战略资源，成为企业获取持久竞争优势的关键和核心所在。

最近几年，许多学者基于企业资源基础理论，认为我们传统意义上的资源，如资本、技术、财务等已经不具有原来的对企业贡献，它们已经不能成为构成企业核心竞争力的源泉，不能再为企业创造更大的价值。企业的核心竞争力是具有不可模仿、不可替代性的，而人力资源的特殊性就在于人力资源的载体是活生生的"人"，是有感情、有自我意志、有主观能动性的一种特殊资源，组织要想长远发展，其持久竞争优势必然要转移到人力资源上来。因为企业拥有的资金、技术等资源是可以模仿的，其他的资源也是可以替代的，而只有企业特殊的人力资源是竞争对手难以模仿、难以替代、稀缺和有价值的，很多学者认为当今时代组织的人力资源将成为影响企业持久绩效的决定因素。把人力资源当做一种战略资源，这样就形成了人力资源在组织的竞争优势，从而加速了学者们从提高企业核心竞争力的角度对人力资源进行研究，与此同时，引起了战略型人力资源管理理论的兴起。

战略型人力资源管理理论可以分为两类："一类是以环境为基础的人力资源管理理论；一类是以资源为基础的战略人力资源管理理论"③。以环境为基础的人力资源管理理论是从分析外部环境入手来研究人力资源战略的形成与执行过程。而以资源为基础的战略人力资源管理理论是从企业内部讨论企业之间为什么会形成绩效的差异以及企业如何保持持续的竞争优势。

如何战略地看待人力资源，如何战略地管理人力资源，如何使人力资源战略与企业战略能更好地服从企业的整体战略，使人力资源更好地为企业的战略服务，成为战略人力资源管理理论的焦点和核心问题。战略人力资源管理是站在战略的高度，对现代人力资源管理理论的进一步突破和发展。它通过人力资本优势，人力资源管理过程优势影响着组织获取持久的核心竞争优势的能力。在战略人力资源管理过程中，组织应该以战略性人力资源的获得和使用为基础，关键是要形成与组织战略的持久匹配，从而增强组织的适应环境快速变化的能力，增强组织的灵活性和动态适应性。战略人力资源管理理论要求组织在具体的管理实践中要采取柔性的人力资源管理制度和体系，要构建多层次、多角度、多维度的战略人力资源管理体系④。

战略型人力资源管理理论关心的重点是企业绩效问题，但更重要的是，该理论认为要以人力资源管理与企业战略持久匹配为目标，这两者共同起到协同作用，这样才能增强组织的核心竞争力。战略人力资源管理与传统的人力资源管理不同，二者的差异具体体现在两个方面：一是二者的职能不同，前者把人力资源看做是影响组织决策的战略角色，后者则把人力资源看做是组织的支持性角色，与企业战略并没有直接的关系，是独立于企业战略的；二是

---

① 潘永明、米冠旭："战略人力资源管理：为组织赢得竞争优势"，《江西社会科学》，2009年第5期，第210—213页。

② 赵曙明著：《人力资源管理研究》，中国人民大学出版社2001年版，第247页。

③ 魏巍："两种战略人力资源管理理论的比较"，《管理观察》，2009年第16期，第77—78页。

④ 同注①。

两者关注的焦点不一样，前者关注的是组织的整体绩效，后者则更加关注个体的目标，如员工的满意度、组织公平感、员工自我价值的实现等方面。

2. 寻求最佳管理实践，欧美管理理论在我国的实用性以及局限性的研究，人力资源管理理论的本土化、中国化

改革开放以后，我国的人力资源管理理论发生了重大的变革，是我国人力资源管理理论快速发展的阶段。各种人力资源管理理念不断提出，新的理论不断兴起，尤其是受到欧美等发达国家人力资源管理教科书的影响，可谓是形形色色，五花八门。各种人力资源管理理论的重点集中在各种不同的人力资源管理模式在中国的实践特征，建立面向市场的现代人力资源管理机制。但需要注意的是纯粹的“照搬主义”、“拿来主义”不适合我国的具体国情和具体实际。任何理论的发展是与当时的社会环境有密切关系的，因此就有必要研究不同时期的社会环境背景及其与之相适应的管理理论和方法。由于我国的人力资源管理理论大部分是从国外引进的，是舶来品，但是由于中西方管理思想、文化、理念、价值观、传统以及不同企业所处的不同发展阶段和市场环境的不同，存在诸多的差异，因此，国外的人力资源管理理论并不一定适合我国的客观环境和具体国情，西方这些所谓的先进理论可能在我国并不适用。这种尖锐的矛盾就迫切需要建立一种适合我国国情和自身发展特点的，具有中国特色的人力资源管理理念和方法来推动企业和社会的发展。因此，有必要探寻出一套适合我国实际国情的、具有中国特色的人力资源管理理论，在我国特殊的文化背景下，对国外理论在我国的适用性进行研究就显得十分必要。

在全球经济一体化的今天，我国的人力资源管理必须实现国际化，很多跨国企业的兴起以及这些企业卓越的管理思想和经验为我们提供了很好的借鉴，成为我国企业学习的榜样。同时，我国企业已经吸收了诸多优秀外国企业的人力资源管理的具体实践，这显著推动了我国人力资源管理的国际化改革进程。要想推动企业的持续发展，一方面要借鉴国外先进企业的管理理念和经验；另一方面要对国外的管理理论本土化，使这些理论能能推动我国企业的发展。

改革开放以后，我国的人力资源管理实践获得了重大的进步，取得了丰硕的成果。表现为我国的劳动力市场不断完善，企业对人力资源的重要性得到了空前的提高，企业的人力资源管理理念不断改善，各层次的人员均提高了人力资源认识的水平。在实践层面上，我国企业基本已经建立了包括职位分析、人员招聘、人员测评、培训开发、绩效考核、薪酬管理等功能模块在内的市场化、现代化的人力资源管理系统。当然，在现实中仍然存在一定的问题，如仍有相当数量的企业其人力资源管理的职能还没有上升到战略层次，不同企业的人力资源管理水平参差不齐，存在较大差异等。

3. 形成了具有中国特色的人力资源管理理论

一种是学院派理论，结合我国的国情，在课堂上能够以各种案例的形式进行分析和模拟，使人力资源管理理论研究具有更强的操作性；另一种是人力资源管理模式理论，将某种管理理念或方法运用于我国的具体实际，不断发展和完善。近年来，中国模式研究很活跃，如曾仕强提出的《中国式管理》，这种管理模式运用我国 5000 年来的传统文化和丰富的国学思想来建立一套中国本土化的理论，结合我国具体情况，把我国的传统文化和具体的实际相结合，对于我国人力资源管理理论的发展提供了全新的视角，具有很大的学术和实践价值。这种理论主张“以人为主、因道结合并且依理而变”。“以人为主”，因为中国人相信

“事在人为”；“因道结合”是说中国人秉承着“道不同、不相为谋”的理念；“依理而变”是中国式管理的变动性特点①。

除此之外，柔性管理、文化管理、知识型员工管理等也成为中国式管理的特色。

柔性管理是在基于人的个性、心理和行为的特征上，真正体现了对人的尊重，给予员工培训、不断提高的机会。给予员工充分的施展才华空间，把组织的意志自愿自觉而非强制性的转化为员工个人的奋斗目标，转化为员工的自觉行动，从而提高是组织的竞争力，与此同时也提高了员工的满意度。

从人力资源的经验管理到科学管理与文化管理的融合。在组织里如何尊重员工、调动员工的积极性涉及到员工与组织文化的融合问题。文化对员工的影响是重大而且潜移默化的，它对企业外部竞争力和内部凝聚力的提高都起到非常重要的作用。人力资源管理的最高境界是对人进行文化管理，发挥文化的力量。文化管理的核心是注重运用“文化”这种无形的力量，真正形成一种组织员工的凝聚力和强烈的归属感。我们中华民族有着悠久的历史和灿烂的物质文明和精神文明，其中华文化更是博大精深，真正发挥我国传统文化的精髓，把这种优良的民族传统和我国企业的具体实践相结合，能形成强大的竞争力，增强我国企业的活力。

随着环境的不确定性和人的复杂性的加大，知识经济下的人力资源管理理论和人力资源的国际化管理理论逐渐显现出来。在当今知识经济时代，必须要努力探讨知识型员工的特点，打造一套有特色的管理体系，对知识型员工的管理成为理论的焦点问题之一。知识型员工的人力资源管理在于给他们提供合理和有竞争力的薪酬福利、融洽和谐的企业文化，开放的知识分享体系，持续有效的激励模式。学习型组织的人力资源管理理论和模式，它不同于传统的人力资源管理模式，要建立和完善组织和个人有效的持续学习观，要求要具有比竞争对手更快、更强的快速学习能力，从而获得持久的竞争优势。在这一时期，职业生涯管理与职业发展理论成为理论的焦点之一，人力资源管理理论真正实现了“以人为本”，更关注个体的发展，更重视个人自我价值的实现。

4. 人力资源管理理论呈现出多学科理论交叉的特点

任何学科的产生和发展，都是与当时的社会经济文化背景相适应的。人力资源管理理论是管理学理论的一个系统分支，并且作为企业管理的重要组成部分，经历了与企业管理理论相似的发展历程。它的理论和方法的发展离不开管理学理论和方法的发展。管理学理论呈现出管理理论的丛林，人力资源管理也呈现出相似的特点，具体体现在与多学科的交叉上。

很多学者从管理学、心理学、社会学、组织行为学、经济学等角度对人力资源管理的理论进行了探讨，这大大丰富了我国人力资源管理理论的内涵。促进了人力资源管理理论的蓬勃发展。

从心理学角度看，在人员素质测评方面发挥着重大的作用。按照人员素质的冰山模型，人的工作效率的高低主要取决于人的潜在的胜任素质特征，而人的胜任素质大部分是埋在冰山下的，是不容易被察觉的，因此，借助于心理学的理论研究可以测评人的潜在素质，为人力资源管理决策提供科学依据，同时可以为人才测评提供合理的科学依据，极大地推动了人力资源管理理论的发展。

---

① 曾仕强著：《中国式管理》，中国社会科学出版社 2005 年版。

从组织行为学角度看，组织行为学是和社会学、心理学以及政治学等密切相关的学科，其分支是工业心理学（又称组织心理学）。组织行为学通过对个体、群体以及组织在工作中行为的研究，说明它们是如何影响个体、群体的生产力水平以及生产绩效的。组织行为学的发展是人事管理中对个体的研究与管理扩展到了对群体与组织的整体研究与管理，人事管理的实践也为此发生了很大的变化①。

从经济学角度看，探讨人力资源管理的成本效率问题，人力资源管理的各个环节的投入产出分析，例如单位培训成效、单位招聘成效，人均利润、费用控制等方面。

从管理学角度看，使用最多的属激励理论了，如何激励员工、提高员工的积极性始终是人力资源管理理论和实践的核心问题和中心环节，而管理学中的激励理论则提供了很好的参考。如激励的过程理论、激励的内容理论、激励的强化理论等，这些都丰富了人力资源管理理论的内容。

二、人力资源管理方法的发展

（一）传统人力资源管理方法的应用

1. 研究方法：文献研究与实验研究的方法相结合

文献研究方法主要是在搜集、判断、分析、整理文献，根据前人对某一问题或者理论的论述，借鉴前人的经验，通过文献进行分析研究，从而建立和形成对事物科学的认识方法。这种研究是为了达到研究者某种特定的目的，而搜集各种相关的文献，然后形成对问题的判断，根据一定的依据，表达自己观点的方法。这种方法可以较快的发现问题，需要使用的研究资金较少，是在前人理论的基础上进行进一步分析，得出有意义的结论，是社会科学研究的方法之一。

实验研究实际上是对具体的问题设计一种情境，通过改变情境中的要素、控制变量来得出变量之间的关系，然后加以应用和推广。它是在某种控制情境中探究自变量与因变量之间关系的一种方法。这种方法的来源是具体的实际问题，然后通过试验来研究解决问题的办法。实验研究法的关键在于实施研究结果的普遍性，适用性。因为在一定条件下成立的结论，在条件改变时结论可能不适合了，因此，实验研究要注意它的可重复性。实验研究要具有广泛的推广意义才具有重要的理论价值。

2. 工作方法：传统劳动定额管理

劳动定额管理作为企业管理的基础和核心工作之一，是企业制订生产计划、核定生产能力、合理配置劳动力资源、挖掘生产潜力、对职工考核的基本依据，科学合理的劳动定额管理极大地提高了劳动生产率、降低了企业生产成本、提高了企业活力和竞争力。在这一时期，各种类型的企业都在探讨适合本企业特点的科学的劳动定额管理办法。

早期的劳动定额理论强调劳动定额要合理，劳动定额水平要定在既先进又切合实际的水

---

① 彭剑锋著：《人力资源管理概论》，复旦大学出版社2008年版。

平上，采用专业管理与群众管理相结合的方法来进行定额管理工作[①]。同时，随着生产条件的改善，生产工具、设备、技术等的更新换代，需要及时调整劳动定额，过低的劳动定额要提高，过高的劳动定额要降低，使定额始终保持在合理先进的水平上，从而鼓舞职工的积极性，促进生产的不断提高。什么是合理先进的定额水平，应该是在职工努力后可以达到的水平，定额太低，职工很轻松地达到，不能有效提高劳动生产率，不利于生产、不利于提高职工的积极性；定额太高，往往对职工没有指导和激励作用，会挫伤职工的积极性，也不利于生产。要在实践中不断改进劳动定额的水平，使定额管理不断完善，要使劳动力和机器、设备等资源配置达到最优，充分使用资源，极力避免设备等资源处于闲置状态，使生产设备的综合生产能力得到最大程度地发挥，其最终目的还是为了推动生产力的发展。但是，定额管理也不能仅仅注重数量的增长，更要注重质量的提高。为了保证质量，建立了严格的监督检查验收制度。劳动定额管理强调企业要全面改善经营管理、建立和健全生产责任制，合理配置劳动力资源，做到"人岗匹配"。企业生产活动要按劳动定额编制生产预算、核定作业工日，把职工的分配所得和劳动定额完成情况结合起来，真正体现"按劳分配"的思想，极大地提高职工的积极性、促进生产力的发展[②]。

有了合理的劳动定额，才能正确地确定每项工作所需要的劳动量，合理安排劳动力，避免劳动力使用上的浪费，提高劳动者的劳动效率；合理的劳动定额还可以使职工在规定的时间内明确自己应该完成的工作任务，充分、合理地运用自己的劳动时间，它对企业生产有计划、有节奏地进行起着重要作用。

（二）传统向现代人力资源管理方法的过渡

1. 研究方法：文献研究和案例研究相结合，以案例研究方法为主

文献研究法在前面已经表述，这里主要说明案例研究法。

案例研究法是使用一些经典案例，结合当时所处的各种客观环境背景因素，设计一种情境，根据当时所处的特定的时空情境剖析和解释某一事件，并进行深入分析，使人们能够有感性认识，并在感性认识的基础上，通过对研究对象的考察，得到对问题的深入理解。案例研究要讲求情境的变化性，根据变化的情境来分析问题。

如果研究问题的目的是在回答"是如何改变的"、"为什么变成这样"及"结论如何"时，案例研究就是最为适用的方法[③]。而且在近年来这种研究方法呈现发展的态势，采取这种研究方法的论文也在逐年增加。但是这种方法的弊端是研究的案例具有可选择性，对案例的研究多是分析性的，不同研究者可能产生分歧，影响了结论的效度。

2. 工作方法：传统人事管理向现代人力资源管理技术过渡

传统人事管理与现代人力资源管理不同，二者的区别如下：一是地位不同，传统人事管理在企业管理中处于日常事务性管理的范畴，而现代人力资源管理已经上升到创造价值的职能范畴，人力资源部门已经从服务性部门上升到生产性、效益性部门；二是性质不同，传统人事管理采取的是行政管理模式，体现出"以资为本"或者"以官为本"的原则，而现代

---

① 朱沅："切实抓好劳动定额管理工作"，《中国劳动》，1961年第4期，第32—33页。

② 同上。

③ 陈晓萍、徐淑英、樊景立著：《组织与管理研究的实证方法》，北京大学出版社2008年版，第202页。

人力资源管理采取的是人性管理模式，体现的是“以人为本”的原则；三是业务内容不同，传统人事管理处理的是日常性、事务性、细琐性的工作，其业务内容是零星的、不成体系的，而现代人力资源管理形成了系统化的业务体系；四是管理体制不同，人事管理只是人事专业人员的工作，而现代人力资源管理把直线经理当做是人力资源管理职责的主要责任人，人力资源部门成为人力资源管理的基础建设性部门①。

人事管理到人力资源管理的转变不是表面上的改变，而是一场彻底的变革，两者在理论、方法、观念上的存在巨大差异。如何将传统人事管理转向现代人力资源管理成为理论的重点和研究的热点，在这个阶段，劳动人事管理工作强调以“工作”为核心，对员工工作绩效的考核也是以工作要求为基础，人被动的适应工作，没有深度挖掘人的潜能，很少对职工进行培训，提升职工的综合素质，缺乏自觉开发人力资源并在竞争中使人才不断涌现的机制。而现代人力资源管理已经充分认识到人的能动性、主动性、可激励性，强调以“人”为中心，人是可以创造价值的，不能再把人当做生产的成本，努力加以控制，而是把人力资源管理当做是一种战略资源，寻求人和组织的共同长远发展②。

传统人事管理主要限于人员招聘、分派、工资核算和发放、档案管理等日常性、事务性、细琐性的工作上；人事工作的性质基本上属于行政事务性的工作，人事工作被认为是技术含量低、无需特殊专业要求的工作，在组织的重要性也没有得到重视，很少涉及组织高层战略决策，对组织的决策不构成影响。而现代人力资源管理形成了战略业务（包括人力资源战略和人力资源规划）、基础业务（包括岗位分析与评价、人力资源制度建设、人力资源信息系统建设）、主体业务（包括招聘与配置、培训与开发、激励与考核、绩效管理、薪酬管理等）和其他业务（包括职工档案管理、人事统计管理、考勤管理、员工劳动保护管理、员工职业生涯管理、雇员心理帮助系统的建设等）在内的系统化业务体系。

现代人力资源管理技术是运用现代科学的管理理念和方法，对人力资源的“选”、“育”、“用”、“留”等方面进行合理的计划、组织、控制和协调等活动，来处理这些问题的方法、技术和程序，其最终目标是达到组织和个人的持续长远发展。现代人力资源管理技术有很多，例如360°绩效考评，无领导小组讨论等先进的方法，这将在下面进行介绍。

（三）中国特色人力资源管理方法的发展

1. 研究方法：实证分析法和案例研究法相结合，以实证分析为主

实证分析是当今社会科学研究重要方法之一。它的基点是着眼于当前社会或学科现实，通过对现实情况的研究形成结论，解决的是“是什么”的问题，主要采取归纳法进行研究，通过数据得出结论。

实证主义的思想认为：“现实世界是客观的，其研究范式认为科学研究大多是从实验或问卷调查中得到数据，然后在统计分析的基础上得出科研结论，更多强调的是理论检验，而不是发展新理论”③。其特点是探讨客观世界中各个变量之间的影响，并尽可能把它们量化。

而实证分析经常采取访谈和问卷调查的方法来作为研究方法，并收集和整理数据，然后

---

① 郑海航、吴冬梅：《人力资源管理：理论实务案例》，经济管理出版社2006年版。

② 叶曙光：“如何将传统人事管理转向资源开发型现代化管理”，《人力资源》，2002年第4期，第41—42页。

③ 陈晓萍、徐淑英、樊景立著：《组织与管理研究的实证方法》，北京大学出版社2008年版，第109页。

通过对数据的统计分析得出相应的结论。这种方法使得研究更加精密和经得起推敲，通过数据来证明，可以说明各个因素之间的相互关系及影响。如陈文晶和时勘教授所提出的《人力资源管理中的人际影响因素分析》就是采用访谈以及问卷调查的方法，通过数据分析显示群体中人际影响的因素，并和国外的人际影响因素进行对比。这种方法通过四种研究效度指标来评价实证研究的质量：构念效度、统计结论效度、内部效度和外部效度①。它是现阶段社会科学研究最普遍的一种方法。

2. 工作方法：现代人力资源管理技术的本土化应用

现代人力资源管理的重心已经转化成为对人力资源的深度开发，人的重要性得到空前提高，真正遵循“以人为本”的原则。同时，现代化的人力资源管理技术在我国企业的管理实践中不断引进并加以应用，取得了很好的效果。

现代人力资源管理技术在近年来获得了长足的发展，例如360°绩效考评，无领导小组讨论、企业的关键绩效指标等先进的技术。其中，360°绩效考评也叫全方位绩效考评，是由被评价者的上级、同事、下属、客户以及自己作为考评者，从各个角度对被评价者实施全方位评价的一种绩效考评方法。考评之后进行反馈，用来作为评价工作者的工作业绩、完善其工作行为、提高工作绩效的方法。这种方法与传统的自上而下的考评方式不同，引入了多个考评者进行多层次、多角度、全方位评价，能够更加客观、全面的衡量被考评者的综合业绩。这种方法在西方国家取得了很大的成就，在我国也取得了一定的实践效果。但是，由于文化、思想观念、企业本身的制度和管理体制的差异，在我国的应用中存在着一些问题，其适用性还值得进一步研究。

无领导小组讨论是评价中心技术中经常采用的一种测评方法，采用情境模拟的方式，让成员就给定的内容或者题目进行一段时间的讨论，讨论中各个成员地位是平等的，并不指定小组的领导者。评价人员根据小组成员在讨论中的表现来进行评价。无领导小组讨论技术对于管理者集体领导技能的评价非常有效，尤其是适用于测评分析问题、解决问题以及决策等具体的领导者素质。但也有不足，具体表现在组与组之间很难比较，效度和信度没有保证②。

现代人力资源管理技术的发展极大提高了我国人力资源管理的效率，但是，这些先进的人力资源管理技术要在我国实现长足发展，还需要一定的条件。例如各种人员测评理论基本都是从国外翻译过来的，不一定在我国具有很强的操作性。测评的结果受到测评者的主观意志、文化传统、工作环境和工作氛围等因素的影响，因此人员测评只能起到一个辅助的作用，而不能与西方国家一样，直接作为人员录用、选拔、使用的依据。

三、人力资源管理学科的发展

（一）人力资源管理学科萌芽期

1. 20世纪50年代劳动经济专业的设立（1950—1957年）

---

① 陈晓萍、徐淑英、樊景立著：《组织与管理研究的实证方法》，北京大学出版社2008年版，第111页。

② 萧鸣政著：《人员测评理论与方法》，中国劳动社会保障出版社2004年版，第194页。

我国的劳动经济专业是随着新中国的建立和劳动工作的实际需要逐步建立和发展起来的。1950年，在教育部的主持下，全国高等院校进行了一次教学改革，在时任劳动部部长李立三的倡议和支持下，各大学社会学系分设了劳动组，目的是为刚刚建立的劳动部和大区、省市劳动局培养劳动工作干部。劳动组的教学计划是由劳动部的代表会同当时的北京清华、燕京、辅仁三所大学社会学系的有关教师研究制定的，课程设置基本上是与劳动部门的主管业务相对应的。除政治课、基础课外，还设劳动概论、劳动政策与立法、劳动行政、劳动调配、工资、劳动保险、劳动保护、工人运动史等专业课程。

1952年，北京三所大学的劳动组合并成立了劳动专修科设在中央财经学院，一年后被调整到中国人民大学，其他大学的劳动组则被解散了。劳动专修科的培养目标和课程设置与以前劳动组时差不多，有些课程如劳动概论、劳动行政、工人运动史等被精简掉了，学制缩短为两年。1954年，通过全总干校得到莫斯科高级工人运动学校的《劳动经济学》教材，了解了原苏联劳动经济学的内容。1955年秋季中国人民大学停办了劳动专修科。当时劳动部正在北京市朝阳区的红庙筹建北京实验工人技术学校，为了提高劳动干部的政治和业务水平，以适应国家经济建设的需要，经当时的中央财委批准，决定在同一校舍内设立北京劳动干部学校。北京劳动干部学校成为了我国劳动经济学的发源地。

建校初期，学校从全国各个单位抽调了大批从事劳动管理的官员和从事劳动教学的教师，有来自劳动部、二机部的干部和国内北大、清华、西安交大、华东师大等多所院校的教师，原人民大学劳动专修科的教师除少数留在人民大学其他系科外，大部分也被调到这所劳动干部学校任教。劳动干部学校设置劳动经济、劳动保护和锅炉检验三个班，在全国各省市招收干部学员。他们多是从全国各地劳动部门和产业部门在职干部中抽调的，学制一年，于1956年2月正式开学上课。劳动工资班除政治理论课程外，开设了劳动经济学、劳动法、国民经济计划、统计学原理、工业企业管理等课程，基本上具备了劳动经济专业的雏形。

北京劳动干部学校是我国第一个开设劳动经济专业的院校，开创了我国劳动经济专业创立的先河，因此，北京劳动干部学校在我国20世纪50年代劳动管理领域具有举足轻重的地位。学校培养的第一批和第二批学生为我国劳动经济领域输送了紧缺的人才，填补了我国劳动经济领域的国内空白，因此也取得了极高的荣誉。在当时学校办学条件仍然简陋的情况下，受到了党中央、国务院的高度重视。

1957年1月，北京劳动干部学校第一届学员毕业之际，毛泽东、刘少奇、陈云、邓小平等党和国家领导人在中南海亲切接见了全校师生员工。1957年6月，毛泽东、刘少奇、朱德、周恩来、陈云、邓小平等中央领导同志在中南海第二次接见北京劳动干部学校的教师和劳动保护训练班的毕业生，这在高校发展史上是罕见的。

北京劳动干部学校的建立，为我国劳动经济学领域培养了第一批劳动经济学专家。如我国劳动经济学的创始人袁方教授、任扶善教授以及我国老一代劳动经济专家刘传济、陈平、陆恒钧、刘庆唐、郑火林、王胜泉、潘金云、袁伦渠、李永涛、李福田、陈嗣成、何杏清等教授。他们数十年在北京劳动干部学校及后来更名后的北京经济学院工作，推动了我国劳动经济学科的发展。

2. 劳动经济正式建立第一个大学本科（1958—1978年）

1958—1978年的20年间，劳动经济学科经历了不少的动荡和曲折。

第一阶段是1958年建立到1970年停办。1958年，经劳动部同意，北京劳动干部学校改为北京劳动学院，成为一所高等学校，学院设立劳动经济系和劳动保护系。劳动经济专业的教学计划是根据我国劳动工作的实际需要并参考前苏联的教学计划制定。学制4年，课程共26门。除政治课、基础课、专业基础课外，专业课设劳动经济学、劳动法、劳动统计学、中国劳动工作史和劳动经济专题讲座等5门课。1959年，劳动经济专业开始在全国招生。但是在劳动经济专业建立不久，刚招进第二届学生后，适逢国民经济困难时期，根据教育部决定，劳动学院不再招生。1963年春，根据刘少奇同志的指示，经劳动部与当时的物资总局协商，将劳动学院转交后者接办，设立物资管理系，同时保留了劳动经济和劳动保护两系继续为劳动部门培养干部。学校更名为北京经济学院。劳动经济专业从1963年暑期开始恢复招生。好景不长，受到“文化大革命”的影响，1969年，当时的物资部停办了北京经济学院，劳动经济专业随着北京经济学院的撤销而撤销。从1959年开始招生到1970年正式撤销，共为国家培养了400多名劳动经济专门人才，他们遍及全国各地，大部分成为骨干力量，作出了优良的成绩。

第二阶段是1974—1976年的恢复阶段。1974年由原北京经济学院与北京工商专科学校合并组建新的北京经济学院，随着学院的筹建，劳动经济专业逐渐得到了恢复。在恢复初期，劳动经济系的主要任务是补充和培训师资，清理和添置图书资料，修改教学计划、编写教学资料等教学准备工作。

第三个阶段是1977年开始劳动经济专业招收本科生。劳动经济专业1977年开始招收本科新生，当年招两个班，次年招两个班，以后每年招一个班，人数在50人左右。全系教工近40人。从师生人数、教学计划、课程设置上看，基本上同“文化大革命”前相差不多，可以说是对过去的继续。不过由于新的北京经济学院划归北京市管理，所以招生不再面向全国，而是在本市招收，本市分配[①]。

（二）人力资源管理学科创立期

1. 20世纪80年代中期：人事管理专业和劳动人事管理专业的出现

从1979年开始，我国的劳动科学同我国整个经济形势一样，进入了欣欣向荣全面发展的新时期。20世纪80年代中期，随着经济体制改革的推进，企业的劳动人事制度改革也进行了一些探索性的变革，包括恢复奖金制度，试行符合企业生产特点的工资分配形式，探索改革国家统包统配的就业制度，扩大企业对职工和管理人员的用人权等[②]。与此同时，西方“人力资源管理”的基本概念逐步引入中国。在这样的大背景下，劳动人事管理专业作为劳动经济专业的一个分支独立出来。1984年，中国人民大学与劳动人事部合办了劳动人事学院，其中专门设立了人事管理系，专业课程的设置也增加了人事管理概论等课程。1986年，学院开始招收人事管理专业的本科生和干部专修生。1985年9月—1987年9月，劳动人事出版社正式出版了由劳动人事部人事教育局组织当时的全国主要教学研究单位编写的劳动经济学概论、企业劳动管理等14本劳动人事专业教材，为劳动人事专业在全国的大量兴办打下了基础。当时的北京经济学院劳动经济系为适应1985年在部分省市招收的1600多名三年

① 刘庆唐：“新中国劳动经济专业的发展里程与课程设置”，《劳动与人事》，1990年第5期。

② 曾湘泉、苏中兴：“改革开放30年回顾：人力资源管理在中国的探索、发展和展望”，《中国人才》，2009年第3期，第10—13页。

制劳动人事管理专业函授生的学习需要，又编写出版了劳动定额教程、人事管理原理等11本教材。这个时期，专业学术团体和学术刊物也有了长足的发展。1982年以来，全国性的劳动经济学术团体已有中国劳动学会和中国人力资源开发研究中心两家，创办了面向全国的《中国劳动报》、《中国劳动科学》、《劳动与人事》①。

2. 20世纪90年代初期：人力资源管理专业正式出炉

自20世纪90年代初期开始，知识经济的高速发展使传统的工业化面临挑战，并为之注入了巨大的活力和动力；随之而来的是在中国从宏观经济到微观组织管理的各个层面和领域，人力资源开发和管理的地位都显著上升。组织设计、员工技能开发、人员素质测评、工作分析和评价、薪酬管理成为管理理论和实践的焦点和热点。我国的劳动经济学界开始接受北美的劳动学科划分模式，在接受职业化和专业化理念的背景下，人力资源管理在中国管理学和经济学分开，即管理学成为一级学科的新的条件下，和劳动经济学逐渐区分开来，成为一个有着巨大的市场需求和学术发展潜力的管理学分支。

1993年，在继承和开拓劳动人事专业、人事管理专业的基础上，我国本科人力资源管理专业正式设立。中国人民大学和原北京经济学院成为首批设立本科人力资源管理专业的高校，他们成为国内最早培养人力资源管理专业人才的教学基地和重要的科研基地，在我国人力资源管理教学研究和管理实践领域都具有重要的影响。人力资源管理专业的研究方向是企事业单位和公共政府部门的人力资源管理，主要的研究内容包括战略性人力资源管理体系的建构、人力资源规划、组织行为和领导学、招聘与甄选、培训与员工技能开发、人员素质测评、工作分析和工作评价、薪酬福利和激励制度、绩效考核和绩效管理、职业生涯规划与管理等。

中国人民大学劳动人事学院于1996年率先在全国招收劳动经济学人力资源管理方向的在职研究生，成立至今已向全国人力资源管理领域培养输出了数千名专业人才。人力资源管理专业自建立以来得到长足的发展。2003年，劳动人事学院经批准又独立设置人力资源管理专业博士和硕士学位授予点，开始在全国范围内招收人力资源管理专业的博士生和硕士生。人力资源管理博士（或硕士）的培养目标非常明确，就是要求掌握企业管理学和劳动经济学的基本理论和基本知识，熟悉企业管理各项职能的实际操作，熟练掌握人力资源管理的各种理论和技术，精通并能独立从事人力资源管理不同职能的方案设计、操作和实施，具备基本的管理技能和领导技能，掌握一门外语，能胜任各类企事业单位、政府和公共部门、各类非赢利组织的人力资源管理的研究、策划、组织和实施工作以及一般高等院校的教学和科研工作。2004年，首都经济贸易大学（原北京经济学院）又率先在全国建立了国际人力资源管理专业方向。至此，人力资源管理专业的学科建设得到了完善。

（三）人力资源管理学科发展期

1. 人力资源管理的“丛林”：经济学、企业管理、公共管理、心理学、社会学等多角度的人力资源管理学科发展

（1）经济学视角下的人力资源管理研究。从我国人力资源管理专业创立的历程不难发

---

① 刘庆唐：“新中国劳动经济专业的发展里程与课程设置”，《劳动与人事》，1990年第5期。

现，劳动经济学曾经一直是人力资源管理学科的“工作母机”[①]，为人力资源管理理论提供了主要的理论基础和分析工具。由于劳动经济学从宏观领域综合研究人口、教育、培训、就业、收入分配对经济与社会发展的影响，研究企业和人在劳动市场上的行为反应。因此，当前和今后，劳动经济学与人力资源管理关系密切，它们之间有着天然的本质联系。在微观上，劳动经济学延伸到企业内劳动力市场，研究人力资源管理的方法与技术。劳动经济学家运用经济学的理论和方法来系统探讨诸如人力资源管理所面临的人员招聘、绩效考核、培训等管理流程问题。当然，劳动经济学深入到人力资源管理领域的一个很大的原因，是人力资源管理这门学科的发展面临困境和问题。人力资源的决策始终没有找到一个系统的理论基础，在现有的人力资源管理框架内，人事问题常常被看成是一些过于软化和过于人性化的问题，因而无法用一种严格的方法进行处理。人力资源管理中所包含的是一系列需要找到明确的、毫不含糊的答案的重要问题。劳动经济学家适时的把研究的范围扩大到从事人力资源管理的人所非常感兴趣的那些问题，像地位、自豪感、工作的喜悦感等工作满意度中的非货币构成要素，都可以在经济学的框架内加以分析[②]。

（2）企业管理视角下的人力资源管理。随着我国教育管理体制的变革，增设了管理学门类，下设工商管理和公共管理两个一级学科，这两个一级学科与劳动经济学都有着密切的联系。工商管理中的企业管理（二级学科）内含了人力资源管理研究方向。对比劳动经济学的研究更注意用现代经济学方法研究管理中的劳动问题，包括企业组织结构、企业家评价、人工成本分析、劳动安全卫生成本与收益等，企业管理学更注重从管理职能角度研究管理人力资源以提高组织绩效。著名的管理学大师彼得·德鲁克早在1958年发表的《人力资源功能》一书中就详细阐述了管理人力资源问题，他把管理人力资源作为管理的普通职能来加以讨论，它与其他管理职能如会计、生产、营销等一样重要。为了实现人力资源管理的目标，企业人力资源管理研究通常由几组内部相互联系的部分组成，它们包括：环境的预测和分析、制定人力资源需求计划、组织人力资源需求的配置、评估员工的行为、员工薪酬计划、改善工作环境、建立和维护有效地员工关系。

（3）公共管理视角下的人力资源管理研究。随着国家行政权的扩大和政府在社会经济、政治、文化等各个领域管理、服务功能的放大，它作为公共部门的角色这一地位越来越突出。加强对公共部门的管理显得尤为重要。我国在管理学门类中专门设置了与企业管理相对应的公共管理一级学科。公共人力资源管理是公共管理的一个研究方向。

公共人力资源管理是整个社会人力资源管理系统的一部分。所以公共人力资源也具有一般人力资源所具有的属性、特点及管理的含义、目标。但也有与之不同之处，从“公共”的概念阐释入手，公共人力资源管理又有其特殊的对象和范围。

“公共”是相对于私有而言，也就是它以公共权力为基础。其根本性质是公共权力产生于社会、凌驾于社会，并具有强制性。公共组织的合法性受到公众的信任与支持，它们依法管理、服务于社会，其产出是推动经济社会发展的公共物品、公共秩序与国家安全、社会价值的分配。因此，所有拥有公共权力、依法管理、服务经济社会事务，为全社会谋取公共利益的组织体系都是公共部门，例如政府行政机关、学校和医院等国有事业单位。这些公共部

① 曾湘泉著：《劳动经济学》，中国劳动社会保障出版社2005年版，第19—20页。

② 同上。

门的人力资源除具有所有一般人力资源的所有基本性质外，还有其特殊性，表现在：

第一，公共人力资源的政治觉悟和道德品质要高于整体人力资源的平均水平。公共人力资源掌握着公民和国家赋予的公共权力，执行着国家制定的法律和大政方针，在社会价值的权威性分配中起重要作用，其行为的过程和结果，直接关系到政府的公共形象和合法性。因此，在公共人力资源的获取、使用和开发过程中，对政治素质和道德素质的要求，构成其性质中极其重要的部分。具体反映在公共人力资源必须拥有较高的理论水平、政策水平、法制观念、政治品质、道德觉悟以及为人民服务的热情、态度、作风和能力。公职人员的政治品德和职业道德素养是公共人力资源管理内在的本质要求。

第二，公共人力资源具有的特殊性使公共人力资源管理也具有独特性。首先，公共人事管理机构的复杂性是其他任何组织无法比拟的。公共部门是一个横向划分、纵向层级节制的庞大的组织结构体系，而这样一个体系又是按照完整统一的组织原则建立起来的，所以要求目标统一、指挥统一和功能配置统一。因此，合理划分人事行政管理权限，建立管理制度，明确职责范围是遵循统一原则，高效管理公共人力资源的基础。其次，对公共部门的人力资源进行管理要受到国家法律、法规的规制是公共人力资源管理的又一特性。国家专门制订了《公务员法》等法律、法规对公共部门的管理行为进行规制，促使其依法行使人事管理的权力。再次，公共人力资源管理的具体管理体现出了特殊性。例如，针对政府部门的工作性质与对公职人员的政治要求，强化了德、才测评，考核与培训的方法和技术；针对公关部门产出的非量化性特点，对公共人力资源管理提出了科学的绩效评价指标。

综述，公共管理视角下研究的公共人力资源管理是以国家行政机关和国有事业机构公共人力资源为主要分析对象，研究权力机关依法对其所属的公共人力资源进行预测、规划、考核、使用及其工资、保障等项管理活动和过程的综合。公共人力资源管理包括宏观管理和微观管理两个部分。前者是从整个公共部门系统出发，对公共人力资源供求状况进行宏观和中长期的统计、规划，维持公共人力资源管理、流动市场的秩序，其目的是营造公共人力资源管理的良好环境。后者是指政府和其他每个职能部门依法对本部门内现实的公共人力资源进行管理的活动和过程。两者互为条件，互相保障，形成公共人力资源管理系统①。

（4）心理学视角下的人力资源管理研究。心理学是研究心理活动与行为的科学。人的心理或行为会因人、事、时的差异而表现出不同的规律，因此，心理学是一门研究内容极为复杂的科学。其中人力资源管理研究也是心理学研究的一个分支，称之为人力资源管理心理学。

人力资源管理心理学，在传统上被称之为人事心理学。从心理学的角度来界定，人事心理学是一门研究人事管理活动与人力资源开发中各种心理现象及其规律的学科；从人事管理的角度来界定，人事管理学是一门将心理学的研究成果和理论运用于组织人事管理领域的学科。

随着学科的发展，人事管理在20世纪70年代初期，逐渐被人力资源管理所取代。人事管理在概念上的变化，使得“人事管理学”这一概念也让位于“人力资源管理学”，人事心理学的研究领域也扩展到整个人力资源的范围，人力资源管理活动中通常包括的工作分析、人员招聘、人员培训、绩效考评、绩效管理、薪酬管理等研究内容也成为人力资源管理心理学研究的内容。

---

① 《公共部门人力资源管理》编写组：《公共部门人力资源管理》，中国国际广播出版社2003年版，第5—10页。

作为心理学和人力资源管理的交叉学科，人力资源管理心理学的发展有助于推动心理学和人力资源管理学这两种学科的学科体系、学科内容、学科理论的发展。除此之外，还有助于改善人力资源管理中的实践工作。具体作用是：有助于扩大心理学的应用范围；有助于扩充人力资源管理的知识和理论；有助于拓展人力资源管理的领域；有助于改善人力资源管理的实践。

总的来说，人力资源心理学是一门综合性的交叉学科。

第一，人力资源管理心理学是心理学和人力资源管理学相结合而派生出来的一门学科。它运用心理学的原理、方法和技术来研究人力资源管理情境中人的心理和行为规律。而且除了揭示规律之外，它的一个重要任务便在于将心理学的知识应用到人力资源管理的实践中，以改善和提高人力资源管理的效能。所以，人力资源管理心理学既包括与人力资源管理部分有关的心理学，又包括与心理学部分有关的人力资源管理学。因此，人力资源管理心理学是由一部分心理学和一部分人力资源管理学所构成，这两部分相互贯通，有机结合就构成了人力资源管理心理学。

第二，人力资源管理心理学是一门自然学科，也是一门社会学科。现代人力资源管理心理学的研究，在研究对象上，有时会涉及到人的某些自然属性，比如反应时、神经类型、压力耐受性等等。还有人力资源心理学的研究常常要用到实验、计算机模拟、数据处理等自然科学的研究手段和方法。另外，在工作场所中，对于人来说，更重要的是人的社会属性，比如沟通、人际关系、态度和价值观等等。因此，人力资源管理心理学既具备自然科学的性质，也具备社会科学的性质。

第三，人力资源管理心理学是一门理论学科，也是一门应用学科。从人力资源管理心理学的研究对象上来看，首先它需要研究人力资源管理活动中人的心理和行为的规律，以构建和发展自身的理论。组织承诺、心理契约、员工满意度等概念都来自于人力资源心理学自身的研究中。但是，人力资源管理心理学还要研究如何把心理学的研究成果和理论应用到实践中去，以满足人力资源管理实践的需要①。

（5）社会学视角下的人力资源管理研究。劳动是人类赖以生存的手段，是人类与自然界进行物质变换的过程，是社会发展与进步的基础。人是从事劳动的主体，在劳动过程中，逐渐形成了各种经济关系和社会关系，包括劳动关系，也出现了一系列有关的社会问题，并在一定程度上影响到制度层面，劳动就成为社会学关注的对象，随之，人力资源管理也纳入了社会学的研究范围。随着我国经济的快速发展和市场经济地位的建立和完善，人力资源领域的研究范围也不断扩大，这促使社会学对人力资源领域的研究也不断扩大和加深。

对于人力资源管理范畴的研究，内容众多，涉及面广，与社会学有着密切的、内在的联系。

第一，劳动者占据社会人群的大部分，是一个极其重要的社会阶层，劳动者与劳动活动对社会具有重要影响，这就使得人力资源构成社会学研究的一个中心问题。

第二，在劳动过程中，劳动者与雇佣者之间形成的劳动关系构成了重要的社会关系，例如雇佣、劳资谈判、劳动争议冲突等属于社会学范畴，为社会学研究所重视。

第三，在社会进步的过程中，由人力资源因素的变动导致社会结构发生巨大变动，例如

① 朱永新著：《人力资源管理心理学》，华东师范大学出版社2003年版，第13—14页。

大量农民转化为工人（农民工），企业职工下岗，白领阶层人数增加、知识精英出现，等等，都成为社会学的热点问题。此外，失业问题、退休和医疗等劳动保障、劳动者的其他权益问题，等等，成为社会问题，导致社会的不安定，也都进入社会学的研究领域。上述诸多问题，引起了对人力资源问题进行专题社会学研究的需要。由此，人力资源管理研究成为社会学的重要分支，成为对人力资源的社会现象、社会问题和社会结构进行研究的一个特殊且重要的领域①。

2. 人力资源管理学科有待规范

随着我国社会主义市经济体制的确立，社会、经济、政治等各方面出现了许多新情况、新事物，人们的利益关系、生活方式、价值取向也出现了许多新变化。尽管我国人力资源管理学科领域的实践活动、理论研究和教学工作都取得了很大的发展，但与我国经济的快速发展相比还有很大的差距。因此，如何调整、更新和规范人力资源管理学科，是市场经济下迫切需要思考的重要问题之一。

我国人力资源管理学科是20世纪50年代从前苏联引进，经过50多年的不断改进逐步发展起来的，这一学科体系从其产生以来，就深深地打上了计划经济体制的烙印。其主要表现为学科口径太细、专业知识面过窄；教育思想落后，人才培养目标定位不准；课程结构老化，教学内容陈旧；培养模式单一，教学手段落后。因此，应改变当前人力资源管理学科的诸多缺陷，顺应我国经济形势的发展。

（1）更新教育观念，确立培养目标。在人力资源人才培养中，我们应摒弃过去那种专才培养思想、应试教育思想，确立素质教育观、通才教育观，既重视基本知识和基本理论教学，又要重视基本技能的训练，重新确立高校人才培养目标。高校人力资源本科阶段的人才培养目标应当是：培养德、智、体全面发展的，适应我国社会主义市场经济发展建设需要的，面向企事业单位的、高素质的应用型、通用型劳动经济人才。这里所谓的“高素质”是指人力资源本科毕业生应具有良好的政治思想素质、道德品质素质、科技文化素质、工作业务素质和身体心理素质。“应用型”指的是人力资源本科毕业生未来面向的主要是企事业单位，所从事的主要是人力资源实际工作，而不是从事科学研究和高校教学工作。科研人才和高校教学人才是人力资源学硕士研究生和博士研究生的培养目标。“通用型”指的是人力资源本科毕业生应具有较高的思想政治素质、良好的职业道德、厚实的理论基础、宽口径的业务知识、很强的适应能力，能在复杂多变的实际工作中随时接轨，能从事各种不同单位的、不同类型的人力资源管理工作。人力资源专科人才培养目标要与本科相区别，既不是本科培养目标的简单翻版，又不是本科培养目标的浓缩。人力资源专科培养主要是培养应用型、操作型劳动人力资源人才。

（2）拓宽专业范围，优化课程结构。按照高等学校本科教育阶段的“通才”培养目标以及拓宽专业基础，淡化专业界限，学科之间、专业之间合理交叉和渗透的改革要求，应对当前劳动经济学科口径过细，专业知识面过窄的现象，进行大刀阔斧的调整与改革，在调整中应大力扩大专业面，把相近学科如人力资源开发与管理（人事管理）、人口学等内容包括进来，形成一个比目前学科、专业范围大得多的劳动经济学科体系。在专业范围拓宽的同时，应不断优化课程结构和课程内容体系，作为面向21世纪的劳动经济专业应该开设以下三

---

① 袁方、姚裕群著：《劳动社会学》，中国劳动社会保障出版社2003年版，第1—2页。

方面课程：

第一，通识性课程。即培养学生基本素质的各类基础性、一般性和常识性课程。这方面课程既要有文科性的、又要有理工科的，还要包括有利于提高学生文化素质和思想道德素质的人文科学课程。通识性课程应当包括哲学、伦理学、心理学、社会学、英语、数学、语言文字、写作、历史、地理、体育、新技术概论、信息经济学、环境科学、美术、经济学、计算机基础等。通过这些课程的学习，使学生掌握自然科学、人文科学、社会经济等基础学科的基本理论和基本知识，拓宽学生的知识面，激活思维方式，以培养学生正确的世界观、价值观和历史责任感，良好的科技文化素质和创造能力，较强的综合分析能力、组织管理能力以及健康的身体和心理素质。

第二，学科基础课。主要是使学生了解、认识和适应劳动经济工作所处社会经济环境的各类工商业知识和法律方面的基本课程。通过学科基础课的学习，使学生了解现代企业的组织结构、内部运行机制和外部运行环境，掌握现代工商业活动的规律和特征，从而培养学生适应复杂多变的市场经济的能力。学科基础课主要包括法律基础、财政学、货币银行学、管理学原理、国际贸易、国际金融、经济法、会计学、统计学等基本课程。

第三，主干专业课程。主要是培养学生从事劳动经济实际业务素质的各类劳动经济基础理论、基本知识和基本技能方面的课程。这类课程主要包括劳动经济学原理、人力资源开发与管理、劳动心理学、劳动生理学、行为科学、劳动保护学、劳动法学、人口学、社会保障学、保险精算学、劳动统计学、劳动人事管理信息系统、西方劳动经济理论综述等课程。主干专业课程是体现劳动经济专业特点的课程，是劳动经济专业课程体系的核心，通过这类课程的学习和训练，使学生具备良好的劳动经济工作业务素质。

（3）改革教学内容，更新教学手段。劳动经济专业课程体系一经确定，关键问题就是对各门课程教学内容进行改革，而对于主干专业课程内容的更新，又是劳动经济专业教学内容改革的重点和难点。因各高校只依靠自身难以完成此项工作，我们建议教育部组织、联合各校有关专家修订各类课程，特别是劳动经济专业主干课程的教学大纲，教学大纲应充分反映当代科技发展前沿动态。完成教学大纲的修订后，再组织知名专家、学者编著劳动经济系列教材。系列教材必须充分关注当代经济、社会、科技等方面的重大发展变化，关注科技发展对于劳动经济学科的渗透和影响，认真吸收世界各国在劳动经济理论方面的最新研究成果，特别是要全面引进“新三论”——系统论、信息论和控制论，以形成全新的课程内容体系，使劳动经济专业课程实现文理兼容、交叉和结合，使课程内容体系焕然一新，充满21世纪的时代气息。

四、人力资源管理学研究的进展

（一）学习前苏联的劳动管理学阶段

1. 劳动定额研究

劳动定额是指在一定的生产和技术条件下，生产单位产品或完成一定工作量应该消耗的劳动量（一般用劳动或工作时间来表示）标准或在单位时间内生产产品或完成工作量的标准。人工定额，工时定额或工日定额，蕴涵着生产效益和劳动合理运用的标准，反映的建筑安装工人劳动生产率的先进水平，不仅体现了劳动与产品的关系，还体现了劳动配备与组织的关系，它是计算完成单位合格产品或单位工程量所需人工的依据。

我国建国后的劳动定额制度研究，在党的十一届三中全会以前，全面借鉴和参考了前苏联的相关制度。因此，我国在党的十一届三中全会前后的劳动定额制度，很大程度上是前苏联十月革命后建立起的劳动定额制度的一个缩影。

前苏联十月革命后，在1918年颁布了第一部《劳动法典》，1922年又重新颁布了更完备的《俄罗斯联邦劳动法典》，体现了工人阶级地位的转变和国家对劳动和劳动者的态度。它以法典的形式使劳动法彻底脱离了民法的范畴。在此基础上，前苏联开始了自己的劳动定额制度的探索和制定。

第二次世界大战以后，前苏联成立了技术定额标准局，各产业部门也成立了相应机构，负责制定定额标准。

前苏联的劳动工资体制改革是前苏联经济体制改革的一项内容。前苏联从20世纪50年代中期开始，到70年代末，对劳动工资制度曾进行过两次全国范围的调整，采取的具体措施包括：提高最低工资限额；提高中等工资；加大标准工资在工资中所占的比重；减少工资等级数，缩小工资等级表两端之间的差距，扩大熟练工人与一般工人的级差；按照劳动条件规定工资标准的差距；调整部门间工资水平的对比，缩小生产部门同非生产部门的差距；调整地区工资系数；提高计时工资的比重；简化和统一工资等级制度。同时，逐步提高奖金在工资中的作用。这些措施基本上适应生产发展的需要，有利于提高人民的收入。但上述改革并没有突破20世纪30年代所确立的传统工资体制的框框，仍然存在各种各样的平均主义，不按实际工作成绩而是只要上班就有工资以及发放不合理的奖金等现象。

新中国建立前的劳动立法，出现于20世纪初期。中华民国时期，北洋政府农商部公布的《暂行工厂规则》，内容包括最低的受雇年龄、工作时间与休息时间、对童工和女工工作的限制以及工资福利、补习教育等规定。国民党政府则沿袭清末《民法草案》的做法，把劳动关系作为雇佣关系载入1929—1931年的民法中；1929年10月颁布的《工会法》，实际上是限制与剥夺工人民主自由的法律。

为了维护工人利益，中国共产党领导下的中国劳动组合书记部在1922年发动了大规模的劳动立法运动，并提出《劳动法大纲》19条等等。这一代表工人利益的《劳动法大纲》并未得到当时政府的确认。

在中国共产党领导下的革命根据地，才产生了真正代表职工利益的劳动立法。1931年11月7日，中华工农兵苏维埃第一次全国代表大会通过了《中华苏维埃共和国劳动法》。抗日战争时期，各边区政府也曾公布过许多劳动法令，如晋冀鲁豫边区1941年11月1日就曾公布过《晋冀鲁豫边区劳工保护暂行条例》。第三次国内革命战争期间，1948年8月第六次全国劳动大会，通过了《关于中国职工运动当前任务的决议》，对解放区的劳动问题提出了全面的、相当详尽的建议，对调整劳动关系提出了基本原则。各个解放区的人民政府，也曾先后颁布过不少劳动法规。这一切都为中华人民共和国的劳动立法提供了丰富的经验。

中华人民共和国建立后，1950年6月，中央人民政府公布《中华人民共和国工会法》，同年，劳动部公布《关于劳动争议解决程序的规定》，1951年2月，政务院公布《中华人民共和国劳动保险条例》（1953年1月经修正后重新公布），1952年8月，政务院发布《关于劳动就业问题的决定》。1954 年 7 月，政务院公布《国营企业内部劳动规则纲要》，1956 年 6 月，国务院公布《关于工资改革的决定》，1956 年，国务院公布《工厂安全卫生规程》、《建筑安装工程安全技术规程》和《工人职员伤亡事故报告规程》。我国从 1953 年开始，在许多工业部门和企业开展了定额标准的研究和制定工作，并试行了一些部颁标准或企业劳动定额标准。

在全面进行社会主义建设阶段，中国的劳动立法有了进展。1958 年，国务院公布了《关于工人、职员退休处理的暂行规定》等 4 项重要规定。1966—1976 年，劳动立法基本上处于停滞状态。1978 年 5 月，全国人民代表大会常务委员会原则上批准了国务院《关于安置老弱病残干部的暂行办法》和《关于工人退休、退职的暂行办法》；同年 5 月，国务院发布了《关于实行奖励和计件工资制度的通知》。

新中国成立后的劳动定额制度研究，在新中国颁布了一系列保护劳动人民群众切身利益的劳动法律保护规定后，在参考前苏联劳动定额制度的基础上，建立起了我国初步的劳动定制制度雏形。

如在我国出现的“平均先进”的提法概括和限定定额水平，在新中国建国初期就已经出现并得到了一定范围的推行。采用这种提法虽有形象具体的优点，但有两个明显缺陷：一是只反映本单位过去达到的水平，不能说明未来；二是采用算术平均数来衡量定额水平，不仅受统计资料真实性、准确程度的制约，还受到计算方法的影响。在本单位可能是平均先进水平，但在其他单位也可能是落后水平。20 世纪 60 年代后，为了改变“平均先进”法的不合理之处，开始改变“平均先进”的提法，采用“先进合理”取而代之，要求企业劳动定额应达到先进合理的水平。这种提法的好处是：便于调动各方面的积极因素，促进企业现行定额水平的提高；有利于推广先进经验，向先进单位学习，力争达到或超过部颁定额标准水平。

然而“文化大革命”开始后，劳动定额工作在中国却遭遇到各种运动的冲击，三起三落，以致当今日企业十分需要劳动定额工作人才和学校十分需要开设劳动定额学课程时，却既缺教师又缺教材。

2. 岗位规范研究

岗位规范是指企业根据劳动岗位的特点，对上岗人员的条件提出的综合要求。它是企业劳动管理工作的基础，是组织生产和进行内部工资分配的重要依据，对于加强企业劳动科学管理，建立培训、考核、使用和待遇相结合的机制具有重要作用。

岗位规范的内容，一般应包括岗位职责、上岗条件和生产技术规程三个部分。

（1）岗位职责。主要规定本岗位应承担的生产任务和应负的责任以及应达到的标准。

（2）上岗条件。可以分为思想政治与职业道德、专业知识、身体条件等三个部分。

思想政治和职业道德是指从事本岗位工作应具备的思想政治素质和职业道德要求。这项内容可以参照通用规范予以明确。

专业知识是指从事本岗位工作应具有的专业知识、实际技能、工作经历、学历要求以及岗位相关知识。

身体条件是指从事本岗位工作应具有的身体健康状况和程度要求。一般包括体力、视力、嗅觉和听力等的要求。

（3）生产技术规程。包括工作程序、项目、要求等三个方面的内容。

工作程序是指本岗位所必须完成的主要工作项目的先后程序，它是从岗位重复出现的某种工作项目出发，按照客观生产流程和活动规律，规定的先后项目标准顺序、项目内容与要求、工作手段等，是对本岗位履行职责所必须完成的重要工作项目的具体要求标准。

制定岗位规范的原则主要有以下四个方面的要求：

第一，客观性。即根据岗位制定岗位规范，要因岗而异，不要因人而异。即什么岗位，担任什么职务的职工，应具备什么素质，就应相应的制定什么岗位的规范。

第二，实用性。即根据设备技术质量的高低和产品的数量、质量要求，规定职工掌握操作规程应具备的文化、技术基础知识和实际操作技能以及安全生产要求，紧密结合生产实际，为生产服务。

第三，科学性。即岗位规范要建立在现代科学技术和现代企业管理上，把已应用或近期即将应用的新设备、新工艺、新技术、新材料列入岗位规范，但不要把长远规划放在现阶段的要求中。

第四，层次性。即要按企业劳动力结构的不同层次制定出不同的岗位规范。由于岗位是特定的企业按工作或职位的细微区别划分的，不同的企业有不同的岗位，也就有不同的岗位标准要求。因此，不仅岗位的划分是企业自己的事，作为企业用人标准的岗位规范，也只有由企业用人部门提出来。制定岗位规范，原则上应由各企业自主。对一些特殊工种人员，如高压容器工、电焊工、驾驶员等，国家对这些工种有特殊要求，如果企业用人，应结合企业自己的岗位规范考核上岗。对于通用性强、覆盖面广、岗位要求比较一致的工种，可由行业主管部门制定通用岗位规范。

（二）美欧人力资源研究成果的引进和翻译

1. 国外人力资源管理研究成果的引进

人力资源管理领域在美国兴起于20世纪80年代初期，是当时美国管理研究的前沿领域之一。从20世纪80年代中后期开始，“人力资源管理”的基本理念逐步引入中国，但人力资源管理实践尚未大规模地应用，这与当时中国社会经济管理体制改革的情况基本相一致。到了20世纪90年代中后期，全社会已经意识到人力资源管理需要不断改革和发展创新，人力资源管理实践在中国开始得到普遍运用，但当时企业管理体制和劳动力市场经济体制的改革尚不能够有力地支持现代人力资源管理制度规章的建立和健全。进入21世纪后，随着外部环境的重大变革，人力资源管理改革进一步深化，正朝着国际化、市场化、职业化、知识化的方面发展。

2. 中国人力资源管理研究框架的形成

（1）人力资源管理理念的导入期。在20世纪80年代中期的中国，大众对“人力资源管理”一词非常陌生，甚至误以为“人力资源管理”就是“人事管理”，此时对人员的管理仍属于计划经济体制下的行政命令式管理。当时，劳动者只是生产关系的主体，而非和土地、资本等其他资源一样被看做是生产力的基本要素。人们对人力资源管理的认识仍停留在员工只是管理和控制的工具的成本观念，人事管理部门的工作仅仅是人事考核、工资发放、人事档案管理等日常的事务性工作。用工管理主要依靠行政调配的方式，工作岗位缺乏有效的考核，劳动合同的执行流于形式，缺乏有效的激励作用和竞争性用人机制。

人力资源管理的发展离不开人力资源管理理论的指导。虽然这一时期的计划经济烙印明显，但西方的人力资源管理理念开始导入中国。早期的研究主要是对劳动人事管理和人才管理，对这些问题进行研究的学者主要有赵履宽和王通讯等人。王重明、张德、时勘等人则是国内较早将心理学理论引入人力资源管理领域的学者。

（2）人力资源管理的探索期。20 世纪 90 年代中期开始，中国开始探索人力资源管理在实践中的运用，人力资源管理实践已开始应用到企业和政府的人事管理工作中。越来越多的企业开始试图从招聘、培训、绩效考核、薪酬等方面完善人力资源管理实践的各项职能，人力资源管理的各项专业技术有一定程度的提高。尤其是部分企业通过实施年薪制加大了对企业家激励的力度，强化企业家经营行为的约束，并且在一定程度上限定企业家年薪收入的范围。而对于一般员工已基本实现基于绩效的付酬。然而，此阶段企业薪酬制度的改革还主要停留在分配方式改革的层面上，真正的薪酬管理体系还没有完善建立，企业薪酬管理的依据和基础还不明确，岗位分析、绩效考核体系、薪酬体系还没有系统建立起来。

需要指出的是，由于市场发育程度不高，这一时期人力资源管理存在许多弊端。如模糊的企业产权制度导致企业内部管理权责不明确、国有企业内部管理机制的行政化和干部化、专业化的人力资源市场管理机制尚未建立等问题。针对这些问题，廖泉文、常凯等学者进行了较为深入的研究，主要探讨国家人力资源法律和政策对人力资源管理的影响，试图从宏观层面分析企业人力资源管理问题。张一弛则重点关注了国有企业改革中的内部人控制与公司治理结构问题。张文贤，石金涛等人是国内较早关注经营者人才价值、人力资本价值计量与收益分配激励问题的学者，提出人力资本如何参与价值分配的问题。

（3）人力资源管理的系统深化期。20 世纪 90 年代末至今，人力资源管理改革得到了系统性的深化，国家对人力资源管理重视程度日益提高（熊通成、曾湘泉，2008）。企业对人力资源管理的认识已经发生本质变化，人力资源的管理与开发水平大为提高。此阶段，中国劳动力市场发育较为充分，劳动法律逐步健全；政府人力资源管理水平提高；企业拥有了用人自主权，越来越重视人力资源管理实践。人力资源管理已经成为企业管理的重要内容，人力资源管理部门的职能正在由传统的人事行政管理职能转变为战略性人力资源管理职能，成为企业发展战略的参谋部、执行部和支持部。而随着基础管理模式的深刻变革，人力资源作为核心资源，以人为本的思想得到了广泛的认同。在此背景下，以人才测评、绩效评估和薪资激励制度为核心的人力资源管理模型得以确立。与此同时，学术研究也取得了丰厚的成果。到 20 世纪 90 年代末期，中国学者的研究已经大有进步，开始从不同视角对人力资源管理进行研究。尤其是西方的战略人力资源管理理念开始为国人所熟悉，人力资源成为组织核心竞争力的来源。学者们研究发现，人力资源管理与开发政策和方式只有与企业外在环境、经营战略和组织结构保持一种动态协调关系，才能提高组织的应变能力，创造持久的竞争优势。这一时期理论研究重点主要是管理效益的概念，人力资源管理与企业效益的关系以及人力资源管理对企业效益的作用过程、作用方式等。另外，诸如企业发展演化与人力资源与人力资源管理的关系、企业家薪酬制度、知识员工管理、高新技术企业和学习型企业的人力资源管理等新兴问题也成为学术界和实践界人士重点关注的问题。

（三）本土化研究的逐步兴起

1993 年 11 月，中共中央召开了具有历史意义的十四届三中全会。1994 年 11 月，国务院出台了《关于选择一批大中型企业进行现代企业制度试点的方案》，提出：改革企业劳动人事工资制度；取消企业管理人员的国家干部身份；打破不同所有制职工之间的身份界限，建立企业与职工双向选择的用人制度。经理、副经理等高级管理人员与董事会签订聘用合同，其他员工与企业签订劳动合同，全体职工与企业签订集体合同。政府对企业工资总量实行间接控制，制定最低工资标准，对企业工资水平的确定情况进行监督、核算。企业自主确定本企业的工资水平和内部分配方式，实行个人收费货币化和规范化。1994 年出台了《劳动法》并于 1995 年开始实行，又明确了企业劳动合同制度，从制度上保证了国有企业的用人自主权。这些制度的建立，为之后我国企业人力资源管理的研究奠定了坚实的基础，随之而来的是我国的人力资源的研究开始了蓬勃发展的局面。人力资源领域的专家学者和从事人力资源管理的企业家对人力资源从实战方面进行了研究，为我国各种类型企业的人力资源管理提供强有力的理论指导和实际经验。

我国人力资源管理的实战派研究初始阶段为引进、学习、吸收和借鉴国外先进的人力资源管理经验和方法，随着我国改革开放的深入，外资企业在中国日益增多，国内人力资源领域的专家学者开始把注意力放到外资企业身上，重点研究外资企业在人力资源管理方面的制度和操作方法，给专家学者们一个近距离研究和观察的机会。实际上我国从改革开放之初就建立起外商投资的法律、法规，开始了外商投资的引进。如 1979 年 7 月 1 日全国人大第一次会议通过的《中外合资经营企业法》是我国第一部外商投资企业法，之后，山西平逆的安太堡露天煤矿在我国改革开放的总设计师邓小平的关注和支持下，成为我国第一个中外合资经营企业，并且在外方的管理下，建立起一套完整和严格的管理规章制度，其中包括科学合理的劳动用工制度，之后，我国的外商投资企业，如缺少资金建设的高档宾馆和技术急缺的行业也纷纷引进外资和国外先进技术，使得我国的外资企业如雨后春笋般涌现。但是，由于我国人力资源管理研究的相对落后，国内的专家学者并没有对改革开放之初我国的外资企业给予更多关注，因此也没有相应的研究成果。另外一个很重要的原因是由于引进外资的中方基本都是国有企业，国有企业规章制度的束缚和国有企业领导人员观念的滞后，同时也为了避免同行业竞争的考虑，把引进外资企业的规章制度和先进管理方法作为商业秘密拒绝专家学者进行考察研究，使得专家学者在改革开放的开始阶段并没有对外资企业的管理经验和方法进行大规模的研究。

党的十四届三中全会之后，改革开放进一步的深入和外资进入的激增，同时国内人力资源管理研究随着研究水平的提高和研究范围的扩大也进入了一个新的阶段，专家学者对外资企业给予了越来越多的关注和研究，因此，我国人力资源管理的实战派研究可以说是在研究国外人力资源管理经验的基础上，以在华外资企业为研究对象形成的研究成果，继而形成的研究成果应用到我国的民营企业，尤其是应用到以广东、福建为主的民营企业，之后开始在中型国有企业和大型国有企业进行实战派研究和应用先进的人力资源管理经验、方法。

国内近些年来实战派研究的著作成果颇丰，其中比较有代表性的著作，如《笑着离开惠普》、《家业长青》、《中国私企内幕》、《中国式管理》、《现代人力资源管理实务》。这些著作分别探索了外资企业、家族企业、国有企业的人力资源管理实践。

第九章　财务管理学的发展

一、财务管理理论的发展

（一）财务管理理论发展的三个阶段①

新中国财务管理理论的发展，已走过60年的历程。60年来我国财务管理理论建设取得了显著的成就。建国以后，随着经济体制从计划经济体制向市场经济体制的转换，我国财务管理理论的发展大体上经历了三个阶段。

1. 计划经济体制时期

新中国的成立开辟了我国财务理论研究的新纪元。解放以后到改革开放前的30年，我国企业财务管理工作是在高度集中的计划与财政体制下建立和发展的。

在这种体制下，有关生产、分配、甚至消费的决策都由政府计划权力机构作出，企业生产什么、生产多少、怎样生产、从何处取得资源、产品销往何处等都由政府行政命令决定，即企业属于单纯生产型的经营方式。此时，企业管理的基本目标是完成生产任务，追求产量目标。企业管理中也主要重视实物管理，讲求实物生产率或技术效率，而不重视财务管理。企业财务活动中的筹资权、投资权、分配权都集中在国家有关部门。企业的生产目标高于财务目标，财务管理工作及目标只是保证资金的安全，降低资金消耗或成本。

在计划经济体制下，计划机制在中国的经济运行中发挥主导作用，生产要素组合通行直接分配，金融受抑制，只有银行一个中介机构，企业自行筹集资金基本上也是由银行提供贷款来完成，证券市场在我国几乎是完全不存在的。但是，股票的身影还偶有所见。1954年，在农业合作化的过程中出现过印有毛泽东头像的股票，这种股票只有分红的权利，没有交易的权利，也不能退股，基本上没有体现出股票的功能②。

这一阶段财务理论研究的特点是：以马克思政治经济学作为唯一的基础理论，甚至把一些政治经济学应该研究、解决的问题，纳入到财务研究之中。在内容上，财务概念上的争议是财务研究的重点；在目的上，主要对宏观上的有关财务政策产生影响在实务上，总结形成

① 此部分内容主要参考汤谷良："我国财务管理理论世纪回眸"，《财务与会计》，2000年第2期。

② 张先治主编：《财务学概论》，东北财经大学出版社2006年版，第13页。

了极富中国特色的财务控制的具体操作方法。

2. 有计划商品经济体制时期

1978 年，党的十一届三中全会作出了把全党工作重点转移到社会主义现代化建设上来的战略决策，并提出必须对经济体制进行改革。1984 年，中共中央关于经济体制改革的决定，指出社会主义经济是有计划的商品经济，强调要使企业真正成为相对独立的经济实体，成为自主经营、自负盈亏的社会主义商品生产者和经营者，具有自我改造和自我发展的能力，成为具有一定权利和义务的法人。这些论断为企业财务体制的改革指出了总的轮廓。从此，财务管理理论研究显著地活跃起来①。

从 1978 年中国改革开放到 1991 年年末，中国经济改革目标是建立有计划商品经济体制，试图通过计划经济与商品经济的结合，取长补短，解决计划经济体制下存在的诸多问题。这一时期的改革又可分为两个阶段：

第一阶段是从 1978 年年末到 1984 年 9 月，改革的基本思路是扩权让利，改变高度集中的计划经济体制。企业开始重视按经济规律，特别是按价值规律办事，企业经营方式也从单纯生产型向生产经营型转化。此时，企业再也不能只强调产品生产及产量，而要重视产、供、销的衔接，追求收入与利润目标。这种经济体制与目标，决定了企业商品经营的产生与发展。商品经营条件下的企业财务管理得到了一定的重视，企业的财务管理目标比较明确，即追求利润最大化，从而使财务管理工作从原先的成本管理发展到对资产运营和收入分配的管理。但是，在当时的体制下，由于商品经营忽视企业资产的投入、占用与资金来源。因此，财务管理中忽视对投资的管理和筹资的管理，不讲究资本成本和资本结构。

第二阶段是从 1984 年 10 月到 1991 年年末，改革的基本思路是政企分开、所有权与经营权适当分离。这期间，企业改革逐步从利润留成、利改税向厂长负责制、承包制、租赁制及少数企业股份制试点转化。由于重视政企分开及所有权与经营权分离，企业经营者对企业资产的占用、使用、处置等权力增大，同时对资产的责任也加大。企业目标已不简单是收入或利润，而是将利润等指标与资产的占用相联系。因此，资产经营取代商品经营成为必然趋势。在财务管理上，财务管理的目标不仅是利润，而且要追求资产使用效益，即资金利润率，财务管理内容扩展到投资管理和一定程度的筹资管理。但是，由于宏观上没能解决计划与市场的关系，企业资产经营只处于初级阶段，企业无法完全按市场规律有效配置与使用资产；同时，由于微观企业产权不清，资产经营缺乏与之相连的资本运作，经营范围与经营方式受到很大限制。

改革开放后，中国资本市场开始发育。1981 年，中国政府开始发行国库券，筹集资金用于经济建设，此后每年，中国政府都发行一定规模的债券，但是这一时期的国债发行处于低级阶段，无论是发行方式、发行对象还是国债期限和品种的设计都带有计划经济的烙印。同时，从 20 世纪 80 年代中期开始，一些地区进行企业发行股票筹集资金的试点，股份制经济开始出现。此后，股票市场缓慢发展，而 1990 年上海和深圳证券交易所的成立，则标志着我国股票市场正式运作的开始。有计划商品经济体制下的中国资本市场初步发育成长，扩大了国内的投融资渠道，打破了企业仅依靠银行信贷取得资金的单一格局，优化了资金资源的配置。但是，虽然企业股份制改造试探面不断扩大，却很不稳定，时常受到理论上争论的

---

① 王庆成："我国财务管理理论研究概述"，《会计之友》，2003 年第 9—10 期。

困惑。

这一阶段的财务理论研究的特点可以概括为：以马克思政治经济学作为唯一的基础理论的局限有所松动，理论依据不断拓宽。在内容上，财务名词概念的争议仍是财务研究的重点；在目的上，不仅要对宏观上的有关财务政策产生影响，更是为国有企业自身的财务改革与财务管理提供思路，研究的范围十分广泛。

3. 市场经济体制时期

1992 年，中共十四大明确提出，我国经济体制改革的目标是建立社会主义市场经济体制，1992 年，党的十四届三中全会又确定，建立现代企业制度是我国国有企业改革的方向。

以 1993 年颁布、实施“两则两制”[①] 为起点和契机，我国财务理论研究的视野、方法、内容等呈现出明显的“多极化”特征。[②]

在社会主义市场经济体制下，企业改革方向是建立适应市场经济要求的产权清晰、权责明确、政企分开、管理科学的现代企业制度。企业经营方式在由生产经营型向资产经营型转变的基础上，进一步向资本经营型转变。在市场经济条件下，企业财务管理的直接目标虽然也是利润，但它是站在所有者立场上强调一定资本投入的利润最大化，资本增值是财务的根本目标。财务管理的内容已经从资产经营转变为资本经营，形成筹资管理、投资管理、资产运营管理、利润分配管理等的全面财务管理，企业财务管理已成为企业管理的核心。

另一方面，在明确了企业改革以建立现代企业制度为方向的条件下，国有企业股份制改造的步伐显著加快，同时，整个经济的高速扩张伴随着对资本的强烈渴求，资本市场进入加速成长阶段。股票、债券市场深入发展，扩容加速；资本市场假设逐步完善；二级市场逐步完善；宏观监管机制初步形成；资本市场国际化方面取得重要进展。目前，比较规范的中国资本市场框架已基本建立，不断发展壮大的中国资本市场对于引导社会资金流向、调整产业结构和合理配置资源发挥了市场导向作用，为国有企业股权多元化和公司治理结构的改善提供了新的途径，也为国有经济逐步退出竞争性领域提供了可能选择。然而我们也看到，中国的资本市场仍然存在诸多问题，比如资源配置功能没有充分发挥，市场主体的不成熟，市场监管的有效性亟待完善，等等。[③]

（二）财务管理基本理论的发展

现代财务管理是一门新兴的学科，在国外的发展也不过 100 年左右，规范化的理论研究只有 50 年左右的时间。在我国，对财务管理理论的系统研究则时间更短。新中国成立之后，我国才开始出现有关财务管理理论的研究，在随后二三十年的发展过程中，虽然在财务的本质、作用、地位、内容等方面取得了一定成果，但总体来说一直发展缓慢，并与会计理论不加区分，制约了财务管理的发展。从 20 世纪 80 年代开始，这种情况慢慢得到了改善，尤其随着改革开放和经济发展，现代企业制度初步建立，资本市场迅速发展，财务管理越来越引起了人们的重视，财务管理理论研究得到快速发展。[④] 下面主要针对我国学者对于财务管理的本质、财务管理的目标、财务管理的假设以及财务管理理论结构的研究进行简要回顾。

---

① 即《企业会计准则》、《企业财务通则》、《企业会计制度》和《企业财务制度》。

② 汤谷良：“我国财务管理理论世纪回眸”，《财务与会计》，2000 年第 2 期。

③ 张先治主编：《财务学概论》，东北财经大学出版社 2006 年版，第 13—16 页。

④ 王化成主编：《高级财务学》，中国人民大学出版社 2006 年版，第 16 页。

1. 财务管理的本质

长期以来，我国财务管理的理论研究是“财务的本质”为起点的，从这一起点出发，逐渐阐述财务的概念、财务管理的对象、财务管理的原则、财务管理的任务、财务管理的方法等一系列理论问题。学者认为，我国财务管理理论工作者在形成财务独立论的过程中，从财务的本质研究出发，奠定了财务理论的基石。

1992 年前，主要有四种观点：一是货币收支活动论、货币关系论、货币资金运动论，这种观点的贡献在于最早将企业财务的纷繁表象归纳为货币收支活动或货币资金运动；二是资金运动论、资金关系论，学者认为“资金运动论特别强调企业财务的本质不是一般价值运动，而是企业资金的运动，把问题推向更深层次”[①]；三是价值运动论、价值关系论；四是分配关系论[②]。

1992 年后提出的观点主要有：第一，本金投入收益论。认为财务活动包括筹资、投资、耗费、收入和分配，经济组织进行的本金筹集、投资、耗费（成本）三项可概括为本金的投入；收入与分配两项可概括为本金的收益。财务是社会再生产过程中本金的投入与收益活动，并形成特定的经济关系。第二，财权流论。这种观点是在“本金投入收益论”的基础上发展而来的，认为财务管理不是简单的对资金运动的管理，而是借助于资金运动的管理来实现产权管理，是“价值”与“权利”的结合。不管是资金运动还是本金运动都只是一种价值的运动，某种支配这一价值的“权力”则是隐藏在“价值”背后的、带支配能力的本质力量，即财权流。“财权流”作为现代财务的本质表述，既充分体现了“本金投入收益论”的优势，又反映了“本金投入收益论”在新的历史条件下的特殊性。[③]

2. 财务管理的目标

财务管理的目标是企业理财活动所希望实现的结果，是评价企业理财活动是否合理的基本标准。进入 20 世纪 90 年代以后，学者们提出了以财务管理目标为财务管理理论研究起点的看法。这种观点认为，任何管理都是有目的的行为，财务管理也不例外。只有确定合理的目标，才能实现高效的管理。在 20 世纪 90 年代针对这一问题，学者们讨论甚为热烈，代表性的观点主要是：第一，经济效益最大化；第二，利润最大化；第三，权益资本利润率最大化；第四，股东财富最大化；第五，企业价值最大化。企业价值最大化观点目前在一些论著中占显著地位，同时，分别坚持前三种观点的学者依然不在少数。20 世纪 90 年代后期提出了以下两个论点：一是相关者利益最大化，认为企业不仅仅归属于股东，而且归属于相关利益主体，如债权人、经营者、员工、顾客等，企业理财要兼顾和均衡各利益主体的财务利益；二是企业价值最大化并不等同于股东财富最大化。

3. 财务管理的假设[④]

财务管理假设问题是财务管理理论研究中研究比较少的一个问题，到目前为止，并没有引起人们的足够重视。从现有文献来看，西方财务管理关于财务理论基本假设问题研究较少，而关于财务管理具体假设的研究较多。我国研究财务管理假设问题也仅仅是从 20 世纪 90 年代才开始，各方面的看法也不完全一致。

---

① 曹侠：“关于社会主义企业财务本质各派学说的评价”，《当代经济科学》，1992 年第 2 期。

② 王庆成：“我国财务管理理论研究概述”，《会计之友》，2003 年第 9—10 期。

③ 杨淑娥主编：《财务管理学研究》，经济科学出版社 2008 年版，第 10 页。

④ 此部分内容主要参考王化成主编：《财务管理研究》，中国金融出版社 2006 年版，第 18—19 页。

在我国较早研究财务基本假设的学者是王广明与刘贵生，他们认为，财务基本假设是财务理论研究中对财务活动的空间和时间提出的一些基本设想，是财务理论研究和实践活动的前提条件。他们认为，财务的基本假设主要包括以下三个方面：一是理财主体与自主理财假设；二是资金市场健全假设；三是连续经营假设。

陆建桥认为，任何一门学科的研究和发展，都是以假设为逻辑起点的。因此，呼吁加强财务管理假设的研究，并提出了财务管理的五项基本假设：一是财务主体假设；二是理性财务行为假设；三是不确定性假设；四是财务预期假设；五是财务信息可靠性假设。

王棣华认为，财务假设应包括十个方面：一是独立理财主体假设；二是资金增值假设；三是货币时间价值假设；四是财务风险与收益相关假设；五是财务关系假设；六是利益分享假设；七是环境文化决定假设；八是财务可管理假设；九是财务理性人假设；十是持续经营假设。

王化成提出五项基本假设和五项派生假设构成的财务管理的假设体系，它们是：第一，理财主体假设与自主理财假设；第二，有效市场假设与市场公平假设；第三，风险与报酬同增假设与风险可计量假设；第四，资金再投资假设与资金增值假设；第五，持续经营假设与理财分期假设。

4. 财务管理的理论结构①

财务管理理论结构是指财务管理理论的各个构成要素以及这些构成要素之间的逻辑关系。它有两个方面的含义：第一，财务理论有哪些已经研究成熟的构成要素；第二，这些财务理论构成要素有什么样的逻辑关系。财务管理理论结构的研究主要探讨三个问题：一是财务管理理论的分类；二是财务管理基本理论的构成要素；三是财务管理理论的研究起点。

我国一些学者自20世纪80年代后期开始对财务管理理论的分类问题作了不少研究，分别从不同的角度提出了分类的主张。主要的观点有：第一，二分类说，主张财务管理理论体系分为基础理论与应用理论两大部分；第二，三分类说，主张按其在理论体系的地位分为基础理论、应用理论与发展理论，将研究未来财务管理发展的理论单独列为一类，意在引起研究者重视；第三，五分类说，主张把财务管理分为起点、前提与导向理论、基本理论、通用理论、特殊业务理论和其他基础理论。

我国财务理论界的工作者在着重研究财务现实问题的同时，应会对财务管理的理论结构问题进行进一步充分的研讨，逐步形成多数人认同的、比较成熟的财务管理基本理论的完整体系，以利于财务管理学科的发展。

二、财务管理学科的发展②

（一）中国财务管理教育改革发展历程

1. 计划经济体制下的财务管理教育

① 此部分内容主要参考王庆成："关于财务管理理论结构的思考"，《财务通讯》，2004年第15期。

② 本节内容主要参考赵德武、马永强："中国财务管理教育改革发展30年回顾与展望"，《财经科学》，2008年第11期。

从新中国成立到党的十一届三中全会前，我国实行的是计划经济体制，企业财务管理体制实行的是国家统收统支、统负盈亏的体制，财务管理的职责在于按照国家制度规定搞好成本核算，监督企业合理使用资金，及时上交税金和利润。与此适应，财务管理教育并没有形成专门体系，财务管理被普遍认为等同或属于会计学，甚至被视作财政学的一部分。

新中国成立以后，大批现代化企业相继建立，社会经济日益发展，对财务管理的研究自然就提到议事日程上来。20 世纪 50 年代初期，受前苏联的影响，财务课程作为财政学的分支开始建立。当时实行的是统收统支的财务体制，新建企业资金主要依靠国家拨款，企业利润绝大部分上缴，更新改造投资也靠国家解决，企业募集资金、使用资金、分配收益的职能相当一部分被国家财政所代替，所以财务依附于财政似乎不足为怪。

20 世纪 50 年代后期，中国讲授财务课的教育工作者根据中国企业管理的实际，将“国民经济各部门财务”课程改建为“企业财务管理”课程。主要改变有两项：一是理论上确立了企业财务的实质是企业资金运动及其所体现的经济关系；二是实务上确立了对企业资金运动全过程和包括计划、日常控制与管理以及事后考核、评价等职能在内的全面财务管理。研究的主要内容有企业固定资金管理、企业流动资金管理、成本管理、专项资金管理等。

接着在 20 世纪 50 年代末期的“大跃进”和 60 年代末期开始的“文化大革命”，导致“财会合课”两度发生。这不仅大大削弱了财务管理的教学内容，而且使得财务管理的对象同会计核算的对象不得不统一于资金运动。这种情况加剧了财务和会计分合的长期争论①。

2. 有计划的商品经济下的财务管理教育

这一时期从 20 世纪 70 年代末到 90 年代初。从 1978 年党的第十一届三中全会以来，我国进入以经济建设为中心的社会主义建设新时期。

这一阶段，高校财务管理教育主要呈现以下特征：

（1）在教学内容上，财务管理的教学和研究开始有了自己独立的内容。第一，由于这一阶段财务管理体制以分配为突破口，对筹资、投资进行了局部性改革，财务管理的重点也转变为分配管理，上述内容，特别是分配管理在财务管理教材和教学中逐步得到了体现；第二，市场经济的引入，使高校财务管理教育也逐步将企业的成本费用和收入的管理纳入教学内容中；第三，由于财务管理教育刚刚起步，关于财务管理的目标、环境、假设、本质、职能、内容、出发点、体制等基本问题在理论上还没有解决，这一阶段财务理论研究主要围绕上述基本理论展开，相应的研究成果随后便被纳入各种财务管理教材之中②。

（2）在财务管理教育管理体制方面，虽然财务管理学科逐渐有了自己独立的内容，但财务管理学科本身的独立性并没有取得广泛的认同，财务与会计的关系仍然是学界争论的热点。而各高等院校的实际情况是，财务管理教育仍隶属于会计学专业，没有独立的迹象。

然而，随着商品经济的发展和经济体制的改革，企业自主权有所扩大，企业作为自主经营、自负盈亏的经济实体，有了一定的独立财权，并有丰富的财务活动和广泛的财务关系。对财务活动的组织、监督和调节，既不同于财政侧重宏观间接调控，又不同于会计侧重经济信息处理，在新的形势下，财务管理的独特内容和重要地位便突出起来了，在这一时期，我国有的高校已设立了财务专业。在十多年的改革中，各种财务专著的出版犹如雨后春笋，财

---

① 王庆成等：“建立和完善新的财务管理学”，《中国人民大学学报》，1998 年第 2 期。

② 阎达五、王化成：“面向 21 世纪会计学类系列课题及其教学内容改革的研究”，《会计研究》，1998 年第 9 期。

务学术活动更是蓬勃发展。可见，财务管理实践的发展，已为财务管理学发展成为一门独立的经济管理学科做好了充分的准备①。

3. 社会主义市场经济迅速发展下的财务管理教育

这一阶段从20世纪90年代初期到2000年前后。在这一阶段我国的经济生活和企业财务管理实践发生了翻天覆地的变化。首先，随着现代企业制度的推进，公司制成为一种兼容现代商品经济特征和要求的企业组织形式。作为一种重要的管理职能，财务管理在企业生产经营活动中的角色越来越重要。其次，随着证券市场的建立，企业理财环境、理财目标和理财方法都发生了深刻变化。

这一阶段，高校财务管理教育的主要特点体现在以下几个方面：

（1）教学内容方面，大部分高校的财务管理教学内容与特点集中在以下几点：第一，在理财主体上，现代公司制企业的发展促使大部分高校财务管理教材的内容安排都围绕股份制企业展开；第二，在具体内容上，由于我国财务管理的理论与实务在这一阶段受到了西方发达国家的重要影响，财务管理教育的内容也随之变化。财务管理的关注点由企业内部状况拓展至整个外部市场环境，并逐步涵盖了金融市场、投资学和公司财务三大领域；第三，公司制企业自身特点和证券市场的建立和发展使现代公司治理成为各经济管理类学科进行学术研究的重要领域，与企业投融资相关的公司治理知识也逐渐成为财务管理教学的重要内容。

（2）财务管理教育管理体制方面，财务管理教学的内容与会计学有了明确的划分，经过理论与实务界的多年讨论，财务管理与会计之间的关系也进一步明确，其中虽然曾有“大财务”和“大会计”的争论，但一个基本的共识是，财务管理与会计是区别明显但又密切相关的两类学科。不过，在1998年以前，全国各高校的财务管理专业仍然隶属于会计学专业，财务管理专业的独立性还没有被正式认可。

4. 经济全球化背景下的财务管理教育

2001年，我国正式加入世界贸易组织（WTO），这成为我国经济全球化进程中的重要里程碑，意味着我们所面临的金融市场环境、经济结构环境和法规、财税环境都将产生深刻变化。社会主义市场经济的建立和发展为各经济主体注入了强大的发展动力，我国经济实现了在较长时期内的快速发展，但与此同时，市场机制的内在缺陷和相关制度环境的不完善使我国经济在发展中也逐渐暴露出一些缺陷，如何在复杂多变的环境中寻求企业可持续发展的财务保障机制，无疑是财务管理者面临的重大现实问题。

1998年，教育部在新颁布的专业指南中将财务管理作为管理学下的二级学科列入本科专业目录。自此，财务管理无论在形式上还是在实质上都从会计学里分离出来，成为一门独立的学科，并开始构建独立的教学体系和人才培养模式。

成为一门独立的学科后，财务管理教育在培养模式、师资队伍建设、办学规模和层次上都取得了前所未有的发展。很多高校，包括综合类大学都纷纷开设财务管理专业，财务管理专业本科、硕士和博士的培养体系和办学层次更加完整，师资队伍建设的目标更加明确，师资队伍规模和素质不断扩大，教学方法更为合理和先进。可以说，财务管理在财经类各专业中已成为备受关注的学科，生源数量和质量显著提升。

在具体的教学内容上，财务管理教材逐步由原来较为单一的企业财务管理逐渐发展为基

---

① 王庆成、王化成：“财务管理学科建设的几个问题”，《浙江财经学院学报》，1990年第4期。

础财务学、中级财务管理、高级财务管理等从低到高、由易到难的教材体系。

（二）60 年来我国财务管理学科发展的启示

1. 财务管理实践与学科的发展是一个互动促进的过程

理论的发展总是以实践的发展为先导的，财务管理学科的发展也不例外。理论、实务和教育之间可以相互转化、相互促进，正确把握它们之间的关系有利于构建财务管理理论研究、实务发展和教育改革之间的良性互动机制。先进的理论必定会促进实践向更有效率的方向发展，实现理论向实践的转换；实践的发展可能引发对已有理论的挑战，促使理论进一步修正、提升，实现实践向理论的转换；理论发展无疑会给教学带来新思想、新观点、新领域，实现理论向教学的转换；实践在对教学提出现实需求的同时，也在时刻影响着教学的理念、内容和方式，实现实践向教学的转换；理论发展和实践探索往往会在对现有的政策产生冲击和挑战的同时孕育新的政策出台。所以，理论发展与实践探索也会向政策转换。应该说，中国财务管理教育改革发展的历程就是上述转换不断产生、更替、互动的过程。

2. 多种学科的交融是财务管理学科发展的基础

当代许多学科是在多种学科的交融中形成的，财务管理学也是如此。财务管理学科作为一门独立的专业学科，它是既联系又有别于会计学、管理学和金融学等学科的交叉学科。第一，会计学研究的是利用会计信息系统向利益相关者提供与决策有关的信息，为财务管理学研究提供了有决策价值的财务信息；第二，管理学研究的是企业管理理论和企业管理工具。财务管理作为企业管理的一部分，不仅以管理学的管理理论为基础，而且应用这些理论指导财务管理活动。因此，管理学为财务管理学提供了理论基础和管理工具；第三，金融学研究的是货币经济学、金融机构管理、金融市场基本理论和金融市场工具。财务管理立足企业，在金融市场中，运用金融理论和金融工具，进行财务管理活动，实现财务管理目标①。

3. 财务管理环境的变化是学科发展的主要推动力量

以市场为导向的改革开放是近 30 年来推动财务管理学作为一门前沿学科在我国发生根本性变化的直接力量。市场经济的引入、建立和发展使我国的财务管理学科从隶属于会计学逐渐成为一门独立的学科；现代企业制度的建立，使绝大部分财务管理教材以股份制企业作为主要的考察对象，公司治理的相关问题也逐渐成为财务管理教学的重要内容；证券市场的建立和发展促使财务管理的教学内容逐渐被筹资、投资和收益分配三大模块所占据，财务管理教学的侧重点也由产品市场向产品市场与资本市场并重的方向转变；经济全球化进程的加快使集团公司财务管理、跨国公司财务管理等内容日益成为财务管理教学中不可缺少的内容；科学发展观的提出使战略财务管理和无形资产管理等在财务管理中的地位急剧上升；计算机和网络技术的发展也使财务管理教学手段发生了重要变化，等等。所有这些事实都说明，社会、经济、市场乃至技术、文化环境的发展和变化都会对财务管理教育产生重大影响。

（三）我国财务管理学科发展存在的不足和展望

1. 现阶段我国高校财务管理教育存在的问题和不足

经过改革开放后 30 余年的发展，我国高校的财务管理教育取得了长足的进步，无论是

---

① 钱美琴、王齐祥、李华：“基于科学发展观的财务管理学科建设创新研究”，《铜陵学院学报》，2009 年第 1 期。

教育体制、教育理念、培养模式，还是教学内容、教学方法、教学手段，都发生了翻天覆地的变化，师资队伍和各层次学生的规模和素质都得到明显提升，高等院校财务管理教育的改革发展成绩卓著。但我们也应看到，现阶段我国高校财务管理教育还存在一些问题和不足。

（1）财务管理专业的定位与范畴需要进一步理清和拓展。一方面，虽然教育部已将财务管理专业作为管理学下的独立的二级学科，但现实的情况是，大部分高校，特别是财经类高校普遍将财务管理专业设置在会计学院或会计系，财务管理专业的独立性在人们的思维中并没有得到真正认可；另一方面，如何合理区分和界定财务管理学、企业管理学、金融学、会计学之间的专业界限已成为财务管理专业设置方面的一个重要问题。对此，可以参考和借鉴国外知名高校的相关做法。

（2）重知识灌输，轻能力培养的人才培养理念需要转变。如何有效权衡知识灌输与能力培养之间的轻重是现代高校各类专业教育都应该深入思考的基本问题，财务管理专业也不例外。由于财务管理面临的外部环境复杂多变和企业内部经营的千差万别，是让学生更多地掌握专业知识，还是应该让学生在掌握基本专业知识的基础上更多地提高专业素质和面对复杂环境的应变能力？从目前各高校财务管理专业的培养模式看，大部分学校都将主要精力放在专业知识的灌输上，能力培养没有被提到应有的重视水平上。

（3）课程设置、师资队伍建设、教学方法、培养导向等方面需要进一步调整和优化。在本科财务管理教材和教学中，虽然中级财务管理的内容安排已经基本形成共识，但在初级、中级、高级财务管理不同层次的内容衔接和递进上，各高校的安排比较混乱。怎样形成一个体系完整、层次分明、内容科学的教材和教学体系是目前财务管理教育中的一项重要课题。

在师资队伍方面，虽然我国高校财务管理师资队伍在规模和质量上，特别在科研水平方面已得到明显的提升，但一个现实的问题是，目前大部分财务管理专业的教师的成长经历都是从学生到老师、从学校到学校，缺乏实践经验。在财务管理日益成为一种复杂管理、运筹管理的今天，要培养出高素质、高水平、符合社会需求的财务管理人才，首先需要调整和优化师资队伍的知识结构和阅历背景。

此外，教学方法需要进一步改进。经过 30 年的改革发展，虽然我国高校财务管理教育在教学方法、手段和条件上得到了极大的改善和提高，但启发式教育还亟待重视和倡导；就课本论课本、就理论讲理论的教学方法仍然占据主导地位，案例教学、实验教学等方式还远没有得到推广。

2. 我国财务管理学科发展的展望

随着全球经济一体化进程的推进和中国市场经济的不断深入以及资本市场的逐步完善，财务管理在整个管理活动中的中心地位越来越明显，财务管理学的内容越来越丰富。建立和完善财务管理学科和课程体系，加强学科建设，是摆在财务管理理论工作者和教育工作者面前的一项紧迫任务。财务管理学科的发展应重视以下几个方面：

（1）财务管理教学培养目标要适应新时期环境的要求。要提高财务管理的教学质量，首先必须在培养目标上体现时代精神和时代需要。1998 年，教育部颁布的《普通高等学校本科专业目录和专业介绍》中规定了财务管理专业的培养目标是：培养具备管理、经济、法律和理财、金融等方面的知识和能力，能在工商、金融企业、事业单位及政府部门从事财务、金融管理以及教学、科研方面工作的工商管理学科高级专门人才。这里虽然体现了财务管理专业培养对象应掌握的基本知识、应具备的专业能力及就业去向等内容，但是过于笼统，没有突出财务管理专业较之于其他管理专业的鲜明特色。

财务管理专业既非“第二会计专业”，亦非“第二金融专业”。正确的培养目标定位应是将财务管理专业学生培养成“通才”基础上的具有突出专业特长的“专才”，这也是符合高等教育“厚基础、宽口径、高素质、强能力”的要求①。在21世纪企业理财的实践要求财务管理专业的创新培养目标是为企业培养优秀的财务总监（CFO）②。

对财务管理而言，经济全球化意味着金融全球化，包括金融市场的环境和条件、金融市场的规模与范围、金融产品的种类与数量、资本市场竞争的激烈程度、兼并收购活动的广度与深度等等，都面临着前所未有的巨大变化。一系列新的复杂的财务管理问题，如复杂环境下的资产定价、衍生金融产品的创新与利用、跨国经营的财务管理、全球化趋势下的风险管理等等，财务管理教育能否在经济全球化的过程中不断地调整和优化培养目标、培养模式和教育内容，是今后很长一段时间内要面临的重要问题③。

（2）要注重吸收国际先进财务理论和实务经验。财务管理作为一门科学，自然存在一些基本的科学规律，能够用于指导各国、各地区及各种类型的企业的财务管理实践。因此，作为发展市场经济为时尚短的我国，在财务管理教学中大胆而又有所鉴别地吸收和借鉴西方发达国家财务管理理论，既十分必要，也完全可能。当前我国财务管理专业建设要解决的问题不是要不要吸收和借鉴，而是如何快速且有效地进行吸收和借鉴。

在高校财务管理教学中，应当借鉴国际先进的财务管理专业教育模式，采用国际上先进的财务管理课程、财务管理教材和教学方法，鼓励高校教师采用双语教学。课堂教学应积极引用国际流行的财务管理原版教材，及时向学生介绍国际领先的课程内容和前沿理论。近10年来，为了顺应全球化的趋势，我国各高等院校逐步把企业集团财务管理、跨国公司财务管理、跨国并购与重组等知识纳入财务管理教学内容中，这标志着我国财务管理教育国际化的序幕正在拉开。

（3）财务管理学科发展必须不断创新，综合化发展。随着知识经济时代的到来，企业管理内、外部环境在不断变化，财务管理的内容也在不断的延伸和拓展，财务管理作为边缘学科与其他学科的交叉越来越多，它不仅需要继承传统，更需要不断创新。随着时间的推移，财务管理的对象、方法、手段会不断发展。新的管理对象的出现，会使财务管理学科的内涵更加丰富；方法的不断更新，会使财务管理学科越来越智能化、人性化和复杂化；手段的不断改进，会使财务管理学科更多地应用现代信息技术。伴随着财务管理内涵的更加丰富，财务管理的外延也会进一步延伸，与其他学科的关系会越来越密切。未来财务管理学科随着经济社会的发展会不断创新，因而财务管理学科体系的建设也要不断创新，综合化向前发展。

---

① 杨克泉：“高校财务管理专业建设现状及改革构想”，《财会通讯（综合版）》，2006年第8期。

② 王志亮、牛如海：“本科财务管理专业学科建设亟待创新”，《财会月刊》，2006年第26期。

③ 赵德武、马永强：“中国财务管理教育改革发展30年回顾与展望”，《财经科学》，2008年第11期。

三、财务管理研究的发展

（一）资本市场研究

1. 有效市场研究

有效市场理论在西方经济学界占有很重要的地位，其发展和完善经历了上百年，由于我国在改革开放之前没有真正意义上的资本市场，也就无所谓市场有效性的问题研究，直到中国有了证券市场之后才开始有学者研究这一问题，主要集中于检验我国资本市场是否是半强式有效或者是否是弱式有效。

杨朝军等（1997）针对中国股市是否半强式有效进行了研究，他们以1993—1995年沪市100家上市公司的送配方案公布为样本，对各家公司股价在公告前后的变化进行了分析，结果表明，上海股市已经能够较快地反映送配信息，说明中国股市一定程度上已能迅速反映某些公开信息，但并不能就此判定上海股市已达到半强式效率市场；勒云汇和李学（2000）选取信息公布日期准确的1997年和1998年94例买壳上市信息公布为样本，对各家公司股票的累积平均超常收益率在公告前后的变化进行了分析，结果就买壳上市而言，中国证券市场对此信息的反应是过度的，市场不是半强式有效。

关于市场弱式有效的实证研究，较早的有俞乔（1994），他采用误差项序列自相关检验、游程检验以及非量性检验的方法，研究结果显示收益率之间存在序列相关，因此认为中国股市还没有达到弱式有效；而宋颂兴和宋根伟（1995）对沪市1992年底以前上市的26只股票进行了周收益的正态分布和随机游走性质的检验，将样本区间分割成1992年前和1993年以后两段，其结论是1993年以后沪市是弱式有效市场；吴世农（1996）对上海和深圳20种股票从1992年6月—1993年12月的日收益做自回归检验后认为，股票日收益率的时间序列不存在显著的系统性变动趋势，认为中国股市是非弱式有效；高鸿桢（1996）对上海股市的序列相关性、延续性和反应速度三个方面进行实证分析，认为上海股市从开市以来正逐步向弱式有效市场过渡；陈小悦等（1997）选取了1991—1996年11月和1993年1月—1996年11月的两个样本区间，对两市的股票和指数进行了实证研究，得出了与宋颂兴和宋根伟（1995）一致的结论；张思奇等（2000）对1992—1998年6月期间上证A股综合指数的分段研究中，发现市场已经具备某些弱式有效市场特征，但并不足以表明市场已真正达到弱式有效阶段。

2. 资本资产定价研究

就资本资产定价模型而言，目前国内的实证研究几乎全部集中于对CAPM模型以及相关的市场效率的检验，典型的有陈小悦和孙爱军（2000），陈浪南和屈文洲（2000），靳云汇和刘霖（2001），薛华和周宏（2001）等。他们研究CAPM模型在2000年以前的中国股市的适用性，得到的结论基本上都是否定的。

总体而言，目前国内关于CAPM模型的研究受限于数据和实证研究方法，其结论往往不具有统计意义上的说服力。特别地，目前国内对资产定价模型的实证研究集中于对CAPM模型的检验，而对于目前获得广泛应用的Fama - French三因素模型和股票收益截面性质的研究还比较少。

3. 衍生证券定价研究

国内学者对衍生证券方面的研究还较少，主要集中于模型的推导和实证的检验。其中王晓东（2002）对附利率期权债券的定价进行了定性和定量分析，曾志锋（2003）研究了仿射利率期限结构模型，郑小迎等（2001）分析了 B－S 模型应用于利率衍生证券的局限性以及利率模型的随机性，杨智元（2001）对利率衍生证券定价研究作了述评，王利华（1996）研究了我国国债利率期限结构，吴雄伟和谢赤（2002）对银行间债券市场回购利率的波动性进行了研究分析等。总的来说，我国资本市场衍生证券定价方面的研究还有待进一步深入。

4. 投资组合研究

投资组合理论一直是金融研究的重要领域，在理论上一直有新的理论或观点出现。国内关于资产组合理论与实证研究的方向基本上是沿着国外资产组合理论发展的道路并结合中国证券市场进行的，主要集中在 Markowitz 投资组合分析、简单投资组合分析以及对不同的风险度量方法和资产配置模型进行比较的实证研究。

陈学荣等（2000）的研究表明，在卖空约束条件下单因素模型所确定的模型组合的收益远高于基金按照传统的组合投资方法所确定的投资比例的回报，由此证明单因素模型对实践具有很好的指导作用。周宗放和唐小我（2001）、沈小春和谢敦礼（2001）等的研究也表明资产组合理论对投资实践有很好的指导作用。吴世农和韦绍永（1998）、施东晖（1996）、顾岚等（2001）等的研究运用不同的组合规模进行风险和收益的研究分析。

对于不同风险度量方法和资产配置模型比较；吴世农和陈斌（1999）、李健（2000）、韦廷权（2001）分别进行了较深入的探讨和分析。

5. 股权分置改革研究

股权分置也称为股权分裂，是指上市公司的一部分股份上市流通；另一部分股份暂时不上市流通。股权分置问题被普遍认为是困扰我国股市发展的头号难题。由于历史原因，我国股市上有 2/3 的股权不能流通。由于同股不同权、同股不同利等“股权分置”存在的弊端，严重影响着股市的发展。

股权分置改革始于 2005 年 4 月 29 日，基本的做法是用非流通股向流通股支付对价的方式来换取非流通股的上市流通权。股权分置改革的研究涉及支付对价比例的确定、股改的理论依据和形成机理、股改的市场反应等，学者的研究也主要集中于这几个方面。

在股改的市场反应的研究方面，晏艳阳和赵大玮（2006）研究发现，股改前累积超常收益率远高于股改后的累积超常收益率，因此认为我国股权分置改革中存在较为严重的内幕交易行为；张继袖和陆宇建（2006）研究发现，对价与累积超常收益率不存在显著关系，但流通股比例、方案是否经过调整和流通股参会率对累积超常收益率具有显著的解释作用；李增泉等（2006）的研究则发现，股改方案首次公布日至股改方案通过后首次交易日期间的累积超常收益率与对价显著正相关，市场更认可较高的股改对价支付方案。

在股改中的利益分配问题研究上，熊德华和唐国正（2006）针对股权分置改革中对价的合理区间以及改革的效率的研究分析表明，提升股改后公司的价值才是改革利益创造的真正源泉；赵俊强等（2006）的研究结果表明，74% 公司使两类股东获得增量收益，20% 公司使流通股东利益受损，股改的增量收益未能在两类股东间平分。

在支付对价的影响因素方面，主要有公司特征决定论和公司治理决定论。在公司特征决定论问题研究上，国内学者结合股改的实际情况，开展相关方面的实证研究，具有代表性的文献包括：吴超鹏等（2006）、张俊喜等（2006）和赵俊强等（2006）。在公司治理决定论方面，相关的研究包括辛宇和徐莉萍（2006）、靳庆鲁和原红旗（2006）、李增泉等（2006）的研究，基本的结论都支持较好的治理环境有助于降低股权分置改革的成本。

许年行（2007）运用行为心理学著名的“锚定效应”理论，对股权分置改革中对价的制定及对价的影响因素两大问题进行分析、检验和解释，认为股改公司所确定对价并非是一种完全理性的经济决策行为，而是存在明显的“锚定和调整”的行为偏差。

截至2006年年底，我国资本市场股权分置改革基本完成，中国股市步入“股权分置改革后”时代。股权分置改革结束了上市公司两类股份、两种价格并存的历史，强化了上市公司各类股东的共同利益基础，为完善市场定价功能和资源配置功能、提高上市公司治理水平和推进市场创新发展创造了基础条件。

（二）资本结构研究

1. 资本结构的经济效果研究

我国学者在这方面的研究不是太多，其中包括：陈小悦和李晨（1995）通过对股票收益与资本结构之的关系进行分析，得出了股票的期望收益与负债比率负相关，持有这种观点还有陆正飞和辛宇（1998）、胡援成（2002）；也有学者持不同的观点，沈根祥和朱平芳（1999）的研究得出获利能力与资本结构正相关的结论；张兆国等（2001）的研究从管理人员薪酬激励制度、国有股管理体制和强化债权人监督等角度提出了优化我国上市公司资本结构的制度安排。

2. 资本结构的影响因素研究

我国最近几年对于上市公司资本结构的研究主要是分析其影响因素，研究较深入全面，主要从融资成本、公司经营特征、内部治理环境和外部治理环境这四个角度进行研究分析。

（1）融资成本的影响。陈晓和单鑫（1999）发现长期负债比率与上市公司的加权平均资本成本、权益资本成本存在显著的负相关关系。沈艺峰和田静（1999）以及王娟和杨凤林（2002）采用不同的样本和方法也得到了相同的结果。

国内学者认为，由于上市公司很少分配现金股利，因此，股权融资的实际成本很低。黄少安和张岗（2001）的研究表明，相当多的上市公司常年不分红，或者只是象征性地分红，其估算的股权融资的实际成本大约只有2.42%，远远低于债务融资成本，他们认为中国资本市场存在股权融资偏好。蒋殿春（2003）、李善民和苏赞（2000）、阎达五等（2001）也持类似观点。陆正飞和叶康涛（2004）认为不是由于股权融资成本低使企业偏好股权融资，而是企业的规模、自由现金流、净资产收益率等因素决定了企业的融资方式选择。

（2）公司经营特征的影响。

第一，公司业绩的影响。我国学者对公司业绩与负债率关系的实证研究结论基本也可以分为两类：一是负债率与公司业绩呈负相关关系，如陆正飞和辛宇（1998）、李善民等（1999）、冯根福等（2000）、吕长江和韩慧博（2001），陈维云和张宗益（2002）以及胡援成（2002）；二是负债率与公司业绩呈正相关关系，如洪锡熙和沈艺峰（2000）、吕长江和王克敏（2002）、王娟和杨凤林（2002）。一般情况下，当企业获利能力较强时，企业就有可能保留较多的盈余，较少负债（陆正飞和辛宇，1998）。另一方面，冯根福等（2000）认为亏损企业由于得不到股权融资的机会，所以只得举借大量的短期债务解决资金需求。王娟和杨凤林（2002）则将实证结果和权衡理论相结合，指出盈利能力强的上市公司财务困境风险相应较低，从而可以选择较高的资本结构比率，所以盈利能力与负债率呈正相关关系。

第二，企业规模的影响。我国学者对企业规模与负债率关系的实证研究结论有：一是负债率与企业规模呈负相关关系，如王娟和杨凤林（2002）；二是负债率与企业规模之间相关关系不显著，如陆正飞和辛宇（1998）；三是负债率与企业规模呈正相关关系，如李善民等（1999）、洪锡熙和沈艺峰（2000）、吕长江和韩慧博（2001）、陈维云和张宗益（2002）、吕长江和王克敏（2002）、肖作平和吴世农（2002）。

第三，公司成长性的影响。国内学者对公司成长性与负债率关系的实证研究结论有：一是负债率与公司成长性呈负相关关系，持此观点的有沈根祥和朱平芳（1999）、肖作平和吴世农（2002）；二是负债率与公司成长性之间相关关系不显著，如陆正飞和辛宇（1998）、洪锡熙和沈艺峰（2000）、冯根福等（2000）的研究结果也支持这个结论；三是负债率与公司成长性呈正相关关系，如吕长江和韩慧博（2001）、陈维云和张宗益（2002）、吕长江和王克敏（2002）。

第四，行业因素的影响。陆正飞和辛宇（1998）首先对不同行业的负债率进行比较，得出不同行业的资本结构有显著差异的结论；郭鹏飞和孙培源（2003）认为中国上市公司存在最优资本结构，行业是其重要影响因素之一，不同行业上市公司的资本结构具有显著差异，丁晨和曹崇延（2005）的研究也支持这种观点。

（3）公司外部制度环境的影响。由于我国目前资本市场发育不完善，投资者保护机制不健全等因素的影响，并购机制发挥作用的程度相当有限，而且已经发生的并购绝大多数主要是通过国有股和法人股的转让进行的，因而流通股比例的大小对公司资本结构不会产生显著的影响。

杨兴全（2002）认为，在我国股票市场和国债市场迅速发展和规模急剧扩张时，企业债券市场却没有得到应有的发展，甚至急剧萎缩或徘徊不前，造成债券市场内部结构的不平衡，不利于企业通过发行债券建立合理的融资结构。

肖作平（2004）、胡国柳和董屹（2005）认为由于在中国目前的股票市场上，社会公众股股东难以对管理者实施有效的监督，社会公众股比例越高的公司，管理者就越有能力调节资本结构中的负债比率，从而有意愿降低债务比率，规避风险。因此，在其他条件相同的情况下，上市公司社会公众股比例与企业资本结构中的债务水平之间存在负的相关关系。

曹廷求和孙文祥（2004）则认为，在一定程度上，资本市场上的并购机制可以给公司管理者带来持续的压力，使他们在这种外在威胁下为追求股东利益最大化而采取最优的融资策略。

李悦和赵锐（2005）指出研究中国上市公司的资本结构问题，必须要考虑到中国资本市场融资的实际情况。

（三）股利政策研究

股利政策在股份制企业经营决策中占有重要地位，而我国上市公司股利分配政策的制定普遍存在着非理性化倾向，股利政策失范已成为我国证券市场不规范的重要表现，影响了我国资本市场的正常运行与健康发展。因此，全面、客观地揭示我国上市公司股利分配中存在的深层次问题，探讨我国上市公司的理性股利政策，对于我国证券市场乃至整个宏观经济的稳定、健康与持续发展都具有极其重要的意义。

1. 股利政策影响因素的检验

刘星和李豫湘（1998）的研究结果表明影响现金股利支付水平的主要因素依次为：法人股比例、每股净资产、市盈率、行业平均股利支付率、净资产收益率、资产负债率。而吕长江和王克敏（1999）认为国有股和法人股控股比例越高，内部人控制度越强，公司的股利支付水平越高；国有股及法人股控股比例越低，公司越倾向于将利润留存于未来发展，易采用股票股利代替现金股利的支付政策。魏刚（2001）的研究也得出类似结果。赵春光等（2001）的研究则认为股权集中度越高，越可能不分配股票股利。唐国琼和邹虹（2005）证明了中国上市公司特殊的股权结构和治理结构对股利形式的选择有重要影响。

原红旗（2001）强调上市公司的控股股东存在通过现金股利从上市公司转移现金的行为，而对以股票股利留存于公司内部的资金存在浪费现象。刘星等（2003）也认为，公司经理存在以支付适当股利为自己牟取私利的行为，而上市公司投资机会、国有股比例和总经理所持股份是影响经理决定支付股利的主要因素。

关于负债和股利政策的关系，实证研究并没有取得一致的结论。赵春光等（2001）研究认为负债率与股利发放存在正相关关系；而刘淑莲和胡燕鸿（2003）实证研究认为负债率与股利政策无关，持这种观点的还有陈国辉和赵春光（2000）、唐建新和蔡立辉（2002）。

2. 信号理论的检验

我国学者对我国资本市场的有效性的争论一直未停，而股利宣告后的市场反应可作为检验资本市场有效性的一个证据，因此我国对股利信号理论研究中，探讨股利宣告后的市场反应文献较多。

陈晓等（1998）研究了首发股利的信号传递效应。他们认为纯现金股利、股票股利和混合股利均能产生超额收益，具有信号传递效应；但现金股利效应的显著性水平及超额收益低于混合股利和股票股利；在考虑交易成本后，现金股利信号传递效应所带来的超额收益几乎消失；鉴于纯现金股利和股票股利的超额收益在显著性和数值大小方面的差异，合理的推断是混合股利的显著超额收益应当是由于其中的股票股利成分而非现金股利成分而产生的。

魏刚（2000）结论是送股与派现两种形式的股利政策有显著的反应，并且两种股票的平均超常收益率存在显著性差异。而陈浪南和姚正春（2000）认为现金股利不存在信号传递效应，但送股、配股具有明显的信号传递效应。

李常青（1999）的研究结论：一是股利政策是一种信号，能引起股价的变化；二是股利政策的变动与未来盈利水平无关；三是转增、配股在我国虽然十分普遍，但剔除这些样本后，股利变化依然对股价有着显著的影响，说明转增、配股方案的推出，整体上并没有影响投资者对股利变化所传递的信号的正常判断。

3. 代理理论的检验

吕长江和王克敏（2002）从代理成本理论的角度研究股利分配与管理股权比例的关系。他们认为，根据代理成本理论，管理者股权的比例、公司外部债务和外部股权的组合比例以及公司的股利分配额都是影响公司代理成本的重要因素。持有此观点的还有吕长江和韩慧博（2001）、唐国琼和邹虹（2005）。

魏刚（2001）将上市公司分为三类：国家股控股的公司、内部法人股控股的公司和流通股控股的公司，考察国有股（法人股）、流通股比例与股利支付水平的相关性。他得出的结论是：在国家股控股和法人股控股的上市公司中，国家股和法人股比例越高，股利支付水平越大，而流通股控股的上市公司中，国家股和法人股比例与股利的支付水平负相关。

应展宇（2004）认为中国特殊的股权结构导致了我国特殊的股利政策，我国股权结构分裂的存在，加上非流通股的控股地位以及廉价的投资成本，使得中国上市公司财务决策中的激励问题，尤其是非流通股股东及其代理人与流通股股东之间的利益冲突，处于一种激化状态。

（四）公司治理研究

近些年来，公司治理理论成了财务理论以及企业理论研究的热点之一，并且对公司治理的研究大多集中在股权结构、董事会以及管理层激励与公司绩效方面。

1. 股权结构与公司绩效

（1）股权集中度与公司绩效。目前我国学者针对股权集中度的主要研究结论有：一是股权集中度与公司绩效正相关，如许小年和王燕（1997）、徐二明和王智慧（2000）、陈小悦和徐晓东（2001）等；二是股权集中度与公司绩效呈非线性关系，孙永祥和黄祖辉（1999）等；三是股权集中度与公司绩效无显著相关，如高明华（2001）等；四是股权集中度与公司绩效负相关，如王化成和胡国柳（2004）等。

由于样本选取等方面的不同，我国学者对股权集中度与公司业绩关系的研究得出了不同的结论。大多数学者都认为股权集中度与公司绩效正相关或呈非线性关系，也有学者认为两者之间并无显著性关系和负相关关系。

（2）股权的市场分割结构与公司绩效。对于股权的市场分割结构在公司治理中的作用研究，主要探讨包括流通股B股和H股在内的外资股在公司治理中的作用。

周业安（1999）的研究表明流通A股与净资产收益率之间有显著的正相关关系，B股和H股与净资产收益率之间有显著的负相关关系；陈晓和江东（2000）研究认为有无B股对公司绩效没有显著影响；朱武祥和宋勇（2001）的研究发现流通A股比例对公司绩效没有显著影响。

（3）股权持有者身份与公司绩效。由于我国上市公司股权构成的特殊性，国内学者的研究角度和国外学者有所差别，国内学者从我国股权结构的实际情况出发，分析了不同持股者身份对于公司绩效的影响。

在国有股与公司绩效之间关系的研究上，主要观点有：一是国有股比例与公司业绩正相关，如周业安（1999）等；二是国有股比例与企业业绩负相关，如许小年和王燕（1997）、陈晓和江东（2000）、陈小悦和徐晓东（2003）等；三是国有股比例与企业绩效无显著性关系，如朱武祥和宋勇（2001）等。

学者们还对公司股东其他的持股身份进行了研究。如于东智（2005）、张宗益和宋增基（2003）研究了法人股与公司绩效的关系；陈晓和江东（2000）、陈小悦和徐晓东（2001）、高明华（2001）等研究了流通股与公司绩效的关系；刘国良和王加胜（2000）、李增泉（2000）等研究了内部人持股与公司业绩的关系。得出的结论都不尽相同。

2. 董事会与公司绩效

在我国，由于社会主义市场经济历史较短，董事会制度建立时间不久，有待其发挥更大的作用，我国学者对这方面的研究也是方兴未艾，研究成果主要有以下几个方面：

（1）董事会规模与公司绩效。孙永祥和章融（2000）研究发现我国上市公司董事会规模与公司业绩之间呈不显著负相关关系，董事会规模与总资产收益率和净资产收益率呈反函数关系，且关系显著。何卫东和张嘉颖（2002）的研究同样认为董事会规模与公司绩效负相关。于东智和池国华（2004）的研究表明董事会规模与公司绩效呈倒U型曲线关系。

（2）董事会构成。高明华和马守莉（2002）的研究发现，独立董事比例与公司绩效不存在显著的正相关关系。沈艺峰等（2002）发现陷入财务困境的上市公司的董事会构成与正常公司有所不同，PT公司外部董事比例逐年下降。于东智和王化成（2003）发现独立董事制度并没有显著改善当期的财务与经营绩效，甚至可能发生相反的作用。

（3）董事会成员持股比例。魏刚（2000）的研究表明高级管理人员持股与净资产收益率（ROE）相关。孙永祥和章融（2000）的研究认为董事会及经理人员持股比例与公司绩效并无显著相关关系。于东智和王化成（2003）的研究表明，董事持股比例之和、人均持股比例均与绩效指标存在显著的正相关关系。

（4）董事会行为。谷棋和于东智（2001）的实证研究表明，董事会会议频率与公司规模显著正相关，与前期业绩显著负相关，这说明董事会会议的作用还未发挥，仅限于形式而已。李常青和赖建清（2004）的研究发现董事会会议次数分别与公司上年度的净资产回报率、每股收益进行之间存在负相关关系，认为董事会会议是对公司净资产回报率、每股收益下滑的一种反应。

3. 管理层激励与公司绩效

我国自20世纪70年代起开始的企业改革，力求建立“产权明晰、权责分明、政企分开、管理科学”的现代企业制度。要建立现代企业制度，就要充分的应用激励理论对管理层实施有效激励，以实现提高企业绩效的目标。学术界，也开始重视对于管理层激励与公司业绩关系的研究。

李增泉（2000）对经理人员持股情况、年度报酬情况和企业绩效的关系进行研究，主要得出以下研究结论：一是年度报酬与企业绩效之间并不具有显著的相关关系；二是国家股权的比例尽管会影响到经理人员的年度报酬，但并不影响企业绩效与经理人员年度报酬之间的相关性；三是当经理人员持有本公司股票达到一定数量后，持股比例的高低对企业绩效具有显著的影响等。

刘斌等（2003）对我国上市公司CEO薪酬的激励制约机制和激励制约效果进行了检验，发现决定CEO薪酬增长的因素主要是营业利润率变动，决定CEO薪酬下降的因素主要是总资产净利率变动，表明在我国上市公司的CEO薪酬层面已经体现了一定的激励制约机制。

周建波和孙菊生（2003）研究了公司治理特征、经营者股权激励与公司经营业绩的关系，研究结果表明：实行股权激励的公司，在实行股权激励前业绩普遍较高；成长性较高的公司，公司经营业绩的提高与经营者因股权激励增加的持股数显著正相关；强制经营者持股、用年薪购买流通股以及混合模式的激励效果较好。

（五）IPO研究

1. 中国股市IPO高抑价现象

新股发行抑价，是指新股在首次公开发行时定价较低，而在股票首日上市交易时价格较高，投资者认购新股能够获得超额报酬的一种现象。不同国家的证券市场上都有不同程度的IPO抑价现象，国外很多的学者对这一问题进行探索，成为20世纪70年代以来财务学研究的一个热点话题。

我国的证券市场起步较晚，但是学者们发现，在上海证券交易所和深证证券交易所同样存在IPO抑价现象，而且这些新股上市收益率显著为正，IPO抑价率明显高于国外股票市场，见表9-1和表9-2的对比。

表9-1　　中国股市IPO抑价率

研究学者	研究样本区间	抑价率（%）
王晋斌（1997）	1997年1月—1997年6月	270.2
陈工孟和高宁（2000）	1991—1996年	A股335，B股26
奕培强（2001）	1996—1999年	120.19
胡继之等（2002）	1993—1998年	136.9
金晓斌等（2004）	1996—2001年	136.52
刘煜辉和熊鹏（2005）	1995—2003年	129

资料来源：根据作者文章整理。

表9-2　　国外主要市场IPO抑价率

国家（地区）	研究样本区间	抑价率（%）
美国	1960—1992年	15.3
德国	1970—1993年	9.2
加拿大	1971—1992年	5.45
芬兰	1984—1989年	8.7
西班牙	1985—1990年	35
瑞典	1970—1991年	39
新西兰	1979—1987年	28.8

资料来源：Ibbotson和Ritter（1995）。

和国外的IPO抑价水平比较，中国的抑价率非常高，学者们试图努力解开这个谜团，而任何理论解释显然都无法脱离中国股市特有的政策及制度背景。

2. IPO发行制度与IPO抑价

IPO发行制度一般包括发行审批制度、发行方式以及定价方式等三个方面的内容，也有学者关注IPO整体制度背景的变化影响。

（1）发行审批制度演变。发行审批制度是IPO制度的核心，我国股票的发行审核制度大致经历了股份制试点、计划审批制、通道核准制和保荐人制度四个阶段。

陈永生（2000）对证券发行审核方式进行了分析，主要是对核准制和注册制进行对比。李恒光（2001）分析了证券发行核准制的积极意义以及上市公司和主承销商应该如何适应核准制所带来的市场变化问题。

蒋顺才等（2006）利用1991—2005年首次公开发行并在上海和深圳交易所上市的1230家IPO样本，发现其平均首日收益率高达145.87%，若将15年来中国A股IPO发行审核制度分成4个阶段，其平均首日收益率逐渐下降，尤其是自2000年实行核准制以来，IPO首日收益率逐年下降的趋势十分明显，并建议应继续推动保荐制向与国际接轨的注册制转变。

（2）发行方式演变。中国股市IPO发行方式主要有抽签、比例配送、上网竞价、上网定价、上网询价、新股配送、历史遗留方式等。

马君潞和刘嘉（2005）对2005采取询价方式之后的14只股票进行了收益率的统计，发现IPO抑价程度降低了。他们虽然也考虑到其部分原因来自整个股市环境的低迷，但是仍然认为发行定价机制采取“询价制”的准确性较高，抑价现象得到改善。

杨记军和赵昌文（2006）将IPO抑价水平作为发行上市公司的间接成本，并对比分析了不同发行定价机制下的IPO抑价水平，发现2005年以后实行的询价制度虽然提高了发行上市公司的直接成本（发行费用），但是显著地降低了IPO抑价水平，即间接成本降低了。他们认为，现行的询价制在缩短一、二级市场之间的价格差异上，政策效果明显。

刘志军（2007）在研究股权分置改革后新股抑价率影响因素时，得出询价方式下核准制度降低了抑价率。

金刚（2009）实证研究发现抑价水平由强至弱的顺序依次为：向二级市场投资者配售、网下法人配售和上网定价结合、上网定价、向二级市场投资者配售和上网定价结合、上网询价发行、网上网下累计投标询价、网下向询价对象配售和网上向二级市场投资者配售结合。认为询价发行方式下普遍比定价方式下抑价率水平低，因为询价制度是最具市场化的发行方式，此外也表明我国的询价发行制度取得了一定的效果，提高了我国的IPO定价效率，新股询价发行的方向是正确的。

（3）定价方式演变。IPO定价方式演变主要经历了固定价格、相对固定市盈率定价、累计投标定价、控制市盈率定价、初步询价和累计投标询价。

王晋斌（1997）以1997年上海证券交易所上市的52只新股为样本研究样本，发现传统的解释变量（风险、股利、公司规模、宏观经济景气指标、中签率、承销方式）对IPO抑价的影响不显著，并从新股定价方式的角度作出了解释，新股超额收益可能是由于我国的股票发行定价制度的过低市盈率造成的。

李博和吴世农（2000）以1996—1999年在沪深证券交易所首次公开发行上市交易的529家A股为研究样本，认为不同的发行定价机制对初始收益率有影响。但是有些学者持相反的意见，认为发行定价的政策性变化对于IPO的抑价水平没有显著影响，宋逢明和梁洪（2001）、于增彪和梁文涛（2004）也发现累积投标定价方式下的IPO抑价水平与之前的发行定价机制相比并没有显著的下降。

（4）制度背景改变。在较多文献将研究重点放在微观政策变化的同时，一些学者将研究重心放在我国股票市场的整体制度设计上。

刘煌辉和熊鹏（2005）认为，真正影响中国市场IPO抑价的根本性因素是股权分置与政府管的制度背景。他们认为中国市场“股权分置”和“政府管制”的制度安排是导致极高的IPO抑价的根本原因。“股权分置”扭曲了正常的市场利益机制，异化了IPO参与各方的行为方式，割裂了一、二级市场的套利行为。“政府管制”产生的寻租行为增加一级市场投资者的成本，因此产生更高的IPO抑价。在股权分置改革后，就有学者研究股权分置改革后的抑价水平是否有所降低以及为何抑价程度还是存在。韩鹏（2007）认为我国IPO抑价程度仍处于较高的水平，是由于股权分置改革后，股市的发展潜力爆发，过热的市场影响了投资者的风险偏好，加剧了IPO的抑价程度。而李强（2007）的研究结果表明，在全流通时期，我国A股市场的初始抑价率有所降低。宁良国和颜世伟（2007）的研究结果表明，发行时中签率较低、市盈率较高、上市首日换手率较高并且从发行到上市的时间间隔短的股票抑价程度较高；投资银行的声誉与IPO抑价率之间并不存在显著的相关关系。

（六）公司并购研究

近年来，在我国的并购浪潮一浪接着一浪的同时，并购活动是否可以给并购双方的股东带来财富增加的问题也引起了理论界和实务界的广泛关注。尽管国外学者对上市公司并购的理论及实证的研究较多，但由于中国资本市场上的并购事件兴起比较晚，我国学者对上市公司并购的研究也刚刚开始。

1. 公司并购动因研究

按照古典经济理论，横向并购的动因主要在于降低成本和扩大市场份额。现代企业理论则从降低交易费用和代理成本的角度来解释了纵向并购的动因，具体来说，并购的动因可以概括为以下几种：获得规模经济优势、降低交易费用和多元化经营战略①。

周凌霄和王禾军（2002）认为企业并购的主要动机是加强垄断地位、巩固技术领先优势、拓展新业务领域、构建企业核心竞争能力等。崔保军（2004）研究发现企业通过混合并购策略实现多种经营，可以获得范围经济效益。胡开春（2007）从行为金融的角度出发，提出了股票市场驱动并购的并购动机理论模型。

此外，许多研究发现控制权转移导致股价的提高反应和反向修正，一些文献归因于内幕交易与股价操纵②。

2. 公司并购绩效研究

研究并购市场绩效的研究方法主要有事件研究法和财务指标研究法，在我国学者已经开始较多地应用事件研究法和财务指标研究研究法对我国并购企业的价值创造效应进行检验。与事件研究法相比，应用财务指标研究法的学者居多。

（1）事件研究法。事件研究方法是20世纪70年代新发展起来的研究方法，是在研究当市场上某一个事件发生的前后，股价是否会产生波动以及是否会产生“超常收益率”（abnormal returns），从而研究股价的波动与该事件是否相关。

陈信元和张田余（1999）的研究发现并购公告前10天至公告后20天内，并购公司的累积反常收益有上升趋势，但不显著。李善民和陈玉罡（2002）的研究表明并购能给收购公司的股东带来显著的财富增加，而对目标公司股东的财富影响不显著。张新（2003）认为并购对收购公司股东产生了负面影响。

（2）财务指标法。陈信元和原红旗（1998）通过比较公司重组前后的会计指标，发现并购公司在重组当年公司的每股收益（EPS）、净资产收益率（ROE）和投资收益占总利润的比重较重组前一年有所上升，而公司的资产负债率则有所下降。还有许多学者对不同的并购方式对公司业绩的影响进行了探讨，如冯根福和吴林江（2001）等。

总体来说，大多数研究比较一致的结论是：上市公司并购当年绩效有较大提高，随后绩效下降甚至抵消了之前的绩效提高，并购没有实质性提高并购公司的经营绩效。

---

① 王化成主编：《高级财务管理学》，中国人民大学出版社2007年版，第36页。

② 王化成主编：《高级财务学》，中国人民大学出版社2006年版，第292页。

3. 管理层收购（MBO）研究

我国的管理层收购是在经济体制转型、国有企业产权改革的艰苦探索过程中出现的。20世纪90年代中期以来，以产权改革为主要内容的国有企业改制进程不断加快。为实现国有经济的战略调整，同时调动经营者的积极性，全国各地都出现了将竞争激烈领域的国有企业出售给现有管理者的做法。

（1）理论探讨。我国对管理层收购的研究同实践一样，正逐步发展起来并形成体系。目前，我国学者对管理层收购的做法同时存在肯定和否定两种观点。大多数学者认为管理层收购是进行我国有企业产权改革的一种方式，能够实现了产权和管理权合一的效果。王巍（1999）认为，大范围引入管理层收购要注意三点：第一，企业要根据自身的特点来选择改革方式，并不是所有企业都能实施管理层收购；第二，股权交易的定价十分重要，要保证价格的公平、公正，避免国有资产的流失；第三，要能够确保管理层收购后，企业能够提高效益或者降低成本。

（2）实证研究。近些年来，我国管理层收购的实证研究取得了一定的成果，实证研究主要从收购前后企业的经营绩效变化出发，研究管理层收购对公司绩效的影响。益智（2003）的研究发现，收购发生的当年及前一年，公司绩效的各项指标均有可观升幅；廖洪和张娟（2004）的研究表明每股收益、净资产收益率在收购的当年上升，收购以后的年份财务指标会有所下降；林海涛（2005）认为实施管理层收购的国有企业经营绩效在收购前经历了大幅度的下降过程。由以上的文献可知，在实证研究领域，我国学者对管理层收购同样存在着不同的观点。

（七）最新研究发展

1. 行为金融研究

行为金融学是行为经济学的一个分支，它研究人们在投资决策过程中认知、感情、态度等心理特征以及由此而引起的市场非有效性。行为金融理论是在对现代主流金融理论（尤其是在对有效市场假设和资本资产定价模型）的挑战和质疑的背景下形成的。长久以来，建立在人类理性基础上的一系列严格的假设成为主流经济学的基石，围绕理性人始终追求效用最大化的假设，金融学形成了资本资产定价模型（CAPM）、套利定价模型（APT）、资产组合理论、期权定价理论组成的抽象的理论框架。这些理论的基础是有效市场理论，它是现代主流金融学的基石。但是有效市场理论在解释实际金融现象时遇到了很多问题，例如日历效应、股权溢价之谜、封闭式基金之谜、小盘股效应等等。面对这一系列金融异象，人们开始质疑有效市场理论，质疑现代主流金融学。行为金融学正是在对现代主流金融学批判的基础上产生的。

我国学者对于行为金融的实证研究主要针对金融市场异象和群体行为（羊群行为）这两个方面。

吴世农和吴超鹏（2003）对2000—2002年中国上海股市342家上市公司发行的A股进行“价格惯性策略”和“盈余惯性策略”的实证研究，结果表明投资者对新信息会产生非理性的“短期反应不足、长期反应过度”，同时发现中国证券市场短期内“赢家恒赢，输家恒输”的现象。吴世农和吴育辉（2003）以基金重仓持有的股票过去6个月的累积超常收益来构造赢家组合和输家组合，研究也发现类似结果，认为可能是基金基于市场上投资者的

"追涨杀跌效应"决定买、卖其持有的股票和基金基于"自我控制心理"的"止损行为"。

宋军和吴冲锋（2001）以 1998 年 10 月—2000 年 9 月共 8 个季度区间我国的基金为研究对象，结果发现我国的基金业存在着羊群行为（herding）现象。他们还发现，我国证券市场的羊群行为程度高于美国证券市场的羊群行为程度。施东晖（2001）对 1999 年第一季度至 2000 年第三季度期间我国的基金进行分组研究，发现我国基金从整体上存在着明显的羊群行为现象，投资理念趋同，并且在一定程度上加剧了股价波动。孙培源和施东晖（2002）基于 CAPM 建立了检验羊群行为的回归模型，结果表明：在政策干预频繁和信息不对称严重的市场环境下，我国股市存在一定程度的羊群行为，并导致系统风险在总风险中占有较大比例。宋军和吴冲锋（2003）以 2000 年全年在《中国证券报》发表的股评家对大盘走势的预测文章作为研究对象，建立了一个股评家羊群行为的检验模型，结果表明股评家对舆论存在明显的羊群行为。

上述实证研究结果都表明，我国证券市场的确存在羊群行为，而与西方发达国家的证券市场相比，更为严重。其实，通过观察仍然可以看出，我国股票市场具有明显的"齐涨齐跌"，投资者的一致性极为明显。我国学者对于这方面问题的研究非常具有现实意义。

2. 市场微观结构研究

市场微观结构研究是近年来研究资本市场的一个理论新突破。资本市场微观结构的研究不但开拓了一个全新的研究领域，而且对短期投资决策具有重大现实指导作用，因此极具应用价值。目前，国内对于市场微观结构理论方面的研究刚刚起步，还需要开展多方的研究来丰富和充实我国这块研究领域，借以改善我国的证券市场微观结构，营造一个良好的资本市场。

蒋兆斌和田柳（2002）对金融市场微观结构理论及其在我国应用的前景进行了综述。之后，杨定华（2003），刘海龙和吴冲锋（2003），刘海龙和王丹萍（2003），黄兴和苏卫东（2003），李平等（2003）对市场微观结构理论进行了全面综述。黄文业等（2004）对国内外不同证券市场微观结构进行比较分析。周隆斌（2005）将市场微观结构和公司金融两大理论相互融合。周隆斌和余颖（2005）建立了一个关于市场微观结构、行为金融与股票价格调整的理论框架。

关于交易制度的研究方面，陈伟忠（1997）是国内最早运用定量分析方法研究证券市场交易机制的学者之一，提出了证券市场动态定价模型。袁东（1997）、朱国华和余宙（1998）分析了做市商制度的运作机理。戴国强和吴林祥（1999）从理论角度总结了有关做市商报价驱动机制的特点，交易者的交易策略和价格形成过程。王建新和秦杰（1999）则认为应当在目前公开竞价、电脑撮合的基础上引入做市商制度。张亿镭（1999）和王晓春（2000）认为在一定条件下可以仿效 NYSE 建立专家制度。何杰（2000）比较了 NASDAQ 的做市商制度和 NYSE 的专家制度，认为现阶段中国大陆市场引入做市商制度不可行，也没有必要。孙培源和施东晖（2002）发现，我国目前的交易机制是一种执行成本较低的交易体系，上海股市没有必要引入做市商制度。陈莹（2005）分析从我国证券市场微观结构出发，结合国际交易制度发展趋势，探讨我国证券市场引入做市商制度的可行性和可能的模式。

吴世农和屈文洲（2002）根据股票市场微观结构理论，运用高频数据对我国深圳股票市场的买卖报价价差的变动模式进行实证分析，同时研究股票买卖报价价差的影响因素和成因，并建立和检验相应的模型，从而揭示我国股票市场的微观结构特征。

杨之曙和姚松瑶（2004）利用EKOP（1996）的信息性交易模型估计了在上海证券交易所上市交易的股票的信息性交易风险。实证研究发现成交活跃的股票同交易清淡的股票相比信息性交易的概率较低，并提供了信息性交易对买卖价差的影响的经济解释。

李平和曾勇（2005）运用序贯交易框架分析了证券市场上的多维不确定性如何引起投资者的羊群交易行为。结论表明，当市场上存在事件不确定和信息精度不确定时，投资者之间可能发生羊群行为，这种行为会导致内幕信息在一段时间内得不到有效揭示。做市商在发生羊群效应期间虽然只能判断出事件的存在性，而无法学习到内幕信息的好坏和精度，但他仍会继续调整资产的价格并最终结束羊群效应。

屈文洲和许晔（2005）通过对价差理论的研究来拓展我国金融市场微观结构的研究领域。主要对价差理论的发展和模型进行了较为系统分析与比较，并在此基础上结合国内外实证研究的结果，对不同国家金融市场的价差模式进行了比较，解释了产生价差的原因。

屈文洲（2006）将信息分为存量信息、流量信息和交易持续期，对这些信息之间动态的互动情况进行了分析并对信息如何影响交易者的行为进行了实证研究，发现行情公告牌具有信息含量并且影响着交易者的行为偏好。在交易中交易者表现出“对角线效应”以及交易持续期的“聚类现象”。

市场微观结构研究确实是一个令人着迷的领域，因为它主要考虑在风险、成本和信息不对称下的价格形成过程，而这些因素对金融学的理论体系来说都是非常重要的。就中国股市而言，随着市场规模的扩大、机构投资者的壮大以及交易品种的多元化，沪、深证券交易所的微观结构也面临着一个不断完善的过程，而每一次的改革和完善对研究者而言都是一个“自然实验”的机会，使我们可以分析和了解微观结构对市场运行绩效的影响。更重要的是，由于中国股市的发展具有自身独特的制度基础、内部动因和外部体制环境，如何通过科学、规范的学术研究，为设计适合中国股市运行环境的微观结构提供相关建议，将是每一个立志致力于微观结构理论研究与实践的中国学者的努力方向。

第十章 组织管理学的发展

一、组织管理理论的发展

（一）西方组织管理理论的演进

组织管理理论作为对组织管理的本质及其运行规律进行科学概括的逻辑体系，自身有一个不断发展完善的过程。组织管理理论从泰罗的经典管理，中经行为学派，其学派之多，理论之繁，应用之广，业已成为庞大而系统的管理学经典。本书将西方组织管理理论的演变历程大体上划分为三个阶段：古典组织管理理论；行为科学组织管理理论；现代组织管理理论。

1．古典组织管理理论

古典组织管理理论一般是指 19 世纪末和 20 世纪初的组织管理理论。它为了适应当时社会化的生产发展的要求，构造了一种决策权高度集中、信息结构层次化、信息通道纵向单一化、用经济利益统一组织、以报酬作为基本和生产动力方法的组织管理模式。这是一种集权式的等级结构管理模式。这种组织结构适应了当时产业革命发展需要，是社会生产体制从作坊式的小生产向工厂化的大生产转型的反应。它以美国的泰罗、法国的法约尔、德国的韦伯、美国的古利克和英国的厄威克等人为代表。

泰罗主张实行职能管理制，不仅要单独设置职能管理机构，还要在职能管理机构内部的各项管理职能之间实行专业化和标准化的分工，使所有的职能人员只承担 1—2 项管理职能；提出权利下放的例外原则，使上下级之间实行合理分工，上级把一般性的日常事物授权给下级管理人员去处理，只保留例外特殊管理事物的决策权和对下级工作的监督权。

法约尔从宏观管理实践的视角建构自己的组织管理理论，开创了组织形态理论研究之先河。法约尔明确地提出没有组织就无法发挥管理的功能。他从社会组织的论述切入，对组织的构成要素、组织的职能、组织的管理与运行原则、组织中的参谋机构及组织中的“跳板”原理等方面进行系统的研究。

韦伯的科层制理论认为组织治理机制有三种基础：一是理性基础，即组织建立在对权力和法规的信念之上，并通过相应的规则来组织活动；二是传统基础，即组织建立在古老传统和统治身份的神圣信念之上；三是魅力基础，即组织建立在具体的、非同寻常的个人及其统治方式之上。同时韦伯用合理一合法的职权观念论证了官僚制存在的合理性，对官僚制的组织形式的结构提出了自己的看法：官僚制的组织结构应该分为三层，顶端是主要负责人，主要职能是决策，中间层是一般管理人员，主要职能是执行主要负责人作出的决策，底部是业务人员，主要职能是从事具体的业务工作。韦伯论证了个人行为的合理性与社会结构秩序的合法性，形成了经典性的“官僚组织理论”，故被称为“组织理论之父”。

古利特和厄威克的组织理论是建立在泰罗和韦伯的组织理论基础之上。古利克提出了著名的“管理七职能论”，即计划、组织、人事、指挥、协调、报告、预算，并认为组织的目标是协调；厄威克提出组织理论的八条原则，即目标原则、相符原则、职责原则、等级系列原则、控制幅度原则、专业化原则、协调原则、明确性原则。他们的理论标志着“古典组织管理理论”体系的形成。

古典组织管理理论的重点放在组织管理的基本原则的概括和分析上，构造了集权型层级制的组织结构，这种组织结构的表现形式适应了社会生产体制由作坊式小生产体制向工厂化的社会化大生产的体制的转化，促进了组织效率的提高和生产力的发展，对管理理论产生了深远的影响。但是，我们也应看到，由于社会历史条件的局限，古典组织管理理论的缺失也是十分明显的，主要表现在：

（1）忽视了组织中人员的动机、人际关系、心理状态以及激励作用等。组织是由人构成的，只注重组织结构，而不考虑人的因素，不管组织设计多么精致，一旦人出现问题，也达不到组织的目标。

（2）没有研究组织人员间的沟通问题，这样就难以增强组织人员的团结意识，使组织缺乏活力和朝气。即使组织结构健全严密，但若缺乏团结精神，则组织犹如一盘散沙，根本无法实现组织的目标。

（3）由于组织规模不一，性质各异，对此千篇一律地采用一样的组织形式，也是不妥的。

（4）忽略组织外部环境而将组织作为一个封闭系统来研究，更是古典组织管理理论的一大弊端。

2. 行为科学组织管理理论

行为科学组织管理理论，又称为新古典组织管理理论，时间跨度为20世纪20—60年代。与古典组织管理理论不同，这一时期的组织理论从组织的静态描述转向研究动态的组织过程，并引入行为科学的研究方法。行为科学组织管理理论的产生不仅映现出古典组织管理理论的不足，而且还进一步克服了其不足，表现出向人性回归的基本趋势。代表人物有：梅奥、马斯洛、麦格雷戈、赫茨伯格等。

梅奥是“人际关系学派”的创始人，他提出“社会人”假设：认为组织成员是复杂的，人不仅仅有追求金钱的需求，还有社会及心理方面的需求，即追求人与人之间的友情、安全感、归属感和被人尊重；同时，他提出“非正式组织”的问题，认为组织管理内的非正式群体在决定生产率高低方面有重要的作用，并与正式组织存在着互相依存的关系；最后，他还强调领导的综合管理技能，他认为这些技能对于处理人际关系很重要。

马斯洛针对组织管理人员激励问题，提出了“需要层次论”。他把人类的需要按照从低级到高级划分为五个层次，即生理需要、安全需要、归属需要、尊重的需要、自我实现的需要。“需要层次论”对需要层次及其对行为的影响的论述，是对人类行为理解的一个重大进步，构成了以后组织管理理论发展的一个重要方面。

赫茨伯格提出了“双因素理论”，他认为工作丰富化是促动人们工作的核心所在。他发现有两种决定行为的因素，即保健因素和激励因素。保健因素是指工资水平、工作条件、安全、地位、上下级关系及同事间关系；激励因素包括工作本身的性质、社会承认、责任、成就、发展、进步等。赫茨伯格认为保健因素不可能成为激励因素，不会发挥激励功效。双因素理论提出了工作丰富化计划对组织管理理论具有非常大的价值。

麦格雷戈指出管理者的性质和人的行为假设与管理方式的关系。他认为，一个人对某事物所持的态度，显著地影响着此人对该事物的行为方式。他就现实的人对工作的态度作了两种假定，构成了他著名的“X 理论”和“Y 理论”。

巴纳德提出组织系统观点，他认为组织是人与人之间相互作用的系统，既然是系统，那么组织与组织、人与人之间就存在相互协作，而协作就要求将个人、目标和信息三者有机联系起来；同时，巴纳德也对非正式组织进行了研究，他认为非正式组织也能发挥重要的作用；最后，巴纳德提出“权威接受论”，他认为权威是下级对上级的认同，而不是取决于上级的地位。

行为科学组织管理理论研究引入行为科学的基本原理，使得组织管理理论出现了新的特征。第一，“社会人”假设代替了“经济人”假设。人作为组织管理的重要构成要素，是自然属性与社会属性的统一体。第二，组织管理是个协作平衡系统。人之所以参加到组织中来，并努力工作，是因为组织能更好地满足他们的需求，组织的存在与发展在于其成员的内聚力，两者双向互动，相辅相成。第三，组织管理有正式组织与非正式组织之别。并且非正式组织对正式组织有正负效应，所以管理者必须给予足够的重视。第四，重视组织沟通，发挥组织管理的影响力。行为科学组织管理理论较之古典组织管理理论有了较大进步，但是，它没有实现对古典组织管理理论的辩证扬弃，自身带有明显的缺陷。

（1）封闭的系统观。行为科学组织管理理论仍然没有克服古典组织管理理论时期封闭系统观的研究缺陷。他们还是将组织管理看作是一个封闭的系统来关照，忽视了外部的社会环境对组织管理的影响。

（2）行为科学组织管理理论在批判古典组织管理理论的“见物不见人”的理性逻辑时，强调对人进行情感的呵护和精神的慰藉是有积极意义的，但是，它没有能够将理性逻辑与情感逻辑进行有效的协调、整合，不能从根本上彻底地克服古典组织管理理论之不足。

（3）行为科学组织管理理论注重实证分析和经验归纳有其可取之处。但是它研究的对象是组织管理中的人，组织管理是多样的、动态变化的，而人的行为也是复杂多变的。如何保证实验归纳结论的信度，克服归纳结论的或然性，则是它本身没有能够解决的问题。

3. 现代组织管理理论

自 20 世纪中叶，由于科学技术的蓬勃发展，生产力水平的巨大进步和生产社会化程度的日益提高，组织管理理论进入了以系统论方法为主的科学管理现代化的发展阶段。这阶段的代表人物有：西蒙、卡斯特和罗森茨韦克、卢桑斯等。

西蒙对组织管理理论的主要贡献在于：一是提出了组织决策思想，他甚至认为“管理就是决策”；二是提出了组织平衡论，将个人有助于实现组织管理目标的行为叫做“贡献”，而把组织管理为满足个人的动机提供的价值称作“诱因”。当组织向其成员提供的诱因同个人贡献相等或超过时，组织就可以保持平衡，并得到发展；反之，如果组织提供的诱因小于贡献时，组织将失去内聚力，而走向涣散；三是提出了组织影响问题，即依靠组织管理的决策来改变个人的行为。

卡斯特和罗森茨韦克对于组织管理理论的贡献体现在：一是组织管理系统观。他们把组织管理看作是一个开放的社会技术系统，是由目标与价值分系统、技术分系统、结构分系统、社会心理分系统和管理分系统所组成的。二是组织管理的权变观。他们认为，在组织管理与环境之间以及各分系统之间都应有一致性。管理的主要任务就是寻求最大的一致性。组织管理与环境及其内部组织设计之间的和谐将提高效能、效率，增加参与者的满足感。他们认为，不同类型的组织管理都有适当的关系模式，进行权变分析可以对这些关系模式得出几个一致性结论。

卢桑斯是权变理论的积极倡导者，他于 1971 年出版的《管理导论——一种权变学说》一书系统地概括了权变管理理论，奠定了其在权变理论学派中的代表地位。卢桑斯认为，不存在普适性的永恒原则。组织具有多变量性，并力图了解组织在变化着的环境中运营的实际状态，强调应根据具体环境条件，采取相互的组织结构、管理机制和领导模式。

总之，基于系统论的现代组织管理理论除从组织内部来分析组织各分系统的特点及其相互关系外，尤其着重研究组织与外部环境的相互作用。这就告诫人们，在研究组织及其分系统时，必须考虑其外部环境——社会、经济、政治、文化等因素。组织与其外部环境是一种相互影响的互动关系。因此，对于任何组织都要考虑其对外部环境的适应性。这种能适应环境、顺应时代变化而不断调整本身结构与工作方式的组织就是生态组织。现代组织管理理论的基本思想是：

（1）组织是一个面向外部环境的开放系统。组织从外界输入资源、能源、信息，经过转换而向外界输出产品或服务。这种输入输出的不断循环维持组织的生存与发展。

（2）组织是一个分工有序的子系统的统一体。组织包括结构子系统、技术子系统、心理社会子系统、目标与价值子系统和管理子系统。

（3）组织具有界限性。组织作为开放系统，其界限是柔性的，可渗透的。

（4）组织是一个反馈系统。反馈使组织不断从外界输入信息而有助于组织的调查。

（5）组织是一个新陈代谢系统即负熵系统。组织不断与外界交换资源、能源与信息，而输入负熵流 des，组织内部由于不可递过程而新生内熵流 dis，整个组织的熵变 de 为两者之和。当 des 的绝对值大于 dis 时，熵变 de 为负——组织总熵减小最终形成一个低熵的耗散型组织结构。

（6）组织具有维持功能和适应功能。组织的维持功能在于保持组织各组成环节的协调均衡；组织的适应性使组织能快速适应外界环境的变化。组织的这两种功能的综合就是自组织性。

现代组织管理理论其缺陷也是较为明显的。一方面，其研究结果的效度与信度有待提高。建构在一般系统论之上的现代组织管理理论，在按着组织与外界环境互动关系分析研究实际问题时常常推崇一种优化准则，从而导致研究对象被简化。而由于简单化就必须对问题进行抽象的概括，进而引起研究结果的失真。另一方面，它极力追求企业管理的数量化、系统化的管理思想，本质上仍然没有跳出过去“人管人”的范畴，更没有能够进逼到管理的文化价值层面。20 世纪 80 年代出现的 Z 组织理论、企业文化以及 20 世纪 90 年代后出现的“学习型组织”理论则超越了过去专注于企业中器物与人的行为的层面，而转向文化传统对组织成员的思维方式、行为方式、价值观念的影响，开辟了从文化的视角来阐释管理问题、化解管理矛盾的新的理论境域。

（二）新中国组织管理理论的发展

1. 新中国建国初期——前苏联模式的移植

新中国建国初期，全盘引进“前苏联管理模式”对我国组织管理学的发展和组织管理水平的提高的确起到了非常重要的作用。但是，“前苏联管理模式”明显地与我国的历史文化背景不同，因而必须对其进行修正。在毛泽东发表《论十大关系》后，20世纪50年代中后期一度希望用“鞍钢宪法”等对“前苏联管理模式”加以改造，以形成具有中国特色的组织管理模式，但由于多种原因并没有完全实现这一初衷。在改革开放之前的相当长一段时期，我国组织管理模式在保留“前苏联管理模式”的公有制和计划经济作为制度前提的条件下，在“前苏联管理模式”的生产技术系统维度基础上，增加了党的领导和群众运动2个维度，形成了在计划经济条件下具有中国特色的管理模式，即民主集中制原则、党委领导下的厂长（经理）负责制、职工代表大会制和“两参一改三结合”。在相当长的一段时间内，我们一直为这一组织管理模式感到骄傲和自豪，以为这就是社会主义管理优越性的体现。这种自负使我们拒绝了西方先进的组织管理思想和方法，拉大了我国组织管理与西方组织管理的差距。不可否认，在相当长一段时期，中国组织管理学的发展遵循的是以经典理论的教条阐释和机械搬用，以强调维护和发展社会生产关系为主的“前苏联管理模式”，明显带有“生产关系阐释学”的特征。这一时期中国组织管理学的主要特点如下：

（1）在指导思想上，这一体系仅仅局限于对一些经典理论的教条阐释和机械搬用，严重脱离实际，排斥西方管理学的科学成分，这种状况使中国组织管理学的发展道路越走越窄，严重地阻碍了中国组织管理学理论体系的形成。

（2）在研究方法上，过分强调抽象研究方法，否定多元化的研究方法和多元化的理论范式，实证研究被看不起，谁搞了实证研究就被斥之为眼睛向下，只抓芝麻不抓西瓜。

（3）在组织管理的实务上，只讲空洞无味的大道理，过分强调和夸大人的精神力量和集体主义，否定个人物质利益。其结果是造成中国组织管理学理论形态的单一性和封闭性，没有学术争鸣和创新来激发理论活力。

（4）在理论与组织管理实践的结合方面，理论得不到实践的有力支撑，与实践严重脱节的中国组织管理学理论走进了自己精心构筑的象牙塔，成为一种抽象研究方法制造出来的逻辑精品。

（5）在推动组织管理学发展的学术环境方面，缺少民主的学术自由意识和自由的学术氛围，意识形态浓烈的“斗争哲学”和“无限上纲上线”造成组织管理学研究学术氛围的紧张气氛，组织管理学理论难以在客观、科学和冷静的层次上展开学术争鸣和发展提高。

可以这样说，从新中国成立到改革开放以前，我国基本上不存在真正意义的、以企业主体和市场绩效为主导的现代组织管理研究，如果说有的话，也只是一些如何提高绩效的组织管理方法的探索。

2. 改革开放——中国组织管理理论的建立与发展

（1）萌芽期：（1978—1986年）。这段时期，中国组织管理理论处于萌芽阶段。

第一，组织管理学研究机构和期刊开始出现。这一阶段，政府开始意识到组织管理的重要性，有了国家对组织管理学的强调和定位，有关组织管理学研究和机构也开始在这个时期出现。尽管数量不多，但是，对此后中国组织管理学的发展起到了很好的启蒙作用。首先是受到国家将“技术经济和管理现代化”列为科学规划第107项的影响，各个管理学方面的学术团体相继成立。1978年11月15日，中国管理现代化研究会成立。紧接着在1979年3月3日，中国企业管理协会在北京成立。同年10月，中国系统工程学会筹委会组建。1980年，中国管理科学研究会、中国数学会运筹学会、中国系统工程学会组建。1981年，中国工业企业管理教育研究会在京成立（1995年3月更名为中国企业管理研究会）。这些学会的成立为管理科学与工程等研究领域起到很好的铺垫作用，为该学科的发展培养大量的储备人才。一个国家管理学发展的水平往往体现在管理类学术期刊的水平和数量上，而在此之前我国没有专门的管理类期刊。我国最早的管理学学术刊物，是1978年7月试办、1979年1月正式创刊的由中国社会科学院主管的《经济管理》。1985年《管理世界》创刊。同年，《中国行政管理》杂志问世。

第二，一些重要的管理学文章、书籍和著作开始出现。一些重要学者的文章和著作，还包括一部分最先从国外引进的翻译书籍起到了很好的引领作用。从1977年开始，我国对组织管理学研究开始起步，随后几年，出版了很多著作。其中，较早对管理学进行系统、全面介绍的主要有《国外经济管理名著丛书》、《中国工业企业管理学》系列和大连培训中心编写的一套教材《中国工业科技管理》。

第三，组织管理学教育与研究的开始。中国组织管理学的发展，与组织管理学的教育和研究是分不开的。中国组织管理学的发展和传播在很大程度上依赖于组织管理学教育工作者和学者对组织管理学的研究。在组织管理学的教育上，首先具有重要意义的是1984年教育部批准部分院校成立或恢复管理学院，这对中国组织管理学的发展起到至关重要的作用。自此，中国的组织管理学研究和组织管理学人才的培养才开始出现勃勃生机的景象。

（2）成形期（1987—1996年）。经过前10年萌芽期的发展，特别是社会主义市场经济思想的提出，使得组织管理学开始受到各个方面的重视，组织管理学研究、实践也开始逐渐开展成形。

第一，组织管理学在整个科学知识体系中地位的确定。1992年11月1日发布，1993年7月1日实施的《中华人民共和国学科分类与代码国家标准》（GB/T1374592）首次确认了管理科学在整个科学知识体系中的地位，正式提出了管理科学的学科层次结构。1996年，国务院学位委员会与教育部在学位设置中，将管理学科升格为大门类，成为12大门类之一。同年，国家自然科学基金委员会将管理科学组升级为管理科学部。管理科学部的成立进一步支持和提升了管理学的地位。

第二，案例教学的形成。案例教学是组织管理学授课中不可缺少的重要部分，目的是增强组织管理教学的实务性、应用性，增强学生运用理论分析和解决实际问题的能力。然而，长期以来，案例教学并没有在我国实行，更没有我们国家自己的组织管理案例库。作为全国组织管理学的第一个案例库，大连理工大学企业管理案例库在1987年开始建立。20多年来，为普及和推广案例教学这一新型教学法，该机构共出版各种案例教学指导书籍16部，主编出版《管理案例研究》刊物，为工商教育界提供案例教学交流渠道与争鸣园地。该案例研究中心先后在全国各地举办过40多期高等院校师资和教学行政干部案例教学法培训班。后来随着清华大学、北京大学等案例库的建立，我国的3大管理学案例库也基本形成。

第三，MBA 教育的创建。1990 年，国务院学位委员会正式批准设立 MBA 学位和试办 MBA 教育，首批批准了中国人民大学、清华大学、南开大学、天津大学、哈尔滨工业大学、复旦大学、上海财经大学、厦门大学、西安交通大学 9 所高校开展试点工作，并于第二年开始正式招生。1997 年，MBA 又在全国范围内实行联考，更是提升了 MBA 学生的总体素质。

（3）发展期（1997—2008 年）。近 10 年来，组织管理学伴随着中国经济的快速发展而壮大。主要体现在以下几个方面：

第一，管理学学位的独立。1999 年，中国高校首次授予管理学科学学位，这改变了以往学管理学专业的学生被授予的却是经济学学位的状况。这年的 4 月 9 日，经清华大学学位评定委员会审议通过，清华大学颁授了 3 名管理学博士、12 名管理学硕士学位，这标志着管理学科学学位从经济学中分离出来。组织管理学作为管理学的一个分支，从而也获得了一个良好的发展契机。

第二，对外交流广泛开展。20 世纪 90 年代后期，中国管理学界及企业界开始改变以往单项“输入”的局面，开始走向世界。1998 年 3 月 25 日，海尔集团 CEO 张瑞敏应邀登上哈佛大学讲坛，为哈佛商学院学生讲授中国企业的组织管理之道。继海尔之后，联想集团、阿里巴巴公司等企业的领导也陆续登上世界各著名商学院的讲台。2002 年 9 月，《哈佛商业评论》（Harvard Business Review）开始在中国大陆地区推出中文简体版，使中国读者能同步分享世界最新的组织管理思想和组织管理经验。2002 年 9 月 26 日，管理大师彼得·圣吉博士应邀在华举行了“第五项修炼—10 年来学习型组织发展历程”的主题演讲，这在中国企业界和理论研究界刮起了一股建立学习型组织的浪潮。

第三，管理学重要奖项开始设立。“蒋一苇企业改革与发展学术基金”（1995 年）、“袁宝华企业管理金奖”（2004 年）、“复旦管理学奖”（2005 年）相继设立。这些奖项的设立，无疑会对推动组织管理学的发展起到非常重要的作用。

二、组织管理学科的发展

（一）组织管理学科发展的萌芽期

中国组织管理学科的发展萌芽期，可以追溯到 20 世纪 80—90 年代。郑海航在 20 世纪 80 年代末 90 年代初曾提出要建立企业组织学。他认为从历史原点来看，组织与管理同时出现，甚至在逻辑关系上组织还先于管理。但长期以来，在管理学家们看来，企业组织不过是管理的一项职能而已，不是一个学科。在我国，企业组织学还没有成为一门独立学科，还只是作为企业管理学的一个内容。他认为，企业组织学作为企业管理学的重要分支学科，要成为一门相对独立的学科，就必须有其独立的研究对象、明确的研究范围和完整的学科体系。要把企业组织学同企业管理学中独立出来，形成自己的一套理论体系，既要跳出单纯将企业组织作为企业管理的一项职能来研究的圈子，又要克服企业组织与企业管理的混淆和重合。郑海航提出，组织体自身才是企业组织学的研究对象。他认为既然企业和人体一样是一个有机体，那就应该和人体一样具备肌体、意识和（自动调节）机制三个分体系，即企业组织学是由组织结构、组织意识、组织机制组成三位一体的科学体系。企业的组织结构就是它的

“肌体”，企业的组织文化就是它的“意识”，企业组织的自动调节，就是它的“机制”。组织结构是企业组织的基础，是企业组织的职位、职责、权力关系和协作关系的外在体现；组织意识同组织结构的外在性相反，它是企业组织“内在”的精神；组织调节机制则是静态的组织结构所内含的动态性功能。这样，组织结构、组织意识和组织机制分别从物质和精神、外在和内在、静态和动态等不同的方面体现了企业组织的特质，这样，企业的组织结构、组织意识和组织机制作为三个分体系鼎足而立，立体地构筑起企业组织学的理论体系①。

企业组织学的主要内容包括企业组织的结构、组织意识和组织机制。企业组织结构就是企业组织系统的构成形式，即目的、协同、人员、职位、责任、关系、信息等组织七要素的有效排列组合方式。组织结构包括六个相关的研究专题：即组织结构设计原理；企业组织的规模；企业领导组织结构；企业的直线组织结构；企业的职能组织结构；企业组织形式，受不同条件、因素影响，具有多样性和适应性。传统组织形式主要有：直线制、职能制、直线参谋制和直线职能参谋制。现代组织形式主要有：事业部制、超事业部制、矩阵制、多维立体组织结构等。组织意识是组织之“魂”，是人的积极性取之不尽、用之不竭的源泉，是企业凝聚职工的粘合剂。组织意识层次和组织凝聚层次存在一个对应关系模型：组织外围层——成员归属意识；基本层——利益共济意识；中坚层——情感一体意识；核心层——忘我献身意识。组织意识包括三个研究专题：企业集体意识、企业内部职工所在小单位的集体意识、非正式组织的团体意识。组织机制是组织的内在自动调节功能。它与企业管理活动的区别在于：组织机制是组织体的“自身调节”，而管理活动则是组织体的“外部工作”。组织机制包括三个研究专题：企业组织对于实现目标的调节机制、企业组织内部的沟通协调机制、企业组织对外部环境的应变机制②。

（二）组织管理学科发展的成长期

中国组织管理学的发展在21世纪后得到了新的发展。对中国组织管理学的发展作出重要贡献的代表人物有郑海航、罗珉、王凤彬、陈树文等。

郑海航在我国较早时间明确提出要建立企业组织学，其主要思想和理论在著作《企业组织学导论》（中国劳动出版社1990年版）和《企业组织论》（经济管理出版社2004年版）中得到了充分表达。

罗珉认为，组织管理学是一门跨学科的边缘科学和应用科学，它融合了社会科学领域的组织理论、新经济社会学、组织行为学、系统科学、政治学和组织经济学的知识和自然科学领域的数学、统计学、信息学、工业工程学、计算机科学和其他学科的知识。组织管理学所探讨的是组织机构本身有关的管理问题，它包括组织机构资源的有效配置和利用、组织的战略、组织的文化、组织结构的设计、组织的发展与变革、组织的行为、组织与组织之间的关系以及组织与外部环境之间的关系等③。

王凤彬、陈莉平在2002年撰文认为将企业管理学拓展为组织管理学，可以在横向上拓

---

① 郑海航：“建立企业组织新学科刍议”，《中国社会科学》，1993年第1期。

② 郑海航：《企业组织论》，经济管理出版社2004年版，第114—118页。

③ 罗 珉：《组织管理学》，西南财经大学出版社2003年版，第2页。

宽管理研究的范围，即从“企业”这一类特殊组织拓展到包括其他各种机构在内的“组织”，而且纵向上还能从“单体组织”的视角提升到“企业间组织”这更高的研究层面上。简言之，明确地将“组织”确立为管理研究的对象，一方面可以使管理研究者和实施者对管理客体的考虑超越以往的企事业单位的边界范围，同时针对管理客体和管理主体的变更，在管理手段和管理方式的探讨上形成重大的突破，建立起单体企业管理学的新的组织管理学学科体系。当“组织”不仅指企业组织，也应指企业间组织的经营运作活动以及管理决策活动越来越趋向以超越个体的方式来进行的时候，组织理论的研究就变成一个前沿性的重点研究领域。因此，不仅仅单个企业组织成为组织管理的研究对象，而且企业与企业间的企业间组织也成为组织管理的研究对象①。

陈树文则指出，组织管理学作为一门跨学科的边缘科学和应用科学，它的研究对象就是组织及其发展变化的规律。它广泛地应用经济学、管理学、心理学以及社会科学、自然科学等学科的成果，探求组织中人的心理与行为的变化与发展规律，以提高组织运行的有效性，实现组织的目标。组织管理学的研究包括组织机构的有效配置、组织的行为、组织的文化、组织的战略、组织与外部环境的变化、组织的发展与变革等内容。未来组织结构的特点是组织的扁平化、等级制弱化、组织网络化、组织无边界化、组织的多元化、组织规模小型化。网络化组织的表现形式是转让与收购、战略联盟、外包。当代组织管理发展的趋势：一是组织管理理念的创新。即由工业社会的“物”的组织管理转变为知识经济时代的“以人为本”的组织管理；二是组织管理内容的变更。即由工业社会的以生产过程为组织管理基本内容转变为以知识管理为主要内容。在知识经济时代，人的意义和价值不是表现为人的体力，而是人所有的知识；三是组织管理模式的转变。即由强调“物”的管理，始终以追求物质财富为主导的价值取向，以内部管理为主的组织管理模式转变为强调个体存在的意义和价值，以充分释放人的个性、创造性为中心的组织管理模式②。

三、组织管理研究的进展

（一）组织管理文献研究过程与方法

中华人民共和国成立60年来，社会科学研究取得了巨大成绩，科研成果数目繁多。根据中国社会科学院科研局的划分标准，社会科学科研成果可以分为专著、论文、研究报告、学术资料、古籍整理、丛书、论文集、译文、译著、工具书、学术普及读物、软件、综述、一般文章、教材、影视片等16种。论文一般包括期刊论文、会议论文、学位论文、论文集论文。其中，期刊论文因为量大面广、时效迅捷，赢得了学术界的特别关注。所以，本文主要以期刊论文为数据来源对我国组织管理研究的进展进行计量学分析。

2009年5月，在《中国期刊全文数据库》核心期刊收录的1949—2009年的文献中，通

① 王凤彬、陈莉平：“学科研究与企业管理科学的发展——组织理论角度的探讨”，《管理世界》，2002年第7期，第111页。

② 陈树文：《组织管理学》，大连理工大学出版社2005年版，第2、第14、第236页。

过指定查询范围即限定为总目录中的“经济与管理”，并以“组织管理”为篇名检索词进行检索。为避免重复，采用高级检索方式，以逻辑词“或者”连接“组织、组织结构、组织行为、组织形式、组织变革、组织运作、网络组织”以上检索词，共获得相关文献1257篇。

对组织管理研究文献的统计分析，主要从文献发表时间分布、研究焦点两个维度进行重点分析。运用Excel的筛选、排序、计算等基本功能对1257篇选中文献进行统计。需要指出的是，分析文献研究热点及其迁移轨迹时，除去“组织管理”第一主题词，根据主题集中程度，分别以“理论、方法、发展、组织设计、组织结构、组织方式、组织行为、组织变革、网络组织、组织创新、组织绩效”等为高频主题词，对1257篇数据文献进行筛选统计。

（二）组织管理研究文献时间分布

对学科的文献量进行计量分析，可以追踪某一学科科研动向。同时，通过对科研发展过程的需求关系、内部结构的变更情况等一系列潜在的动态趋势进行定量分析、预测，以此了解目前此学科发展的情况，把握将来科研发展的动向。以索引条目为计量单位，从文献计量学视角对上述1257篇有关组织管理研究的科研论文进行系统的分析研究，其时间分布如表10－1、图10－1所示。

表10－1　　组织管理研究文献分布

时间	篇数	时间	篇数	时间	篇数
1978	—	1989	22	2000	58
1979	—	1990	23	2001	61
1980	8	1991	27	2002	59
1981	10	1992	20	2003	97
1982	7	1993	20	2004	79
1983	23	1994	27	2005	101
1984	24	1995	32	2006	130
1985	25	1996	39	2007	153
1986	39	1997	22	2008	0
1987	32	1998	28	2009	0
1988	27	1999	34		

资料来源：作者整理。

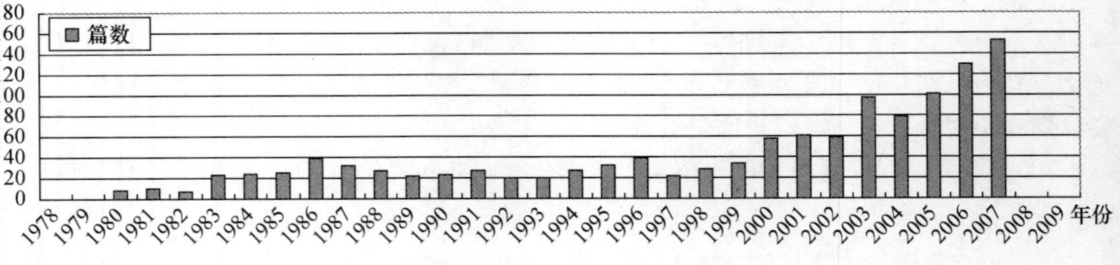

图10－1　1978—2008年组织管理研究文献分布图

2009年5月，从《中国期刊全文数据库》对组织管理相关文献检索的结果发现，1911—1979年共有25篇相关文献。也就是说，新中国建立到改革开放前的30年间，我国对组织管理的研究几乎是空白的。从图10－1我们可以看出，国内学界对组织管理的探讨从1983年才真正起步，随后研究不断升温，文献量逐年递增。我国组织管理研究在改革开放后大体上经历了三个不同的发展阶段：

第一阶段1980—1986年。这一阶段中研究文献的数量较少，6年共发表了学术论文136篇，在组织管理研究发展历程的1/5的时间段内其文献量只占到11.04%，平均每年发表22.67篇，这6年是我国组织管理研究的起步阶段。

第二阶段1987—1996年。这一阶段研究文献的数量有了一定的发展，10年中共发表了论文269篇，平均每年发表26.9篇。这10年仍然是国内组织管理研究的成长阶段。

第三阶段1997—2008年。在这一阶段中，研究文献的数量急剧上升，每年发表论文的数量从最低的22篇迅速上升到最高的153篇。在12年的时间内，共发表了研究论文827篇，平均每年发表论文69篇，年平均发表论文数分别是前两阶段的3.04倍、2.57倍。这一阶段是国内组织管理研究的快速发展阶段。

（三）组织管理研究热点及其变化轨迹

我国组织管理研究的60年，除了文献量的变化，其在研究内容和研究主题上，同样经历了一个逐步发展、不断完善的过程。对组织管理研究热点进行统计分析，有利于弄清我国组织管理的发展现状，明确今后研究的重点和方向。为了便于对组织管理的研究热点进行分析，本文结合图10－1及我国国情，将我国组织管理研究的发展历程分为起步、成长、快速发展等三个阶段，对各阶段高频主题词进行统计分析，在比较中捕捉研究热点的迁移轨迹。

依照我国组织管理研究发展的三个阶段，对“理论、方法、发展、组织设计、组织结构、组织方式、组织行为、组织变革、网络组织、组织创新、组织绩效”等高频词作简要分析（详见表10－2）。

表10－2　　组织管理核心期刊文献题名高频主题词列表

文献题名高频主题词	1980—1986年（%）	1987—1996年（%）	1997—2008年（%）	文献量合计（%）
理论	19（13.6）[9.9]	31（12.7）[16.1]	142（11.5）[73.9]	192（11.5）
方法	25（17.8）[17.7]	39（13.4）[27.7]	82（6.6）[58.1]	141（8.4）
发展	57（40.7）[14.7]	89（30.6）[23.0]	241（19.5）[62.3]	387（23.2）
组织设计	5（3.6）[5.6]	21（7.2）[23.3]	64（5.2）[71.1]	90（5.4）
组织结构	17（12.1）[5.6]	61（21.0）[20.0]	227（18.3）[74.4]	305（18.3）
组织方式	9（6.4）[9.6]	15（5.2）[16.0]	70（5.6）[74.5]	94（5.6）
组织行为	4（2.9）[4.2]	16（5.5）[16.7]	76（6.1）[79.2]	96（5.6）
组织变革	1（0.7）[1.3]	14（4.8）[18.7]	60（4.8）[80.0]	75（4.4）
网络组织	2（1.4）[2.9]	3（1.0）[4.4]	63（5.1）[92.6]	68（4.1）
组织创新	1（0.7）[0.7]	7（2.4）[4.6]	144（11.6）[94.7]	152（9.1）
组织绩效	0（0.0）[0.0]	0（0.0）[0.0]	70（5.6）[100.0]	70（4.2）
文献量合计	140 [8.4]	291 [17.4]	1239 [74.2]	1670

注：表10－2中（）中的百分比为同一时段不同主题横向百分比；[ ]中的百分比为同一主题不同时段纵向百分比。

表10－2显示，“理论、方法、发展”是整个组织管理研究的核心主题，它们在整个组织管理研究中分别占到了11.5%、8.4%、23.2%。从组织管理发展的不同时段，我们可以发现，虽然“理论、方法、发展”是整个组织管理研究的核心主题，但不同时段的研究主题也在随着时代的变迁以及组织管理实践而变化。

1. 1980—1986年，是以组织理论、组织方法、组织发展为焦点的初期研究

该时段属于萌芽期向成长期过渡的阶段，“理论、方法、发展”分别以13.6%、17.8%和40.7%的比例成为这一时间段高频主题词，是这一时段不同主题横向百分比最高的前三位。这一阶段主要是介绍国外的管理理论和方法，同时结合中国管理实践进行总结，还没有明确提出组织管理学科这一管理学分支体系。

（1）引进和介绍国外发达国家的管理理论。如王慧炯撰文认为，第一代传统（经典）管理理论仅仅强调管理与结构子系统，注意发展了管理原则；发展第二代管理理论的人类关系学者和行为学家则强调社会心理子系统，并集中注意于动机、群态心理及其他有关因素；而近代组织理论把组织看成是一个开式子系统并考虑到所有重要的子系统及其相互的关系。介绍完国外组织管理历史的发展及近代系统观点的组织管理理论后，强调了事物发展的历史的联系、继承与摒弃。认为在我国实现“四化”的过程中，如能认真本着“洋为中用”的原则，因时因地地借鉴国外经验，对我国迅速实现“四化”将有所裨益①。此外，较有代表性的还有：叶中灵，“美国企业组织管理的发展”（《经济管理》，1979年第1期）；孙耀君，“传统管理理论的系统和韦伯的行政组织理论”（《经济管理》，1980年第5期）；周本慧，“日本现代企业经营管理组织及理论”（《管理现代化》，1986年第6期）；蒋中德，“日本工业企业质量管理及其组织形式的特点”（《外国经济与管理》，1986年第8期）等。

（2）探索和总结改革开放初期国内管理实践。如奚浩、李敏指出，组织系统不能只是创建企业的一次性设计，更不是简单地模仿、照抄照搬别人的模式，而应当根据变化了的环境等因素作适时的设计、再设计，以保持组织系统的统一、精简、高效。通过对当时宝钢这一新建的、先进的、连续化生产的大型钢铁企业的组织系统的设计和再设计过程分析，扼要地阐明了有关组织设计的主要程序及其权变理论（即设计思想）②。此外，较有代表性的还有：陈佳贵，“试论当前工业行业管理的三种组织形式”（《中国工业经济研究》，1984年第1期）；马仲华，“现代企业管理组织的变化趋势探析”（《经营与管理》，1985年第5期）；张福樨，“企业功能与企业管理组织现代化”（《管理世界》，1986年第4期）等。

2. 1987—1996年，是以组织设计、组织结构、组织方式、组织行为、组织变革为焦点的中期研究

随着改革开放的不断深入，我国国民经济快速度发展，理论界和实践界对管理理论和方法研究越来越重视，管理理论的研究从以介绍国外管理的一般理论和方法为主，转为更加具体深入地研究，并将之应用于我国改革开放的经济管理实践中，进而提出了建立组织管理学科体系的主张。在这一时期，“组织设计、组织结构、组织方式、组织行为、组织变革”成为焦点问题，研究重点是围绕组织管理的主要内容尤其是组织结构这一核心内容深入展开的。这些研究共占到了该时期研究主题的43.7%。

---

① 王慧炯：“国外组织管理理论的发展及系统观点的管理”，《经济问题探索》，1981年第2期，第30页。

② 奚浩、李敏：“从宝钢组织设计来谈企业管理组织系统的设计与再设计”，《上海企业》，1986年第9期，第15页。

陈佳贵认为，发展社会主义市场经济必须调整改革企业的组织结构。企业组织结构调整和改革必须要有明确的战略目标，概括地说，就是要改变适应高度集中的计划经济的金字塔型的企业组织结构，建立起适应社会主义市场经济和社会化大生产要求的网络型的企业组织结构①。刘世锦、江小娟指出，中国工业企业组织结构变动朝大型化、集团化的趋势加强②。沈志渔针对当时我国大多数企业仍停留在“大而全”、“小而全”的情况，认为专业化协作、集中化与联合化、企业规模与企业规模结构等，就成为我国企业组织结构理论的最初内容；专业化协作与规模经济问题也就自然成为企业组织结构理论的重点内容③。金占明在比较日美两国企业组织结构和管理模式的演进后，认为影响组织结构和管理模式的因素主要是：企业的生产类型、战略目标、企业的发展历史和所处的发展阶段、经济和文化因素的制约。一个企业选择怎样的组织结构和管理模式取决于上述多个因素的综合影响④。王凤彬 1996 年撰文指出，企业组织变革重心从结构向过程的转移明显。主要体现在：组织的概念是从静态结构到动态过程；组织过程是从管理领域到业务领域；业务流程是从破碎性到整合性；过程再设计是从核心业务流程到所有组织过程；组织新形态是从结构组织到过程组织。新的“过程组织”是一个以过程为中心、以顾客为导向的、扁平的、有机式组织⑤。

3. 1997—2008 年，是以网络组织、组织创新、组织绩效为焦点的近期研究

这一阶段由于世界经济的快速发展，管理环境的复杂多变，特别是近些年网络技术和知识经济的兴起，组织管理研究焦点发生了重大变化。即研究焦点开始转向与组织管理实践联系更加紧密的管理前沿研究，故以“网络组织、组织创新、组织绩效”为主题的文献大幅上升，由前期的 3.4% 上升到 22.3%，从同一主题不同时段纵向百分比来看，这些研究焦点均在 90% 以上。

在这一时期，人们不仅重视研究组织的结构、组织的运行方式等，更重视研究组织按一定方式运行所取得的绩效；不仅关注组织内部，更把研究的重点放在组织外部即组织与组织之间的视角上。

对网络组织的研究中，20 世纪 90 年代以来，人们将组织看做是生态系统的一部分。一个组织或许跨越了几个行业，并将在与其他组织的紧密关系网络中确定自己的位置。组织生态系统是由组织的共同体与其环境相互作用而形成的系统，它常常要跨越传统的产业边界。在这个生态系统中，合作与竞争同等重要。根据所处的位置和面对的问题，组织之间在同一时刻既是竞争对手又是合作伙伴。在这个商业生态系统中，管理的作用正在朝着与其他组织建立横向关系的方向发展。种群生态学的观点解释了为什么由于新公司的增加，组织的多样性也在不断增强，这些新公司填补了既有公司剩下的领地。这种观点认为大公司不能适应变化的环境，因此，新的公司以其适当的形式和技术满足新的需要。经过变种、选择和保留的过程，一些组织将会生存下来并得到发展，另一些组织将会消亡。公司将采取全面的或专门的战略在众多的组织中求得生存⑥。这就是体现组织之间相互关系的种群生态学——种群的适应性理论。此外，

---

① 陈佳贵：“发展社会主义市场经济与企业组织结构的调整改革”，《经济研究》，1993 年第 5 期，第 17 页。

② 刘世锦、江小娟：“中国工业企业组织结构变动的长期展望”，《社会科学辑刊》，1992 年第 2 期，第 43 页。

③ 沈志渔：“我国企业组织结构理论的形成与发展”，《学术研究》，1993 年第 6 期，第 45 页。

④ 金占明：“企业组织结构和管理模式的选择”，《中国工业经济》，1996 年第 4 期，第 64 页。

⑤ 王凤彬：“企业组织变革重心从结构向过程的转移”，《经济学动态》，1996 年第 8 期，第 54 页。

⑥ 罗珉：“组织理论的新发展——种群生态学理论的贡献”，《外国经济与管理》，2001 年第 10 期。

揭示组织之间相互关系发展有代表性的理论还有资源依赖理论——组织间相互关系理论、协作网络理论——组织的战略联盟理论等。麦勇指出，网络组织是现代跨国公司组织管理在网络技术推动下的新型组织形式，在当今全球竞争日趋激烈的环境下，知识和创新已成为企业竞争制胜的关键。他分析了跨国公司网络组织创新的动因，并对我国企业管理组织发展提出了建议①。张军、王丽敏对网络组织中存在的企业合作竞争风险问题进行了研究，阐述了网络组织中合作竞争风险产生机理，并提出了防范风险的具体对策②。

关于组织创新，牛成喆、张伟艳、苏正建指出，网络经济时代的到来对企业组织形成了强烈的冲击，企业组织创新势在必行。他们撰文论述了组织创新的涵义，网络经济对企业组织的影响，着重阐述了基于网络经济的组织创新的有效途径及我国企业组织创新现状，并对存在的问题提出了改进建议③。武巧珍认为，在网络经济条件下，技术创新与组织创新是企业提高竞争能力、应对激烈竞争的重要战略。她分析了以信息技术、互联网技术广泛应用为特征的网络经济对技术创新与组织创新产生的重大影响。认为在网络经济条件下，企业只有实现技术创新与组织创新的互动，才能适应复杂多变的外部环境，更好地利用信息技术实现企业最大化的价值，创造更多的财富。在此基础上，构建了以组织学习为纽带的技术创新与组织创新互动模型④。谢洪明以我国华南地区企业等为调查对象，对社会资本是否以及如何通过组织创新影响组织的绩效进行实证研究。结果表明，组织的内部社会资本对管理创新有显著的直接影响，外部社会对技术创新有显著的直接影响，管理创新对组织绩效有显著的直接影响。技术创新对管理创新也有直接的正向影响，管理创新在社会资本——组织创新——组织绩效链中起到了至关重要的作用⑤。

管理理论研究的基本假设是某一特定的组织结构和组织文化能够导致高效率的运转与管理，从而提高组织的绩效。因为组织的宗旨、管理目标、组织的政策、战略和组织文化，可以促使员工同心协力地完成组织的目标，从而提高组织绩效。组织绩效是组织实现其目标的程度。苗玉柱认为，应该将卡普兰和诺顿的绩效指标体系从企业利益相关者的角度重新分类并将它扩充，从而得到了企业管理绩效的利益相关者指标体系。这些利益相关者包括股东、经营者、雇员、债权人、顾客、供应商、竞争者、国家⑥。汪淼军、张维迎、周黎安利用浙江省企业信息化和组织行为的数据研究了企业信息化、企业基本组织行为和生产绩效、企业竞争力以及创新能力的关系。他们的基本结论是：第一，企业生产绩效、企业竞争力和企业创新能力随着企业信息化投资增加而增加。第二，刚性的企业组织行为能够显著地提高企业生产绩效、竞争力和创新能力。第三，刚性的组织行为对于企业绩效的提高的关键在于刚性组织行为和企业信息化资本以及企业员工和经理合作之间存在互补性⑦。朱瑜、王雁飞、蓝海林以198家企业为研究对象，运用多元回归分析与结构方程模型对企业文化、智力资本及

---

① 麦勇："网络组织在跨国公司创新中的作用及其挑战"，《特区经济》，2006年第6期，第369页。

② 张军、王丽敏："网络组织中企业合作竞争的风险研究"，《生产力研究》，2007年第22期，第136页。

③ 牛成喆、张伟艳、苏正建："基于网络经济的企业组织创新研究"，《江苏商论》，2006年第8期，第58页。

④ 武巧珍："网络经济条件下企业技术创新与组织创新互动研究"，《经济管理》，2006年第14期，第37页。

⑤ 谢洪明："社会资本对组织创新的影响：中国珠三角地区企业的实证研究及其启示"，《科学学研究》，2006年第1期，第150页。

⑥ 苗玉柱："建立新型企业管理绩效的利益相关者指标体系"，《中国企业报》，2001年5月16日。

⑦ 汪淼军、张维迎、周黎安："信息化、组织行为与组织绩效：基于浙江企业的实证研究"，《管理世界》，2007年第4期，第96页。

组织绩效三者之间的关系进行了实证研究。结果表明，官僚型文化对结构资本具有显著的正面影响，创新型文化对和支持型文化对人力资本具有正面影响，而关系资本仅受到支持型文化的影响。同时，人力资本能够提高企业的人力资源管理效能及成功新产品/服务绩效，结构资本有助于市场绩效的提高，而关系资本对市场绩效、人力资源效能及成功新产品/服务均具有显著的促进作用。在企业文化、智力资本和组织绩效的关系链中，智力资本具有显著的中介作用①。

① 朱瑜、王雁飞、蓝海林："企业文化、智力资本与组织绩效关系研究"，《科学研究》，2007 年第 5 期，第 952 页。

第十一章

公共管理学的发展

中国的公共管理学是在传统行政学科以及对西方公共管理理论引进和消化吸收的基础上发展起来的。较之以往的行政管理研究，今天的公共管理学无论是在学科基础、理论视野、研究方法以及研究范围等诸多方面都发生了巨大的变化。随着政府改革浪潮在全球范围内的推动与蔓延，以及20世纪90年代以来我国行政体制改革的逐步深化，公共管理学于1997年正式成为管理学学科门类下的一级学科，公共管理硕士（MPA）专业学位也在1999年登陆中国。公共管理学一级学科的设置以及公共管理专业学位十年来的跨越式发展，推动了公共管理教学研究机构和教学培养体系的迅速建立。目前全国已有一百多所高校建立了公共管理（或政府管理）学院，构建了从本科、硕士到博士学位教育的学术性教育和专业学位的应用性教育体系，公共管理学业已成为中国近十余年来发展最为迅猛的学科之一。

与公共管理学蓬勃发展的同时，关于公共管理学在学科名称、研究范围以及与行政管理（公共行政）学之间关系的争论，也从来没有中断过。从管理学出发，强调公共行政学就是公共管理学，应属于管理学领域；从政治学或传统的行政学出发，强调公共管理学就是公共行政学，应属于政治学领域。从公共行政与公共管理概念的关系来说，有的主张公共管理等同或类似于公共行政，有的主张公共行政大于公共管理，有的主张公共管理大于公共行政。虽然这场争论既没有终结也没有一个统一的定论，但越来越多的学者倾向于认为，公共管理与行政管理既有区别又有联系，公共管理外延比行政管理大，内涵比行政管理更丰富，公共管理包含了行政管理，可以说公共管理是传统行政管理发展的新阶段或新范式。①

从目前公共管理为一级学科、行政管理为其下面的二级学科的学科划分上，公共管理学是传统行政管理学发展新范式的看法与学科设置相一致，有利于公共管理学今后的规范发展。根据这一观点，本书对公共管理学理论、方法、学科、研究四个方面60年发展的总结，自然包含了对传统行政管理（公共行政）学发展流变的总结反思。

① 关于公共管理学科的相关讨论参见如下论文：陈振明：“什么是公共管理（学）——相关概念辨析”，《中国行政管理》，2001年第2期；“公共管理是一个什么样的学科？——漫谈公共管理硕士（MPA）专业学位的学科基础”（上、下），《中国工商管理研究》，2006年第2、3期；郭济：“中国公共管理学的建设及其发展”，《中国行政管理》，2000年第1期；林尚立：“公共管理学：定位与使命”，《公共管理学报》，2006年第2期；吴长春：“公共管理（学）的概念及与行政管理学的关系”，《公共管理学报》，2004年第2期；周树志：“公共管理与行政管理、私人管理”，《学术研究》，2007年第1期；王乐夫：“论公共管理类型：公共管理横向体系分析”，《政治学研究》，2006年第1期。

一、公共管理学理论的发展

（一）传统行政学理论的恢复和初步发展

1. 解放初期的行政学及其中断

1949 年新中国成立后，我国从中央到地方建立了在中国共产党领导下的新的管理体制和管理机构，建立了人民当家做主的人民民主专政制度、人民代表大会制度和政治协商制度。在这个全新的制度框架下，我国的行政管理进入了一个新的历史时期。在 1949—1952 年间，我国的高等院校延续了以往的行政学专业及课程，继续开展着行政学的教育和研究，但由于新中国百废待兴，当时的行政学教育和研究比较薄弱。

1952 年，由于“左”的错误，我国按照苏联高等教育模式，进行了高等院校院系调整，这次调整整体上适应了当时政治经济形势发展的需要，但也严重地削弱了综合大学和文科教育，错误地取消了政治学、行政学以及有关专业课程。在此之后的相当长的一段时间内，我国没有把行政管理学视为一门独立学科，完全排斥西方行政理论的引进，将其视为资本主义腐朽意识形态，也没有对我国的行政管理实践进行系统化的研究。20 世纪 50 年代到 70 年代末，尽管我国先后经历了“反右”扩大化、“大跃进”和“文化大革命”的磨难，但我国的行政管理秩序并未完全紊乱，在政府行政部门的管理职能、组织结构、人事制度、机构调整等领域还有诸多可以研究探讨之处，但遗憾的是对这些关系国计民生的问题，由于行政学专业的撤销而没有对此进行专门的研究和总结反思。

2. 改革开放以来对传统行政学理论的借鉴和运用

党的十一届三中全会后，我国开始实行改革开放和以经济建设为中心的战略，这就不可避免地要涉及政治体制和行政体制的调整。在行政体制领域，1982 年以来，我国先后进行了几次大的政府机构改革，经历了由浅层次到深层次、由单纯机构改革到综合配套改革、由改革旧体制到建立新体制的发展过程。经过这些改革，在机制、机构、人员等方面，政府机构虽然得到了很大改善，但是传统僵化的行政体制仍然在一定程度上束缚着以经济建设为中心的现代化建设，效率低下、人浮于事、互相扯皮、机构臃肿依然是当时行政状态的真实写照。提高行政效能的改革形势迫切需要理论的指导。于是，在 20 世纪 80 年代刚刚恢复的中国行政学，便要担负起指导行政体制改革提高行政效率的历史重任。

刚刚恢复的中国行政学，因为面对的核心问题是如何改革行政体制、提高行政效率，因此，行政学也被称为“行政管理学”。传统行政学的基本理论是建立在政治或行政两分法和韦伯官僚制基础之上的。政治与行政二分法理论把公共组织的政治活动和行政活动分开，主张政治是国家意志的表现，而行政是国家意志的执行，行政管理应持价值中立的立场，以追求有效运用资源提高管理效率为主要目标。韦伯官僚制理论以三种权威模式中的法理型权威为理论基础，认为官僚制是一种是法理型权威以机构形式出现的组织方式，官僚制的重要特征是分工、等级秩序以及非人格统治。传统行政学理论在政治或行政两分法和官僚制理论的指导下，认为行政体制建立在官僚制的严格等级模式基础之上，行政部门及人员处于政治领导的正式控制之下。在这种传统官僚制体制中，管理工作的中心问题是组织功能的完善和效率的发挥。

应当说这种传统的行政理论对刚从权威丧失、秩序混乱、效率低下的乱局中走来的政府机构来说，恰恰适应了我国行政管理体制拨乱反正、推动经济秩序转型的时代要求。20世纪80年代处于恢复之初的行政学界也正是以这样的理论为指导，围绕着如何提高行政效率、改革不合理的行政体制展开卓有成效的研究。这一时期，我国传统行政理论取得的重大进展和成就主要表现为：确立了行政学研究的主要范畴和基本框架；提出了建立有中国特色的行政管理理论体系的目标和任务；深入研究了诸如转变政府职能、层级行政、公务员制度、行政效率等行政管理重要领域；行政管理体制改革研究推动了我国行政体制改革和机构改革的发展；开始涌现出一批具有理论价值和实践意义的研究成果。①

3. 新公共行政理论的兴起

在早期的恢复和重建时期，中国的行政学研究主要偏重于一般行政学理论的介绍和应用。随着中国社会自改革开放以来持续深入的巨大变化，中国的行政学科迎来了快速发展的时机。

我国的行政学理论大都翻译自英文文献，最早将 Public Administration 翻译成“行政管理”，后来又直译为“公共行政”。于是“公共行政”这一概念逐渐流行并为学者们广泛地接受和使用。起初学者们普遍认为行政管理与公共行政没有区别，但随着西方行政学理论的广泛引入以及对公共行政内涵的深入探讨，行政管理概念在学术研究上受到抑制和冷落，公共行政开始大行其道。行政管理虽遭学术界冷落，但却在实践和学科分类及专业设置中占据正统；而公共行政虽然受到学术界广泛推崇，但在实践中却没有相应的名分，官方语言也很少使用。② 公共行政概念的使用虽然遭遇尴尬，相关理论的引进、吸收和运用却由此进入了一个新的发展阶段。③

我国行政学界在20世纪90年代后半期开始重视新公共行政理论的研究，主要文献有孙柏瑛的《公共行政的新思维——美国新公共行政学派及其思想评述》（1995）、金太军的《公共行政规范理论的勃兴及其启示——当代西方新公共行政学评析》（1997）、王玉明的《当代西方新公共行政理论及其实践》（1998）、丁煌的《寻求公平与效率的协调与统一——评现代西方新公共行政学的价值追求》（1998）、陈振明的《从公共行政学、新公共行政学到公共管理学——西方政府管理研究领域的“范式”变化》（1999）。

新公共行政理论是传统行政理论的发展，是在批判反思传统行政理论基础上成长起来的。新公共行政理论的倡导者认为建立在技术理性基础上的传统行政理论限制了行政的视野和活力，导致公共行政成为盲动的理论。主张公共行政要更加关注公共利益，强调人民民主和社会公平，倡导民主的行政模式，主张政治与行政的关联性，重视人性和行政伦理研究。新公共行政学以公平为中心，拒绝了传统行政学的政治——行政二分法的观点，更加重视行政道德的价值观，强调用社会公平重塑公共行政的价值体系。新公共行政学理论的出现极大地推动了行政学科的发展，但由于缺乏概念和理论上的连贯性，新公共行政学并未最终取代

---

① 郭济：“中国行政管理学的建设及其发展”，《中国行政管理》，2000年第1期。

② 陈淑伟：“对我国行政学几个基本概念的思考”，《理论学刊》，2006年第5期。

③ 张成福：“变革时代的中国公共行政学：发展与前景”，《中国行政管理》，2008年第9期。

传统的公共行政学而成为行政学研究的主导理论范式。①

进入21世纪以后，我国开始更加重视社会公平和人民权力。党中央提出了“三个代表”重要思想和“建设社会主义和谐社会”，这种倡导公平、重视民生的政策与新公共行政理论的内核是一致的，在这一阶段的新公共行政研究更加倾向于结合我国实际的民主行政研究，如张国庆《公共行政的典范革命及其启示》（2000）、贺中计《“新公共行政”之社会公平理论对我国的启示》（2006）、曹现强《新公共行政的民主行政观探析》（2006）。这一时期的新公共行政学研究主要在以下方面展开论述：（1）我国需要把重心转移到致力于社会公平上来，把社会公平作为其首要的价值选择；（2）政府应本着公平正义的精神，尽快建立和完善适应现代市场经济体制要求的各项社会体制和制度；（3）在管理过程中要树立以人为本的行政理念。

纵观这一时期我国的公共行政理论研究，一方面运用理论回应和解释伟大的社会变革，另一方面主流研究领域仍笼罩在西方主流行政理论典范之下。公共行政理论在解释行政变革的伟大实践面前苍白无力，出现了公共行政理论的合法性危机。造成这一现象的主要原因在于缺乏对西方行政理论的批判反思，以及在批判反思基础上的创造性转化。在这样的背景下，公共管理学作为一个新的学科范式被引入了中国。

（二）公共管理学理论的兴起和传播

1. 公共管理学理论的勃兴和理论基础

公共管理学是一种不同于传统的公共行政学、政策分析的一种新研究范式。作为一个新学科的公共管理学超越了公共行政学的视野，把研究范围扩展到政府之外，包括了其他非政府公共组织的研究。公共管理学倡导政府管理以实际问题为核心，融合经济学、管理学、政策分析、政治学等领域的知识，在一个广泛综合的知识框架下形成了新的公共管理范式，对我国行政学研究产生了巨大的借鉴和启发意义。

我国以建立社会主义市场经济为方向的改革打破了过去政府管理一切社会事务的传统，把更多的权利还给社会、企业和个人，政府很难单凭借自身的力量进行管理，因而需要进行“公共管理”，公共管理学开始受到人们的重视。尤其是自20世纪90年代末以来，伴随我国公共管理一级学科设置和公共管理硕士（MPA）的举办，各高等院校公共管理学院、公共管理系、研究中心等公共管理学科建制的迅速发展，一大批公共管理学教材的出版，公共管理学日益称为学界讨论的一个热点。

我国较早研究公共管理的著作有张良的《公共管理导论》（1997）、陈振明的《公共管理学》（1999）、夏书章的《现代公共管理概论》（2000）等。较早对公共管理学进行论述的有陈振明的《从公共行政学、新公共行政学到公共管理学——西方政府管理研究领域的“范式”变化》（1999）、陈庆云的《关于公共管理研究的综合评述》（2000）、胡象明的《关于公共部门的界定与公共管理学的研究范围——兼谈公共管理学与行政管理学的关系》（2001）、卢明的《公共管理学管理范式的演进》（2001）、张康之的《公共管理学的学科体系构想》（2002）等文章。

---

① 陈振明：“从公共行政学、新公共行政学到公共管理学”，《政治学研究》，1999年第1期；张成福：“重建公共行政的公共理论”，《中国人民大学学报》，2007年第4期。

学术界对公共管理学的概念、范畴、理论基础、假设、民主与效率的关系、政府角色等还存在诸多争议，但基本上达成了以下共识：公共管理学的研究对象不仅包括政府机关，也包括非政府公共组织；公共管理学把政治学、经济学、管理学、社会学、心理学等学科的知识和方法融合到公共管理研究中；公共管理学涉及以往公共行政学所未涉及的大量主题；公共管理学提供了一种当代公共管理实践的新模式。①

公共管理学的理论来源非常广泛，主要理论基础是经济学理论和私人部门的管理理论。经济学理论主要包括公共选择理论、新制度经济学理论中的委托代理理论和交易成本理论等。公共选择理论是以经济学的分析方法研究公共领域或集体选择过程中人类的行为、规则与制度安排，是经济学方法在政治学中的运用。公共选择理论认为人类社会由经济市场和政治市场两个市场组成，在政治市场上活动的主题是选民、利益集团、政治家和官员。选民和利益集团是政治市场上的需求者，政治家和官员是政治市场上的供给者，他们之间交易的对象是公共物品。政治家和官员与经济活动中追求利润的企业家是类似的，他们也都是谋求自身利益最大化的"经济人"，政府决策、政府行动和政府目标不可避免地要受政治家和官员自身动机的支配。公共选择理论不但在实证意义上揭示了政府规模膨胀的原因，也得出了政府失灵的基本结论。公共物品理论主要分析市场失灵的问题以及政府参与提供公共物品的必要性。公共物品或服务是指用于满足社会公共需要的产品或服务，公共物品理论对公共物品的有效供给以及混合公共物品的提供进行了极为有价值的分析。②

在公共管理理论引进的过程中，我国学者也进行了建构本土化理论的努力。北京大学陈庆云教授从"比较利益人"理论的视角试图构建一个以社会公共事务为轴心的公共管理理论体系，该理论的基本思路是用利益分析方法，研究公共管理的不同利益主体，如何在为维护、增进与分配社会利益的博弈中，实现利益的相对和谐与均衡。"比较利益人"突破了"经济人"假设以自利性为单一维度的解释框架，对政府利益、社会利益、公共利益、共同利益给出了更有说服力的理论解释。③

2. 新公共管理理论与新公共服务理论

公共管理学的快速发展得益于风靡全球的新公共管理运动。新公共管理运动始于英国，继而在英联邦国家全面推行，在20世纪70年代末，成为全球公共管理变革的原动力。90年代初美国政府在此基础上进行的政府改造，起了推波助澜的作用，乃至形成"新公共管理运动"。

新公共管理理论主要是借鉴和采用了私人企业的管理理论和方法，认为公共部门和私人部门虽然有差异，但是两者之间并没有根本的差别，存在一般管理原理的共通性，可以互相学习。而且私人部门管理在创新能力、效率和效能方面都优越于公共部门，公共部门应该借鉴绩效评估、战略管理、顾客至上等私人部门行之有效的管理模式和方法。新公共管理理论主张公共部门产品和服务的市场化，在公共部门引入市场机制，主张用市场的力量改革政府，通过公共服务的市场化来缩小政府规模并提高政府服务效率。除此之外，新公共管理理论还强调公共服务的顾客取向，认为政府的社会职责主要是满足公民的不同要求，政府不再

---

① 陈振明："公共管理是一个什么样的学科——漫谈公共管理硕士专业学位的学科基础"（上、下），《中国工商管理研究》，2006年第2、3期。

② 张康之等编著：《公共管理导论》，经济科学出版社2003年版，第52—66页。

③ 陈庆云："公共管理基本理论研究的新探索"，《中国行政管理》，2005年第12期。

是高高在上的官僚机构，而是负有责任的企业家，公民则是其顾客和消费者。政府应以顾客需求为取向，在顾客驱动下提供回应性的公共服务并促进政府服务质量的不断提高。新公共管理倡导用科学的方法、程序和标准对公共部门开展绩效评估，绩效评估主要以经济（Economy）、效率（Efficiency）、效能（Effectiveness）“3E”为主要评估标准，主张在公共部门之间建立竞争性的环境，来以此改进公共部门提供的服务绩效。①

新公共管理理论以公共部门管理问题的解决为核心，突破了传统公共行政学的学科界限，融合了经济学、管理学等相关学科的理论、原则、方法和技术，创立了一个公共管理的新知识框架和管理模式，为公共部门管理尤其是政府管理奠定了更广泛、坚实的理论基础，也提供了一种公共部门管理的新实践模式。新公共管理理论的出现和发展是公共管理学科的一个重要里程碑。

新公共管理的理论核心是企业家政府理论，倡导政府应该向企业那样进行运作来建立一个高效的政府，把原来由政府履行的责任交给社会来实现。由于政府和企业存在着本质的区别，伴随着新公共管理运动中出现的政府公共性的丧失以及公平和民主主要价值的弱化，新公共管理理论也遭受了广泛的质疑和批评。批评者认为新公共管理理论无视公营部门与私营部门的根本差别，盲目采用私营部门的管理方法，但两者在根本目标上并不相同，前者是提供公共服务，后者则以利润为最终目的；把公民当作顾客混淆了两个概念之间的本质区别，公共服务的消费者不仅仅是顾客，更重要的是公民，公民在接受政府提供的服务时，不仅仅是被动的消费者，也是公共服务提供的参与者和决策者。②

新公共管理理论在我国引进传播的过程中，不但推动了公共管理学科作为一级学科地位的确立，也极大地深化和拓展了我国政府管理改革的进程。从提高我国政府运行效率、改进工作绩效角度出发，更加强调公共服务的市场化和引进竞争机制，更加重视对管理结果的评估，更加重视管理中的服务导向，强调以公共利益为中心。与此同时，新公共管理理论指导下的改革也出现了不少的问题，不少过分市场化的改革忽视了公共部门的公共责任，过于强调企业管理方式的借鉴，而忽视了公共部门的本质特征。客观地说，由于我国官僚制度尚不健全，市场机制仍不完善，缺乏健全的法治环境，非政府组织发展缓慢，新公共管理面临着完善旧有制度和新制度改革的双重压力。

新公共管理思潮及其运动虽然风靡全球，但自其产生之初就遭到了多方面的质疑和批评。新公共服务理论正是以对新公共管理理论的批评和反思，而成为公共管理学的一种重要理论。新公共服务理论指的是关于公共行政在以公民为中心的治理系统中所扮演角色的一套理论，基于公共利益和民主治理更加强调公民在公共管理过程中的参与。新公共服务的理论基础主要有民主公民权理论和公民社会理论，把公共利益的民主价值、公民权和服务重新看做是公共管理的规范性基础和卓越的价值观，管理者不只是提供给顾客服务，而是在服务的同时提供民主。③

新公共服务理论是对新公共管理理论的批判和超越，两者在理论上是继承和发展的关系，而不是简单的替代。新公共服务理论的成功之处并不在于其抛弃了新公共管理的所有东

---

① 周晓丽：“新公共管理：反思、批判和超越”，《公共管理学报》，2005年第1期。

② 金太军：“新公共管理：当代西方公共行政的新趋势”，《国外社会科学》，1997年第5期；陈振明：“评西方的‘新公共管理’范式”，《中国社会科学》，2000年第6期。

③ 周晓丽：“新公共管理：反思、批判和超越”，《公共管理学报》，2005年第1期。

西，而在于它能找到新公共管理作为政府实践的理论基础的根本缺陷；政府的角色并不是像新公共管理中所说的掌舵，更不是倒退到划桨，而是服务；公务员是具有公民精神的职业服务人员而不是企业家；政府服务对象是公民而不是顾客；政府和公民关系是一种协商、沟通互动关系而不是管理控制关系；政府和公民的目标不是实现顾客满意而是公共利益、公平效能，而不是单纯的效率。新公共管理与新公共服务争论的实质是管理主义与宪政主义之争，管理主义以效率为中心，技术至上，以威尔逊、韦伯，中经西蒙到今天的奥斯本为代表，而宪政主义则关注社会平等、民主和回应性，以杰斐逊，经弗雷德里克森到今天的登哈特为代表。①

新公共服务理论在理论基础、价值取向和政府责任等方面纠正了新公共管理所忽视的公共性问题，重新强调公共性、政府责任在公共管理中的重要作用，认为现代化的公共管理应是以政府为主体的公共组织有效地提供公共物品和服务，所有的管理活动都应该以公共利益最大化为主要取向。新公共服务理论对我国政府改革提供了重要的理论来源，服务型政府建设成为我国行政体制改革目标的启示。

3. 治理理论与政府治理工具理论

治理理论从某种意义上可说是公共管理学发展过程中涌现出来的最新理论范式。自从世界银行 1989 年在讨论非洲发展时首次提出“治理危机”概念以来，“治理”在学术界很快就流行开来。20 世纪 90 年代以来，在西方学术界特别是政治学、行政学、管理学领域，治理理论成为探讨的热点。我国学者也于最近十余年投入到治理理论的引进与研究中来，对治理理论的早期研究可见徐勇的《“Governance：治理的阐释”》（1997）、毛寿龙的《西方政府的治道变革》（1998）、俞可平的《“治理和善治引论”》（2000）、俞可平的《经济全球化与治理的变迁》（2000）、孙柏瑛的《当代政府治理变革中的制度设计与选择》（2002）、郁建兴的《治理：国家与市民社会关系理论的再出发》（2003）等文章。

治理理论最重要的理论基础是各种公共的或私人的个人和机构管理其共同事务的诸多方式的总和，也就是管理的主体不再是以往单一的政府机构，从治理的角度看，治理的主体可以是公共机构，也可以是私人机构，还可以是公共机构和私人机构的合作。治理一词的基本含义是指官方的或民间的公共管理组织在一个既定的范围内运用公共权威维持秩序，满足公众的需要。治理的目的是在各种不同的制度关系中运用权力去引导、控制和规范公民的各种活动，以最大限度地增进公共利益。所以，治理是一种公共管理活动和公共管理过程，它包括必要的公共权威、管理规则、治理机制和治理方式。②

治理理论拓展了传统政府管理的主题，在管理型政府向服务型政府转变的过程中，发挥了重要的理论指引作用。治理理论不仅极大地推动了国内的政府改革，也深刻地影响了超国家层面的协调与管理。在治理理论的基础上，有学者提出了全球治理的概念。全球治理的要素主要有五个：价值、规则、主体或基本单元、对象或客体以及绩效。在全球治理中，联合国不可能成为唯一责任者，各国政府也不可能成为唯一责任者，全球治理的责任应当由各国

---

① 李彦娅：“论新公共服务理论对新公共管理理论的传承与超越”，《四川行政学院学报》，2006 年第 4 期；许康、张成伟：“论新公共服务与新公共管理”，《中共珠海市委党校学报》，2006 年第 5 期；杨延昭：“未来公共行政发展理念前瞻——由新公共管理到新公共服务的启示”，《管理世界》，2009 年第 6 期。

② 俞可平：“引论：治理与善治”，载《治理与善治》，社会科学文献出版社 2000 年版，第 1—15 页；“全球治理引论”，《政治学》（人大复印报刊资料），2002 年第 3 期。

政府、政府间的国际组织和全球公民社会共同承担。正如“全球治理委员会”所说的那样，在全球层次上，治理基本上是指政府间关系，根据新的智力理论来理解，它也包括非政府组织、公民运动、多边合作和全球资本市场。[①]

治理理论与政府的重新定位和行政改革具有紧密联系，有学者较早地从这方面加以论述，认为治理理论同样也对公共行政的改革提供理论的支持和指导，治理概念的提出，对传统公共行政和政府提出了挑战。毛寿龙认为，governance 应译为治道，治道学与政治学研究相比，政治学研究统治问题，而治道学研究的是政治生活中的公共行政问题。[②] 胡仙芝认为，治理理论下的公共行政改革可以概括为：从政府垄断走向市场参与（私有化、民营化）、从金字塔的科层官僚组织走向扁平式结构（非官僚体制化）、从集权行政走向分权行政（分权化和非集中化）、从统治行政转向服务行政。行政现代化的一个重要特征就是实现了统治性行政向服务性行政的转变。[③] 此外，还有很多学者就社区治理、村庄治理、地方政府改革等方面展开论述。应当说，治理理论的引进与应用拓展了公共管理学的研究领域，推动了公共管理朝着网络化的方向发展。[④]

政府治理工具研究是公共管理学研究中的一个新的分支学科理论，既是现代公共管理学的一个新的研究领域，也是推动公共管理实践发展的重大课题。政府工具理论兴起的重要原因是政府管理以及政策制定越来越复杂，实施政府管理和执行相关政策需要更多的实证分析和科学研究。政府工具理论为了回应这一发展背景，关注核心问题就是采用何种手段和办法将政策意图转变为管理行为，并将政策理想转变为政策现实。政府工具理论围绕工具的特性、分类、选择、应用及其绩效等方面展开了深入地研究，从最初的强调工具本身到越来越重视外部环境的影响，从单一的工具选择到工具的优化组合，显示了政府工具理论研究的逐步深化。

政府工具理论研究促进了政府管理方式的创新，市场化工具、工商管理技术和社会化手段开始越来越多地被公共部门所采用，人们逐渐认为多种工具的协调运作更符合经济社会发展的现实需要，工具的优化组合可以取长补短，避免单一工具的片面和失效。目前国内对政府工具的研究基本上还处于起步阶段，主要是集中在介绍西方治理工具的分类、特性、选择等基本问题，以及运用治理工具理论简单分析公共政策的措施和手段。[⑤]

二、公共管理学方法的发展

（一）公共管理学研究方法的范式转换

1. 传统行政学研究的单一分析方法

---

① 俞可平：“经济全球化与治理的变迁”，《哲学研究》，2000 年第 10 期；《全球化：全球治理》，社会科学文献出版社 2003 年版，第 13—18 页。

② 毛寿龙：《西方政府的治道变革》，中国人民大学出版社 1998 年版，第 7 页。

③ 胡仙芝：“治理理论与行政改革”，《中国行政管理》，2001 年第 1 期。

④ 蔡全胜：“治理：公共管理的新图式”，《东南学术》，2002 年第 5 期。

⑤ 张成福：“论政府治理工具及其选择”，《公共行政》（人大复印报刊资料），2003 年第 4 期；陈振明：“政府工具研究与政府管理方式改进”，《中国行政管理》，2004 年第 6 期；陈振明、和经纬：“政府工具研究的新进展”，《东南学术》，2006 年第 6 期。

传统行政学的研究基本采取的是单科研究，早期学者多就行政论行政，局限于单科研究，多从行政原则、理论、法则出发，解释显示的行政行为和现象。[①] 我国学者在20世纪80—90年代多采用传统的政治分析方法，主要集中在论述行政管理的原则、职能、效率等方面。

传统行政学研究主要采用逻辑实证主义研究方法，奉行价值中立原则，在政治与行政二分法的指导下，拒绝对研究对象作出好与坏、应该还是不应该的价值判断。这种研究方法是以接受现有制度和价值观为前提，将研究对象局限于资料搜集和统计分析的经验分析基础之上，希望以此总结出规律和原则来提高行政效率。

传统主流行政学典型的方法论是逻辑实证理论，主张价值中立、公私不分、效率之上，将应然与实然分离，混淆了公共行政与私人行政的不同，特别是忽视了公共行政的公共性质。许多学者对这种理论方法进行了批判反思，认为主张价值与事实区别的研究，会使公共行政化变为只重视行政效率与行政技术，而完全忽视了公共行政的公共本质。[②]

2. 新公共管理的跨学科综合分析方法

公共管理是开放、发展的体系，它不仅包括政府部门的公共管理实践，也包括非政府公共部门的公共管理实践。当代公共问题的复杂性，使得任何单一学科的知识与理论都不能足以解决公共问题。公共管理必须吸收其他各学科的成果，强调跨学科研究，如与政治学、经济学、社会学、法学、心理学等学科相互融合，吸收各学科的研究成果，借用研究方法和手段，整合各学科的研究方法与理论，弥补公共管理学单一学科途径可能产生的知识和理论的盲点。[③]

目前从事公共管理研究的学者来自于公共行政学、经济学、政策分析、管理学等学科领域；它突破了传统公共行政学的学科界限，把当代经济学、政策科学、管理学、政治学和社会学等学科的相关知识和方法融合到公共管理之中；它在保留传统公共行政学、政策科学的某些主题基础上，在研究领域及主题上有重大的突破与创新，涉及诸如公共物品、外部性、公共服务供给、理性人、交换范式、制度选择、公共选择、政府失败、多元组织等大量新主题；新公共管理学更多地从经济学的途径来研究公共管理尤其是政府管理问题，它被人们称为“以经济学为基础的新政府管理理论”或“市场导向的公共行政学”；它提供了一种当代公共管理的新模式，在处理公共管理实践尤其是政府与市场、企业和社会的关系时提供了一整套不同于传统行政学的新思路。[④]

公共管理学是一门综合性交叉学科，具有宽广的理论基础，充分体现了各学科相互交融借鉴的发展趋势。公共管理学理论来源的广泛性和学科范围的交融性，决定了公共管理研究方法的跨学科性、交叉性和多样性。公共管理学常用的典型研究方法主要有规范分析、实证分析、比较分析、系统分析、案例分析、社会调查和统计分析等。就研究现状来看，这些不同的方法在使用中也越来越呈现出综合运用的趋势，更加重视不同研究方法的综合。有学者说，在公共管理学中，传统学科的那种实证研究和规范研究的分野消失了，所采用的研究方

---

① 夏书章：《行政管理学》（第四版），高等教育出版社2008年版，第8—9页。

② 张成福：“重建公共行政的公共理论”，《中国人民大学学报》，2007年第4期。

③ 张成福：“变革时代的中国公共行政学：发展与前景”，《中国行政管理》，2008年第9期。

④ 陈振明：“公共管理学科发展的背景和特征”，《中国行政管理》，1999年第12期。

法既是规范的又是实证的。①

公共管理学研究方法的综合性主要体现在研究方法上的结合，大致包括以下三种：

一是理论与实践相结合的研究方法。公共管理既是理论，也是复杂多变的实践过程，学科的应用性导向决定公共管理研究必须采用理论与实践相结合的方式。坚持以实践为导向开展公共管理研究，用公共管理的现实发展验证理论的正确与否。从公共管理的创新发展中提炼总结新的理论，并用理论指导公共管理实践的开展。

二是实证与规范相结合的方法。所谓实证方法是指公共管理研究追求经验科学的证实、预见和客观性，要求对公共管理的现象、事实或经验加以归纳和分析，得出一般的规律或原则，并通过具体的事实加以验证。实证方法强调研究成果的可描述性和可分析性，主要回答研究对象是什么和为什么的问题。所谓规范方法是指通过对研究对象客观性问题的回答和把握，通过价值判断的方式探求其内涵，把价值问题作为研究的必要因素加以考虑。

三是定性与定量相结合的方法。定量研究是通过揭示研究对象状态、特征及其相互关系的基本数据而得出研究结论的一种研究方法，比较注重精确的数据作为研究基础。定性研究则关注研究对象的本质而不是数据，主要通过细致的描述来说明道理并以此来揭示基本特质与特征。在传统的行政学研究阶段，定量分析方法很少采用，而进入公共管理学的发展阶段之后，这种状况逐步得到改变。②

在我国的公共管理学研究中，在研究方法上既非定量研究也非定性研究，需要对定性研究和定量研究进一步正确地掌握和运用。

定性研究是一种常用的研究方法，主要采用实地体验、开放性访谈、参与性与非参与性观察、文献分析、个案调查等方法对社会现象进行深入细致和长期的研究，分析方式以归纳为主，从当事人的视角理解他们行为的意义和他们对事物的看法，然后在此基础上建立假设和理论，通过证伪法和相关检验等方法对研究结果进行检验。一般的思辨和思考不属于定性研究。定性研究获取知识的路径与特定的场景相联系，强调研究中的经验主义成分。定性研究也是实证研究的重要研究方法，与定量研究相比往往需要更长时间的、个人体验式的训练。

定量研究主要是运用统计技术来考察事物“量”的规律性，从而把握事物性质的研究方法。定量研究对研究对象的严密性、客观性、公正性都有严格的要求，通过统计的数据资料对研究对象进行分析说明，或以此来评估或验证在研究之前预想的模型、假设或理论。定量研究是基于一种称为“先在理论”的基础研究，研究者一般事先建立假设并确定具有因果关系的各种变量，然后使用某些经过检测的工具对这些变量进行测量和分析，从而验证研究者预定的假设。在公共管理研究中，常用的定量分析方法有目标管理、系统分析、统计分析、社会调查、质量体系等。定性研究和定量研究都注重在经验与实证分析的基础上设定研究假设，只是在采集数据方法上有差别。③

---

① 陈振明：《公共管理学》，中国人民大学出版社 1999 年版，第 46 页。

② 王乐夫、陈干全、李伟权：《公共管理基础理论及体系》，中国社会科学出版社 2008 年版，第 50—52 页。

③ 陈辉：“中国行政学研究评估：基于高校学报的分析”，《公共管理研究》，2008 年第 6 期；何艳玲：“‘我们在做什么样的研究’：中国行政学研究评述”，《公共管理研究》，2007 年第 5 期。

（二）公共管理学研究方法存在的问题和发展趋向

1. 研究方法落后是研究成果低水平重复的重要原因

有学者用“六多六少”来描述我国行政学研究的危机，即“定性分析多，定量分析少；演绎分析多，综合归纳少；宏观分析多，中观微观分析少；文献分析多，现状分析少；玩‘智力拼板’的多，有创新的少；给病人开方的多，把握病因的少。”① 这样的看法被具体的数据所证实。

何艳玲对我国1995—2005年间主要公共管理杂志的2729篇论文做的统计分析表明，1995—1996年间研究方法问题尚未提上日程，1997年开始出现行政学研究方法的讨论，2001年达到高峰，但此后研究方法的讨论并未形成热点。该学者的统计分析表明，高达96.7%的论文运用的都是非经验主义的资料收集方法，这似乎表明行政学者多倾向于坐在书房里做研究，仅有的6篇采取参与观察方法，只有1篇采取实验法；在统计方法的运用方面，有94%的论文无统计运用。即便有统计，一般是描述统计，其他统计方法运用较少。②

陈辉选取1987—2007年在《北京大学学报》、《中国人民大学报》等6家重要大学学报看法的320篇公共行政学论文进行统计分析，非经验研究的论文占统计总量的74%，不少论文往往遵循从概念、特点到对策分析的教科书式写作方法，既非定性研究也非定量研究，而是陷入某种缺乏反思的“自说自话”境遇，研究方法得知后直接导致研究质量长期停滞不前，评价失范，知识的累积性不强。③

陈振明、李德国抽取了我国公共行政学的94篇博士学位论文进行了6项标准的质量评估和比较分析，在94篇论文中只有18篇符合研究方法有效性的标准，这项标准的得分是所有评估标准中最低的，作者由此提出方法论方面的研究和教育亟待加强。④

从何艳玲、陈辉、陈振明等人统计分析的论文研究主题来看，并不是狭义的行政学研究领域，而是涵盖了几乎公共管理学的所有研究范围。所以他们对行政学研究的统计分析，可以视为是对整个公共管理学科的分析。

综合何艳玲、陈辉、陈振明等人的统计分析，目前我国的公共管理学研究就研究方法而言存在三个方面的突出问题：

一是实证研究严重短缺，研究成果结构性失衡。从规范研究和实证研究的研究方法来讲，统计数据显示有2580篇论文属于规范研究，占样本总量的94.5%，实证研究仅占4.5%，存在实证研究严重短缺、研究成果结构性失衡的突出问题。大多数规范研究崇尚宏大叙事，没有实证资料支撑的宏大叙事到处泛滥的时候，很难产生真正有质量的规范研究。实证研究缺乏，加上规范研究本身的“不规范”，导致这些研究既没有促进理论知识的累积性增长，也无法解释真实的行政问题和指导问题的解决。

二是经验主义方法运用不够熟练，对定性研究存在深刻误读。从资料收集方法和统计方法层次分析，数据显示有高达96.7%的论文运用的是非经验主义的资料收集方法，而问卷调查、实地访谈、参与观察等经验主义方法的运用则极少。在研究过程中，很多研究者经常

---

① 袁达毅：“中国行政学的危机与出路”，《江西行政学院学报》，2002年第2期。

② 何艳玲：“‘我们在做什么样的研究’：中国行政学研究评述”，《公共管理研究》，2007年第5期。

③ 陈辉：“中国行政学研究评估：基于高校学报的分析”，《公共管理研究》，2008年第6期。

④ 陈振明、李德国：“我国公共行政学博士学位论文的质量评估与比较分析”，《公共行政评论》，2009年第2期。

会运用自己的体验或顿悟来分析问题。定量研究主要运用统计技术，数据显示，我国行政学研究中有94%的论文无统计运用。定量研究大大少于非定量研究，但并非所有的“非定量研究”都是定性研究，有质量的定性研究同样缺乏。这些数据充分表明研究者倾向于呆在书房里进行研究。

三是对研究方法缺乏持续性反思。有学者总结我国研究方法时认为目前尚处于手工作坊式的初级阶段，对方法论的研究凤毛麟角。从总体上来看，我国公共管理学的研究方法陈旧单一的局面并未打破，传统的、静止的、定性的、孤立的单学科研究仍然是主流方法，还没有完全实现从应然研究向实证研究、静态研究向动态研究、定性研究向定量研究的根本转变。研究方法的缺失严重制约着中国公共管理学科的发展。[①]

2. 加强研究方法训练促进跨学科分析方法的综合运用

公共管理研究中方法论的滞后关键在于方法训练的缺乏。要繁荣发展我国的公共管理学研究，需要长期的有针对性的研究方法训练，比如普及性的方法训练与各种研讨班、研究方法工作坊。公共管理硕士专业学位把定量分析方法作为核心基础课程，定量分析方法得到更多的重视，这样的课程非常有利于正确方法的掌握。

目前我国的公共管理学研究就学科发展而言，规范研究与实证研究很难说孰优孰劣，两者都是非常重要的研究方法。因为实证研究方法倡导将自然科学的实证精神贯彻于社会现象的研究之中，强调知识必须建立在经验事实之上，通过经验观察的数据和实验研究的手段来揭示研究结论。所以既要加强方法训练，同时也要提高不同方法的综合运用，促进研究方法的多样化。

正确研究方法是促进学科发展的重要保证，我国的公共管理学界在研究方法的运用方面仍任重道远，需要不断提高综合运用多种研究方法的能力。

三、公共管理学科的发展

（一）解放初期的“行政组织与管理”

1. 解放初期的行政类学科

新中国成立后，我国的许多院校，如北京大学、南京大学、南开大学、中山大学、厦门大学等，都曾有行政学方面的研究和教育。解放初期，我国对高等教育进行了全面和深刻的变革，对课程设置进行改革。将行政学改名为“行政组织与管理”，行政法改名为“政策法令”。与此同时，师生开始学习“社会发展史”、“新民主主义论”、“中国革命史”等专题，又开始“思想改造”等运动。[②]

2. 1952年高等院校调整导致的学科中断

1952年开始，高等院校开始进行院系调整，主要措施是将工、农、医、师等学院从原

① 何艳玲：“‘我们在做什么样的研究’：中国行政学研究评述”，《公共管理研究》，2007年第5期；陈辉：“中国行政学研究评估：基于高校学报的分析”，《公共管理研究》，2008年第6期。

② 夏书章：《行政管理学》，高等教育出版社2008年版，第11—12页。

来规模较大的大学分离和独立出来，有的院系被合并或取消，师资也按调整计划作出相应的安排。这次调整导致原来的政治学系被撤销，行政管理学的学科教学和研究也就随之中断。其间在1960年虽然曾一度在少数几所大学里设置“政治学专业”和招生上课，但一年级刚完，就又停办，行政学的课程也随之中断。这20多年的学科中断意味着我国行政学教学与研究的基本停滞。

（二）改革开放后行政学的恢复、重建与发展

1. 1979年政治学系复办

1979年3月，中国改革开放的总设计师邓小平指出“政治学、法学、社会学以及世界政治的研究，过去多年忽视了，现在需要赶快补课。”这成为行政管理学恢复和发展的重要依据。1986年，国家教育委员会首先在普通高等学校中批准了兴办行政管理四年制本科专业，武汉大学、郑州大学等高校率先举办行政管理本科专业。1987年一些高等院校恢复了政治学系，后来改名为政治学与行政管理学系。以此为契机，行政管理学及其相关学科才开始逐步恢复和发展。

2. 1982年后行政学研究被提上日程

20世纪80年代初，随着经济体制改革的展开，行政体制的弊端日益突出，1982年我国开始进行了改革开放后的首次政府机构改革。在这样的背景下，加强行政学的研究成为人们的共识。

在筹建中国政治学会、政治学研究所和在大学复办政治学系等活动过程中，重建行政学学科被提上议事日程。1982年年初，夏书章在《人民日报》发表了题为《把行政学的研究提上日程是时候了》的文章。他提出：“要搞现代化建设事业，就必须建立和健全现代化管理（包括行政管理）和实行社会主义法治（包括行政立法），这样，我们就需要建立社会主义的行政学和行政法学。”这一呼吁拉开了中国行政管理学重建并复兴的序幕。

夏书章教授以1982年在全国政治学讲习班所讲“行政管理”讲稿为基础，于1985年出版了改革开放后的第一本《行政管理学》（山西人民出版社出版）教科书，为这门学科定下了理论框架和实质内容。①

3. 1997年公共管理成为一级学科

随着我国市场经济的迅速发展，非政府公共部门开始蓬勃发展，在这种情况下，旧的行政管理学已经不能指导政府改革实践、解决公共部门问题，在国际上公共管理也成为一门重要学科。1997年和1998年教育部在修订研究生和本科生学科专业目录时，将管理学从经济学中分离出来，列为一个独立的学科门类。在管理学学科门类下，将公共管理单设，与工商管理、农林经济管理等并列为一级学科而存在。可以说，中国的公共管理学科正是从这次调整才开始真正步入了蓬勃发展的轨道。

按照我国目前研究生专业目录（1997年），公共管理一级学科下设5个二级学科：行政管理、社会医学与卫生事业管理、教育经济与管理、社会保障、土地资源管理。在本科专业目录中则下设4个二级学科：行政管理、劳动与社会保障、土地管理、公共事务管理。

设立公共管理一级学科对我国公共管理学科的发展具有重大的促进作用，截至2007年

---

① 任剑涛：“夏书章与中国行政管理学的重建”，《中国行政管理》，2008年第4期。

5 月，全国有 88 所高校开设了行政管理本科专业，97 所高校设有行政管理专业硕士点，13 所高校具有公共管理一级学科博士点，几十所高校具有公共管理二级学科博士学位授予权，中山大学等 3 所高校还设置了行政管理学博士后流动站。从 1997 年到现在，全国高校建立公共管理学院已有百所，著名的高校都有公共管理学院。[①]

公共管理学一级学科的设置极大地促进了公共管理学在我国的发展，但目前的学科设置仍存在不少问题，学科结构还没有完全理顺。针对这个问题，周志忍提出了结构调整和优化的两个思路，一是现有学科关系下的“开放式”调整：不触动现有五个二级学科之间的基本关系，但可以突破现有的一级学科边界向外扩展；第二条思路是以行政管理学为基础的开放式学科结构。董克用认为公共管理的教学与研究应当包括两大部分，一是研究公共管理实施主体及其运行机制的部分，简称“基础模块”；二是研究公共管理具体职能的部分，简称“职能模块”。公共管理一级学科的研究生教育可以根据两大部分设置十个二级学科，即行政管理、非营利组织、公共政策、公共财政、公共人力资源管理、国民经济管理、社会发展管理、公共卫生与医疗管理、公共安全管理、公共资源管理。在十个二级学科的基础上还可以设置三级学科的研究方向，鼓励教师和研究生在上述领域进行深入研究。[②]

（三）公共管理硕士开办以来的快速发展

1. 公共管理硕士（MPA）推动公共管理学科

1999 年 5 月，国务院学位委员会正式批准设立公共管理专业硕士学位（Master of Public Administration，简称 MPA）。2001 年，首批 24 所公共管理硕士（MPA）专业学位培养单位开始招生以来，MPA 办学院校经过三次增加后规模迅速扩大，至今已经有 100 所院校被国务院学位办批准为培养单位（表 11－1、图 11－1）。

公共管理学科的发展促进了 MPA 教育的繁荣壮大，MPA 教育的发展也推动着公共管理学科的完善和发展。朱立言在《中国改革开放进程中的 MPA 教育》一文中总结了我国 MPA 教育对公共管理学科发展的贡献，他认为，MPA 教育推动了院校、学科间的学术交流，促进公共管理知识的融合与创新。随着 MPA 教育的发展，财经、政法、矿业、地质、海洋等院校陆续加入培养院校行列，MPA 教育打破了传统的学术壁垒，使过去较少甚至没有来往的院校增加了交流，全国教育指导委员会每年都定期举办 MPA 教育研讨会、公共管理院长论坛、MPA 学生论坛，还有各种专题学术研讨会、师资培训以及各院校开展的学术交流、师资互聘等。MPA 教育犹如无形中架设的一座学术交流立交桥，促进了公共管理知识的融合与创新。[③]

有关 MPA 的研究论文、专著、教材、译著，甚至还有入学考试的大纲和辅导教材等，纷纷面世，既满足了 MPA 教育的需要，又推动着 MPA 和公共管理学科的发展。[④]

以培养高层次、专业化、复合型、应用型公共管理专门人才为目标的公共管理硕士（MPA）教育的开办，促进了公共管理学科的定位和办学指导思想的明确；促进了学科方向

---

① 朱立言：“公共管理学科发展的动力与源泉”，《公共管理学报》，2006 年第 2 期。

② 周志忍：“论公共管理的学科整合：问题、挑战与思路”，《中国行政管理》，2004 年第 7 期；董克用：“关于公共管理学科体系与专业设置的思考”，《中国行政管理》，2005 年第 11 期。

③ 朱立言：“中国改革开放进程中的 MPA 教育”，《中国高教研究》，2008 年第 10 期。

④ 朱立言：“中国 MPA 的十大贡献”，《中国行政管理》，2003 年第 11 期。

表 11－1　　2001—2007 年举办 MPA 教育的院校增长情况

批次	数量	时间	学校
第一批	24 所	2001 年	北京大学、中国人民大学、清华大学、北京师范大学、北京航空航天大学、北京科技大学、中国农业大学、天津大学、东北大学、吉林大学、复旦大学、华东师范大学、南京大学、浙江大学、厦门大学、武汉大学、华中科技大学、中山大学、哈尔滨工业大学、上海交通大学、同济大学、国防科学技术大学、中国科学技术大学、西安交通大学
第二批	23 所	2003 年	山东大学、四川大学、湘潭大学、重庆大学、兰州大学、西北大学、南开大学、云南大学、南昌大学、郑州大学、湖南大学、苏州大学、华南理工大学、南京农业大学、山西大学、安徽大学、中南大学、东北财经大学、内蒙古大学、新疆大学、中国社会科学院研究生院、合肥工业大学、华中师范大学
第三批	36 所	2005 年	北京理工大学、中央财经大学、中央民族大学、中国政法大学、天津师范大学、河北大学、燕山大学、辽宁大学、大连理工大学、大连海事大学、东北师范大学、华东理工大学、上海财经大学、东南大学、中国矿业大学、扬州大学、浙江师范大学、福建师范大学、江西财经大学、中国海洋大学、山东师范大学、青岛大学、河南大学、武汉理工大学、湖北大学、中南财经政法大学、湖南师范大学、暨南大学、华南师范大学、广西大学、海南大学、西南财经大学、贵州大学、西北工业大学、西北师范大学、山西财经大学
第四批	17 所	2007 年	中国地质大学、电子科技大学、西南交通大学、华东政法大学、辽宁师范大学、华侨大学、哈尔滨工程大学、黑龙江大学、山东财政学院、宁波大学、南京理工大学、内蒙古师范大学、沈阳师范大学、长安大学、天津财经大学、云南财经大学、青海民族学院

数据来源：根据 2001—2007 年全国 MPA 院校招生简章整理。

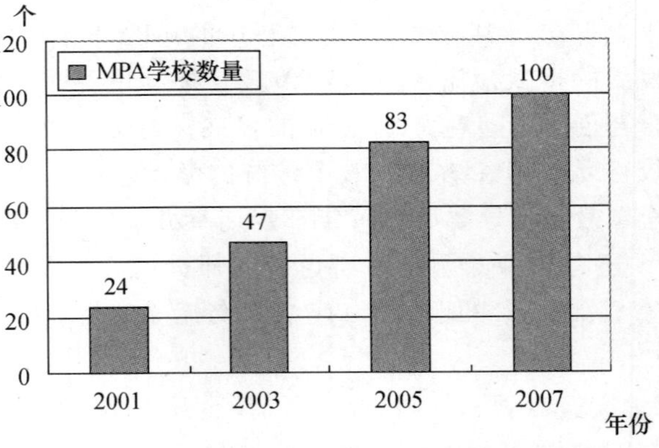

图 11－1　2001—2007 年举办 MPA 教育的院校数量增长情况

数据来源：根据 2001—2007 年全国 MPA 院校招生简章整理。

的明确；促进了学科的师资队伍建设；促进了教学、科研的协调发展；促进了学科办学条件的发展。

2. 政府转型带动公共管理学科深入发展

从 20 世纪 80 年代以来，各国都在进行大规模的公共管理改革，其目的是通过改革提升国家的整体竞争力。时代环境的变化需要与其相适应的公共管理模式，只有公共管理制度不断创新，才能符合社会的需要。改革开放以来，我国一直在改革传统的行政管理体制，通过政府机构改革来遏制政府机构不断膨胀的趋势；依据建设社会主义市场经济体制的需要开始调整、转变和理顺政府职能，政企分开；放松管制，放权给公民和社会组织；行政程序的公开化和简化，行政行为不断规范化和法治化。特别是将建设服务型政府作为新时期行政改革的重要目标，将有助于把行政改革和政府职能转变引向深入。

在我国改革开放和现代化建设事业的发展过程中，公共部门管理尤其是政府治理产生了大量急需解决的重大问题。巨大的现实与理论需求有力地推动了我国公共管理学科的迅速发展。“服务型政府”、“科学发展观”、“依法行政”、“党的执政能力建设”和“和谐社会”等新理念和战略的提出，表明我们党和政府的执政理念和思路发生了深刻变化，这在客观上要求我们在公共管理学科的研究领域上进行拓展，对公共管理理论与方法的研究提出了更高的要求。事实上，正是由于我国公共管理实践的逐步发展，公共管理学的各个分支领域才得到了迅速的发展，如非政府组织管理、公共财政、公共政策分析、公共部门人力资源管理、绩效管理、战略管理等重要领域的研究都在不断发展和创新。

中国的公共管理学必须立足于转型期中国公共管理实践，加强公共管理的基础理论研究以及知识创新，选择更具有战略性和针对性的理论与实践课题进行研究，切实帮助党和政府处理与解决复杂的公共管理和公共政策问题，以满足转型期中国公共管理发展的实践需要。为适应迅速变化着的公共管理的实践要求，中国公共管理的理论研究应该确立四个重点领域——政府改革与治理、公共政策的理论与实践、公共组织理论、政府工具。①

转型时期我国政府丰富的公共管理实践和经验，对中国公共管理学的研究提出了更高的要求，也给公共管理学界提供了大量的素材、案例、资料，这丰富和促进了公共管理学科的发展。

四、公共管理学研究的发展

（一）改革开放以后行政管理学的研究进展

1. 行政学研究的恢复

中共十一届三中全会以后，我国行政学的研究进入了一个新时期。1980 年，中国政治学会成立，作为政治学一个分支学科的行政管理学，开始受到理论界的重视。1984 年中国政治学会和中国法学会在天津召开了“行政科学学术讨论会”，积极倡导开展对行政管理科学的研究。1984 年 8 月，由国务院办公厅和劳动人事部发起在吉林市召开了“行政管理学研讨会”，明确提出我国行政管理科学应研究的主要课题及指导原则，提出了建立具有中国特色的行政管理体系。在此之后，我国的行政管理科学的研究呈现出一派兴旺的景象：行政管理学科开始受到广大干部和理论工作者普遍关注；许多省市相继成立了行政管理学会，开始积极探讨、研究和普及行政管理学方面的知识，全国各地出版了一批行政管理学的著作；各高校开始创办行政管理系、专业，开设行政管理课程，各地的行政学院相继成立，初步形

① 陈振明、薛澜：“中国公共管理理论研究的重点领域和主题”，《中国社会科学》，2007 年第 3 期。

成了一支行政管理学的研究队伍。

自1980年以来，我国行政管理学各个分支领域的研究都在发展，一直都是以行政改革、行政效率、行政组织为主要研究领域，尤其是到了1990年以后，受到政府改革的影响，关于行政改革的研究突飞猛进，开始遥遥领先于其他分支领域（见表11－2）。

表11－2　　1980—2008年我国核心期刊发表的行政管理论文各分支领域构成状况

单位：篇

排序	1980—1989年		1990—1999年		2000—2008年	
	领　域	论文数	领　域	论文数	领　域	论文数
1	行政组织	65	行政改革	266	行政改革	569
2	行政改革	49	行政组织	169	行政效率	292
3	行政效率	41	行政效率	138	行政组织	205
4	行政监督	26	行政职能	117	行政监督	153
5	行政职能	23	行政监督	100	行政职能	103
6	人事行政	16	人事行政	31	人事行政	64
7	机关管理	10	机关管理	20	机关管理	26
	合 计	230	合 计	841	合 计	1412

数据来源：以中国期刊网核心期刊论文关键词为依据。

2. 行政管理学与公共行政学的关系之争

我国学者往往从组织实体或组织的角度来区分这两个概念，“行政”一般被当作国家或政府的活动，政务的推行或与公共事务相关的活动（这也许就是为什么“Public Administration ”被译为“公共行政（学）”的原因）。① 行政管理和公共行政在英文中的对应单词都是“Public Administration”，因此，在一段时间内学者们普遍认为公共行政学也就是行政管理学。

随着西方行政学的引入和我国行政学的深入探讨，公共行政的“公共”二字开始受到关注。在20世纪90年代以前，关于公共行政的论文只有寥寥几篇，在整个90年代，公共行政的研究文章也只占到行政管理研究文章的5%，但是自2000年以来，这个比例已经上升到了22%，这说明公共行政受重视的程度在逐渐提高（见表11－3）。

表11－3　　1949—2008年我国核心期刊发表的行政管理和公共行政论文状况

单位：篇

年　份	行政管理	公共行政
1949—1979	85	1
1980—1989	1237	7
1990—1999	3382	156
2000—2008	3689	827
合　计	8393	991

数据来源：以中国期刊网核心期刊论文关键词为依据。

① 陈振明：“什么是公共管理（学）——相关概念辨析”，《中国行政管理》，2001年第2期。

公共行政学更多地被赋予区分公共组织和私人组织管理内涵的内容，研究公共性、公共利益的文章大量出现，认为公共行政强调的是“公共性”，并与“私人行政”相对应。但这种区分不足以划分行政管理和公共行政，因为对行政管理的管理主体的理解也有不同观点。一般认为行政管理的主体主要是政府部门，也有学者认为还包括其他非政府公共部门。这样，用“公共性”来区分行政管理和公共行政似乎并不合适。在我国政府管理实践中，公共行政概念并没有得到广泛使用，一般所使用的仍然是行政管理或公共管理。公共行政在缺乏实践支撑的情况下与行政管理的进行理论区分，给行政学界造成了很大的困惑。

（二）公共管理学在争论中迅速发展

1. 公共行政与公共管理的翻译与内涵之争

国内对公共管理的研究从 20 世纪 90 年代末期几乎与公共行政的研究同时起步，但起步之初学界对公共行政的关注要远高于公共管理。这样的状况自 2000 年以后发生根本的改变，公共管理的关注度大幅提升，高出公共行政近一倍，公共管理对公共行政占据了压倒性的优势（见表 11 -4）。

表 11 -4　　1949—2008 年我国核心期刊发表的公共行政和公共管理论文状况

单位：篇

年　份	公共行政	公共管理
1949—1979	1	0
1980—1989	7	11
1990—1999	156	84
2000—2008	827	1450
合　计	991	1545

数据来源：以中国期刊网核心期刊论文关键词为依据。

关于公共行政学和公共管理学，国内行政学界多数认为从传统的公共行政发展到公共管理学，是一次范式的转换，在这种范式转换中，研究的对象、范围、主题和方法都发生了重大变化。

目前国内公共管理学科的范畴和术语的使用仍然比较混乱，主要体现在中文概念与英文概念的互译上。通常我们将 Management 翻译为“管理”，而将 Administration 翻译为“行政”，因此，“公共行政”一般与 Public Administration 相对应。按照这种逻辑，“公共管理”应当与 Public Management 相对应比较合适。然而，事实上，Public Administration 有时也被翻译成“公共管理”，如 MPA（Master of Public Administration），因此，公共管理就有了两个英文译称（Public Administration 和 Public Management）。因此，在对外学术交流时，常常会遇到概念之间的矛盾。有学者认为，这种争论多少带有学科正名和学科划界的倾向。从管理学出发，强调公共行政学就是公共管理学，应属于管理学领域；从政治学或传统的行政学出发，强调公共管理学就是公共行政学，应属于政治学领域。

鉴于公共行政学与公共管理学之间的分歧和争论，公共管理学的健康发展离不开如何处理好我国传统的“公共行政学”（或行政管理学）与新兴的“公共管理学”的关系。有学者认为，一方面，公共管理学不能脱离公共行政学的核心价值，公共管理的学科建设必须以行政学理论作为基础和中轴，而行政学又是从政治学分离出来的，因此不能把公共管理与政治学和行政学截然分开，否则公共管理就缺乏宪政主义的价值支撑，变成了单纯的管理主义取向。另一方面，我国传统行政学的领域和方法都比较狭窄和单一，没有或很少涉及诸如公共财政、社会保障、环境保护、危机管理、非政府组织等广泛的问题，也缺少定量分析的方法，这与西方有很大的不同。因此，公共管理学科在防止有“公共”无“管理”和有“管理”无“公共”两种倾向的前提下，必须走出我国传统行政学的藩篱，按照“零基设计”形成更为全面也更为专业化的公共管理研究和教育体系。①

从知识来源和历史脉络来看，完全可以把公共管理学看做是公共行政学的演化和发展，可以说公共管理学以公共行政学为基础，但又超越了公共行政学。公共管理学学科的历史起点和逻辑起点都在政治学。这种血缘关系决定了公共管理学的核心价值和现实使命上与政治学具有内在的一致性，这正如工商管理学的核心价值与现实使命与经济学具有内在的一致性一样。强调这一点的目的，就是力图在人类社会发展的最基本层面上来定位公共管理学。②

2. 公共管理学研究在分支领域的发展

公共管理学分支领域的研究在最近十余年有了较大的发展，尤其是在公共服务、公共财政、电子政务、公共政策等方面，相关文献的增长开始以爆炸性的速度迅猛增长（见表11－5）。

表11－5　1980—2008年我国核心期刊发表的公共管理论文各分支领域构成状况

单位：篇

排序	1980—1989年		1990—1999年		2000—2008年	
	领　域	论文数	领　域	论文数	领　域	论文数
1	公共服务	29	公共服务	308	公共服务	2498
2	公共政策	27	公共财政	281	公共财政	2354
3	非政府组织	16	非政府组织	255	电子政务	1982
4	公共经济	3	公共政策	197	公共政策	1309
5	公共财政	2	公共经济	33	非政府组织	1205
6	公共组织	2	绩效管理	13	绩效管理	931
7	绩效管理	1	公共组织	12	公共危机	186
8	电子政务	0	电子政务	1	公共组织	166
9	公共危机	0	公共危机	0	公共经济	62
	合　计	80	合　计	1100	合　计	10693

数据来源：以中国期刊网核心期刊论文关键词为依据。

在2000年以前，有关电子政务、公共部门绩效管理、公共危机等领域的研究几乎没有进入学者的研究视野，相关的研究成果自然也付之阙如。但自2000年之后，这些此前几乎毫无涉猎的领域，开始获得学术界异乎寻常的重视。公共管理学研究领域的多样化以及研究重心的不断变化，充分说明了公共管理学是一个应用导向鲜明的学科，公共管理学的发展必

① 胡伟：“公共管理学科建设的若干战略思考”，《公共管理学报》，2006年第7期。

② 林尚立：“公共管理学：定位与使命”，《公共管理学报》，2006年第2期。

须有效回应时代提出的新挑战和新问题。

（三）公共管理学研究日益走向深入和成熟

1. 学会组织与学科建制日益完善

一个学科的学会的成立，可以促进整个学科的科学研究和传播，推动学科的发展。1980年12月，中国政治学会成立，恢复了政治学领域的科学研究。1984年开始筹备成立中国行政管理学会。1988年10月经国务院批准正式成立了中国行政管理学会。中国行政管理学会是全国性的公共行政学术团体，其宗旨在于组织全国从事公共行政理论研究者和实务者，开展公共行政理论研究，探索建立具有中国特色的行政管理学体系，推动行政学科的发展；研究中国行政管理的现实问题，促进行政改革，为政府改革起咨询参谋作用；普及和宣传公共行政的知识与理论，提升理论者和实务者的水平；促进公共行政学科的国际交流。①

专业领域的行政管理学术组织也得到发展，目前中国行政管理学会已建立了六个专业领域的研究组织：全国行政管理教学研究会（1987年）、县级行政管理研究会（1990年）、政策科学研究会（1992年）、后勤管理研究会（1994年）、公安管理研究会（1996年）、绩效管理研究会（2006年）。地区性的行政管理学术团体也在迅速发展，全国各省、自治区、直辖市基本都成立了行政管理学会，各部委也成立了专业行政管理学会。这标志着行政管理的研究朝着更加普及的方向发展。

公共管理研究和教育日益走向成熟的另一个标志是全国各高校公共管理系、公共管理学院的成立，这表明了公共管理学科繁荣发展的良好趋势。到2008年，在全国高等院校中已开设与公共行政学科相关的专业的学院共有320余所，其中设立行政管理专业的有100余所。目前已经有100所高等院校获准招收公共管理硕士（MPA）。公共行政的学院化发展的原因是多方面的，也是复杂的：一是教育主管行政部门对学科地位的认同和确认；二是公共行政现代化对公共行政专业人才的需要以及公共管理专业学位的推动；三是高等院校扩展和发展新专业的冲动。学院化和专业的迅速发展固然产生了一些问题，如快速扩张导致的质量问题，但是由于大学本身的独特地位，快速扩张也带来了明显的好处：一是公共行政的社会地位和影响的扩大；二是公共行政理论和知识的广泛传播；三是培养了一大批公共行政管理的专门人才；四是促进了学科的研究和发展。②

2. 专业书刊与成果发布快速增长

行政管理学的专业书籍在20世纪80年代后期起开始增多，不算译著，这二十多年已经出版了至少50本以上的行政管理学教材，已经基本满足了我国行政管理学的教学和研究的需要。较早的行政管理学专业书籍有夏书章的《行政学新论》（1985），王沪宁、竺乾威的《行政学导论》（1985），黄达强、刘怡昌的《行政学》（1988）。20世纪90年代后行政管理学的专著开始增多，如许文蕙的《行政管理学》（1992），周世逑、苏玉堂的《中国行政管理学》（1996），陈志平的《行政管理学》（1995），陈勇路、张跃雄、汪安佑的《行政管理学》（1996），林烈发、张承奎的《新编行政管理学》（1997）。2000年以来行政管理学专业书籍更多，如张国庆的《行政管理学》（2000），张绍春的《新编行政管理学》（2001），曲

---

① 郭济："中国公共管理学的建设及其发展"，《中国行政管理》，2000年第1期。

② 张成福："变革时代的中国公共行政学：发展与前景"，《中国行政管理》，2008年第9期。

福田的《行政管理学》(2003)，张永桃的《行政管理学》(2003)，陶学荣的《公共行政管理学导论》(2004)，李景平的《行政管理学》(2006)，金太军的《公共行政管理学新编》(2006)，薛冰、柴生秦、梁仲明的《行政管理学》(2007)。与此同时，也开始出现了一些以"公共行政"命名的专业书籍，如竺乾威的《公共行政学》(2000)，唐兴霖的《公共行政学》(2000)，朱勤军的《公共行政学》(2002)，应松年、马庆钰的《公共行政学》(2004)，沈亚平、吴春华的《公共行政学》(2005)。

自20世纪90年代末开始，随着公共管理学一级学科的设置，公共管理学开始引起学者的广泛关注。较早的公共管理学专业书籍有张良的《公共管理导论》，陈振明的《公共管理学》(1999)，夏书章的《现代公共管理导论》(2000)。2000年以来，我国陆续出版了一批公共管理学的专业书籍，单是公共管理学的教材就有40本以上，如张成福、党秀云的《公共管理学》(2001)，顾建光的《现代公共管理学》(2004)，苏保忠的《公共管理学》(2004)，帅学明的《公共管理学》(2004)，叶常林的《公共管理学概论》(2005)，李军鹏的《公共管理学》(2005)，王德高的《公共管理学》(2005)，庄序莹的《公共管理学》(2005)，黄健荣的《公共管理学》(2008)等。

随着各高校公共管理学专业的快速发展，出于教学和研究的现实需要，在进入21世纪以来，一些重点高校出版了一批公共管理系列教材，基本囊括了公共管理学科的主要内容。如中国人民大学出版社出版的"21世纪公共管理系列教材"，包括《公共管理学》、《公共组织学》等公共管理主要科目教材在内的一系列教材，北京大学出版社出版的"新编公共行政与公共管理学系列教材"，清华大学出版社出版的"清华大学公共管理系列教材"，中山大学出版社出版的"政府与公共管理系列教材"，南开大学出版社出版的"高等学校行政管理专业系列教材"，武汉大学出版社出版的"高等学校公共管理类系列教材"，福建人民出版社出版的"厦门大学公共管理系列教材"等。

除此之外，随着公共管理硕士（MPA）专业学位的迅猛扩张，大批MPA系列教材也开始筹划出版。如中国人民大学出版社出版的"公共管理硕士MPA系列教材"，复旦大学出版社出版的"MPA系列教材"，上海交通大学出版社出版的"MPA系列教材"，福建人民出版社出版的"MPA系列教材"，科学出版社出版的"MPA系列教材"，武汉出版社出版的"MPA系列教材"，中共中央党校出版社出版的"全国党政系统公共管理（MPA）系列教材"等。

在自编教材和相关著作之外，我国还陆续翻译了一批外国公共管理的重要书籍，如中国人民大学出版社的"公共行政与公共管理经典译丛"，清华大学出版社出版的"清华公共管理译丛"，复旦大学出版社出版的"公共管理系列/复旦译丛"，中国青年出版社出版的"公共管理译丛"等，这些译丛的出版对我国学习和借鉴国外公共管理的最新理论起到了重要的推动作用。

3. 专业刊物发表平台不断扩大，国际学术交流活动日益增多

专业的公共管理学术刊物也促进了学术交流和发展，如《中国行政管理》、《国家行政学院学报》、《公共管理学报》、《公共管理评论》、《公共行政评论》、《中国人事行政》、《党政论坛》、《管理世界》、《领导决策信息》，以及全国各地的行政学院学报、党校学报等专业刊物都是公共管理学术交流的良好平台。

这些刊物都定期发表反映我国公共管理理论与实践的最新成果，这对于繁荣我国公共管

理的理论，为我国政府改革和发展提供了智力支持。

自改革开放以来，我国行政学界与国外的学术团体和专家建立了广泛的联系，积极开展学术交流活动。1984 年我国承办了联合国技术发展合作部的“联合国：文官制度改革讨论会”，1989 年人事部经国务院批准先后加入东部地区公共行政组织和国际行政科学学会，1991 年承办了“东部地区行政组织第 14 次大会”，1995 年在北京召开世界反贪污大会，1996 年在北京召开国际行政学会第三届国际大会，2000 年 7 月，我国人事部还会同中国行政管理学会与国际行政科学学会、联合国经社事务部在北京联合召开“亚洲国家公共行政改革研讨会”，中国行政管理学会，中国人民大学和美国公共行政学会联合举办了多次国际研讨会。这些会议的举办，为我国行政学界加强与世界各国在行政学科领域的合作与交流，促进我国公共管理学科的发展。

我国在积极举办行政学国际会议的同时，还积极派团参加国际性会议，如 1994 年的赫尔辛基国际行政学圆桌会议，1997 年的加拿大国际行政学圆桌会议，1998 年在法国召开的国际行政学会第 24 届大会，1999 年 7 月在伦敦召开的国际行政学会第一次专门国际会议等，与行政学研究发达的国家和地区积极开展了学术交流。

我国的学术研究机构、高等院校还选派大量学者到美、英、澳、加、德、日、韩和中国港澳台等地区进行学术访问和研修学习，与此同时，在国外接收系统专业训练的公共管理研究者正也不断加入国内的研究和教学大军。随着我国对外开放的逐步深入和国际交流的发展，公共管理研究的国际交流与合作出现更加活跃的局面，这对于推动我国公共管理学的发展具有重要意义。

我国的公共管理学在继承行政学科知识资源和学科成果的基础上，在理论、方法、学科和研究四个方面都取得了丰硕的成果。与此同时，我们也应该清醒地看到，我国的公共管理学还存在一些突出的问题，如研究品质较低、西方而非本土的理论取向、知识生产与实践脱节等，学科仍然面临着一定的认同危机。①

目前我国的公共管理理论仍以舶来为主，在理论研究上较为落后，但我国正在进行的公共管理实践却波澜壮阔、举世瞩目，伟大实践是孕育伟大理论的基石。中国的改革发展所产生的复杂社会变革为公共管理学界提供了丰富的研究素材和实验场地，为公共管理中国化的发展和中国风格和气派的公共管理学科的创立提供了难得的契机。复杂生动的公共管理实践迫切需要正确的理论来指引。我国的公共管理学在今后的发展历程中，必须从中国的问题出发，在引进、消化和吸收西方公共管理论的同时，充分结合中国国情，寻找具有对中国问题具有解释力并有中国特色的公共管理理论。立足于中国改革开放实际和现实国情，公共管理学的中国化必将走上一条更为光辉灿烂的大路。

---

① 何艳玲：“危机与重建：对我国行政学研究的进一步反思”，《中国人民大学学报》，2007 年第 4 期；朱立言：“公共管理学科发展的动力与源泉”，《公共管理学报》，2006 年第 2 期；刘熙瑞：“中国公共管理：概念及基本框架”，《中国行政管理》，2005 年第 7 期；陈振明：“走向规范化的中国公共管理学研究”，《东南学术》，2006 年第 2 期。

第十二章 管理文化的发展

一、文化对中国管理学发展的影响

文化泛指人类历史实践过程中所创造的物质财富和精神财富的总和。一般而言从价值观的角度来看，文化研究有两种视角，即科学主义视角和人文主义视角。科学主义视角以客观自然界为研究对象，以严密规范的实验方法为研究工具，以理性至上的科学精神为核心，是一种与物质财富创造相匹配的文化体系；而人文主义视角以人为主要研究对象，研究人与社会的关系、人与人的关系及人与自身心灵的关系，是一种与精神财富相对应的文化体系。可以说，科学主义与人文主义把握了文化最基本的属性与特征，是理解文化现象基本规律的内核。

（一）科学主义价值观对中国管理学发展的影响

科学主义价值观除对管理理论和理念创新发展有重大影响，建构了我国管理科学体系之外，从我国管理实践来看，其进一步指导了我国企业管理工作适应动态环境变化，充分利用和整合有效资源，采取先进的组织结构和管理方式，进而提高了管理效率。主要表现在：

1. 科学主义完善了我国管理学理论体系

科学主义主张理性思维，即客观正确的理论与方法在不同社会情境下的普遍运用。长期以来，在计划经济体制下，我国管理学的研究重点集聚于国家宏观管理层面，着重于对思想理念的表述阐释，管理的精细化研究不够，研究范围具有一定局限性。改革开放以来，科学主义普遍增强，管理学开始转向微观研究，重视把握精细指标。同时，将研究范围扩展到国外典型管理活动，更加重视比较研究，传统管理学研究领域得到进一步拓展，为进一步把握管理学发展趋势奠定了基础。

此外，科学主义还是一个严谨的逻辑思维体系，包括科学思想、科学方法和科学价值三大部分。管理学中的科学思想是通过科学知识体系体现出来的关于管理活动及其规律的一般性认识，而科学方法是研究管理活动遵循的逻辑思维方法；科学价值则是在管理界倡导的科学治学、科学管理等体现出的精神效应。在以往的管理学研究中，对管理体系研究十分分散、零乱，导致我国管理学理论的发展十分曲折，甚至曾经出现暂时的停滞。随着我国思想领域的逐步放开，我国管理学遵循科学主义要义，逐渐积累或沉淀管理活动中产生的科学思想、科学方法与科学价值，重视薄弱环节研究，使以往松散的管理理论架构渐成系统。

2. 科学主义推动我国管理科学化进程

科学主义指导下的管理理论，通过实证方法可以正确地指导管理实践活动。长期以来，我国管理学理论偏向于对管理经验进行总结，缺乏实证方法的运用，使得管理学理论缺乏“科学性”，使先进管理理念传播扩展方面存在不足。随着管理精细化研究和系统的不断完善，归纳演绎、分析综合、抽象、公理化方法、模型方法、系统方法等在内的一系列研究工具和实证方法[①]均在不断完善提高，通过“摸着石头过河”的改革试点，我国管理理论比以往更加切合实际，企业应用科学管理方法也热情高涨，管理学理论科学化进程逐步加快，中国管理模式也正受到关注。

3. 科学主义催生了多元化组织结构和管理技术，加速了管理理论的现实应用

随着外部环境的不断变化，我国企业组织形式发生了较大变化。从以往较大程度上采用传统金字塔式单一直线职能式组织结构，向组织结构柔性化、扁平化方向发展。部分企业大力发展多元化、跨区域乃至跨国经营，以资本为纽带，构筑了集团化的发展格局，矩阵制、事业部制、虚拟组织等组织协作方式不断兴起。为了适应市场竞争的需要，众多企业还从自身实际出发对企业组织管理机构进行重新设计，形成了各具特色的组织管理体系。总体来看，在企业内部，普遍精简了不必要的管理机构和人员，进一步削减了不必要的管理成本，畅通了信息渠道，进而使组织更具适应性和灵活性，为组织发展核心竞争力创造硬件条件。

在管理技术方面，特别是改革开放以来，我国企业进一步加强了基础管理工作，在计划与决策、生产管理、质量管理、技术管理、物资管理、销售管理、财务成本管理和人事管理等方面取得较大发展。另一方面，通过加大对新兴管理技术的引进、创新和应用，我国企业管理方法和手段得到较大改善，企业不断将社会学、数学、信息学、经济学、管理学知识和原理运用到企业管理和经营中，并自主创造了许多新的管理方法，使我国企业管理发生质的飞跃，如在管理信息系统上，采用计算机辅助设计与制造、建立计算机集成制造系统；在生产作业管理方面，运用流程再造、准时生产、精细生产、制造资源计划、物料需求计划以及企业资源计划；在供应链管理中，采取敏捷制造、清洁生产和绿色制造以及并行工程等，极大促进了我国管理方式的变革。海尔等一批典型中国企业自身也创造出一些全新的管理理念和方法，使我国管理学理论具备可操作性与实用性。

4. 建立科学的现代企业制度

在科学主义原则指导下，党的十四届二中全会提出了建立现代企业制度的任务，提出国有企业改革的方向是建立“产权清晰、权责明确、政企分开、管理科学”的现代企业制度，明确了对国有资产实行国家统一所有、政府分级监管、企业自主经营的体制，并提出要按照政府的社会经济管理职能和国有资产所有者职能分开的原则，积极探索国有资产管理和经营的合理形式和途径。从 1994 年开始，中央和地方选择了 2500 多家企业，按照现代企业制度的要求进行试点。从实施情况来看，建立现代企业制度，进一步增加了企业自主权，真正成为市场竞争的主体，增强了国有企业的活力和竞争力，国有经济得到快速发展，而加强企业制度建设，明晰权责利，也相继成为众多非国有企业学习内容。

（二）人文主义价值观对中国管理学发展的影响

人文主义与科学主义不同，它更直接地关乎人性，强调人的个性、自由、能动性和创造

---

① 黄速建、黄群慧等著：《管理科学化与管理学方法论》，经济管理出版社 2005 年版，第 62 页。

性，而不是把个体简单看成只是实现社会或组织目标的工具。当代管理实践中，将人的因素纳入研究范畴，是管理学研究的一个重要环节。

1. 使我国管理学发展更加凸显人本理念

长期以来，在泰罗的“科学管理”等思想指导下，我国管理学研究偏重理“事”为中心，重点研究如何实现生产效率的提高，对人的发展研究力度不够。随着改革开放以来市场经济体制的不断完善，传统中国集体主义思想有所松动，重视个体在管理实践中的作用，成为生产力提高的最终动力。因此，关注思想的解放，关注人的现实生存环境，关注人与人、人与企业、人与社会发展逐渐成为管理学研究的重点内容之一。而随着现代管理思想研究重点的变更，企业也全面落实人本理念，注重人才工作，企业人力资源部门配备齐全，协作发展式管理方式取得成效。为更好适应企业发展复杂环境，企业培训经费投入大幅度提升，岗位设置更加合理，工作丰富化和扩大化程度有所提高，员工能力和积极性明显提升。

可以说，人文主义打破了科学主义樊篱，使管理学界开始审视两者关系。我国管理学理论在大力倡导科学管理，实现生产力的提高和物质文明的进步的同时，不断重视环境污染、生态失衡、资源枯竭和组织和谐等诸多社会问题，开始将关注“量”的增长的科学管理与注重“质”的飞跃的人本管理相结合。在加入 WTO 的背景下，我国管理学界大力增进了与国外管理学界的交流，将国内外企业中对人的管理、对事的管理作为新时期的研究新领域，使我国管理学理论不断与时俱进，管理者、研究者、研究内容和方法等的国际化程度不断提高。

2. 人文主义实现了管理方式的转变

在科学主义盛行时期，特别是中国儒家文化的影响下，个体在管理实践中的作用被忽视，文化特征以集体主义为主。因此，企业对员工实行刚性管理，注重企业生产效率，采用硬性的规章制度及严格考核标准来规范员工生产活动，一定程度上忽视了员工的实际需求，“手段人”、“目的人”是早期我国管理学对个体作用的基本认识。随着研究和实践的发展，开始倡导“以人为中心”的柔性管理方式，如注重激发人的创造性、关注生产生活环境的改善、采取弹性工作制、建立学习型团队、实施更加人性化的绩效考核与福利方案等，人文主义正以其人性化措施加速了管理方式的有效变化，比以往更加注重基本权利的保障，废除唯义务观念，确保企业职工权责对等、责利对等。实践来看，一是注重保障员工的基本权利，包括法治框架内的生存权和发展权，如基本生活保障，逐渐规范公平就业、公平晋升等基本权利；二是越来越尊重员工的主动性和首创性，大力推行民主管理，积极实行厂务和信息公开，确保知情权和参与权的实现，激发员工的工作热情；三是激励与约束并重机制确保义务履行。打破以往大锅饭、任人唯亲的传统做法，以制度考核激励员工，任人唯贤，注重责权利平衡。

3. 人文主义的兴起使我国优秀传统思想得以发扬

几千年历史进程中，我国诞生了众多以人为研究重点的优秀传统管理思想，然而，新中国成立以后，受工业化和时代背景的影响，一些传统管理思想在一定程度上遭受忽视。而在当前人本主义的复兴特别是管理本土化背景下，我国管理学理论比以往更加关注本国传统人文氛围，不再一味地套用西方人本管理理念，开始重视重新挖掘传统管理思想的精粹，将传统思想与当今具体的管理实践活动结合起来，打造出我国特色的管理文化。

4. 社会责任运动不断发展

社会责任运动是科学主义价值观和人文主义价值观共同作用的结果，当代大工业社会的兴起，引发人类社会与自然社会的双重危机。为进一步避免危机蔓延，将矛盾限定在可调控范围之内，社会责任运动浪潮应运而生，其反映在如下具体方面：一是注重环保意识，确保经济可持续发展。在一些非正式组织的影响下，特别是一些国际性大企业，注重考察合作者的环保资质，有利于进一步吸收绿色投资，扩大品牌影响力。二是强调了人文主义价值观。社会责任运动从制度建构、产品质量、工作环境等多方面确保投资者、生产者和消费者合法权益不受侵害，从更深层次上形成了一种外部约束机制，进而向整个社会传递人本理念，进一步加深了人文主义价值观的现实影响力。

（三）政治文化对管理学发展的影响

政治文化作为影响中国管理学发展的特殊因子，对我国管理学研究和实践的发展起了十分重要的作用。国家管理思想不仅直接决定了中国管理学发展的方向，其对归纳出具有普遍意义的管理理论，指导我国具体管理实践，推动我国管理科学繁荣发展等都具有十分重要的意义。作为赶超型战略背景下的社会主义国家，管理科学在国家改革发展中的地位日益突出。要理解和发挥政治文化的影响与作用，首先，运用辩证唯物主义基本立场、观点和方法，结合中国的特点，理解管理实践问题，是中国管理学研究必须着力解决的重大问题。围绕建立中国特色社会主义理论体系，要求我国管理界需要深入研究新时期党和国家管理思想形成的历史背景、理论基础及现实意义、党和国家新时期管理思想的内涵特征、内容体系、理论特色、实践价值和发展趋势，以科学发展观为指导，扎根我国管理实践，总结中国特色社会主义科学的内在规律，归纳出具有普遍意义的管理理论，指导我国管理实践，推动我国管理科学繁荣发展。① 其次，要认识政党文化对管理研究和实践的影响，特别注重发挥党组织先进性，凝聚精神合力，发挥最大的工作效能。目前，不论在国有企业还是非国有企业，建立健全党组织成为企业管理一大热点，都以思想引导行为，正着力发挥政党文化的积极功用。三是贯彻民主集中制度，激发主人翁精神，调动参与民主管理的积极性，将组织责权利落实到具体个人，实现精细化管理。

二、中国管理文化的发展历程

新中国成立至今，我国经济取得了举世瞩目的成果，特别是经济管理思想得到了空前发展。纵观60年管理理论与实践发展历程，我国管理文化大致可以分为计划经济时期、转轨时期与市场经济时期三个阶段。

（一）计划经济时期管理文化的发展

1. 国民经济恢复时期的管理文化（1949—1952年）

新中国成立时，国民经济呈瘫痪状态，国家首要任务是迅速恢复被破坏的生产力。党中央提出了“三大经济纲领”，即“没收封建阶级的土地归农民所有，没收蒋介石、宋子

① 李佳林：“加强党和国家新时期管理思想研究是管理理论工作者的崇高责任”，《管理观察》，2009年第1期。

文、孔祥熙、陈立夫为首的垄断资本归新民主主义国家所有，保护民族工商业”。[1] 在此纲领的指导下，此时期我国管理文化主要体现为集中力量发展国有经济并鼓励支持私营经济发展。

（1）集中力量发展国有经济，改革国有企业旧的管理体制。新中国成立前，官僚企业引入了一些国外先进管理思想如计件工资制、股份公司制、企业组织结构设计等。而国民经济恢复时期，我国国有经济（当时称国营经济）主要来源为官僚资本，国家在接受官僚资本时保留其合理的系统与机构，包括保持原有的管理机构与生产机构不变；实行原职原薪制度，暂时维持原有的工资标准与工资等级、奖励制度、劳动保险制度；对企业原厂长、经理、普通职员及技术人员，实行职位职责不变的“包下来”政策。

与此同时，对国营、公营企业进行了民主改革。一方面，实行科学管理，使国营企业成为社会主义性质的企业，具体包括：第一，实行科学分工，制定职责条例和操作规程，建立责任制；第二，把企业计划和国家计划衔接起来；第三，制定合理的生产定额。另一方面，改善企业内部管理关系，包括废除官僚资本统治时期遗留的不合理制度，如“搜身”、封建把持以及保证制度；[2] 在企业中推行工会制，实行工厂管理民主化等。

通过以上措施，新中国成立后不久，我国将各种形式的官僚资本迅速改造成公有制经济，具有典型的新民主主义特色，并将其地位提升为此时期最重要最核心的经济形式，使国营经济成为我国国民经济迅速发展的中流砥柱，为实行社会主义改造铺平了道路。

（2）保护私营工商业，引导其向国家资本主义形式转变。国民经济恢复时期，为了清除私营企业的一些弊端，中央从企业内外管理及经营思想两方面对其进行了改造。一方面，中央对私营企业的经营范围、管理制度等做了规定。在鼓励私营工商业发展的思想指导下，我国采取了诸多管理措施引导其发展：第一，保持合理的批零差价；第二，根据需要对私营企业进行加工订货；第三，国营零售店对于缺乏的物资应组织私营企业进行城乡物资交换；第四，私人行庄营业范围应有所限制，国家银行可以采取参股等形式与之联合经营；第五，在私营企业内部建立工人监督制度，在外部强化政府对企业的管理。另一方面，国家对私营企业的经营思想上进行了必要的改造。1952 年初，中央在全国范围内开展“三反”、“五反”运动，[3] 在全国范围内树立了新社会廉洁奉公的风气，为我国进行大规模有计划的经济建设清除了障碍。

2. 前苏联模式学习时期的管理文化（1953—1957 年）

国民经济恢复后，我国经济发展进入第一个五年计划期，主要任务是进行社会主义三大改造。此时期我国管理文化主要体现在国家建立计划经济体制、企业全盘借鉴前苏联模式实施管理两方面。

（1）初步建立计划经济体制。从 1953 年到 1955 年是我国建立计划经济体制的重要时期。一方面，借鉴前苏联优先发展重工业的经验，对资本主义工商业进行了社会主义改造；另一方面，开始建立直接计划和间接计划相结合的计划管理制度。直接计划包括：①对前苏

---

① 《毛泽东选集》第 4 卷，人民出版社 1991 年版，第 1253 页。

② 苏星：《新中国经济史（修订本）》，中共中央党校出版社 2007 年版，第 59 页。

③ “三反”指反贪污、反浪费、反官僚主义；“五反”指反行贿、反偷税漏税、反盗窃国家资财、反偷工减料、反盗窃国家经济情报。

联援助项目[①]实行人、财、物集中统一的直接管理；②对国有企业和一部分公私合营企业实行直接计划，包括职工人数、平均工资等；③在财务上国家对国企实行统收统支，企业仅保留少量的奖励和福利基金。间接计划主要针对一般的公私合营企业和部分手工业等，采用加工订货、统购包销、经销代销等方式，将其经营活动纳入国家计划。

通过以上措施，到 1956 年底我国基本完成了三大改造，到 1957 年我国国民经济结构发生了根本性变化，即多种经济成分并存的经济结构已经转变为单一的公有制经济，此时高度集中的计划经济体制已经建立。

（2）引进前苏联管理思想，在企业中推行企业责任制。1953 年，中央政府在全国范围内大力倡导学习和引进前苏联的工业企业管理制度和方法，其中最具代表性的是在企业内部实行厂长负责制。厂长制体现为厂长对企业生产与行政工作全面负责并拥有全部的领导权力，党组织对此实行监督。厂长制的推行，在加强生产行政统一指挥、建立健全企业管理责任制，克服企业多头领导和无人负责现象起到了积极的作用。然而，厂长制也存在一定弊端，由于监督机制不健全容易导致出现命令主义和官僚主义作风。为纠正这一倾向，1956 年国家开始实行党委领导下的厂长负责制，即建立以党为核心的集体领导和个人负责相结合的领导制度。企业责任制的变迁，为更加有效地提高企业管理水平和决策科学性提供了制度保证。

3. “大跃进”与人民公社时期的管理文化（1958—1965 年）

“文革”之前我国经济虽然受到了“大跃进”、“浮夸风”的影响，出现了暂时性的挫折，管理思想向“务虚”方向偏移，但随着国家及企业管理思想步入正轨，我国经济发展仍然取得了不小的成绩。此时期管理文化可以从被广泛推广的“鞍钢宪法”和“大庆模式”等企业管理经验以及国家制定的《工业七十条》政策来考察。

（1）推广优秀企业管理经验，成为此时期管理文化的重要体现。我国部分企业在长期的生产经营活动中实施科学管理，沉淀了一些卓有成效的管理经验，其中最具典型的当属“鞍钢宪法”和“大庆模式”。1958 年，黑龙江鞍钢大胆借鉴并成功应用了庆华工具厂和建华机械厂的“两参一改”经验，即工人参加管理，干部参加劳动，改革不合理规章制度的经验。根据实际中出现的问题，又提出了在企业内部实行领导人员、技职人员和工人群众的“三结合”的管理思想。鞍钢将两者密切结合，提出“两参一改三结合”思想，在长春第一汽车制造厂成功实施，取得了生产的跨越式发展。1960 年 3 月，中共中央将“鞍钢宪法”作为管理社会主义企业的基本原则。同年，大庆油田总结了一系列管理经验，成为全国各大企业争相学习的典范。“大庆模式”体现为：①建立分级管理、统一指挥的管理链，即指挥决策核心、中层管理与基层管理三级机构；②建立严格的岗位责任制；③开展劳动竞赛和评比活动，包括组织技能竞赛，推广先进人物、先进班组的生产管理经验，把国家任务进行指标具体化等内容。

（2）贯彻“八字方针”，对国营企业实施《工业七十条》管理。“大跃进”以后，中央提出对国民经济进行“调整、巩固、充实、提高”的“八字方针”，为了贯彻“八字方针”，1961 年 9 月中共中央颁布了《国营工业企业工作条例（草案）》（简称《工业七十条》），对

---

① 援助项目指前苏联帮助我国设计的以 156 个建设单位为中心，由 694 个限额以上的建设单位组成的工业建设项目。

于克服企业管理“左”的错误，提高企业管理水平有着极大的意义。“工业七十条”包括国家与企业之间实行“五定”、“五保”[①]；限制企业党组织对企业生产行政工作干预过多；建立严格的责任制度；将职工代表大会制度载入条例；规定企业的主要管理权力集中在厂部等内容，几乎覆盖了当时企业管理的方方面面，企业获得了更大的自主权。

4. “文化大革命时期”的管理文化（1966—1977 年）

1966 年 5 月 6 日，十年“文革”正式揭开序幕，整个社会经济管理活动受到极大震荡，管理文化发展也遭受冲击。此时期虽然“极左”的政治思想占据上风，在周恩来总理和邓小平的主持下，我国出台了诸多措施，对“左”倾错误思想进行了积极的斗争。

其一，出台国民经济宏观调控政策以维持经济稳定。周恩来于 1968 年 12 月作出《关于编制国民经济计划的指示》，国务院根据指示成立了计划起草小组，开始恢复国民经济计划的编制工作，这对于加强工业部门及企业的计划管理和其他各项专项管理工作，起到了重要的作用。

其二，中央企业、事业单位大规模下放。1970 年初，中央提出大规模下放中央企业、事业单位，地方各级革命委员会对企业实行一元化领导，各部仅对少数面向全国的关键性大中型企业与事业单位直接管理。企业下放适度稀释了中央对企事业单位高度集中的权力，提高了地方管理企业的积极性。

其三，建立或恢复企业的管理制度。“文革”以来，企业管理遭到严重破坏。中央于 1970 年起草了《一九七二年全国计划会议纪要》，强调整顿企业管理，落实对干部、工人和技术人员的政策，反对无政府主义，恢复和健全企业管理七项制度和七项生产指标等问题。1975 年 7 月，起草了《关于加快工业发展的若干问题》，针对许多企业无人负责现象，要求所有企业建立集中统一的生产指挥系统，恢复和健全规章制度，整顿企业的管理秩序，并建立企业责任制；对员工实行按劳分配原则，建立考工晋级制度；鼓励企业加强内部的科学研究工作；积极引进新技术、新设备，扩大进出口等。

1976 年，“文革”宣告结束。由邓小平领导开展的对“两个凡是”思想的批判，以及关于“实践是检验真理的唯一标准”的讨论，为批判“左”倾指导思想提供了有力武器。从此，中国管理文化步入改革开放的新阶段。

5. 计划经济时期管理文化总结

从 1949 年中华人民共和国成立到 1978 年中国共产党的十一届三中全会召开前后 30 年的时间里，我国管理文化一直在计划经济管理思想指导下缓慢而曲折发展。这一时期我国管理文化的基本理论假设概括为：在生产资料公有制基础上实行计划经济，可以实现社会劳动的最大节约；劳动者是企业的主人，通过实行民主管理和按劳分配，将最大可能调动劳动者的积极性；企业是执行政府统一计划的基层生产单位。

此时期，国家对宏观经济的管理一直是高度集权的，所有经济活动都是为了国家利益服务的，中央机关对全国发布指令，各级政府与微观企业层面按照中央指示完全执行。为了保证国家利益高于一切的目的，计划时期制定了众多政治性十分强的制度政策。微观层面来

---

① 苏星：《新中国经济史（修订本）》，中共中央党校出版社 2007 年版，第 377 页。“五定”包括定产品方向和生产规模；定人员机构；定主要原料、材料、燃料、动力、工具的消耗定额和供应来源；定固定资产和流动资金；定协作关系。“五保”指企业对国家保证产品的品种、数量和质量；保证不超过工资总额；保证完成成本计划，并且力求降低成本；保证完成上缴利润；保证主要设备的使用期限。

看，企业采取的几乎全是国有企业形式，私营企业在新中国成立后到此时期结束前被慢慢消减至微小比例。国有企业实行严格的政治挂帅，执行党的决定，完成国家计划是其最大的政治和目标，因此，企业缺乏自主性。此外，经验管理成为此时期企业管理的典型特征，最具代表性的当属鞍钢宪法和大庆模式，这些优秀企业管理思想的迅速推广极大地促进了企业管理水平的提高。虽然经历了“大跃进”、“文化大革命”等若干阶段的生产停滞时期，总体来看我国生产力得到快速发展，国家直接管理经济思想成为我国管理文化的核心内容。

（二）转轨时期管理文化的发展

1. 扩大企业自主权阶段的管理文化（1978—1984 年）

改革开放前，各方面原因促使我国实行高度集中的计划经济体制。改革开放以后，我国企业管理发生了巨大的变化，管理文化也得到了渐进式发展，主要体现在国家宏观管理思想的变革、企业扩权的变革、企业内部管理变革以及西方思想的引入四个方面。

（1）吸取社会主义阵营教训，实施改革开放的宏观管理思想。改革开放以前，前苏联赫鲁晓夫和柯西金实施放权集权改革宣告失败、前南斯拉夫的“自治”改革为国家寻得新出路、匈牙利的渐进改革取得成效以及波兰的四次改革惨淡收场，这些社会主义阵营的经济改革经验与教训给我国提供了建设社会主义最直接的素材，加之国内“文革”十年浩劫的极大教训，使我国开始对经济体制进行深刻反思，加速了中央对国家宏观管理思想的重新认识。

1978 年中共中央召开了十一届三中全会，决定从把工作重心转移到社会主义现代化建设上来。邓小平作了“解放思想，实事求是，团结一致向前看”的讲话，提出决不能再沿用过去的管理体制、管理方法，而必须根据现代化建设的需要，对传统的体制和方法进行大胆改革，探索新的发展道路。① 1979 年 4 月，中央工作会议提出建立以“计划经济调节为主、市场调节为辅”的经济管理原则，标志着我国管理思想的重大转变。中共十一届三中全会为我国改革开放拉开了序幕，国家对经济的宏观管理思想发生了翻天覆地的变化。

（2）以放权让利为特征，对国有企业进行扩大自主权的改革。计划经济体制下，本应归企业行使的各项权利被高度集中在各级政府手中，企业成为行政的附属物，严重抑制了企业和劳动者的积极性，企业缺乏活力。在这种情况下，放权让利、扩大企业自主权就成为市场化改革的突破口，国有企业改革由此进入扩大企业自主权阶段。这一阶段采取的主要做法包括扩权让利试点、实行经济责任制、实施利改税改革。②

第一，进行扩权让利试点。1978—1979 年，我国先后在四川省六家企业及首都钢铁公司、天津自行车厂等八个企业进行扩大企业自主权试点，均取得较好成效，扩权让利试点逐渐扩大到全国。1984 年国务院下发了《关于进一步扩大国营工业企业自主权的暂行规定》，对扩大企业自主权作出了更详细的规定，内容包括：其一，企业有权自行确定机构设置和人员配备；其二，除厂长等高层管理者外，厂内中层干部由厂长任免；其三，企业在执行国家统一薪资规定中，可根据自身特点自选工资形式；其四，在不改变企业所有制形式下，企业有权参与或组织跨部门、跨地区的联合经营；其五，在企业内将党委领导下的厂长负责制改革为厂长负责制。该决定还提出实行政企职责分开，“就政府和企业的关系来说，今后各级

① 尹永钦、杨峥晖编著：《巨变：1978—2004 年中国经济改革历程》，当代世界出版社 2004 年版，第 46—47 页。

② 黄速建：“国有企业改革的实践演进与经验分析”，《经济与管理研究》，2008 年第 10 期。

政府部门原则上不再直接经营管理企业”。[①] 由此，企业开始掌握一定的自主权，成为更加活跃的经济主体。

第二，实行全面经济责任制。1981 年山东实行的经济责任制对企业和职工积极性的调动作用显著，由此经济责任制成为企业改革的另一热点。1981 年 9 月中央要求全面实行经济责任制，其内涵包括两方面：一是建立企业外部经济责任制，正确处理国家与企业的关系，解决企业经营好坏一个样的问题；二是建立企业内部经济责任制，正确处理企业内部关系，解决好职工干好干坏一个样的问题。国家对企业实行经济责任制基本上有三种类型：一是利润留成，二是盈亏包干，三是以税代利。

第三，推行两步“利改税”。1983 年国务院决定在全国范围内实行税利并存的第一步利改税，政策为凡有盈利的国营大中型企业，均对实现的利润征收 55% 的所得税，税后利润再在国家和企业之间合理分配。1984 年 9 月我国又推行了第二步利改税，即由“税利并存”逐步过渡到完全“以税代利”。然而，由于国家同时具有企业管理权和所有权，作为企业管理者可以向企业征税，作为企业资产所有者又要参与企业利润分成，这使得“利改税”遇到了体制层面的困难。

（3）企业内部开始推行“步鑫生式”科学管理模式。伴随着改革开放，20 世纪 80 年代，浙江海盐衬衫厂长步鑫生打破原来国企“大锅饭”的生产方式，依据集体经济的特点进行了大胆改革，成就了“步鑫生式”管理模式，这批企业家的管理思想对当时企业内部管理产生了重要影响。其一，打破以前的人才选拔模式。从企业改革实际需要出发，剔除“任人唯亲”思想，以能力为依据大胆选拔干部，使管理干部专门化、技术化。其二，从厂纪厂风抓起，健全劳动纪律等内部规章制度。步鑫生提出了员工进行生产的“十个不准”、安全文明生产等原则，并提出“管理上从严，生产上抓紧，经营上搞活，生活上关心”等思想。其三，改革员工工资分配及福利制度。在劳动计酬上采用了“二定一保”联产计酬制，在年终分红上也坚持按劳分配、赏罚分明的原则，并制订和修改了劳保条例，对员工的福利措施进行了明晰规定。这些改革举措，对改革初期我国企业的发展无疑有着巨大的推动作用。

4. 西方管理思想初步引进我国

随着改革开放的深入，我国学术界和企业界兴起西方管理思想研究和学习热潮，大量优秀的西方管理思想开始步入国门，影响着国家层面、企业管理层面的管理文化变革。在此时期，西方思想中我国广为接受的是全面质量管理思想。1977 年底国家组织了中、日企业之间的质量管理理论与实践交流活动，全面质量管理思想从美、日等国引入了中国。1984 年，菲利普·科特勒的《营销管理》也引入中国。此外，教育培训也推动了西方管理思想的传播。1979 年 3 月，国家经济委员会举办企业管理培训干部研究班，使广大培训干部对国外管理思想的认识进一步调整并积极开展学习。1980 年，第一期中美管理培训班开课，美国从全国选了 30 多位管理学教授组成教学团，对组织行为学、高级财务、市场营销等十多门课程进行授课，极大地丰富了我国企业领导人的管理思想。随后，我国大力开展与美国、欧共体、英国等管理先进的国家和地区进行国际管理培训，将越来越多的西方管理理念带入思想处于改革初期的中国。

---

① 《十二大以来重要文件选编》，人民出版社 1986 年版，第 564—566 页。

2. 计划商品经济阶段的管理文化（1985—1991 年）

1985 年后我国进入了以指导性计划为主的商品经济阶段，本时期的管理文化主要包括国有企业经营机制调整、私营企业初步发展、企业内部建立适应商品经济的企业制度、初步引入将西方管理思想并进行改造等内容。

（1）以两权分离为特征，国家引导国有企业转换经营机制。经过前一阶段扩权让利的改革，由于改革本身的局限性，国有企业并没有真正活起来。针对这一问题，党中央和政府制定了转换国企经营机制的一系列重大决策：1985 年制定了《关于制定第七个五年计划的建议》，提出我国应重点实现三方面的改革，即使企业成为自主经营自负盈亏的商品经营者、完善市场体系和建立以间接手段为主的宏观调控体系；1987 年 3 月《政府工作报告》指出，改革的中心是完善企业经营机制；1991 年 9 月，中共中央制定了增强国有大中型企业活力等 20 条措施，以促进国有企业经营机制转换。国企转变经营机制在实践中具体措施有：①实行承包经营责任制。在全民所有制的大型企业里，首都钢铁公司是实行承包制最早的企业，创造性地提出并实施了以上缴利润包干为主要内容的承包经营责任制。在 1986 年与 1987 年，承包经营责任制已经在全国范围内得到普及且形式多样。②实行租赁制。1985 年后，我国许多小型工业企业开始实行租赁经营责任制，实现了经营权与所有权的部分分离，取得了良好进展。③进行股份制试点，是企业转向导向法人持股、内部职工持股和向社会公开发行股票的企业。

（2）国家支持政策相继出台，私营企业活力开始显现。从 1979 年起，党中央和国务院果断采取支持城乡个体经济发展的方针。1987 年 10 月，党的十三大明确承认私营经济的合法存在，并提出对私营经济实行鼓励、保护、引导、监督和管理的政策；1988 年《中华人民共和国宪法修正案》规定，国家必须保护和鼓励私营经济的合法权利和利益，对私营经济实行引导、监督和管理。此后，我国私营经济进入发展起步期，私营企业发展环境大为改善，以乡镇企业为代表的私营企业犹如雨后春笋般涌现，先发展起来的沿海城市铸就了珠江模式、苏南模式、温州模式和晋江模式等中国四大农村经济发展模式，民营企业开始逐鹿中原，特别是诞生了一批家族企业。家族企业实行所有权和经营权高度统一的家族制管理，以亲缘关系为纽带，企业主教育层次较低，却有着敏锐的商业眼光。由于私营企业、个体经济拥有着众多激励、保护政策，很多家族企业在此时期完成了自己的原始积累，出现了一批知名企业，极大地丰富了我国经济与企业的管理文化，成为国有企业为主的经济形式的重要补充。

（3）调整管理方式与制度，企业内部管理实现转变。我国进入商品经济阶段后，国家对企业给予更大的自主权，国内众多企业开始寻求适合企业自身特征的管理思想与管理方式，对企业内部各项制度进行了变革，其中重点对企业组织形式、劳动制度和分配制度作出调整。

第一，调整企业组织形式。在广泛试点的基础上，1986 年我国颁发了全民所有制工业企业三个条例，即《全民所有制企业厂长工作条例》、《中国共产党全民所有制工业企业基层组织工作条例》、《全民所有制工业企业职工代表大会条例》，明确指出国有企业应全面实行厂长负责制，必须保证厂长在企业生产经营重大问题上的决策权，突出厂长在行政指挥中的作用。同时大力发挥职工代表大会的作用，进一步提高工人参与企业管理并维护自身权益的积极性。与此同时，私营企业也开展了组织形式的变革，温州成为私营企业股份制改革最早的试点，通过实行股份制，解决技术、人员、资本等企业生产要素扩大规模的问题，温州模式后来成为农业部搞股份合作制的重要参考。

第二，调整企业用工制度。1986 年 4 月，中共中央、国务院发出《关于认真执行改革劳动制度几个规定的通知》，而后又陆续颁布了《国营企业实行劳动合同制暂行规定》、《国营企业辞退职工暂行规定》和《国营企业职工待业保险暂行规定》。规定全民所有制工业企业招收新工人全部实行合同制，与此同时，对职工实行待业保险制度，进一步扩大来企业自主权。实施上述各项规定，是新中国成立以来劳动制度的重大改革。

第三，调整分配制度。从 1985 年起，我国企业通过落实内部经济责任制，实行了多种形式的工资、奖金分配制度的改革试验。1986 年 12 月，国务院发出《关于深化企业改革增强企业活力的若干规定》，指出企业可以自主决定内部职工工资、奖金分配的具体形式和办法，以奖勤罚懒，更为实际地体现按劳分配、多劳多得的原则。这对于克服“职工吃企业的大锅饭”、“企业吃国家的大锅饭”的弊端起了积极作用。

第四，对西方管理思想进行创新，以海尔为代表的优秀企业异军突起。在改革开放初期，西方众多管理思想先后被引入我国，然而我国企业仅是单纯地学习吸收，并未对这些管理思想所适宜的条件做出详细论证。进入商品经济发展阶段后，我国企业的自主权利逐渐得到扩大，企业成为自主经营与自负盈亏主体。对于外来管理思想，许多优秀的企业开始将其消化并内化到企业内部，结合企业独特特征创新了许多先进的管理思想。此时期，海尔的 OEC 管理法则与“零缺陷”管理是我国优秀管理思想的杰出代表。

3. 转轨时期我国管理文化总结

转轨时期的管理文化的变迁是以 1978 年中国共产党十一届三中全会为转折点，树立了以经济建设为中心的工作目标，企业经营管理思想也发生了根本性转变。中央在宏观层次提出了市场经济与社会主义并不矛盾的基本理论假设，提出借助于市场机制，通过竞争配置资源可以获得更高的效率。为此，我国在转轨时期提出必须根据现代化建设的需要，对传统的体制和方法进行大胆改革，探索新的发展道路的政策指导，实行“计划经济调节为主、市场调节为辅”的经济管理原则以及确立我国实行的是商品经济等宏观管理理念。在具体实践中，先后对国有企业进行了大胆的改革，包括改革初期的以放权让利为特征进行扩大企业自主权的改革，对企业实行经济责任制、推行利改税以及商品经济时期实行承包经营责任制、租赁经营责任制、进行股份制试点等，都从政府的宏观角度对我国企业进行了根本性调整。而从微观角度来看，转轨阶段我国企业都尝试通过建立科学的内部管理制度，扩大企业自主权利以及员工参与生产管理的积极性，如步鑫生实施的科学管理以及海尔的 OEC 管理等都是典型代表。此外，转轨时期国外先进的管理理念被陆续引进，成为指导我国企业转变生产方式和经营思想的重要参考依据，为本时期我国宏观和微观管理文化的发展建立了丰富的思想宝库。

（三）市场经济时期管理文化的发展

1992 年党的十四大明确提出我国经济体制改革的目标是建立社会主义市场经济体制，这标志着我国经济发展进入了新阶段。1992 年至今，我国管理文化的发展可以划分为两个时期，即从市场经济体制确立到加入 WTO 之前，以及加入 WTO 至今两个时期。

1. 市场经济建立时期的管理文化（1992—2001 年）

从1992年确立市场经济目标建设目标到2001年底我国加入世界贸易组织，短短十年间，我国基本上完成了从商品经济向市场经济的转变。此阶段我国的管理文化主要体现为政府主导向市场主导理念转变、国有经济建立现代企业制度、私营经济向现代模式靠拢以及企业内部积极学习外国企业管理模式等方面。

（1）勇于突破旧体制牢笼，确立以市场经济体制为改革目标。由于商品经济体制存在难以解决的弊端，致使20世纪80年代末90年代初出现了一些不稳定的因素。1992年初邓小平视察南方各省并发表重要谈话，强调“计划经济不等于社会主义，资本主义也有计划；市场经济不等于资本主义，社会主义也有市场”，“计划和市场都是经济手段”。[①] 这些论断从根本上解除了把计划和市场看做是社会基本制度范畴的思想束缚，是改革开放以来又一次思想解放。由此，党的十四大确定了建立社会主义市场经济体制的改革目标，指出我国市场经济体制，“在所有制结构上，以公有制包括全民所有制和集体所有制经济为主体，个体经济、私营经济、外资经济为补充，多种经济成分长期共同发展，不同经济成分还可以自愿实行多种形式的联合经营”。[②] 1993年，党的十四届三中全会进一步描述了市场经济体制的基本框架，1997年，党的十五大又提出了“公有制实现形式可以而且应当多样化”等一系列新思想和观点。这些改革新思路将我国建立市场经济体制的进程逐步推进，开辟了经济社会向前发展的新局面。

（2）国有企业逐步摆脱行政附属，成为产权明晰的现代企业。20世纪90年代初，中国公司制企业已经起步，但发展很不规范，国家与企业间的关系错综复杂，羁绊了企业的自主发展。为此，1993年党的十四届三中全会明确提出建立现代企业制度，1995党的十四届五中全会正式提出调整国有经济布局，这标志着中国国有企业改革和相应的国有资产管理体制改革进入了“以建立现代企业制度和实施战略性改组为特征的改革阶段”。[③]

第一，建立现代企业制度。我国在此阶段提出，国有企业改革的方向是建立“产权清晰、权责明确、政企分开、管理科学”的现代企业制度，其最终目的是实现国有资产统一为国家所有，政府对国有资产实施分级监管，国有企业自主经营。此后，又对国企改革的目标、方针政策和主要措施作出进一步的部署。建立现代企业制度主要体现在几个方面：其一，完善企业法人制度；其二，确定国有资产投资主体，包括国家投资公司、国家控股公司、国有资产经营公司及具备条件的企业集团；其三，确定企业的公司组织形式；其四，建立科学的公司内部组织管理机构，形成由股东会、董事会、监事会、经理层组成的公司内部组织管理机构；其五，改革劳动人事制度，建立企业与职工双向选择的用人制度；其六，完善工会工作和职工民主管理。经过试点和推广，到2000年年底，我国建立现代企业制度的目标已基本实现，国有企业的制度也具备了由“有经营权的企业模式”向“有法人财产权的经营模式”[④] 转变的主客观条件。

第二，国有企业战略性改组。1995年党的十四届五中全会指出，“要着眼于搞好整个国有经济，对国有企业实施战略性改组”，[⑤] 由此，我国国有企业改革的思路开始发生重要转

---

① 《邓小平文选》第3卷，人民出版社2002年版，第364—367页。

② 《十四大以来重要文献选编（上册）》，人民出版社1996年版，第17—21页。

③ 黄速建：“国有企业改革的实践演进与经验分析”，《经济与管理研究》，2008年第10期。

④ 周叔莲：“中国20年国有企业改革的回顾与展望”，《理论学刊》，1998年第4期。

⑤ 辛迪诚：《中国国有企业改革编年史（1978—2005）》，中国工人出版社2006年版，第412—413页。

变，“整体搞活”的思路逐步取代了“单个搞活”的思路。1997年党的十五大报告和1999年党的十五届四中全会《关于国有企业改革和发展若干重大问题的决定》，进一步提出从战略上调整国有经济布局和抓大放小的方针，发挥国有经济的主导作用。正是在建立现代企业制度，对企业进行战略重组等措施的影响下，我国国有企业开始脱离国家行政附属物的角色，成为以追求经济效益和追求科学管理的独立经济实体，这为我国国有企业解放思想，根据自身特点吸收中西方优秀管理文化为己用提供了良好条件。

第三，私营经济逐步放开，私营企业向现代企业管理模式转变。在我国进入市场经济建设阶段后，国家对私营经济的态度出现较大转变：1992年中共十四大第一次提出了个体私营经济是所有制结构的重要补充；1997年中共十五大提出非公有制经济是我国社会主义市场经济的重要组成部分；2001年中国共产党成立八十周年大会明确指出，私营企业主是我国改革开放以来出现的新的社会阶层之一。国家把私营经济纳入到社会主义基本经济制度内，突破了非公有制经济是社会主义公有制经济补充的认识，无疑是我国经济思想的再一次解放。国家对私营经济作用的肯定与地位的提升，使私营经济获得了与国有经济平等的政策氛围，从而推动了私营企业向现代企业管理模式转变。

在市场经济建立时期，私营企业的典型代表家族企业，尤其在江浙一带，家族企业已经完成了初始的企业资本积累，开始走向生产规模化与专业化。此时期家族企业出现了两个重要的转变：

一是家族封闭的产权结构开始转变。在20世纪90年代中期，我国一些家族企业开始进行建立现代企业制度的改革。以温州为例，家族企业尝试通过引入众多分散的社会股东，或使企业股权由少数大股东持有等方式分散企业产权，从而使家族企业形成合理的产权结构。同时，鼓励企业的管理人才和技术人才乃至部分骨干职工掌握公司若干股份，以建立人才对企业归属感并减少其流动。

二是企业所有权和经营权实现初步分离。随着我国企业股权分置改革的推进，家族企业中家族利益逐步屈从企业利益，家族成员由全面掌握企业所有权和经营权向掌握不完全的所有权和主要的经营权转变，家族企业的经营管理也逐步实行委托代理制，即交由职业经理人负责。当然，此时期“两权分离”仅在个别优秀的私营企业有所实施，还未得到广泛普及。

（3）中西管理文化进一步融合，企业内部管理向科学管理转变

第一，管理思想和观念不断创新。普遍树立了市场开拓的经营理念，建立了面向市场的科学决策机制，并不断完善企业内部管理。如邯郸钢铁厂创造了“模拟市场核算、实行成本否决”管理机制，海尔集团建立“以市场链为纽带的业务流程再造”，宝钢集团实施“用户满意战略”，万向集团实行“整体营销管理”，[①] 成为此时期我国企业进行管理思想创新的典型代表，突出反映了我国企业从传统企业走向以市场观念为主的新型企业的趋势。

第二，企业领导体制转变为董事会制度。依照《中华人民共和国公司法》，规范股东会、董事会、监事会和经理层的职责，初步形成了“决策机构、执行机构和监督机构三者相互协调、相互制约的机制”。[②] 同时，坚持发挥企业党组织的政治核心作用，坚持和完善以职工代表大会为基本形式的企业民主管理制度，发挥工会和职代会在民主决策、民主管理和民

① 李琪：“转轨时期的中国企业管理思想演变研究”，复旦大学博士学位论文，2007年。

② 张皓若主编：《辉煌的历程：中国改革开放二十年》，中国商业出版社1998年版，第93页。

主监督等方面的作用，改变了企业中党政不分、职责不明的状况，提高了企业的决策效率。

第三，职能管理不断健全强化。企业管理逐步实现了由生产型向生产经营型再到资本经营型的转变。一些较高层次的资产经营方式，诸如企业改制、联合重组、兼并破产、承包租赁、分拆上市等，在企业经营管理中已被广泛采用。与企业经营方式的变革相适应，中国企业管理的各项职能得到不断健全和强化。在经济体制转轨时期和加入世贸组织的形势下，企业在重视提升生产管理、质量管理、技术管理、基层管理水平的同时，不断建立健全了财务成本、市场营销、技术研发、人力资源、环境保护、物流管理、信息管理等专项管理职能，一些企业还充实丰富了企业金融和法律事务等多方面的功能。

第四，企业组织形态和管理机构实现了创新。尤其是大型企业破除了以往“大而全”、“小而全”的单一实体形态，向多法人联合、集团化经营方向发展。部分企业还大力发展了多元化经营、跨区域乃至跨国经营，以资本为纽带，构筑了集团化的发展格局。现在，网络经营、生产经营外包、企业战略联盟、虚拟企业等协作方式也逐渐被越来越多的企业所采用。为了适应市场竞争的要求，众多企业从自身实际出发对企业组织管理机构进行重新设计，形成了各具特色的组织管理体系。在企业内部，普遍精简了不必要的管理机构和人员，改变了传统的金字塔式单一直线职能式组织结构，推动企业组织结构向柔性化、扁平化方向发展，部分企业还引入了矩阵制、事业部制、网络组织等新的管理组织模式。

第五，企业内部人事制度改革取得突破性进展。中国企业在内部改革中，逐步打破了干部与职工的界限，深化了人事制度、分配制度、用工制度改革，建立了全新的责权利体系，基本上形成了“职务能升能降，职工能进能出，收入能高能低”的激励和约束机制。人力资源管理已经逐步取代了传统的劳动、工资、人事管理。此外，在建立新型劳动关系方面，中国已经开始建立由政府、工会和企业组织组成的“三方协商机制”，这是市场经济条件下协调劳动关系、维护出资者利益、维护企业利益、维护职工利益的一项基本制度，将对促进劳动关系协调稳定发展、保障社会稳定，发挥积极作用。

可以说，中国市场经济体制的提出及建立，对我国管理文化发展产生了巨大影响。一方面，国家逐步放开束缚经济发展的各种锁链，赋予企业更大的自主权，使企业成为真正独立的市场主体；另一方面，企业在学习国内外优秀企业的先进管理思想与经验的同时，不断提高自身的创新能力，改革企业内部管理体制，培养独具特色的企业管理文化，从而使我国企业在国际市场上的竞争力得以凸显。因此，从 20 世纪 90 年代初到 21 世纪初的这段时间，是我国经济高速发展的黄金时期，更是我国管理文化得以解放的关键时期。

2. 市场经济完善时期的管理文化（2002 年至今）

加入世贸后，我国进入了市场经济完善时期，经济文化社会领域全面开放，改革在摸索中前进，具有鲜明的中国特色。

（1）管理文化向服务性转型。加入世贸组织后，我国在更大范围和更深程度上参与经济全球化，这要求我国必须对经济政策等各方面进行必要改革，遵循国际规则，参与国际竞争。这一时期，中央在理论上进一步确立了完善社会主义市场经济体制的必要性。2002 年党的十六大和 2003 年十六届三中全会，标志着“中国经济体制改革与开放进入了以完善为主题的新阶段”。[①] 中共十六大以来党中央提出了“科学发展观”和构建“和谐社会”的战

① 杨圣明：“中国经济体制改革的历程”，《百年潮》，2004 年第 3 期。

略思想，并围绕市场经济体制改革等问题提出了“五个统筹”、“社会主义新农村建设”、“八荣八耻”等一系列新的管理思想。[①] 党的十七大提出，“要加快行政管理体制改革，建设服务型政府”，“发挥社会组织在扩大群众参与反映群众诉求方面的积极作用，增强社会自治功能”[②] 等管理思想，都对我国新时期改革实践具有重大指导意义。

（2）深化国有企业股份制改革，进一步完善国企在市场经济中的独立地位。伴随着国内外经济环境与政治环境的变化，我国继续推进国有企业股份制改革，进一步确立国有企业在市场经济中的地位与参与竞争的形式。党的十六大在继续调整国有经济布局和结构的基础上，进一步明确了中央企业的定位，即关系国民经济命脉和国家安全的大型国有企业、基础设施和重要自然资源等，由中央政府代表国家履行出资人职责。2003 年，国务院国有资产监督管理委员会成立，同年党的十六届三中全会提出，要进一步推动国有资本更多地投向关系国家安全和国民经济命脉的重要行业和关键领域，增强国有经济的控制力。2006 年底，国有资产监督管理委员会发布《关于推进国有资本调整和国有企业重组的指导意见》，确定了中央企业的重组目标和国有资本所应集中化的重要行业和关键领域。2007 年党的十七大提出，要深化国有企业公司制股份制改革，优化国有经济布局和结构。在操作层面上，国有企业通过联合、兼并、改组等多种方式逐步向关系国民经济命脉的重要行业和关键领域集中，而在一般竞争性行业中则逐步退出。[③] 在国家深化国企改革的政策指导下，我国国有企业在此阶段主要进行了两方面的改革：

一是国有经济布局与结构战略调整。一方面，我国垄断性行业在放宽市场准入、改革监管和运营体制、引入非国有资本、建立特许经营制度等方面进行了相应的改革，如邮政、石油体制改革等都有一定程度的推进。另一方面，其他行业改革也有所推进，如民航在放宽市场准入、允许民营资本投资经营航空公司后，先后有 7 家民营航空公司领取运营牌照；电信体制改革方面，四大国有运营商已完成改制上市工作；其他公用事业领域、军工企业、国有林地产权等领域的改革也有进展。[④]

二是国有企业自身体制改革。其一，国有企业产权制度实施改革，包括大中型国有企业改制上市有所进展。在此阶段产权制度改革取得的成就包括：股权分置改革基本完成；企业股份制改革进一步推进，许多中央及地方国有大型企业开始积极引入国内外战略投资者，逐步向多元股东的公司形态发展；在股份制改革的基础上，境内外上市也在推进。其二，国有企业法人治理结构在组织上进一步确立，在国企法人治理结构中引入了外部董事，在企业决策层与执行层分开方面迈出重要一步，外派监事会监督也进一步制度化。其三，进行了国有资产管理体制改革，包括基本建立国有资本经营预算管理制度、国有企业经营业务考核和股权激励制度以及国有资产监管机构。

在市场经济完善时期，国家对国有企业实行了较大的战略调整，使国有企业在关系国家经济命脉以外的领域扩大了经营的自主权，以兼并、重组等多种形式参与国际化的市场竞

---

① 苏永乐：“从十一届三中全会到十六届三中全会——我国经济体制改革历程回顾”，《西安财经学院学报》，2004 年第 2 期。

② 龚建飞：“马克思恩格斯的社会管理思想及其现实意义——兼析党的十七大报告中的社会管理思想”，《江西社会科学》，2008 年第 1 期。

③ 黄速建、金书娟：“中国国有资产管理体制改革 30 年”，《经济管理》，2009 年第 1 期。

④ 迟福林主编：《2007’中国改革评估报告》，中国经济出版社 2007 年版，第 68—69 页。

争，这无疑对国有企业加强自身体制改革、转变经营思路、提高企业竞争力等方面起到巨大的促进作用。

（3）私营经济发展具备国家制度保障，企业内部管理渐成科学体系。中共十六大报告再次肯定了中共十五大对私营经济的定位，指出“必须不动摇的鼓励、支持、引导非公有制经济的发展”。报告阐述了党在新的历史时期发展非公有制经济的政策方针，使“私营经济的发展由政策推进转向制度保障”。[①] 2003 年中共十六届三中全会通过的《中共中央关于完善社会主义市场经济体制若干问题的决定》，就积极引导非公有制经济提出了一些新的政策，如放宽市场准入、允许非公有资本进入法律法规未禁入的基础设施、公用事业及其他行业和领域等。2005 年中央发布了《国务院关于鼓励支持和引导个体私营等非公有制经济发展的若干意见》，在放宽非公有制经济市场准入等七个方面提出了 36 条政策，这是“落实十五大和十六大以来关于加快非公有制经济发展的一系列大政方针的纲领性文件”。[②] 随着私营企业规模的进一步扩张，在市场经济完善时期，私营企业在良好的国家政策氛围下取得了跨越式发展，呈现出以下特征：

第一，打破家族式管理模式，组织形式和治理结构不断优化。由于我国大多数私营企业都是从小规模的家族式经营模式发展起来的，这些私营企业在长期的发展过程中，逐步形成了家长式的管理模式。在市场经济建立时期，私营企业过多注重企业效益的增长，内部管理效率的改善相对较弱。而在市场经济完善时期，很多私营企业家通过实践与学习，开始转变任人唯亲的观念，普遍向多元投资主体的公司制企业发展，“通过股份制融资和引入职业经理人，使企业相对分散的股权形式在客观上形成企业所有权和经营权的彻底分离”。[③] 此外，我国众多私营企业根据《中华人民共和国公司法》，开始对企业的领导体制和组织管理制度进行大胆的改革，建立善于经营、敢于决策的领导班子，使企业的权力机构、监督机构和执行机构之间职责明确。

第二，企业从随意性管理转向制度化管理。虽然在市场经济建立时期，私营企业的得到了很大的发展，但由于私营企业本身体制的缺陷，与国有企业相比我国私营企业的管理制度表现出更多的随意性。随着我国加入 WTO，私营企业面临来自国内外企业更大的竞争，为此，许多优秀的私营企业开始转变企业管理模式，实行制度化管理。一方面，改变以往企业战略决策偏重于企业家个人作出的做法，实行职业经理人负责制，并积极鼓励内部员工参与企业民主管理，使企业战略决策更具科学性；另一方面，私营企业不断健全内部管理机制，注重建立健全各种规章制度，通过严格的制度化管理约束企业各层人员的行为，使企业内部管理呈现制度化、规范化和程序化。

第三，企业战略从专业化走向多元化。通过二十多年的发展，私营企业已经从原来的单一产品生产和服务向多种产品和服务的方向扩展，甚至开始尝试走多元化的经营道路或跨国经营方式。如雅戈尔在实际经营过程中走出了一条“立足专业化、稳健多元化”、“多元并进、专业化发展”[④] 的成功之路。

---

① 张亮：“改革开放三十年以来中国私营企业发展综述及展望”，《山东经济》，2009 年第 1 期。

② 黄孟复、胡德平主编：《中国民营经济发展报告（2005—2006）》，社会科学文献出版社 2006 年版。

③ 尹作亮：“我国民营企业管理模式及其制度创新研究”，《中央财经大学学报》，2009 年第 2 期。

④ 朱红军、喻立勇、汪辉：“泛家族化还是家长制？——基于雅戈尔和茉织华案例的中国民营企业管理模式选择与经济后果分析”，《管理世界》，2007 年第 2 期。

第四，自主创新能力不断增强，私营企业已经成为我国专利申请中数目最多的主体。据国家知识产权局的调查，在2006年我国专利申请中，私营企业申请量占41%，明显高于其他经济形式，全国有7个省的私营企业专利申请比例超过50%。[①]

（4）中国传统思想得到弘扬，企业管理国际化与特色化并重。随着中国外资企业的进驻以及本土企业对中西方管理文化的大胆借鉴，本时期我国企业管理的思想得到了空前的发展，来自本国的优秀传统管理思想与西方管理思想相互融合形成了我国多样化、特色化的企业管理文化。

第一，传统管理思想得到了很大的发掘和创新。随着我国在国际地位的逐步提升，加入WTO后我国十分注重对本土优秀传统文化的弘扬。在此时期涌现了很多优秀的思想与研究成果，最具典型代表的当属苏东水、曾仕强、席西民等人的思想。复旦大学苏东水教授通过对传统文化的钻研，提出我国传统管理文化集中体现为人为（人的行为管理）、经营思想、时效观念（时间与效益）以及管理技巧四方面内容。[②] 在此基础上，苏教授还提出了东方管理文化的体系（治国学、治生学与治身学）、要素（包含道，变，人，威，实，和，器，法，信，筹，谋，术，效，勤，圆十五个方面）和本质（人为、为人）；[③] 曾仕强、席西民等学者也提出了诸多独具特色的中国式管理思想。除了学术界，我国一些优秀企业家在生产实践中也提出了具有中国特色的企业管理哲学思想，如联想集团董事局主席柳传志提出的"退出画面看画"、"把土夯实"、"一眼看到底"等企业管理思想。

第二，我国企业经营管理目标导向出现转变。其一，从政府导向到市场导向，改变计划经济时期政府对企业从严或适当放松对企业管制的做法，使企业成为按照市场需求调整经营活动的独立主体，采取加强营销、以销定产、以销促产的同时普遍提高质量和服务意识的措施，最终脱离依赖政府，通过资源市场化进行竞争。其二，从追求产值增长到追求经济效益，包括改变大而全、小而全的经营格局，注重开发高附加值产品，使企业由粗放经营逐步向精细化经营转变。其三，从短期经营向持续经营目标努力，如联想提出建设"百年老字号"目标等，从而促进企业在更高的战略位置思考问题。

第三，"以人为本"的理念得到深化，员工权利逐步落实。我国在此时期大力倡导"以人为本"的理念，在企业内部也得到广泛的落实。一方面，企业大力倡导人才观念，全面落实人才是第一资源的理念，通过设立员工培训与教育的专门机构，提升企业整体员工素质；另一方面，企业逐渐重视员工生存权、发展权等权利，积极推进员工安全保障和职业病防治工作，并开展OHSAS18001职业、健康、安全管理体系国际认证活动。此外，员工参与企业民主管理也得到广泛推行，使厂务公开、民主管理在深度、广度上有了新的发展。

第四，企业文化建设蓬勃展开。在市场经济完善期，我国企业文化实现了从流于形式到建成体系的转变，建成包括核心价值观、企业精神、经营理念、工作作风、管理制度、形象标志在内的完整体系。如海尔企业文化包括：核心价值观为"创新"；企业精神是"敬业报国，追求卓越"；生存理念为"永远战战兢兢、永远如履薄冰"；用人理念为"人人是人才、

---

① 迟福林主编：《2007'中国改革评估报告》，中国经济出版社2007年版，第81页。

② 苏东水等著：《东方管理》，山西经济出版社2003年版，第4—10页。

③ 苏东水："东方管理文化的探索"，《当代财经》，1996年第2期。

赛马不相马”；质量理念为“优秀的产品是优秀的人干出来的”；营销理念为“先卖信誉，后卖产品”等。①

第五，反映中国特色的管理模式不断涌现。其一，大庆油田“科学加精神”的管理模式。大庆油田在新的历史时期，建立了有本企业特色的“课题长负责”的科研体制，实现了“四个一样”到“四个不一样”② 的转变。其二，“海尔是海”的容纳共赢模式。以海尔为代表，包括宝钢集团、联想集团等一批开展国际化经营的中国企业，在创品牌、扩规模、国际化的过程中，广泛吸纳国际先进经营理念，吸纳海外优秀人才加盟，逐步形成了“海尔是海”的容纳共赢模式。其三，“以小博大”的产业集群模式，如温州的制鞋业、义乌的小商品产业集群等都是典型的代表。其四，分散与集中相结合的经营管理模式。例如，红塔集团实行烟叶种植的集中指导、资金支持和品质管理与田间作业由农户分散日常经营相结合的方式，草原兴发在开发绿鸟鸡、蒙牛集团在奶源供应基地建设等都采取了分散与集中相结合的经营模式，取得了企业与农民双赢的卓著成效。

3. 市场经济时期我国管理文化总结

纵观我国建立市场经济的十几年的历程，我国管理文化的发展可以从宏观和微观角度来阐述。宏观角度上，国家宏观经济、国有企业和私营企业的政策逐步变迁。私营经济得到极大的解放，中央制定了多项政策大力倡导和鼓励非公有制形式的企业发展；与此同时，中央从各方征集对策建议，对落后的、僵化的国有企业制度与管理进行大刀阔斧的改革，包括建立现代企业制度、进行国有企业股权分置改革、对国企战略性改组等措施。通过宏观政策的颁布与实施，我国包括国企、私企在内的各种类型企业形式得到了更大的自主权和经营权，极大地调动了经济发展的活力。微观角度体现为微观企业的管理理念发展，在市场经济时期，我国企业积极引入国外先进管理思想与理念，并充分发掘中华民族优秀传统管理文化，形成了独具特色的企业管理文化，包括以人为本价值观的树立、由政府导向到市场导向的企业理念等。同时，我国企业逐步推行更加科学的管理与建立更加灵活的管理模式，包括制定企业战略、变革生产方式、建立企业文化、细化员工职责与权限等，都是市场经济时期我国企业管理文化的核心体现。

三、企业文化学与中国式管理

（一）企业文化学

1. 企业文化研究的兴起

20 世纪 70 年代末，世界经济格局发生重大变化，日本经济迅速崛起，引起了众多学者特别是美国学者的关注。通过比较研究，学者们对企业文化给予了更多思考，于是一门新的学问——企业文化学由此诞生。

---

① 黄津孚：《企业管理现代化：理论、轨迹、经验》，经济管理出版社 2008 年版，第 72 页。

② “四个一样”指白天晚上一个样，天气好坏一个样，领导在场不在场一个样，有检查与没有检查一个样；“四个不一样”指大庆在市场经济条件下提出的观念转变要求，即针对管理层的“素质高低使用不一样”，针对管理单元的“管理好坏待遇不一样”，针对操作层的“技能强弱岗位不一样”以及针对个人分配的“贡献大小薪酬不一样”。

（1）企业文化。企业文化是企业员工所共同拥有的一种思维和行为方式，是企业所处环境催生的影响着企业发展的价值体系。自企业诞生以来，企业文化便已存在，但在不同发展阶段，企业文化扮演了不同的角色并发挥不同的作用。只是到了近现代以后，企业文化才作为一门显学得以发扬光大。

在企业发展的初级阶段即经验管理阶段，企业文化并不为人所熟知，企业家都将大部分注意力集中在扩大再生产和赚取利润上，因此，此时期的企业文化更多地体现为企业领导人本人的管理理念，这种集权化的企业文化特征在企业发展初期推进了企业的发展。而后，科学主义思潮将企业带入了全面发展时期，劳动分工大幅提升了企业生产效率，此时的企业文化更多体现为制度化和明晰化的管理理念，人治和法治自此分野。这个时期妇女和儿童也开始进入工厂进行工作，也影响了企业文化的发展。直到企业发展相对较成熟时期，行为主义逐渐显现，单纯的制度化管理不能满足发展需要，众多企业家开始关注员工的精神需求和人文关怀，文化管理的时代随之来临。此时，不同国籍、文化传统、法律制度、行业和性质的企业之间的文化差异十分明显，企业文化研究如同雨后春笋，百花齐放。

（2）我国企业文化研究。在我国，各界对企业文化的理解众说纷纭，缺乏一种比较清晰且能得到绝大多数人认同的企业文化理念。诚然，这与学科发展脱离不了干系，但出于赶超型战略背景下打造我国企业核心竞争力的思量，对我国企业文化的普遍性和特殊性展开研究，意义十分重大。

虽然我国企业文化研究最早可以追溯到20世纪80年代，但企业文化学方面内容只是最近数年才出现。可以说，企业文化研究在我国处于探索阶段，尚未形成一套公认较为完善的理论体系。在研究过程中，众多学者在引进国外学者理论时各取所需，涉及不同流派，其直接后果就是导致国内研究的独立性和分散性，且并不一定适用于中国企业。所以，企业文化研究的差异整合依旧需要较长一段时间，本土化管理理论与实践开发也尚需时日。

我国企业文化研究是经济体制转轨的产物。改革开放之前计划经济体制下，企业为国家和集体公有，此时企业文化表现十分单一，主要表现为姓公不姓资，崇尚集体主义精神。因计划经济体制出现诸多弊端，不能满足经济社会发展需要，体制逐渐发生变化。在市场经济条件下，企业逐渐成为自主经营、自负盈亏的主体，政企不分、产权不明晰等局面得以有效改善，工作者积极性得以激发，企业文化逐渐多元化，企业文化研究也不断深入，形成现今繁荣局面。在企业文化不断发展的同时，不难发现，我国的政治制度也对企业产生了很大影响，在计划经济体制下尤其突出。目前，由于现代企业制度的完善尚有一个过程，预算软约束的存在导致国有企业仍然游离于政府边缘，不少地方政府仍可以直接左右企业的发展方向。

还应该看到，加入WTO后，我国企业更是面临了走出国门的机遇和挑战，企业做大做强的现实需要成为企业文化发展的催生剂，大中型企业都着手谋划培育核心竞争力，而核心竞争力的建设则必须通过企业文化的发展来体现，打造文化竞争力由此成为企业主要任务之一。于是，在上述方面的影响下，随着市场经济进程的加快，企业发展的内在需求和理论体系完备的迫切要求，共同加快了我国企业文化学的出现。

2. 企业文化学研究的主要内容

企业文化学是一门管理学和文化学相结合的边缘交叉科学。综合企业文化学部分著作，企业文化学研究大致可以分为三个板块。一是理论板块。主要包括概念、对象、特征、功能和结构的研究，其中结构研究是企业文化学研究的重点。二是实践应用板块。主要研究企业文化学实际应用、国际化和民族化以及案例。三是创新展望板块，主要涵盖近年来一些新思想，目的在于丰富企业文化学的内涵，完善企业文化学的研究体系。

（1）理论板块。

第一，对象和概念的研究。对对象和概念的研究是进行学科研究的前提。由于国内外企业研究环境和角度不尽相同，所以关于企业文化研究的对象和概念，国内外学者有不同的见解和表达。但企业文化学作为一门研究企业文化的科学，是对企业文化的高度抽象和概括，起着一种高屋建瓴的作用，在这一点上是毋庸置疑的。因此，全球一体化进程加快，学科体系将不断完善与规范，对这一问题也将达成共识。

第二，企业文化的特征和功能研究。企业文化的特征和功能也是研究的重点之一，一般而言，企业文化的特征主要表现为独特性、人本性、系统性、民族性等，这些特征都来源于企业的自身文化积累，把握好特征有助于了解企业文化的独特个性以及与其他文化的共性。而对于企业文化的功能，是指企业文化在企业经营管理中所具有的功能，即一般的导向功能、凝聚功能、约束与激励、辐射功能。认清企业文化的功能，才能加深对企业文化学意义和价值的理解。

第三，企业文化学理论研究的重点是要把握好结构要素的研究。学科内在结构研究是学科发展的主体，对内在结构把握不准确，企业文化研究将很难深入。根据目前著作对结构的理解，按照文化价值观定义分类，一般而言，企业文化由三大要素构成，即物质要素、制度要素、精神要素。据此进而将企业文化分为四个层次，即企业物质文化层、企业行为文化层、企业制度文化层、企业精神文化层，其中，物质层处于最表层，精神层处于最上层。首先，企业物质文化。物质文化处是对企业文化的最直接反映，把握好物质文化内涵是企业文化学研究的最基本需要。这一方面主要包括对企业环境、企业容貌、产品服务、企业实体广告、员工仪容仪貌等物质载体的研究，主要体现为一种静态的研究。其次，企业行为文化。主要包括对企业家行为、模范人物行为、企业普通员工行为的研究。行为表现直接影响到企业的生存发展，特别是关键人物的行为有时候直接决定企业的命运，因此，对企业行为研究有助于更好地把握企业精神和价值观的实际应用。再次，企业制度文化。企业制度文化是一种约束或激励企业和员工的行为规范的制度性文化，它是连接企业物质文化和精神文化的纽带，也是企业行为的实践载体。国内外学者对此研究主要集中在现代企业制度、企业领导体制、企业组织文化和管理文化的研究。最后，企业的精神文化。企业的精神文化对企业的成长发展壮大有着深远的影响，在企业文化体系中处于核心地位。主要包括对企业哲学、企业精神、企业伦理道德、企业价值观等的研究。上述企业文化四层次是一个有机的整体，较为具体的是物质层、制度层和行为层，较为抽象的是企业精神文化，结构如同金字塔状显示。

（2）实践应用板块。将企业文化学理论研究与实践研究结合起来是当前国内外学者所做的主要工作，如何把企业文化学理论较好地运用到现代企业管理实践中成为企业文化学研究急需解决的问题。这部分研究主要有三个方面：

第一，企业文化学的实际应用。常见的有 CI 应用、CS 应用、企业品牌应用以及危机管理、人力资源管理等，这些都是企业文化学理论研究最直接的应用。CI 应用是企业文化特性在企业的直接反映，CS 应用强调“以人为本”的企业文化理念，企业品牌应用是借助企业品牌载体来展现企业形象，以扩大企业影响力和竞争力。这些企业文化的实践应用是企业不断创新的结果，也使企业文化学研究内容不断丰富。

第二，企业的文化建设。主要包括对企业文化建设主体、文化建设工程以及文化建设的国际化和民族化问题的研究。主体研究意指对“人”因素的研究。人是文化的创造者和推广者，“人”的作用在企业文化建设中有至关重要的作用，特别是作为企业文化建设主体的企业员工、企业楷模和企业家，他们的行为活动构成企业文化建设的主线。企业文化建设也可以看做一种体系工程，主要涉及工程评价主体和评价标准等问题，但目前的研究和实践模式还有待进一步完善，因此也成为企业文化学深入研究方向。在经济全球化的今天，各国企业文化还呈现出明显的国际化趋势，但由于各民族文化的差异性，主要做法是深入比较文化不同特点与差异，一方面汲取先进企业文化管理的精华，另一方面结合自身民族精神和民族文化精髓，实现企业的跨文化管理。目前，我国学者国际化研究对象主要集中在对日本、美国和欧洲的企业文化的研究。

第三，对典型案例的研究。主要包括对成功案例和失败案例的研究。研究成功案例，学习先进的成功管理经验和管理方法，为推动企业文化发展提供一种范式。对失败案例的研究则可以深思当前企业文化学研究存在的问题与不足，使企业文化不断改进和完善。同时，对案例研究还包括了对当前国内一些热点问题的反思。纵观成功和失败案例的研究，不难发现，典型企业案例研究为企业文化学发展提供一条科学化途径，是企业文化学研究中必不可少的内容。

（3）创新展望板块。任何一门科学的兴起与发展都是一个不断完善的过程，企业文化学作为一门新兴的管理科学，在理论和实践板块不断完善的同时，面临着许多新的问题，这些问题都对企业文化的科学化本身提出了挑战。因此，这部分内容必须给予关注，值得进一步研究。比如对企业文化的理论创新和制度创新研究、企业文化的整合、学习型企业、企业文化学的内涵再探讨以及企业文化学研究体系完善等。

3. 我国企业文化学的研究现状、问题和趋势

（1）研究现状。改革开放的不断深入和社会主义市场经济改革步伐的不断加快，我国已有越来越多学者和企业家更加重视企业文化学研究与实践。伴随着企业文化学的产生、兴起和发展，全国高等院校经济类、管理类专业也大都开设了《企业文化学》课程。与此同时，和企业文化学有关的理论书刊和实践经验的总结大量涌现，一大批理论体系健全、实践特色鲜明的教材相继出版，发挥了理论联系实际、理论指导实践的作用，为我国的企业文化学的研究与探索奠定了坚实的理论基础和丰富的实践经验。

在全国范围内，企业文化学的教学和研究团队也在不断涌现，一大批学术理论过硬、实践经验丰富、学术成果丰硕的教学科研人员奋斗在教研一线，越来越多的企业开始意识到企业文化学对于企业发展的重要性，企业管理者积极学习企业文化理论，并在企业文化实践中取得了丰富的经验，为企业文化学的深入研究和探索倾注了大量的心血。

上述这些成绩的取得无疑从各个不同的方面推动着中国企业文化学的建设进程，加快了中国企业文化学发展步伐，在丰富文化学学科的同时，繁荣了中国的管理学科。

（2）问题分析。虽然我国在企业文化学领域的研究与探索成绩是喜人的，成果是丰硕的，但我们还应该看到，目前中国在企业文化学理论研究和实践教学领域存在着不少问题和不足。

第一，企业文化学推崇的核心价值理念单一，缺少有特色的研究内容。在我国企业文化学研究的过程中，出现了大量同化研究现象。不可否认，这是企业文化学不断成熟的需要，但除此之外，由于环境、文化的特殊性，每个企业本都应该具有本企业特有的企业价值文化。由于中国企业文化学研究的根基比较弱、底子比较薄，导致了中国的企业文化缺少了个性和创造性。各企业文化趋同化程度非常高，互相模仿。过分地强调一些普遍性的价值理念，缺少本企业特有的核心文化价值理念研究，不能反映企业的独有管理特色和文化氛围。研究机构的研究方向和重点也多集中在普遍性的问题上，缺乏独创性和开拓性的理论研究与实践，不能更好的适应不断变化社会经济发展的需要。

第二，企业文化学研究重形式而轻内容，存在对外国企业文化学理论实践的照搬照抄现象。企业文化作为企业精神的重要载体，能够全面深刻地体现企业的核心价值理念。而目前部分企业文化学研究者照搬照抄国外企业文化学研究体系，注重形式主义和表面主义，推崇华而不实的研究内容，这些都严重导致了我国企业文化学研究缺乏适用性，广大的企业由于盲目的照搬照抄也导致自身企业文化体系的混乱，核心价值体系未能得到较好的提炼与发展。

第三，企业文化测度研究相对缺乏，在理论上没有能够建立一个动态、多元化的评价体系。企业文化作为一种文化现象，其衡量与评价不能依靠简单、机械的经济数据，而是要通过建立一个动态、多元化的体系来完成对企业文化的评估与考核。换言之，一个企业经济效益的好坏不能作为该企业企业文化优劣的唯一评价标准，只有考虑内部、外部环境的综合因素，通过健全、完善的评价指标，才能客观地评价企业文化的综合效用。而目前，企业文化这方面的研究十分薄弱，有待于进一步完善。

第四，相对于企业文化比较研究，企业综合环境研究力度不够。企业的综合环境包括企业的技术环境、人力资本环境、金融环境、投资环境、市场需求环境、政治环境等，这些环境因子对企业的生存和发展都起到了至关重要的作用。企业文化也必然要随环境变化而不断调整其发展战略、经营模式和管理模式等。所以，在企业文化学的研究领域，还应该侧重对外部环境的影响研究。

（3）企业文化学发展趋势。

第一，理论研究与应用研究相结合是未来企业文化学发展的主要趋势。企业文化学应用性极强，只有把企业文化学研究成果应用到企业的真实生产、管理、经营中去，才能使这门科学得到持续发展。文化学和管理学相结合的属性，要求企业文化学必须强调理论研究与应用研究相统一，但中国企业文化学发展现状表明，目前中国企业文化学还没有形成一套完善的理论体系，这势必要求广大的科研工作者要在紧密联系中国实际的前提下，多方面进一步完善企业文化学理论体系，这对未来中国企业文化学乃至管理学发展都将起到至关重要的作用。

第二，定性研究与定量研究相结合是未来企业文化学发展的核心趋势。企业文化学要走一条定性与定量相结合的道路。所谓定量化分析就是指在企业文化理论研究的基础上，利用科学方法，提出一系列企业文化测度体系，以对企业文化进行可操作的定量化的评估。量化的研究和评价已经成为很多学科发展的趋势，只有通过量化评价，才能在真正意义上实现对企业文化客观评估以及建构有效地企业文化体系。

第三，创新性研究和个性理念的推崇是未来企业文化学发展的关键趋势。创新是企业文化的发展的源泉，是企业进步不竭的动力，企业就是要把创新精神奉为发展圭臬，要把创新的思维贯穿到整个企业文化研究与实践的始终。换言之，就是要在已有理论成果的基础上，根据企业结构、企业环境的不断变化，继续探索企业文化新领域和发展新方向，以适应更加激烈的市场竞争，只有这样才能够使更多的企业在塑造自己企业文化的过程中，走出一条企业本身和外部环境相匹配的文化发展之路。

第四，文化冲突与跨文化管理等环境研究是未来企业文化学发展的紧迫性趋势。随着一体化进程逐步加快，跨国公司海外并购屡见不鲜，文化冲突、文化矛盾在企业海外发展过程中的影响不断凸显。文化作为一个综合系统，不同体系下孕育和催生的企业文化必然存在差异，在经济全球化的今天，跨国企业如何识别差异化，跨越文化障碍，更好地融合进本土文化已经成为一个亟待解决的问题。只有在把自身企业文化同本土文化相结合，发展一条具有中国特色的企业文化发展之路才真正能够使中国企业更好地走出国门、走向世界。

第五，文化能力的确定、培育和应用研究是未来企业文化学发展的新兴趋势。核心竞争力是一个企业不可以被复制的独特能力，其不仅仅表现为生产、经营上的核心竞争力，更体现在企业文化上的核心竞争力。企业具备了这种文化能力，自身核心的文化价值观不易被仿效，使独有的文化能力成为企业核心竞争力的主要部分，这是企业文化学研究的一个新的课题和思路。

（二）中国式管理

经济全球化导致管理本土化研究重要性逐渐凸显。市场经济体制下，中国企业处在一个现代市场文明尚未完善、社会处于全面转型、企业自身仍处于发展初级阶段的环境中。因此，适合中国情境的管理本土化应是在首先确立市场经济文明所需精神的基础上，准确引入现代及传统文化中符合社会发展方向的观念来指导企业管理实践。而中国式管理正是在这种背景下被学者提出，但针对这一概念，各方褒贬不一，有必要对此问题展开进一步研究探索。

1. 中国式管理研究评述

中国式管理以中国经济发展和民族历史为背景，立足本土实际，在借鉴中国传统文化智慧和批判吸收西方管理科学的基础上，不断创新、探索和发展。从实践角度看，它是指新中国成立60年来中国企业家在日益复杂化的经济环境下进行经济建设，探索宝贵经验而形成的管理模式。在理论体系角度上，广义上它包含了现存以研究中国管理为内容、本土哲学为基础的各种理论学说，狭义上它是指由台湾交通大学曾仕强教授创立的“中国式管理”学说。

（1）中国式管理实践之路。60多年来，中国企业家面对不同阶段的环境影响，在企业发展实践中摸爬滚打，积极探索如何把现代管理科学与中华民族传统文化相融合的先进管理模式。

第一，改革开放以前，中国式管理在计划经济体制下萌芽。从新中国成立到改革开放初期，我国实行计划经济体制，企业管理全面系统学习和引进前苏联管理模式。但此后出现的诸多弊端使企业萌发了对寻求符合中国实际的管理模式的向往，众多企业管理者进行了积极探索，形成了一些好的管理方法。1960年，“两参一改三结合”为核心内容的“鞍钢宪法”形成并在全国积极推广，这对中国式管理的发展产生深远影响，由此以后中国式管理逐渐萌芽，出现了一些零星的企业管理研究内容。

第二，改革开放以后，中国式管理在市场经济体制下创新发展。伴随中国改革开放历程，中国企业管理经历了从政府主导为主向市场主导为主的发展演变过程，这段时期，西方科学管理理论与东方传统管理思想得以融合创新应用，中国企业管理理论与实践水平也取得突飞猛进的发展。

改革开放初期，国家工作重点向经济建设转移，经济建设的首要任务是恢复和扩大生产，重点在于提高生产效率，解决市场供给不足的问题。企业管理主要围绕恢复和扩大生产，增强企业活力展开，也成为中国式管理系统研究的发端。处在“摸石头过河”的时期，企业开始比较系统地学习和借鉴西方管理科学理论方法，并积极从传统文化中找寻管理精华，一套适合中国国情的管理方法逐步建立。如云南玉溪卷烟厂大胆创新，提出的“三合一”体制，成功打造出了当时全国烟草行业第一条完整产业链；浙江海盐衬衫厂打破国有企业管理大锅饭制度等，这些都对中国企业管理有非常重要的启蒙和早期教育作用。

随着市场经济体制的建立和不断完善，国有企业积极进行改革，国内经济结构发生重要变化，同时国家加大对管理科学研究资助力度，管理科学研究和应用得以深入发展，我国进入管理科学研究的丛林阶段。不少学者和企业管理者把中国传统哲学中的管理理念和西方管理学有效结合并应用于企业管理中，使中国企业管理思想得到大量的理论补充和实践检验，“以人为本”、“民主管理”、“合理化管理”等思想得以凸显。特别是近五年来，是中国管理思想研究纵深发展并日益成熟的时期。企业顺应国家政策要求和经济全球化形势，进入以全面社会责任管理为导向的企业管理阶段。同时我国在世界经济稳定和发展中扮演着越来越重要的角色，经济发展更有底气。面对复杂的经济发展环境、全球经济波动、本土化失败等形势，众多学者和企业家更加注重探索建立中国式管理模式，这种探索给中国企业的发展带来新的活力和动力，促使中国企业更好更快发展。

第三，中国式管理研究深入的必然。60 年来，各国管理本土化中各种问题已经揭示，中国企业管理不能完全照搬外来理论和方法，而需要立足实践探索适合我国国情的本土管理模式。对于经济全球化下的复杂企业形式，现行的美国式管理强调专业性，重视专业知识。日本式管理则关注一致性，重视团体精神。而中国特色的企业管理需要糅合百家，以其适应世界扁平化的巨大潜力和灵活性，适应当代商业竞争发展和中国企业发展的趋势。特别是在 2008 年全球经济危机席卷全球背景下，中国经济对世界经济发展至关重要，中国企业必须寻求中国式管理成功经验，中国式管理深入研究将是中国企业管理未来的新趋势。

（2）理论研究成果。中国式管理的理论研究已有三十多年历史，现有理论成果主要如下：

第一，狭义“中国式管理”学说。台湾交通大学曾仕强教授经过三十余年研究，创立了“中国式管理”学说。主张以中国管理哲学妥善运用西方现代管理科学，并充分考虑中国人文传统和心理行为特性，达成良好的管理效果。他认为中国式管理就是合理化管理，强调管理是修己安人的历程。中国式管理以“修己”为起点，“安人”为终点，极具包容性，主张管理从个人的修身做起，然后才有资格来从事管理，而事业只是修身、齐家、治国的实际演练。[①] 它以中国传统哲学中的权变、中庸为理论基础，在管理中追寻求同存异，强调管

① 曾仕强：《中国式管理》，中国社会科学出版社 2005 年版。

理者应采取无为的领导精神，无为而无不为，事先交互主义的中国式管理。此外，曾仕强教授提出的“中国式管理的M理论”。以中庸、人性、管理为内涵，认为人性可塑，应安排良好的工作环境，使员工安心工作，即安人之道；给员工相当的责任，让他自己想办法完成规定的目标，使之有权变的范围，即经权之道；同时员工都需要被了解和同情，因而管理的态度是：己所不欲，勿施于人，即洁矩之道。M理论是对中国理论界和实践影响最大的理论，因此曾教授被誉为“中国式管理之父”。

第二，东方管理学说。复旦大学的苏东水教授经过多年研究探索，创立了东方管理学。它以中华优秀传统文化为核心，探索东方管理文化的根源、体系、要素、本质和应用，用哲学二重性的理论观点来研究“中国管理”、“西方管理”、“华商管理”，以现代的、发展的、全球的眼光，探究中国管理实践中的现象和问题，并系统总结、提炼中国古代管理思想精髓，融东西方管理精华于一体，建设中国式现代管理。东方管理学以“和谐”为目标，包含道、变、人、威、实、和、器、法、信、筹、谋、术、效、勤、圆等十五个要素，主张管理应以人为本，以德为先，人为为人的“三为”原则，提出“四治”体系，包括治国、治生、治家、治身以及“五行”管理：人道、人心、人缘、人谋、人才，其精髓为“学”、“为”、“治”、“行”、“和”。东方管理学吸收了国外现代科学管理理论，吸取和提炼中国古代丰富的管理思想，借鉴引用中国优秀管理实践家的成功经验，是“古为今用，中西合璧”的典型范式。

第三，和谐管理论。这一理论为西安交大席酉民教授提出，指“组织围绕和谐主题的分辨，以优化设计和人的能动作用为手段提供问题解决方案的实践活动”。[①] 该理论以管理理论丛林为背景，基于经营环境、人性以及经济管理系统的复杂表征，探讨如何在组织内外部环境的高度不确定性下实现应变管理的途径。在和谐理论中席教授引入“和谐主题”（组织在特定的发展时期和情境下，为实现组织长期目标，所要解决的核心问题或要成的核心任务）、“谐则”（有关“优化设计”的机理、规律或者主张）、“和则”（有关“人的能动作用”的机理、规律或者主张）等概念，以问题导向分析思路为基础，将“优化设计”对应“谐”，“人的能动作用”对应“和”。管理实践首先要确定特定经营环境下的“和谐主题”及与之对应的“和则”、“谐则”，在和谐主题下通过“和则”、“谐则”在不同层次的双规则互动耦合机制，培育组织内在和谐，以实现组织系统在复杂环境中组织管理高度不确定性情形下的应变管理。

第四，其他理论成果。除了上述三种理论成果外，还有中国社会科学院黄如金博士提出的“和合管理”；胡祖光教授提倡的东方管理学；中国人民大学教授李占祥创立的“矛盾管理学派”；海外学者成中英从《易经》出发，认为变化是管理的本质，提出的“C理论——中国管理哲学”等。

（3）中国式管理理论研究的特点。中国式管理研究的核心任务是揭示文化对企业管理的影响，研究中国文化与管理的匹配模式，从文化传统角度对中国企业的战略、管理过程、管理效果等方面进行分析研究，从而为中国企业管理的变革与创新寻求文化的基础，找出中国式管理的文化路径。中国式管理具有三大主轴，那就是以人为主，因道结合以及依理应变。中国式管理主张依理应变，凡事依据原则，则因人、因事、因时、因地而应变，以求

---

① 席酉民等：“和谐管理理论的提出及其原理的新发展”，《管理学报》，2005年第1期。

合理。

结合上述理论成果，中国式管理理论研究的特点概括地讲为“外圆内方”。在理论上讲中国式管理的“内方”是以中国哲学为根本，以着重研究人与人之间关系的文化形式为基础，坚持原则和特色；“外圆”是指在企业管理中敢于大胆采用西方的管理方式，取其精华为我所用。在企业实际管理中，“内方”具体表现为中国式管理要符合中国的国情，具体包括国人的文化特点、道德价值观念、行为习惯、社会意识形态、经济发展现状等；“外圆”体现在实际管理中要更多地注重变通，在追求企业利益最大化的同时，有效突破管理模式的国界化，注重另辟蹊径。内方是基础，外圆是结果。在外“圆”的表象下，推行内在“方”的制度，使企业的硬制度在柔性管理中不断推行。

2. 中国式管理研究遭受的批评

中国式管理这个名词一经提出，受到了众多人物的关注。其中也有不少批判的眼光，遭到一部分人的质疑。例如不重视将管理和科学联系起来，缺乏科学性；中国式管理过于崇尚权谋而缺乏于制度化；在分析过程中缺乏强有力的案例支持中国式管理；缺乏全球视野等。在这其中，有三个主要批判最受关注。

（1）科学化的缺失。管理的科学性是把管理的规律性揭示出来，形成原则、程序和方法，对管理者管理活动予以普遍性指导，使管理成为理论指导下的规范化的理性行为，而管理的科学性最明显的一个特征就是量化。

中国式管理研究一直缺乏指导具体管理活动的原则、程序和方法，无论是从儒家经典文化中提炼出来的管理思想，还是现代管理学者如曾仕强等观点，都是一种理论或者管理理念的阐述，只是一种中国式管理哲学，基本上没有涉及管理量化分析。因而，其对于实际管理活动的指导操作意义就远不及西方管理思想。这一点导致很多中国企业在实践中出现难以应用的现象，一些大型企业领导人提出一些有关中国式管理的内容，但是实际在企业运行过程中却必须运用西方管理思想中的某些原则和管理方法。要发展中国式管理，就要使得科学的普遍性和中国本土文化相结合，创造出真正的中国式管理，在这其中存有两个问题。即究竟是在中国本土文化的基础上适用科学的普遍性，还是在科学普遍性的基础上适用中国本土文化，也就是常说的到底是中学为体，西学为用，还是西学为体，中学为用。但不论如何，把管理科学的普遍性和中国的文化相结合才能真正创造出中国式管理科学，所以在今后发展中，中国式管理必须注重加强科学化的方法，注重管理哲学的可操作化，才能真正形成能够指导企业具体实践的中国式管理。

（2）制度化的缺失。制度化缺失也是中国式管理研究受到抨击的一大诟病。在人文背景和科学进程的影响下，中西方管理的根本区别在于——西方式管理重视“组织”，中国式管理重视“人”，这就直接导致中国式管理缺乏制度化建构途径。以千百年来形成的传统中国式社会管理方式去管理中国的企业，从社会文化基础和人性角度来看都不完全是合理的。现代社会注重法治，这是根本有效地减少管理成本的方法，而目前中国式管理研究正式缺少这种精神。中国的管理思想内含于古典文化之中，大多存有逻辑思辨色彩，不甚重视制度建设，而当代研究者也没能及时注重管理思想的可操作化，导致中国式管理研究难以制度化、规范化。作为中国式管理的提出者，曾仕强先生大都是从组织行为学的个体层次角度来剖析问题，指出中国管理模式的核心是“修己安人”，强调管理者的自我修身，这样容易忽视制度化建设，也影响了企业管理的规范化。

（3）案例的缺失。在西方管理思想发展中，案例的归纳研究是其中一个很重要的支点。在西方的管理学课程中，案例教学法是在世界范围内普遍获得认可的教学方法，它架起理论与实际的桥梁，使得管理思想在案例中能得到运用，进而结合企业实际的运作，分析比较管理思想和管理原则的可行性与适用性。在中国式管理的发展过程中，一方面，许多研究者把企业运行看成是一种独立的、富有企业家特质的一种个人决策，缺乏对这种具体运作管理方法进行归纳总结和思想提炼，以至于在中国式管理研究的阐述中，基本上只有大片的理论，而缺乏实际案例进行演绎，导致中国式管理研究缺乏可操作性和可借鉴性，这着实是中国式管理只停留在教条上而很少在实际管理过程中运用的无奈。另一方面，基于众多企业管理实践中的一些好经验和好做法，也只是停留在企业内部，尚未有真正系统化的全面梳理，且现在国内有关中国式管理研究的书籍也十分少见，使得学习和研究具有相当局限性。因此，从中国式管理的实践发展和理论发展来看，两者存在脱节现象。中国式管理研究注重理论性，中国式管理实践注重实用性，相互之间缺乏有效沟通桥梁。目前，对新中国成立60年来中国企业管理实践进行经验总结和梳理工作十分必要。

3. 中国式管理的意义与发展方向

（1）中国式管理的意义。中国式管理的提出符合当今时代背景和管理现实需要，剖析其意义，大致的可从实践和理论两方面得以体现。

就实践方面而言，随着现代化生产的拓展和全球化浪潮席卷全球，在新环境新背景下产生了之前未出现过的矛盾和问题。比如：一是老企业现代化问题。一些中国传统老字号作为有特殊商业价值和文化价值的载体，是中华优秀传统文化的一部分，其字号品牌本身就是宝贵的无形资产。然而，由于种种原因，在现代市场经济的冲击下，许多老字号经营萎缩、境地困顿，基业无法长青，老字号的生存与发展备受世人瞩目。二是现代企业国际化问题。随着中国经济发展和竞争力的不断提升，相当一批优秀企业成长壮大，并有了向国外市场拓展，打造国际化企业的潜力、战略意图和现实需要。中国企业“走出去”面临着文化整合和管理水平提升等诸多挑战。三是国外企业本土化问题。中国自改革开放以来一直实行的吸引外资政策已收到明显成效，国外企业在中国的投资常年保持较高水平，在华外资企业获得了良好的商业回报，同时也对中国经济发展和社会进步作出了自己的贡献。随着国外企业在中国市场的进一步发展，外企的“本土化”问题的重要性愈加凸显，中国人有着其自身独特的文化理念和思维方式，单纯将西方管理思想应用于外企在华组织，显然容易遭遇“水土不服”问题。上述三方面问题迫切需要加强对中国式管理的研究。

就理论方面而言，长期以来，管理思想的总结、传播和影响主要以欧美为主导。随着亚洲国家实力进一步提升，管理模式也逐步自成体系，被世界管理界所认可。中国尽管在历史实践中不乏优秀的管理理念、思想和传统实践，然而，中国式管理本身作为一种范式，其提出、确认和发展却进程缓慢。借助于中国经济长期稳健的高速发展，中国企业以及跨国公司在中国有了众多管理实践经验，其中许多是过去不曾有过或者是国外理论所不能很好指导的，而中国自有的管理思想在一定程度上能弥补既有国外管理思想的不足，也对中国管理实践有一定的指导意义。中国式管理的构建，既是实践的需要，同时也是填补中国管理思想体系长期缺席世界主流管理思想体系这一空白，完善管理理论，争得中国管理思想体系在企业管理界应有地位的需要。

（2）中国式管理作为一种范式的再认识。“中国式管理”已然成为一个热点话题，相关定义和学说也层出不穷。尽管如此，但以范式角度观察，中国式管理仍有相当一段路程要走。按美国学者库恩提出的范式理论，范式是一种对本体论、认识论和方法论的基本承诺，是科学家集团所共同接受的一组假说、理论、准则和方法的总和，这些东西在心理上形成科学家的共同信念。照此来看，中国式管理作为一种范式是不成熟的。中国式管理目前并未有公认统一的假说理论、准则和方法体系，而且存在不少争议。此外，中国式管理在假说、理论、准则和方法方面成果不多，尚有待发展。

目前，有关中国式管理研究大都基于中国传统文化，缺乏一定的学科边际、逻辑推演和实证分析，只是把中国传统文化简单地收敛到管理理论中来，并冠以中国文化、中国特色、中国环境等，使“中国式管理”流于庸俗化。诚然，各种流派的观点有其独到之处，也有其相应的影响，但单纯把这些当成中国式管理无疑是本末倒置，不但不能帮我们真正的认识和理解中国式管理，也容易挂一漏万，把对中国式管理的研究引入歧途。对中国式管理的研究，首先应当注意到当前中国式管理作为一种范式它自身不完善和欠缺的地方，对这一范式进行再思考的结果是，中国式管理作为一种范式依然在形成和发展中，还需要进一步吸收西方管理科学精华，加强对转型中国的管理实践研究，针对更多的不足加以完善，否则中国式管理将永远不能称之为“中国式”管理。

（3）中国式管理的发展方向。出于中国式管理现实意义的积极性考虑，可以预见的是，借助于中国经济实力和文化软实力的提升，中国式管理有着进一步发展并得到推广的远景。具体而言，中国式管理需要自我完善和发展，可以从以下几个方面着手：

一是管理的科学化。从方法论角度来看，中国传统文化相对缺乏分析性思维，较少采用实证方法，在管理上更多的是凭借经验和感性，不追求严密和精准的方式，更多的是直觉。对于现代管理科学而言，注重微观的数量和细节精确，是一切管理的前提。泰罗的科学管理正是从动作的细节分析开始，逐渐成为现代管理科学的发端。因此，中国式管理需要进一步将定性分析与定量分析相结合，才能造就出具有普适性的管理理论。

二是要在转型过程中进一步挖掘中华传统文化精华。文化传统的传承不可能在某一历史进程中被完全割裂。当前，中国传统文化对当代企业管理价值观有着深刻的影响，传统文化中的集体主义精神在企业领导观、组织观、协调与控制观以及制度观等方面，仍起着导向性的作用。特别是针对转型时期而言，企业管理实践收到管理的现代化和传统文化之间的双重影响，如何进一步挖掘传统文化精髓，融合到现代企业管理十分关键，直接影响着企业管理绩效。

三是应加强制度化建设。中国式管理研究没有内化于制度，更多的是带有逻辑思辨色彩，因此其传播表现为文化的隐性化传播，依赖于企业家的主观理解。在这一点，中国式管理备受批评。任何管理的理念，都要外显于制度才能长久而公平地运作，才能进一步减少交易成本，管理才更容易成功。所以如何把中国式管理观念性的东西变成体制性、可操作化、可反馈的体系，这也是需要理论界和实业界共同探索和研究的。

四是中国式管理在体系完善的基础上要朝精细化方向发展。目前看来，中国式管理研究尚未形成一定体系，学者关注力度不同，研究角度也不相一致。因此当务之急是，要进一步明确中国式管理的意义，确定中国式管理研究体系，形成公认的研究范式。同时，在体系不断完备的过程中，把握分类研究，使得各方面的研究力量都能够选择自己擅长的领域来为发展中国式管理作出贡献，推动中国式管理研究的专业化和中国式管理理论的创新，提高中国式管理适用性和精确性。

五是迫切需要加强对中国企业管理现实案例的研究。缺乏有说服力的案例，这已成为“中国式管理”的软肋。中国式管理研究者目前的成果主要来自对中国传统文化和较早时期的商业记述，对当代管理尤其是实践方面研究不够，导致了有流于空谈之嫌，对于指导具体的当代管理实践作用不明显。因此，中国式管理案例库的建立必不可少，可以通过将大量的中国企业和在华跨国公司的具体实践案例化的方式实现。只有这样，将中国式管理与当代丰富的管理实践相结合，才能让中国式管理不断成长壮大。

第十三章　我国管理学教育的发展

一、管理学教育的内涵及特点

（一）管理学教育的内涵

此处的管理（Management）指的是针对营利性组织及非营利性组织的管理，包括组织的内部管理、外部机构对组织的管理及服务，对应的是学科专业目录管理学门类中的管理科学与工程类、工商管理类、公共管理类三大类别[①]。与此相适应，管理学教育（Management Education）指的是与营利性及非营利性组织相关的管理学教育，即管理科学与工程学科、工商管理学科、公共管理学科教育。

管理学教育包括学位教育和非学位教育两大类别。学位教育包括本科教育、硕士研究生教育、博士研究生教育等层次，其实施主体是各高校的管理学院、商学院、工商管理学院以及公共管理学院等机构（以下简称管理学院），也涉及部分研究机构所设立的研究生院。非学位教育涉及专科教育、研修班、企事业单位及政府机构内训等内容，专科教育的实施主体是各大专院校，而研修班的实施主体则较为广泛，既涉及各高校的管理学院，也涉及各社会办学机构，企事业单位及政府机构内训则是各组织针对内部管理的需要所举办的各种形式的管理培训（见图 13－1）。

由于管理实践对管理学教育提出了迫切的人才要求，因此，在较高层次的管理学教育中，除了培养研究型人才之外，实务型人才的培养需求非常迫切。与此相适应，在学位教育中，硕士研究生教育既包括以培养研究型人才为导向的管理学教育，学成之后获得管理学硕士学位，也包括以培养实务型人才为导向的管理学教育，即 MBA（Master of Business Administration，工商管理硕士）、EMBA（Executive MBA，高级管理人员工商管理硕士）、MPA（Master of Public Administration，公共管理硕士）、MPAcc（Master of Professional Accounting，会计硕士）等专业硕士学位教育；在非学位管理学教育中，EDP（Executive Development Program，高层管理者发展培训项目）成为企业高层管理者不断接受新知识、学习新思想的重要基地，根据企业和个人发展的需要，为其提供相应的补充性和前瞻性管理学知识。近些

---

① 在国家公布的本科、研究生学位目录中，管理学包括管理科学与工程类、工商管理类、公共管理类、农林经济管理类、图书档案学类五个类别，但本章所述的管理学教育仅涉及前三类专业。

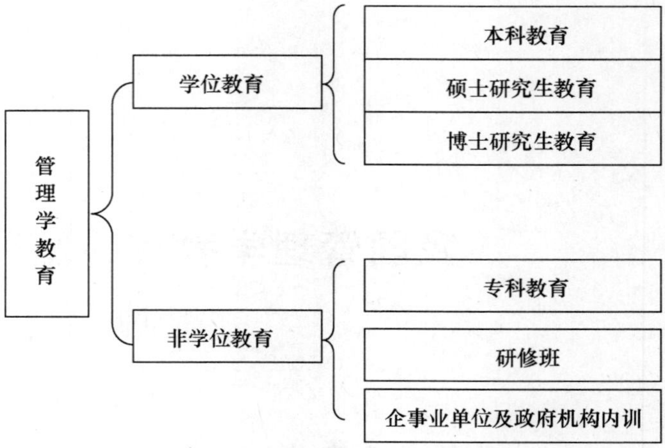

图 13－1　管理学教育体系

年来，MBA、EMBA、MPA、MPAcc、EDP 等项目在管理学教育中的地位不断提高，受到众多企事业单位及政府部门的青睐和各个管理学院的重视。

（二）管理学教育的特点

在受教育者、教育者、教学内容、教学方法等方面，管理学教育有其自身的特点。在管理学教育实施的过程中，必须考虑到这些特殊性（见图 13－2）。

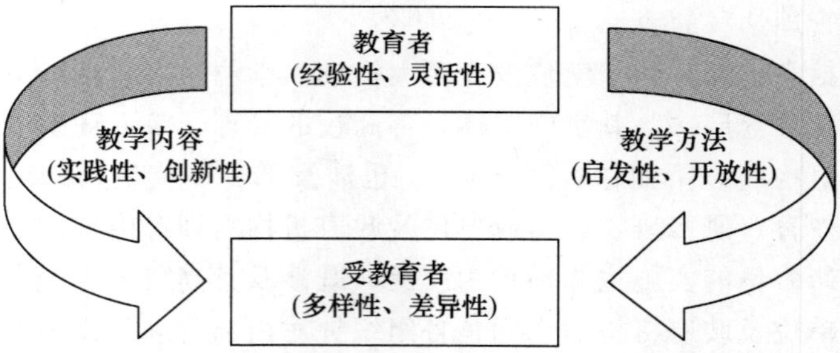

图 13－2　管理学教育的基本框架

1. 受教育者的多样性与差异性

管理学教育所面临的群体年龄层次相差非常悬殊，从不满 20 岁的大学生到 50 岁、60 岁的企事业单位及政府机构的高层管理人员，都可能成为管理学教育的对象。而不同的教育对象，其知识结构、管理经验、社会阅历以及他们对管理学教育所提出的基本要求也大相径庭。这就对管理学教育者提出根据不同层次培养对象的要求，从而做到有效地因材施教。

2. 教育者的经验性和灵活性

管理学既是一门科学，又是一门艺术。而艺术是依靠长期经验练就的功力，这就要求从事管理学教育的师资力量除了具有扎实的管理理论修养之外，还应具备较为丰富的实践经验，经常深入企事业单位或政府机构开展各种调研、咨询活动，与它们建立良好的互动关系，否则，纯粹从书本知识出发，就可能使课堂枯燥乏味，所培养的学生一旦步入实际工作岗位，缺乏必要的实际动手能力和操作技巧。同时，由于受教育者层次丰富，特别是对于MBA、EMBA、MPA、MPAcc、EDP等项目而言，由于学员普通具有丰富的实践工作经验，许多学员是某个业务领域的专家，在信息和知识容量上，教师未必占有绝对优势。这就要求教师在教学过程中具有较大的灵活性，一方面，在有效地控制好教学进度和教学秩序的情况下，积极发挥经验丰富的学员的引导、带动作用，做到同学们之间的互相学习；另一方面，应有“海纳百川”的胸怀，做到教学相长，使自己的修养不断得以提高。

3. 教学内容的实践性与创新性

管理学教育的内容是管理学的基本原理、方法与技巧，而管理学来源于对管理实践经验和教训的总结，反过来，又强调对管理实践的指导作用，具有很强的实践性。因此，在管理学教育的实施过程中，必须注重与实践的紧密结合，注重知识的融合与创新，具体包括：第一，需要重视情景教学法和社会实践，通过案例教学（Case Method）等形式，让学生学会依据不同的情景实施不同的管理行为，通过大量的社会实践活动，让学生了解各组织机构真实运作情况，培养实际的管理能力；第二，需要开展课程创新活动，真正做到与时俱进、不断地开设反映时代要求的新课程，如企业家精神、创业管理、变革管理、企业社会责任、危机管理等，并注重对教学内容的更新，将新的知识点纳入课程教学当中；第三，需要增加选修课程，以满足不同学生的不同偏好；第四，需要融合不同学科的方法实施综合创新。管理学是一门问题导向类的学科，任何有助于解决管理问题的知识，无论其属于什么学科，都应该吸收、借鉴到管理学中来。因此，管理学的边缘性特点非常显著，涉及经济学、数学、工程技术学、心理学、生理学、行为科学、运筹学、系统工程、信息科学等众多的领域。这就要求管理学教育必须开放，将一系列相关学科的理论、方法与技巧传授给学生，并让学生学会根据实际需要对各种理论、方法与技巧进行综合创新。

4. 教学方法的启发性与开放性

管理专业的学生未来面临的工作环境具有高度的不确定性，必须培养他们的自主、自立意识，培养他们创新思维、分析决断、承担和化解风险的能力。在教学过程中，应鼓励学生通过独立思考得出自己的结论，敢于表现自己、得出与众不同的结论，容忍乃至鼓励学生多种不同观点的存在。要让学生明白：从权变理论的角度而言，在不确定性越来越强的环境下，管理无固定模式可循，管理问题很少有标准答案，关键是学会一套有效地分析和处理问题的方法。从这个角度来说，案例教学在管理学教育中具有举足轻重的地位。

二、新中国成立后我国管理学教育的发展阶段

早在19世纪60年代，洋务运动就提出了对现代管理人才的需求。这一需求一方面依靠外籍华人和归国留学人员来满足，另一方面依靠洋务学堂所培养的人才来满足。从19世纪60年代至90年代，洋务派先后创办了30余所洋务学堂，这些洋务学堂包括外国语（方言）学堂、军事（武备）学堂和技术实业学堂三种类型。而在技术实业学堂中，所传授的知识就包括现代企业管理知识。辛亥革命以后，民族资本主义工商业有了一定程度的发展，中国高等管理学教育也开始萌芽，一些大学设立了独立于经济学的工商管理学科，如1914年复旦大学设置了工商管理学科，1929年上海交通大学设立了铁道管理学院，该学院两年后改

组为管理学院，开展财务管理、铁路管理、运输管理、工业管理等方面的本科教育。清华大学、北京大学、南开大学等也开始设置管理和商业方面的课程。但总体而言，建国前管理学教育的发展是十分缓慢的。建国后，管理学教育经历了一个从缓慢发展、停滞发展到快速发展的过程，具体可以划分为以下四个阶段：

（一）管理学教育的缓慢发展阶段（1949—1965 年）

1952—1953 年，教育部按照苏联的大学体制实施了第一次院系调整，根据“以培养工业建设人才和师资为重点，发展专门学院，整顿和加强综合性大学”的方针，建立了由单科院校与文理科综合大学构成的、以单科院校为主的大学体制。财经、医学、法学等专业从综合性大学独立出来，成立了专门的单科学院。管理学教育主要由中央和地方各部门所属的财经院校承担，只有中国人民大学等少数综合性大学建立了体系较为完整的财经类专业。公共管理学的前身行政学等学科未能作为一个独立的学科被保留下来。这一时期，高校总数由 211 所调整为 182 所，其中专门的财经院校为 6 所；本科专业共有 215 种，其中主要是工科类专业，财经类专业只有 13 种。

到 1957 年，高校总数发展到 229 所，共有 12 个学科，设置专业 323 种，其中，财经类专业只有 12 种，在工科、师范类在校生迅速增长的同时，财经类在校生的百分比却由 1949 年的 16.2% 下降到 2.7%，管理学教育被削弱。

1958 年，受“大跃进”思潮的影响，高校数量骤增，到 1962 年达到 1289 所，专业数量也增加到 627 种。在工、农、林、医、理、体育和艺术等在校生年均增长 30% 以上的同时，财经类在校生增长比率只有 5.9%，专业发展极不平衡。

1963 年，国务院批准发布了《高等学校通用专业目录》和《高等学校绝密和机密专业目录》，按照“宽窄并存，以宽为主”的原则，归并了一些专业面过窄的专业。两份专业目录中共设置专业 510 种，其中《高等学校通用专业目录》设置专业 432 种，财经类专业共有 10 种，财经专业依然薄弱，这个时期主要构建的是为计划经济服务的管理学教育体制。

（二）管理学教育的停滞发展阶段（1966—1976 年）

1966—1976 年的“文化大革命”期间，管理学发展处于停滞状态，高等学校本科招生曾停止达四年之久（1966—1969 年）。1971 年，全国教育工作会议通过《关于高等学校调整问题的报告》，全国普通高等院校数减少到 328 所。一些已有较长历史、办学卓有成效的学校被撤销，人员被分流和遣散，许多宝贵的教学、科研资料毁坏或丢失，造成难以估量的损失。专业目录设置极其混乱，许多理科专业被撤销或被改为工科专业，而工科专业设置完全失控，社会科学专业则近乎取消。各高等院校的科研工作也基本处于停滞状态，与国际同行的科研交流活动中断、各种学术研讨活动停止，这拉大了我国高等教育与国际先进水平的差距。“文化大革命”期间全国只剩下 1 所财经院校和 1 所财经专科学校，可以说，高等管理学教育基本消亡。

（三）未成为独立一级学科的管理学教育快速发展阶段（1977—1997 年）

改革开放以后，我国开始从高度集中统一的计划经济体制向社会主义市场经济体制转变。经济的市场化趋势以及由此带来的国民经济高速发展对管理学教育的发展提出了迫切的要求，也创造了良好的条件，管理学教育进入了高速发展时期。

1977年，国务院恢复高等学校招生统一考试的制度，长期中断的招收培养研究生的工作也开始恢复。1979年3月，教育部、中国社会科学院在北京联合召开全国教育科学规划会议，讨论了《全国教育科学发展规划纲要（草案）》。1980年2月，五届人大常委会第十三次会议审议通过《中华人民共和国学位条例》，标志着我国学位制度正式建立。1981年5月，国务院批准了《中华人民共和国学位条例暂行实施办法》，国家教育委员会据此制定了研究生培养和学位授予系列规章制度。此后，我国本科生和研究生的培养能力显著增强，规模不断扩大。

1982年，在党的十二大报告中，正式提出了加强管理科学的研究和应用，第一次把管理科学写入党的报告，对于促进管理学教育的发展至关重要。1983年召开了第一次企业管理现代化座谈会，提出了我国企业管理理论发展的“十六字方针”：“以我为主，博采众长，融合提炼，自成一家”，回答了如何借鉴国外企业管理经验的问题。1986年，我国行政管理教育开始恢复和重建。

自1982年起，原国家教委开始实施第二次本科专业目录修订工作，于1987年颁布修订后的本科专业目录。这次修订有效地解决了十年动乱所造成的专业设置混乱的局面，专业设置从1343种减少到671种，原财经类专业改称为经济、管理学类，增加到48种，得到了较大程度的强化，反映了国家大规模开展经济建设的要求。在1978—1985年期间，高等教育领域恢复和新增设了21个财经学院。到1988年，有350所大专院校设立了与管理有关的系和专业，占当时大专院校总数的30%。

在管理学教育逐步恢复的同时，政府和管理学界都认识到，计划经济体制下积累形成的管理理论和方法已经无法有效指引企业的管理实践。为了适应改革开放以后经济社会发展的新形势，我国管理学教育开始大批量引入国外经典管理理论。1978年，中国社会科学院工业经济研究所设立了“国外室”，中国人民大学设立了“外国经济管理研究所”，跟踪和引进国外管理理论。从1978年起，许多官员和学者赴日本、美国和欧洲等国考察学习管理学理论与方法，回国后广泛开展交流。

1980年，中美两国合作建立“中国工业科技管理大连培训中心”，MBA教育模式开始引进中国。1990年，国务院学位委员会正式批准设立中国自己的MBA学位。中国人民大学、清华大学等9所院校成为第一批MBA培养院校。

1989—1993年，国家教育委员会进行了第三次本科专业目录修订工作，以拓宽专业口径，增加适应性，专业种数精简到504种，以经济学类取代了1987年目录中的经济、管理学类，在经济学大类下分设经济学和工商管理两个二级类别，下设31种专业。① 公共管理也逐渐进入我国学术界的研究视野，成为我国的一门新兴学科。1996年，国家自然科学基金委员会管理科学组升格为管理科学部。

（四）成为独立一级学科的管理学教育快速发展阶段（1998年至今）

20世纪90年代末，市场开始取代计划在资源配置中发挥基础性作用，企业需要面对越

---

① 曾冬梅著：“建国以来我国高校本科专业结构调整的历史演进”，载《高等教育的改革与发展》，广西教育出版社2004年版。

来越激烈的市场竞争。面对宏观环境的新变化，政府及其他非赢利组织机构也需要引入新的公共管理理念和模式。许多企事业单位及政府机构邀请国内外管理学专家提供咨询和培训服务，管理学教育的重要性得到普遍的认同。

1998 年，在国务院学位委员会的领导下，完成了本科专业目录的调整工作，旨在建立口径较宽、适应面较广的新型学科专业体系，修订后的本科专业减少到249 种。这次专业目录调整形成了一个新的独立的学科门类——管理学，在管理学下设置了 5 个类别、18 个专业，其中，管理科学与工程类下设管理科学、信息管理与信息系统、工业工程和工程管理等 4 个专业；工商管理类下设工商管理、市场营销、会计学、财务管理、人力资源管理、旅游管理等 6 个专业；公共管理专业作为国家重点扶持和发展的专业在滞后企业管理专业十余年后诞生，公共管理类下设行政管理、公共事业管理、劳动与社会保障、土地资源管理等 4 个专业。同时，研究生专业目录也进行了相应的调整。

管理学科是近几年发展最为迅速的学科之一。到 2000 年，共有 963 所普通高校开办管理类本、专科教育，其中，398 所院校开办管理类本科教育，908 所院校开办专科类管理学教育；管理类本科在校生达到 51 万人，专科在校生达到 31 万人，当年管理类本科和专科的招生人数分别为 17. 5 万人和 15. 5 万人。[①] 2007 年，在全国高校专任教师队伍中，从事管理学教育的教师占 6. 4%，管理学博导占博导总数的 5. 65%。各高等院校设置了一批紧密与市场经济接轨、体现全球化趋势的专业与课程。

管理学领域的专业学位教育发展迅速，1999 年，国务院学位委员会批准在我国设立 MPA 项目；2002 年，国务院学位委员会正式批准 30 家高校开办 EMBA 项目；2004 年，国务院学位委员会和教育部批准我国高等院校开设 MPAcc 项目，当年有 21 所院校获得 MPAcc 的办学资格。2000 年 4 月，首届中国 MBA 发展论坛在北京举行。这是由中国 MBA 学生自己牵头组织的、用中国 MBA 自己共同的品牌命名的全国性 MBA 学子交流平台，迄今已成功举办十届。

改革开放 30 多年来，管理学教育已成为我国高等教育的重要组成部分，为经济建设与社会发展做出了突出的贡献。

三、我国管理学教育的发展现状

（一）我国管理学教育的发展成就

随着我国经济的发展，我国的管理学教育也取得了长足的进步，并为国家的建设培养了大量的人才，我国管理学教育的发展成就主要体现在以下四个方面：

1. 管理学教育的地位日益提升

伴随着经济体制和政府机构改革，政府与国有企业之间的界面越来越清晰，国有企业的自主权越来越大，市场竞争意识越来越强，而政府机构的管理也面临着许多新问题，对企业及公共管理人才的需求非常强烈。随着所有制禁区的打破，各种非公有制企业从小到大，蓬

① 赵纯均、雷曜、杨斌著：《中国管理教育报告》，清华大学出版社 2003 年版，第 6—7 页。

勃发展，对管理人才也提出了强烈的需求。管理学教育的地位日益提升，具体体现为：

（1）管理学成为一个独立的学科门类。1998 年的专业目录调整使得管理学成为与经济学并列的独立学科门类。此前，我国管理学教育的各个专业，授予两种不同的学位：其一，综合性大学（文科）和财经院校中的企业管理、工商行政管理、商品学等管理专业，授予经济学学位；其二，理工科院校的管理信息系统、管理工程等管理专业，授予工学学位。这次专业目录调整将过去分散于各个学科门类中的管理类专业集中在一起（见表 13－1、表 13－2），按照学科设置专业，改变了过去过分强调“专业对口”的教育观念，有助于培养知识、能力、素质全面发展的管理人才。

表 13－1　　管理学本科专业目录调整情况

专业代码	专业类别及名称	原专业代码及名称
1101	管理科学与工程类	
110101 *	管理科学	071601 管理科学 082205 * 系统工程（部分）
110102	信息管理与信息系统	020206 经济信息管理 060202 信息学 071602 科技信息 082203 管理信息系统 090606 林业信息管理
110103	工业工程（可授管理学或工学学士）	080207 * 工业工程
110104	工程管理	082201 管理工程（部分） 082208W 涉外建筑工程营造与管理 082210W 国际工程管理 020208 房地产经营管理（部分）
1102	工商管理类	
110201	工商管理	020118 工商行政管理（部分） 020201 企业管理 020202 国际企业管理 020208 房地产经营管理（部分） 020214W 工商管理 020117 投资经济（部分） 082201 管理工程（部分） 082202 技术经济 082211W 邮政通信管理 090602 林业经济管理（部分）
110202	市场营销	020205 市场营销 020210 物流管理 020212 商品学
110203	会计学	020115 审计学 020203 会计学
110204	财务管理	020204 理财学 020213W 资产评估

续表

专业代码	专业类别及名称	原专业代码及名称
110205	人力资源管理	020111 劳动经济（部分） 020207 人力资源管理
110206	旅游管理	020209 旅游管理 082209W 宾馆管理
1103	公共管理类	
110301	行政管理（注：可授管理学或法学学士学位）	030303 行政管理学（部分）
110302	公共事业管理（注：可授管理学、教育学、文学或医学学士学位）	110304* 土地资源管理 （注：可授管理学或工学学士学位） 030401 警察管理 090604 渔业资源与渔政管理（部分） 020211 海关管理 040303 体育管理 020118 工商行政管理（部分） 040104 教育管理 100901 卫生事业管理 050442 文化艺术事业管理 020120W 环境经济与管理 030202 人口学（部分） 081405 土地规划与利用
110303*	劳动与社会保障	新增

注：* 表示需一般控制设置的专业，由教育部负责审批。

资料来源：教育部信息中心。

表 13－2　　　　管理学研究生专业目录调整情况

专业代码	专业类别及名称	原专业代码及名称
1201	管理科学与工程类	071103 科学学与科学管理 080904 系统工程（部分） 081101 管理科学 081102 管理工程（部分） 081103 管理信息系统 081104 建筑经济与管理 081192 工业工程 081199 管理科学与工程 081905 物资流通工程 082111 航空宇航系统工程（部分） 082206 兵器系统工程（部分） 082494 农业系统工程与管理工程（部分）
1202	工商管理类	
120201	会计学	020121 会计学（含审计学）

续表

专业代码	专业类别及名称	原专业代码及名称
120202	企业管理学（含财务管理、市场营销学、人力资源管理学）	020113 工业经济（部分） 020115 商业经济（部分） 020117 运输经济（部分） 020119 劳动经济学（部分） 020123 企业管理（部分） 0201S4 商品学 0201S3 信息经济（部分） 081102 管理工程（部分）
120203	旅游管理学	0201S1 旅游经济
120204	技术经济与管理学	020125 技术经济
1204	公共管理类	
120401	行政管理学	030206 行政学（部分）
120402	社会医学与卫生事业管理学（可授管理学、医学学位）	100309 社会医学与卫生事业管理
120403	教育经济与管理学（可授管理学、教育学学位）	040105 教育经济学 040106 教育管理学
120404	社会保障学	
120405	土地资源管理学	0901S3 农业资源经济与土地利用管理（部分）

资料来源：教育部信息中心。

（2）高校管理学专业规模不断扩大。我国高等管理学教育的办学机构包括普通高校和成人高校两种类别。仅就普通高校而言，到 2006 年，管理类本专科在校生规模已经达到 323.3 万人，占本专科在校生总规模（1738.8 万人）的 18.6%；管理类本专科招生数达到 107.4 万人，占本专科招生总数（546.1 万人）的 19.7%；管理类本专科毕业生达到 65.6 万人，占本专科毕业生总数（377.5 万人）的 17.4%[①]（见表 13－3）。到 2006 年，管理类研究生在校生规模已经达到 12.3 万人，毕业生 2.8 万人，招生数达到 4.5 万人[②]（见表 13－4）。

表 13－3　　2006 年全国普通高校管理学本、专科学生数

毕业生数			招生数			在校生数		
合计	本科	专科	合计	本科	专科	合计	本科	专科
656058	258856	397202	1073625	411464	662161	3233445	1464503	1768942

资料来源：教育部网站。

表 13－4　　2006 年全国普通高校管理学研究生学生数

毕业生数			招生数			在校生数		
合计	博士	硕士	合计	博士	硕士	合计	博士	硕士
27846	2572	25274	45113	4429	40684	122976	18557	104419

资料来源：教育部网站。

① 《2006 年全国教育事业发展统计公报》，教育部网站。
② 《2006 年全国教育事业发展统计公报》，教育部网站。

2. 管理学教育体系逐渐完善

除了传统的高等管理学教育（主要包括以研究型为基本导向的各种管理学位教育以及专科教育）之外，随着社会对应用型管理人才的需求不断增加，各组织机构开始重视学习型组织的建设，管理学教育体系日益完善：

（1）专业学位教育发展迅速。20世纪80年代，许多高校设立了管理学科的本科专业，但这种过分强调理论性的管理学教育与管理实践有较大的差距，这种局面催生了专业学位教育在我国的兴起。为了更有效地培养出适合企业管理实践需要的高级实务型人才，管理学的专业学位教育运用而生。

我国的MBA教育最早是从美国引进的。1980年，在邓小平同志的亲自倡导下，在大连理工大学建立了“中国工业科技管理大连培训中心”，将MBA教育模式引进中国。从1980年底的第一期厂长经理班开始，美国教学团即采用MBA的教学方法与内容开展教学活动。1985年，由美国福特基金和加拿大国际开发署资助的MBA项目在全国11所高校设立了教学点，采用外文教材，并由国外教授讲课，普遍采用案例教学、模拟试验、小组讨论等教学方法来激发学生的参与意识，培养实际操作能力，收到了较好的效果。1984—1988年，大连培训中心和美国纽约州立大学布法罗分校合作举办了MBA学位教育；1986年，首批38位中国学生获得布法罗的MBA学位。

1990年，9所院校获得国务院学位委员会的批准，成为首批可以授予中国自己MBA学位的院校。MBA教育招收的是具有3年以上管理工作经验的各专业大学毕业生（专科毕业需要5年以上工作经验）。1993年1月，我国第一批拥有中国本土MBA学位的毕业生共39人从中国人民大学走向新的工作岗位，CNN电视台将此报道为“中国企业开始走向市场运作的强烈信号”。

1994年，全国MBA教育指导委员会在北京成立。其工作接受国务院学位委员会和教育部的领导和监督，为国家MBA政策的制订提供咨询意见。全国MBA教育指导委员会的任务是：协助国家教育主管部门，制定有关MBA教育的发展规划，为教育主管部门提供建议和咨询；为MBA培养单位的教学活动提供指导和咨询；推动和协调各培养单位的师资培训工作；制定、修改MBA参考性培养方案、指导性课程教学大纲；评选、推荐优秀MBA教材；协调、促进案例库建设工作，负责全国案例中心的建设规划和指导工作；受国家教育主管部门的委托，制定、修改全国高等院校MBA学位评估标准、评估程序和办法；受国家教育主管部门的委托，参与全国高等院校MBA教育评估；推动有关MBA教育的调查和科学研究；推动MBA教育界与工商企业界的联系与协作；推动MBA教育方面的国际交流与协作；促进与MBA教育有关的工作。指导委员会下设秘书处，秘书处是指导委员会的日常工作机构。

1996年，教育部在广泛征求意见的基础上确立了MBA入学联考（GRK）制度，从1997年1月开始施行统一考试科目、统一考试大纲、统一命题、统一阅卷的MBA联考。MBA联考对于改善MBA教育的形象、保证MBA入学新生的质量、杜绝招生中的不正之风起到了很好的作用。从1997年开始，国务院学位委员会与国家经贸委联合特设管理类研究生入学考试，开通了针对大中型企业管理人员的“企业管理人员在职攻读MBA学位”的学习渠道，形成了脱产和在职学习相互补充的格局。至2008年，共有127所院校获得开办MBA教育的资格（见表13－5），招生人数从1991年的86人增加到2007年的14624人。

表 13－5　　2008 年中国 127 所 MBA 培养院校一览表

中国人民大学	北京大学	清华大学	中国科学院研究生院
对外经济贸易大学	中央财经大学	北京航空航天大学	北京理工大学
北京师范大学	北京交通大学	北京邮电大学	北京科技大学
华北电力大学（北京）	中国农业大学	北京工业大学	中国矿业大学（北京）
首都经济贸易大学	北京工商大学	南开大学	天津大学
天津工业大学	天津财经大学	河北工业大学	河北大学
华北电力大学（保定）	燕山大学	山西大学	山西财经大学
大连理工大学	东北财经大学	大连海事大学	辽宁大学
东北大学	沈阳工业大学	哈尔滨工业大学	黑龙江大学
哈尔滨理工大学	哈尔滨商业大学	哈尔滨工程大学	吉林大学
长春税务学院	内蒙古大学	内蒙古工业大学	西安建筑科技大学
西安交通大学	西北大学	西北工业大学	西安理工大学
西安电子科技大学	兰州大学	兰州商学院	宁夏大学
石河子大学	新疆财经学院	青海民族学院	山东大学
山东财政学院	山东经济学院	中国海洋大学	青岛大学
河南大学	河南科技大学	河南财经学院	郑州大学
上海交通大学	复旦大学	同济大学	上海大学
上海财经大学	华东师范大学	东华大学	上海海事大学
华东理工大学	上海理工大学	南京大学	河海大学
南京理工大学	东南大学	南京航空航天大学	扬州大学
中国矿业大学	江苏大学	苏州大学	浙江大学
宁波大学	浙江工业大学	浙江工商大学	江南大学
中国科学技术大学	合肥工业大学	安徽财经大学	安徽大学
南昌大学	华东交通大学	江西财经大学	武汉大学
华中科技大学	中国地质大学（武汉）	武汉理工大学	湖北大学
中南财经政法大学	湘潭大学	湖南大学	长沙理工大学
中南大学	中山大学	华南理工大学	暨南大学
广东外语外贸大学	广东工业大学	深圳大学	华侨大学
厦门大学	福州大学	海南大学	广西大学
四川大学	西南交通大学	电子科技大学	西南财经大学
重庆大学	西南民族大学	贵州大学	贵州财经学院
云南大学	云南财经大学	昆明理工大学	

资料来源：中国研究生招生信息网。

1999 年，国务院学位委员会批准在我国设立 MPA 项目。MPA 项目旨在为政府部门及非政府公共机构培养公共事务管理和公共政策研究与分析方面的高级应用型人才，为政府机关和非营利的非政府公共机构培养具有现代公共管理理论和公共政策素质、掌握先进分析方法及技术、精通一些具体政策领域的专业化管理者、领导者、政策分析人才以及中高级职员。

培养对象是政府机关或非政府公共机构有实践经验的在职人员。在培养过程中，注重实际能力与素质的培养，教学内容面向社会，尤其是公共领域中所面临的实际问题。

2002年，国务院学位委员会正式批准30家高校开办EMBA项目（见表13－6）。EMBA教育的目标是培养具有良好的商业道德，具有较强开拓创新能力和领导能力，掌握系统的现代管理知识和国际经济、技术发展的最新动态，具有国际经营战略头脑和总揽全局的决策能力，适应国际竞争需要的企业家和高级职业经理人，其招生对象为具有大学本科或本科以上学历（一般应有学士学位）、有8年或8年以上工作经历（其中应有4年或4年以上管理工作经历）的企业现职高层管理人员。

表13－6　　2002年30所EMBA培养院校

中国人民大学	清华大学	北京大学	北京理工大学
北方交通大学	同济大学	对外经济贸易大学	复旦大学
上海交通大学	上海财经大学	上海海运学院	南开大学
天津大学	武汉大学	华中科技大学	南京大学
西南财经大学	浙江大学	湖南大学	电子科技大学
暨南大学	中山大学	西安交通大学	中南财经政法大学
大连理工大学	重庆大学	哈尔滨工业大学	华南理工大学
东北财经大学	厦门大学		

资料来源：国务院学位办公室。

2004年，国务院学位委员会和教育部批准21所院校开设MPAcc项目。2007年，国务院学位委员会批准新增4所院校为MPAcc培养单位。MPAcc是国家基于培养面向会计职业的应用型、高层次、高素质会计专门人才的需要而设立的一种新型学位类型。与会计学学术型学位相比，更侧重实际能力的培养；突出会计职业实务工作的要求；注重学术性与职业性的紧密结合；强调系统掌握现代会计学、审计学、财务管理以及相关领域的知识和技能，对会计实务有充分的了解，具有很强的解决实际问题的能力。MPAcc已成为培养高层次应用型会计人才的重要途径。

（2）各种非学历教育得到了较大程度的发展。在企事业单位及政府机构管理过程中，出现了许多新的管理问题，这些问题很难在实践中寻找到答案，需要管理者深入地开展系统的管理培训。特别是对于非管理专业毕业、工程技术人员出身的管理者而言，这方面的需求更为迫切。对于这些管理者而言，他们更多的是希望进行知识的充电和更新，而不太在乎学位，因此，各种形式的非学历教育就应运而生。这种非学历教育的主体既包括各管理学院开设的培训中心，也包括其他经济主体所开办的各种培训机构。这种非学历教育的研修班更多关注的是管理中的现实问题，不少研修班往往根据各组织的实际需求设计相关的课程，具有较强的针对性。一些企业还开始学习国外的模式，建立公司大学，旨在加强内部员工的培训。如2002年，海尔大学就接受各种培训者4000多人次。

3. 教学方法开始呈现多样化的格局

管理学教育传统的教学方法基本上是课堂讲授的方式，以教师单方面对管理知识的灌输为主。经过改革开放以后30余年的发展，教学方法已经开始呈现出多样性的格局。教学中“一言堂”的格局开始被打破，课堂讨论在教学中所占的比重逐渐增加，教师鼓励同学采取多视角的思维方式。实地调研、企事业单位及政府机构实习等成为在校学生了解管理实践的重要途径。随着技术的发展，多媒体教学在管理学教育中得到了较大程度的应用。

特别值得一提的是，无论是在学位教育还是非学位教育中，案例教学都得到了较为广泛的运用。管理学教育中所使用的案例，是指运用语言和各种视听手段描述的特定管理情景，以便学生能够站在当事人的角度，对相关管理问题进行分析和讨论，并提出相应的解决方案。通过对具体案例的分析和抉择，来提高学生分析问题和解决问题的能力。

案例教学在我国管理学教育中的采用，始于 1980 年。当年夏天，美国教师团与中国教师对我国 4 个城市的多家企业进行调研，编写了 80 多个案例，在大连培训中心首期厂长、经理研修班上试用，这是案例教学在我国管理学教育中最早的运用。20 世纪 90 年代以来，随着我国对管理学教育，特别是 MBA 教育的重视，以及以哈佛商学院为代表的欧美大学对中国管理学教育市场的开发，案例教学开始受到人们的关注。2005 年 8 月，首期 PCMPCL（Program on Case Method and Participant - Centered Learning）在哈佛商学院举行。PCMPCL 是哈佛商学院针对中国的大陆、香港和台湾以及新加坡等地商学院举办的高级师资培训项目，旨在推广哈佛商学院的案例教学方法，中国大陆共 10 余著名高校的 40 多位管理学教师参加了这一培训项目。这一培训项目对于推进我国的案例教学有较大的影响。案例教学改变了以教师为中心的教学方法，以学生为中心围绕案例展开讨论，有助于培养学生的创新能力，使学生能够有效地扮演各种管理角色，提高决策能力，同时，通过这种双向的交流，也能够有效地实现教学相长的目的，特别是 MBA、EMBA、MPA、MPAcc 和 EDP 的学员，由于他们具有丰富的管理经历，不少人已经是某个行业或某个职能领域的专家，能够为教师带来大量的实践经验和鲜活的素材。

教学方法的多样性还体现在模拟教学、现场观摩和小组教学等方面。模拟教学通过学员在模拟情景中的角色扮演来培训他们的管理技能。在管理教学中，还经常采用现场观摩的教学方法，让学生亲身到企事业单位、政府机关的工作现场去感受工作环境，了解工作情况，接触实际管理人员，学习他们的待人处事方式和处理问题的方法。小组教学方式是比较常用的教学方式，有助于培养有关工作技能，培养未来管理者相互交流、共同研讨问题的能力和互助协作的团队精神。

4. 高校管理学教育与企事业单位和政府部门管理实践结合越来越紧密

一方面，主要定位于培养学生实际操作技能的专业学位教育和各种非学历教育的发展，要求从事管理学教育的师资必须深入了解企事业单位和政府部门运作的实践；另一方面，随着环境的不确定性越来越强，各种组织所面临的压力越来越大，要求管理学院的教师参与指导他们的管理活动，使其管理体系的建设从自发阶段逐渐过渡到自觉阶段。管理学院开始重视管理学教育与实践的紧密结合。这种结合主要体现在以下两个方面：

（1）实施“走出去”的策略。高校管理师资开始重视企事业单位和政府部门调研活动。以企业调研为例，一些教师经常性地深入企业开展实地调查、走访活动，并经常性地参加各种企业界的论坛、交流活动，以便掌握第一手的教学素材。一些教师也将研究的重点转向现实中的企业管理问题，针对企业管理中的热点、难点问题展开深入的案例研究与实证研究。随着实践经验的积累，一些教师开始充分发挥自己的专业特长，为企业从事各种管理咨询活动，帮助企业解决现实中面临的管理难题。一些教师还长期担任企业的高级咨询顾问或上市公司的独立董事。

（2）实施“引进来”的策略。为了提高办学质量，许多管理学院开始邀请企业界人士及政府官员走进校园，为各个层次的学生举办演讲，一些管理学院已经建立了较为规范的MBA、MPA第二课堂，经常性地邀请企业家、职业经理人或政府官员为MBA、MPA学生开办各种形式的讲座。

（二）当前我国管理学教育存在的主要问题

1. 管理学教育体系过分依赖学位教育

长期以来，我国的管理学教育局限在对青年人的学位教育上。而学位教育主要是面向未来的教育。而目前在企事业单位及政府机构中从事管理岗位的人员，特别是中高层管理者，有些是在文化断层期成长起来的，有些即便受过正规的大学教育，但却是理工科出身，或者学的是非管理学专业，受过正规的管理学教育的人数比例极低。即便受过专门的管理学教育，随着知识经济时代的到来，知识更新的速度越来越快，为了面对未来更加激烈的竞争环境，终身教育变得越来越重要。管理学教育应强化终身教育的内容。

2. 办学主体良莠不齐及同质化的现象并存

一方面，由于管理学各学科属于热门的专业，在经济利益的驱使下，各高校管理学院纷纷扩大招生规模。甚至许多不具备办学条件的高校也纷纷开办管理学专业。在各高校中，既有硬件建设到位、师资力量雄厚的管理学院，也有硬件建设滞后、教学实力单薄的管理院系。同样，各种社会办学机构也呈现出鱼龙混杂的现象。

另一方面，在课程设置上，各高校之间又存在着同质化较为严重的现象，不同的高校特点不够鲜明，客观上造成毕业生就业困难。在教材的选择上，许多院校采用的都是外版教材，即使是自己组织编写的教材，在内容上也大同小异。课程设置及教材选择的雷同现象在MBA、MPA教育中尤为明显。

3. 管理学教育师资队伍存在瓶颈

无论从数量上而言，还是从质量上而言，目前，高校管理学教育的师资队伍均暴露出较大的问题：

（1）高校管理学教育中生师比过大。在招生规模不断扩大的条件下，各高校管理学院师资队伍的规模并没有同比例增长，导致生师比非常高，不少学校超过30∶1,[①] 使得教师工作负荷量过大，特别是课堂教学及论文指导的任务极其繁重。教学工作量过大，也影响教师从事科研和实践的时间，不利于教师提高自己的修养，难以确保办学质量。

（2）部分师资的教学质量堪忧。我国高校中从事管理学教育的师资，不少人的成长轨迹是从本科到硕士再到博士的教育，缺乏实践工作经验。一方面是繁重的教学任务，另一方面缺乏相关经费的支持，不少人没有时间也没有能力去开展实践活动。在这种情况下，很容易形成恶性循环。对于工商管理类教师而言，越是不了解企业实际的运行情况，越没有机会承担企业委托的项目，导致其教学离实践越来越远。因此，在教学过程中，就很容易出现照本宣科的现象，讲解问题不深入，特别是在组织案例讨论和开展案例点评的时候，容易浮于表面，难以深入下去，激不起学生学习的兴趣。而公共管理学要求教师不仅具有专门的公共管理理论知识，而且要有多学科背景，并且了解政府实际运作情况及公共事业管理发展的实践。目前，

---

① 教育部在本科质量评估时要求生师比不能高于18∶1。

中国有很多从事公共管理教学的师资虽然具有相应的理论知识，但确实缺乏对政府管理实际的了解，使得教学与实践脱节，操作性不强，本土化不足，难以实现公共管理教育的培养目标。

4. 不同层次的管理学教育未拉开差距

对于不同层次的教育对象，管理学教育并未拉开差距，没有有效地根据不同的学生提供不同的教育内容，采用不同的教学方式。特别是在本科与普通硕士、普通硕士与专业硕士教育之间，没有根据不同层次学生不同的特点提供定制化的教学方案和课件。之所以出现这种现象，除了师资队伍的素质还有待提高的原因之外，还与各管理学院的考核与激励体系不到位以及教师的责任心较为缺乏直接相关。

值得重视的是，在近几年的 MBA、MPA 等专业学位教育中，出现了一种低龄化的趋势，与专业学位教育侧重培养高层次、实务型管理人才的初衷有一定程度的背离。目前，MBA、MPA 等入学联考基本还是选拔性考试，只有上线考生才有资格进入复试环节，使得许多具有丰富的管理经验和培养潜质的考生被拒之门外，而那些刚刚离开校园的年轻考生在联考上的优势却显现出来，导致 MBA、MPA 等专业硕士的生源越来越低龄化，甚至出现了许多几乎没有工作经验、但长期致力于准备 MBA、MPA 等入学联考的考试一族，生源质量让人担忧。

5. 管理学教育的本土化程度不够

按照权变管理理论的观点，组织环境与管理观念和技术之间是一种自变量与因变量的关系，环境是自变量，管理观念和技术则是因变量。如果组织的内外部环境发生了变化，管理观念和技术就应该做出相应的调整。这就意味着，在不同的国家和地区，企业管理或行政管理有其自身的特点，绝不能千篇一律。但在我国管理学教育的实施过程中，却明显暴露出本土化程度不够的问题：

（1）在管理理论与方法的教育中，全盘西化的现象较为严重。中华民族数千年的文明孕育了许多独特的管理思想，这些管理思想体现在国家社会治理、战争竞争策略、生产经营管理等诸多领域，无论是在管理理论还是在管理实践方面都积累了许多优秀的经验，《论语》、《道德经》、《孙子兵法》、《韩非子》、《史记》、《资治通鉴》等论著中都有很多关于管理的精辟论述。但遗憾的是，目前的管理学教育主要是从西方引进的理论框架，缺乏对中国传统管理思想的系统梳理，缺乏对中国传统文化对现代企业管理或行政管理影响的系统研究。而这种全盘引进式的管理学教育，面对文化传统积淀很深的中国国情表现出很大的不适应性，很容易导致水土不服。

（2）本土案例较为缺乏。由于在我国的管理学教育中，采用案例教学的时间并不长，各高校案例研究经费缺乏，案例编写未纳入管理学教师的科研考核体系，企事业单位或政府机构配合案例采写的积极性不高①，导致本土管理的经典案例很少。即便有些教师采写了相关的案例，但由于各管理学院案例库建设滞后，案例的共享程度不高，导致知识的溢出效应不明显。

在目前的管理教学过程中，所采用的案例大多是“舶来品”，但由于中国与发达国家社会文化背景及经济政治制度大相径庭，国外案例很难引导学生进入相应的情景，结果难以引发有效的讨论，即使讨论起来也不够深入，妨碍案例讨论的效果。中国的管理学教育既需要

---

① 企事业单位或政府机构往往将案例采写看成是一种软宣传，但纯粹宣传性的案例本身没有太大的研究价值，企事业单位或政府机构出于各种考虑往往不愿意透露出管理中的各种矛盾与问题。

一定数量具有前瞻性的国外案例，又需要大量的学生熟悉其背景的本土案例。

6. 管理学教育理论与实践相脱节的现象依然较为严重

管理学教育理论与实践的脱节不仅表现在师资队伍上，还表现为教育对象上。一些高校管理学院的实习环节把关不严，缺乏有效的组织，学生只要交纳一个实习证明和一份实习报告就可以过关，实习效果大打折扣。此外，就业指导也成为各管理学院一个瓶颈，不少院校至今没有建立就业指导中心，没有开设职业生涯规划等课程，导致学生入学以后学习较为盲目，在就业环节也缺乏必要的帮助。

7. 多元化教学方法的灵活运用还有很大的差距

尽管管理学教育的教学方法已经开始呈现出多元化的格局，但还存在着较多的问题。不少教师依然习惯照本宣科，习惯灌输式的教学方法，单一地运用传统的课堂讲授法，强调对理论的理解和记忆，而忽视对理论的运用与创新。在一些学校，多媒体手段的作用并没有真正发挥出来，走向两个极端，有的沦落为教学评估的装饰物，并没有得到有效的运用，有的则沦落为新的“教条”，教师从念课本变成念 PowerPoint。特别是案例教学的效果没有在教学中有效地发挥出来。有调查显示，只有 20% 的学生对案例教学的效果表示满意，说明案例教学还有非常大的改进空间。而案例教学效果欠佳的主要原因分别为案例质量不过关、教师点评不理想、学生准备不充分及课堂案例讨论组织不到位等。

8. 基础设施建设相对滞后

由于片面强调管理中的定性研究，更加重视管理中经验与艺术的成分，再加上不少高校将管理学院作为学校主要的创收主体之一，对管理学教育投入的经费不足，致使管理学院未能建立起管理学科实验室，无法有效地开展计算机模拟，不利于提高管理决策的科学化水平。

四、我国管理学教育的发展对策

针对我国管理学教育中所存在的问题，借鉴发达国家在管理学教育中的先进经验，为了确保我国管理学教育能够得到持续、健康的发展，需要各方面的共同努力。

（一）政府层面的发展对策

1. 鼓励多种办学主体参与管理学教育

政府教育主管部门应通过制订各种政策，利用各种舆论工具，鼓励多种办学主体参与管理学教育。除了各个高校及研究机构的研究生院开办正规的学位教育之外，还应该鼓励企事业单位或政府机构与高校合作办学、自主开展管理学教育、各种社会办学机构开展管理学教育、与国外院校合作办学等。特别是企事业单位或政府机构与高校合作办学，既有助于解决高校办学经费不足、理论与实践脱节的问题，又有助于满足企事业单位员工或公务员在职学习的需要。

2. 加强对各种办学主体的监管

在鼓励多种办学主体参与管理学教育的同时，政府教育主管部门应加强对各种办学主体的监管，以确保管理学教育的质量。特别是对于各种学位教育项目，应加强监督、检查的力度，对于教学质量不到位的院校，应限制其招生规模，乃至取消其招生资格。

3. 改革 MBA、MPA 等入学考试制度

为了确保 MBA、MPA 等专业学位教育所招收的生源真正具有培养潜力，应在减少联考理论科目的基础上，进一步深化入学考试制度的改革，加强面试环节的考核力度，增加面试淘汰的比例，以便将那些“高分低能”的“考试一族”淘汰出局，从源头上确保 MBA、MPA 等专业学位教育的质量。

（二）高校层面的发展对策

从各高校的角度而言，应给予管理学院更大的支持力度，从资金和政策上为管理学教育创造一个更有利的环境。

1. 加大对管理学教育的投入

各个高校应该改变将管理学院仅仅作为创收主体的做法，增加各种学费收入中管理学院留成的比例，使管理学院掌握足够的办学经费，改善教学的软硬件环境。特别是应改变对管理学科实验室的看法，加大对实验室的建设力度，依托强大的计算机软硬件，让学生在虚拟空间中灵活地掌握和应用管理学科的专业知识和技能，熟练运用各种计算机管理软件，提高实际操作能力。

2. 确定合理的科研和人事政策

由于管理学教育具有很强的实践性要求，案例教学在管理学教育中占有重要的作用。为了鼓励教师参与实践和案例编写，各高校应该针对管理学院的特点，改变“一刀切”的科研考核办法，赋予具有原创地位的水平较高的案例与学术论文具有同样的地位，将案例编写视为重要的科研成果，作为职称评定、科研考核重要的指标。当然，为了避免案例编写中的质量参差不齐，各高校可以建立一套规范的案例评审制度，严格规定：只有通过相关的评审，入选案例库的案例，才能作为职称评定、科研考核的依据。同时，学校应该在教师编制上给予管理学院一定的倾斜，以解决生师比过高、教师工作负荷过大的现实问题。

（三）学院层面的发展对策

从管理学院的角度而言，应从如下几个方面努力，确保管理学教育水平提升到一个新的台阶上：

1. 不断强化自己的办学特色

各个管理学院应结合自己的特点，在分析学院整体办学优势、师资队伍构成、办学历史、校友资源分布等因素的基础上，不断凝炼自己的学科方向，合理确定自己的学科定位，在少数几个学科方向上建立起较强的学科优势，形成自己独具风格的办学特色，特别是应在设立具有特色的培养方向、开发具有特色的课程、编写具有特色的教材等方面下工夫。

管理学院办学的根本立足点在于：强化需求导向，提高培养质量，为企事业单位或政府机构提供定制化人才。以 MPA 教育为例，要加强与政府各部门的合作，充分利用政府的资源优势，在对政府各部门的实际需求进行充分调研的基础上，提出针对性强的培养计划，使人才培养更加紧密地贴近政府管理的现实需要。

2. 进一步明晰不同层次管理学教育的定位和发展重点

由于不同层次管理学教育的对象具有不同的特点，因此，应确定不同的定位，选择不同的发展重点（见图 13－3、表 13－7）。

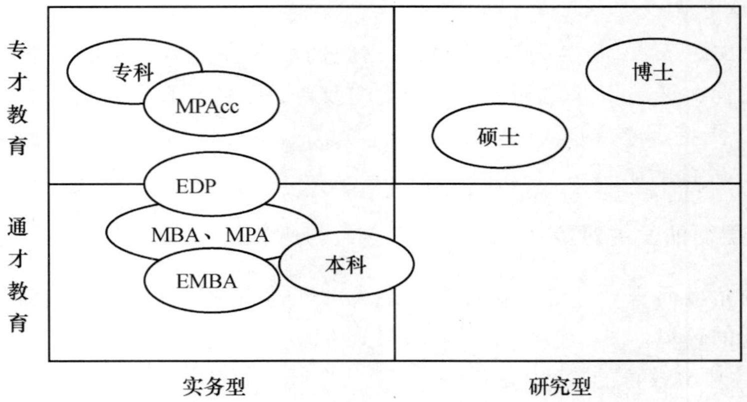

图 13－3　不同管理学教育的定位

资料来源：改编自王洪涛、韩巍、席酉民："管理教育机制与 MBA 教育模式变革"，《电子科技大学学报》（社科版），2002 年第 3 期。

表 13－7　　不同层次管理学教育项目的重点

不同层次项目	学生特点	教育重点
本科	大多处于 18—22 岁 缺乏社会经验、工作经历	偏重管理知识的系统传授 强调通才教育
研究型硕士	大多处于 22—26 岁 已掌握较为系统的知识 缺乏工作经验或工作经历较短	偏重理论教育 注重研究能力的培养 强调专才教育
MBA	大多处于 25—30 岁 至少具有 3 年工作经验	偏重实际操作能力的培养 特别重视案例教学 强调通才教育
EMBA	大多处于 35—45 岁 大多具有 10 年以上工作经验 大多具有中高层管理职位	偏重实际管理能力的提升 注重决策能力的培养 特别重视案例教学 强调通才教育
MPA	大多处于 25—30 岁 至少具有 3 年工作经验	偏重实际操作能力的培养 特别重视案例教学 强调通才教育
MPAcc	大多处于 25—30 岁 需要一定的工作经验	偏重实际操作能力的培养 特别重视案例教学 强调专才教育
博士	年龄差距较大 已掌握系统的知识 部分学生缺乏工作经验，部分学生具有丰富的工作经验	偏重理论教育 注重培养具有独立研究能力的高级人才 特别强调专才教育
专科	大多处于 18—22 岁 缺乏社会经验、工作经历	注重某种具体管理操作技能的培养 强调专才教育
EDP	大多处于 30—45 岁 大多具有 5 年以上工作经验 大多具有中高层管理职位	注重培训的针对性 强调理论联系实际 特别重视案例教学

资料来源：作者自己整理。

本科教育应定位于通才教育，针对学生社会经验和工作经历缺乏的特点，帮助他们掌握系统、完整的管理知识体系，教学工作主要围绕教材展开，注重学生基本素质和基本技能的培养，以便为将来进一步深造打下基础，或者为将来步入管理岗位提供一个基础平台。

研究型硕士教育应定位于专才教育，侧重培养学生的研究能力，要求学生大量阅读相关文献，能够对管理中的各种问题进行系统的分析，提出自己的见解。

MBA、EMBA、MPA 教育应定位于通才教育，MPAcc 教育定位于专才教育。各种专业硕士学位教育强调理论与实践的紧密结合，注重对学生实际管理技能的提升。应该认识到对于这些教育应采用“需求导向”，而不是“制造导向”。借鉴欧美的教育理念，管理学院应注重与企事业单位或政府机构共同开发学生的管理才能，而并不是盲目地向学生灌输管理知识。由于需要让学生掌握在复杂环境下的应变能力，案例教学在专业硕士学位教育中占有极其重要的地位。对于 MBA、MPA 学生而言，在教学时间安排上应具有更多的灵活性，除了开设全日制脱产班（即 F 班，正常工作日白天上课）之外，还可以开设在职学习班（即 P 班，正常工作日晚上及周末上课）、集中授课班（即每门课程集中在几天时间内完成），以适应不同学生的不同需求。对于 EMBA 学生，采取在职学习、集中授课的方式，以满足作为企业中高层管理者的 EMBA 学生难以长时间离开工作岗位的实际需要。对于 MPAcc 学生，主要采取在职学习的方式，利用正常工作日晚上及周末上课。

博士教育应定位于专才教育，以重点培养在高校、科研机构从事管理专业的教师和科研人员为目标，强调对学生独立科研能力的培养，要求学生大量阅读相关专业领域内的文献，引导学生针对管理中的热点、难点问题展开系统、深入、细致的研究。在博士教育中，学生应积极参与到导师的研究课题中。

专科教育应定位于专才教育，侧重管理技能的系统传授，教学工作紧密围绕教材展开，旨在培养在某一具体的管理领域内具有较强的实际操作能力的基层管理者。

EDP 教育应重点针对各种不同组织的管理中面临的重大问题展开系统的培训，强调课程对实践的指导作用，案例教学在 EDP 教育中具有极其重要的地位。EDP 教育的时间安排应根据不同组织的需要灵活确定。

在管理学院中，由于同一教师可能同时为不同层次的学生授课，因此，应根据不同层次的管理学教育制订不同的教学计划，在教学内容、深度、重点、教学方式上拉开差距。对于 MBA、EMBA、MPA、MPAcc、EDP 等教育项目，要特别注意选拔实践经验较为丰富的教师参加教学工作。

3. 强化师资队伍的选择与培养

在选拔高校毕业生留校任教时，不仅要注重其理论修养，而且应关注其实践经验。特别是对于 MBA、EMBA、MPA、MPAcc 等专业学位教育，参加学习的学员，无论是企事业单位的管理人员，还是政府的官员，都可谓是“精英中的精英”。他们也许会在“管理知识”上比较欠缺，可他们有着丰富的人生阅历，敏锐的直觉和较高的悟性，做他们的老师仅仅靠渊博的知识是不够的，教师们还应该有丰富的实践经验和足够的智慧。

同时，应从企事业单位中高层管理者及政府官员中选聘经验丰富、适合教学工作的人员为客座教授或兼职教师，讲授各种操作性较强的课程。管理学院应制订政策，鼓励教师多深入企事业单位或政府机构开展考察、咨询活动，担任企事业单位或政府机构的管理顾问。

4. 实现教学方法的创新

管理学教育不仅仅应传授学生知识，而且应注重对学生独立思考能力的培养，为此，应改变单一的课堂讲授方式，不断创新教学方法。这种教学方法的创新可以依据三条主线展开（见表 13－8）：第一，基于管理实践的教学方法创新。管理学教育的开放性和实践性要求管理学院与企事业单位或政府机构之间加强互动，一方面是教师和学生走进企事业单位或政府机构，教师经常参与实地调研和管理咨询，学生积极深企事业单位或政府机构开展实习活动；另一方面是让具有丰富实践经验的企事业单位或政府机构管理者走进校园，为同学们开展各种形式的讲座。各个管理学院应大力增加案例教学在整个管理学教育中的比重，特别是在 MBA、EMBA、MPA、MPAcc、EDP 中更应该注重案例教学。同时，管理学院应建立就业指导中心，加强对学生的就业指导工作，帮助学生更好地确定自己的定位，为未来的职业发展提前做好准备。第二，基于社会心理学及多学科的教学方法创新，积极采用团队学习、拓展训练、管理游戏等教学方法，培养同学们的协作精神和团队意识。第三，基于 IT 技术的教学方法创新。信息技术的发展以及由此带来的网络社会的出现，给我国管理学教育的现代化发展提供了前所未有的优越条件，管理学教育中应更多地采用多媒体、远程教学等现代化手段。在大量采用多媒体教学手段的同时，努力提高多媒体教学的技巧。同时，发挥计算机模拟在管理学教育中的作用。

表 13－8　管理学教育的教学方法创新

基于管理实践的教学方法创新	案例教学、实地调研、管理咨询、企事业单位或政府机构实习、就业指导、企业家或政府官员讲座
基于社会心理学及多学科的教学方法创新	团队学习、拓展训练、管理游戏
基于 IT 技术的教学方法创新	多媒体教学、计算机模拟、远程教学

资料来源：陈玉荣："工商管理专业课程教学方法改革的实践与反思"，《改革与战略》，2004 年第 11 期。

推广案例教学，由以教师为中心的教学方式向以学生为中心的教学方式发展，不仅要求教师掌握较多的管理理论知识，而且要求教师具有丰富的实践经历，熟悉相关的行业背景和管理实践，同时，要求教师具有较强的课堂组织能力。这一方面要求教师自身积极参与各种调研、咨询等活动，另一方面，要求学院积极创造条件让教师有机会"走出去"参加各种形式的教学方法培训，并积极在校内组织针对性强的师资培训活动，并形成经验丰富的教师对其他教师的"知识溢出"机制。在案例教学中，要让学生明白：管理问题没有标准答案。同时，教师不仅要有提问的准备，还要有回答问题的准备；学生不仅要认真从教师身上学习知识和技能，还要善于从其他同学身上学习知识和技能，并能够通过自学和讨论实现自我"顿悟"。

5. 课程体系的设置

管理学科具有很强的动态性，管理学教育应随着环境的变化而不断作出调整。为了反映管理实践的客观变化，各个高校课程体系设计应做到宽基础、活模块。以 MBA、EMBA 教育为例，"宽基础"强调学生掌握基础知识和基本方法，以宽广的基础课程作为平台，包括各种人文课程；外语、数学、计算机等工具性课程；经济学、管理学基础课程；管理专业基础课程（包括企业战略管理、市场营销、财务管理、组织行为学、人力资源管理、财务管理、生产运营、管理信息系统等），使学生掌握较为厚实的基础和强劲的发展后劲；"活模块"强调根据学生的专业方向和学习兴趣设计模块化课程，课程内容注重向纵深发展，以便让不同的学生学有所长，便于未来择业或确定论文选题方向。这种“宽基础”、“活模块”的设计特别适合MBA、EMBA教育，“宽基础”体现在MBA和EMBA的各门核心课程上，确保有效开展管理工作的基本素质要求，以便构建管理的基础框架体系；“活模块”强调针对不同的管理岗位开设相应的具体课程模块，以加速知识直接转化为工作能力的速度。

6. 加强学院基础设施建设

管理学院的教学设施应该以需求为主导，根据管理学科课程设置的需要配置软硬件环境和管理系统，构建了实验教学的信息化平台，主要有：与管理学科实验教学课程体系紧密相关的系列软件群，包括通用软件、工具软件、专业软件、综合模拟软件四个层面的软件和各类资源数据库。以该系列软件群为依托，建设相应的实验室。根据实验教学软件平台运行对硬件环境的要求构建实验教学局域网络、购置和配备相应的硬件设备，主要包括：服务器群、不间断电源、学生工作端和实验室门禁装置等。

7. 加强案例库的建设

本土案例的编写有助于学生了解案例的背景，能够提高案例教学的效果。以企业管理案例的编写为例，通常一个典型案例的编写包括原始设计、确定并联系企业、拟定调研提纲、企业初访、拟定编写提纲、企业再访、初稿撰写、案例修改、编写教师手册、征得企业的授权等过程，是一个复杂的系统工程。本土案例的编写和案例库的建设有赖于管理学院与教师的共同努力。从学院的角度而言，一方面，需要投入一定的经费，资助教师编写案例；另一方面，需要建立相应的案例库，在学院内部教师之间实现案例资源的共享，方便案例教学过程中同学们的阅读和下载，同时，在案例使用方面，与其他院校建立相应的合作关系，确立基于协议的有偿使用机制。从教师的角度而言，一方面，需要提高案例编写的技能，能够编写出规范、有代表性的案例；另一方面，需要深入开展企业实践活动，与企业建立紧密的战略合作关系，以便在案例编写过程中得到更多企业的帮助，在案例编写完成之后能够得到相关企业的授权。

8. 强化科研对教学的支持

科研是管理学院发展的根本和基石，没有坚实的科研就不可能有良好的教学。各个管理学院应通过确立合理的激励机制鼓励出更多的学术精品。在科研过程中，应强化团队协作精神，坚持稳定而连续的研究路径，进行合理的研究定位，选择自身具有研究优势且又是企事业部门、政府机构、学术界关注的热点、难点问题进行深入研究，并在较长的时期内在该研究领域内坚持下去，形成自己的研究特色，推出有份量、有社会影响力的研究成果。在研究的过程中，一方面要注重与国际接轨，关注国际前沿的管理问题，积极运用规范的实证研究方法与案例研究方法展开研究，争取在更多的国外学术期刊、国际学术会议展现自己的研究成果；另一方面，应该结合中国特殊的国情，充分挖掘、整理传统文化中所蕴涵的丰富的管理思想，解决本土管理中所面临的迫切问题，提出具有中国特色的管理理论、思想与方法。

第十四章 当前管理学热点问题研究专题

一、企业公民与企业社会责任

（一）企业公民与企业社会责任研究在中国的兴起

企业的社会责任是社会在经济发展的特定阶段，根据当时社会的道德准则，对企业的期望和要求。我国经济自改革开放以来发生了翻天覆地的变化，在经济日益全球化的今天，社会的利益格局发生了根本性的改变。在这个不断改变的进程中，人们逐渐认识到企业是全球社会利益的源泉，是一个有巨大潜力的伙伴。进入21世纪，人们对企业的期望，已经不仅仅是赚取利润、解决就业和缴纳税收的功能，人们更希望企业能有效地承担起推动社会进步、保护环境和生态、维护市场秩序、扶助社会弱势群体、参与社区发展、保障员工权益等一系列的责任和义务。① 在此环境下，企业在社会中要扮演一个怎样的角色，成为企业自身和学术界重点研究的课题，由此关于企业社会责任和企业公民话题被越来越多的人所提及，成为企业家和学者所讨论的热点话题。

（二）西方学者对企业公民与企业社会责任的研究

对企业社会责任和企业公民较为全面的研究源于西方，也是首先被西方所大力倡导的。但各个时期学者和大众对社会责任内涵的理解有着不同的特点。

最早企业社会责任概念的提出可以追溯到17世纪早期的主流经济学家亚当·斯密。他在《国富论》中曾提及，企业的社会责任就是向社会提供产品和劳务，并在这个过程中使企业利润最大化，即企业的社会责任就是在其追逐利润最大化的驱动下自发生成的。这种传统规范的经济责任模式一直统治着理论界。然而，在经历了19世纪30年代经济大危机之后，斯密的观点开始受到人们广泛的质疑，并引起了一场关于企业责任和企业治理问题的激烈争论。因为企业的盲目生产导致了产销的脱节、劳资的冲突、大量的失业、环境的破坏以及由此引起的一系列社会问题，人们逐渐意识到企业在实现利润最大化的过程中，并不能保

---

① 霍季春："从'企业社会责任'到'企业公民'"，《理论与现代化》，2007年第1期。

证社会效益的同步发展。[①]

而据相关文献，社会责任观点的首次提出应该来源于1899年由美国钢铁集团公司的创始人安德鲁·卡内基在《财富福音》一书中所提出的“公司社会责任”。该观点以两个原则为基础：一是慈善原则；二是管家原则。慈善原则要求比较幸运的社会成员帮助那些不幸运的社会成员，如失业者、残疾人和老年人。管家原则源于《圣经》，要求企业和富人把自己看成是财产的管家或照管者，即企业为社会其他人“托管”财物，并可以把钱用在社会认为合法的任何用途上，通过把自己负责看管的资源谨慎投资，使自身的财产增加，从而使社会财富翻倍。但在当时，以企业利润最大化为主要目标的社会主流并没有对这个观点加以重视。

1924年谢尔顿（Oliver Sheldon）提出了企业社会责任的哲学探讨。他认为，针对社区服务的企业经营战略有利于增进社区利益，社区利益作为一项衡量尺度，远远高于公司的赢利。而处于同一时期的Comons认为，利润分配使得企业各利润集团之间难免对立，需要创立缓和冲突的管理机制以协调各集团之间的利益分配，这就需要企业通过履行社会责任来缓和矛盾。

1953年，美国学者霍华德·R. 鲍恩（Howard R. Bowen）出版了《企业家的社会责任》一书，宣告了现代企业社会责任观念的开始，并由此开始了一场关于企业社会责任的大辩论。他在书中论证说，如果企业在决策中认清了更广泛的社会目标，那么，其商业行为就会为广大社会带来更多的社会和经济效益。为此，他对企业社会责任的概念作了个归纳：企业社会责任是指企业按照我们社会的目标和价值观的要求，向有关政府靠拢，作出相应的决策，采取理想的具体行动的义务。[②]

1961年，艾尔斯和沃尔顿（Eels & Walton）对社会责任的解释进一步丰富了这一概念的内涵。他们认为，当人们谈及公司的社会责任时，他们所考虑的是企业所造成的社会问题，以及应该如何确立适当的伦理原则来约束公司和社会的关系。[③]

1963年，约瑟夫·W. 麦奎尔（Joseph W. McGuire）提出从企业经济和法律义务的情境中看待企业的社会责任问题，即社会责任的观念意味着，企业不仅具有经济和法律的义务，而且还具有某些超出这些义务之外的社会责任。

1975年，戴维斯和布罗姆斯卓姆（Davis & Blomstrom）的论断为企业社会责任下了一个更为明确的定义：企业社会责任就是指企业的决策者们在追求企业自身利益的同时所具有的采取措施保护和增进社会整体福利的义务。保护社会福利意味着企业首先应该避免伤害社会，给社会造成不良影响；改善社会福利意味着企业应该积极主动地为提高整个社会福利水平作出贡献。

20世纪80年代中期，埃德温·M. 埃普斯坦（Edwin M. Epstein）把企业社会责任与企业管理对利益相关者和伦理规范日益增多的关注联系起来，认为企业社会责任主要与组织对

---

① 朱春蕾：“企业外部性理论探讨——试论企业社会责任制度的建立”，复旦大学世界经济研究所硕士学位论文，2004年。

② 乔治·斯蒂娜、约翰·斯蒂娜著，张志强、王春香译：《企业、政府与社会》，华夏出版社2002年版，第132页。

③ Patricia H. Werhane and R. Edward Freeman, *The Blackwell Encyclopedic Dictionary of Business Ethics*, Malden, Mass. USA: Blackwell Business, 1998, p594.

特别问题的决策（有一定规范性的）结果有关，决策要达成的结果应对利益相关者是有益而不是有害的。企业社会责任主要关注企业行为结果的规范性、正确性。[①]

在前人观点基础之上，社会责任专家、美国佐治亚大学管理学教授阿奇·B. 卡罗尔对企业的社会责任作了一个较为清晰的阐述：企业社会责任乃社会寄希望于企业履行之义务；社会不仅要求企业实现其经济上的使命，而且期望其能够遵法度、重伦理、行公益，因此，完整的企业社会责任，为企业的经济责任、法律责任、伦理责任和自由决定的责任。[②]

美国著名的经济伦理学家理查德·T. 德·乔治也把企业赢利的经济责任作为企业社会责任的一部分。他指出：企业的社会使命并非单纯来源于法律，其所承担的一般社会职责即提供丰富的高质低价产品，事实上也是一种社会职责，它来自公众的需求，并通过各种方式表达出来。[③]

与上面把经济责任纳入社会责任的观点有所不同，下面几位管理学家侧重对道德责任的强调。如约翰·B. 库伦在《多国管理——战略要径》中指出：社会责任是企业对社会负有超越盈利的责任，也就是说，社会责任意味着一个公司不仅要为股东谋利益，还要考虑社会其他成员的利益。它通常关注于公司作为一个组织，其政策和程序所形成的伦理后果。[④]

斯蒂芬·P. 罗宾斯在其出版的《管理学》中也明确指出：企业社会责任是企业追求有利于社会长远目标的义务，而不是法律和经济所要求的义务。他区分了社会责任与社会义务，认为企业只要履行了经济和法律责任，就算履行了社会义务，而社会责任则是在社会义务的基础上加了一个道德责任。[⑤]

另一位经济学家哈罗德·孔茨也认为，企业的社会责任就是企业要从道义上认真地考虑自己的一举一动对社会的影响。[⑥]

哈佛商学院教授林恩·夏普·佩因在其著作《公司道德——高绩效企业的基石》中将社会责任即对所有非财务价值观的遵守作为企业社会责任的核心。[⑦]

唐纳森和邓菲（Donaldson & Dunfee，1999）认为，企业与社会提出了一个契约：企业应对为它的存在而提供条件的社会承担社会责任；社会应对企业的发展承担责任。企业社会契约的三个特点：第一，企业社会契约有两个主体，即企业和社会，这是两个可以分开并且有利益冲突的实体，这些利益之间的冲突可以通过协调的方式加以解决，形成一个企业社会契约。第二，企业社会契约是一种双方共识。这是企业与社会关系的特点，企业社会契约的内容存在于社会法律体系和社会道德体系之中。第三，企业社会契约是企业与社会之间不断变化的契约关系。

---

① 阿奇·B. 卡罗尔、安·K. 巴克霍尔茨著，黄煜平、李春玲等译：《企业与社会——伦理与利益相关者管理》，机械工业出版社 2004 年版，第 23 页。

② 阿奇·B. 卡罗尔、安·K. 巴克霍尔茨著，黄煜平、李春玲等译：《企业与社会——伦理与利益相关者管理》，机械工业出版社 2004 年版，第 23 页。

③ 理查德·T. 德·乔治著，李布译：《经济伦理学》，北京大学出版社 2002 年版，第 22—23 页。

④ 约翰·B. 库伦著，邱立成译：《多国管理——战略要径》，机械工业出版社 2002 年版，第 406 页。

⑤ Stephen P. Robbins & Mary Coultar, *Management* (*Fifth Edition*), Prentice Hall (1996)，清华大学出版社 1997 年影印版，第 148—149 页。

⑥ 哈罗德·孔茨著，郝国华等译：《管理学》，经济科学出版社 1993 年版，第 689 页。

⑦ 林恩·夏普·佩因著，杨涤等译：《公司道德——高绩效企业的基石》，机械工业出版社 2004 年版，前言第 4 页。

沃德克（Waddock，2000）指出，早期狭义的企业相关利益人包括出资人、雇员、顾客、供货商等。随着社会的发展，出现了广义的企业相关利益人。广义的企业相关利益人在狭义的企业相关利益人基础上加入了社区、政府及提升公司形象的组织，这些活动包括维护生态环境的组织、劳动者权力组织、工会组织、人权组织等。

迈瑞维柯（Van Marrewijk，2003）提出了企业社会责任的五层次模型：第一层次，依赖驱动（Compliance Driven）。企业社会责任是一种社会义务，企业社会责任的花费仅仅被看作一种成本。企业的经济责任是重要的。第二层次，利益驱动（Profit Driven）。企业社会责任是一种策略，用企业社会责任创造竞争优势。在企业社会责任上的花费是一种创造力和竞争力的投资，在未来可以带来利润。第三层次，爱心驱动（Driven By Caring）。用企业社会责任去平衡利益、人类和地球之间的关系。企业从事社会福利是为了利益相关人创造财富。企业的社会和环境责任胜过经济责任。第四层次，互动（Synergistic）。从事企业社会责任的目的是为了从长远角度创造企业持续经营的能力。企业的社会和环境责任被企业策略性地用来创造竞争力，以便更进一步地提高企业的经济责任。第五层次，整体（Holistic）。企业社会责任作为一种企业文化。企业的社会和环境责任被企业策略性地用来创造企业文化，进而创造竞争力，以便更进一步地提高企业的经济责任。①

国际上目前建立了许多社会责任的标准和规范，其中主要有：OECD 多国企业指导纲领、全球盟约、全球苏立文原则、SA 8000 标准、AA 标准系列、国际劳工企业（ILO）标准、国际标准化企业环境管理系统、欧盟环境保护法规、道琼斯和金融时报相继设立道琼斯可持续发展指数（Dow Jones Sustainability Index）和富时 4 好指数（FTSE4Good）；社会责任投资基金（Social Responsible Investment）所占市场份额不断提高；专门进行企业社会责任研究和咨询的机构或公司不断出现等。

在现代商业社会，企业社会责任在实践中遇到了许多障碍。Stroup 和 Neubert（1987）、Burke 和 Logsdon（1996）先后指出，如果伦理或博爱责任的判断不是在一定的伦理价值或社会责任的标准下，而是在完全的企业利润的标准下，传统规范化的企业社会责任概念在商业社会可能就并不是非常需要的。从上世纪 90 年代伊始，新的企业公民术语开始与企业社会责任竞争，并逐步在管理的理论和实践方面代替了原有的概念。换句话说，企业公民在某种程度上实现了对企业经济本质规定的突破。自 20 世纪 80 年代产生于美国企业界以来，企业公民这一概念越来越多地被企业尤其是跨国公司接受并使用。在此过程中的一个里程碑事件是 2002 年 1 月在纽约召开的世界经济论坛上，由来自 34 个全球最大的跨国公司 CEO 联合签署的一份《全球企业公民——CEO 与董事会的领导挑战》声明。“企业公民”被一些企业用来取代了“企业社会责任”概念，一般认为作好“企业公民”即自觉承担社会期望他们承担的责任。

对企业公民的含义，不同的人、不同的国家和不同的组织有不同的定义。企业公民最初且至今常常被用来区分博爱角色和公司愿意主动承担的责任，例如对慈善事业的贡献。Carroll（1991）把“成为一个优秀的企业公民”等同于企业社会责任中的一个特殊要素，置于

① 杨玲丽：“企业社会责任理论述评”，《兰州学刊》，2007 年第 2 期。

企业社会责任金字塔的最高层级，并称之为慈善责任。[①]

波士顿学院企业公民研究中心的定义是：企业公民是指一个公司将社会基本价值与日常商业实践、运作和政策相整合的行为方式。一个企业公民认为公司的成功与社会的健康和福利密切相关，因此，它会全面考虑公司对所有利益相关人的影响，包括雇员、客户、社区、供应商和自然环境。

世界经济论坛认为，企业公民包括四个方面：一是好的公司治理和道德价值，主要包括遵守法律、现存规则以及国际标准，防范腐败贿赂，包括道德行为准则问题以及商业原则问题。二是对人的责任，主要包括员工安全计划、就业机会均等、反对歧视、薪酬公平等。三是对环境的责任，主要包括维护环境质量，使用清洁能源，共同应对气候变化和保护生物多样性等。四是对社会发展的广义贡献，主要指广义对社会和经济福利的贡献，比如传播国际标准、向贫困社区提供水、能源、医药、教育和信息技术等要素产品和服务，这些贡献在某些行业可能成为企业核心战略的一部分，成为企业社会投资、慈善或者社区服务行动的一部分。

英国的“企业公民会社”认为企业公民的含义包括下列四点：企业是社会的一个主要部分；企业是国家的公民之一；企业有权利，也有责任；企业有责任为社会的一般发展作出贡献。“企业公民会社”总裁戴维·罗根指出，作为社会重要组成部分的企业，是国家的“法人公民”，企业公民有权利、也有责任为建立一个和谐和稳定的社会做出应有贡献。衡量一个企业的成功，不单是赚取高额利润，还要包括企业对社会的贡献。而企业在履行社会责任、对社会作出贡献的同时，可获得不同性质的各种回报，例如良好的社会声誉、与政府和社区之间的良性关系、留住顾客、防范风险等。

Matten 和 Crane（2005）则认为，企业公民意指企业在公民权管理中能起到积极的作用，他们对企业公民的定义是企业公民描述了企业管理个人公民权利的作用。他们认为，企业进入公民权领域是由于传统的政府角色出现失灵，国家不再是公民权的唯一担保人，企业接管了某些原先完全由政府履行的保护公民权的职能，企业公民这个术语的出现正是这种情形的反映，而且公民权领域的这一重要变化在全球化的过程中表现更为明显。[②]

也有学者从社会契约理论出发，认为企业公民是关于企业、政府和社会的新契约关系，这是一种扩大化的社会契约理论。

西方学者对于企业公民与企业社会责任的关系主要有三种说法，姑且概述为部分说、等同说和超越说。部分说是一种早期观点，因其仅仅是根据企业公民实践活动的现象来理解企业公民的概念，所以其解释不可避免地只是停留在表面，而走不出企业社会责任已有的概念框架。等同说以卡罗尔的“四面说”为代表，认为企业公民和个人公民一样应担负经济、法律、道德和慈善四方面的责任，企业公民在他看来也许仅仅是个新名词或者只是故弄玄虚罢了。超越说是一种新观点，运用管理学、政治学和社会学的理论揭示了企业公民超越企业社会责任的一些特征，认为企业公民因为引入了公民权这一核心理念而深化了对企业和社会关系的认识。

---

① Dirk Matten, Andrew Crane, Wendy Chapple. *Behind the Mask: Revealing the True Face of Corporate Citizenship*, Journal of Business Ethics (45): pp. 109 – 120, 2003.

② 沈洪涛：“21世纪的公司社会责任思想主流——公司公民研究综述”，《外国经济与管理》，2006年第8期。

企业作为一个“公民”，追求利润的最大化是其权力，但在行使权力的同时，也要履行自己的义务，即社会责任。企业社会责任，就是企业在创造利润、对股东利益负责的同时，还要承担对员工、消费者、社区和环境的社会责任，包括遵守商业道德、安全生产、关注职业健康、维护劳动者的合法权益、保护环境、支持慈善事业、捐助社会公益、保护弱势群体等。企业社会责任的本质，是经济全球化背景下企业对其自身经济行为的道德约束，它既是企业的宗旨和经营理念，又是企业用来约束企业内部包括供应商、生产者经营行为的一套管理和评估体系。

（三）我国学者对企业公民与企业社会责任的研究及实践

同样，中国学者对于企业社会责任和企业公民的理解也是各具特点。

在分析的视角上，余逊达等在《公众视野中的企业社会责任》中提到两个重要的研究流派：一个流派从社会的视角定义企业的责任，认为企业社会责任涉及的是企业对经济、技术和法律要求的考虑与反应，法律要求终结的地方就是社会责任开始的地方；另一个流派从企业运作的视角讨论企业社会责任的对象，认为企业社会责任主要是对企业的利益相关者承担除经济、法律之外的社会责任。这两个流派对企业社会责任内涵的讨论具有很强的互补性和内在的一致性。①

还有研究者把上述两大流派的两种视角作为定义企业社会责任的两个维度加以整合，提出了企业社会责任/利益相关者矩阵。该矩阵从对所有者、消费者、员工、社区、竞争者、供应商、社会压力群体等各利益相关者应该承担的具体经济责任、法律责任、伦理责任和慈善责任的角度，来界定企业社会责任的内涵，为人们理解和讨论提供了一个可用的概念性框架。例如，周勇在《市场经济条件下企业社会责任的概念及价值》中直接从企业利益相关者的角度来看企业社会责任，认为企业作为一个基本的社会单位与经济主体，其利益相关者是指所有与企业有利害关系的个人与团体。出于企业利益相关者考虑，基于经济责任与法律责任的企业社会责任的具体内涵主要包括以下几个方面：一是企业对投资者的社会责任；二是企业对员工的社会责任；三是企业对消费者的社会责任；四是企业对包括供应商在内的相关企业社会责任；五是企业对社区及全体公民的社会责任。这五项企业社会责任是企业自律性责任，是社会所倡导的，应成为企业内在认同的社会责任。虽然在目前情况下，仍需要社会强制性的法律来做补充，但是这些社会责任应该是企业作为道德主体所追求的理想与努力方向。同时，在市场经济条件下，企业不仅是独立的经济实体，而且是具有法人人格的伦理实体。企业承担相应的社会责任不论是对企业还是对社会，不论是从经济角度还是从社会伦理的角度都具有重要的价值。②

在概念的定义上，刘诚在《企业社会责任概念的界定》中提出：企业社会责任的内涵分为广义、中义、狭义和外延。广义是指企业应该承担社会谈判所形成的关于现代产品质量的社会协议义务，是企业基于自身形象考虑而对利益相关者的友好回应。中义是指，除了广义定义内容外，还包括社会责任认证标准所规定的企业义务。狭义是指，企业应该承担的保证供应商遵守劳动法与环境法的义务。其外延既包括自身义务又包括对供应商的连带义务；

---

① 余逊达：“公众视野中的企业社会责任”，《浙江社会科学》，2006 年第 5 期。

② 周勇：“市场经济条件下企业社会责任的概念及价值”，《湖北大学学报》（社会科学版），2004 年第 5 期。

既包括善待劳工义务又包括环境友好义务；既包括积极责任又包括消极责任。[①] 张帆在《论转型经济中的企业社会责任》中认为，所谓企业社会责任，从经济学讲无非是企业的私人成本与社会成本发生背离时，企业要承担边际社会成本，须从外部性及关联的产权做出符合逻辑的理论解释。作者认为主流经济学的传统是拒斥“企业社会责任”之说的。但是，企业的个体利益与社会利益并不必然是一致的。由于外部性等因素的存在，市场不能实现充分的风险转移，即出现市场失灵。所谓外部性，就是一个人的行为对旁观者福利的影响：若是不利的，就称为“负外部性”；若是有利的，就称为“正外部性”。在存在外部性时，社会对市场结果的关注扩大到超出市场中买者与卖者的福利之外，它还包括受到影响的旁观者福利。企业作为“市场的替代物”，节约了交易费用，推动了经济社会发展。这是正的外部效应，同时也产生了大量的负外部性。在此情况下，社会成本包括生产者的私人成本加上受到不利影响的旁观者成本。[②] 李立清将形式逻辑中的“种属概念的外延和内涵成反比关系”的定律，引入企业社会责任的研究，在种属概念中有一个著名的公式：属概念 = 种概念 + 属差。作者认为“企业责任”是一个范畴，即是一个最高的“种概念”，联系到具体的内涵就会存在一定的“属差”，进而产生不同的“属概念”。西方政治学、社会学从来都是将社会结构在“三维空间”中，按“三分法”来构建的。根据“三分法”构建理论，“企业责任”实际上反映出企业以三种不同主体形式出现所必须承担的企业责任，包括经济责任、法律责任、社会责任。在这里企业是作为一个社会公民主体出现的。企业作为一个行为主体，不管它的行为结果是否产生外部性效果，但行为本身是内生的，换言之，企业主体必须为其行为后果负责任。企业这一主体分别在经济、法律和社会三个领域的出现，就是“属差”，联系三种具体的属差就形成企业社会经济责任、企业法律责任和企业社会责任这三个“属概念”。因此，从最简单的意义上理解，企业社会责任是企业除经济责任之外的“第三种责任”，它是企业在社会领域内对自身行为后果的“回应义务”。其本质特征在于它的“内生性”，由这一本质特征派生出企业社会责任的若干特点显示，企业社会责任与经济责任、法律责任是同时存在的，且是企业必须承担的责任，企业社会责任随着社会的变迁具有“流动性”，它是企业资源配置过程中“权力”与“义务”关系的交换结果。[③]

在实质的把握上，陈永正等从已形成的两种主导见解，即企业社会责任是从法律责任、道德责任入手，认为这两种见解在本质上将企业社会责任归结为义务的观点是错误的。因为企业社会责任不是抽象的道德和义务，而是社会环境和企业互动关系客观变化的历史趋势。以往被看作单纯追求利润最大化的企业现在可以自动地通过生产守则等形式承担起社会责任，其原因应该从企业利益实现机制的客观变化等因素中寻找。作者在此方法基础上定义了企业社会责任的本质，即企业与股东之外的其他社会成员的利益关系对企业利益的实现机制的重构。其定义是指在企业产权制度以及承载企业的当代社会环境演进中，在涉及到股东之外其他社会成员的利益关系时，企业所产生的主动维护这些社会成员利益的内在要求。[④] 张帆则认为，企业社会责任的实质就是企业要承担边际社会成本，将外部性成本内在化，生成

---

① 刘诚：“企业社会责任概念的界定”，《上海师范大学学报》（哲学社会科学版），2006 年第 5 期。

② 张帆：“论转型经济中的企业社会责任”，《湖南科技学院学报》，2005 年第 9 期。

③ 李立清：“企业社会责任评价理论与实证研究：以湖南省为例”，《南方经济》，2006 年第 1 期。

④ 陈永正：“企业社会责任的本质、形成条件及表现形式”，《云南师范大学学报》（哲学社会科学版），2005 年第 3 期。

硬预算约束。当企业行为引发负外部性时，政府管制并不是唯一的解决途径。通过采取庇古税等微观规制和可交易的污染许可证等私人解决办法，也可以使外部性内在化。[①] 陈亚东认为，源于企业营利过程中与其他社会成员之间的利益冲突与摩擦的调整，为了保障企业活动过程中其他利益关系人的权益，必须给予企业经营活动一定的限制，使其承担相应的社会责任，以使企业与利益关系人权益均衡。正是由于企业利益与社会利益客观上浑然一体、不可分割，企业行为兼具自身与社会双重属性，企业的社会责任便应运而生。因此，企业社会责任的实质就是公司决策者在谋取利益的同时，有采取必要措施以保护和促进社会福利的义务。[②]

在企业社会责任的构建上，惠宁和霍丽提出三个同心责任圈：最里圈包括明确的有效履行经济职能的基本责任（产品、就业、经济增长等），中间圈包括在执行这种经济职能时对社会价值观和优先权的变化要求要采取一个积极态度的责任（环境保护，与雇员之间的关系，消费者希望得到的信誉、公平对待、避免受到伤害等），最外圈包括新出现的、还不明确的责任，也就是企业必须保证越来越多地参与到改善社会环境的活动中来。传统的企业社会责任仅仅集中在第一圈，新观点已经超出了这一点，履行社会责任不意味着利润的减少，而是在企业的自我利益范围之内。在此基础上，作者提出，企业社会责任的构建必须以投资者为核心，充分考虑股东、员工、消费者、社区、政府的利益，满足相关利益团体的要求，即为股东谋取最大利润，为员工提供良好的工作环境，为消费者提供一流的服务，热心社区建设，服从国家利益。[③] 陈亚东认为，企业社会责任理论要真正达到对实际生活中其他利益主体进行呵护和关注的目的，必须通过制度上的设计和立法上的吸纳。而在制度设计上可以通过两个途径：一是对企业治理结构的调整，将以股东大会为中心转为以董事会为中心，二是明确的立法规制，将企业社会责任明文纳入法律轨道。[④]

通过对以上文献的梳理，可以看出对企业社会责任的讨论，由传统古典观逐渐演变成现代社会责任观。换句话说，企业社会责任超越了以往企业只对股东负责的范畴，转向注重对包括股东、员工、消费者、社区、客户、政府等在内的利益相关者的社会责任。其本质是在经济全球化背景下企业对其自身经济行为的道德约束，它既是企业的宗旨和经营理念，又是企业用来约束企业内部包括商业伙伴经营行为的一套管理评估体系。它不仅强调技术性指标以谋求利润，而且重视在生产过程中对人的关注、对环境的关注、对社会的贡献。随着社会经济的发展，企业边界的扩大，企业更加关注利益相关者，企业社会责任的内涵也随之逐步扩大和延伸。

概言之，国内企业社会责任的研究主要表现在以下几个方面：一是引进与评述了国外的一些观点与理论；二是对企业社会责任的内涵和外延作出了一些界定；三是对企业承担社会责任的情况进行了考察，总结了企业承担社会责任的几种模式。此外，经济学界从企业管理角度出发，探讨了与企业社会责任有关的利益相关者理论；法学界从企业社会责任的保障角度出发，分析了企业社会责任的立法问题；社会学界从社会政策的制定角度，研究了企业捐赠与社会公益。

---

① 张帆："论转型经济中的企业社会责任"，《湖南科技学院学报》，2005 年第 9 期。

② 陈亚东："论企业的社会责任"，《重庆科技学院学报》（社会科学版），2005 年第 3 期。

③ 惠宁、霍丽："企业社会责任的构建"，《改革》，2005 年第 5 期。

④ 陈亚东："论企业的社会责任"，《重庆科技学院学报》（社会科学版），2005 年第 3 期。

企业公民概念传入我国也就短短几年时间。由于时间短、影响弱，国内企业公民理论研究几乎是一片空白。即使仅有的几篇相关主题文章，或者限于移植国外的某一定义，或者限于新名词引用，有的甚至把企业公民理解为企业中的员工，其概念理解、使用的混乱可见一斑，更不用奢谈理论研究的系统和深入。截至目前，国内还没有一部关于企业公民的研究专著，沈洪涛博士“21世纪的公司社会责任思想主流——公司公民研究综述”① 一文首开系统介绍国外企业公民研究进展的先河。就国内企业社会责任的理论研究来说，近10年来，许多以企业社会责任为主题公开发表的学术论文，对究竟什么是企业社会责任、企业社会责任存在的合理性基础是什么等原则性问题做出了深入研究。如，清华大学经济管理学院宁向东、吴晓亮在“企业社会责任及其承担”一文中，对企业社会责任是什么、企业为什么要承担社会责任、企业社会责任的历史和实践、企业社会责任如何落实、企业社会责任的承担方式等作了广泛探讨。该文从经济学、法理学和社会学三个方面综合考虑企业社会责任的合法性基础，不仅实现了理论上的突破，也实现了研究方法上的变革。同时，该文还重点对国外先进企业承担社会责任的实现方式即董事会决策模式和董事会承担、经理决策模式进行了深入研究，具有很强的前瞻性。在专著方面，也涌现了一些优秀作品：如刘连煜的《公司监控与公司社会责任》、刘俊海的《公司的社会责任》、卢代富的《企业社会责任的经济学与法学分析》、谭森等人的《跨国公司的社会责任与中国社会》、孙君恒的《从最大利润伦理观到社会责任伦理观》、谭忠诚《企业社会责任中的几个伦理问题》、陈炳富、周祖城的《企业伦理》、张应杭的《企业伦理学导论》、窦炎国等人的《现代企业伦理学导论》等。其中《企业社会责任的经济学与法学分析》一书站在肯定企业社会责任的立场，以经济学和法学相结合的研究方法，就什么是企业社会责任、企业社会责任意味着什么、企业社会责任为什么会出现、企业社会责任有无正当性及企业社会责任应如何付诸落实等几个相互关联的问题进行了初步探讨，并在此基础上对我国企业社会责任的理论研究与制度构建作了前瞻，是我国企业社会责任基础理论研究的代表作品，在学术界有着广泛的影响。

（四）企业社会责任理论在我国方兴未艾

我国的企业公民建设尚在起步阶段。开启我国企业公民建设的标志性事件是2003年6月16日福特（中国）公司举行的福特（中国）《企业公民报告（2002）》发布会。这是国内企业界整理的第一本企业公民报告书，内容涵盖了福特汽车公司以企业公民身份所进行的运作、遵循的原则和取得的成就等多个方面。② 2006年3月10日，国家电网公司率先发表了我国中央企业第一份社会责任年度公报。中国第一份行业社会责任报告——《中国纺织服装行业社会责任年度报告（2006）》显示，部分被调查企业存在超时工作的现象。针对纺织企业社会责任现状，中国纺织工业协会决定在全国范围内推行“CSC9000T中国纺织企业社会管理体系”，由此我国在行业体系中开启了建立企业社会责任和企业公民行业规范的新篇章。今后将有更多的行业将建立自己的行业行为规范和道德标准。

社会和谐，企业有责。任何一个企业，对于推进社会的有序发展都有着不可推卸的责任。增强企业社会责任感，树立良好的经营形象，既是历史发展的经验，也是未来发展的必

---

① 该文发表在《外国经济与管理》，2006年第8期。

② 郑延：“浅议我国企业公民发展的现状及对策”，《商场现代化》，2007年总第507期。

然趋势。目前，从整体上讲，西方企业的社会责任意识已经跨越法律层面，开始重视和强调在道德层面有所作为，并表现出了相当高的道德自觉性。对我国的很多企业来说，在发展过程中还存在着很多与社会极不和谐的现象。企业是社会公民，社会的和谐离不开企业，企业的发展也离不开社会。企业在处理与社会的关系中决不能只盯住经济效益，要主动承担起应承担的社会责任，把企业的发展融入社会的发展之中。无论是学术界还是企业本身，都要致力于推进企业社会责任和企业公民标准的建设，丰富其深刻的内涵，为企业和社会的发展作出有益的贡献。

二、企业创业管理理论

创业管理在管理科学里是相对年轻的领域，但“创业”一词在中国自古就有，如在《孟子·梁惠王》中记载：“君子创业垂统，为可继也。”在这里创业意味着开创事业，是广泛意义上的创业，指人类一切带有开拓意义的社会变革活动，然而直到1755年“创业者”一词才由法国经济学家康替龙（Cantillon）引入经济学。[①] 1800年法国经济学家萨伊（Say）首次给出了创业者的定义，20世纪80年代创业开始作为一个学术研究领域出现。作为管理理论中的创业则有着特定的含义，如李良智等认为创业是必须承担风险的创业者，通过捕捉商业机会，投入已有的技能知识，配置相关资源，创建新企业，为消费者提供产品和服务，为个人和社会创造价值和财富的过程。[②] 随着学者们对创业理论研究的不断深入，其内涵也在不断地丰富和完善，有效地指导创业实践并取得了明显的经济收益。

（一）西方创业管理理论发展概况

从国外的文献来看，对于创业现象的分析开始于18世纪中期，而创业研究作为一个研究领域兴起是20世纪70年代开始的，到80年代创业理论研究在美国蓬勃发展，受到管理学、经济学、社会学、心理学等多个学科的广泛关注，成为一个多学科交叉的新兴研究领域。[③] 1982年首届百森创业研究讨论会成功举办；1985年创办了《企业创业杂志》（Journal of Business Venturing），1988年《美国小企业》（American Small Business）更名为《创业理论与实践》（Entrepreneurship Theory and Practice），这两本杂志目前已经成为公认的创业研究的重要期刊；1987年美国管理学会（AMA）专门设立了创业研究分会并将创业研究作为一个单独的领域正式纳入管理学科；同年《管理杂志》（Journal of Management）正式开辟了创业研究专栏；1999年，美国著名的百森商学院和伦敦商学院联合发起了国际性合作研究项目GEM（全球创业观察），由此创业在全球范围内成为了一个备受理论界和实业界关注的主题，到2003年已经吸引了40个国家和地区的参与。[④⑤]

许多学者从各个领域加入创业研究的行列，他们从各自的角度来研究创业问题，并为创

---

① 林强、姜彦福、张健：“创业理论及其架构分析”，《经济研究》，2001年第9期，第86页。
② 李良智、查伟晨、钟运动：《创业管理学》，中国社会科学出版社2007年版，第8页。
③ 林强、姜彦福、张健：“创业理论及其架构分析”，《经济研究》，2001年第9期，第86页。
④ 陈震红、董俊武：“国外创业研究的历程、动态与新趋势”，《外国经济与管理》，2004年第2期，第8页。
⑤ 张玉利、李新春：《创业管理》，清华大学出版社2006年版，第6页。

业研究领域带来了各自的理论与实证研究方法。因此，到20世纪90年代末，创业研究和其他学术领域之间已经建立了很紧密的联系。创业研究成果也频频出现在主流的企业和社会科学期刊上。创业管理的研究先后经历了从关注谁是创业者、创业者干什么，逐渐发展到研究创业活动的一般过程和行为规律；从关注个体创业到公司创业、社会创业；从关注创业活动本身到关注影响创业活动的内外部环境要素，形成了创业研究的基本框架。Busenitz 等人通过对美国1985—1999年有关创业研究的97篇重要文献的具体分析，发现对创业的研究集中于以下四方面：创业机会、创业个体或团队、组织方式和环境以及四个要素的交集[①]。不同学者从不同的角度提出各自的创业概念模型，较具代表性的创业模型包括蒂蒙斯（Timmons）创业模型及萨尔曼（Sahlman）模型，其中蒂蒙斯（Timmons）创业模型运用创业机会、资源与创业团队三要素来概括创业过程的复杂性。由此可见，在西方创业研究已经取得了巨大的成就和发展，并正在走向成熟。

在美国创业研究处于领先水平的同时，其他国家的创业研究也在迅速发展。欧洲的创业研究近十几年来得到了长足的进步，许多关于创业和小企业管理的研究项目和研究中心相继建立。至少有十来种关于创业或小企业管理的期刊在欧洲发行。自1991年起，德国创办了本国的创业教育和培训年会。由美国百森商学院和英国伦敦商学院共同发起的全球创业研究协会（Global Entrepreneurial Monitor，GEM）每年都对全球不同国家的创业活动进行跟踪报告。亚洲的创业研究相对于美国和欧洲国家而言还比较落后，但也取得了一定的成绩[②]。

（二）创业活动在中国的发展历程

新中国建立以后，经过20世纪50年代的社会主义改造，私营经济在我国的经济生活中就不存在了。我国实行的是高度集中的计划经济体制，产品是由国家根据需要按计划统一生产、统一调拨的，也不进入市场流通，然而离开了市场经济，一切创业活动都不可能得到发展，因此，在改革开放前，在我国创业活动基本不存在。1978年召开党的十一届三中全会，开创了我国社会主义建设的历史新时期。社会主义市场经济的建立，为创业的发展提供了广阔的前景和更大的可能性。个体、私营等非公有制经济成分的合法地位得以明确，非公有制经济在改革开放后得到了迅速的发展，成千上万的人进入了创业者的行列，创业活动得以重新启动。客观地说，中国真正的创业活动是从改革开放后开始的，先后经历了四个不同的发展阶段，其间掀起了三次创业高潮，而每一次创业高潮的到来都使中国人的创业水平登上一个新的台阶，从而把创业活动推向新的阶段。

第一阶段是改革开放之初1978—1984年。其表现为私营企业的大量产生和迅猛发展，创业主体多由农村村民、待业青年、无业人员及“两劳”释放人员组成的。他们迫于生活压力，催生了创业动机，通过正确把握市场机会成为我国第一批进入市场的创业者。这个时期的创业企业规模比较小，主要是以生存型创业为主，能够发展到成熟期的企业为数不多。这说明中国的创业活动尚处于发展的初级阶段。

第二个阶段是1984—1992年。1984年10月党的十二届三中全会通过的《关于城市经

---

① 张玉利、李乾文、陈寒松：“创业管理理论的最新评述及研究趋势”，《预测》，2004年第4期，第22页。

② 张健、姜彦福、雷家骕：“美国创业学术研究及其对我们的启示”，《外国经济与管理》，2003年第1期，第21—25页。

济体制改革的决定》指出：社会主义经济是公有制基础上有计划的商品经济，商品经济是社会经济发展不可逾越的阶段。这就突破了过去把社会主义经济同商品经济对立起来的不正确看法，标志着我国的经济体制从计划经济转向商品经济。这一个阶段的特点是：创业人员除了第一阶段中的创业者外，许多离退休科技人员、停薪留职科技人员、企事业单位离退休人员、党政机关、企事业单位的富余人员以及大学教授、大学生、研究生也纷纷创办企业，创业主体素质不断提高。这标志着创业者的队伍在逐步走向成熟。

第三阶段是 1992 年至 1997 年，邓小平同志的南方谈话使我国的体制改革摆脱了长期以来在姓"社"、姓"资"问题上的争论与束缚，党的十四大提出了建立社会主义市场经济体制的改革目标。其表现为股份制企业的大量产生和迅猛发展，创业主体是具有浓厚知识背景的留学归国人员和大量科技人员，这个时期也是我国科技型企业大量创建和发展的时期。一大批科技型企业脱颖而出，迅速发展壮大。联想、远大、康佳、华为等企业就是在这一时期创建并成长起来的。

第四阶段从 1997 年 9 月至今。十五大报告中指出，非公有制经济是我国社会主义市场经济的重要组成部分，对个体、私营等非公有制经济要继续鼓励、引导，使之健康发展，为自主创业提供了政治依据。这一阶段的特点是创业的范围在更广阔的空间展开，中国进入全面创业。

自改革开放以来，我国的经济体制从计划经济转向市场经济，在这个变革过程中，我国先后经历了三次创业的高潮：第一次高潮发生在 1988 年 4 月后，第七届全国人大第一次会议通过的宪法修正案增加"国家允许私营经济在法律规定的范围内存在和发展"的内容，以"下海热"为标志；第二次是在 1992 年邓小平南方谈话后，私营经济和个体经济的蓬勃发展；第三次是 1999 年末《中华人民共和国个人独资企业法》颁布后，特别是 20 世纪 90 年代末的信息技术与互联网浪潮中，网络技术与风险投资的结合，掀起了创业（特别是科技创业）的高潮。

（三）创业管理理论在中国的发展历程

在我国，特别是改革开放以来，创业活动在现代经济中也发挥了越来越重要的作用，并成为就业和经济增长的主要推动力。随着以民营企业为代表的一系列非国有企业迅速崛起，创业企业越来越成为国民经济不可缺少的一个组成部分。同时我国有大量的农村剩余劳动力、大量的下岗工人和机关分流人员，以及每年大量的大中专毕业生，就业压力大，而创业对新增工作岗位的作用十分明显。毋庸置疑，创业活动对就业、国民经济增长有着重要意义。

我们知道，管理理论的发展总会与管理实践休戚相关，创业管理研究也不例外。改革开放以来，随着创业活动在我国如火如荼地展开，创业理论的研究已引起国内学者广泛的关注，我国的创业管理研究从起步到引进西方的概念和理论框架，是一个在中国文化背景下的摸索、学习、吸收、自主创新的过程，理论的研究发展体现了我国创业实践的发展与需求。尽管我国的创业管理研究起步较晚，国内第一本创业学教材是在 2000 年年初由复旦大学出版社出版，由李志能、郁义鸿、罗伯特 · D. 希斯瑞克三位博士编著的《创业学》，第一篇较深刻的创业理论研究论文是 2001 年《经济研究》第 9 期刊载的清华大学经济管理学院中国创业研究中心林强、姜彦福、张健所写的《创业理论及其架构分析》，近几年学者们分别从风险投资、创业者、创业机会、创业资源、创业环境等方面进行了探索性研究，取得了一定的成绩。

目前我国的创业研究多在蒂蒙斯（Timmons）创业模型的框架下展开①，为了观察国内创业理论研究的发展状况，我们将历年来中国学术核心期刊中收录的题名中包含“创业”的所有文献划分成5个类别，分别是：以创业者为分析单元的文章，以创业的内涵为分析单元的文章，以创业投资为分析单元的文章，以创业机会为分析单元的文章及对外部环境研究的文章。

1. 创业投资②

创业理论研究是基于实践的需求应运而生的，不同于国外研究创业时首先研究创业主体，我国对风险投资的研究要先于对创业的研究，而且对风险投资的研究比对创业研究深入。我国于1984年引进风险投资概念，1985年3月中共中央在《关于科学技术体制改革的决定》中首次引入了“创业投资”概念。但有关创业投资的研究起步于20世纪90年代中后期，国内关于创业投资的研究主要集中于：（1）创业投资的理论介绍和引入，这方面的代表性著作有刘曼红的《风险投资创新与金融》，盛立军的《风险投资——操作、机制与策略》等，对国外创业投资的成功经验和模式进行了介绍，主要包括国外政府发展创业投资的各种扶持政策和激励措施，国外创业投资机构的组织形式、运作机制，以及创业投资对经济的发展所起到的巨大作用；（2）创业投资运行机制的研究，代表作有王益、许小松的《风险资本市场的理论与实践》，俞自由、李松涛等在其出版的著作《风险投资理论与实践》中全面揭示了创业投资机制的基本特点和具体内容。国内学者对创业投资退出机制的研究较多，主要集中在中国创业投资退出渠道不畅通上面；（3）创业投资在中国实践的必要性和可行性研究。如曹欣、程静等人对创业投资的退出机制及其在我国发展中面临的问题与困难进行了研究。

2. 关于创业

国内的学者也对创业有诸多的解释，复旦大学的李志能博士认为：“创业是一个发现和捕获机会并由此创造出新颖的产品、服务或实现其潜在价值的过程。”③ 李良智等人认为“创业是必须承担风险的创业者，通过捕捉商业机会，投入已有的技能知识，配置相关资源，创建新企业，为消费者提供产品和服务，为个人和社会创造价值和财富的过程”。④ 林强在分析风险学派、领导学派、创新学派、认知学派、社会学派、管理学派、战略学派和机会学派的基础上给创业的定义如下：创业是企业管理过程中高风险的创新活动⑤。

3. 创业者

学者们早期关注单个创业者的特性，清华大学中国创业研究中心基于大量的数据调查，推出了《2003全球创业观察中国报告》，得出对创业者的研究主要集中在分析创业者的性别、年龄分布、创业活动与创业者受教育程度的关系等方面。但随着知识经济的兴起，高科技创业现象的增加，人们发现单靠个人的力量难以创建成功的企业，因此创业团队的重要性

---

① 蔡莉、葛宝山等：“基于资源视角的创业研究框架构建”，《中国工业经济》，2007年第11期，第96页。

② Venture Capital的中文翻译国内有两种不同的意见：一种将之译为“风险投资”，另一种称之为“创业投资”。

③ 郁义鸿、李志能等：《创业学》，复旦大学出版社2000年版，第9页。

④ 李良智等：《创业管理学》，中国社会科学出版社2007年版，第8页。

⑤ 林强、姜彦福、张健：“创业理论及其架构分析”，《经济研究》，2001年第9期，第85—94页。

就凸显出来。随着团队创业现象的普遍化，创业团队逐渐成为部分学者感兴趣的研究课题，并逐渐引起越来越多的学者的重视。创业研究的焦点也逐渐从单个创业者转向创业团队。我国学者张玉利等对2002年10月至2003年4月我国企业的创业情况所进行的调查显示，合伙创业的比例是60.5%，而个体创业的比例只占39.5%，这说明我国的企业也倾向于合伙创业或团队创业。[①]

4. 创业机会

杰弗里·蒂蒙斯认为，中国存在着巨大的创业机会。越来越多的研究人员开始认识到创业机会是创业的核心，创业研究切入点是创业机会，对创业过程的考察应当围绕创业机会，也就是说，对于创业活动的研究应当以创业机会为线索，这是研究创业活动与一般的管理活动不同的独特之处。在现有的研究中，对于创业机会的研究主要从创业机会发现、创业机会识别、创业动机、创业机会影响因素等方面陆续展开。如我国学者对创业机会的来源进行了探索，刘常勇指出创业机会来源有四：其一是现有产品和服务的设计改良；其二是追随新潮流，如电子商务与互联网；其三是时机合适；其四是通过系统研究来发现机会。[②] 雷家骕、冯婉玲等从来源将创业机会分为技术机会、市场机会和政策机会三类。[③] 而林嵩将国外相关理论与中国的实际相结合，从生命周期理论的视角对创业机会进行深度分析，他认为，创业机会的发展并非一成不变，有其发展、成熟以及衰变的过程，并且针对不同类型的创业机会提出了不同的机会开发措施[④]。

5. 创业环境

创业环境的界定对揭示环境对创业和创业行为的影响起到重要作用。学者们站在不同的研究角度和关注点对创业环境进行了相应的研究，典型的观点认为：创业环境是在创业者创立企业的整个过程中，对其产生影响的一系列外部因素及其所组成的有机整体[⑤]。池仁勇、沈超红等学者也有类似的观点。目前国内对创业环境的研究主要集中在两个方面：（1）环境要素的分析。学者们在谈及环境时，首先想到的是环境要素的构成。创业环境被学者们进行了不同的划分。张玉利、陈立新将创业环境归为四大类，即政府政策与工作程序、社会经济条件、创业与管理技能以及金融与非金融支持。[⑥] 沈超红、雷家骕也具体对创业环境进行了分析。（2）创业环境与创业活动之间的关系。王伟毅、李乾文对环境不确定性的分类与测量，阐明了环境不确定性是创业研究不可或缺的重要因素的观点，并指出了未来的研究方向。[⑦] 冯勤构建了创业环境评价指标体系和评价模型，并实证分析了杭州市高新技术创业环境。

（四）创业管理的发展趋势

伴随着世界范围内创业活动的蓬勃发展，在未来，创业管理管理以及相关理论研究将逐

---

① 张玉利、杨俊：“企业家创业行为的实证研究”，《经济管理》，2003年第20期，第21页。

② 刘常勇：《创业管理的12堂课》，中信出版社2002年版。

③ 雷家骕、冯婉玲：《高新技术创业管理》，机械工业出版社2001年版。

④ 林嵩：“创业机会的深度分析——生命周期理论的视角”，《科学学研究》，2007年第6期，第1168页。

⑤ 蔡莉、崔启国、史琳：“创业环境研究框架”，《吉林大学社会科学学报》，2007年第1期，第50—56页。

⑥ 张玉利、陈立新：“中小企业创业的核心要素与创业环境分析”，《经济界》，2004年第3期，第29—34页。

⑦ 王伟毅、李乾文：“环境不确定性与创业活动关系研究综述”，《外国经济与管理》，2007年第3期，第53—58页。

步成为一个独特而重要的领域，并且体现出如下几个趋势：①②

1. 聚焦于基于创业机会的研究框架

将来的研究将把更多注意力放在解释创业机会的产生和存在上，即为什么是某些人而不是另外一些人发现、积极地评价并开发了创业机会。例如，研究者将可能解释社会的、政治的、制度的、法律的和技术的变化如何创造或限制创业机会。创业者与创业机会结合的研究也将成为中心议题，这个议题是一个完全没有被别的学科所探讨的领域。对创业机会的理论解释也将深入，例如，把人的认知属性作为分析工具，对同样的事件，一些人看作机会，而另一些人则看作风险；或者类似社会学家所做的，站在社会关系的视角，使用社会资本的概念来解释为什么一些人获得了信息，而另一些人没有；或者如经济学家所做的，把机会成本作为基本的分析概念，由于搜索信息的成本不同，进而产生了在发现和开发机会上的差异。

2. 基于信息和网络的理论体系将对未来的创业研究有重要影响

为了找到敏锐的或富有经验的个体，创业过程经常涉及到网络。信息和知识的流动性说明在将来可以使用网络分析的方法，如 Scott 所作的研究。信息在创业网络间的流动取决于诸如网络联结的大小、类型、密度、集中度等许多结构特征。把创业视作网络和信息流能够对不同理论观点提供一个综合的视角，也能有效地分析创业现象的多层面性。

3. 关于新的竞争环境下的创业活动将成为重要研究问题

在新的竞争环境中，创业管理将面临更多的机会和挑战。一些传统的经营模式需要积极适应创业发展的需要，创业者需要寻找更多的创新元素来促进创业成长。例如，创业者如何利用现有资源创造新的机会，或者创业者如何与外部人员或组织产生联系、获取信息等。对于这些问题的解答应当吸收更多管理领域的前沿理论和知识要点，使得创业活动的发展能够充分适应新的竞争环境，同时创业管理的探讨也充分体现学术前瞻性，更有效地展示创业现象的多层面性。

4. 对创业的理性与非理性决策的研究还将深入

20 世纪 60 年代和 70 年代，大量的研究是关于创业者个性特征的，结果是更强调了创业者生而具有的个性特质，认为创业者的决策是非理性的，是机会主义导向的。近几年，许多研究开始探讨创业决策背后的理性成分。其实，创业决策是一个理性与非理性的统一体，关键是我们不能使用传统分析大企业的决策模式来分析创业公司的决策。认知和期望理论能够用来解释创业决策中的理性与非理性问题。表面上看，创业者基于"探索性的决策模式"是缺乏系统化和结构化的，也更多反映了创业者的思维模式。当然，缺乏系统化的决策模式有不可避免的缺陷，但是其灵活性在组织的初期成长阶段却提供了难得的优势。

5. 关于创业管理方法与工具的创新将得到持续关注

目前，较为成熟的管理方法和工具大多适用于大企业的管理实践，但对开始于混乱、不连续和非线性事件的创业，这些连续的、线性的方法大多难以适应。这样随着创业活动的增加，管理方法和工具必然要进行变革和创新。在积极借鉴其他领域的方法和工具的同时，创业实践者以及创业研究人员也应当开发创业领域的工具和方法，使得综合了创新、均衡、发展等基本管理方法成为创业管理的重要方法和工具。

---

① 张玉利、李乾文、陈寒松："创业管理理论的最新评述及研究趋势"，《预测》，2004 年第 4 期，第 24 页。

② 林嵩：《创业学》，上海财经大学出版社 2008 年版。

三、发展中国家企业技术创新与赶超

科技是第一生产力，技术创新是现代经济增长的主要原动力，这是国内外学术界的共识。和发达国家相比，发展中国家科技水平相对落后，因此，发展中国家如何通过技术创新追赶发达国家，逐步缩小两者之间的差距，就成为每一个发展中国家必须思考的战略性问题。

创新是由奥地利经济学家瑟夫·阿罗斯·熊彼特（Joseph. A. Scohumpeter）在其所著《经济发展理论》一书中首次提出的，他认为“创新”是指新的生产函数的建立，即企业对生产要素新的组合，它包括五种类型：引入一种新的产品或提供一种产品的新质量；采用一种新的生产方法；开辟一个新的市场；获得一种原料或半成品的新供给来源；采取一种新的组织方式。世界各国的一批学者从不同的角度对创新与技术进步在经济发展中的作用展开了深入的研究和实证分析，对传统经济理论中忽视技术进步和创新的研究思路与观念进行了批评，创立了以创新为核心的经济发展理论以及创新经济学（Innovation Economic）理论体系，使技术进步和创新因素开始从外生变量过渡成为经济发展的内生变量。进入 21 世纪，科技发展和知识创新在人类经济生活、社会进步中的作用越来越重要，技术创新理论的研究与应用也成为了国内外学术界关注的焦点。

（一）西方发达国家技术创新理论研究的进展

经过近一个世纪的时间，尤其是在 20 世纪 50 年代以来科学技术迅猛发展，技术创新对人类社会和经济发展影响日益加深的背景下，许多学者沿着熊彼特的创新思想对技术创新理论进行了广泛和深入的研究，使其内容更加丰富、完善，并逐步形成了以技术变革与技术推广为对象的技术创新经济学和以制度变革与制度形成为对象的制度创新经济学两大分支。

西方发达国家的技术创新理论研究与发展，是从对占主流地位的新古典经济学理论无视技术创新与变革对经济发展的影响进行批评开始的。熊彼特于 1912 年提出“创新理论”以后，又于 1939 年和 1942 年分别写出了《经济周期》、《资本主义、社会主义和民主主义》两部专著，对创新理论加以补充完善，逐渐形成了以创新理论为基础的独特创新经济学理论体系。但是，由于西方经济学家认为熊彼特的学说具有社会主义倾向，在相当长的时期中，创新经济学理论一直受到西方国家的冷遇，未能引起理论界的关注。20 世纪 50 年代以后，以微电子技术为核心的世界新一轮科技革命的兴起，许多国家的经济出现了长达近 20 年的高速增长“黄金期”，这一现象已不能用传统经济学理论中资本、劳动力等要素简单地加以解释。由此，西方经济学理论界重新对熊彼特的创新经济学理论进行认识，开始对技术进步与经济增长的关系产生了兴趣，从而使技术创新理论得以发展。

目前，西方发达国家技术创新理论的研究和发展已形成了新古典学派、新熊彼特学派、制度创新学派和国家创新系统学派等四大理论流派。

其中，技术创新的新古典学派以索洛（S. C. Solow）等人为代表，认为技术创新是经济增长的内生变量，是经济增长的基本因素；技术与其他商品一样存在公共商品、创新收益和非独占性、外部性等市场失败，适当的政府干预将极大地促进技术创新，并建立了著名的技术进步索洛模型，专门用于测度技术进步对经济增长的贡献率。1957 年索洛在其发表的《技术进步与总量增长函数》一文中，对美国 1909—1949 年非农业部门的劳动生产率发展情况进行实证分析，结果发现在此期间，劳动生产率的提高主要源自于技术进步。在继续深入研究技术进步对经济增长作用的同时，新古典学派还开展了技术创新中政府干预作用的研究，提出当市场对技术创新的供给、需求等方面出现失效时，或技术创新的资源配置不能满足经济社会发展要求时，政府应当采取金融、税收、法律以及政府采购等间接调控手段，对技术创新活动进行干预，以提高技术进步在经济发展中的促进带动作用。

技术创新的新熊彼特学派以曼斯菲尔德、卡曼等人为代表，该学派坚持熊彼特创新理论的传统，强调技术创新和技术进步在经济发展中的核心作用，认为企业家是推动创新的主体，侧重研究企业的组织行为、市场结构等因素对技术创新的影响，提出了技术创新扩散、企业家创新和创新周期等模型。通过对技术创新与市场结构关系的实证分析和深入研究，新熊彼特学派认为，当市场结构处于完全竞争与完全垄断之间，即垄断竞争和寡头垄断状态时，由于存在一定程度的垄断，又保持一定程度的竞争，该市场结构最有可能促进技术创新，而且可能出现重大的技术创新。

技术创新的制度创新学派以兰斯·戴维斯和道格拉斯·诺斯等人为代表，该学派利用新古典经济学理论中的一般静态均衡和比较静态均衡方法，对技术创新的外部环境进行制度分析，认为：由于技术创新活动存在个人收益与社会收益的巨大差距，改进技术的持续努力只有通过建立一个能持续人们创新的产权制度，提高个人收益才会出现。制度创新决定技术创新，好的制度选择会促进技术创新，不好的制度设计将扼制技术创新或阻碍创新效率的提高。同时，制度创新学派在充分肯定制度创新对技术创新的决定性作用，也并不否定技术创新对改变制度安排的收益和成本的普遍影响，认为技术创新不仅可以增加制度安排改变的潜在利润，并且可以降低某些制度安排的操作成本，从而使建立更为复杂的经济组织和股份公司变得有利可图。

技术创新的国家创新系统学派以英国学者克里斯托夫·弗里曼、美国学者理查德·纳尔逊等人为代表，该学派通过对日本、美国等国家或地区创新活动特征的实证分析后，认为技术创新不仅仅是企业家的功劳，也不是企业的孤立行为，而是由国家创新系统推动的。国家创新系统是参与和影响创新资源的配置及其利用效率的行为主体、关系网络和运行机制的综合体系，在这个系统中，企业和其他组织等创新主体，通过国家制度的安排及其相互作用，推动知识的创新、引进、扩散和应用，使整个国家的技术创新取得更好绩效。国家创新系统理论侧重分析技术创新与国家经济发展实绩的关系，强调国家专有因素对技术创新的影响，并认为国家创新体系是政府、企业、大学研究机构、中介机构等为寻求一系列共同的社会经济目标而建立起来的，将创新作为国家变革和发展的关键动力系统。由此，弗里曼提出了技术创新的国家创新系统理论，将创新主体的激励机制与外部环境条件有机地结合起来，并相继发展了区域创新、产业集群创新等概念和分支理论。

综上所述，西方发达国家关于技术创新理论的研究及其发展特征突出，各有侧重，均对世界各国的技术创新实践和管理政策的制定产生深刻的影响和重要的指导作用。但各学派的理论都建立在一系列的假定前提基础上，使其仅适用于特定的范围，即技术创新的研究存在理论的局限性。

（二）发展中国家企业技术创新的理论研究与实践

从全球范围来看绝大多数技术创新成果来自发达国家，发展中国家的创新活动处于次要和从属地位。最发达国家各个产业所采用技术在世界各国的相同产业中通常处于最先进的水平，而发展中国家，不管是在传统的产业如纺织业，还是在现代的信息产业，和发达国家相比，都有相当大的技术差距。

任何国家的技术创新活动都不能脱离现有的经济技术基础，尽管各个发展中国家的情况会有不同，但作为一个整体，其经济技术条件还是有共同之处。首先，发展中国家的经济发展水平落后，市场规模小，市场需求不足，使技术创新缺乏动力；技术存量水平和技术能力低，则不能形成技术发展的良性循环。其次，发展中国家制度不健全也不利于技术创新，如发展中国家的专利制度不健全，知识产权保护意识薄弱。

但是，对于发展中国家的技术创新而言，除了上述不利因素外，还有潜在的有利因素及后发优势。发展中国家可以借鉴发达国家的经验，从而在技术创新模式上具有很多的选择和创造性，同时发展中国家还可引进发达国家的先进技术或装备，在更高的技术层次进行技术创新。

由于上述两方面因素的共同影响，发展中国家的技术创新活动表现以下几个特点：

1. 模仿和适应创新替代原生性创新

发展中国家的技术创新模仿多于自主创新，移植在先，培育在后。从技术创新的有效供给来看，发展中国家呈现严重不足。首先，技术存量是传统的和具有本地特色的，其生产效率低下。其次，发达国家垄断着现代科学技术的绝大部分成果：20 世纪 80 年代初期在全世界发明专利的总数中发达国家约占 93%，发展中国家仅占 7%；研发支出，发达国家占 97%，发展中国家仅占 3%。由此可见发展中国家难以进行原创性创新。

从技术创新需求来看，发展中国家具有强烈的创新愿望，它们必须寻找一条推进技术创新的捷径，这就是引进技术，对引进技术做出适应性创新。

发展中国家的技术创新存在两条路，分别是自主创新和经由技术引进的创新。发展中国家从事自主技术创新需要有一定的技术知识储备，研发能力较强，而目前除中国和印度等技术较为先进的少数发展中国家外，绝大多数发展中国家都不具备自主创新的条件。因此，发展中国家的技术创新很大程度上是首先从发达国家引进先进的技术，本国的产业对外国的先进技术进行吸收，扩大本国的技术知识存量，加强本国的自主创新能力，进而以本国技术水平的提高实现国内产业的发展升级。

发展中国家经由引进的技术创新存在两种路径：一种是在知识产权保护水平较低的情况下，通过复制和效仿等手段，直接将外国的产品设计等技术知识运用于本国的产品设计、生产过程中；另一种则是在知识产权保护水平较高的情况下，通过国际贸易和 FDI 渠道间接学习中间品中的隐含知识，扩大本国的知识存量，进而提高技术创新能力。

2. 政府主导创新

技术创新的良性机制是由市场对技术或产品的有效需求带动的，并结合技术自身发展的内在规律，最终实现技术的不断创新，但是发展中国家市场体系不发达，加上发展中国家存在的二元经济结构、经济制度僵化等因素，导致无法通过市场实现技术创新的良性循环。在这种情况下，就需要政府在技术创新上发挥主导作用：一方面政府通过产业政策明确技术创新的重要方向，并通过财政政策倾斜来动员社会资源投入重点技术创新领域；另一方面制定相关政策和收集必要的信息，减少技术创新活动的风险和不确定性因素。在发展初期，这种模式具有一定的优势，但随着技术创新的演进和发展，这种模式又会阻碍发展中国家的技术创新水平的提高。

3. 发挥比较优势

从理论上来说，发展中国家都有可能靠引进技术得到比较快的发展，缩小和发达国家发展水平的差距。可是从二次世界大战以后，除了日本、亚洲四小龙和中国实现了这个理论预期，其他绝大部分的发展中国家和发达国家的差距不仅没有缩小，而且还扩大了。从1960年到2000年将近50多个发展中国家的数据对比中就可发现那些发展中国家之所以没有缩小和发达国家发展水平的差距，主要原因在于二次大战以后发展中国家普遍实行了赶超的战略，想一下子就去发展发达国家具有比较优势的产业，这种战略思想在社会主义国家叫斯大林模式，在印度叫重工业优先发展，在中南美洲叫进口替代战略，名称有异，本质相同，经济发展绩效都不好。二次世界大战以后，经济发展好的少数几个经济体，基本上都是在经济发展的每一个阶段充分利用这个经济的比较优势来选择产业和技术水平。

发达国家的比较优势在于资本密集型的产业，发展中国家的比较优势主要在于劳动力比较密集的产业或是高科技产业里劳动力相对密集的区段。若两者都发挥比较优势，发达国家因为资本相对多，回报率相对低，每一期生产当中所创造的剩余有两种用法：消费和积累。既然资本的回报率低，愿意把剩余积累起来作为投资的积极性就低了，所以，储蓄率相对低。世界银行的资料表明，发达国家的积累率占国内生产总值的比率在20%左右，而比较好地按比较优势来发展的东亚经济的积累率可以达到40%左右。由于按比较优势发展的发展中国家的积累率高于按比较优势发展的发达国家的积累率将近一倍，所以，发展中国家现在每个劳动力可以使用的资本量水平虽然比较低，但是，决定长期趋势的是增长率，而不是起点时的存量。所以，二三十年以后，发展中国家的要素禀赋结构和发达国家的要素禀赋结构的差距就能大量缩小，产业结构和技术结构也就可以趋近。

（三）中国技术创新理论研究与实践

我国学者对技术创新的理论研究是从20世纪80年代初介绍西方研究成果开始的，并随着研究的不断深入，很快由单纯评介西方技术创新理论和研究方法转向对我国企业技术创新活动的实证研究上来。在借鉴英国、西班牙、美国等国家和经济合作与发展组织（OECD）开展企业技术创新调查的做法及其经验的基础上，从1990年开始，分别由清华大学、中科院科技政策与管理研究所、国务院发展研究中心、国家统计局、哈尔滨工程大学等单位，对全国大中型企业、乡镇企业，广东、福建和甘肃等地区的部分企业以及船舶工业企业的技术创新状况进行了问卷调查。这些调查及后续的研究成果对促进国内技术创新理论的研究奠定了坚实的基础。

在国家自然科学基金等资助下，我国理论界陆续就技术创新的层次、机制与模式、扩散与转移、创新与企业家行为、技术进步与技术创新、管理创新与组织创新等主题展开了系统的研究，初步形成了具有中国特色的技术创新理论研究体系。比较有影响的研究成果主要有：原国家计委经济研究所的史清琪等人运用索洛技术进步测度模型，首次对我国1964年至1982年工业企业技术进步对经济增长的贡献作用进行定量测算，总结形成了一套适应中国实际的技术进步贡献率测度理论方法，有力地推动了我国技术创新理论及应用研究的不断深入；清华大学经济管理研究所、河北大学技术创新研究中心等单位在对技术创新的扩散问题进行数理分析的基础上，研究建立了技术创新扩散的宏观分析模型和方法，从微观层次上分析了企业最优化决策对技术创新扩散的影响，先后出版了《中国企业技术创新分析》、《技术创新学》和《技术创新扩散理论与方法》等一批理论研究专著；浙江大学通过对我国企业技术创新动力机制进行的深入分析，提出了建立在及时性和合意性系数基础上的企业技术创新动力机制模型，以及企业技术创新动力最大和最小的条件；西安交通大学对企业技术创新的决策机制进行了系统的研究，建立了不同类型决策特征条件下的企业技术创新分析模型，深化了技术创新决策机制的理论研究；国家科技发展促进中心在对我国国家创新系统建设与演化过程的研究基础上，建立了一套测度创新综合能力的指标体系，并对中国不同区域的创新能力进行了测算和判断，较好地拓展了国内技术创新理论研究的领域。

从目前国内技术创新理论研究涉及的范围来看，我国技术创新研究基本上有三个角度，即经济学的研究、管理学的研究和技术哲学或者技术社会学的研究，技术创新的经济学研究和管理学研究构成国内技术创新理论研究的主流。尽管近年来国内技术创新的理论研究取得了长足的进步，但是与国外相比，除技术创新政策、技术创新扩散等少数领域外，无论在理论研究的水平还是在研究领域等方面都存在较大的差距，即使与一些较为先进的发展中国家（如韩国、巴西、新加坡等）相比，也有明显的差距。我国技术创新理论的研究与发展还不是很成熟，尚处于一种边缘理论的地位。目前国内技术创新理论研究主要存在以下问题：(1）技术创新研究缺乏经济学、管理学等基础学科的理论支持，理论研究存在一定的局限性，还未形成一套严谨的学术规范，在理论界中面临着学术认同的危机；（2）理论研究缺乏原始创新，相当一部分研究成果还停留在对国外学者提出的技术创新理论的阐述或验证阶段，对经济转型期和经济欠发达地区后发型技术创新的机理，以及技术创新与制度创新的关系等理论问题缺乏深入、系统的研究；（3）技术创新理论研究缺乏实用化和指导性，不同领域的专家学者缺乏充分的交流和合作，研究存在急功近利的倾向。

杨德林等人（2009）通过检索发表的学术论文和国家科学基金项目申报的情况，把中国技术创新理论研究划分为三个阶段：

第一阶段：创新理论的消化。1989 年国家自然科学基金启动了技术创新方面的研究课题，在资助我国中小型企业技术创新研究项目之后，又资助了中小企业、三资企业等方面的技术创新研究，但此阶段的研究主要集中在对国外技术创新理论的介绍和理解。技术创新的研究主要涉及企业这个层面。在这阶段，我国企业存在创新动力不足的问题，一些学者在这方面做了一些探讨。

第二阶段：创新理论的本土应用。1993—1997 年傅家骥、许庆瑞等承担了国家自然科学基金、“八五”重大项目及中国技术创新研究，将我国技术创新研究推向了阶段性的高潮。与前一阶段相比，此阶段的研究对国外技术创新理论介绍较少，除了对技术创新的机制、模式、政策、环境等进行了更多、更深入的研究之外，技术创新扩散、技术创新能力、技术创新体系等方面的研究越来越受到关注，中观层面的技术创新也受到重视。在此阶段有关技术创新的研究成果对实践活动的推动作用也逐步体现出来。

第三阶段：创新研究的全面拓展与再创新。随着新世纪的到来，技术创新的研究也达到高潮，已有的研究得到进一步的深化，同时对自主创新、技术创新网络的研究受到更多学者的关注。在研究层面上，此阶段对区域技术创新及产业技术创新进行了大量的研究，而宏观层面的研究较少。

总之，发展中国家的创新活动和创新政策受到多种因素的制约，而这种制约因素在不同的发展中国家有很大的不同，但由于经济条件的作用，他们还是有共同之处的。发展中国家要实现技术赶超，就要充分利用和发达国家的技术差距，靠发挥后发优势和比较优势来发展经济，以引进技术为主、自主研发为辅来取得技术创新，最快速地积累资本，最快速地改变要素禀赋结构、产业结构，最快速地提高技术结构的水平和经济竞争力，以小步快跑的方式，在最短的时间内实现赶上发达国家的愿望。

四、公司治理及其评价

公司治理问题从思想渊源上最早可追溯到亚当·斯密，其在《国富论》一书中明确指出股份公司中的经理人员使用别人而不是自己的钱财，不可能期望他们会有像私人公司合伙人那样的觉悟去管理企业。因此，斯密已经意识到公司治理问题的存在，悲观地认为股份公司将因此难以为继。Berie - Means（1932）首先将现代公司中的治理问题归结为委托代理问题。但“公司治理”一词直到20世纪70年代初才开始出现，世界范围内公司治理研究的高潮则起因于20世纪90年代初的私有化运动、20世纪90年代中后期的亚洲金融危机和2000年年初的美国公司丑闻等重大历史事件。我国的公司治理研究产生于上世纪末，但发展很快，并逐步成为国际公司治理研究的一部分。公司治理研究主要包括公司治理的内涵、公司治理的重要性、公司治理模式、决定公司治理模式的主要因素、不同公司治理模式的未来趋势。

（一）公司治理研究的兴起

1. 国际背景

哈特（Hart，1995）认为，只要存在以下两个条件，公司治理问题就必然产生：一个是代理问题，即组织成员（所有者、经理、工人或消费者）间存在利益冲突；另一个是交易费用之大使代理问题不可能通过契约解决。Boltonetal（2002）总结出公司治理兴起的五个原因：其一是过去25年遍及全球的私有化浪潮；其二是养老基金的改革和私人储蓄的增长；其三是美国20世纪80年代、特别是欧洲20世纪90年代的敌意接管以及新千年之交的企业合并风潮；其四是放松管制和资本市场的一体化；其五是20世纪90年代末席卷东南亚、俄罗斯等地区的金融和经济危机。国际上关于公司治理兴起的原因，可以归纳为以下三个主要方面：

（1）内部人控制问题越来越严重。在一些转轨经济国家中，随着私有化浪潮的加剧，内部人控制问题越发突出，主要表现为两个方面：第一，以英美等国为代表的公司治理模式暴露出一个突出问题，即资深执行董事、董事会主席尤其是CEO的薪金与其公司绩效相比增长过快，在职消费也过高，股东普遍表示不满；第二，由于管理者企图建立企业帝国，满足自负的动机、工作安全的动机，结果往往容易发生错误的收购，直接导致兼并公司盈利能力出现显著下降。

（2）机构投资者积极参与公司治理。自20世纪80年代以来，随着机构投资者的资产规模迅速增长，持有公众公司的股份比例日益提高。对机构投资者而言，要想从一个经营不善的公司退出是很困难的，因为机构投资者拥有的股票太多，很难在不影响市场价格的情况下退出。为此，机构投资者对公司治理的态度出现了明显的变化，即由原来的消极投资、不参与公司治理、“用脚投票”，转变为积极投资、参与公司治理和“用手投票”。机构投资者积极参与公司治理的另一个重要原因，在于20世纪80年代流行“毒丸”等反收购措施损害了机构投资者的利益。

（3）公司治理机制影响国家在竞争中的地位。随着世界经济一体化进程的加快，世界各国之间的合作范围进一步扩大，但国际竞争也日趋激烈，其中各国公司治理模式的优劣以及所采用的治理机制直接决定了其在国际竞争中的地位。20世纪90年代，日本因泡沫经济破灭而陷入了长期萧条，使得其原先在国际竞争中保持的优势地位逐渐丧失。研究人员经过深入分析发现，这其中一个主要原因就在于日本公司治理模式失灵。90年代德国经济长期不景气，也被认为与其过分强调职工在公司治理中的作用有关。1997年下半年开始席卷东南亚的金融风暴，持续时间长达两年多，尽管有国际游资作祟的阴影，但这些国家均存在公司治理较为薄弱、投资者保护不佳的共同点。

2. 国内背景

随着我国社会主义市场经济体制的建立和完善，企业的独立经济利益在公司法中得到确认，公司治理日益受到人们的关注。目前我国公司治理问题主要集中在国有企业现代企业管理制度的建立和我国上市公司治理上。我国上市公司治理结构可以概括为大股东权力超强和内部人控制的混合模式，并由此衍生出诸多问题，直接造成了中小股东利益得不到保障、内部人掏空公司等现象。有鉴于此，中国证监会2001年9月11日向社会公布《上市公司治理准则》征求意见稿，在充分吸收国际上成熟的公司治理的经验和规则的基础上，于2002年1月7日正式发布《上市公司治理准则》。这样，连同此前的《关于在上市公司建立独立董事制度的指导意见》以及《中华人民共和国公司法》和《中华人民共和国证券法》等，我国已经建立起了一个比较完整的公司治理法律法规体系。

（二）公司治理研究的主要内容

1. 公司治理内涵

公司治理（Corporate Governance）一词始于20世纪70年代的美国。当时，调查水门丑闻时，意外发现有大公司卷入了秘密政治捐款和腐败的海外付款。随后，公司治理流行于欧洲，并区分于公司管理、公司管治、公司法律以及公司组织。但中国理论界坚守德治传统，不区分此案与彼案，将“公司治理”这个舶来词视为“公司治理结构”。公司治理的定义具有多样化。经济学者和社会科学者常基于代理问题与合约的不完全性，认为公司治理是影响上市公司分配资源和收益的制度，或者是通过所有者、董事会和高级执行人员以及和其他利害相关者之间的组织架构，确定公司目标及其实现手段。这种宽泛的定义不仅关注正式规则，而且重视用以弥补正式规则缺失的非正式制度；不仅包括公司的内部结构，而且包括资本市场、劳动力市场、破产制度和政府竞争政策等外部环境。据此，公司治理包括但不限于“公司治理结构”，而且注重非正式制度等潜规则。

公司投资者、管理层与政策制定者认为，公司治理是控制、指引公司，并界定主要参与者相互关系的规则和制度。英国1992年GADBURY报告关注公司内部结构和决策过程，认为公司治理是指引和控制公司经营的制度。多数国家对公司治理公共政策的争论也集中于此，不过以不同方式诠释而已。2004年经济合作与发展组织（OECD）将公司治理准则归纳为：（1）股东的权利及主要的所有者权能；（2）股东的平衡对待；（3）利害相关者的角色；（4）信息披露与透明度；（5）董事会的责任。

2. 公司治理结构

（1）法律上定义的公司治理结构。

①在英国，1985年《公司法》将公司治理结构描述为由董事、经理人和审计员三方组成的一种制度。其中董事是管理部门的领导层，负责指导公司实现利润最大化；经营者的责任是满足股东利益的最大化；审计员确保公司不违反各项经济法规，并确保公司提供的财务报表等数据的真实可靠。

②在美国，公司治理结构的概念范畴相对较大，主要包括：公司的目的、行为，董事和管理人员的功能、权力，大型上市公司审计委员会的作用，对董事会、监事会的构成提供原则性建议，还有董事会、监事会的义务以及经营评价的准则，公平交易的义务等方面。

③在中国，《中华人民共和国公司法》规定公司治理结构由股东会、董事会（包括经理）、监事会三个机构组成。股东会由出资者组成，是公司的权力机构，决定公司的重大事项；董事会是公司的经营决策机构，由股东会选举产生，对股东会负责；监事会由股东和公司职工组成，是公司内部的监督机构。

（2）经济学意义上的公司治理结构。

①青木昌彦和钱颖一在《转轨经济中的公司治理结构》一文中，将公司治理结构定义为一套制度安排，用于支配若干在企业中有重大利害关系的团体，从投资者、经理人员、职工之间关系中实现经营利益，包括如何实现配置和形成控制权，如何监督评价董事会、经理人员和职工，如何设计和实现激励的机制等。

②吴敬琏认为法人治理结构是指所有者、董事会和高级经理三方组成的一种组织结构。三者关系是相互制约的关系，通过这一结构，所有者将资产交给董事会托管，董事会是公司最高决策机构，经理人受雇于董事会，在董事会授权范围内进行经营。

从以上的公司治理概念，我们可以看出经济学和法学研究问题的侧重点有所不同。这主要表现在，经济学是以效率为优先，提倡创新，打破旧有制度和规则，以追求经济效益的最大化。因而经济学定义的公司治理结构，更多地是考虑公司各相关利益者的关系，以及这种设置能否保证公司有效运行。但是对于法学来说，更重要地是追求规则的公平和稳定，因而法学定义的公司治理结构更多地是着眼于公司各组织构造的责任和权力的分派以及这种制度安排能否保证公司运行的稳定。

3. 国外公司治理研究的发展历程

曹廷求、于建霞根据研究视角的差别，将公司治理研究划分为三个阶段：第一个阶段是20世纪90年代以前公司治理研究的兴起阶段，此阶段的研究主要围绕美国的公司治理问题而展开；第二阶段是90年代初至1997年前后，公司治理研究的视角已经从美国模式扩展到美、英、日、德等主要市场经济发达国家，以公司治理原则的制定和推广为标志的公司治理实践活动使得理论研究与实践应用并重成为此阶段的主要特点；第三阶段是1998年至今，这一阶段的突出特点是公司治理研究的视角已经从主要市场经济发达国家进一步扩展到全球主要国家。

（1）以美国为主导的公司治理研究阶段（20 世纪 90 年代以前）。正如 blair（1995）所言，对公司治理问题所产生的兴趣在一定程度上是由对美国的公司治理制度在投资、有效监督、制约管理者等方面是否提供了相应的激励等问题的关注所驱动的。20 世纪 80 年代美国公司在汽车、家用电器、钢铁和纺织品等市场上与德日公司竞争的失败引发了理论界对美国公司竞争力下降原因的思考，在随后的讨论中理论界逐渐把原因归结到美国公司的治理结构缺陷上来。从这个意义上说，公司治理问题兴起的直接诱因是美国公司竞争力的下降。此时研究和争论的焦点集中在控制权市场、董事会及其独立性、管理者薪酬等三个方面。

（2）以主要市场经济发达国家为主导的公司治理研究阶段（1990 年至 1997 年）。此阶段公司治理研究的视野开始纳入英、日、德等主要市场经济发达国家，但是研究的重心仍然放在美国或者英美模式上。英美与日德在公司治理上所表现出来的诸多鲜明特点，使得英美模式与日德模式的差别化特征、相互比较以及孰优孰劣的争论占据了大部分研究空间。根据股权结构和治理体系上的差别可以将公司治理划分为以英美为代表的市场主导型和以日德为代表的银行主导型两种不同的公司治理模式。

市场主导型公司治理模式的主要特征有：①股权结构高度分散；②公司的主要股东是私人和金融机构；③公司融资的主要来源是股份资本和信贷资本；④银行与企业的关系保持一定距离，银行往往不追求采用股权去强化客户关系或者施加影响；⑤公司绩效和高层管理者主要由资本市场估价；⑥股东主要依赖资本市场提供的以现金流权利为基础的控制机制来行使自己的权利，宁愿“退出”也不发出“抱怨”；⑦依靠管理者薪酬激励和控制权市场来弥补股东在监督管理上的被动；⑧高管人员往往对董事会能施加一定的影响，董事会并不独立于管理层。

银行主导型公司治理模式的主要特征有：①股权结构高度集中，存在对管理者有巨大影响的少数股东，这些股东之间存在着战略考量的长期联系；②公司的主要股东是银行和家族；③可自由交易股份的比例很小，没有活跃的控制权市场；④雇员是重要的参与公司决策的利益相关者；⑤银行直接为公司融资（包括股权融资和债券融资）；⑥争夺代理权是银行强化其股东地位的重要举措；⑦高层管理者在决策方面缺乏自主性；⑧董事会更加独立于管理层。

（3）全球（国际化）视角的公司治理（1998 年至今）。1997 年开始的金融危机极大地改变了公司治理研究，这种影响主要体现在两个方面：一是转型和新兴市场经济国家的公司治理问题开始引起普遍关注，使得公司治理研究的视野基本上覆盖全球主要国家和地区；二是对危机原因的分析使得金融机构公司治理问题成为公司治理研究的崭新亮点，目前金融机构公司治理问题已经成为公司治理研究的重要部分。

与比较成熟的英、美、日、德等为代表的市场经济国家不同，转型和新兴市场国家在市场体制、政府职能、法律环境、资本市场发育程度等诸方面处在不断完善之中，并因此导致这些国家的公司治理存在诸多特殊性，也引发了产生于成熟市场体系的经典公司治理理论在转轨和新兴市场适应性问题的争论，因此发现和寻找转型和新兴市场国家公司治理的特殊性及其背后的原因成为此类研究的基本思路。

（三）中国公司治理研究发展历程

1993年中共十四届三中全会首次提出建立现代企业制度即现代公司制度作为国有企业改革的方向。这时，国内才开始接触和谈论公司治理的话题。我国的一些研究人员和机构借鉴国际经验，纷纷推出中国自己的公司治理评价体系，如大鹏证券的裴武威（2001）从所有权结构及影响、股东权利、财务透明性和信息披露、监事会结构和运作四个方面，初步建立了一个中国上市公司治理评价体系。海通证券研究所吴淑砚和陈峥嵘（2002）从股权结构、股东权利、信息披露、治理结构和治理与管理的匹配性五个方面构建了上市公司治理指数。南开大学公司治理研究课题组（2004）正式对外公布所谓南开中国公司治理指数（CCGINK）。该指数基于中国上市公司面临的治理环境特点，侧重于公司内部治理机制，从股东权益与控股股东、董事与董事会、监事与监事会、经理层、信息披露以及利益相关者六个维度，构建了包括6个一级指标、20个二级指标、80个三级指标在内的公司治理综合评价体系。我国公司治理研究历程可以1978年党的十一届三中全会为分水岭，划分为两个阶段。

1. 传统计划经济下的国有企业治理

在传统计划经济下，国有企业全部属于国家，国家对企业实行“统收、统支和统配”，对其人事任免也实行严密的控制，因此严格地讲，国有企业并不是真正的企业，更谈不上是自主经营、自负盈亏的经济实体。在这一体制下，国有企业治理的主要特点是集中统一的行政型治理，具体表现在以下几个方面：（1）企业管理手段主要是行政手段，企业按照规模大小和隶属关系分为不同的行政级别，企业管理人员按照行政级别高低由政府主管部门任命；（2）企业的生产计划不是由市场来决定，而是由政府根据国家的宏观计划层层分解来决定，衡量企业经营绩效的指标是完成计划的多少，而不是实现的市场价值，对经理人员和职工的激励机制主要是政治性待遇；（3）除了生产决策，企业的投资决策、财务决策、劳动工资决策、定价决策、采购决策、产品销售决策都必须服从国家相关部门的安排，国家各个部门的协调代替了企业内部的组织和协调；（4）如果说传统国有企业的效率很大程度上来自这个体制的政治动员能力，那么靠政治动员支撑的效率是不可持续的。

2. 改革开放后的国有企业治理

随着社会经济的发展，这种传统计划体制模式日益显示出与经济发展的不适应。也就是说，正是这种严密的监控方式与效率的不相匹配，从而促使国有企业的运行模式发生转变，其轨道也就是沿着逐步放开监控权的方式进行和展开的。从国有企业治理的变迁角度来说，其间又可以分为四个阶段：

第一阶段是放权让利的治理模式。从1978年党的十一届三中全会到1984年十二届三中全会，这一阶段主要以向企业放权让利为特征。1979年，国务院陆续颁布了改革企业经营管理机制的规定，调整国家和企业的分配关系，扩大国有企业经营管理自主权，国家对国有企业的管理手段由直接的行政计划手段控制转变为以直接控制为主、增加经济手段调节为辅的办法，对国有企业的固定资产投资、资产折旧管理、流动资金管理等采取有利于发挥企业经营积极性的措施。

第二阶段为利税分流的治理模式。从1984年到1987年这一阶段的主要特征是国有企业利润上缴的分配形式转变为利税分流，并形成国有企业的厂长负责制模式。在这阶段，国有企业内部经营管理体制的改革得到了继续深化。1984 年 10 月，党的十二届三中全会作出了中共中央《关于经济体制改革的决定》，首次提出全民所有制企业的所有权和经营权可以适当分开，我国的股份制也在这一时期开始。1984 年第一个股份制企业成立。1986 年 9 月，中共中央、国务院发布了《全民所有制工业企业厂长工作条例》等文件，明确厂长是企业的法人代表，形成了所谓“厂长全面负责、党委监督保证、职工民主管理”的新型企业领导体制。

第三阶段是承包经营的治理模式。从 1987 年到 1992 年，国有企业改革的重点之一是国有企业制度建设。在所有权和经营权可以分离的原则下，国有企业开始实行以承包经营责任制为主要形式的经营机制改革。股份交易也在这一时期出现。上交所和深交所分别成立于 1990 年 12 月和 1991 年 4 月。在计划经济向市场经济体制过渡时期，承包制对于保证国家财政收入的稳定增长、促进所有权和经营权分离、政企分开、调动企业经营者和职工的生产积极性、增强企业发展后劲等方面具有积极作用，但是实践也证明承包制存在难以克服的内在缺陷，主要表现为：①承包制难以消除企业行为短期化问题；②承包基数的确定具有较大的主观人为性，难以做到客观公正；③包盈不包亏的现象比较突出；④不能从根本上解决政企不分的问题。

第四阶段是现代企业的治理模式。1993 年开始以建立现代企业制度即现代公司制度为核心的改革。1993 年中共中央《关于建立社会主义市场经济体制若干问题的决定》提出，进一步转换国有企业经营机制，建立适应市场经济要求、产权清晰、权责明确、政企分开、管理科学的现代企业制度。1993 年 12 月 29 日第八届全国人民代表大会常务委员会第五次会议通过中国第一部《中华人民共和国公司法》，该法于 1994 年 7 月 1 日起正式实施。按照《中华人民共和国公司法》的要求，一些国有企业改组为有限责任公司或股份有限公司，制定公司章程，建立股东会、董事会、监事会，聘任高级经营管理人员，形成了形式上较规范的公司治理结构。但总的来说，国有企业特别是大型国有企业的改革仍然极其缓慢。1998 年 12 月 29 日第九届全国人民代表大会常务委员会第六次会议通过我国第一部《中华人民共和国证券法》，并于 1999 年 7 月 1 日起正式实施。

（四）公司治理研究未来方向

历经近 30 年的发展，公司治理的理论架构和运作体系已经初步确立，在理论和实践领域也都得到了广泛认同。曹廷求等（2007）预期将来的研究，在内容上，除了在现有的框架内进行更深入、更细致的工作之外，探寻公司治理更核心、更本质的内容，从而进一步深化公司治理研究是当务之急，其中开展治理风险、治理成本等方面的研究是正确选择之一；在方法上，有必要改变目前公司治理研究过于倚重实证研究的现状，引入诸如实验经济学等比较成熟的方法值得尝试。从国内外公司治理的研究态势看，在未来一段时期内，公司治理研究可能呈现以下特点：

1. 大股东治理问题将成为公司治理的主题

从公司治理理论研究的角度看，集中型股权结构以及以此为依托的大股东治理问题不仅是一个既定的事实，而且可能还会延续很长的一个时期。在这个背景下，如何更好地调整公司治理研究的目标、方向和中心，使其更好地服务于集中型股权结构的现实已经成为公司治理理论研究的当务之急。对于我国而言，不仅国有企业表现出集中型股权结构的显著特征，大部分的民营企业、国有和股份制商业银行等也都是如此。从这个意义上说，集中型股权结构以及建立在此基础上的广义公司治理更加符合我们的实际，大股东治理问题将成为今后一段时期公司治理研究的基调。

2. 金融机构公司治理问题将成为研究热点

金融机构在公司治理中“治理者”和“被治理者”的双重角色说明了金融机构公司治理问题的重要性。作为治理者，金融机构自身的治理状况直接影响一般公司治理；作为被治理者，金融机构公司治理不仅视为一般公司治理的导向和目标，而且防范金融风险和维护金融稳定的目标定位也赋予了金融机构公司治理新的内涵和更高的要求。在金融全球化、自由化的国际背景下，从公司治理视角研究金融风险发生和传播的机理，探寻减少和防范金融风险、健全发展金融体系的公司治理良策无疑是金融机构公司治理研究最重要的内容之一。从国内的情况看，公司治理已经被视为提升金融机构竞争力和深化国有银行改革的重要内容。由此可以推断，金融机构公司治理问题将会引起更广泛的关注。

3. 中国公司治理问题将引起更大关注

作为转轨和新兴市场经济的大国，中国不仅被视为成功转型的典范，而且持续的高速增长更是引起了全球的广泛关注。制度的转型不仅为公司治理研究提供了难得的微观素材和宏观背景，更重要的是中国在诸多领域存在的特殊性对经典公司治理理论提出了挑战，也为公司治理研究提供了许多新的课题。

五、供应链与物流管理

供应链（Supply Chain）与物流（Logistics）是两个不同的范畴，但它们既有区别也有联系。目前国际上对于供应链的理解基本上有三种观点：（1）供应链概念是物流概念的扩展；（2）物流与供应链是一回事；（3）供应链是相关企业业务、资源的集成与一体化。[①] 以上观点从一定角度上反映了人们对供应链的认识，也反映了供应链的发展过程。根据美国物流管理协会（2004 年已更名为“供应链管理协会”）1998 年所下的定义，物流是供应链程序的一部分，它是为满足客户需要，对商品、服务及相关信息在源头与消费点之间的高效（高效率、高效益）正向流动与储存进行的计划、实施与控制过程。国内比较普遍的认识是供应链中包含物流、信息流和资金流，其中，物流是供应链成功与否最关键也是最难实现的因素之一[②]。本书倾向于物流是供应链程序一部分的定义。

（一）国外供应链管理的发展阶段

供应链和供应链管理的概念和应用只有几十年的历史，它们的形成与发展基本上可分为四个发展阶段。

1. 供应链管理的萌芽阶段

① 周艳军：《供应链管理》，上海交通大学出版社 2008 年版，第 18 页。

② 马士华、孟庆鑫：“供应链物流能力的研究现状及发展趋势”，《计算机集成制造系统》，2007 年第 11 卷第 3 期，第 300 页。

这一阶段大致是从20世纪60年代至70年代。在这一阶段，供应链实际上只是实物配送阶段，企业的物流活动主要是配合企业产品的销售，将产成品递送到消费者手中。因为物流主要是为营销活动提供后勤支持，又称为“营销物流”。企业间的协作是以本位主义为核心的。

2. 供应链管理的初级阶段

这一阶段大致是从20世纪80年代初至90年代初。在这一阶段，咨询业最先提出供应链管理这一名词，逐渐引起人们的巨大关注。企业也开始认识到最大的机会存在于企业之外。1989年，Stevens提出了供应链管理的概念，即供应链是通过价值增值过程和分销渠道控制从供应商的供应商到用户的整个过程，它始于供应的源点，终于消费的终点，标志着供应链管理的萌芽阶段已经完成。

供应链管理的实践始于供应链上末端的零售行业。为了解决使产品能够最大化地利用有限的空间分配而获得更多的销售利润等问题，零售行业中的零售商需要更好地与供应商共享销售和市场资料，利用前端POS的消费和营销记录资料与供应商共同确定微观市场的需求以及定位，并根据分析结果来确定库存量和安排供应商的生产与送货，以匹配实际的购买需求情况。当时，典型的供应链策略和模型有两种，即有效客户响应供应链ECR和快速响应供应链QR。

在这阶段，信息技术的发展和大量应用为供应链管理的初步形成奠定了基础，部分企业将信息技术和计算机应用引入了企业管理的范畴，拥有了较好的管理工具，特别是在20世纪80年代末，MRP的推广、ERP和Just In Time模式与系统的引入和应用，逐渐使企业内部实现了信息集成，为供应链上下游之间的业务提供了所需的业务处理信息。同时，企业间的业务联系方式也随着通信技术的发展而不断改善，使上下游业务链在市场竞争的驱使下逐渐向供应链运作方式演变，这些都促使供应链管理概念在企业管理理念的不断变化过程中逐步形成。但在初期，传统供应链的运作多局限于企业内部，即使扩展到了外部，供应链中各个企业的经营重点仍是注重企业的独立运作，没有从整个供应链的角度出发来实现供应链的整体竞争优势、整体运作以及从供应链向价值链的根本突破。

3. 供应链管理的形成阶段

第三阶段大致是从20世纪90年代初至20世纪末。在这阶段，特别是从90年代中期开始，供应链管理无论在理论上还是实践应用上都有了突飞猛进的发展。90年代初，学术界试图给出供应链管理SCM的构架，重点在研究供应链的原理。90年代后，制造加工过程本身的技术手段对提高整个产品竞争力的潜力开始变小，企业纷纷将目光从管理企业内部生产过程转向整个生命周期中的供应环节和整个供应链系统，发现供应链的销售端有着与生产制造和供应端同样多的机会，可以减少成本和提高效率，供应链管理逐渐受到高度重视。同时，企业资源规划ERP系统的迅速传播和广泛应用，使企业的信息和业务都实现了高度的集成，技术的进步以及计算机处理成本的降低，加快了企业范围的业务处理，业务流程再造BPR使企业领导人把业务目标和绩效激励机制结合，这些变革的推动，使供应链管理朝着更加一体化的方向发展，并不断从直线性供应链管理向网络供应链管理转变。

财务管理中的ABC成本法和产品及服务交付的净交货成本法被引入了供应链管理的范围；随后，高级计划排程系统（APS）、客户关系管理系统（CRM）、物流信息系统（LIS）、知识管理（KM）、数据仓库（DW）、数据挖掘（DM）、供应链决策（SCS）等管理技术的竞相问世，使得企业在内部管理上从计划、执行到优化和决策，都从ERP的基础上更上一层楼，在有限的资源基础上合理、有效、及时地开展业务；在企业外部的供应链上，也更好地采用客户关系管理的理念和技术，以市场和客户的满意度为企业经营的中心，将企业的资源紧密地与客户的需求相匹配，并快速响应和满足这些需求。特别是90年代末，强调建立合作伙伴关系和协调供应链运作的理论，因特网和电子商务的发展和运用，改变了企业间业务交流和信息交通的方式，拆除了企业之间的业务围墙，使供应链成员间的业务往来更为频繁，流程衔接更为紧密，响应速度更加迅速，使供应链管理再一次发生了重大的变化，实现了一个新的飞跃。

4. 供应链管理的全面发展阶段

21世纪初期将是供应链管理发展的第四阶段。基于Internet的供应链系统在发达国家已得到较广泛的应用，许多企业把精力努力集中在供应链成员之间的协同、特别是与下游成员业务间的协同上，如供应商管理库存（VMI），合作、预测与供给（CFAR），协同计划、共同计划预测与库存补充（CPFR），分销商集成（DI），以及第三方物流（3PL）/第四方物流（4PL）等模式，同时供应商关系管理（SRM）、产品生命周期管理（PLM）、供应链计划（SCP）和供应链执行（SCE）等系统的应用使供应链上成员间的业务衔接更加紧密，供应链的运作更加协同化。

（二）中国供应链管理发展阶段

供应链管理在我国的发展大致可分为以下几个阶段：

第一阶段：1978年以前。我国的制造业相对比较落后，企业对“供应链”这个概念几乎是一无所知。企业要生产什么，往往不是自己决定，而是被原材料推动，直至成品销售给客户。在计划经济和短缺经济的条件，企业拼命争技改、抢项目、扩建厂房、更新设备，导致制造能力大量过剩，而销售和供应能力则很弱，是典型的“腰鼓型”呆滞式企业。这个年代又被称作供应链的“推式”时代。

第二阶段：1979年至1992年。中国的对外贸易蓬勃发展，企业开始注意充分利用内部资源，客户的需求也逐渐成为影响企业经营活动的重要因素。在客户需求的拉动下，企业开始注意对整个经营活动（最初意义上的供应链）加以控制和管理。这些年又被称作供应链的“拉式”时代。

第三阶段：1993年以后。中国的经济体制逐步由计划经济转变为市场经济，市场逐步繁荣，大部分商品已呈现过剩，产品质量等因素在竞争中的优势逐步减少，成本的竞争优势逐步体现出来。在这种情况下，企业不得不开始考虑如何从原材料采购开始就加以管理和控制，以提高企业的整体效益，从而在激烈的市场竞争中立于不败之地。然而，这还只是刚刚开始了供应链内部集成的阶段，对供应链的关注主要集中在供应商—制造商这一层面上，只是供应链上的一小段，研究的内容主要局限于供应商的选择和定位、降低成本、控制质量、保证供应链的连续性和经济性等问题，没有考虑整个从供应商、分销商、零售商到最终用户的完整供应链，

随着中国加入WTO和中国生产的产品全球竞争力的不断增强，越来越多的跨国公司开始在中国增加采购并构筑现代供应链体系，这推动了中国的生产企业进入全球供应链体系，学习到世界一流的供应链管理思想，大大加快国内企业实施供应链管理的进程，在我国东南

沿海的大型制造业和流通连锁企业的供应链管理日趋成熟，例如家电制造业的“美的”、IT业的领头羊“华为”已从供应链的整合和重组中获得了巨大的利润空间和竞争力，人们对供应链重要性的认识日益增加，但不可否认的是，就我国脱胎于计划经济模式的国有企业和大量中小规模的加工生产企业来说，供应链和供应链管理仍然是比较陌生的概念。中国供应链还处在萌动的阶段。

（三）供应链管理的研究现状

1. 国外研究现状

国外学者对供应链的研究主要集中在以下几个方面：

（1）供应链管理所采用的一般性策略。供应链管理的一般性策略包括：快速响应（QR）、高效客户响应（ECR）、供应商管理库存（VMI）、延迟化策略（Postponement）、JIT采购。

（2）供应链的建模技术。供应链的模型有信息系统模型、经济运行模型、功能结构模型三种。国外学者对供应链的建模研究主要集中在经济运行模型的研究。目前，建立经济运行模型的方法主要有网络设计方法、近似方法、经济方法和基于仿真的方法四种。

（3）合作伙伴关系管理。在供应链的合作伙伴关系中，多数研究者考虑了供应商—制造商、制造商—分销商的关系。战略伙伴关系是供应链管理的核心理念，几乎所有的研究者都强调这一问题的重要性。

（4）信息技术在供应链管理中的应用。提高信息的利用价值与信息的共享程度，一直是国外学者特别强调的主题。信息技术在供应链管理中发挥着决定性的作用，特别是在全球供应链系统中信息的利用与共享显得尤为重要。

（5）供应链的绩效评价。国外学者对供应链的业绩评价也比较重视，通过对供应链管理的绩效评价，可以使企业发现供应链管理过程中的不足，从而改进供应链的管理。对供应链的绩效进行评价，需要做的第一件事情是确定评价的指标，第二件事情是确定评价的方法与手段。

2. 国内研究现状

国内对供应链的研究虽然起步较晚，但发展很快，1997 年以后各种有关供应链方面的研讨和报道日益增多。关于供应链管理的研究，主要有以下几个方面：

（1）供应链管理基本理论研究。这是我国在供应链研究较集中的领域，而且比较多的是研究合作伙伴关系问题。但斌和张旭梅 2000 年在《基于 CPFR 的供应链合作关系》一书中研究了基于合作计划、预测与补给（CPFR，Collaborative Planning，Forecasting and Replenishment）的供应链合作关系问题，认为 CPFR 对于供应链伙伴关系的改善、提高消费者满意度、提高预测准确度与供应链效率、减少库存等都有重要意义，是供应链管理的一个重要模式，并提出了 CPFR 的概念模型与过程模型。

（2）供应链设计与重构问题研究。供应链设计要解决的主要问题是如何将供应商、制造商和分销商有机地集成起来，使之成为相互关联的整体。从企业的角度来看，供应链的设计是一个企业的改造问题。侯方淼在《供应链管理》一书中研究了供应链的设计与重构的问题，阐述了影响供应链设计的各方因素，提出了供应链设计的五个原则和一般步骤，以及企业流程再造的八个原则。

（3）供应链信息系统的建设研究。无论是集成化还是敏捷化供应链，建立支持供应链合作伙伴信息共享的信息系统是成功实现供应链管理的根本保证，因此理论界和企业界在这方面的研究也十分热烈。蔡淑琴在《物流信息系统》一书中，从信息和系统的观点，分析了物流系统的构成，系统地介绍了物流信息系统的基本概念、基本原理和基本方法以及开发信息系统过程中的关键问题。

（4）供应链管理运作方法研究。运作管理是供应链管理的核心之一，国内研究人员从各个层面进行了供应链运作方法的研究。马士华在《供应链运作管理的框架模型》一文中从供应链系统运作管理的角度出发，给出了一个包括战略层、战术层和执行层在内的供应链结构模型及相关的功能分析模型，对提高供应链运行绩效有一定的参考价值。这些研究为供应链管理在企业生产运作方面的应用提供了可操作的理论、方法与支持工具。

（四）供应链管理的发展趋势

1. 研究发展趋势

随着科学技术的飞速发展，特别是信息技术的发展，以及各学科之间的广泛交叉、市场环境日益动荡和复杂，给供应链管理研究在方法论和实践上都带来了新的挑战和新的方向，特别是供应链管理理论解决企业现实的有效性和效率已越来越弱。从分析供应链管理研究的现状及管理实践中所凸现的问题来看，以下几个方面将是供应链管理未来的主要研究方向：

（1）供应链系统的的鲁棒性。供应链的分布式结构使得一般在SCM上采用分布式控制和协调方式，但这种结构易产生以下一些问题：牛鞭效应、道德风险、逆向选择和冲突等，这些问题使得SCM效率低下甚至系统崩溃，那么如何构建一个鲁棒性强的供应链系统，即在外部干扰、内部联盟企业的不合作等情况下，SCM的总体目标仍能够实现，是一个值得而且需要研究的问题。

（2）应用复杂性及复杂系统理论分析和研究供应链管理。供应链是从供应商的供应商到客户的客户，甚至包含竞争对手在内的复杂网络，是一个开放的、边界模糊、动态的、涌现性、共同演化性、自组织、自适应的复杂自适应系统。传统控制方法和解决一般大系统的近似方法已经不能够有效地解决供应链这个复杂大系统的问题了。复杂性科学被誉为“21世纪的科学”，已经成为各学科的一个研究热点，供应链作为CAS已经被学术界所认可，但基于复杂性理论的供应链管理研究文献还不多见。目前，对供应链的研究分析主要是将供应链简化为供应商—制造商—分销商—零售商等简单的链状拓扑结构。应用复杂性理论来研究和优化供应链是供应链管理未来研究的必然趋势。

（3）决策系统性。供应链中各构成实体是一种伙伴关系或者战略联盟关系，通过各企业实体间的合作来达成SC整体的经营目标，但各实体又是独立的自主体，有其自身的经营目标，供应链系统目标决策与实体企业自身的运营目标决策的有效协调是供应链消除不确定性、信息有效共享及供应链有效率运行的保证。目前，供应链系统的决策还只是在单阶段或至多两阶段，今后供应链系统中多阶段群决策、信息共享和集成、网络动态环境下的供应链节点企业间的动态协调机制的系统研究等将是主要研究方向。

2. 中国企业供应链管理的发展趋势

中国改革开放20多年来，在经济持续增长和市场机制逐步完善的过程中，跨国公司的制造业也以惊人的速度和规模向中国转移并呈现出三个新特点：一是加大在华采购力度，建立零部件生产与采购网，进而将中国企业纳入全球供应链体系；二是投资转向了技术密集型的制造产业，与全球供应链体系的联系更加紧密；三是世界大型物流企业纷纷进入国内物流市场，建立物流网络。这三个特点说明中国正以全球生产加工基地的身份被纳入到全球供应链体系中来。这种趋势意味着两点：首先，进入全球供应链体系将会使中国作为全球生产加工基地的地位得到提升；其次，实行供应链管理已成为所有中国生产和流通企业提高竞争力的必然选择。中国企业供应链管理将呈现以下趋势：

（1）连锁零售业将是推动国内供应链管理的重要力量。从世界供应链发展趋势来看，愈接近消费者的企业，愈容易获得对供应链的控制权，尤其是在买方市场成为常态以后，零售商作为供应链体系最接近消费者的一端，直接面向顾客，是以顾客为中心的供应链经营理念的直接推动者。国内连锁零售业的迅猛发展和兼并壮大，使得供应链中靠近消费者的一端越来越强劲。为了取得连锁经营更好的规模效益，几乎所有大型连锁公司都在力图优化自己的供应链管理。在市场的竞争过程中，外资零售企业凭借其管理经验和资金优势，以及熟谙的供应链管理技巧，已经在竞争中显现出了优势。国内零售商目前供应链管理的水平，尽管与外资跨国公司相比仍有明显差距，但已经开始重视与供应商的互利合作关系这一供应链管理中的战略性问题。可以预言，随着国内以连锁经营、物流配送、电子商务为主要内容的流通现代化的兴起、壮大和不断成熟，国内大型连锁零售企业在整个供应链体系中，将扮演重要推动者的角色。

（2）品牌生产企业将成为另一支重要推动力量。近些年来，一些强势生产企业以自身为主导构造供应链体系的势头日趋明显，并且取得了龙头地位。也有一些大型工业企业与商业企业建立了联盟关系，打造以消费品生产企业为主导的供应链管理，延伸自己的竞争优势。一些在行业中领先的生产企业，甚至把发展现代物流作为企业的核心业务和核心竞争力之一，如海尔、联想、双汇等著名品牌企业已发展了大批连锁专卖店，并相应地发展自身的配送能力。消费品生产企业从供应链的上端开始打造供应链，典型的例子如宝洁公司分销体系的建立。在电器行业，生产厂家和零售终端结盟打造供应链也成为一种趋势。可以预言，随着中国品牌企业的逐步增多和规模的扩大，由消费品生产企业为主导建立的供应链管理体系，将在日益扩大的范围内演变成一种趋势，并成为中国发展供应链管理的又一重要推动力量。

（3）第三方物流将成为中国企业开展供应链管理的重要支撑。第三方物流（Third Party Logistics，以下简称 3PL）的充分发展，是支持一国供应链管理走向成熟的重要条件。中国的 3PL 是近几年才发展起来的，现在仍处于起步阶段。目前国内的 3PL 企业主要有四个来源：一是来自于大型国有仓储运输企业。如中远国际货运公司、中外运、中国储运总公司、武汉物资储运总公司，以及原属商业部系统的大中型商业储运公司和转运站等。二是来源于新创办的国有（或控股）新型物流企业。如十年前成立的中海物流公司，是从传统仓储业务开始起步，逐步发展成为现代化 3PL 企业的，目前已能为 IBM、美能达等多家著名跨国公司成功地提供国际性 3PL 服务，并创造出一套商流、物流、信息流、资金流四流合一，以及多对一、多对多的现代物流供应链运作模式。第三个来源是外资和港资的物流企业。如已在我国形成巨大物流服务资源的丹麦马士基，一些为外资生产企业服务的 3PL 服务商，以及为外资 3PL 企业服务的配套服务商，例如深圳的日本近铁物流主要为日本在华生产企业服务，丹麦有利物流公司主要为马士基船运公司及其货主企业提供物流服务等。第四个来源是民营资本建立的3PL企业。这类民营企业多数机制灵活、管理成本低，有的在组织技术上已经十分先进，成为我国最具朝气的3PL企业。如广州的宝供物流承接了美国宝洁公司在中国市场的物流业务，短短几年已在澳洲、泰国以及香港和内地主要城市设立数十个分公司和办事处，为40多个跨国公司和国内知名企业提供国际、国内的3PL服务。尽管中国目前的3PL企业多数存在着这样或那样的不足，但3PL受到高度重视并加速发展的大趋势是不可逆转的。3PL必然在中国未来的现代物流和供应链管理中，成为重要的支撑平台和服务者，推动国内供应链管理向着与国际接轨的更高层次发展。

六、企业危机管理

（一）企业危机管理的产生

早期危机管理主要局限于军事和外交领域。20世纪80年代以来，随着企业竞争环境不确定性的增加，一些学者将危机管理理论扩展到研究经济及企业管理问题，探讨企业在遭遇危机以后如何实施紧急对策，危机管理才开始在企业中日益受到重视。1986年史蒂文·芬克所著《危机管理：为不可预见危机做计划》一书，对危机管理进行了比较系统的研究，建立了较为系统的危机管理分析框架。在他之后，巴顿、希斯等人都以全新的眼光切入危机管理，将研究工作推向深入。20世纪80年代末至90年代初，日本开始研究企业危机管理问题，但重点在于自然灾害以及环境污染引发的企业危机，提出的解决措施主要是在危险费用化的基础上合理购买保险。

目前，发达国家的危机管理已基本实现了产业化。据统计，美国各公司雇佣了约3000名专业的危机管理人员；美国、加拿大还有数十家独立的危机管理咨询公司，专门进行危机管理咨询工作。不仅如此，危机管理的教育也得到重视和发展，现在，美国、欧洲各知名大学的商学院都普遍讲授危机管理课程。许多大企业在经历了危机的生存考验之后，危机管理的意识越来越强，并将危机管理视为新的公司纪律（New Corporate Discipline）。伦敦证券交易所也提出新的规定，要求上市公司必须建立危机管理体制，并要求定期提交报告。

20世纪90年代，企业危机管理的理论开始传入我国。90年代初，国家自然科学基金曾先后资助余廉等人从事《企业逆境管理——管理失误成因分析及企业滑坡对策研究》、《企业危机的预警原理与方法》等研究项目，开始涉足危机管理的研究工作。华为、海尔等一些企业开始树立危机意识，重视危机管理。

但总体而言，目前，国内企业的危机管理意识普遍不强，不仅表现为危机防范意识较差，更为严重的是不少企业即使在危机已经发生的情况下仍然漠然置之，缺乏有效的补救措施。近些年来出现的三株风波、巨人危机、三鹿事件等，无不都在提醒企业管理者正视危机管理。

（二）国外企业危机管理研究历程

20世纪以来，西方企业危机管理研究已经走过了近100年的历程，从最初的单一企业防危应变理论，到今天在系统论、控制论和信息论指导下的现代企业危机管理理论，这一研究领域倾注了大量专家学者的心血，也结出了令人叹服的硕果。从发展历程上看，西方企业危机管理的研究工作大致可分为三个阶段，即20世纪初至60年代初的起步阶段、20世纪60年代初至80年代初的确立阶段以及20世纪80年代初至今的成熟阶段。

1. 西方企业危机管理研究的起步阶段：20世纪初至60年代初

20世纪初至60年代初是西方企业危机管理研究的起步阶段，当时企业危机管理研究还未完全从危机管理理论中独立出来。危机理论最初主要分析政治危机，包括政权与政府的变更、政治冲突与战争等，其目的在于探索政治危机的根源，寻求处理和应对政治危机、维护政治稳定的方法。从20世纪初开始，危机理论逐步向管理理论渗透，危机管理理论因此得以形成。而关于企业危机及其管理的研究，最早则可以追溯到第一次世界大战前后，1915年莱特纳在《企业危险论》中，首次提出了企业危险管理。1921年马歇尔在《企业管理》一书中就提出了对于危机的处理方法。

关于企业危机管理的进一步研究出现在20世纪40年代的美国。美国政府在20世纪40年代就设立了处理危机的管理小组，其任务是研究处理可能随时发生的政治、外交、军事纠纷等方面的危机问题。随后，美国的许多企业开始将此类方法用于企业危机管理之中，用它来处理企业发展中随时可能发生的危机。这样也就出现了管理学中最早的企业危机管理的概念。

2. 西方企业危机管理研究的确立阶段：20世纪60年代初至80年代初

企业危机管理研究在经历近20年的沉寂后，终于在20世纪60年代初重焕光彩，并进入了系统研究阶段，西方的企业危机管理研究也宣告正式确立。当时，美国政治学界所谓“学科新革命”的兴起，增强了各学科研究者解决现实社会危机的责任感；科学技术的进步与研究方法的更新，使学者们有能力利用计算机等工具，构筑全新的危机分析框架。于是，学者们开始超越对单个危机事件的分析，从而走向横向、纵向的比较研究、综合研究，由此而将危机管理研究的整体水平向前大大推进了，也正是在这股力量的推动下，西方企业危机管理研究进入了正式的确立阶段。

在20世纪60年代初，美国企业危机管理研究的振兴者是两位著名学者阿·布莱克和艾·莫顿，他们对领导行为的有效性进行研究，拉开了全面研究企业危机管理的序幕。他们率先从企业组织因素来考察有效领导和无效领导的行为差异，建立了一个指标系统来评价企业内部的不信任行为、冲突行为、无效行为、沟通障碍和失误等现象。而菲特帕杰克对企业危机预警机制的研究也代表了当时理论界的较高水平，他首次进行了单个财务比率模型的判定，开创了单量预警方法。日本也不甘示弱，也在20世纪60年代开始了企业危机管理研究，其带头人是龟井利明。他对60年代日本高速增长时期经常出乎意外地发生企业倒闭的事实抱有疑问和关心。他认为，日本的经济规模虽在扩大，经济在实现高速增长，但一些企业还没有实行企业危机的科学管理，对企业的社会责任不予重视，缺乏防灾对策和环境对策，因而出现了经营危机，以致走向企业倒闭的穷途末路。

从20世纪70年代开始，美国企业危机管理的研究领域又相继出现了战略风险与潜在危机管理、基于风险与危机价值的资产评估、对待企业危机的个体差异等研究成果。与此同时，加拿大学者阿·豪斯和博·菲尔德在对危机管理过程中领导者作用的研究方面取得较大成功，他以环境因素为主变量来考察无效领导行为，并用领导过程中的不良行为充分论证了领导方式的权变特性。在日本，1973年相继出现的石油危机和世界经济萧条，使日本经济步入了低速增长时期，企业经营不稳，时好时坏，经营方向不明确，企业像卷入大气流的飞机一样。因此，日本学者开始认识到对企业进行系统而科学的危机管理，以及通过合理的保险使危险费用化，建立克服企业危机的科学理论和企业防危管理理论的必要性。

3. 西方企业危机管理研究的成熟阶段：20 世纪 80 年代初至今

西方企业危机管理研究成熟的标志性事件是“泰诺”事件。美国著名危机公关专家阿尔·托特瑞拉甚至宣称：“在 1982 年前没有危机管理这个说法，人们用的是‘问题解决’，‘风险控制’和‘灾难控制’。企业危机管理的起源是 1982 年美国强生公司的泰诺事件!”在当时众多的研究成果当中，佩罗于 1984 年提出的“企业组织机构理论”颇具代表性，该学说认为企业过于僵化和沟通不畅的组织机构和管理机制是大多数危机事件的根源和预兆。该理论赞同技术问题和人的问题可能是导致危机安全事故发生的两个基本原因，但同时又强调指出，企业组织和管理结构存在的一些弊端可能会使企业在突遇危机灾难时遭受本来可以避免的惨重损失。不过，“雷打不动”的程序化管理机制在处理一些“缓和性”日常工作，特别是模拟训练和演练过程中可能是必须的。

（三）国内企业危机管理研究历程

我国企业危机管理研究的历史并不长，真正在概念上对企业危机管理作出准确定位已是 20 世纪 90 年代中期以后的事情了。由于长期受到计划经济体制的束缚，我国企业危机管理无论是在理论上，还是在模型、工具、系统和实践等方面都非常滞后。即便将企业危机管理研究的前期准备阶段计算在内，也不过 20 多年时间，这已经至少落后了西方三四十年。在我国，企业危机管理研究本身就是改革开放的产物，它的逐渐形成和完善也是与我国经济体制改革的逐步深入和完善同步的：它萌芽于企业管理失误研究和企业诊断理论，初步成型于企业危机预警理论，而其逐渐成熟还是非典危机出现以后的这几年。

1. 企业危机管理理论的萌芽期：从企业管理失误研究和企业诊断理论起步

从时间范围上看，企业危机管理的萌芽期跨越了 1978—1992 年这 14 年左右的时间，其起点应在我国开始实施改革开放政策的 1978 年，而其终点大约在邓小平南方谈话的 1992 年。从企业管理失误研究和企业诊断理论起步的众多研究议题中，企业管理失误研究最具本土特色，也是改革开放以来企业自身问题研究的第一步。20 世纪 80 年代开始，管理失误方面的研究文章就相继见诸各类报刊，但基本是经验层次的描述性研究，并且主要是决策失误的经验研究，诸如对宏观经济管理的失误、部门经济管理的失误以及企业管理失误的过程性描述，较少有对管理失误背后的成因机理、演变发展规律和破坏机制进行理性研究。即便是研究企业管理失误，也大多是从外部环境角度和企业决策者个人素质角度去找寻原因，而忽略了对企业自身的内在组织结构和企业失误本身客观规律的系统性研究。事实上，后者才是企业管理失误的根源。直到 1993 年之前，在这方面系统研究的著作也不多见，仅吴兆龙的《企业失利原因寻根法》（科学出版社 1990 年版）和余廉的《企业避入陷阱技巧》（科学出版社 1990 年版）对企业领导人和企业管理行为失误的研究具有较深的学术理论色彩，应该说代表了当时企业管理失误研究方面的最高水平。但即便如此，这类研究仍停留在具体的方法和技巧层面，理论层次的苍白和学理深度的匮乏都不能探究到问题的本源。

几乎在企业管理失误研究的同时，我国理论界在西方先进企业管理理论的启发下，又开启了另一片天地——企业诊断理论研究。企业诊断是企业管理中的一种参谋、顾问性质的服务活动，是智力专业化的工作，往往是外部管理专家对企业作出正确而及时的企业问题判断，并提出有效整改方案。在我国，一大批国外的诊断理论书籍被翻译，如日本的《企业经营弊病的诊治》和《大企业病》，美国的《商业大失败》和《管理不善及其预防》等，也有不少企业诊断方面的理论论著出版，如《错误论》、《论欠缺》等。但由于国内企业环境及企业机制的差异，我国学者们的研究仍未能将企业诊断理论推向深入，多固守传统的管理思维方式，与西方的经典理论相比还存在相当大的差距。

2. 企业危机管理理论的形成期：以企业危机预警管理理论的成熟为坐标

企业危机管理的形成期跨越了1992年后的10年左右的时间，以企业危机预警管理理论的成熟为标志。因为企业危机预警机制也是企业危机管理的核心部分，它的完善程度直接影响危机管理的效果。不过，与西方国家相比，国内的企业危机预警理论研究起步也较晚，从20世纪80年代末开始，企业危机预警系统的研究与应用经历了一个从宏观的经济领域预警渗透到微观的企业预警、从定性为主到定性与定量相结合、从点面预警到状态预警转变的过程。

我国企业预警主要可以分为企业总体经营趋势预警、行业企业预警、职能预警三大类，它们是在实证考察和分析我国企业效益滑坡、经营亏损、停产半停产等企业困境现象的活动规律的基础上，探寻企业在顺境状态下的识错、防错机理和在逆境状态下的治错、纠错机理的理论。1993年，余廉首次提出了企业逆境管理理论，并在此基础上较系统创立了企业预警体系。他认为，对于企业战略目标来说，企业预警管理（追求风险的降低和规避）同传统的企业成功管理（追求绩效的改善）同等重要，并认为企业预警研究的对象是企业逆境、管理波动、管理失误，其目标是为了探求逆境现象的本质特征、成因背景、发展规律，构建企业预警管理机制。余廉的两大重要成果是：首先，各种企业危机的出现都具有再现性，不论是外部环境突变还是内部管理失误或两者综合作用而成，其形成必然表现为企业内部的一种逐渐扩散或传导的过程，并且反映在内部管理流程与管理行为的重要环节中。这种扩展活动的征兆及其过程具有再现性和可逆性，因此，建立企业危机监测系统与预警系统就有了可行性；其次，尽管企业内部各部门的业务及其重点各不相同，但预警指标对它们的测评效果却是一致的，即预警活动表现为系统的和内在规律的活动，表现为稳定的功能，而且它的作用超越了对危机的单纯预报，这就为我国企业建立危机预警管理体系提供了充分的理论基础。不仅于此，余廉的主要贡献还在于，他提出了企业预警机制的分析理论，以及早期预报和预控的原理和方法，建立了用于监测、评价、预报企业逆境与危机现象的预警指标体系，并设计了企业财务管理、营销管理、组织管理、决策事务管理、技术管理的具体预警模式与方法。此外，王林、唐晓东研究了经济波动对企业的影响，从政策预警、外部经济预警和内部经济预警三个方面构造了企业预警体系；而谢科范从防范企业破产和被兼并的角度研究了预警系统的设计原理、结构和指标体系的建立制度。

在企业危机预警管理理论日益走向成熟的同时，大批学者也从不同领域、以不同方式对企业危机管理进行了研究。其中的热点有危机公关理论研究和危机处理过程的理论研究，如高明就在《危机公关，重在超越》一文中详细论述了企业危机公关的必要性和重要意义，并且提出了企业卓越公关与危机处理的标杆法则，在同类研究中颇有新意。

3. 企业危机管理理论的发展期：以非典危机研究为标志

企业危机管理真正引起全社会关注的还是发生在2003年的那场非典危机。这场公共危机唤醒了中国人的危机意识，更以惨痛的教训拉开了中国企业重视危机管理的序幕。据统计，仅2003年的旅游收入就至少减少2768亿元。非典危机过后，世界旅游组织也认为："即使危机结束，危机带来的负面影响仍然会在潜在的旅游者心中保持一段时期，因此要加倍的努力，尤其是在沟通和宣传方面。"

而早在2003年4月，清华大学公共管理学院成立了"非典事件危机管理课题组"，到6月底，该课题组在三个月内共提供了32份非典专题研究报告，并形成专著——《透视非典：健康与发展》。此后，反思我国政府和企业在处理非典危机中所暴露的机制缺陷与管理漏洞立即成为研究焦点。大家普遍认为，非典是一次冲击，是一场考验，也是加快调整的机遇。它不仅使治国理念、政治经济体制、社会结构乃至新闻制度等方面存在的缺陷暴露出来，也给企业在预警机制、应急机制、信息系统和沟通系统方面的欠缺敲了一记警钟。正如我国企业危机专题调研组专家所言："我国大部分企业都没有建立危机管理机制，尽管也有企业危机管理机制的一些要素，但并没有制度化。非典的爆发给中国企业界上了一堂沉重而有价值的危机管理课，我国企业应当以此为契机，建立完备的预防危机制度。"经济学者潘逸华在《SARS惊醒企业危机管理》一文中更是明确指出："SARS给企业造成的惨重损失，再一次激发了中国企业的危机感，影响和改变着众多产业的经营理念，同时唤醒了企业对现代管理理论体系中危机管理的警觉。可以想见，一个建立企业危机管理体制的热潮将在中国企业界兴起。"青年学者李广海也撰文指出非典对于企业信息化的具体意义："由于非典原因导致商务旅行受到限制，而很多具备良好信息系统的企业可以通过因特网、企业管理信息系统和可视电话等实现远程办公、远程客户服务和客户访问，从而将非典的负面影响降到最低限度。从这个角度来看，本次'非典'灾难将推动我国企业信息化、电子商务和电子政务的发展。"仅在2003年，研究非典对企业影响的文章就有：张广瑞发表的《"非典"呼唤旅游业"危机管理"》（《经济日报》，2003年5月16日第2版），着重从行业特点提醒企业加强危机管理；耿欣发表的《从SARS事件谈企业管理机制》（《国际商报》，2003年5月26日第5版），主要就企业危机管理机制的建立问题提出需做好四个方面的准备，即做好危机管理的心理准备、制度准备、组织准备和资源准备，但论述过于简单；白万纲发表的《非典时期的企业危机管理对策》（《中国企业报》，2003年6月5日第4版），主要分析了非典后企业危机恢复阶段的策略，如进攻策略：塑造新形象、开发新产品、争取新客户、组建新联盟，还有苦练内功策略：重塑企业文化、重整IT平台、重振营销管理措施等；中国企业联合会、中国企业家协会专题调研组在《在危机中学会成熟：非典对我国企业经营的影响及对策建议》一文中也着重指出：供需渠道不通畅和非接触渠道（电子商务等）欠发达是主要原因，建议调整企业策略、建立和健全企业预防机制等六个方面的对策建议等。从上述文章的内容可以看出，非典的爆发已经全面激活了企业内部那根已经麻木多时的防危神经，同时也让学者们深刻认识到企业危机管理理论研究的重要意义。我们从最近两年的企业危机管理方面的研究专著和论文中也能发现，企业危机管理的重要性已得到企业界的一致认可，企业家们也纷纷开始实施或完善自己企业的危机管理机制。而理论界也从多个角度、多种方式探讨了企业危机管理的长处与不足，大多数学者都提出企业应该系统构建危机管理体系与机制，分别从制度、法律、综合治理、公关理论方面具体提出了自己的见解。

（四）企业危机管理研究的方向

目前，学者们正从以下四个角度对企业危机管理展开研究：

1. 企业危机管理的系统理论

从系统论角度来看，企业的内部环境和企业所面临的外部环境构成了企业的整个经营系统，企业经营系统是多层次的、多面向的复杂互动，并且能通过输入、输出和运作及反馈过程不断循环而达到相对稳定的状态。当系统循环受到外部环境或内部因素变化的影响无法保持稳定时，系统就可能出现失控和变态现象，而危机就是整个系统的失控与变态。就企业组织结构而言，不同企业类型会有不同的结构性危机，这种内部结构的危机会妨碍企业有效处理的速度和效率。当外在或内在的环境出现危机因子时，企业本身就必须进行某种程度的处理以解决各种可能发生的情况。内部组织结构越健全，越有助于提升企业危机处理的能力。就企业决策结构而言，当外在环境对企业要求的量与项目超过决策体系所能处理的能力时，这种超载的情况越严重，可能会越使决策品质下降，危机解决的可能性就越低。危机系统理论还认为，有些外部环境变化是可以发现的，企业不应等到最后的危机爆发阶段才被迫进行危机处理，而应及早出击，防患于未然。

2. 企业危机管理的生命周期理论

在这一方面，不同的学者划分的标准都各不相同，最先提出企业危机管理周期理论的是经济学家森姆·博斯。他将企业危机分为五个时期，即企业危机酝酿期、企业危机爆发期、企业危机扩散期、企业危机处理期以及企业危机处理结果与后遗症期。他认为危机处在不同阶段有其不同的生命特征。在企业危机酝酿期，对于危机因子的形成和发展，该理论认为许多危机都是经渐变、量变后才形成质变，而质变就是危机的形成与爆发，因而潜在危机因子的发展与扩散才是企业危机处理的重要阶段，将危机扼杀于酝酿期是最好的危机处理方式。在企业危机爆发期，常会出现有关危机的资讯不足、企业的收入顿减、企业的形象受损等现象，若不立即处理，危机的破坏强度与损失就会更大，从而进入危机的扩散期。危机的处理期是生命周期的关键阶段，此时企业若能找出并利用企业自身的优势及外部的机会，就能决定其生死存亡的命运。最大化地发挥本企业的优势及利用外部的机会不但能使威胁最小化，而且隐藏着变革的机遇。在危机处理结果与后遗症期，不能掉以轻心，必须彻底解决危机，否则所疏忽的危机可能在后遗症期卷土重来，使危机不经酝酿期再度爆发或使部分危机残余因子再度进入危机酝酿期。

基于企业危机的生命周期理论，管理学家彼得·德鲁克（Peter Dmcker）认为，企业应该追求持续不断的创新。每隔一定时期，企业必须对自己业务的方方面面进行一次全方位的严格评估，实现危机的动态管理。他在对企业危机的研究中提出“成功的失败”（The failure of success）论点，认为许多企业产生危机，不是以往的失败，而是因为以往的成功所导致。其主要原因就在于企业墨守成规，不求创新。

3. 企业危机管理的扩散理论

企业危机扩散理论的构架，起始点是在危机爆发后，通过媒体效益而产生形象危机、财务危机和生存危机等。该理论是综合危机理论、经济学、大众传媒理论、公共关系、社会心理学以及企业避险等行为与理论所凝聚而成的。它以企业未能事前化解危机，也未能迅速在企业危机爆发后有效地处理危机为前提假设，认为危机杀伤力的强度、传播效果、认知结构、恐慌与从众行为、过去企业解决危机的能力表现、危机扩散与危机处理两者之间的时间落差等是危机扩散的动力与源泉。当危机爆发时，媒体会关注危机并进行广泛持续的报道，从而产生媒体效应，引起整个社会的普遍关心与重视，当危机通过媒体揭露出来时必然会损害企业的形象，形成形象危机。此时相关的群体会采取一些措施保护自己的利益，如一些客户会对危机公司丧失信心而改与别家签订订单，理智的投资者会卖掉手中的股票等，这些会导致公司财务危机。此时若仍未及时处理，那么媒体的不断报道、政府的介入、竞争者的落井下石等会进一步扩大危机的严重性，形成生存危机。

针对危机的扩散问题，学者们提出了危机沟通的策略和方法。卡波尼格罗在其《危机顾问》一书中明确提出了企业危机发生过程中的沟通策略，即企业危机管理者怎样与员工、顾客、新闻媒体和其他公众进行沟通。另外，赫尔姆斯、戴维斯·扬等人积极倡导声誉管理，认为声誉是一个企业获得社会公众信任程度和美誉度，以及企业在社会公众中影响好坏的程度，即建立和维持与社会公众的信任关系是企业危机管理的有效方法。

4. 企业危机变化的结构理论

研究企业危机管理的国际学者艾·密乔夫提出了所谓企业危机管理的最佳模式，该模式包括四大关键因素：危机形态与风险、危机管理机制、危机管理系统以及利益关系人。他将可能影响企业危机管理或受到企业危机影响的那些团体（个人、组织等）均视为企业的利益关系人，同时将企业系统分为五个层面：最表面是科技层面，第二层是组织结构，第三层是人为因素，第四层是组织文化，第五层是高级主管心理。并且他认为各层面都有影响危机的因素，而最内层的高级主管心理则是企业危机处理表现的决定变数。他从危机处理的研究中发现，在拟订危机计划时，必须考察每一项危机冲击的范围与强度，注意分析危机形态与危险程度才能提高准备的成效，才能使危机处理更有胜算。他还认为，有效的危机管理机制不是在危机发生后才对危机回应，而是在危机发生前就做好准备，危机管理唯有以系统方式处理才能取得最佳的结果。最后，他认为这四大关键因素本身不但是动态发展的，而且各变数始终处在互动状态，如果企业将这些变数也纳入危机管理计划并加以掌控，危机处理的结果自然就会更加圆满和理想。

新中国管理学大事记

（1949—2009）

1949 年

10 月 1 日，中华人民共和国宣告成立。毛泽东主席亲自升起新中国第一面五星红旗，庄严宣布："中华人民共和国中央人民政府成立了"，并宣读中央人民政府公告。

△ 燃料工业部成立。该部管理全国煤炭、电力和石油工业。燃料工业部直接领导华北电业公司（1949 年 12 月 2 日改称为华北电业管理总局）。东北地区的电力工业则由东北人民政府工业部电业管理总局直接管理，华东、中南、西南和西北等 4 个地区的电力工业分别由各省、市所在的军管会或地方政府管理。

10 月 21 日，中央人民政府政务院宣告成立。

△ 中央人民政府政务院财政经济委员会（以下简称"中财委"）成立。

11 月 1 日，中央人民政府重工业部成立，负责冶金、化学、机器、电机、国防和建材等工业的生产与建设。陈云任部长。中央金属工业处随之撤销。

11 月 9 日，食品公业部正式成立。经政务院批准，主管国营渔业、糖业、面粉业、油业、卷烟业。其他食品工业均因规模小，暂由地方管理。

11 月 13 日，中财委发出致各地财委的内部指示《制止物价猛涨》。《指示》说，此次物价上涨的根本原因在于纸币发行大量增加，致使币值大跌，物价猛涨。《指示》认为，目前稳住物价已有可能，各地均应稳住。

11 月 23 日，中财委发出《关于国营公营企业必须向中国人民保险公司进行保险的指示》，并准予将保险费用列入生产成本内。

11 月 24 日，中华全国总工会发出《关于劳资关系暂行处理办法》、《关于私营工商企业劳资双方订立集体合同的暂行办法》、《劳资争议解决程序的暂行规定》等三个文件。

12 月 5 日，中央人民政府军事委员会发布《关于 1950 年军队参加生产建设工作的指示》，指出军队的生产任务不是临时的，应从长期建设的观点了发。

△ 钢铁工业系统的组织机构实行重工业部——钢铁工业局——钢铁企业三级制，并将计划与生产、基本建设与生产管理分开；对技术人员进行调查与登记，由重工业部统一分配；在现阶段实行低薪制，但对生产管理已走上正规的企业实行超额奖金制。

1950 年

1 月 23 日，为统一石油生产的领导，中财委决定成立全国石油总局，由燃料工业部直接领导。西北石油管理局、原中国石油公司四川探勘处、上海炼油厂等单位有关生产建设计划、生产技术等问题统归该局领导。

1 月 25 日，铁道部召开全国铁路材料会议，决定实行材料企业化供应负责制，统一管理铁路材料。

1 月 31 日，中央人民政府政务院颁发《全国税政实施要则》，统一了税收制度，平衡城乡负担。

2 月 6 日，《人民日报》发表社论《学会管理企业》。社论指出，“学会管理企业，把官僚资本主义企业改造成为新民主主义企业，就应成为中国工人阶级目前的中心口号”。

2 月 28 日，中财委发出《关于国营工厂建立工厂管理委员会的指示》，要求根据 1949 年华北人民政府颁布的《关于在国营、公营企业中建立工厂管理委员会与职工代表会议的实施条例》，立即着手建立工厂管理委员会。

3 月 3 日，政务院会议通过《关于统一国家财政经济工作的决定》。陈云副总理在报告中指出：“这一文件的基本精神是，节约支出，增加收入，缩小赤字，统一管理，以争取国家财政经济状况的好转”。会议还通过《中央金库条例》。

△ 政务院发布《公营企业缴纳工商业税暂行办法》。

3 月 4 日，中财委指示国营公营工厂，认真建立工厂管理委员会，保证完成恢复与发展生产的任务。

3 月 10 日，中央人民政府政务院发布《关于统一全国国营贸易实施办法的决定》。决定规定：“全国的国营贸易，合作社贸易与私营贸易的国家总领导机关为中央人民政府贸易部”。

3 月中旬，中财委发布《关于各公营、公司合营及工业生产合作社的工矿企业进行统一的全国普查的训令》。

3 月 16 日，为了合理使用国家资财，克服囤积浪费现象，中央人民政府政务院发布《关于全国仓库物资清理调配的决定》，并成立全国仓库物资清理调配委员会统一领导。

3 月 17 日，财政部发出《关于公营企业交纳工商业税的通知》。公营企业交纳工商业税是我国财政史上的一件新事，也是一件大事。

3 月 24 日，为了克服国家收支不平衡与收支机关脱节的现象，为了节约支出，整顿收入，统一国家财政收支的管理，政务院会议通过《关于统一管理 1950 年度财政收支的决定》。

3 月 25 日，中财委发出《关于全国公营及公私合营工矿企业建立统一的定期统计表制度的训令》。

3 月 27 日，中苏两国在莫斯科签订三项协定：（1）《关于在新疆创办中苏石油股份公司协定》；（2）《关于在新疆创办中苏有色及稀有金属股份公司的协定》；（3）《关于创办中苏民用航空股份公司的协定》。

4 月 11 日，重工业部发布《关于建立与加强计划工作机构的指示》。

△ 交通部公布实行政务院3月20日批准的《全国汽车管理暂行办法》，1953年6月29日中财委批准修订实行。

4月13—24日，燃料工业部在北京召开第一次全国石油工业会议。陈郁部长作《中国石油工业方针与任务》的报告。会议决定成立石油管理总局。确定以大力开发西北石油资源，尽快恢复东北人造石油工业为重点。

5月5日，根据中财委《关于统一华东、华北两区煤电生产管理》的指示，为了适应当前发展生产、提高工作效率的需要，燃料工业部决定取消两区地区性的管理机构，华东地区的青岛、鲁中、徐州、淮南、南京、苏南等电业部门并入华北。华北电业管理总局改称为电业管理总局，由燃料工业部直接领导。

5月22日，全国工会生产会议召开。李立三在会议上说，一切工会组织，不论在公营企业中或私营企业中，均应以做好生产工作作为自己的中心任务。他提出，生产竞赛应成为工人群众经常的生活方式、劳动方式。生产竞赛的结果，对于提倡合理化建议、提高劳动纪律、制定生产定额、鼓励学习技术、发展联合合同、开好生产会议、实行管理民主化、订立集体合同等等，都具有推动作用。

5月26日，为了调整五种经济，实行统筹兼顾，全国七大城市工商局长会议在北京召开。会议听取了各地代表报告各地工商业情况。研究了目前全国工商业困难的原因和必要的与可能的解决办法；检讨了公私企业，即工业，商业、金融各方面的关系等问题。

6月1日，重工业部撤销华北化学工业公司筹备处，成立重工业部化学工业局。

6月8日，《人民日报》报道，国营企业采取委托加工、定货，收购和发放贷款等形式扶植私营企业，使部分私营行业产销情况日趋好转。

6月15日，陈云副总理在全国政协二次会议上作了《关于经济形势、调整工商业和调整税收诸问题》的报告。

6月19日，东北人民政府发布《关于调整公营产业工人技术人员工薪及改行八级工资制的指示》，将原来三十九级工资制改为八级工资制。调整工资幅度是在1949年实际平均工资的水平上提高8%。

7月4日，中财委颁布《关于适当限制某些已经过剩或已达饱和状态的生产的公告》。对第一类生产已严重过剩的工业，第二类生产能力已超过需要的工业，第三类生产已呈饱和状态的工业，提出产品目录，以求限制生产的盲目发展。

7月10—29日，重工业部在北京召开计划会议，决定克服生产建设中的混乱现象，试行科学的计划工作。会议根据中财委关于重工业五年来建设远景及1951年主要成品和基本建设的控制数字，结合厂矿具体情况，确定了1951年国营重工业的钢铁、有色金属、化工等生产计划的控制数字修正案，拟定了1951年国营重工业（东北区另行计划）基本建设投资额。1951年生产与基本建设的具体计划将据此编制。

7月26日—8月5日，燃料工业部召开计划会议，制定出1951年计划轮廓和控制数字。1951年的煤产量计划比1950年提高9%，这一控制数字是按“以销定产”的原则而制定的，以求做到产销平衡。

8月11日政务院会议通过《关于奖励有关生产的发明、技术改进及合理化建议的决定》和《保障发明权与专利权暂行条例》。

8月28日—9月9日，全国煤炭产销会议召开。会议主要解决了四个问题：（1）关于矿区销售问题；(2) 关于价格问题；(3) 批发零售界限与国营零售问题；(4) 关于推销问题。

8月，燃料工业部成立水利发电工程局（1953年4月改为水利发电建设总局)。

9月，中共中央发出《关于统一调整国家仓库的指示》。

10月20日，中财委批准燃料工业部《公私营煤矿暂行管理办法》和《土采煤窑暂行处理办法》。

11月7日，中共中央转发中财委《关于限期清理企业资产与确定企业资金的建议报告》，要求进一步摸清国营企业家底，为有计划地组织经济建设创造条件。经过近两年的清产核资，国营企业（文委、军委、军工及地方国营企业除外）1952年底固定资产原值223.6亿元，净值158.9亿元。在固定资本中，工业占41.6%，其中重工业占33.6%轻工业占7.9%。

12月1日，政务院第61次政务会议通过《关于决算制度、预算审核、投资施工计划和货币管理的决定》。

12月19日，政务院发布命令，公布《工商业税暂行条例》、《货物税暂行条例》、《印花税暂行条例》。

12月22日，中财委发布《私营企业重估财产调整资本办法》。

△ 中财委在《关于禁止国营、公营企业及军工部门在市场采购进口物资的指示》中指出，美帝对我管制输出及资金冻结后，香港市场发生的抢购现象，现已波及国内市场，为稳定国内市场，特决定自即日起，各大中城市国营、公营企业、一律停止在市场采购进口物资（五金、化工、医药、电讯等原材料），但可根据对该项原材料的实际需求，订出计划，经当地财委同意后，速呈中财委统一调配。

△ 政务院会议通过了《中华人民共和国矿业暂行条例》，其中规定：全国矿藏，均为国有，如无须公营或划作国家保留区时，准许并鼓励私人经营。该条例于1951年4月26日公布。

12月27日，经中财委批准，贸易部发布《国营贸易企业定期统计报表制度》，以便及时掌握与检查所属企业执行计划制度。

12月29日，政务院通过《私营企业暂行条例》。其宗旨是在国营经济领导下，鼓励并扶助有利于国计民生的私营企业。

1951年

1月4日，为了保证人民穿衣的需要和稳定物价，政务院财政经济委员会发布统购棉纱命令。根据中财委关于统购棉纱的决定，自“本决定公布之日起，凡公私纱厂自纺部分的棉纱及自织的棉布，均由国营花纱布公司统购。”

1月5日，政务院会议通过《企业中公股公产清理办法》，规定对公私合营企业和有公股公产的私营企业中的公股公产要进行清理。文件规定了清理范围、主要机关、公股代表、清理改组程序和清理期限。

1月17日，《人民日报》发表《私营企业正确发展的途径》的社论。社论指出私营企业的发展有两个基本问题：第一，如何发挥有益于国计民生的私营工商业的积极性；第二，如何使私营企业按照新民主主义的轨道发展。

1 月 23 日，中国人民银行发布《工业放款章程》。

2 月 3 日，政务院发布《关于实行国家机关、国营企业、合作社财产强制保险及旅客强制保险的决定》。

3 月 28 日，中财委颁发《基本建设工作程序暂行办法》。

3 月 29 日，政务院公布《关于 1951 年度财政收支系统划分的决定》。为巩固国家财政工作的统一管理与统一领导，并适应全国各区、省、市的经济状况与工作条件，做到因地制宜，决定将 1951 年度的财政收支管理划分为中央、大行政区及省（市）三级。

3 月 30 日，中财委颁布《私营企业暂行条例施行办法》。

3 月 31 日，政务院批准和公布《关于进一步整理城市地方财政的决定》。

4 月 6 日，政务院会议通过《关于 1951 年国营工业生产建设的决定》。《决定》的主要内容是：（一）关于国营工业生产控制数字；（二）关于国营工业投资控制数字；（三）关于国营地方工业在发展国民经济中具有的重要作用；（四）关于加强工业的经营管理，实行经济核算制；（五）关于企业中的生产竞赛。

4 月 17 日，中央军委和政务院颁发《关于航空工业建设的决定》，宣布成立航空工业管理委员会。

4 月 18 日，政务院颁布《中华人民共和国暂行海关法》，并决定 5 月 1 日起施行，同时，颁布《中华人民共和国矿业暂行条例》。

4 月 30 日，政务院决定征用我国境内各地的亚细亚火油公司的全部财产，并征购其全部存油。

5 月 4 日，政务院会议通过《关于划分中央与地方在财政经济工作上管理职权的决定》。指出："在继续保证国家财政经济工作统一领导、计划和管理的原则下，把财政经济工作中一部分适宜于由地方政府管理的职权交给地方政府。"

5 月 12 日，重工业部指示各直属企业实行经济核算制。该部直属各企业自接管后，清洗了坏份子，初步实行了民主管理，随着竞赛运动发展，不断出现新纪录。

6 月 4 日，中财委发布《关于国营企业清理资产固定资金的决定》。《决定》规定："全国国营企业的固定资产与流动资金，应一律重新清理登记，并按 1951 年 8 月底的人民币价格，重新估价。"

7 月 20 日，政务院会议通过《预算决算暂行条例》，8 月 20 日《人民日报》刊登该《条例》，并发表社论《把国家预算决算工作提高一步》。

7 月 31 日，中财委颁布《国营企业资产清理及估阶暂行办法》、《国营企业资金核定暂行办法》。

8 月 10 日，中财委发出《关于改进与增加基本建设计划工作的指示》。

9 月 14—15 日，《人民日报》发表文章《论厂矿企业中民主改革的补课问题》。文章认为，民主改革这一课，在国营企业方面，是把官僚资本主义的企业，改变为社会主义性质的企业，在私营企业方面，是把旧民主主义的企业改变为新民主主义的企业。

9 月 28 日，中共中央发出《关于国营工厂管理的决定》。决定（1）进行民主改革，要废除那些旧的压迫工人的制度；（2）组织劳动竞赛；（3）完成生产方式是国营企业的根本任务；（4）经济核算制是管理企业的基本方法；（5）关于和改善职工的物质文化生活；（6）党的政治领导，建立厂长责任制等问题。

9月28日，中共中央转发中南局《关于联营问题的指示》。

10月15日，纺织工业部发出《关于普遍开展郝建秀工作法的指示》。指出，郝建秀工作法是中国纺织生产工作上的一个重大事件，它是今后生产竞赛走向体力与智力相结合的阶段。

12月，燃料工业部颁布《公私营煤矿暂行管理办法》、《土采煤窑暂行处理办法》和《公私营煤矿安全生产管理要点》。

12月3—6日，中共中央召开“关于工厂管理问题决定草案讨论会”。中央在会上听取了各个部门对决定草案的意见。

12月28日，中财委全国国营企业清理资产核定资金委员会发出《关于国营企业在增产节约运动中展开校定资金工作的指示》，《指示》要求国营企业“在伟大的增产节约运动中，结合编制1952年计划来展开校定资金工作，正确地核定资金，为实行经济核算制打下坚实的基础，”《指示》认为：“资金的严格节约，首先核定企业资金，从而进行资金管理，使资金得到最有效的合理的运用。”

1952年

1月15日，中财委发布《国营企业提出用企业奖励基金暂行办法》。

3月12日，政务院发布《关于统一处理机关生产的决定》，决定结束机关生产。《人民日报》13日发表社论《把机关生产交归国家管理》。

3月23日，毛泽东主席为中共中央起草重要指示，指出在“五反”斗争中及其以后必须达到的目的，彻底查明私人工商业的情况；明确划分工人阶级和资产阶级的界限；改组同业公会和工商联合会；帮助民主建国会的负责人整顿民主建国会；清除“五毒”，消灭投机商业，使整个资产阶级服从国家法令，经营有益于国计民生的工商业；废除后账，经济公开，逐步建立工人店员监督生产和经营的制度；从补、退、罚、没中追回国家及人民的大部分经济损失；在一切大的和中等的私营企业的工人店员中建立党的支部，加强党的工作。

4月30日，我国著名的钢都——鞍山，从4月份起，已跨过艰巨的恢复时期，转入大规模的基本建设阶段。这是我国大规模经济建设即将开始的先声。

5月4日，中共中央作出《集中全国力量，首先建设鞍钢》的决定，号召全国支援鞍钢。

5月21日，中共军委兵工委员会作出《关于兵工问题的决定》，确定我国第一批制式武器型谱，审议了兵器工业企业调整纲要，新厂建设大纲和兵器工业体制改革方案。

5月30日，北京市“五反”运动基本结束，私营工商户积极恢复发展生产和营业。

7月1日，重工业部汽车工业筹备组决定，在长春建立“中央重工业部汽车工业筹备组652厂”（652厂即长春第一制造厂）。

8月1日，在政务院会议上，中央私营企业局局长薛暮桥作《〈工商业联合会组织通则〉说明》，会议通过《工商业联合会组织通则》，确定工商联是各类工商业者联合组成的人民团体。该《通则》于8月16日由政务院总理周恩来命令公布施行。

8月6日，中央人民政府委员会批准了财政部长薄一波《关于1951年度国家预算的执行情况及1952年度国家预算草案编成的报告》，并通过了1952年度国家财政收支预算。这个报告指出，1952年我们国家的财政收支已经达到完全平衡。而收支平衡，经济恢复与物价稳定，我国财政经济情况已经根本好转。

8 月 7 日，中央人民政府委员会通过《关于调整中央人民政府机构的决议》和《关于调整地方人民政府机构的决议》，决定撤销贸易部，成立对外贸易部、商业部、第一机械工业部、第二机械工业部、建筑工程部、地质部、粮食部。第一机械工业部、第二机械工业部是由重工业部管辖的机械工业、国防工业分出组成的。第一机械工业部由黄敬任部长，原重工业部直属机械工业局，船舶工业局、汽车工业筹备组等划归一机部领导。第二机械工业部由赵尔陆任部长。新的重工业部主管钢铁、有色金属、化学和建筑材料四个部门的生产和建设工作，并任命王鹤寿为重工业部部长。免去李富春兼重工业部部长职务和何长工的代重工业部部长职务。地质部由李四光任部长。

8 月 27 日，为全面了解各种失业人员的情况，以便有计划、有步骤地分别处理，实现劳动就业，必须进行失业人员的统一登记，政务院劳动就业委员会发布《关于失业人员统一登记办法》。

9 月 2 日，政务院作出《对“国营企业”等名称用法的规定》。政务院指出，关于各级政府所经营的企业，目前有称“国营企业”的有称“公营企业”的，名称不一致。为此，特作如下规定：（1）凡中央及大行政区各部门投资经营的企业，称“国营企业”；（2）凡省以下地方政府投资经营的企业，称“地方国营企业”；（3）政府与私人资本合资，政府参加经营管理的企业，称“公私合营企业”。

9 月 12 日，重工业部钢铁局召开全国钢铁企业经理及厂长会议，研究统一管理全国钢铁企业步骤及 1953 年生产和基本建设计划。

11 月 15 日，为了适应 1953 年即将开始的全国大规模的有计划的经济建设与文化建设的新形势和新任务，有必要加强国家工作的集中性，中央人民政府委员会会议决定把大行政区人民政府军政委员会一律改为行政委员会。

11 月 15 日，中央人民政府委员会决定成立国家计划委员会，这标志着我国国民经济计划工作走上了一个新的发展阶段，为进一步有计划地进行大规模经济建设作了组织准备。

12 月 3 日，经政务院批准，中央私营企业局改为中央工商行政管理局。

12 月 5 日，为了更有效地发挥国营贸易的经营积极性，积累资金，改善商品流转，更好地增强计划性、组织性，团结各种经济成份为生产及人民生活服务，迎接就要到来的大规模经济建设，商业部已遵照中财委的指示，决定国营贸易企业在 1953 年全部实行经济核算制。

12 月 27 日，政务院发布命令，规定财政部门设监察机构，并颁发了《省（市）以上各级人民政府财经机关与国营财经企业部门监察室暂行组织通则》。

△ 根据全国财政经济情况的发展与国家经济建设的需要，中财委发出《关于税制若干修正及实行日期的通告》。该《通告》的特点就是：保证税收，简化纳税手续。例如：原来厂商应纳的印花税、营业税及营业税附加，今后一律并入货物税内交纳。

1953 年

2 月 12 日，《人民日报》发表社论《发动群众制订和讨论今年的工业生产计划》。社论指出，当前生产部门和厂矿的中心工作，在于正确地制订 1953 年的生产计划，并发动群众讨论，以便在正确的计划的基础上，妥善布置全年的工作，动员和组织全体人员为完成和超额完成国家所规定的任务而努力。

△ 重工业部发布《关于推广鞍钢小型轧钢厂机械自动化经验的决定》。

3月18日，中财委向中共中央报送《关于地方国营工业问题的报告》。

4月8日，《人民日报》发表社论《在讨论计划的基础上建立计划管理》。社论指出，目前许多国营企业在生产上计划管理十分薄弱，必须建立和加强计划管理。

4月19日，中共中央同意中财委2月22日关于目前国营工矿企业管理问题的报告，对于1952年以来国营工矿企业出现的产销失调、生产不均衡、质量低劣、事故增加、管理落后等问题，中财委认为，应从加强计划和管理着手解决。

4月20日，中财委向毛泽东主席并中共中央报送商业部《关于实行经济核算制的初步报告》。

4月23日，中财委发出《关于1952年工业生产基建情况及1953年国营工矿企业经营管理方针和主要工作的指示》。

5月6日，中共中央办公厅发出《中央关于中苏石油股份公司和中苏有色及稀有金属公司若干问题的决定》，对中苏石油股份公司经营方针、领导以及投资、产品销路、价格、干部等问题作了规定。

5月8日，中财委副主任贾拓夫在中国工会第七次全国代表大会上作《关于工业情况的报告》。报告指出，国营厂矿企业管理工作中应特别注意下列几点：第一，建立与加强计划管理；第二，建立与健全责任制度；第三，大力提倡学习苏联和推广先进经验；第四，逐步实行严格的经济核算制度；第五，有计划地培训技术人才、熟练工人等。

5月28日，重工业部颁布《关于在生产厂矿建立责任制的指示》。提出建立和健全以下具体的责任制：第一，行政上的责任制；第二，技术责任制；第三，生产调度责任制；第四，设备维修与检修责任制；第五，安全技术责任制；第六，技术供应责任制；第七，成本财务责任制。

6月5日，毛泽东在中共中央政治局会议上说："党在过渡时期的总路线和总任务，是要在10—15年或者更多一些时间内，基本上完成国家工业化和对农业、手工业、资本主义工商业的社会主义改造。这条总路线是照耀我们各项工作的灯塔。"

7月8日，《人民日报》发表社论《加强劳动纪律是迫切的任务》。社论指出，所有企业的领导者都必须把巩固劳动纪律当成一项经常的工作，当成保证全面地均衡地完成生产计划的重要方法，以求根本改善我们企业的状况。

8月28日，中共中央发出《关于加强生产、增加收入、厉行节约、紧缩开支、平衡国家预算的紧急通知》。

9月7日，毛泽东就改造资本主义工商业问题同民主党派和工商界部代表进行谈话。毛泽东说：国家资本主义是改造资本主义工商业和逐步完成社会主义过渡的必经之路。

10月15日，毛泽东同志指出："总路线也可以说就是解决所有制问题。国有制扩大——国营企业的新建、改建、扩建。私人所有制有两种，劳动人民的和资产阶级的，改变为集体所有制和国营（经过公私合营，统一于社会主义），这才能提高生产力，完成国家工业化。生产力发展了，才能解决供求的矛盾。"

11月10日，中央手工业管理局成立，白如冰任局长。

11月11日，《人民日报》发表社论《进一步把私营工商业纳入国家资本主义的轨道》。

社论指出，这是为实现过渡时期总路线的需要，在今天具有充分的必要性，也具有充分的可能性，但其工作必须根据国家的需要和可能，有步骤、有计划、有区别地进行。

1954 年

1 月 4 日，中共中央批转《中财委关于 1954 年扩展公私合营工业计划会议的报告》和《中财委关于有步骤地将 10 个工人以上的资本主义工业基本上改造为公私合营企业的意见》。

1 月 11 日，一机部发出《关于加强设备管理工作的指示》。

3 月 2 日，《人民日报》发表社论《发展重工业是实现国家社会主义工业化的中心环节》。社论指出，国民经济的发展必须以重工业为中心，号召全国人民集中力量保证苏联援建的一百四十一项工程胜利完成。

3 月 4 日，《人民日报》发表社论《必须在发展重工业的同时相应地发展其他经济事业》。社论说，我国第一个五年计划的基本任务规定，在集中主要力量发展重工业的同时，也必须相应地发展交通运输业、轻工业、农业和商业。这个规定也是我国整个过渡时期中国民经济发展的方针。社论分析了各部门在国民经济中所起的作用，批判了重工业和其他经济部门相互不重视的错误思想，要求在发展重工业的同时，相应地发展其他各项经济事业。

3 月 10 日，《人民日报》发表社论《发挥现有国营工业企业在建设期中的作用》。

4 月 1 日，二机部决定在国防工业实行“厂长负责制”。

4 月 11 日，全国总工会发布《关于在国营厂矿企业中进一步开展劳动竞赛的指示》。

4 月 15 日，鞍钢技术革新展览会在北京开幕。《人民日报》为此发表社论《为了国家工业化，开展技术革新运动》。

4 月 21 日，全总第七届执委会举行第五次会议，通过《关于在全国范围内开展技术革新运动的决定》。

5 月 6 日，政务院通过《有关生产的发明、技术改进及合理化建议的奖励暂行条例》。

5 月 28 日，中共中央转发华北局《关于在国营厂矿企业中实行厂长负责制的决定》。

6 月 26 日，重工业部、中国五金冶炼工会发出《关于开展技术革新运动的指示》，要求企业在生产技术科下设立合理化建议小组或专职人员，工会方面也要加强生产工作委员会或合理化建议委员会的工作，使合理化建议成为企业的经常工作，并有计划、有组织地领导这一活动。

7 月 1 日，政务院第 220 次会议通过《关于逐步推行煤炭分区产销平衡合理运输制度的决定》。

7 月 14 日，政务院颁布《国营企业内部劳动规则纲要》的决定。

7 月 19 日，纺织工业部发出《关于改进国营纺织企业基本组织的指示》。指出：在民主基础上建立了生产小组，产生了小组长，但是由于工区划分不够恰当，各工种分工的不尽合理，生产组长不能进行行政技术统一的全面领导，以致工时浪费，无人负责现象仍然严重存在。文件要求按照一厂制与生产区域管理制的原则来改进基层组织。

8 月 17—28 日，一机部召开全国机械工业会议，决定把全国机械工业纳入国家计划的轨道，以克服目前各地机械工业存在的某些盲目发展现象。

8月30日，中华全国总工会发出关于贯彻执行政务院颁布的《有关生产的发明、技术改进及合理化建议的奖励暂行条例》的通知。

8月31日，国家统计局发出《关于加强工业企业统计工作的指示》指出，我国国营、地方国营、公私合营企业都已纳入国家计划的轨道，因此，必须对它实施严格的统计核算和监督。

9月2日，政务院通过《公私合营工业企业暂行条例》。规定公私合营企业受公方领导，由人民政府主管业务机关所派代表同私方代表负责经营管理。有关公私关系的问题，由公私双方派代表协商处理。每年的利润合理分配，股东的股息红利，加上董事、经理和厂长等人的酬金，可占全年盈余总额的25%左右。

9月6日，《人民日报》发表社论《把有利于国计民生的资本主义工业有步骤地改变为公私合营企业》。

9月9日，政务院通过《关于设立中国人民建设银行的决定》。指出，目前我国已进入有计划的经济建设时期，国家基本建设投资逐年增加，单独设立办理基本建设拨款监督的专用银行已有必要。政务院决定在财政部系统内设立中国人民建设银行，凡国家用于基本建设的预算拨款、企业机关用于基本建设的自筹资金、对包工企业的短期放款、基本建设拨款的结算业务、对建设单位和包工企业的资金运用财务管理和成本核算及投资计划完成情况的监督等等，由建设银行办理。

9月15—28日，第一届全国人民代表大会第一次会议在北京举行。会议通过了《中华人民共和国宪法》。

9月20日，计划会议在北京召开。着重讨论1955年计划控制数字。10月13日，中央批转了国家计委《关于1955年国民经济计划的方针及控制数字的报告》。

9月21日，第一届全国人民代表大会第一次会议决定成立地方工业部，任命沙千里为部长。地方工业部不直接管理工厂，依靠地方的工业管理部门进行工作。

10月5日，重工业部批复鞍山钢铁公司《关于鞍山钢铁公司拟在基建部门统一技术人员与管理人员职称与人员分类并重点试行职务工资制问题的报告》。(1) 同意在基本建设部门试行职务工资制，但必须采取逐步过渡、由点到面的方针。(2) 该项工作应与建立行政责任制密切配合。(3) 同意随文所附“各类工作人员职称一览表”的人员类别划分原则，并可试行。(4) 职务工资标准表必须在健全行政责任制的基础上进行。(5) 同意苏联专家所提“以后批准人员定额时，一定不超过计划工资基金”的原则。

10月12日，根据中苏会谈联合公报，中苏开采和提炼石油股份公司中的苏联股份，自1955年1月1日起完全移交给我国。

10月12日，根据中苏会谈联合公报，中苏造船股份公司中的苏联股份，自1955年1月1日起完全移交给中国，改名为大连造船公司。

10月12日，根据中苏会谈联合公报，中苏有色及稀有金属股份公司中的苏联股份，自1955年1月1日起完全移交中国，该公司改名为新疆有色金属公司。

12月20日，《人民日报》发表社论《使经济核算成为群众性的工作》。社论说，鞍山钢铁公司部分厂矿实行班组节约核算和劳动竞赛相结合的办法以后，在节约原材料、提高产品质量、减少废品、增加产量、提高劳动生产率等方面，起了很大的作用。社论认为，推广这个先进经验可使积累建设资金的任务与千百万群众的日常劳动紧密地结合起来；将给全面完成国家计划奠定坚实可靠的基础；可以使劳动竞赛经常化；可以促进企业中各方面工作的改进，并不断挖掘新的潜在力量。社论号召推广这个经验。

12月29日，周恩来在国务院常务会议上作了题为《调整和安排工业生产问题》的重要讲话。他说，根据党在过渡时期的有计划地发展社会主义、半社会主义工业和利用、限制、改造资本主义工业的总任务，对中央和地方国营、合作社营、公私合营、私营四种工业，应在保证社会主义成分不断稳步增长的条件下，采取统筹兼顾，各得其所的方针，进行合理安排，既要有所不同，又要一视同仁，以反对资本主义无计划的盲目发展和克服资本主义自发势力，并将各种经济逐步地纳入国家计划轨道。

12月31日，陈云在全国公私合营会议上讲话，着重谈了如何解决私营工业生产中的困难，最突出的问题是若干行业设备有余，工人有余，任务不足，原料不足，提出实行统筹兼顾，各得其所的方针，进行合理安排，以调整私营工业生产。

1955年

1月6日—2月8日，全国计划会议召开。着重讨论了三个问题：(1) 在集中主要力量建设重工业的同时，积极而可靠地增加农业生产。(2) 保持建设规模和国家财力的平衡。(3) 统筹安排农业、资本主义工商业和个体手工业的社会主义改造。

1月，重工业部合并钢铁局设计公司、鞍钢设计公司和华中钢铁公司设计处，成立重工业部黑色冶金设计院（院址在鞍山），并设立北京、武汉分院。

3月21—31日，中国共产党中央委员会召开全国代表会议。政治局委员陈云代表中央委员会作《关于发展国民经济第一个五年计划的报告》。会议通过了《中华人民共和国发展国民经济第一个五年计划草案的决议》。

4月7日，《人民日报》发表社论《第一个五年计划的基本任务》。社论指出，第一个五年计划的基本任务是，“集中主要力量进行以苏联帮助我国设计的一百五十六个单位为中心的、由限额以上的六百九十四个建设单位组成的工业建设，建立我国的社会主义工业化的初步基础；发展部分集体所有制农业生产合作社和手工业生产合作社，建立对于农业和手工业的社会主义改造的初步基础；基本上把资本主义经济分别地纳入各种形式的国家资本主义轨道，建立对于私营工商业的社会主义改造的初步基础。”

4月8日，中共中央批转国务院《关于扩展公私合营工业计划会议和关于召开私营工商业问题座谈会的报告》。报告认为，在扩展合营的方式上，采取个别合营与按行业改造相结合的办法，以适应我国资本主义工业分散落后的特点，要认真学习和领会对资本主义工业的利用、限制、改造政策。

4月27日，中苏两国政府签订《关于苏维埃社会主义共和国联盟援助中华人民共和国发展原子核物理研究事业以及为国民经济需要利用原子能的协定》。

5月6日，国务院批转中国人民银行《关于取消国营工业间以及国营工业和其他国营企业间的商业信用代以银行结算的报告》。

5月11日，建筑工程部发出《关于国营建筑企业推行经济活动分析工作的指示》。

5月25日，《人民日报》发表社论《认真办好公私合营企业》。社论指出，公私合营企业现在近两千家，这是对资本主义工业实行社会主义改造的主要形式。公私合营比私营有很大的优越性，它提供了在企业内部加强计划性、改进生产、改进经营管理、办好企业的可能。如何把可能变成现实，还需要公私双方和职工群众的共同努力。

6月18日，国务院全体会议讨论并通过了中国共产党中央委员会提交国务院的《中华人民共和国发展国民经济的第一个五年计划草案》。

6月22日，国务院全体会议通过了《关于1954年国家决算和1955年国家预算的报告》和《1954年国家决算草案和1955年国家预算草案》的决议。

7月5—30日，第一届全国人民代表大会第二次会议召开。副总理兼国家计委主任李富春在会议上作了《关于发展国民经济的第一个五年计划的报告》，该《报告》涉及以下几个问题：(1) 关于工业和运输业的基本建设问题。(2) 关于工业的生产问题。(3) 关于农业的增产问题。(4) 关于对资本主义工商业的社会主义改造问题。(5) 关于保证市场的稳定问题。(6) 关于培养建设干部问题。(7) 关于提高人民的物资生活和文化生活水平问题。(8) 关于厉行节约问题。(9) 关于苏联和各人民民主国家同我国建设的关系。副总理兼财政部长李先念作了《关于1954年国家决算和1955年国家预算的报告》。

会议通过了《关于撤销燃料工业部设立煤炭工业部、电力工业部、石油工业部、农产品采购部的决议》。

8月18日，国务院批准财政部制定的《国营企业1954年超计划利润分成和使用办法》，决定以超计划利润的40%归各主管企业部使用60%解缴国家预算。

10月4日，中央批转国家计委《关于1956年度国民经济计划的控制数字的报告》。报告规定，1956年的计划指标更加积极些，才能保证五年计划的完成。1956年准备实行工资改革，平均工资增长4.9%。报告提议国营工业主要产品的出厂价格比上年平均降低6.2%，总降低额为8亿元。

10月10日，国务院发出批准施行监察部《关于中央和地方财经部门国家监察机关组织设置及对现有监察室（局、司）进行调整的方案》，决定在国务院所属重工业部、煤炭工业部、电力工业部、石油工业部、一机部、二机部、纺织工业部、轻工业部、建筑工程部、铁道部、交通部、水利部、林业部设立监察局。

11月1日，财政部发布《手工业合作组织交纳工商业税暂行办法》，对新成立的手工业合作组织给予减免税的优待，例如手工业社自开工日起营业税减半交纳1年，所得税减半交纳2年，个别有困难的社经市、县人委批准后，可在应纳营业税税收额范围内酌情再予优待，对手工业联社、手工业供销社等，则自开工开业月起，第一年营业税减征20%，所得税减半交纳。

11月1日，国务院发出《关于试行轻工业计划产品分工管理办法的通知》。国务院《通知》指出，我国轻工业行业很多，产品复杂，资本主义工业及手工业的比重还不小。两年来，在实行对资本主义工业和手工业的社会主义改造工作中，已经获得了一定的成绩。但是如何把私营工业和手工业纳入国家计划轨道，问题尚未完全解决。为此，必须逐步做到按轻工业行业确定隶属关系，划分管理系统，以贯彻执行统筹兼顾，合理安排的方针。

△ 中共中央批转中央第三办公室《关于厂矿领导问题座谈会的报告》。中央认为：企业中的党组织，必须把确立企业管理方面的一长制作为自己的一个基本的政治任务，因为在企业中只有建立了严格的一长制，才能确立各方面的专责制，才能确立有效的经济秩序和工作秩序。

11 月 1—21 日，中华全国工商业联合会第一届执行委员会举行第二次会议。会议通过了告全国工商界书。国务院副总理陈云作了《关于资本主义工商业社会主义改造的若干思想问题》的报告。

11 月 7 日，国务院会议通过《关于国营企业新建或扩建附属工厂（车间）的时候，应充分利用原有地方工业生产能力的指示》。

11 月 19 日，新华社报道，全国已有半数的私营商业分别纳入了各种形式的国家资本主义轨道。在城市的商业零售总额中，社会主义性质和国家资本主义性质的商业所占的比重已经达到 3/4。在整个社会商品零售总额中，国营零售商业占 50%，各种形式的国家资本主义商业占 23%，私营商业只占 25%。

△《人民日报》发表社论《有准备、有步骤地推动私营工业实行全行业公私合营》。社论指出，公私合营是国家资本主义的高级形式，全行业公私合营是当前对资本主义工商业进行社会主义改造的新形式。这一形式更有利于贯彻实现国家对私营工商业的“全面规划，统筹安排”的方针。各地必须在党的领导下，进行全面规划，有计划、有步骤、分批分期地进行。

11 月 29 日，中央手工业管理局、中华全国手工业生产合作社联合总社筹备委员会发出《关于对手工业的社会主义改造工作进行全面规划的通知》。

12 月上旬，全国地方机电工业生产方向规划会议在北京召开。会议确定将全国地方电信工业 438 户梳成 2 条“辫子”，凡属电信工业的生产任务，均由二机部十局确定生产方向，统一安排计划。

12 月 10 日，由国务院第三办公室制订的《关于 1956—1967 年发展原子能事业计划大纲（草案）》提出的方针是：在苏联大力援助下，积极地建设我们自己的原子能工业，使我国以最近代的科学技术，发展国民经济，巩固国防。

1956 年

1 月 8 日，中共中央批转财政部党组《关于加强财政监察工作的报告》。

1 月 20 日，上海市私营电信工厂实现全行业公私合营。

2 月 8 日，国务院举行第 24 次全体会议，通过《关于在公私合营企业中推行定息办法的规定》、《关于私营企业在合营时财产清理估价几项主要问题的规定》和《关于目前私营工商业和手工业的社会主义改造中若干事项的决定》，并于 2 月 11 日公布执行。

2 月 25 日，重工业部向中共中央汇报重工业的情况和发展问题，提出中国钢铁工业经过六个五年计划有可能达到年产 1 亿吨钢的生产能力。

3 月 6 日，在国务院有关部门汇报手工业工作情况时，毛泽东主席认为：“个体手工业社会主义改造的速度，我觉得慢了一点”，指示要加快手工业的社会主义改造。毛泽东主席还提醒大家，“手工业中许多好东西，不要搞掉了。王麻子、张小泉的刀剪一万年也不要搞掉。我们民族好的东西，搞掉了的，一定都要来一个恢复，而且要搞得更好一些。”

3 月 12 日，重工业部决定成立勘察总公司。

3 月 12 日，中共中央发出《关于积极领导先进生产者运动的通知》，同意全国总工会《关于开展全国先进生产者运动的决议》，号召全国工人、干部和科技人员发扬积极性和创造性，密切配合，互相帮助，努力学习先进经验，争当先进生产者或先进工作者。在“又多、又快、又好、又省”的方针下，争取提前或超额完成第一个五年计划。

3月16—26日，中央手工业局和手工业生产总社筹委会召开全国城市手工业改造座谈会，着重研究了手工业合作社的集中生产和分散生产的问题。原则上属于制造性的行业，经过周密计划和充分准备后，可以集中生产；属于修理和服务性行业，一般适宜于分散生产。会议还研究了手工业合作社的供产销问题。

3月30日，国务院发出《关于私营企业实行公私合营的时候对债务等问题的处理原则的指示》，要求在清产核资的时候，对企业私营期间遗留下来的公私间、劳资间的债务问题，本着从宽处理精神，尽量予以了结，以免造成负债过多户的大量破产现象。

4月，国家航空工业委员会成立，统一领导我国的航空和火箭事业。聂荣臻任主任。

4月3日，中共中央和国务院发出《勤俭办社的指示》。《指示》要求各级党政机关，深入宣传，使每个生产合作社都坚决执行勤俭办社的方针。在一二年内，生产合作社应集中力量搞好生产，不应当过多地兴办长期才能收益的基本建设。

4月7日，中苏签订关于进一步发展经济合作的两项协定：一个是关于苏联援助中国发展某些工业部门的协定（规定建设五十五个新的工业企业，作为正在建设中的一百五十六个项目的补充）；一个是关于修建从兰州到土尔克斯坦—西伯利亚铁路上的阿克斗卡站的铁路和从1960年起组织这条铁路联运的协定。

4月19日，重工业部发出《关于奖励一年来重大技术成就的决定》，对25项重大成就给予奖励。

4月25日，毛泽东在中央政治局扩大会议上作了关于《论十大关系》的重要报告。科学地论述了社会主义革命和社会主义建设中有关重工业和轻工业、农业，沿海工业和内地工业，中央和地方，国家、生产单位和生产者个人，战时和平时，中国和外国等重大关系问题。

6月30日，全国人民代表大会第三次会议于今天闭幕。陈云副总理在关于商业工作与工商关系问题的发言中指出，“加工定货，统购包销的办法”，“是在一定历史条件下的一种特殊的管理生产的方法，这只能是一种过渡的暂时的办法”。

△《人民日报》发表社论《慎重地从经济上逐步改组公私合营工业》。社论指出，在公私合营高潮中，许多干部产生了大规模合并工厂的思想。社论根据我国公私合营工业的实际情况和各地已经取得的工作经验，提出对公私合营工业进行经济改组，目前应该采取大部不动，小部调整的方针。

7月1日，根据全国人民代表大会常务委员会第四十次会议关于调整国务院所属组织机构的决议，国家经济委员会（一般简称国家经委）成立并开始办公。国家经济委员会及国家经济委员会办公厅的印章同时启用。

7月28日，国务院发布《关于对私营工商业、手工业、私营运输业的社会主义改造中若干问题的指示》。国务院就目前需要解决的若干问题作出规定：（1）关于小商贩业务安排问题。（2）关于手工业生产合作社、运输合作社、合作商店方面的问题。（3）适当解决小业主方面所存在的问题。（4）公私合营，企业的私股定息问题和公私关系问题。（5）职工和私方人员的福利问题。（6）企业改组和人事安排问题。

7月30日，商业部、纺织部、食品工业部、轻工部、中央手工业局发出《关于目前加工订货工作中几个问题的通知》说，为了适应社会主义改造的新变化，目前有必要对工业、手工业产品的加工、订货、收购、包销等环节重新考虑，制定一些切实可行的办法。

8月3日，财政部发出《关于对私营工商业在改造过程中交纳工商业税的暂行规定》。

8月17日，中苏双方签订《关于苏维埃社会主义共和国联盟为中华人民共和国在建立原子能工业方面提供技术援助的协定》。

9月1日，全国手工业改进工作会议于今日结束。这次会议研究了手工业合作化以后的集中生产和分散生产、改善经营管理、社员的收入和劳保福利，供销关系以及加强对手工业的领导等问题。

9月16日，周恩来同志在“八大”作第二个五年计划建议的报告。报告谈到了第二个五年计划的基本任务和主要问题：合理地积累和分配资金，正确地安排基本建设计划，发展工业和农业生产；发展运输业和邮电业；加强商业工作；社会主义改造过程中的企业改组和人员安排；改进国家行政体制，发挥地方的积极性；培养建设人才和加强科学研究工作；进一步改善人民生活和继续厉行节约；争取国际支援，扩大国际间经济、技术和文化的合作和联系。

9月20日，陈云同志在“八大”作了《关于资本主义工商业改造高潮以后的新问题》的发言。发言中谈到，在社会主义的统一市场里，以国家市场为主体，可以附有一定范围内国家领导的自由市场，这种国家领导的自由市场是适合于我国情况和人民需要的。它的出现，是为了改变过去为限制资本主义工商业而采取的措施，有效地纠正在社会主义改造过程中所发生的一些局部的、暂时的错误而产生的结果。

10月11日，国务院批准财政部《关于1956年国营企业超计划利润分成和使月的规定》，决定国营企业超计划利润分成的计算，以年度为准，以主管部为单位，40%留归各主管部使用，60%解缴金库。

10月19日，国务院发出《关于非金属矿管理问题的指示》。

11月6日，国务院发出《关于严格审查与控制1956年基本建设的紧急指示》。

12月6日，商业部、纺织工业部、化学工业部、食品工业部、轻工业部、对外贸易部、中央手工业管理局、中华全国供销合作总社、中央工商行政管理局发出《关于工业和手工业产品原则上停止使用商业企业商标及监制字样的通知》。

12月26日，国务院批转国家统计局《关于精简统计报表的报告的通知》。

12月28—29日，我国著名经济学家马寅初在《人民日报》上发表文章，题为《联系中国实际来谈谈综合平衡理论和按比例发展规律》。文章指出，国民经济的各个方面、各个部门、各个地区，是一个有机地结合着的整体。我们要做好计划工作，必须首先掌握按比例发展的规律，而后按此规律，使重点和全面相结合。只顾重点，忽视其他的孤立主义思想是错误的；强调若干方面、若干地区，忽视其他方面、其他地区也是错误的，是违反按比例发展规律的。

1957年

1月6日，国务院发出《关于工商之间的业务关系仍按现行办法执行的通知》。

1月15日，国务院发布《关于各部负责综合平衡和编制各该管生产、事业、基建和劳动计划的规定》。文件说，国民经济计划的各个环节都是一个统一的有机整体，互相影响和制约，任何环节过分突出或落后，都会引起比例关系的失调，妨碍国民经济的全面发展。因此，必须反复进行综合平衡的工作。

1月17日，国务院同意并转发中央工商行政管理局《关于实行商标全面注册的意见》。

2月15日，中共中央发出《关于1957年开展增产节约运动的指示》。

2月28日，国务院同意并批转中央工商行政管理局《关于城市市场管理的意见的通知》。国务院指出，对市场需要管理但又不要管死，各地要加强这一方面工作的领导。

2月，航空工业第一次民品工作会议召开。确定在积极满足空海军需要的基础上，利用剩余能力，组织民品生产的方针。

4月2日，国务院会议在听了副总理兼国家经济委员会主任薄一波的说明后，通过了国务院关于发展小煤窑的指示。指示说，在有煤炭资源的地区，根据需要情况，有领导地、积极地恢复和开办一些小煤窑，以就地解决民用燃料的供应，是很必要的。过去某些不适当的限制地方和群众采煤的办法，则应取消。

4月12日，国务院发出《关于发展小煤窑的指示》。

4月25日，财政部、商业部发出《关于公私合营商业、企业利润上缴办法的临时规定》，国家为照顾公私合营商业企业在全营初期的资金困难；曾规定它们实现的利润不上缴国库，留存商业厅、局。1957年据国家经济建设资金的需要，决定其一部分上缴，一部分留商业厅、局，留净利润的30%—50%。

5月6日，财政部发出《关于国营与公私合营企业间相互调拨或供应原物料器材交纳营业税问题的通知》。

5月10日，一机部发出《关于改变现行管理制度的若干规定》说，根据中央关于权力下放及加强企业民主管理的精神，把国家计划的统一性和企业一定范围内的独立经营结合起来，一机部对所属企业在计划、财务、劳动组织和工资、生产技术管理、干部及技工学校管理等问题上作了一系列规定。

5月10日，中共中央批转全国总工会工资部《关于新公私合营企业工资改革当前几个问题的报告》。

5月11—12日，《人民日报》在《教育群众认清真相，缓和物资供求矛盾》的专题中，报道了经济学家马寅初谈物价问题。马寅初说：只有采取极少数几种商品调价的办法，并缩小机关、团体等对商品的购买力，才能使市场上的商品供求平衡，才能避免物价再波动。

5月16日，李富春、薄一波同志在重庆谈勤俭建国方针和基本建设的十个方面的具体政策问题：第一，技术政策问题；第二，基本建设的规模问题；第三，建筑标准问题；第四，城市规划问题；第五，土地征用问题；第六，自力更生和力争外援问题；第七，专业化和协作问题；第八，轻工业建设问题；第九，建筑基地和职工住宅问题；第十，劳动工资政策问题。

5月29日，《人民日报》发表社论《在国营企业中逐步推行召开职工代表大会的办法》。社论认为，这是扩大企业内部民主，解决企业内部矛盾，推进生产的一种好方式，也是帮助企业党政工干部克服官僚主义、宗派主义和主观主义的一种好方式。

6月25日，国务院批转国家经委《关于今后组织调剂企业部门库存多余物资问题的报告》。

7月20日—10月9日，中共中央召开扩大的八届三中全会，邓小平作了《关于整风运动的报告》，周恩来作了《关于劳动工资和劳保福利问题的报告》，陈云作了《关于改进国家行政管理体制问题和农业增产问题的报告》。

7月23日，国务院发出《关于恢复与发展民营盐滩的指示》。

7月25日，中共中央批准中央经济五人小组《关于在若干工作中划分中央和地方管理权限的问题的意见（草稿）》。文件说，中央和地方需要划分管理权限的方面是很多的，但是不可能把全部应该划分的权限一下子统统划清。目前应该首先划分中央和地方管理权限的是下列几个方面：（1）关于改进工业行政管理。（2）关于改进商业行政管理。（3）关于改进财政管理。

7月25日—8月22日，全国计划会议召开，讨论1958年国民经济计划控制数字，确定贯彻发展工业和发展农业同时并举的方针，并提前编制1958年经济建设计划。

8月23日，国务院同意并批转中央工商局《对公私合营企业清产核资遗留问题的处理意见的报告》指出，自全行业合营高潮至现在，各地合营企业的清产核资工作已基本结束。尚有个别问题未能根据“宽了”精神适当处理。

8月27日，国务院发出《关于公私合营企业董事会、业务（生产）改进委员会问题的通知》，决定除某些特别需要成立行业董事会的行业以外，一般行业不必普遍成立行业董事会。行业董事会和企业原有董事会没有领导与被领导关系。

9月4日，国务院发布《关于发布1957年工业产品不变价格的决定》，要求各部门各地区1958年一律依照国家统计局所编制的“1957年工业产品不变价格”计算工业品的产值。

9月12日，中共中央发布《关于在企业中进行整风和社会主义教育运动的指示》。用大字报、辩论会、批评和自我批评的方式，进行整风和社会主义教育运动。其目的就是要实事求是地解决问题，积极克服缺点，造成团结的新气象，以便办好社会主义企业，并从而促进生产和建设的新高潮。

10月3日，国务院同意并批转工商管理局《关于当前城市市场管理工作若干问题的报告》。

11月8日，国务院全体会议讨论并通过了《国务院关于改进财政管理体制的规定（草案)》、《国务院关于改进工业管理体制的规定（草案)》、《国务院关于改进商业管理体制的规定（草案)》等文件，并决定将这些草案提请人大常委会审议。全国人大常委会第八十四次会议11月14日原则上通过了国务院关于改进财政、工业、商业等管理体制的规定，1958年起施行。这三项草案是我国“经济体制改革”的先声，其中心是扩大地方权限。《国务院关于改进工业管理体制的规定（草案)》的主要内容包括：（1）适当扩大省、自治区、直辖市管理工业的权限。第一，中央的企业下放为地方企业的问题；第二，增加地方在物资分配方面的权限；第三，下放企业的利润20%归地方，80%归中央；第四，增加地方的人事管理权限。（2）适当扩大企业主管人员对企业内部的管理权限。第一，计划管理方面，减少指令性指标；第二，国家和企业实行利润全额分成，改进企业的采购管理制度；第三，改进企业的人事管理制度，除企业主管人员和主要技术人员外，其余职工由企业管理，企业有权在不增加职工总数条件下调整机构和人员。

1958年

1月3日，中央工作会议在杭州召开（杭州会议），讨论经济建设的领导方法问题，政治与业务的关系及技术革命等问题。毛泽东在会上作了两次讲话，批评“右倾保守”。他说，没有1956年的突飞猛进，就不能完成第一个五年计划。他提出，政治业务要结合，红与专是对立的统一，思想政治是统帅，是业务的保证。

1月15日，《人民日报》发表社论《坚决反对右倾思想》。社论评述国务院对“自由王国”管庄进行检查后得出的教训——忽视政治就会造成可怕的后果。社论指出，建筑材料工业部在管庄问题上的严重错误是只抓业务，不抓政治，因而发展了单纯重视技术，完全轻视政治的倾向。同日《人民日报》发表了建材部部长赖际发的文章《关于“自由王国”——管庄问题的检讨》。

1月28—30日，毛泽东主席在最高国务会议上讲话提出，完全有把握在十五年内赶上英国。十五年后，要搞四千万吨钢，五亿吨煤，四千万千瓦电力。现在是一场新的战争，向自然界开火，要讲不断革命，解放后搞土改，土改后搞互助组、合作社，1956年是公私合营和手工业合作化，接着1957年搞整风，再接着就要搞技术革命。

2月11日，国务院发布《国务院关于工人、职员退休处理的暂行规定》、《国务院关于企业、事业单位和国家机关中普通工人勤杂工的工资待遇的暂行规定》、《国务院关于国营、公私合营、合作社营、个体经营的企业和事业单位的学徒的学习期限和生活补贴的暂行规定》和《国务院关于工人、职员探亲的假期和工资待遇的暂行规定》。《人民日报》为此发表社论《我国劳动工资中的一件大事》，同时发表了劳动部部长马文瑞对以上四个文件的说明。

2月1—11日，一届人大五次会议在北京召开，修正并通过了《1958年国家预算》和副总理兼财政部长李先念《关于1957年国家预算执行情况和1958年国家预算草案的报告》；批准了《1958年国民经济计划》和副总理兼国家经委主任薄一波《关于1958年度国民经济计划草案的报告》。这是国家的第一本账。会议决定，第一机械工业部、第二机械工业部、电机制造工业部合并，成立第一机械工业部；建材部与建筑工程部、城市建设部合并，成立建筑工程部（简称建工部）；水利部和电力部合并成立水利电力部；轻工业部和食品工业部合并为轻工业部。

2月28日，《人民日报》发表社论《打破旧的平衡，建立新的平衡》。社论认为，1956年是一个很大的跃进，一些人被这种跃进所造成的不平衡状态惊呆了，因此错误的提出了“反冒进”的口号，应当接受教训，反对庸俗的平衡论或均衡论，反对消极的平衡方法。

3月3日，中共中央发布《关于开展反浪费，反保守运动的指示》。指示说：这是一个社会主义的生产大跃进和文化大跃进运动，是全民整风运动中改进整个国家工作和促进全民干劲的决定性的运动。抓紧反浪费、反保守运动这条纲，可以把整风和生产统一起来，可以打掉官气、暮气、阔气、骄气和娇气，可以用同样的人数和同样的财力、物力办出比原定计划多百分之几十以至数以倍计的事业。社论要求用“四大”（大鸣、大放、大字报、大辩论）的方法，在反右倾中间加紧“大跃进”的发动。

3月8—26日，中共中央在成都召开中央工作会议（成都会议），主要讨论建设问题。毛泽东在会议上作了多次讲话和插话。他继续批评反冒进，说一种是马克思主义的“冒进”，一种是非马克思主义的反冒进。他主张采取“冒进”，说反冒进是方针性的错误。毛泽东把“多快好省”概括为“鼓足干劲、力争上游、多快好省地建设社会主义”的总路线。成都会议讨论和通过了《关于1958年计划和预算第二本账的意见》、《关于发展地方工业问题的意见》、《关于把小型的农业合作社适当地合并为大社的意见》和《关于继续加强对残存的私营工业、个体手工业和小商小贩进行社会主义改造的指示》等37个文件。会议通过国家经委党组提出的《工业生产高潮》和《1958年度计划第二本账的报告》。

3月18日，国务院同意并批转财政部《关于建设银行、交通银行的机构性质和管理分工问题的报告》。几年来这两个银行机构的性质没有明确，造成一些困难，因此报告建议明确规定它们均为行政性质的专业机构。

3月21日，中共中央在成都召开政治局扩大会议。在此会上，冶金部王鹤寿部长向中共中央和毛泽东主席写了《钢铁工业的发展速度能否设想更快一些》的报告，提出第二个五年计划期间可争取达到1700万—2000万吨钢，第三个五年计划期间可达到3500万—4000万吨钢。并且建议在"二五"中期及后期开始新建酒泉、攀枝花和长阳3个钢铁基地及韶关钢铁厂。

3月24日，《人民日报》发表社论《工业中建立试验田的新经验》，号召在工业中广泛运用"种试验田"的领导方法，使工矿企业的领导作风来一个转变。

4月2日，中共中央发出成都会议通过的《关于继续加强对残存的私营工业、个体手工业和对小商小贩进行社会主义改造的指示》。

4月5日，中共中央发布《关于在发展中央工业和发展地方工业同时并举的方针下有关协作和平衡的几项规定》。

4月5日，中共中央政治局会议批准财政部党组和商业部党组提出的《关于改革工商税收制度、改变工业品出厂作价办法和调整工商利润的报告》。《报告》说，我国现行的工商税收制度，基本上是在国民经济恢复时期制定的，当时资本主义工商业还大量存在，现在社会主义改造取得了决定性的胜利以后，私营企业已经实行了全行业的公私合营，并且已经实行了定息办法，因此，改变现行的复杂的工商税收制度，不仅成为必要而且是可能的了。改革应采取"在基本保持原税负的基础上，简化税制"的方针。

4月7日，中央成都会议通过《关于发展地方工业问题的意见》。

4月11日，中共中央、国务院发布《关于工业企业下放的几项决定》。《决定》指出，为了加快我国社会主义建设的速度，提早实现工业化，在工业管理体制方面决定作如下改变：国务院各主管工业部门，不论轻工业或重工业部门，以及部分非工业部门所管理的企业，除一些主要的、特殊的以及"试验田"性质的企业仍归中央继续管理外，其余企业，原则上一律下放，归地方管理。

△ 国务院发出《关于地方财政的收支范围、收入项目和分成比例为基本上固定五年不变的通知》。

4月18日，中共中央批转黑龙江省委《关于工业企业干部参加劳动、工人参加管理及实行业务改革的报告》，肯定了《报告》中所讲的北安国营庆华工具厂的经验是一项具有重大意义的创举。是对企业管理的一项重大改革和提高，是完全符合社会主义企业管理原则的。因此，这项经验应在全国一切有条件的工业企业中加以推行。

4月26日，《人民日报》发表中共黑龙江省委书记王农、肖峰的文章《企业管理的重大改革》。文章内容有三部分：工人直接参加管理问题；干部参加劳动问题；业务改革问题。

5月7日，《人民日报》发表社论《改革企业管理工作的重大创举》。社论高度评价黑龙江庆华工具厂在整风运动基础上，由职工群众创造出来的大胆改革企业管理工作的经验。

社论指出，这是一项具有重大意义的创举，各地都应当研究这一经验，并在选点试验后，逐步推广。

5月12日，《人民日报》发表社论《多快好省地发展地方工业》，提出力争在五年左右的时间内，使地方工业的总产值超过农业总产值。

5月17日，国务院发出《关于中央各商业部门所属工厂下放问题的规定》，一商部、二商部、粮食部、外贸部、水产部的全部所属工厂，一律下放给地方。下放后，各工厂作为地方国营企业，全部收入划作地方固定收入，不再上缴中央。

5月22日，国务院决定，从1958年起，在国营企业实行利润留成制度。企业留成比例，以主管部门为单位计算。留成比例确定以后，基本上五年不变。

6月2日，中共中央作出《关于企业、事业单位和技术力量下放的决定》，兵器工业下放了18个厂。

6月10日，国务院公布《关于改进税收管理条例的规定》。《人民日报》为此发表社论《税收管理体制的重大改革》。

6月25日，《人民日报》报道，为推动全民工业化，中央企业80%下放地方管理。《人民日报》发表社论《发展生产力的重大措施》。

6月29日，中共中央同意并批转劳动部党组《对于当前工业企业补充劳动力问题的请示报告》。中央指出，今后劳动力的招收、调剂等项工作，由各省、市、自治区党委负责管理。

7月10日，冶金部和财政部在石景山钢铁厂召开基本建设投资下放现场会，李先念副总理在会上讲话说："投资包干制是我国基本建设管理制度的一个方向，是一种生产关系的改变，将有利于促进生产力的发展。"《人民日报》15日为此发表社论《基本建设投资要实行包干制度》，指出这是革新基本建设管理制度的一项重大革命措施。

8月10—13日，毛泽东视察天津。他说："地方应该想办法建成独立的工业体系。首先是协作区，然后是许多省，只要有条件，都应建立比较独立的但是情况不同的工业体系。"

8月11日，中共中央批转一机部党组《关于推广组合机床，用"蚂蚁啃骨头"的办法制造大型设备的报告》。

9月5日，薄一波主持召开国家经委党组扩大会议。会议决定，经委今后只管生产，年度计划工作划归国家计委管理。

9月24日，国务院全体会议通过中共中央、国务院《关于改进计划管理体制的规定》，决定根据统一计划、分级管理、加强协作、共同负责的原则，各地方各部门的经济、文化建设都应纳入全国统一计划之内。会议还通过了中共中央，国务院《关于改进物资分配制度的几项规定》、《关于改进限额以上基本建设项目设计任务书审批办法的规定》、《关于市场物价分级管理的规定》、《关于进一步改进财政管理体制和改进银行信贷管理体制的几项规定（草案修改稿）》。

10月15－21日，全国各地开展"钢铁高产周"。一周共生产钢43.7万吨，铁176万吨，《人民日报》于20日、26日分别发表社论《群众威力无穷》。

10月20—30日，第二次全国地方石油工业会议在北京召开，要求石油工业大搞"小土群"，大办成堆干镏，使它们逐步变为"大中小洋群"。

11月14日，中共中央召开全国各省、区、市的工业书记会议，提出对钢铁"小土群"，进行定点、定型、定组、定员、定领导“五定”工作。

12月20日，国务院全体会议通过《关于国营企业流动资金问题规定》。《规定》指出，国营企业的流动资金，一律改由人民银行统一管理。

12月25日，冶金部召开全国轧钢会议，提出轧钢也要“两条腿走路”，既要“大、洋”轧钢企业，又要“小、土”轧钢企业，要求加速新轧钢设备的建设。

1959年

1月5日，《人民日报》报道，1958年全国地方工业的产值比1957年增加60%以上。这是执行以中央工业为纲，中央工业和地方工业同时并举的方针的结果，1958年各地自己动手兴办了许多重工业，各地区大都能生产生产资料了。各地大办工业后，全国工业布局开始走向均衡。地方工业的发展对人民公社工业的发展将起巨大的作用。

1月17日，轻工业部确定造纸工业必须继续贯彻“大洋群”和“小土群”两条腿走路的方针，即在现有大中型企业中大搞技术革命，充分挖掘潜力，在人民公社中大办小型造纸厂。

2月3日，国务院继1958年12月20日发出《关于企业流动资金》的指示后，又批转了财政部和人民银行《关于国营企业流动资金改由人民银行统一管理的补充规定》。人民银行、财政部2月17日发出《关于国营企业流动资金改由人民银行统一管理和资金转账中几个问题的通知》。

2月7日，中国政府和苏联政府在莫斯科举行扩大两国间经济和技术合作谈判，签订了一项关于双方进行合作于1959—1967年在中国建设冶金、化学、煤炭、石油、机器制造，电机制造，无线电技术，建筑材料等78项大型工业企业和电站的协定。这项新的协定是对现有的关于苏联在技术上援助中国实行工业化协定的补充。

2月11日，《人民日报》发表社论《力争煤炭高额丰产的途径》。社论指出，当年要完成3.8亿吨左右的生产计划，除继续鼓干劲外，必须提高劳动生产率，提高每个采煤工作面的产量。

△ 新华社报道，最近轻工业部制定了今年轻工业跃进计划。规定今年准备扩建和新建的现代化大中型企业约有200个项目，造纸工业和制盐工业列为今年轻工业发展中的重点。

2月16日，新华社报道，今年我国机械工业的产量将比去年增长一倍以上。电力设备等都将成倍或几倍地增长。第一机械工业部认为每个企业在提高“单位面积产量”的同时，必须把增加产品品种，提高质量和降低成本，作为1959年机械工业更大跃进的全面奋斗目标。

2月21日，新华社报道，今年化工部将从生产和基建两方面采取措施，提高化工产品生产，以满足国民经济各部门对化工产品的日益增长的需要。《人民日报》为此于次日发表社论《大大增加化工产品》。社论阐述了化工产品对国民经济各部门的重要作用。

2月24日，中共中央批准国家经委党组《关于当前工业生产中几个主要问题的报告》。中央指出，1959年发展国民经济的年度计划定下来以后，中心问题是如何组织实现钢、煤、粮、棉四大指标，以及其他指标为中心的计划。

3月1日，《人民日报》全文刊载。陈云副总理在《红旗》杂志1959年第5期上发表的文章“当前基本建设工作中的几个重大问题”。文章对工业布局、企业布点、大中小型企业并举等问题提出了重要意见。

3月15日，《人民日报》发表社论《有破有立》。社论首先肯定了1958年以来工矿企业大破规章制度的做法。同时，也指出前一段时间里，由于缺乏经验和时间短促，有些企业把规章制度破了以后，还没有立起来，或者破得多、立得少。这样只破不立，有始无终，是违反事物发展的客观规律的。

3月27日，国家计委、财政部联合发布《关于加强成本计划管理工作的几项规定》。

4月4日，新华社报道，国家经济委员会、第一机械工业部和商业部最近联合召开会议，全面安排全国汽车、拖拉机、内燃机配件的生产和供应工作。1959年这些配件的生产总值将比1958年翻一番，品种将增加650多种。

4月13日，《人民日报》发表社论《广泛地实行合同制度》。社论说，合同制度是国家对人民公社实行计划领导、促进生产发展的一种重要手段。在今后长时期中，将是国家同公社之间结合的一种重要形式。广泛地、全面地推行合同制度，将对国民经济的发展产生良好的影响。社论对合同的严肃性和灵活性作了阐述。

△ 国家统计局发表《关于发展国民经济第一个五年计划（1953—1957年）执行结果的公报》。公报说，到1957年底已经超额完成五年计划，基建投资达550亿元，新建扩建1万多个工矿企业单位；工业总产值增长1.4倍，农副业总产值增长25%；在工农业总产值中，工业和手工业的比重提高到56.5%。

△ 新华社报道，国家计委、化工部、外贸部和商业部最近联合召开的化学工业产品平衡分配会议，号召化工部门职工大力挖掘现有生产潜力，大搞增产节约运动。加快基本建设速度。充分发挥小型土洋化工企业作用，以满足工业建设对化学工业产品的要求。在化工产品的分配方面，确定首先保证四大指标需要。

4月15—23日，冶金部在北京召开华北地区钢铁工业五级干部会议。其中来自车间主任以下干部和工人约占80%。会议要求华北地区的钢铁职工，以大搞群众运动办法，利用现有“物”的条件，充分发挥“人”的作用。在大跃进的基础上，继续组织大跃进，以保证一千八百万吨钢胜利完成。

5月8日，国家经委发出给生产特派员、重点产品检查员的一封信，要求他们：（1）对各该企业生产中的一些问题，督促企业领导向主管上级联系解决，如果得不到解决，可以说明原因报经委；以便据此督促和协助有关部门抓紧解决；（2）要多反映企业中以技术革新和技术革命为中心的优质高产的群众运动情况，以及对产品质量、设备检修、降低物资消耗定额、降低成本和安全生产等情况；（3）对国家计划、经济政策等方面的意见和建议，也应该及时反映。

5月20日，国务院发出《关于改进基本建设财务管理制度的几项补充规定》。

5月22日，在“大跃进”中，全国实行“以钢为纲”，各行业都为发展钢铁让路，造成比例失调。化工部党组针对化工产品严重不足，计划完成不好的情况，向中央写了《化学工业不能再让路了》的报告，建议根据化学工业多行业、多品种的特点，采取措施，安排好化学工业的发展，以适应工农业生产和人民生活的需要。

6月1日，中共中央批转中央工业部《关于目前企业管理工作中的若干情况和问题的报告》。工业部建议，各地党委和各工业管理部门要按照中央指示开好工业五级干部会议，把改进企业管理工作列为会议的一项重要议程。要采取实事求是的科学分析态度，对原有的和新建立的规章制度，进行审查修订和补充。国务院各工业部和各省、市、自治区工业管理机关，要抓一下企业管理工作。

6月12日，中共中央发出《关于重新建立手工业管理机构》的指示，决定在轻工业部领导下重建中央手工业管理总局。

6月14日，国务院发出通知、批转商业部、中国人民银行《关于加强商业系统财务计划和信贷计划管理的报告》。

6月17日，《人民日报》发表社论《必须安全生产》。社论说，道理是很明显的，生产不安全，对于职工的健康和企业的正常生产都是十分有害的。在我们的社会里，最宝贵的财富是人，是千千万万的进行着忘我劳动的职工。保证他们安全生产，使他们的健康不受事故的损害，是企业管理工作中头等重要的任务。

6月25日，国务院发布的关于统一我国计量制度的命令。

7月14日，为了进一步地加强工业生产和交通运输的组织调度和调整工作，国家经济委员会召开了各工业交通部门负责同志会议，大家一致同意建立一种定期的生产调度会议。这个会议由国家经委负责组织，定期召开，各个工业、交通部门的部长和主管生产的副委员长参加。

7月14日，彭德怀同志在庐山会议中写信给毛泽东同志。主要内容：一、1958年大跃进的成绩是肯定无疑的。二、如何总结工作中的经验教训：1. 浮夸风气较普遍地滋长起来；2. 小资产阶级的狂热性。毛泽东同志将彭德怀同志的信批给参加会议的同志阅读，在23日的政治局扩大会议上批判了彭德怀同志。

8月5日，中共中央发出《关于迅速恢复和进一步发展手工业生产的指示》。

8月17日，为进一步改善企业的经营管理，促进经济核算和保护国家财产的完整，更好地为生产服务，财政部发布《关于国营企业会计核算工作的若干规定》。

8月28日，周恩来总理在第二届全国人民代表大会常务委员会全体会议上作《关于调整1959年国民经济计划主要措施和进一步开展增产节约运动的报告》。报告分三部分：一、1959年的经济形势，关于大炼钢铁问题，人民公社和公共食堂问题、市场问题。二、调整1959年的计划指标。三、反右倾、鼓干劲，进一步开展增产节约运动。报告于29日在《人民日报》发表。

9月29日，国家计委、财政部发出《关于1960年国营企业若干费用划分的规定》，11月19日又发出关于该规定的《补充通知》。

12月10日，《人民日报》发表社论《基本建设必须坚持集中力量保证重点的方针》。社论说，由于重点工程按时或提前投入生产，为非重点工程的建设提供了更加有利的条件，大批非重点的必要的工程项目也迅速建设起来了，集中优势力量分期分批建设，能更好地保证工程质量，建设速度快了，工程成本也跟着降低了。由此可见，集中力量，保证重点是一个既能多快又能好省的正确方针。

1960年

1月4日，国务院转发中国人民银行《关于信贷管理体制问题的报告》。报告对自1959

年初实行的“存贷下放、计划包干、差额管理、统一调度”的办法作了若干补充规定，国务院指出，信贷管理体制实行差额包干、“一年两包”的办法，既可以适应地方存款和贷款季节性的特点，又可以更好地发挥地方管理信贷的主动性和积极性。

1月14日，国务院发出《关于加强综合财政计划工作的决定》说，“大跃进”以来，国家财政收支和信贷收支大大增加了，国家预算外的地方和企业的机动财力也大大增加了。因此，国务院决定，要根据民主集中制与全国一盘棋的原则，根据统一计划与因地制宜相结合的原则，编制综合财政计划，把国家一切财政资金都纳入综合的计划里来。以此来既保证人、财、物的全面安排和使用，又坚持分级管理。国务院还要求必须有计划地组织全国的货币流通。

1月30日，中共中央发出《关于立即掀起一个大搞半机械化和机械化为中心的技术革新和技术革命运动的指示》。中央要求各部门、各地区应当运用大搞群众运动的办法，拿出大炼钢铁那样的决心和气魄，来搞技术革新和技术革命；用高速度而不是一般的速度，来实现机械化、半机械化的目标，并进而向自动化、半自动化发展。

2月4日，《人民日报》发表社论《现代化企业也必须革新技术》。社论说，在一切现代化企业中，必须把支持职工群众的技术革新和技术革命的创举作为一项重要任务。

2月8日，《人民日报》发表社论《“小洋群”乘胜前进》。社论说，全国生铁总产量中，仅地方企业的中小高炉所生产的生铁就占1/2以上；钢的总产量中，中小转炉生产的占1/3以上；铁矿石中小型矿山生产的占全部产量的一半左右。煤，小型煤矿生产的占全部产量的1/5左右；小水泥厂生产的水泥占全部产量的1/7。

3月9日，中共中央发出《关于城市人民公社问题的批示》。

3月12日，中共中央以在“现代化大企业中进行技术革新和技术革命”为题，批转“一汽”党委关于开展以“一新三化”为主要内容的技术革新和技术革命运动的报告。

3月22日，中共中央批转鞍山市委《关于工业战线上的技术革新和技术革命运动开展情况的报告》。鞍钢是全国最大企业，职工10多万人。毛泽东为之写的批语说，过去他们认为这个企业是现代化的了，用不着再有所谓技术革命，更反对大搞群众运动，反对两参一改三结合的方针，反对政治挂帅，只信任少数人冷冷清清地去干；许多人主张一长制，反对党委领导下的厂长负责制；他们认为“马钢宪法”神圣不可侵犯。现在这个报告，创造了一个“鞍钢宪法”。

4月14日，中共中央批准冶金部提出钢产量三本账的计划，并批准铁道部、煤炭部和冶金部关于实现这个计划的联合报告。

4月18日，中共冶金部党组向中共中央报送《继续大办钢铁“小洋群”和“小洋群”升级问题的报告》，提出在全国1300个钢铁“小洋群”中，选出条件好的900个作为骨干，逐步建成中小型钢铁联合企业。中共中央于5月16日批准此报告，指示发展“小洋群”不是权宜之计，而是一个长期的战略方针。

5月23日，《人民日报》发表社论《技术革命和节约劳动力》。社论要求企业生产部门在技术革新的基础上要及时地调整劳动组织，从实际出发，把多余的劳动力从不需要的岗位上抽调出来，这一件事，直接关系到巩固企业革新成果的问题。

5月30日，中共中央同意并批转国家计委、经委、建委党组《关于1960年工业生产、交通运输、基建计划第二本账的安排》。中央指出，这本账实际上是党内的第一本账，作为对内的确保完成和超额完成的计划。

7 月 16 日，苏联政府突然照会中国政府，单方面决定自 7 月 28 日—9 月 1 日撤走全部在华专家 1300 余人，并终止派遣专家 900 余人；苏联政府单方面撕毁了 600 个合同（专家合同和合同补充书 343 个，科技合作项目 257 个）。苏联专家撤退时，带走了全部图纸、计划和资料，停止或减少了若干设备的供应。据统计，“一五”以来，苏联援助中国建设的项目共 304 项，至 1960 年上半年，已建成 103 项，还有 201 项正在建设之中。苏共领导将两党关系的恶化，无原则地扩大到国家关系上来，采取撕毁合同、协议的恶劣作法，严重违背了列宁主义，在我国遇到异常经济困难的时刻，加剧了这种困难。

7 月 17 日，《人民日报》发表社论《工业企业要树立以农业为基础的思想》。社论说，一个工业支援农业，城市支援农村的群众运动，已在全国开展起来。工业支援农业，城市支援农村，不只是发展农业的要求，也是发展工业、交通运输业及其他经济事业的要求。

7 月 27 日，中共中央批转全总党组《关于国营企业中劳动力外流情况的报告》。

8 月 19 日，中共中央同意并批准国家计委、国家建委党组《关于缩短基本建设战线保证生产的措施》。中央指出，缩短基本建设战线保证生产是当前国民经济中的一项极为重要的措施，必须坚决贯彻执行，刻不容缓。

8 月 22 日，中共中央同意并批转国家经委党组《关于全面考核工业企业的经济工作纠正片面追求工业产值现象的报告》。中央指出，今后考核工作企业的工作，即按国家经委党组报告中所提的指标的完成情况，全面地评定企业的成绩。

9 月 18 日，中共中央批转国家经委党组《关于以保钢为中心的增产节约的紧急措施的报告》。

10 月 4 日，中共中央将黑龙江省委《关于巩固发展两参一改三结合、提高企业管理水平的报告》和所附庆华工具厂的典型材料转发各地。中央指出，几年来，我国社会主义工业企业的工作，在毛泽东思想指导下，批判了“一长制”，坚持执行了党的领导、群众路线和政治挂帅与物质鼓励相结合的原则，并且根据这些原则建立了党委领导下的厂长负责制，职工代表大会制和两参一改三结合等一套新型的社会主义企业的领导制度和管理制度。正是由于这样，我们才能够不断地调整企业中的生产关系，改革不合理的规章制度和建立合理的规章制度，充分调动广大职工群众主人翁的积极性和创造性，从而保证了更好地贯彻执行党的社会主义建设总路线，实现了生产建设事业的大跃进。中央强调指出，在总结经验和改进企业管理工作的时候，应当特别注意的是：必须坚决执行民主基础上的集中和集中领导下的民主，使集中和民主正确地结合起来。

10 月 7 日，《人民日报》发表社论《深入开展以班组为基础的劳动竞赛》。社论说，随着以粮钢为中心的增产节约运动的深入发展，一个社会主义的劳动竞赛的新高潮，已在工业生产、交通运输和基本建设战线上掀起来了。这次竞赛的特点是企业十分重视基层生产组织之间的竞赛。这是经济工作越做越细致，领导作风越来越踏实的一个重要标志。

10 月 24 日，《人民日报》发表社论《改进工业管理部门的领导方法》。社论指出，天津市委在工业管理部门中，普遍推行“一、三、二制”的领导方法，取得了很好的效果。“一、三、二制”就是各级领导干部每周有两天时间深入生产第一线，参加生产，领导生产；有三天时间对了解的情况进行分析研究，有一天时间学习理论和政策。

12 月 21 日，《人民日报》发表社论《三级所有制为基础是现阶段人民公社的根本制度》。社论指出，“加强生产队的基本所有制，是当前进一步巩固农村人民公社和进一步发展农业生产力的中心环节。”

12月29日，《人民日报》发表社论《坚持和不断完善“三定一奖”制度》。社论指出：“在农村人民公社中坚持实行‘三定一奖’制度（包产、包工、包成本和超产奖励），对于提高公社经营管理水平，调动广大社员的生产积极性，具有重要意义。”

1961年

1月20日，中共中央作出《关于调整管理体制的若干暂时规定》，重点强调集中统一，以克服经济困难。中央要求将经济管理的大权集中到中央、中央局和省市区三级，近两三年应更多地集中到中央和中央局。

1月23日，中共中央批转财政部党组《关于调低企业利润留成比例，加强企业利润留成资金管理的报告》。《报告》说，1958年5月22日以来，国营企业实行了利润留成办法，这对于促进生产建设事业的高速发展，对于保证企业开展技术革新、技术革命和大搞综合利用的资金需要，对于调动企业和广大职工群众的积极性，都起了良好的作用。但是，在具体执行企业利润留成制度的过程中，也发生了一些问题。为了合理使用企业留成资金，有必要调低企业利润留成比例，进一步加强企业留成资金的管理。

2月4日，《人民日报》发表社论《先采掘后加工》。社论指出，加工和采掘的发展，必须保持适当的比例，它们的发展应有先有后。我国建设的经验，特别是最近三年连续跃进的经验告诉我们，采掘工业必须优先发展，必须走在加工工业前面。

2月11日，《人民日报》发表社论《先配套后主机》社论指出：把配套放在优先地位，迅速发挥产品的使用价值，这对于巩固三年来工业生产持续跃进的成果，把我国工业提高到一个新的水平，有着十分重大的意义。

2月22日，《人民日报》报道，重庆鱼田堡煤矿发动群众管好现代化企业，健全责任制促使煤炭生产持续跃进。《人民日报》为此发表社论《一切企业都要建立和健全责任制度》。

3月17日，《人民日报》发表社论《进一步提高工业企业的劳动生产率》。社论说，不断地提高劳动生产率，用最小的人力物力，生产更多更好的产品，是发展社会主义生产的根本措施，又是贯彻八字方针的一个重要内容。

4月22日，国务院会议通过《工农业产品和工程技术标准暂行管理办法》和《新产品新工艺技术鉴定暂行办法》。

5月23日，中共中央同意并转发国家计委党组《关于改进和加强国家物资储备体制的报告》，指出，省、市、自治区物资储备和物资供应机构应该分开，以便加强国家储备物资的管理和更好地保守国家机密。各省、市、自治区党委应加强对这一工作的领导。

6月19日，针对当时手工业集中过多、合并过多、限制过死的弊病，中共中央作出《关于城乡手工业若干政策问题的规定（试行草案）》。

7月3日，中共中央颁发《关于当前煤炭工业几个问题的意见》。《意见》指出：当前国民经济中影响全国经济和人民生活的除了粮食以外，就是煤炭。解决煤炭问题，应从以下三方面着手：（1）最根本的办法是增产节约；（2）精打细算，合理分配；（3）为了巩固煤炭工人队伍，井下工人暂时不减。

7 月 16 日，中共中央作出《关于加强原子能工业建设若干问题的决定》。《决定》指出：为自力更生突破原子能技术，加速我国原子能工业的建设，有必要进一步缩短战线，集中力量，加强有关方面对原子能工业建设的支援。

8 月下旬，中央工作会议在庐山举行。会议认真研究了工业工作，拟定了中共中央《关于当前工业问题的指示》(9 月 15 日发布)，拟定了《国营工业企业工作条例（草案)》，即《工业七十条》(9 月 16 日发布)。

8 月 26 日，国务院发布《关于厂矿企业办运输的几项规定》，要求加强厂矿企业内部运输的建设和管理。规定指出，厂矿企业的内部运输应由自有的运输工具完成；交通部门应当集中力量，主要负责搞好社会流通过程中的物资运输。文件要求二三年内基本解决这个问题。

9 月 15 日，中央发出关于当前工业问题的指示。为了克服工业生产建设中的混乱现象，逐步扭转工业工作的被动局面，该文件从调整、管理、生产等方面作出了规定。

9 月 16 日，中共中央发布《关于讨论和试行国营工业企业工作条例（草案）的指示》。

10 月 1 日，冶金部根据中共中央的指示，对讨论和试行《工业七十条》作出部署。本年钢铁工业开始初步调整，关闭大批中小厂，停开大厂的一些设备，精减近 200 万职工。

10 月 25 日，国家计委作出《关于 1962 年物资分配体制的规定（草案)》。《规定》说，为了继续贯彻调整、巩固、充实、提高的方针，1962 年物资管理的权限仍要集中在中央和中央局。在中央和中央局的领导下，物资的平衡分配，实行“统一计划、综合平衡、条块结合、分级管理”的体制。

12 月 2 日，中央批转国家经委党组《关于调整企业隶属关系问题的请示报告》。《报告》就冶金、石油、地质、邮电、水电等五个部要求改变部分企业隶属关系的报告提出了具体意见。

12 月 15 日，《人民日报》发表社论《加强经济协作》。社论指出，进一步加强协作，是工业战线为了贯彻执行调整、巩固、充实、提高的方针而必须努力做好的一项重要工作。

12 月 17 日，《人民日报》发表社论《发动群众，建立和健全严格的责任制》。社论指出，建立严格的责任制，是社会主义工业企业的一项重要工作。社会主义企业的责任制，是工人阶级革命纪律性和革命自觉性的统一。贯彻执行责任制，最重要的，是要更好地贯彻执行党委领导下的厂长负责制。个人的岗位责任制是各种责任制的基础。责任制也是义务和权力的统一。

12 月 27 日，国家经委党组发出《关于调整 94 个企业隶属关系的通知》。《通知》说，第一机械工业部等 8 个部的党组提出改由部直接管理的地方企业 94 个，已经在 12 月全国工业书记会议期间与各相关省、市、区党委协商取得一致意见，同意办理交接手续，改由国务院工业、交通各部直接管理。《通知》并附了 94 个企业的名录。

1962 年

1 月 12 日，《人民日报》发表社论《从全局出发积极安排轻工业生产》。社论指出，一个行业一个行业、一项产品一项产品地具体安排，是使轻工业生产稳步上升的一个重要条件。在逐行逐项安排生产时，必须从全局出发。

1月30日，国家经委同财政部、中国人民银行总行联合发出《关于结合“五定”进行清产和核定流动资金的试点工作的通知》。

2月26日，中共中央发出《关于将轻工、纺织和工业管理局等部门移交国家经委归口管理的通知》。

3月2日，《人民日报》发表社论《正确执行党的政策，积极发展手工业生产》。社论指出，发展手工业生产，首先要进一步正确贯彻执行党对手工业的各项具体政策。根据我国的实际情况，应该是全民所有制、集体所有制、社会主义经济领导下的个体所有制三者并存，而以集体所有制为主要形式。手工业的组织形式应该是多样化的。手工业企业的规模的大小，要从有利于生产、方便群众来灵活确定，一般不宜过大，行业不宜混杂，该集中的集中，需要分散的就分散。手工业的工资形式不应强求一律。经营方式的多样化，是手工业的又一个特点，但必须服从国家的统一安排和管理。发展手工业生产，还必须统筹安排各种所有制的手工业的产供销的关系。

4月8日，《人民日报》发表社论《提高效率，节约人力》。社论指出，劳动生产率高低，是考核企业实效的一个重要标志。

4月21日，中共中央、国务院发出《关于严格控制财政管理的决定》。

5月5日，国务院作出《关于商业部系统恢复和建立各级专业公司的决定》，指出，为了加强商业工作的集中领导，更好地组织全国的商品流通，改善商业企业的经营管理，争取财政经济情况的根本好转，国务院决定在商业部系统恢复和建立各级专业公司，并根据集中领导、分级管理的原则进行管理。

5月10日，《人民日报》发表社论《正确发挥银行的监督作用》。社论指出，充分发挥银行对各部门各企业的监督作用，对当前国民经济的调整和企业经营管理的改善都是有很大意义的。

5月26日，中央同意财经小组对当前经济形势的分析和对经济调整的意见。财经小组认为，在重工业生产指标和基本建设规模已经作了较大幅度的调整以后，坚决缩短工业生产建设战线，继续大量减少职工和城镇人口，是继续进行经济调整的至关重要的一个步骤。

6月13日，中共中央、国务院发出《关于改变中国人民银行在国家组织中地位的通知》。《通知》指出，为了使中国人民银行能够更好地发挥银行在国民经济当中的积极作用，对其在国家组织中的地位作如下改变：（1）中国人民银行总行，由现在的国务院直属机构改为同国务院所属部、委居于同样的地位。（2）中国人民银行各级行的党组的地位，也应当同上述行政地位相应看待。

6月16日，周恩来总理在参观“一汽”时指出，工厂除组织生产外，还有两个任务：一个叫支援农业，一个叫支援国防。要承认和尊重符合科学的管理制度。

7月16日，国家经委党组在向中央财经小组报送的《关于组织工业企业间固定协作和定点供应关系的情况报告》中说，为了贯彻执行中央关于加强经济协作的指示，逐步整顿和建立工业企业间的固定协作关系和原料、材料、燃料、备品配件及配套产品的定点供应，国家经委根据国务院工业、交通各部相互提出的协作要求，对重点企业进行了安排。安排的原则是就地就近、合理运输，照顾原有的协作关系，按产品供应对象进行综合平衡，方法是定点不定量。

7月20日，国务院财贸办公室、国家经济委员会发出《关于成立清理拖欠办公室的通知》。《通知》指出，为了贯彻执行中共中央和国务院《关于严格控制财政管理的决定》，迅速做好各单位相互拖欠货款的清理工作，确定在各省、市、自治区成立清理拖欠办公室。并对该办公室的组织成员、主要职责，报告制度等做了具体规定。中央清理拖欠办公室设在财政部。

7 月 30 日，冶金工业部发出《关于妥善保管和处理停产企业资产的指示》。

9 月 4 日，《人民日报》报道，全国工业部门正在分批分期地建立企业之间生产上的固定协作关系。到 7 月底止，第一批重点厂矿已签订四千七百多对协议，实行定点供应。九百多个企业所需的原料、材料、燃料、备品配件和配套产品固定由四百多个企业供应。大部分企业订立了下半年定货合同。

11 月 10 日，国务院全体会议通过《工农业产品和工程建设技术标准管理办法》。《办法》指出，在全国范围内统一的技术标准，同时根据用途、地区、条件不同而区别对待；要提高同类产品零部件的通用程度。

12 月 1 日，国务院举行会议，通过《工商企业登记管理试行办法》。

1963 年

1 月 4 日，国务院同意并批转国家经委提出的《1963 年全国工业、交通、建筑安装企业扭转亏损、增加盈利的规定》及《关于国营企业计划亏损财政补贴范围和严格管理各项费用的规定》。

2 月，建工部发出《关于地方建筑材料工业管理工作的指示》。

3 月 15 日，《人民日报》发表社论《在提高工业品质量和增加品种方面再进一大步》。社论指出，工矿企业在增产节约活动中，需要很好处理提高质量、增加品种、降低成本和增加产量之间的关系。要把提高质量和增加品种放在第一位。

3 月 23 日，《人民日报》发表社论《切实改善商业企业的经营管理工作》。社论指出，改善商业企业的具体要求和目标，概括起来就是：降低流通费用，提高服务质量，减少商品损耗，增加合理盈利。

3 月 27 日，中共中央、国务院批转中央清仓核资领导小组《关于清仓核资工作的报告》，指出，清仓核资，是贯彻执行调整方针的一项重大措施。

4 月 11 日，国务院同意水电部关于改变山东、山西、内蒙古电力工业的管理体制，实行以部、省（区）双重领导的方案。

7 月 2 日，冶金部向中共中央报送《关于开展经济活动分析的报告》。报告建议在企业和经济领导部门开展经济活动分析工作，以揭示生产建设中的矛盾。

8 月 30 日，国家经委公布试行《关于工矿产品定货合同基本条款的暂行规定》，目的在于进一步加强生产和需要之间各个环节的联系与协作。

9 月 17 日，中共中央、国务院决定，将船舶工业从三机部分出，成立第六机械工业部。

9 月 17 日，中共中央、国务院决定成立第五机械工业部，主管兵器工业。

9 月 18 日，国务院同意并转发国家经委《关于橡胶工业集中统一管理的报告》，要求自 1964 年起开始实行。

10 月 22 日，中共中央和国务院批转国家经委、全国总工会《关于在工业、交通企业中开展“五好”企业和“五好”职工竞赛问题的报告》。

11月16日，国务院批转国家经委、国家统计局《关于加强国家对工业产品和交通工作质量统计考核问题的报告》，指出，工业产品和交通工作质量的统计考核，是监督和管理工业产品和交通工作质量的重要制度，应当同产量一样，按月按季进行统计考核。

12月2日，中共中央和国务院发出《关于加强基本建设拨款监督工作的指示》，指出，为了使基本建设严格按照国家的计划进行，进一步提高投资的效果，防止分散和浪费资金的现象，在继续加强基本建设计划管理、设计管理和施工管理的同时，有必要切实加强建设银行的工作，进一步加强对基本建设资金的管理和监督。

12月2日，《人民日报》刊登国务院关于《发明奖励条例》和《技术改进奖励条例》的通知和两个条例的全文。

1964年

1月17日，中共中央、国务院同意并批转中央清仓核资领导小组《关于结束清仓核资工作的请示报告》，要求各级清仓核资领导小组及其办公机构撤销以后，各有关单位应当按照《报告》建议的分工办法，认真负责把这批物资维护保管好，并且要采取切实措施，尽快地加以利用，使这些物资在生产建设中发挥作用。

4月3日，中共中央、国务院发出《关于撤销中央扭转亏损、增加盈利领导小组的通知》，指示今后这方面的工作，由国家经委、财贸办公室分别负责组织各地区、各有关部门继续进行。

8月，党中央、国务院决定在工业、交通部门分行业试办托拉斯。国家经委同意纺织部提出的《关于试办中国纺织机械工业公司（托拉斯）实施方案》，要求立即进行试办。

8月17日，中共中央、国务院在批转国家经委党组《关于试办工业、交通托拉斯的意见的报告》中指出，试办托拉斯，用托拉斯的组织形势来管理工业，这是工业管理体制上的一项重大改革，应集中力量首先把这一批试办的托拉斯办好。

9月22日，《人民日报》报道，重庆水轮厂全面实行“三定一顶”干部劳动制度。“三定一顶”就是定时间、定岗位、定职责，并在能独立操作以后，顶替班组定员，像普通劳动者一样地劳动。《人民日报》为此发表社论《像普通劳动者那样真正劳动》。

10月，冶金部设立三线建设办公室并派出西南、西北两个工作组，领导三线钢铁厂的建设工作。11月2日，召开全国冶金迁建工作会议，对调整一线、建设三线作出具体安排。

10月17日，国家科委向国务院及中共中央报送《关于三线钢铁基地采用新技术问题的报告》。报告中提出：三线钢铁基地的建设规模要小，技术要精，投资要省，效果要大，不能再走老路子。

11月23日，中共中央决定成立第七机械工业部，以加速导弹工业的发展，统一管理导弹工作的科研、设计、试制、生产和基本建设工作。

12月25日，《人民日报》刊登了齐齐哈尔车辆工厂党委书记和厂长等写的该厂实行企业管理革命化的七篇文章，并在“编者的话”中指出：这个厂实行“集中到厂部、厂服务到班组”新管理体制是企业管理上一个根本性的变革，这个变革是无产阶级革命精神的胜利。

1965 年

1 月，第八机械工业部（简称八机部）成立。原农机部及所属单位均换称八机部。

2 月 8 日，周恩来对国家经委党组报送中央的《关于 1965 年新办托拉斯问题的报告》作了批示。他指出，拟原则同意国家经委所提，在今年，除了认真把中央已经批准的 12 个公司（托拉斯）办好以外，再试办 4 个公司。

3 月 13 日，《人民日报》报道，在专业化和协作道路上，天津市从去年四月以来，革掉一批“大而全”、“小而全”的工厂，组成一百三十九个“小而专”，“中而专”的工厂。有三十个新厂从大厂分出来后，生产面貌改观，产品数量质量和劳动生产率提高，品种增加，成本降低。《人民日报》为此发表一组（四篇）专题文章，并加编者按语，指出专业化的协作是工业生产发展的规律。

3 月 26 日，中共中央作出《关于严格控制基本建设和掌握必要的机动物资的决定》。

4 月 13 日，中共中央同意新技术进口小组《关于引进新技术工作几个主要问题的报告》。《报告》主要内容是：（1）要继续纠正过去在向资本主义国家引进新技术工作中缺乏自力更生精神的依赖思想，和不应当进口的设备也要进口的倾向。（2）引进国外新技术是一种斗争，是政治、经济、技术的结合。（3）1965 年应当充分利用当前比较有利的国际环境，适应国内经济形势和建设的需要，更积极地展开从资本主义国家引进新技术的工作。

5 月 12 日，《人民日报》发表社论《以革命精神推行加工工业的专业化和协作》。社论说：“为了促进工业生产的全面高涨，全国各地正在进行经济管理工作革命，加工工业的专业化和协作是经济管理工作革命的一个重要内容。”社论论述了专业化的优越性之后还批评了办“全能厂”的错误思想。

5 月 16 日，中共中央发布《关于加强工业生产建设高潮领导的通知》。《通知》所要解决的问题是：一些部门和地方任意冲击国家计划，给企业不断追加任务，有些企业片面追求数量，导致产品质量下降，人身和设备事故增加，有的单位甚至打乱了生产秩序。

5 月 25 日，中共中央、国务院批转全国专业化和协作工作会议纪要。这次会议提出，一切加工工业特别是机械工业、必须广泛地组织专业化和协作，对目前普遍存在的全能厂进行一次革命性的改组。即：（1）把全能厂一分为二；（2）把分散在各厂的相同生产力量组织起来，进行合理分工，组成专业工厂。

6 月 2 日，《人民日报》发表社论《好字当头——论怎样组织工业生产建设高潮》，强调重视质量。

6 月 21 日，《人民日报》发表社论《劳逸结合——再论怎样组织工业生产建设高潮》，阐述劳逸之间的辩证关系。

7 月 6 日，《人民日报》发表社论《巧干出潜力——三论怎样组织工业生产建设高潮》。社论在分析了技术革新的意义——完成生产任务、赶超世界先进水平——和应有的条件后说，技术革新、技术革命是巧干。

7 月 30 日，《人民日报》发表社论《像战士爱护武器一样爱护机器设备——四论怎样组织工业生产建设高潮》。社论指出，对机器维修应当重视。

8 月 6 日，薄一波副总理对反映北京热电厂实行“托拉斯”的《情况简报》，写了重要批语：企业管理革命运动，一年多以来，在电业系统也取得了显著的效果。主要是改革了从苏联抄来的形而上学的管理办法，按照电力生产的特点，实行了集中到公司、服务到基层的管理原则，精简了机构，简化了层次，精减了多余的人员。最后达到了提高（电）效率，提高技术经济指标的目标。

9月24日，《人民日报》发表社论《面向班组，面向群众，为生产服务——五论怎样组织工业生产建设高潮》。社论指出，这是一次企业管理革命，大体上是从去年毛泽东同志提出的"关于反对骄傲自满、故步自封、喜爱资产阶级形而上学的官僚主义者们的号召"以后开始的，今年毛泽东同志又作出"管理也是社教"的指示以后，许多企业的革命自觉性更高了。这个革命的任务是：以毛泽东思想为指针，大学解放军，大学大庆的革命精神，革企业管理中的官僚主义、形而上学和烦琐哲学的命，清除资产阶级思想的影响，按照社会主义原则，建立一套科学的、适合我们自己情况的管理制度和管理方法，又说："要办好企业，必须依靠群众，必须坚持政治挂帅。"

11月30日，国务院将国家计委、国家建委、财政部、物资部拟定的三个文件发出试行，以求进一步贯彻"集中管理，分级领导"的原则。它们是：《关于改进基本建设计划管理的几项规定（草案）》、《关于国家统一分配物资留给地方使用的几项规定（草案）》、《关于国营工业、交通企业财务管理的几项规定（草案）》。

12月13日，《人民日报》发表社论《怎样认识和组织比学赶帮超的群众运动——六论怎样组织工业生产建设高潮》，阐述比学赶帮超运动的意义、内容和目的。

12月14日，《人民日报》开办"政治工作是一切经济工作的生命线"的讨论专栏。

1966年

1月2日，《人民日报》刊登了介绍大庆油田取得伟大胜利原因的文章。文章指出，政治挂帅，思想领先，自力更生，艰苦奋斗，大庆的道路是我国社会主义工业生产建设的正确道路。并为此发表社论《中国工业化的正确道路》。

1月10日，中共中央批转中央工商局党组《关于当前反对资本主义势力的斗争和加强市场管理的报告》。

1月13日，国家经委在征求了工交各部意见的基础上，根据中央"备战、备荒、为人民"的指示精神，拟定了《1966年工业交通企业支援农业的十项措施》。

1月30日，中共中央、国务院批转国务院财贸办公室《关于进一步推广唐山地区按经济区域组织商品流通经验的报告》。

2月20日，中共中央同意并批转国家建委党组《关于施工队伍管理问题的报告》。《报告》说，已初步商定由施工队伍较多的冶金、建工、煤炭、水电、交通、化工、石油等部在西南、西北地区的一批施工企业中建立五个基本建设工程，进行军事化管理的试点。其他地区也开始抓施工队伍的整顿工作，还有一些单位在进行工役制和亦工亦农的试点。

3月1日，《人民日报》发表薛宝鼎的文章《资源综合利用是增产节约的一个重要方面》。

3月30日，中共中央批转国家建委党组《关于施工队伍整编为基本建设工程兵试点意见的报告》，指出，把施工队伍逐步整编为劳武结合、能工能战的基本建设工程兵，是实现队伍革命化，保证队伍不断更新，提高战斗力的根本措施，最能适应边备战、边建设的需要。

4月2日，《人民日报》发表文章《大庆建成工农结合城乡结合的新型矿区》，并加编者按指出，矿区的建设遵循了“工农结合、城乡结合、有利生产、方便生活”的方针。它是乡村型的城市，也是城市型的乡村，是一个崭新的社会组织。

5月9日，国家计委和国家建委联合提出《关于老基地、老企业支援新厂建设的几点建议》，要求担负支援任务的老基地、老厂矿，对于新厂建设要从筹建、施工到建成投产，一包到底。

6月1日，经毛泽东批准，陈伯达率工作组到《人民日报》社夺权，并发表社论《横扫一切牛鬼蛇神》，作为动员全社会进入狂热“文革”的第一个信号。

6月7日，中共中央、国务院同意全国物价委员会党组《关于调整工业品地区差价的报告》。

7月12日，中共中央、国务院发出《关于工业交通和基本建设单位如何开展文化大革命运动的通知》。

8月10日，《人民日报》发表贡文声的文章《驳孙冶方的修正主义〈经济纲领〉》。

9月23日，中共中央批转国务院财贸办和国家经委《关于财政贸易和手工业方面若干政策的规定》，其中决定将公私合营企业改为国营企业，资本家的定息经人大常委会讨论后，一律取消。

12月9日，中共中央发出《关于抓革命、促生产的十条规定（草案）》，两次要求在业余时间搞“文革”，坚持8小时工作制，遵守劳动纪律，完成生产定额，保证产品质量等。

12月26日，《人民日报》发表社论《迎接厂矿企业文化大革命的高潮》。

1967年

3月18日，《人民日报》刊登《中共中央给全国厂矿企业、革命职工、革命干部的信》。信中指出，希望你们在文化大革命中，更加鼓足干劲，力争上游，成为现阶段全国劳动群众抓革命、促生产的最出色的模范。

3月23日，中共中央、国务院、中央军委作出《关于大庆油田实行军事管制的决定》。

4月3日，《人民日报》发表文章《革命统帅生产》，介绍山西军区某部协同太原第一热电厂管理工业的基本经验。

5月23日，国务院、中央军委决定对国防工业实行军事管制。成立国防工业军管领导小组，组长粟裕。五机部设军管会，主任胡兰之。

5月31日，中央决定对铁道部、交通部实行军事管制。

6月1日，中央发布《关于坚决维护铁路、交通运输革命秩序的命令》。

9月9日，国家计委、国防工办、国家建委发出《关于抓紧小三线生产建设工作的通知》，要求在1968年全面完成前三年小三线建设规划。

9—11月，国务院决定，煤炭工业部组织20个“抓革命、促生产”工作组，有200人参加，分赴各重点煤矿企业，帮助把煤炭生产抓上去。

1968年

2月15日，冶金部向国家计委、科委和建委提出，根据中国资源特点，建立自己的新型钢铁产品系统，开展以普遍低合金钢为中心的钢铁产品革命，力争在三四年内建成低合金钢系统。

4月5日，《人民日报》发表国务院财贸办公室革命造反联合委员会的文章《对资本主义工商业改造的两条路线斗争》。

7月22日，《人民日报》发表调查员报告《从上海机床厂看培养工程技术人员的道路》。

10月18日，《人民日报》刊登出席全国冶金工业抓革命促生产会议的部分代表笔谈摘要"'鞍钢宪法'是办社会主义企业的指路明灯"。

1969 年

2月16日—3月24日，中断了两年的全国计划会议以全国计划座谈会召开。此次会议是在国家计划机构不能正常工作的情况下，根据周恩来1968年12月12日作出的组织起来编制1969年计划的指示，由新成立的有军代表、老干部和"造反派"参加的30余人计划起草小组具体筹备的。会议学习了毛泽东关于经济建设问题的指示，批判了"托拉斯"、"短线平衡"，讨论了起草小组写的《1969年国民经济计划的纲要（草案）》。其中指出要大力加强国防工业、基础工业和内地建设等问题。会议还讨论了《中央各部关于企业管理体制下放的初步设想》。1969年计划中工业的主要指标是钢1600万—1650万吨，煤2.75万—2.85万吨，原油1850万—2000万吨，发电量980亿—1000亿度，棉纱1000万—1050万件。

2月21日，《人民日报》发表社论《抓革命，促生产，夺取工业战线的新胜利》。社论指出，到1968年底，国内公债已全部还清，我国已经成为世界上既没有内债、又没有外债的强大的独立的社会主义国家。

8月30日，国家计委转发八机部1970年改革农机产品管理体制的意见，指出今后农机产品分为部管和地方管理两类，而且将逐步缩小部管农机产品的范围，扩大地方管理的范围。

10月14日，《人民日报》发表北京市革命委员会写作小组的文章《中国社会主义工业化的道路》。文章分五个部分对这个问题作了论述：一、独立自主，自力更生，走自己工业发展道路；二、坚持无产阶级政治挂帅；三、走群众路线，大搞群众运动；四、正确处理工业和农业、重工业和轻工业的关系；五、备战备荒为人民。

11月22日，国务院批转建工部军管会《关于支援内地建设的沿海建设力量问题的请示报告》，同意《报告》中所提出的对到西南、西北地区参加三线建设的十个省、市的基建队伍的处理原则，具体事宜由建工部与有关地方商办。

1970 年

1月，中央决定，撤销煤炭工业部，成立煤炭、石油、化工合并的燃料化学工业部。

△ 经国务院业务组批准，燃料化学工业部所属煤炭企事业单位开始下放。

2月6日，《人民日报》发表吉林省革命委员会写作小组文章《社会主义建设与经济领域中的阶级斗争》。文章批判了孙冶方同志的经济理论，并批判了经济管理中的用经济方法管理经济的问题。文章说，用经济方法管理经济就是鼓吹经济计划应以利润为基础，以利润为目的，以利润为动力，以利润为中心，是把利润当成衡量企业好坏的唯一标志。文章说，孙冶方同志的经济学是要人们追逐利润，不要革命，为了钱，丢了权。

3 月 5 日，国务院拟定《关于国务院工业交通各部直属企业下放地方管理的通知（草案）》。《通知（草案）》要求国务院各部在 1970 年把直属企业、事业单位绝大部分下放给地方管理；少数由中央部和地方双重领导，以地方为主；极少数的大型或骨干企业，由中央部和地方双重领导，以中央部为主。正在施工的各直属基本建设项目按同样精神分别下放地方管理。下放工作要求年内进行完毕。

7 月 25 日—8 月 20 日，财政部召开全国财政银行工作座谈会，重点讨论改革问题，决定从 1971 年实行财政收支包干、基建投资包干和农村信贷包干，一年一定；企业上缴的折旧基金全部下放给地方；积极支持“五小”工业；改革工商税收制度，一个行业按一个税率计征；调整银行、贷款的利率等等。

8 月 24 日，《人民日报》发表国家建委写作小组文章《大型企业和中小型企业同时并举》。文章指出，大中小并举是高速度发展我国工业的必由之路，只有大中小并举才能迅速实现工业合理布局，大中小并举有利于促进工业技术的不断革新。

10 月 3 日，国家计委发出《关于追加 1970 年基本建设投资问题的报告》，经中央领导批示同意。

1971 年

4 月 12 日，中共中央批转中央军委国防工业领导小组《关于国防工业管理体制的报告》，明确了对国防工业的管理，实行中央和地方双重领导。

5 月 12 日，《人民日报》发表冶金工业部写作小组文章《在毛泽东思想指引下发展我国钢铁工业》。文章指出，发展工业“以钢为纲”是我国社会主义工业建设的客观规律；坚持两条腿走路，大中小型企业同时并举，多搞中小；积极开发矿业，建立坚实可靠的原料基础；自力更生、艰苦奋斗，充分挖掘内部潜力；高举“鞍钢宪法”的光辉旗帜，开展“工业学大庆”的群众运动。

5 月 26 日，全国冶金矿山工作会议召开。会议学习了毛泽东同叶海亚·汗的谈话，认为冶金工业长期徊徘，主要是调整时期“大砍大杀”，推行“马钢宪法”、“条条专政”、“大洋全”和“抓中间带两头”造成的。会议强调，要继续大打矿山之仗，多搞中小矿山，先搞富矿。会议强调要把政治工作贯穿到生产、技术和业务工作中去。

6 月 20 日，《人民日报》发表题为《工业学大庆》的社论。社论提出，要做头脑冷静的促进派。学大庆，不要生搬硬套，不要搞形式主义，不要一有成绩就翘尾巴。把革命精神和科学态度结合起来，才是头脑冷静的进派。

9 月，林彪反党集团被粉碎后，周恩来总理在毛泽东主席的支持下主持中央日常工作，使各方面的工作有了转机。特别是在落实干部政策和各项经济政策方面，收到一定效果。在经济工作方面，强调按劳分配，实行必要的奖励制度；在农业中提出不要把党的方针所提倡和允许的多种经营，当作资本主义倾向来批判；在工业中要求重视产品质量，重视发挥老工人和技术人员的作用；还强调加快社会主义建设步伐，要求大家为革命事业学文化和技术等。

1972 年

3 月 30 日，国务院发布《中华人民共和国工商税条例（草案)》，扩大税制改革试点，主要内容是：合并税种，减化税目，一部分管理权限下放给地方，对少数税率作了调整。

4 月 1 日，《人民日报》发表华庆源的文章《一定要把产品质量放在第一位》。文章批评了有的部门和企业只把完成产量看成是完成了国家计划，把产品质量看成是无关大局，因此，他们只追求产品数量，不问实际效果，对一些保证产品质量的规章制度执行不严，甚至随意废除，致使某些产品质量不稳定，个别产品质量甚至下降。

4 月 6 日，《人民日报》发表路阳的文章《正确理解和处理政治和业务的关系》。文章说，政治与业务、政治与经济、政治与技术，是对立的统一。在这些矛盾中，主要矛盾方面是政治，它决定着经济、业务、技术发展的路线和方向。

5 月 13 日，国务院、中央军委发出《关于整顿国防工业产品质量和加强配套问题的指示》，要求两年内改变局面。

5 月 30 日，国务院批准试行国家计委、国家建委、财政部《关于加强基本建设管理的几项意见》。文件针对基本建设方面长期存在的战线长、浪费大、制度松弛等问题提出若干改进意见，但大都没有得到执行。

5 月 31 日，《人民日报》发表宫效闻的文章《以路线为纲，建立和健全合理的规章制度》。文章指出，要有必要的规章制度；制度要有利于群众；从群众中来，到群众中去；执行制度也要靠说服教育。

8 月 8 日，《人民日报》发表安群的文章《把路线教育和搞好企业管理结合起来》。文章指出，当前，思想和政治路线方面的教育正在各条战线深入开展，工交战线上整顿和加强企业管理的工作也在继续进行。把路线教育和搞好企业管理有机地结合起来，是一个必须认真解决的问题。

10 月 21 日—11 月 10 日，经国务院批准，国家计委、财政部、农林部在北京召开加强经济核算，扭转企业亏损会议。其中心议题是解决当时发现的“三个 100 亿”问题，即同历史上的较好水平比，工业利税少收了 100 多亿元，工业流动资金多占用了 100 多亿元，基本建设尾巴拖长了 100 多亿元。会议指出，“政治挂帅要挂到业务上，挂到生产上，政治工作要结合经济工作一道去做。”会议还拟定了整顿企业管理、扭亏增盈的具体措施。

12 月 7 日，财政部颁发《国营企业利润交库办法》。

1973 年

5 月 15 日，财政部发布《关于加强国营工业企业成本管理工作的若干规定》。

8 月 20 日，国务院、中央军委联合发出《关于小三线军工厂归地方领导的若干问题的通知》。根据中央既定方针，小三线军工厂仍全部归省、市、自治区领导。

1974 年

5 月 1 日，国务院、中央军委决定对国防工业管理体制作重大调整：成立国务院国防工业办公室，受国务院、中央军委双重领导，撤销国防工业和常规兵器工业等 4 个领导小组及其办事机构；国防工业部各部的直属企业实行地方和部双重领导，以地方为主；所属高等院校及其学校也一并下放；各省、市、自治区设国防工业办公室或相应机构。

9 月 27 日，国务院批准试行国家建委、一机部提出的《关于加强基本建设项目设备成套工作意见》，要求国家计划内的基建项目，按统一计划，分级管理的原则，组织设备成套生产、成套供应。

10 月 24 日，国务院、中央军委发出批准试行《关于中国人民解放军基本建设工程兵领导关系的几项暂行规定》。指出，中国人民解放军基本建设工程兵已列入中国人民解放军的序列，是一支劳武结合、能工能战、以工为主的部队。为了加强对基建工程兵的领导，决定这支部队由国家建委负责抓总，国务院各有关部负责所属部队的领导和管理。

1975 年

1 月 13—17 日，中华人民共和国第四届全国人民代表大会第一次会议在北京召开。大会的议程是：一、修改宪法；二、政府工作报告；三、选举和任命国家领导工作人员。周恩来总理在代表国务院作的《政府工作报告》中重申："在本世纪内，全面实现农业、工业、国防和科学技术的现代化，使我国国民经济走在世界的前列，把我国建设成为社会主义现代化强国。"

四届人大以后，周恩来同志病重，邓小平同志在毛泽东同志的支持下主持中央日常工作。邓小平同志先后主持召开了中央军委扩大会议和解决工业、农业、交通、科技等方面问题的一系列重要会议，着手对许多方面的工作进行整顿，使形势有了明显好转。但是，毛泽东同志不能容忍邓小平同志系统地纠正"文化大革命"的错误，又发动了所谓"批邓，反击右倾翻案风"运动，全国因而再度陷入混乱。

1 月 17 日，第四届全国人民代表大会第一次会议决定撤销燃料化学工业部，成立石油化学工业部和煤炭工业部。

3 月 5 日，邓小平在省、市、自治区党委主管工业的书记会议上发表《全党讲大局，把国民经济搞上去》的讲话。他说，现在有一个大局，全党要多讲。大局是什么？三届人大和四届人大的政府工作报告，都讲了发展我国国民经济的两步设想：第一步到 1980 年，建成一个独立的比较完整的工业体系和国民经济体系；第二步到 20 世纪末，也就是说，从现在算起还有 25 年时间，把我国建设成为具有现代农业、现代工业、现代国防和现代科学技术的社会主义强国。全党全国都要为实现这个伟大目标而奋斗。这就是大局。

7 月 25 日，国务院就解决电力供应不足发出通知，要求抓紧完成 1975 年装机：400 万千瓦、1976 年装机 500 万千瓦的任务。并提出在煤矿、油田、气井附近建设矿口火电站；兴办中小水电站。国务院还要求严格执行计划用电，加强电网的统一管理，跨省电网实行水电部领导为主的管理体制；不跨省的电网也不能层层下放。

8月3日，邓小平在国防工业重点企业会议上作了题为《关于国防工业企业的整顿》的报告，主要内容是：(1) 一定要建立敢字当头的领导班子。(2) 一定要坚持质量第一。(3) 一定要关心群众生活。

8月18日，邓小平在国务院讨论国家计委起草的《关于加快工业发展的若干问题》时，作了题为《关于发展工业的几点意见》的讲话，主要内容是：(1) 确立以农业为基础、为农业服务的思想。(2) 引进新技术、新设备，扩大进出口。(3) 加强企业的科学研究工作。这是多快好省地发展工业的一个重要途径。(4) 整顿企业管理秩序。(5) 抓好产品质量。质量第一是个大政策。提高产品质量是最大的节约。(6) 恢复和健全规章制度。关键是建立责任制。(7) 坚持按劳分配原则。这在社会主义建设中始终是一个很大的问题。

8月18日—10月3日，邓小平同志对发展煤炭工业作了重要指示，主要精神是：考虑煤炭出口，引进国外技术装备开采煤矿，加速工业技术改造，提高劳动生产率。

9月2日，为解决"文化大革命"以来工矿企业的混乱现象，邓小平同志主持制定《关于加快工业发展的若干问题》(即工业二十条)，提出了整顿工业和整顿企业的具体办法和措施。到1976年初该文件被"四人帮"列为"三株大毒草"之一进行了批判。

1976年

3月3日，财政部在［1976］财预字9号文中提出：经国务院领导同意，从1976年起，试行"定收定支，收支挂钩，总额分成，一年一变"的财政管理体制。试行这种办法，主要是为了克服固定比例留成存在的问题。把地方财政的权力和责任联系起来，多收可以多支，少收则要少支，同中央一起，共同平衡预算。

6月14日，国家计委向中共中央报送《关于上半年国民经济计划执行情况和下半年安排意见的报告》。《报告》提出以下措施：(1) 优先安排支农工业和轻工业的生产，适当调整钢铁的生产。(2) 狠抓煤炭、原油生产、搞好交通运输。(3) 缩短基本建设战线。对在建项目进行认真排队，推迟条件不具备或者建成后燃料动力、原材料供应不上的项目。(4) 动员所有企业努力节约燃料、动力和原材料，同时狠抓清扫仓库。(5) 在增加生产的基础上，改善人民生活。(6) 认真研究经济管理体制的进一步改革，做到在中央统一计划下让地方办更多的事，做到订计划以块块为主。(7) 建议四季度召开全国工业学大庆会议。

7月6日，根据中共中央政治局决定召开的全国计划工作座谈会在北京举行，会议的议题，批判"条条专政"，调整下半年国民经济计划。王洪文四次到会活动，指使上海、辽宁代表提出要揭1975年国务院务虚会议和全国计划会议的问题，说两会是"右倾翻案风的风源"。中央政治局在听取会议情况汇报时，决定会议按原定计划进行。会议鉴于上半年工业部门欠产较多，财政减收，原定1976年国民经济计划已不可能完成，国家计委在经过中央政治局讨论同意后，向会议提出把钢的生产指标由原来的2600万吨调到2400万吨，基建拨款比原定计划减少20亿元，从外贸库存中再拿出20亿元商品投放市场，进口压缩五亿美元，社会集团购买力压缩10%—20%，原定调整工资计划推迟到下一年进行。

1977 年

4 月 3 日，国务院批转《全国基本建设会议纪要》。《纪要》要求各有关单位切实加强对基本建设工作的领导，紧紧抓住深入揭批“四人帮”这个纲，放手发动群众，深入开展工业学大庆的群众运动，调动一切积极因素，充分发挥中央和地方两个积极性，坚持执行集中力量打歼灭战的方针，多快好省地完成当年的基本建设任务。同时要在前进中抓好整顿，健全各级基本建设机构，加强各级领导班子和职工队伍的革命化建设，加强基本建设管理及企业管理，以实际行动迎接党的十一大和五届全国人大的召开，为在本世纪末实现四个现代化的宏伟目标作出贡献。

4 月 15 日，国务院发出《关于批转全国冶金工业工作会议纪要的通知》。《通知》指出，几年来，钢铁工业遭到“四人帮”的干扰破坏很严重，出现了新的徘徊。现在到了下决心把钢铁工业搞上去，结束新的徘徊的时候了。强调要全党动手办钢铁，充分发挥中央和地方两个积极性。各省、市、自治区党委，要像抓农业、抓铁路那样狠抓冶金工业，认真贯彻执行《鞍钢宪法》，深入开展工业学大庆的群众运动。号召以抓革命、促生产的优异成绩，迎接党的第十一次全国代表大会和第五届全国人民代表大会的胜利召开。

4 月 20 日，全国工业学大庆会议在大庆油田召开。4 月 27 日—5 月 13 日，会议转到北京举行。会议共有 7000 多人参加。会议明确了一下几个问题：（1）要加快工业发展，必须狠抓企业整顿，要求 1977 年首先把那些关系国民经济全局的重点企业领导班子整顿好。（2）各个企业要以大庆为榜样，认真学习解放军的经验，建立健全政治工作机构和政治工作制度，切实加强企业的政治思想工作。同时要像大庆那样抓好社会主义的企业管理。（3）要广泛开展劳动竞赛，掀起增产节约新高潮，使各项技术指标在最短时间内达到本企业的历史最好水平，在两三年内达到本行业的目前国内先进水平。（4）大庆从理论到实践的结合上，回答了怎样按照无产阶级的面貌和社会主义原则建设企业的问题。（5）要在五个五年计划期间，按评比大庆式企业的六条标准，把全国 1/3 的企业建成大庆式企业。

5 月 16 日，国务院批转国家计委、对外贸易部《关于今年以来外贸收购计划执行情况和问题的报告》。《报告》指出，当前我国经济建设中，有相当一部分原材料、设备要通过进口解决。要进口，就得出口。但现在不少出口商品的收购没有达到计划进度，并且低于去年同期水平，已影响到出口合同的履行，影响到对港澳市场的供应，应引起各级领导注意。要求各级领导务必根据“重合同，守信用”的原则，加强外贸工作的领导。

6 月 20 日，国务院批转农林部、轻工业部《关于把农村手工业企业划归人民公社领导管理的报告》。《报告》对农村手工业的手工业合作社、组，划归人民公社领导和经营管理，成为社办企业的一个组成部分。

7 月 8 日，国务院发出《关于大力开展扭转企业亏损、增加盈利工作的通知》，决定成立扭转企业亏损增加盈利领导小组。

7 月 10 日，为加强对国营企业上交利润和执行财务制度的监督工作，增加社会主义积累，保证国家财政收入计划的完成，财政部颁发《国营企业上交利润的监督办法》。

11 月 28 日，国务院颁布《关于实行现金管理的决定》，主要内容为：（1）凡一切国营企业、事业、机关、团体、部队、学校、集体经济单位所有现金，除核定的现金库存限额外，其余必须存入当地中国人民银行，不得擅自保留。（2）各国营企业、事业、机关、团体、部队、学校、集体企业间的经济来往，必须通过中国人民银行转账结算。（3）对人民公社、生产大队、生产队和他们所办的企业也应实行现金管理。银行要保证谁的钱进谁的账，由谁支配，不得自动扣收贷款，也不代任何单位扣款。（4）现金管理决定是国家的重要财经制度，必须严格执行。

12月7日，国家计委、财政部在全国计划会议上建议改进现行固定资产更新改造资金管理办法，并提出，为解决现行管理办法中更新改造资金在地区、行业、新老企业之间分布不平衡的问题，由国家财政集中一部分更新改造资金调剂使用。

1978年

1月1日，国务院决定将中国人民银行与财政部分设，财政金融体制开始改革。

△ 根据中央决定，原轻工业部分为轻工业部、纺织工业部。

3月11日，国务院同意国家计委等部委《关于上海新建钢铁厂的厂址、建设规模和有关问题的请示报告》，决定从日本引进成套设备，在上海宝山县新建钢铁厂。

3月13日，国家计委、财政部联合作出《关于国家财政集中一部分企业基本折旧基金的具体规定》。规定除县办工业、农牧业企业外，所有国营企业提取的基本折旧基金，一半留给企业使用，一半上交国家财政统一安排使用。

3月14日，国家建委、财政部发布《施工企业经济核算暂行办法》。

4月20日，中共中央发出《关于加快工业发展的若干问题的决定（草案）》（简称《工业三十条》）。主要内容有：建立和健全以岗位责任制为核心的各项规章制度；恢复党委领导下的厂长分工负责制、总工程师和总会计师责任制、职工大会制等制度；按照专业化协作原则改组工业。这是当时指导工交战线拨乱反正的重要文件。

5月26日，国务院转发国家计委等部门《关于加快县办轻工业发展的几个问题的报告》。国务院指出，县办轻工业是轻工业的重要组成部分。各省、市、自治区要在党委的统一领导下，有计划、有组织地加快县办轻工业的发展。轻工业部要在搞好调查研究的基础上，帮助各地方搞好轻工业发展规划。

7月21日，国务院批转煤炭工业部《小煤矿管理试行办法》，对办矿方针、办矿的审批权限、大小煤矿之间的关系、办矿资金的来源、物资供应来源、劳动力来源及产品销售等问题作出了说明。

9月，经济学家董辅礽在哲学社会科学规划会议上发言，指出全民所有制不等同于国家所有制，提出要改变“全民所有制的国家所有制形式”。

9月5日，国务院召开全国计划会议，提出：要把注意力转到生产斗争和技术革命上来；转到按照经济规律办事，把民主和集中很好地结合起来的科学管理的轨道上来；转到积极引进国外先进技术，利用外国资金，大胆进入国际市场上来。

9月25日，国务院批准成立国家工商行政管理总局。

10月，经国务院批准，四川省重庆钢铁公司、成都无缝钢管厂、宁江机械厂、四川化工厂、新都县氮肥厂和南充钢铁厂6家地方国营工业企业，率先实行扩大企业自主权试点，拉开了国有企业改革的帷幕。

10月21日，中共中央发出《关于认真做好劳动保护工作的通知》。

10月25日—11月2日，由国家计委经济研究所和中国社会科学院经济研究所等单位联合举办的第四次全国按劳分配问题讨论会在北京召开。此前从1977年4月以来已经举行了三次，这次规模最大，共有800多人参加了会议。这四次会议对于经济理论方面的拨乱反正发挥了重要作用。

11月22日，国务院批转卫生部《关于加强工业卫生工作的请示报告》。国务院指出，搞好工业卫生，保护环境，保护工人的健康与安全，对促进工业生产，实现四个现代化，具有十分重要的意义。

11月25日，国务院批转财政部《关于国营企业试行企业基金的规定》。规定从1978年起，国营企业试行企业基金制度。制度规定，凡全面完成国家八项年度计划指标及供货合同的工业企业，可按职工全年工资总额的5%提取企业基金；只完成产量、品种、质量、利润四项指标，可按3%提取。基金主要用于职工集体福利事业。

12月22日，中共中央发表《中国共产党第十一届中央委员第三次全体会议公报》，要求把全党工作的重点转移到社会主义现代化建设上来，指出经济管理体制存在严重缺点，应该予以改革。改革的内容之一就是要让地方和工农业企业在国家统一计划的指导下有更多的经营管理自主权。

1979年

1月1日，国务院1978年8月13日所发《出口商品外汇留成试行办法》和《关于非贸易外汇留成试行办法》今起执行。

1月30日，中共四川省委在总结6家试点企业经验的基础上，经过调查讨论，制定并发出《关于地方工业扩大企业权力、加快生产建设步伐的试点意见》，提出从14个方面扩大国营企业的权力，并且把试点扩大到100户国营工业企业和40户国营商业企业。与此同时，云南、北京等地也对所属地方国营工业企业进行扩大企业自主权试点。

2月10日，财政部发出《关于实行县办工业企业利润留成有关问题的通知》。从本年1月份起实行县办工业利润留成。

2月11日，国务院批转国家建委、国家建材总局《关于加速发展建材工业的几项措施》。措施包括：狠抓挖潜、革新、改造，充分发挥现有企业的作用；加速建设一批骨干企业；大力加强建材工业的基础工作等。

2月23日，国务院批转财政部、国家农垦总局《关于农垦企业实行财务包干的暂行规定》。

3月13日，国务院批转中国人民银行《关于改革中国银行体制的请示报告》，决定成立国家外汇管理总局，并将中国银行从中国人民银行分设出来，仍称中国银行。

3月14日，为了加强对财经工作的统一领导，中共中央决定成立国务院财政经济委员会，作为研究制定财经工作方针政策和决定财经工作大事的决策机关。

4月4日，国务院批转国务院扭亏增盈领导小组《关于加强扭亏增盈和开展清产核资工作的报告》。决定将国务院扭亏增盈领导小组和清仓查库领导小组合并。

4月5—28日，中共中央召开工作会议。针对国民经济比例失调的情况，会议决定从

1979 年起，用 3 年时间对国民经济实行“调整、改革、整顿、提高”的新八字方针，并明确提出要扩大企业自主权，把企业经营好坏同职工的物质利益挂起钩来。

4 月 9 日，国务院批转轻工业部《关于轻工业工作着重点转移问题的报告》。

4 月 10 日，中共冶金工业部党组向中共中央报送《关于冶金工业环境保护工作的报告》，针对冶金工业环境保护存在的问题，提出“全面规划，科学管理，预防为主，防治结合，改革工艺，综合利用”的治理工作方针。

4 月 13—20 日，国家经委召集首都钢铁公司、北京清河毛纺厂、天津自行车厂、上海柴油机厂、上海气轮机厂等 8 户企业和有关部门负责人在北京召开座谈会，讨论企业管理体制改革的问题。座谈会按照中共十一届三中全会的精神，在总结四川改革试点经验的基础上，明确提出扩大企业自主权必须扩大企业的生产经营权、财权、物资权、外贸权、劳动用工权、职工奖惩权和机构设置、干部任免等方面的权力。5 月 25 日，国家经委、财政部等 6 部委联合发出通知，确定在这 8 户企业中进行扩大企业经营管理自主权的改革试点。

4 月 25 日，中国人民银行发出《关于恢复国内保险业务机构的通知》，决定重新设立国内保险机构。

5 月，经济学家薛暮桥撰写的《中国社会主义经济问题研究》一书出版。该书指出中国经济改革迫切需要解决企业管理制度和国民经济管理制度两个问题。

5 月 18 日，五届全国人大二次会议在北京召开。提出集中三年时间，认真搞好国民经济的调整、改革、整顿、提高，逐步进入持久的按比例的高速发展的轨道。

5 月 25 日，国家经委、财政部等 6 个部门发出通知，确定在北京、上海、天津选择首都钢铁公司、上海柴油机厂等 8 家企业进行扩大企业自主权改革的试点。

6 月，国家计委、经委、劳动总局联合发出通知，要求全国各地区、各部门、各单位切实贯彻执行《国务院关于加强企业生产中安全工作的几项规定》等劳动保护法规。

△ 经济学家蒋一苇在《经济管理》杂志上发表文章，提出“企业本位论”，并系统地阐述了他对经济体制改革的见解。蒋一苇的见解对国有企业改革产生了重大影响。

6 月 8 日，财政部颁布《国营企业固定资产实行有偿调拨的试行办法》。该办法的目的是促进企业把多余、闲置的固定资产调出来使用。

6 月 11 日，国务院批转国家经委《关于继续大打提高工业产品质量进攻战的报告》。指出各有关部门必须坚决落实各项鼓励和扶植提高质量、发展品种的政策，制订出具体办法，充分调动和发挥企业提高质量发展品种的积极性。

7 月 1 日，五届全国人大二次会议通过了《中华人民共和国中外合资经营企业法》，7 月 8 日公布实施。该法于 1990 年修正，2001 年第二次修正。

7 月 4 日，国务院将《关于发展社队企业若干问题的规定（草案）》下发试行，规定新办的社队企业可以免税 2—3 年。

7 月 8 日，国务院批准成立中国国际信托投资公司。该公司的主要任务是引进外国资本和先进技术、设备，共同举办合资企业。

7 月 10—23 日，国务院在成都召开全国工业交通增产节约工作会议。会议根据国务院《关于按照五个改革管理体制文件组织试点的通知》，部署了扩大企业自主权的试点工作；讨论研究了三年调整工业生产工作和 1980 年至 1981 年两年挖潜、革新、改造的设想；讨论了 1979 年下半年整顿企业、普及大庆式企业的规划。

7 月 11 日，中国人民银行下达《信贷差额控制试行办法》，将“统收统支”改为“统一计划，分级管理，存贷挂钩，差额控制”的管理体制。

7 月 13 日，国务院颁发《关于扩大国营工业企业经营管理自主权的若干规定》、《关于国营企业实行利润留成的规定》、《关于开征国营工业企业固定资产税的暂行规定》、《关于提高国营工业企业固定资产折旧率和改进折旧费实用颁发的暂行规定》、《关于国营工业企业实行流动资金全额信贷的暂行规定》5 个文件。要求各地政府和中央各部门按照统一规定的办法，选择少数条件较好的企业进行改革试点，取得经验后，再积极、稳步地推行。

7 月 27 日，国务院批转电力工业部《关于贯彻执行“调整、改革、整顿、提高”方针的实施方案（摘要）》，指出电力工业是国民经济的先行，是建立在现代化技术基础上的大生产，必须实行高度的集中统一管理。

7 月 30 日，五届人大常委会通过《关于设立外国投资管理委员会、进出口管理委员会的决定》，以加强对外国投资、进出口、外汇平衡和引进新技术工作的管理。

8 月 8 日，为了加强合同管理，督促企业严格执行合同，维护交易双方的正当权益，国家经委、工商行政管理总局、中国人民银行发出《关于管理经济合同若干问题的通知》。

8 月 13 日，国务院颁发《关于大力发展对外贸易增加外汇收入若干问题的通知》。主要内容包括实行出口商品的分级管理，扩大地方经营范围；成立专业公司；扩大生产企业办外贸的权限，简化审批手续；出国开办企业；试办出口特区等。

8 月 17 日，财政部、国家经委、中国人民银行颁发《关于贯彻国务院改革企业管理体制文件试点中几个具体问题的意见》。

8 月 28 日，国务院批转国家计委、国家建委、财政部《关于基本建设投资试行贷款办法的报告》及《基本建设贷款试行条例》，试行将基建拨款改为银行贷款，贷款业务由中国人民建设银行办理。这就是有名的“拨改贷”的开始。

9 月，经济学家马洪提交论文，认为“改革经济管理体制要从扩大企业自主权入手”。

9 月 3 日，国务院发出《通知》，同意颁发实行《开展对外加工装配和中小型补偿贸易办法》。

9 月 16 日，国家经委发出《关于进一步开展工业改组试点工作的通知》说，按照专业化协作原则改组工业，建立各种企业性的专业公司和联合公司，是当前工业管理体制上的一项重要改革。一年多来，在京津沪辽苏川和国务院七个部局中先后开展了试点工作，建立了 24 个公司（总厂），已开始见到成效。

10 月 17 日，财政部发出《关于改进国营企业提取企业基金办法的通知》。

11 月，邓小平在回答外宾的提问时，首次提出“社会主义也可以搞市场经济”的著名论断。

11 月 7 日，财政部发出《关于试办企业性工业公司征税问题的通知》。最近国家经委确定在六省市和七个部门中试办了 35 个企业性工业公司。

11 月 10 日，农业银行颁发《农村社队企业贷款试行办法》，规定了贷款的原则、对象、种类、期限、利息和信贷制裁等。

12 月 3 日，国务院财经委员会经济体制改革小组办公室提出《关于经济管理体制改革总体设想的初步意见》，认为应该在计划调节与市场调节相结合的前提下，该放的放，该收的收。这是十一届三中全会以来我国第一个有关经济体制改革的总体规划草案。

△ 中共中央发出《关于成立国务院机械工业委员会的通知》。

12 月 5 日，日本输出入银行在北京开设代表处。

12 月 12 日，国家计委、国家经委转发一机部《关于初步改革机电产品产供销体制的报告》。

12 月 14 日，为适应改革开放形势的需要，经国务院批准，冶金部成立中共冶金进出口公司（1989 年改为总公司）。该公司为工贸一体、技贸结合的国营企业，主要负责冶金产品和原材料的进出口、“三来一补”和引进技术软件等业务。

1980 年

1 月 7 日，国家决定 1980 年对轻纺工业实行“六个优先”政策，即：原材料、燃料、电力供应优先；挖潜、革新、改造的措施优先；基本建设优先；外汇和引进新技术优先；交通运输优先。

1 月 14 日，为了加速轻工业发展，国务院同意并批转国家经委、国家计委、进出口管委、人民银行、中国银行、物资总局、财政部《关于请批准轻工、纺织工业中短期专项贷款试行办法的报告》和《中国人民银行发放轻工、纺织工业中短期专项贷款试行办法》。

1 月 22 日，国务院批转国家经委、财政部《关于国营工业企业利润留成试行办法》，从 1980 年起在批准的试点企业中试行。

2 月 8 日，国务院对交通部《关于与外国建立合营轮船公司问题的请示》的批示中说，今后与外国建立合营轮船公司，只应由交通部统筹规划、办理。其他各部、各地方要办，必须经国家进出口管理委员会审查批准。

2 月 12 日，五届全国人大常务委员会第十三次会议决定设立国务院机械工业委员会。

2 月 26 日，决定将对外贸易仲裁委员会改称为对外经济贸易仲裁委员会，其受理案件的范围可扩大到有关中外合资经营企业、外国来华投资建厂、中外银行互相信贷等各种对外经济合作方面所发生的争议，委员人数可根据工作发展的需要适当增加。

2 月 29 日，为加强对全国进出口商品检验管理工作的领导，以适应对外贸易发展的需要，国务院发出《关于改革进出口商品检验管理体制的通知》。对外贸易部所属的商品检验管理局改为中华人民共和国进出口商品检验总局（简称国家商检总局），为国务院直属局，由对外贸易部代管，并设立进出口商品检验总公司和分公司。

△ 国家经委、国家科委、国家计量总局颁发《全国厂矿企业计量管理实施办法》。

3 月 10 日，国家经委颁发《工业企业全面质量管理暂行办法》，要求各地区、各部门切实加强领导，“认真改变若干产品质量低劣的状况，努力生产更多的优质产品”。

3 月 14 日，国务院同意并批转国务院财贸小组《关于成立丝绸公司的意见》。成立全国性的丝绸公司，把蚕丝绸的生产过程和流通过程有机地结合起来，实行产供销一体化，成为一种企业性的独立的经济组织，是改革经济管理体制的一个尝试。

3 月 17 日，中共中央政治局常务委员会决定撤销国务院财经委员会，设立中央财政经济领导小组。同时，决定成立国家能源委员会。

3 月 22 日，国务院办公室发出《关于恢复中国国际贸易促进委员会为国务院直属机构的通知》。

4月，国家经委等部门在全国工业交通会议上发布《〈关于扩大国营工业企业经营管理自主权的若干规定〉的具体意见》。《意见》对试点企业改革半年来的成效进行了总结，并对试点企业的利润留成问题、执行国家计划和市场调节问题、产品销售问题、新产品试制和销售问题、扩大出口和外汇分成问题、固定资产和流动资金有偿占用问题、固定资产折旧费问题、企业机构设置和劳动管理问题等进行完善和补充。

4月25日，中国电子技术进出口公司成立。该公司在国家统一的外贸方针政策指导下，统一经营电子工业产品进出口等业务。

5月4日，国家建委、国家计委等5部委联合下发《关于扩大国营施工企业经营管理自主权有关问题的暂行规定》，规定改革材料供应办法，恢复法定利润率，扩大企业劳动工资管理权限等。

5月8日，国务院决定成立国务院体制改革办公室，负责制订改革的总体规划和协调各方面的改革。同年9月8日，该办公室制订出《经济体制改革的初步意见》，这是十一届三中全会以来我国第一个市场化取向改革的总体规划。

△ 国家计委等部门颁发《军工企业生产民品暂行管理办法》。

5月15日，世界银行执行董事会议决定正式恢复中华人民共和国在世界银行、国际开发协会和国际金融公司的代表权。

5月17日，国务院、中央军委作出《关于民航管理体制若干问题的决定》。为便于民航实行企业化的管理，决定民航总局不再由空军代管。民航的方针、政策、规定等由民航总局拟定，报国务院审批。

6月3日，进出口管理委员会、对外贸易部颁发《关于出口许可制度的暂行办法》。

6月13日，中国电子器件工业总公司成立。该公司是全国性专业工业公司，实行产、供、销、人、财、物统一管理，统一经营。

6月20日，财政部、国家经委发出《关于对国营工业交通企业征收固定资产占用费的暂行办法》。

6月21日，国务院批转国家经委、国家计委、财政部的《关于加强现有工业交通企业挖潜、革新、改革工作的暂行办法》。文件规定了挖潜、革新、改造的范围、重点、规划的编制和审定、资金的来源和使用，还有设备、材料、人力、利用国外技术等方面的问题。

7月，经国家经委批准，中国纺织机械总公司正式成立。该公司对所属企业的产供销、人财物实行统一管理。

7月1日，国务院颁发《关于推动经济联合的暂行规定》，旨在缓解传统计划经济体制下因封闭的经济结构导致企业互相分割的矛盾，由此迈开了推动企业横向联合的步伐。

7月2日，国务院批准设立财政监察机构。

7月7日，国务院清产核资扭亏增盈领导小组、国家经委、财政部、人民银行发出《关于国营工交企业清产核资划转定额贷款和国拨流动资金实行有偿占有的通知》，决定国营工交企业核定流动资金后，由银行从超定额贷款中划转一部分作为银行对企业定额流动资金贷款。

7月9日，中国南京无线电公司成立。该公司是中央直属企业与地方企业、全民所有制企业与集体所有制企业结合的联合企业，实行科研、生产、销售、服务等联合经营的经济体制，由四机部和江苏省人民政府双重领导。

7月19日，国务院发出通知，要求各地认真检查企业长期经营性亏损问题，限期扭亏为盈。

7月21日，据新华社报道，截至6月底，全国进行扩大企业自主权试点的工业企业达6600多个，占全国全民所有制工业企业总数的16%，产值和利润分别占60%和70%左右。

7月26日，国务院公布《中外合资经营企业劳动管理规定》、《中外合资经营企业登记管理办法》、《中外合营企业建设用地的暂行规定》。

8月2—7日，中共中央召开全国劳动就业工作会议。8月17日，中共中央转发了这次会议文件《进一步做好城镇劳动就业工作》。

8月8日，国家经委转发了《上海、四川、广西柳州一些国营工业企业进行“独立核算、国家征税、自负盈亏”试点的做法》。国务院要求取得经验，1981年扩大试点，逐步推开。

8月26日，进出口委员会、外贸部颁发《对外贸易进口管理试行办法》。

9月2日，国务院批转国家经委《关于扩大企业自主权试点工作情况和今后意见的报告》，决定从1981年起把扩大企业自主权的工作在国营工业企业中全民展开，使企业在人财物、产供销等方面拥有更大的决策自主权。

当年，国家在400多家工业企业中进行“自主经营、以税代利、自负盈亏”试点，取得较好效果。

9月8日，国务院经济体制改革办公室制订《关于经济体制改革的初步意见》，鲜明地提出改革就是要建立适应商品经济的经济体制。

9月10日，五届全国人大第三次会议讨论通过的《中华人民共和国个人所得税法》，同日公布实施。该法于1993年修正，1999年第二次修正。同时通过了《中华人民共和国中外合资经营企业所得税法》。

10月17日，国务院常务会议通过《关于开展和保护社会主义竞争的暂行规定》。它对于调动生产经营单位和劳动者的主动性、积极性，扬长避短，发挥优势，推动联合，进一步把经济搞活，不断满足人民群众的需要，加快四化建设的步伐有重大的作用。

10月30日，国务院发布《关于管理外国企业常驻代表机构的暂行规定》。

11月13日，国家经委、财政部、中国人民建设银行作出《工业交通企业挖潜、革新、改造资金试行贷款的暂行规定》。

11月17日，经国务院财贸小组、国家计委、国家经委、财政部、人民银行、商业部、供销总社、国家统计局修订并颁发了《社会集团购买力管理办法》，确定了管理范围和管理措施。措施采取计划管理、指标控制、专项审批、定额供应四项方法。

11月21日，国家经委、财政部、建设银行联合发出通知，决定从1981年起，将国家经委、财政部安排的部分挖潜、革新、改造资金由国家拨款改为银行贷款。

11月25日，国务院决定从1981年起，凡是独立核算、有还款能力的企业，都实行基本建设拨款改贷款。

12月3日，国务院批转财政部《关于进出口商品征免工商税收的规定》。

12月8日，工商局发出《关于外国企业常驻代表机构办理登记事项的通告》。

12月14日，经国务院批准，财政部公布《中华人民共和国个人所得税法施行细则》。

12月16—25日，中共中央召开工作会议，决定经济建设实行进一步调整的重大方针。

12 月 26 日，国务院办公厅发出《关于同西方国家经济合作由国家进出口委归口管理的通知》。今后我国同西方国家的经济合作和有关在混合委员会以及这些国家向我国提供援助的工作，统一由国家进出口委归口管理，组织协调。在统一安排下，同具体国别的经济合作可由有关部门分工承担。

1981 年

1 月 1 日，经国务院批准，中国轻工业机械总公司在北京成立。这个公司是轻工业部领导下的全国性的经济联合企业，试行独立经济核算。

1 月 20 日，国务院办公厅转发经国务院批准的国家计量总局《关于加强厂矿企业和港口计量管理工作的意见》。指出，计量工作是加强企业管理，实现优质、高产、低消耗和安全生产的技术基础工作。

1 月 21 日，国务院发出《技术引进和设备进口工作暂行条例》，要求引进工作的方针要真正转到引进技术上来，技术引进和设备进口要加强计划性，必须按经济规律办事。

1 月 29 日，国务院批转财政部《关于压缩国营企业管理费的暂行规定》。

2 月 26 日—3 月 12 日，经国务院批准，国家经委和国务院体改办联合召开工业管理体制改革座谈会，讨论在调整时期继续搞好工业企业改组和联合，扩大企业自主权试点的巩固提高工作，整顿和加强企业管理，以及县市工业管理体制改革等问题。

3 月 3 日，国务院发出《关于加强基本建设计划管理、控制基本建设规模的若干决定》。

3 月 10 日，财政部发出《关于国营工业企业试行以税代利的几项规定》。

3 月 17 日，国务院批转《中国银行办理中外合资经营企业贷款暂行办法》。

4 月 1 日，国务院批转国家经委、国务院体制改革办公室《关于工业管理体制改革座谈会汇报提纲》。提出：要继续调整工业结构和产品结构；加强工业内部环节；围绕调整稳步地进行改革；认真搞好企业整顿。

4 月 15—25 日，国务院在上海召开全国工业交通工作会议，提出工交企业也要像农村搞联产责任制那样实行经济责任制，扩大企业自主权改革的重点由此转向推行经济责任制。随后，工业经济责任制在全国范围内迅速推开。到 1981 年 8 月，全国县以上国营企业中，实行经济责任制的占 65%。其中，四川、北京等 9 个省市达到 80% 以上。

4 月 24 日，国家工商行政管理总局发出《关于中外合资经营企业的登记审批程序》。

4 月 30 日，国务院批转国务院清产核资、扭亏增盈领导小组《关于清产核资、扭亏增盈工作的报告》。报告中说，扭亏增盈工作进行四年来，工作成绩很大，“但是今后面临的任务还相当重”。目前大部分是政策性亏损。报告提出撤销国务院清产核资、扭亏增盈小组及其办事机构。同时还要进一步压缩库存，进一步扭亏增盈。对经营性亏损企业，严禁实行“四不”（财政不补贴、银行不贷款、不提企业基金、不发奖金）。

4 月，在邓小平同志的直接关怀下，二汽在国内率先探索企业横向经济联合，成立了东风汽车联营公司，从一个独家经营的大而全的汽车厂，最早发展成为全国规模最大的企业集团之一。

5 月 4 日，国务院颁发《关于社队企业贯彻国民经济调整方针的若干规定》，要求对社队企业进行认真的调整，在调整中发挥财政、信贷、税收、物价的监督和调节作用。

5月6日，国家劳动总局、国家城建总局、公安部、工商总局发出《关于解决发展城镇集体经济和个体经济所需场地问题的通知》，要求采取积极态度，统筹规划、合理解决民办集体、街办小集体、劳动服务公司办的生产、服务网点和个体工商户所需要的场地问题。

5月12日，国务院发出《关于成立国家有色金属工业管理总局的通知》，批准成立国家有色金属工业管理总局，直属国务院，由冶金部代管。1983年4月4日正式成立。

5月15日，为使工商行政管理部门正确处理合同纠纷有所遵循，维护合同双方的合法权益，严肃合同纪律，工商行政管理总局颁布《关于工商行政管理部门合同仲裁程序的试行办法》。

5月18日，国务院同意并批转轻工业部《关于实行烟草专营的报告》，决定成立中国烟草总公司，对烟草生产、收购、加工和市场安排全面负责，实行供产销、人财物集中统一管理。

5月20日，国家经委、国务院体改办等10部委联合印发《贯彻落实国务院有关扩权文件，巩固提高扩权工作的具体实施暂行办法》，就企业扩权工作中的12个问题共60条加以具体规定和说明。

5月21日，中国煤炭开发总公司在北京成立。该公司是煤炭工业部直属国营企业，实行独立经济核算，具有经济法人地位。

5月25日，首都钢铁公司开始实行责、权、利结合，指标层层承包到人的经济责任制。

6月3日，国务院批转国家进出口委员会《关于当前对外经济贸易如何为国民经济调整服务的报告》，指出要逐步改革不利于奖出限入的现行的价格、税收、信贷办法。

6月4日，国务院、中央军委批准调整各省、市、自治区小三线军工厂，着重进行生产结构的调整，变单一军品为军民结合的生产结构。

6月5日，财政部发出《关于经济联合体中若干财务问题的处理意见》，《意见》中说，“组织经济联合体，要充分考虑国民经济的整体利益，从宏观经济和微观经济上全面提高经济效果；要按照平等互利的原则，兼顾联营各方面的经济利益”。“要防止和反对借联营的机会，化大公为小公、化国营为集体、化预算内收入为预算外收入，损害国家利益”。

6月8日，财政部发出《关于中外合资经营企业所得税若干问题的通知》。

6月18日，国家物价总局颁发《关于重工业产品价格的几项暂行规定》。其中规定，煤炭、水泥、平板玻璃、酸、碱等产品，大中型企业的产品价格由国务院主管部门规定；地方小型企业的产品由地方定价，不再制订临时价和协作价。

6月22日，财政部颁发了《国营工交企业经济核算工作试行办法》。

7月7日，国务院发出《关于城镇非农业个体经济若干政策规定》，要求保护个体经营户的正当经营、合法收益和财产。

7月11日，财政部发出《关于对工业公司试行增值税和改进工商征税办法的通知》，决定在近两年成立的一批专业性的公司、总厂中，对机器机械、农业机具、日用机械三个行业的工业公司，将原工商税改为增值税；其他的工业公司，可实行统一核算统一纳税，非统一核算的公司仍按现行工商税纳税，等等。同时颁发了《增值税暂行办法》。

7月13日，中共中央、国务院转发中华全国总工会、国家经委和中共中央组织部制定的《国营工业企业职工代表大会暂行条例》。规定职工代表大会（或职工大会）是企业实行民主管理的基本形式，是职工群众参与决策和管理、监督干部的权力机构。《暂行条例》的颁发和贯彻实施，为后来的企业领导体制改革积累了经验，准备了条件。

7月22日，国务院批转国家经委《关于成立中包装总公司的请示》，决定成立中国包装总公司。总公司对全国包装企业、事业单位有计划管理和一定的行政管理的权力，对分公司和直属企业实行产供销、人财物统一管理。

8月，经国务院批准，上海船舶工业公司成立。

8月8日，为进一步搞活物资流通，保护合法交易，制止非法经营，国务院同意并批转国家计委、国家经委、工商行政管理总局、国家物资总局《关于工业品生产资料市场管理暂行规定》。

8月12日，国务院批转财政部《关于工业企业自销产品征收工商税和利润处理的规定》。

8月26日，国家经委、交通部发出《关于组织汽车运输企业联合经营试点的通知》。

8月27日，煤炭工业部作出关于统配煤矿贯彻执行按劳分配原则、实行联产联责浮动工资制的试行办法。

10月，中国人民银行发布《关于城镇集体工业、个体手工业贷款的若干规定》。贷款种类分为流动资金贷款、结算贷款、生产设备贷款。

10月7日，国务院原则同意并批转国家经委、国家能源委、农业部、国防工办、全国总工会、国家劳动总局、国务院知青办《关于工矿企业要进一步办好农副业生产的报告》。

10月17日，中共中央、国务院发布《关于广开门路，搞活经济，解决城镇就业问题的若干规定》。

10月28日，国务院同意并批转国家经委《关于加强领导抓好企业整顿工作的意见》。《意见》的主要内容包括：(1) 当前企业整顿存在的主要问题。(2) 整顿企业的标准。(3) 要着重抓的主要工作。(4) 加强对企业整顿工作的领导。

10月29日，国务院批转国家经委、国务院体改办《关于实行工业生产经济责任制若干问题的意见》。11月11日，国务院批转国家经委、国务院体改办《关于实行工业生产经济责任制若干问题的暂行规定》。《意见》和《规定》明确规定了实行经济责任制必须遵循的原则和要求、主要内容和基本形式、具体政策界限以及加强监督的相关措施。

11月6日，国内第一家跨行业大型企业联合体——上海高桥石油化工公司成立，该公司由7家企业和1家研究所组成。

11月26日，国家标准总局发出通知，颁发《工业企业标准化工作管理办法（试行）》。

12月13日，五届全国人大第四次会议通过《中华人民共和国合同法》和《中华人民共和国外国企业所得税法》，分别从1982年7月1日和1月1日起施行。

12月15日，国家建委、财政部、劳动总局、建设银行办法《关于施工企业推行经济责任制的若干规定》。

12月22日，国务院批准成立中国投资银行。

12月25日，国务院发布《关于严格限制发展小炼油厂和取缔小土炼油炉的通令》。

12月31日，国务院同意并批转国家机械委《关于成立中国汽车工业公司的报告》。《报告》规定了公司的性质、任务、管理范围和联合形式。

在三年扩权改革试点的基础上，首钢于本年制定了以递增包干为主要内容的企业经营承包责任制方案，报经党中央国务院批准后开始进行试验。同时开展经营承包责任制试验的还有第二汽车制造厂等大中型企业。

1982 年

1 月 2 日，中共中央、国务院颁布《关于国营工业企业进行全面整顿的决定》、《国营工厂厂长工作暂行条例》。规定国营工厂实行党委领导下的厂长负责制。决定用两三年时间，有计划、有步骤、点面结合、分期分批地对所有国营工业企业进行全面整顿工作，标志着工业企业进入建设性整顿的新阶段。

1 月 7 日，国务院原则同意并批转外贸部《关于外贸出口商品实行分类经营的规定的请示》和《关于外贸出口商品实行分类经营的规定》。

1 月 15 日，中国第一个跨部门、跨地区的联合开发能源的经济组织——中国西南能源联合开发总公司在北京成立。它是国务院领导下的具有法人资格的经济实体。

1 月 18 日，国务院颁发《关于对现有企业有重点、有步骤地进行技术改造的决定》，指出，长期以来，我们在生产建设中偏重于建设新企业，忽视已建成企业的技术改造。对现有企业有重点、有步骤地进行技术改造已成为发展我国国民经济的一项迫切任务。

2 月 2 日，商业部、粮食部、全国供销合作总社发出《关于三部（社）合并的通知》，决定三部（社）合并为商业部，保留全国供销合作总社名义。

2 月 8 日，财政部发出《关于实行烟草专营店后财政问题的处理办法》。国务院要求对卷烟工业的税收和利润的分配，要兼顾国家、地方、公司和企业四者利益的原则，采取中央和地方比例分成的办法。

2 月 15 日，经国务院批准，中国海洋石油总公司在北京成立。它全面负责开采我国海洋石油对外合作的业务，享受在对外合作海区内进行石油勘探、开发、生产和销售的专营权。

2 月 21 日，国务院有关部门联合决定采取行政和经济手段，防止自行车、缝纫机、钟表盲目发展。

2 月 25 日，国务院经济体制改革办公室制订《经济体制改革的总体规划》，提出要合理调整所有制结构，建立以公有制为主体、多种经济成分并存的所有制结构。

2 月 26 日，中国第一个全国性的专业化企业——中国丝绸公司正式成立。这个公司是全民所有制的专业化企业，是工贸结合的经济实体，具有法人地位。公司实行独立核算，自负盈亏。

3 月 16 日，国务院颁发《关于全国性专业公司管理体制的暂行规定》，指出专业性公司不套用行政级别，全国性专业公司不列入国务院行政序列，应分别由有关部门领导。

△ 国务院常务会议通过《企业职工奖惩条例》。

4 月 9 日，七机部改称航天工业部。

4 月 20 日，国务院发出《通知》，批转财政部《关于在国营企业恢复财政驻厂员制度的报告》，并指出，恢复财政驻厂员制度，有利于帮助企业改善经营管理，加强经济核算，严肃财经纪律，实行增收节支。

4 月 23 日，国务院批转财政部、海关总署《关于若干商品征收出口关税的请示》，从当年 6 月 1 日起对 34 种出口商品征收出口关税。新中国成立初期停征的出口关税再度恢复征收。

5月，中共中央颁发《中国共产党工业企业基层组织工作暂行条例》。规定在社会主义企业中，实行党委领导下的厂长负责制和党委领导下的职工代表大会制。

5月1日，国家计委、国家建委、财政部、建设银行总行发出《关于进一步实行基本建设拨款改贷款的通知》。

5月3日，国务院批转国家计委、国家经委、轻工部、财政部、人民银行《关于对计划外烟厂调整意见的报告》。5月14日，国务院批转轻工部《关于计划外烟厂调整意见的报告》，强调“全国卷烟工业的布局和产供销都必须由国家综合平衡，全面安排，不能盲目发展”。

△ 国务院批转财政部《关于开展企业财务检查情况和今后意见的报告》。这次财务检查，是从1981年12月起，在各地多次检查的基础上进行的。

5月4日，商业部、财政部、劳动总局、物价总局颁发了几项有关国营商业企业的长篇幅管理条例，它们是：《国营工业品零售企业管理条例》、《国营副食品零售企业管理条例》、《国营饮食服务企业管理条例》、《国营商业三级批发企业管理条例》等，对这些企业的机构设置和范围、权限和责任、民主管理、进销货管理、财务管理等若干方面作出了规定。

5月12日，国务院批准成立中国船舶工业总公司。

5月16日，经济学家薛暮桥向全国工业战线推荐新近出版的《首钢实行经济责任制的经验》一书。他认为，首钢实行的经济责任制是在社会主义公有制基础上的一种企业管理制度。

5月21日，国务院办公厅根据国务院常务会议对中国汽车工业公司有关问题的决定，发出通知：中国汽车工业公司归机械工业部领导。为了搞好经济体制改革的试点，在计划上仍单独立户。

6月3日，中共中央发出《通知》，同意中央组织部拟定的《中国共产党工业企业基层组织工作暂行条例》和《中国共产党财贸企业基层组织工作暂行条例》。《通知》指出：办好社会主义企业，关键在于加强和改善党的领导。首先，要健全和完善企业领导制度，遵循党委集体领导、职工民主管理、厂长行政指挥的根本原则，实行党政分工。企业党委主要是认真贯彻执行党的路线、方针、政策，掌握企业的社会主义方向，凡涉及党的路线、方针、政策的重大问题，应由党委讨论决定；至于企业的日常生产行政工作，由厂长（经理）统一指挥，全面负责，党委加以监督检查。

6月18日，国务院批转国家经委《关于机械产品出口联营公司试点工作的报告》。

7月26日，国务院发出《关于保护国营矿业企业正常生产的决定》。

△ 国务院同意冶金部成立中国冶金建设公司，在国际上开展承包工程、劳务合作、技术咨询、合资经营等项业务，是综合性的国际承包企业。

8月5日，国务院批转《关于加强国营企业财务会计工作的报告》，要求“在全面整顿企业的工作中，切实加强企业财务会计工作”。

8月9日，国务院发布《工商企业登记管理条例》。

8月23日，五届全国人大常委会第二十四次会议通过《中华人民共和国商标法》，自1983年3月1日起施行，于1993年修正，于2001年第二次修正。五届全国人大常委会第二十四次会议决定设立国防科学技术工业委员会。

9月1日，中国共产党第十二次全国代表大会开幕。邓小平致开幕词，提出建设有中国特色的社会主义。会议指出：正确贯彻“计划经济为主，市场调节为辅”的原则，是经济体制改革中的一个根本性问题。

9月2日，国务院批转国家经委《关于全国企业整顿工作座谈会情况报告。

9月16日，国务院批转国家物价局、轻工业部、商业部等部门《关于逐步放开小商品价格实行市场调节的报告》，决定对三类工业品中的160种小商品实行市场调节，从此小商品价格逐步放开。

9月24日，根据人大常委会决议和国务院决定，原国务院直属的国家有色金属工业管理总局，改组为中国有色金属工业总公司，在组建过程中，考虑工作需要，将总局先改称冶金工业部有色金属工业管理局，隶属冶金工业部。

10月20日—11月10日，全国商业会议决定改革国营商业独家经营体制，决定采取三项措施搞活流通领域：放宽农副产品购销政策；调整工业品购销政策；放手发展集体和个体商业、饮食服务业，合理调整国营商业在社会商业中的比重。

10月27日，国务院颁发《关于解决企业社会负担过重问题的若干规定》。

11月8日，国务院批转国家体改委、国家经委、财政部《关于当前完善工业经济责任制的几个问题的报告》。提出完善工业经济责任制要着重研究解决五个方面的问题：认真贯彻计划经济为主，市场经济为辅的原则；努力搞好企业内部的经济责任制；正确处理国家、企业、职工三者利益的关系；把完善经济责任制和企业技术改造结合起来；统筹规划，加强领导。

到1982年底，全国约有80%的预算内国营工业企业实行了经济责任制。商业系统推行经营责任制的企业也达到47550家，占独立核算单位的35%。

当年，全国已有9个省市区在国营企业中试行劳动合同制，订立劳动合同的职工达到16万人。

12月15日，国务院批转国家经委、国家计委、财政部、人民银行《关于加强企业流动资金管理的报告》。

1983年

2月6日，国务院作出《关于结合技术改造防治工业污染的几项规定》。

2月17日，国务院批转农牧渔业部《关于发展农垦农工商联合企业若干问题的规定》。

2月19日，中共中央、国务院同意并批转国家经委、国家计委、国家体改委、财政部《关于成立中国石油化工总公司的报告》。

2月22日，劳动人事部发出《关于积极试行劳动合同制的通知》。劳动合同制的适用范围包括全民所有制单位和区、县以上集体所有制单位，包括普通工种和技术工种。在“新人新制度、老人老制度”过渡完成后，最终达到所有职工都实行劳动合同制。

2月25日，冶金部提出1983年冶金企业整顿工作的初步安排，确定把整顿和改革密切结合起来，重点抓好54个中型骨干企业的整顿。

2月28日，国务院批转财政部《关于国营企业利改税试行办法（草案）的报告》，决定从1983年1月1日起对国营企业实行利改税办法。4月24日，国务院批转财政部修改后的《关于国营企业利改税试行办法》。

3月3日，国家计委、国家经委、劳动人事部、建设银行联合颁发《基本建设项目包干经济责任制试行办法》，对包干形式、包干依据以及包干内容、权益和奖励等作出规定。

3月8日，国务院成立物价小组，主要任务是研究物价改革的长期规划，提出生产和流通部门价格改革、调整的建议，组织、协商价格调整方案的执行。

3月11日，为了进一步促进各地区、各部门、各行业、各重点企业在生产、流通领域和建筑施工方面提高经济效益，国家经委、国家计委、国家统计局、财政部、劳动人事部、中国人民银行联合发出《定期公布主要经济效果指标的暂行规定》。

3月16日，国务院同意并批转国家经委、对外贸易部《关于进一步办好中外合资经营企业的报告》。《报告》指出，利用外资，包括举办中外合资经营企业，是加快我国社会主义现代化建设的重大战略决策。截至1982年底，全国已批准设立中外合资经营企业48家，其中工业企业有37家。

3月18日，国务院发出通知，决定成立中国光大实业公司。该公司在国务院领导下，以民间企业名义对外吸收外资，引进先进技术和设备。

4月1日，国务院颁发《国营工业企业暂行条例》，首次对企业的法人地位作出规定，并规定了企业拥有15项经营自主权。

4月13日，国务院发出《〈关于城镇非农业个体经济若干政策规定〉的补充通知》，进一步放宽对城镇个体经济的限制。

4月14日，国务院颁布《关于城镇集体所有制经济若干政策问题的暂行规定》，进一步保护和发展城镇集体所有制经济。

4月19日，国家经委发出《进一步搞好工商协作促进轻工业持续发展保持市场繁荣稳定座谈会纪要》。

4月22日，国务院批转煤炭部《关于加快发展小煤矿八项措施报告》，指出，发展煤炭工业必须坚持“两条腿”走路的方针，即在重点发展国家统配矿的同时，在有条件的地区，积极发展地方国营煤矿和小煤矿。小煤矿要统由各级煤矿主管部门归口管理，合理利用资源。

4月24日，国务院批转财政部《关于全国利改税工作会议的报告》和《关于国营企业利改税试行办法》。国务院指出，国营企业实行利改税，是在充分酝酿和经过几年试点后确定的一项重大改革。《试行办法》自1983年1月1日起实行，征税工作则从6月1日开始办理。到年末统计，全国实行第一步利改税的工业企业累计达到28110户，占全国盈利工业企业总数的88.6%，商业企业51000户，占盈利商业企业总数的99.8%。

4月29日，财政部颁发《关于对国营企业征收所得税的暂行规定》，规定从当年开始对大中型国营企业按实现利润的55%征收所得税。

5月16日，国务院决定扩大上海市对外经济贸易的管理权限，给予上海在利用外资、引进技术、对外贸易、劳务输出方面较多的自主权。

6月6日，六届全国人大第一次会议召开。《政府工作报告》指出：要改革计划经济体制，发展统一的社会主义市场，改革财政体制、工资制度和劳动制度。

6月18日，中共中央办公厅、国务院办公厅转发全国企业整顿领导小组《关于用改革的精神搞好企业全面整顿的意见》和中央组织部、国家经委《关于坚持标准，加快企业领导班子整顿步伐的意见》。

6月20日，国家计委、国家经委、国家统计局联合发出《关于更新改造措施与基本建设划分的暂行规定》。为了加强固定资产投资计划的管理，准确反映基建和更新改造措施投资的规模及构成，知道各类资金的使用方向，搞好国家重点建设和现有企业单位的技术改造，促进社会经济效益的提高，根据工程性质并结合计划管理要求和资金来源，对更新改造措施和基本建设的划分标准作出具体规定。

6月25日，国务院批转中国人民银行《关于国营企业流动资金改由人民银行统一管理的报告》，决定从7月1日起，国营企业的新增流动资金实行“拨改贷”。

6月29日，石油工业部、财政部发出关于石油工业部直属企业实施利改税试行办法的具体规定的通知。

7月，为了配合利改税改革，国家对国营企业流动资金的管理办法进行了改革，从本月开始，原由财政拨付国营企业的定额流动资金仍作为企业的“自有流动资金”，企业需要增加的流动资金，除企业自筹外，由银行贷款解决。

7月1日，中共中央批转《国营企业职工思想政治工作纲要（试行）》。

7月8日，深圳宝安县联合投资公司成立，在深圳公开发行股份证。这是全国第一家股份制集资企业。

7月12日，国务院办公厅发出《关于成立外贸体制改革小组的通知》。

7月19日，国务院批准国家外汇局公布《对侨资企业、外资企业、中外合资企业外汇管理施行细则》，它是根据1980年12月5日通过的条例制定的。

8月5—11日，全国工交工作座谈会在北京举行。会议指出，中国的企业正面临一场严重的挑战，不提高经济效益，就无法生存和发展。会议提出要搞好企业整顿，改善企业素质，提高企业效益。

8月22日，国务院发布《中华人民共和国经济合同仲裁条例》，自颁布之日起施行。

9月2日，六届全国人大常委会第二次会议修改并颁布《中华人民共和国中外合资经营企业所得税法》，自颁布之日起施行。

9月10日，国家烟草专卖局发布《烟草专卖条例施行细则》。

9月15日，中华人民共和国审计署正式成立。

9月20日，国务院颁布《中华人民共和国中外合资经营企业法实施条例》。

12月28日，国务院决定成立中国工商银行。

12月30日，国务院发出《关于当前外贸工作问题的通知》。《通知》要求加强对外贸易的行政管理，加强进出口商品的经营管理，搞好工贸结合、技贸结合、进出结合试点，积极发展进料加工，清理整顿国内外的外贸企业。

当年，汽车、船舶、石油化工、有色金属四个全国性公司按经济合理原则组织专业化协作和改组获得良好效益。

当年，青年学者吴稼祥、金立佐发表文章，首次提出国营企业应借鉴西方的股份制企业形式。此后，围绕国营企业股份化问题的争论就一直没有中断过。

1984年

1月6日，国务院批准同意将轻工业部烟草专卖局改为国家烟草专卖局，与中国烟草总公司一套机构，两块牌子。

1 月 13 日，国家计委印发《关于降低基本建设工程造价的要求》和《关于加强基本建设自筹投资管理的暂行规定》等文件，建立基本建设经济效益考核制度。

1 月 18 日，国务院发布《关于电力统一分配确保重点企业用电的暂行规定》，要求电力分配必须统筹兼顾，择优安排。

1 月 31 日，为了鼓励外国企业和其他经济组织或个人来中国开办合作经营企业，引进先进技术和设备，海关总署、财政部、外经贸部发出《关于中外合作经营企业进出口货物的监管和征免税的规定》，从 1984 年 2 月起实行。

2 月 23 日，国家经委发出通知，转发《企业管理现代化座谈会纪要》。该座谈会于 1984 年 1 月 17—21 日在北京举行。

3 月 1 日，中共中央、国务院同意并转发农牧渔业部《关于开创社队企业新局面的报告》，决定将社队企业改称为"乡镇企业"，指出乡镇企业是农业生产的重要支柱，是农民群众走向共同富裕的重要途径，是国家财政收入的重要来源。

3 月 5 日，国务院发布《国营企业成本管理条例》。4 月，财政部发布《国有工业、交通企业成本管理实施细则》。对成本开支的范围、成本核算的基本准则和成本管理责任制都作出了详细的规定，从而相对规范了所得税的成本费用扣除。

3 月 12 日，六届全国人大常委会第四次会议通过《中华人民共和国专利法》，自 1985 年 4 月 1 日起施行。该法于 1992 年修正，2000 年第二次修正。

3 月 19 日，商业部、国家工商行政管理局发出《关于不准干部、职工从事个人经商的联合通知》，规定所有国家机关、国营工商业（包括供销、粮食）部门和其他企业、事业单位的干部与职工，一律不准从事个人经商和进行其他非法的经营活动，一律不准利用家属或亲友的名义经商、以权谋私、从中渔利或收受贿赂。

3 月 21 日，中国工商银行根据国务院 1983 年 6 月 25 日批转的中国人民银行《关于国营企业流动资金改由人民银行统一管理的报告》的通知，制定了《国营工商企业流动资金管理暂行办法》。

3 月 24 日，福建国有骨干企业 55 位厂长的公开信《请给我们松绑》在《福建日报》全文刊登，成为轰动一时的全国性事件。这在中国企业史上，是中国企业家第一次就经营者的自主权向政府部门提出公开呼吁，第一次明确提出了"实行厂长（经理）负责制"的议题。

4 月，国家体改委在江苏省常州市召开城市经济体制改革试点工作座谈会。会议提出"允许职工投资入股，年终分红"。

4 月 7 日，国务院发布《工业产品生产许可证试行条例》。

5 月 10 日，国务院颁发《关于进一步扩大国营工业企业自主权的暂行规定》，对扩大企业在生产经营计划等 10 个方面的自主权作出规定。同时，中共中央和国务院又联合发出《关于认真搞好国营工业企业领导体制改革试点工作的通知》，决定在部分国营工业企业中试行生产经营和行政管理工作的厂长（经理）负责制，参与试点企业近 3000 家。

5 月 18 日，中共中央办公厅、国务院办公厅发出《关于认真搞好国营企业劳动体制改革试点工作的通知》及附件《国营工业企业法（草案）》。确定在大连市和常州市的全部国营工业企业及京、津、沪、沈四市的部分国营企业中进行劳动体制改革试点。

7 月 14 日，国务院批转商业部《关于当前城市商业体制改革若干问题的报告》，进一步改革城市商业体制。

7月26日，北京市天桥百货股份有限公司成立。这是全国第一家商业股份公司。

7月，保定市政府决定在工业企业中试行企业兼并，将4家亏损企业并入或卖给了一些优势企业。保定锅炉厂以承担42万元债务的形式兼并了连年亏损的保定风机厂；保定纺织机械厂以承担被兼并方全部债权、债务的方式，兼并了保定市针织器材厂。同年，在武汉市经济主管部门的引导下，银行牵线搭桥促成优势企业兼并劣势企业也开始起步。

6月11日，上海召开的全国纺织工业技术进步会议提出：我国纺织工业在今后3—5年内，将重点转向开发“三大支柱”产品，即服装、装饰品和工业用品。

6月22日—7月7日，全国第二步利改税工作会议在北京召开。7月13日，国务院发出通知，从10月1日起在全国普遍实行利改税第二步改革，不再批准企业利润递增包干等办法，一律搞利改税。

6月28日，国务院颁布《国营企业奖金税暂行规定》。

8月6日，国务院批转中国农业银行《关于改革信用合作管理体制的报告》，要求通过改革，恢复信用合作社组织上的群众性、管理上的民主性、经营上的灵活性，在国家方针指导下，实行独立经营、独立核算、自负盈亏，发挥民间借贷的作用。

8月16日，国务院确定三线企业调整方案，提出三线军工企业要转为军民结合的企业。

8月17日，国务院常务会议决定，以机械工业为工业部门管理体制改革试点。31日，国务院批转《机械工业部关于机械工业管理体制改革意见的报告》。至1985年5月底，由机械工业部直接管理的全部62个企业已下放所在城市管理。

8月24日，国务院办公厅转发中央财经领导小组《关于发展汽车工业问题的会议纪要》。《纪要》指出：中国汽车工业要有大的发展；发展汽车工业要立足于老企业的技术改造和改建、扩建；要以大的骨干企业为主搞好联合；中国汽车工业公司要搞好服务和行业管理；中国汽车工业公司要给一汽、二汽等骨干企业很大的自主权。

8月31日，国务院批转机械工业部《关于机械工业管理体制改革意见的报告》，提出除军工部门外，国务院各部门独立的机械工厂都要下放。

9月3日，国务院同意并批转对外经济贸易部《关于清理整顿在港澳地区的企业的情况报告》。

9月11日，国务院发布产品税、增值税、盐税、营业税、资源税、国营企业所得税等六个条例（草案）和《国营企业调节税征收办法》。

9月15日，国务院批转对外经济贸易部《关于外贸体制改革意见的报告》，提出政企分开，简政放权，进口经营原则上实行代理制，改革外贸计划体制。

9月19日，国务院批转财政部《关于在国营企业推行利改税第二步改革的报告》和《国营企业第二步利改税试行办法》，决定从1984年9月开始对国营企业实行第二步利改税方案，即将第一步利改税中的上缴利润也变为上缴税收，从而实现国有企业以税代利的改革。从1985年1月1日起开征。

△《经济日报》报道，国务院批转工商局《关于做好外资企业登记管理工作的报告》。报告要求改革外资企业登记管理体制，将核发“中华人民共和国营业执照”的办理委托给所有经济特区、14个沿海城市和海南行政区工商行政管理部门。

9月，在浙江莫干山召开的首届中青年经济科学工作者讨论会上，首次提出价格“双轨制”概念。

9 月 29 日，国家计委、城乡建设部、劳动人事部、建设银行联合发出《基本建设项目投资包干责任制办法》。

10 月 4 日，国务院批转了国家计委《关于改进计划体制的若干暂行规定》，提出根据“大的方面管住、管好，小的方面放开、放活”的精神，适当缩小指令性计划的范围，对关系国计民生的重要经济活动实行指令性计划，对大量一般经济活动实行指导性计划，对饮食、服务业等实行市场调节。

10 月 5 日，国务院批准劳动人事部、城乡部的《国营建筑企业招用农民合同制工人和使用农村建筑队暂行办法》。

10 月 20 日，中国十二届三中全会通过《中共中央关于经济体制改革的决定》，阐明了以城市为重点的整个经济体制改革的必要性、紧迫性，提出社会主义经济是以公有制为基础的有计划的商品经济的论断，指出增强企业活力是经济体制改革的中心环节。国有企业改革由此进入一个全面展开的阶段。

11 月 3 日，国务院发出《通知》，批转中国人民保险公司《关于加快发展我国保险事业的报告》。

11 月 8 日，由全民所有制企业上海无线电十一厂为前身的上海电声总厂发起成立的飞乐音响公司向社会公开发行股票。这是新中国第一张符合规范的股票。

11 月 20 日，国务院批转轻工部、全国手工业合作总社《关于轻工业集体企业若干问题的暂行规定》。文件要求，“集体企业要真正按照集体经济的性质和特点来办。集体企业可以按照资源组合，自负盈亏，民主管理，按劳分配，职工集资，适当分红，集体积累，自主的分配的原则，自主经营管理。”

12 月 3 日，中共中央、国务院发出《关于严禁党政机关和党政干部经商、办企业的决定》。

12 月 8 日，国务院发出《关于国营企业厂长（经理）实行任期制度通知》，从 1985 年 1 月 1 日起实行。厂长（经理）每届任期最多四年，连任不得超过三届。

12 月 19 日，国务院对煤炭工业部《关于请求批准全国统配煤矿总承包方案的报告》作了批复，原则同意全国统配煤矿实行一包六年投入产出的包干方案。

12 月 29 日，石化总公司与商业部联合发出《关于成立中国石油化工总公司销售公司的通知》，规定：自 1985 年 1 月 1 日起，国内石油产品经营业务由中国石化总公司统一管理。

1985 年

1 月 5 日，国务院发出《关于国营企业工资改革问题的通知》，决定从 1985 年开始在国营大中型企业中实行职工工资总额同企业经济效益按比例浮动的办法。

1 月 7 日，国务院批转民航局《关于民航系统管理体制改革的报告》。报告提出：改革的原则是政企分开，简政放政。民航局不再直接经营航空的运输业务。

1 月 8 日，国务院发出《关于纺织品进出口若干问题的规定》。

1 月 20 日，国家体改委在石家庄召开华北及山东、河南等 7 省市、自治区城市经济体制改革座谈会，介绍石家庄市以搞活企业为中心，进行“撞击反射式”综合改革的经验。

1月21日，第六届全国人大常委会第九次会议审议通过了《中华人民共和国会计法》，自1985年5月1日起施行。该法于1993年修正，1999年修订。

1月24日，国家物价局、国家物资局发出《关于放开工业生产资料超产自销产品价格的通知》，首次废除对计划外生产资料的价格控制。这是价格“双轨制”改革的正式实施。

1月25—31日，国务院召开长江、珠江三角洲和闽南三角洲地区座谈会，决定这三个地区开辟沿海经济开发区。

2月5—14日，全国经济工作会议在天津举行。其主要议题是研究制定增强企业活力，特别是增强全民所有制大中型企业活力的政策措施，并以此为中心，部署今年工作，进一步开创提高经济效益的新局面。

2月13日，国务院发出《通知》，同意并批转国家计委《关于“七五”行业技术政策和技术改造问题的报告》。国务院确定，“七五”计划要把建设工作的重点真正放到现有企业的技术改造和改建扩建上来。

3月3日，国务院公布《保险企业管理暂行条例》。

3月7日，国务院颁发《中华人民共和国进出口关税条例》和《中华人民共和国海关进出口税则》，均从3月10日起实施。

3月20日，国家经委、国家计委、国家体制改革委员会、机械工业部发出《关于国务院各部门直属机械企业下放有关事项》，决定除军工部门外，国务院有关部门直属的机械工业都要下放。

3月21日，为保障涉外经济合同当事人的合法权益，六届人大常委第十次会议通过了《中华人民共和国涉外经济合同法》。

△ 中外合资最大的汽车工业企业——上海大众汽车有限公司成立。

4月2日，国务院颁布《中华人民共和国经济特区外资银行、中外合资银行管理条例》，自颁布之日起施行。同日，国家物价局、商业部、轻工业部、电子工业部发出通知，决定对缝纫机、国产手表、自行车（永久、凤凰、飞鸽牌自行车仍执行现行价格管理权限）、收音机、电风扇等五种供求关系缓和的产品取消国家统一定价，实行企业定价。

4月11日，国务院颁布《中华人民共和国集体所有制企业所得税条例》，从1985年实施。

△ 国务院批准财政部制定的《对外国企业常驻代表机构征收工商统一税、企业所得税的暂行规定》。

4月26日，国务院颁发《国营企业固定资产折旧试行条例》。

5月8日，中共中央办公厅、国务院办公厅转发北京市4月5日《关于加强企业登记和整顿“公司”、“中心”企业两个文件的通知》。

5月23日，中共中央、国务院发出《关于禁止领导干部的子女、配偶经商的决定》。

△ 国务院批准国家工商行政管理局发布《工商企业名称登记管理暂行规定》。

5月24—25日，国家经委、国家体改委等7个部门联合召开国营小企业转让试点工作座谈会，会议决定在邯郸、丹东、大连等十个城市中选择部分国营工业小企业进行试点。

5月30日，国家计委、国家经委、国家体改委、机械工业部发出《关于汽车工业发展规划和管理体制改革若干问题的通知》。

6月24日，经国务院批准，我国大型中外合资企业华能国际电力开发公司在北京成立。

6 月 29 日，我国煤炭工业最大中外合资项目平朔安太堡露天煤矿合作合同签字。

7 月 3 日，国务院颁发修订后的《国营企业税后奖金税暂行规定》和《国营企业工资调节税暂行规定》。

8 月 14 日，国务院发出《关于清理和整顿公司的通知》，批准《公司登记管理暂行条例》。

8 月 24 日，国务院发布《集体企业奖金税暂行规定》。

8 月 25 日，国务院批准，国家工商行政管理局公布《公司登记管理暂行规定》。

9 月 11 日，国务院批转国家经委、国际体改委《关于增强大中型国营工业企业活力若干问题的暂行规定》，暂行规定涉及 14 个方面的有关问题。

9 月 21—27 日，由国务院发展研究中心举办的《中国工业四十年——大型企业发展成就展》在北京展出。这是建国以来我国最大的一次跨行业大型企业发展成就展示活动。

10 月 21 日，国务院办公厅发出《通知》，转发国家建材局《建材工业发展纲要》。《通知》指出，建材工业是国民经济中急需优先发展的基础工业之一。建材工业主管部门要从部门管理转向行业管理，从方针政策、规划计划、技术进步、人才开发、物资流通、法规条例、信息传播和进出口贸易等方面做好工作，使建材工业成为我国国民经济的一个重要支柱，成为积累资金、回笼货币的大产业。

10 月 28 日，国家经委、国家计委、国家体改委、机械工业部联合印发《关于中国汽车工业公司管理体制问题的会议纪要》。

11 月 1 日，改革开放后我国第一家证券公司——深圳特区证券公司成立。

11 月 2 日，24 个省、自治区、直辖市烟草公司上调，实行中国烟草总公司与各地政府双重领导，建立起以中国烟草总公司为主的领导体制。

12 月 10 日，国务院批转对外经济贸易部等部门《关于加强对香港、澳门出口管理若干问题的报告的通知》。《通知》指出，香港、澳门是我对外贸易的一个特殊市场，我对港澳的贸易收入约占我国全部出口收汇的 1/4。做好对港澳的出口工作，既是经济上的需要，又有重大的政治意义。

12 月 26 日，李鹏副总理在全国汽车行业工作会议上作重要讲话，他说："'七五'期间，我国汽车工业要走联合、高起点、专业化、大批量生产的道路。要组织跨行业、跨部门的联合，形成若干个企业集团，形成几个拳头产品，不搞更多的车型，原则上不建新厂。"

当年，北京、沈阳、青岛和株洲四城市先后在部分企业中进行优化劳动组合试点。

1986 年

1 月 6—10 日，国家经济体制改革委员会和中国人民银行联合召开五城市金融体制改革试点座谈会。会议确定在五个城市（广州、重庆、武汉、沈阳和常州）进行改革试点，逐步形成资金市场；同时，专业银行和保险公司实行企业化经营管理。

1 月 7 日，国务院发布《中华人民共和国城乡个体工商业户所得税暂行条例》。

1 月 9 日，《人民日报》报道，厂长负责制试点自 1984 年从京、津、沪等六个城市搞起，在不到两年时间里，试点企业遍布全国各地，达 2.2 万个，绝大多数是国营企业。

1 月 17 日，农牧渔业部颁发《乡镇煤矿管理办法（试行)》。

1月31日，国家经委、农牧渔业部、国家工商行政管理局发出通知说，他们研制的《关于加强乡镇企业工业产品质量管理工作的意见》已经国务院原则批准，现印发试行。

△ 全国汽车行业经济技术信息网在北京成立。这个信息网是跨地区、跨行业性组织。

2月，国营企业资产经营责任制试点开始在沈阳、重庆、武汉、南京、石家庄等全国10多个城市展开。

2月4日，中国中央、国务院发布《关于进一步制止党政机关和党政干部经商、办企业的规定》。

3月3日，改革开放后我国第一家中外合资银行——厦门国际银行正式成立。同日，国务院颁发《中华人民共和国银行管理暂行条例》，规定金融业务活动要以发展经济、稳定货币、提高社会经济效益为目标。

3月8日，国务院批转电子工业部《关于推进电子工业管理体制改革的报告》。由此开始了继1984年机械工业后的第二个全行业工业管理体制改革。

3月23日，国务院颁发《关于进一步推动横向经济联合若干问题的规定》，明确发展经济联合的目标和要求。此后，各有关部门陆续出台了促进和支持此项工作的暂行办法。主要有：财政部、中国人民银行和国家物资局《关于促进横向经济联合若干税收问题的暂行办法》、《关于搞好资金融通支持横向经济联合的暂行办法》、《关于经济联合组织的物资分配、供应和产品销售的暂行办法》。三个《办法》分别对经济联合组织生产的产品和内部互供产品征税问题、经济联合组织实现的利润征收所得税问题和技术转让收入征税问题，从逐步建立和发展资金市场、生产资料市场，搞好资金融通、搞活物质流通，支持和鼓励发展横向经济联合等方面作出了具体规定，从各个方面支持横向经济联合的发展。

3月25日—4月12日，第六届全国人大第四次会议召开，会议批准了《中华人民共和国国民经济和社会发展第七个五年计划》。会议通过《中华人民共和国义务教育法》，自1986年7月1日起施行；通过《中华人民共和国外资企业法》，同日公布并施行，并于2000年修订。

4月18日，中共中央、国务院发出《关于认真执行改革劳动制度几个规定的通知》。

4月23日，国务院发出《关于坚决制止向企业乱摊派的通知》，重申党中央和国务院关于制止向企业乱摊派的各项规定。

4月24日，国家经委、国家物资局、国家工商行政管理局联合发出通知，调整改组6个汽车贸易中心，建立华北、华东、东北、西南、中南、西北汽车贸易中心。

4月25日，经济学家厉以宁提出“中国的改革如果遭到失败，可能就失败在价格改革上；中国的改革如果获得成功，必然是因所有制的改革获得成功”的著名论断。

5月2日，《人民日报》报道，江苏、浙江、安徽、江西等省和上海市正在进行的横向经济联合有4个特点：第一，上海市先进技术的辐射面已达4省所属的12个省辖市和17个地区，上海的技术输出使长江三角洲城乡差别正在缩小。第二，沿海城市同皖、赣革命老根据地的市场渠道已经打开，带动了老区经济的发展。第三，4省1市已开始横向融通资金，加快了各地的资源开发。第四，跨省市的经济联合体相继出现。在上海经济区内，有十多个规模不等的小经济区正在酝酿建立。大小经济区配套，使经济网络更加畅通，加快了区域性经济的发展。

5月9日，《第三产业报》报道，全国乡镇企业突破1000万个。到1985年底，乡、村企业已达170万个，户办、联户办企业946万个；从业人数达6416万人，占全国农村总劳力的18%；总产值达2481亿元，占农村社会总产值的40%左右。

5月26—29日，12个市两个地区，为实施发展横向经济联合的规定，在天津召开市长联席会，决定建立环渤海经济区，开展多方面、多层次、多种形式的横向经济联合。

5月31日，国家经委、国家教委、中国科学院联合发出《关于推进大中型企业与中国科学院、高等院校合作的通知》。

6月4日，李鹏在全国机械工业工作会议上强调，在机械工业部部署企业全部下放后，各省市、各部门所属的机械企业也都要有计划、有步骤地下放。

7月4日，国务院发布《关于加强工业企业管理若干问题的决定》，提出各级企业的考核标准。自此，企业升级工作在全国全面展开，直到20世纪90年代后期才宣布停止。

7月6日，新华社报道，我国开始在大中型企业有计划地推行全面质量管理。

7月7日，轻工业部、中华全国手工业合作总社联合颁发《中华全国手工业合作总社章程》。

7月12日，国务院发布《国营企业实行劳动合同制暂行规定》、《国营企业招用工人暂行规定》、《国营企业辞退违纪职工暂行规定》和《国营企业职工行业保险暂行规定》，自10月1日起施行。这几项暂行规定，是对国营企业劳动制度的重大改革。

7月25日，由中、港、日、美五家金融机构共同组建的我国第一家中外合资跨国非银行金融机构——中国国际财务有限公司在深圳成立。

8月3日，沈阳防爆器械厂宣告破产，成为新中国第一家正式宣告破产倒闭的国营企业。

8月27日，改革开放以来首家民营金融企业——上海爱建金融信托投资公司正式开业。

9月，为加强乡镇企业的财务管理，财政部和农牧渔业部制定了《乡镇企业财务制度》，1987年1月1日起实施。

9月15日，中国中央、国务院发出通知，颁发《全民所有制工业企业厂长工作条例》、《中国共产党全民所有制工业企业基层组织工作条例》和《全民所有制工业企业职工代表大会条例》，对国有企业的领导体制进行全面改革。新颁布的三个《条例》，在过去三个《暂行条例》的基础上，对国有企业厂长（经理）、党委会和职工代表大会的职权作了重新界定。

9月30日，中国工商银行上海信托投资公司静安证券部挂牌进行股票柜台交易，标志着改革开放后股票市场开始出现。

10月6日，国家计委以计综〔1986〕1898号文下达《关于解放、东风、重型汽车工业企业联营公司实行计划单列的通知》，把企业下放到集团，并在国家实行计划单列。

10月11日，国务院发出《关于鼓励外商投资的规定》。

11月11日，中共中央、国务院发出《关于认真贯彻执行全民所有制工业企业三个条例的补充通知》。强调从党委领导下的厂长负责制到厂长负责制的转变，是企业领导体制的重大改革。进一步强化厂长（经理）的职权。

11月20日，国家计委、国家经委、国家建材局联合发出《关于加速发展我国非金属矿工业的通知》，明确了非金属矿的重要地位，提出了加速发展非金属矿工业的措施。

11月27日，国务院决定全国服装行业归口纺织部管理。

12月2日，六届全国人大常委会第十八次会议通过《中华人民共和国企业破产法（试行)》。

12月5日，国务院发布《关于深化企业改革增强企业活力的若干规定》，要求加快企业领导体制的改革，全面推行厂长（经理）负责制。《规定》指出深化企业改革的关键在于所有权与经营权的分离，提出了三条具体思路：一是在小型企业和一些亏损微利的中型企业中实行租赁制；二是在大中型企业中推行多种形式的经营责任制；三是在有条件的大中型企业中进行股份制试点。明确指出："各地可以选择少数有条件的全民所有制大中型企业，进行股份制试点。"

据23个省、自治区、直辖市统计，到1986年底，预算内工业企业的承包面已达78%，大中型企业已达80%。其中北京、河北、吉林、江苏、广东、河南、湖北、四川等省、市均在85%以上，长期承包的大中型企业占64%。

12月8日，全国总工会和国家经委发出《关于加强工业企业班组建设的意见》。对班组长的责任和权限作了明确的规定。

12月12日，国务院以国发〔1986〕105号文发出《国务院关于乡镇煤矿实行行业管理的通知》，决定乡镇煤矿统一由煤炭工业部门实行行业管理。

12月25日，中国联合航空公司在北京成立。

12月31日，中国国际钢铁投资公司经国务院批准后正式成立，由国家计委和冶金部双重领导。

1987年

1月20日，国务院颁发《关于进一步推进科技体制改革的若干规定》和《关于推进科研设计单位进入大中型工业企业的规定》，要求推进科研生产横向联合，放宽放活对科技人员的政策。

1月23日，国家计委决定对基本建设项目实行"三保三压"，即保计划内项目，压计划外项目；保生产性项目，压非生产性项目；保重点建设，压一般工业建设。

1月24日，外经贸部公布《关于外商投资企业申领进出口许可证的实施办法》。

2月10日，中国民航管理体制改革方案出台，决定将六个地区管理局政企分开，组建六大航空公司，即中国国际航空公司、中国东方航空公司、中国南方航空公司、中国西南航空公司、中国西北航空公司、中国北方航空公司。

△ 国务院发出《关于发行国家重点建设债权和重点企业债权的通知》。

2月18日，《人民日报》报道，据国家统计局不完全统计，至1986年底，在54000个国营工业企业中，已有23000个实行了厂长（经理）责任制；以工业企业为主建立的经济联合组织已发展到6833个，投入资金110亿元，参加联合的企业达15740个。

2月26日，国家经委、国家专利局等部门联合发出《关于加强企业专利工作的决定》。

3月1日，国家工商行政管理局公布《关于中外合资经营企业注册资本与投资总额比例的暂行规定》，自即日起施行。

3月25日—4月11日，六届全国人大五次会议在北京召开。会议第一次明确肯定了承包制。会议通过的《政府工作报告》中提出："今年改革的重点要放在完善企业经营机制上，根据所有权与经营权适当分离的原则，认真实行多种形式的承包经营责任制。”

3 月 26 日，交通部根据政企分开、所有权和经营权分离的原则，将直属的沿海港口和工业企业全部下放给地方。

3 月 27 日，国务院发布《企业债权管理暂行条例》，自即日起施行。

4 月 2 日，国务院批转国家计委《关于大型工业联营企业在国家计划中实行单列的暂行规定》。

4 月 8 日，改革开放后我国第一家由企业集团创办的银行——招商银行在蛇口正式成立。

4 月 23—27 日，国家经委受国务院委托在北京召开承包经营责任制座谈会。在总结吉林、广东等省和首钢、二汽等企业承包经营责任制经验的基础上，全面部署国有企业承包经营责任制工作。决定从当年 6 月起，在全国范围普遍推行承包经营责任制，由此掀起企业承包第二轮高潮。8 月 31 日，国家经委、国家体改委印发了《关于深化企业改革、完善承包经营责任制的意见》。截至 1987 年底，全国预算内工业企业承包面达到 78%，其中大中型企业达到 82%；小型国营工业企业中，由集体或个人经营、租赁或承包的占 46%。

5 月 29 日，国务院发出《关于批转组建中国汽车工业联合会报告的通知》，决定撤销中国汽车工业公司，组建中国汽车工业联合会，以行使对我国汽车行业的行政管理职能。

6 月，实行厂长（经理）负责制的国营工业企业达到 35232 个，占同类企业总数的 63.9%。

6 月 10 日，国务院批转国家体改委、商业部、财政部《关于深化国营商业体制改革的意见》和《关于深化供销合作社体制改革的意见》。

6 月 25 日，中国汽车工业联合会在北京正式成立。

7 月 28 日，国务院发布《全民所有制工业交通企业设备管理条例》，自发布之日起施行。

7 月 31 日，国务院发布《国营企业劳动争议处理暂行规定》，并自 1987 年 8 月 15 日起施行。

8 月 5 日，国务院发布《城乡个体工商户管理暂行条例》。

8 月 25—29 日，国家经委、中共中央组织部、全国总工会在北京召开全面推行厂长负责制工作会议。截至 1987 年底，全国国营工业企业中已实行厂长负责制的占 68%。

9 月 11 日，国务院发布《中华人民共和国价格管理条例》，标志着价格管理和监督纳入了法制化轨道。

10 月 5 日，劳动人事部、国家经委、公安部、轻工业部、农牧渔业部、财政部、国家工商行政管理局联合发出《关于加强烟花爆竹企业安全生产管理的紧急通知》。

10 月 7 日，国家经委公布《中外合资、合作经营企业机电产品以产顶进管理办法》，自即日起施行。

10 月 25 日，中国共产党第十三次全国代表大会在北京开幕。会议阐明了社会主义初级阶段理论，提出了中国共产党在社会主义初级阶段的“一个中心，两个基本点”的基本路线，制订了分三步走到 21 世纪中叶、实现现代化的发展战略，并提出了政治体制改革的任务。会议指出：社会主义有计划商品经济的体制应该是计划与市场内在统一的体制，新的经济运行机制总体上说应当是“国家调节市场，市场引导企业”的机制。

11 月 16 日，中国第一个股份集团——中国嘉陵工业股份公司（集团）在重庆宣告成立。

11月26日，国家标准总局颁发了《工业企业标准化工作管理办法（试行）》。

12月6日，轻工部宣布搞活企业经营权的新政策：长期亏损、经营不善、资不抵债的小型集体企业和地处偏僻、严重亏损、无人承包与租赁的小型国营企业，可以由工厂职代会、职管委会讨论通过，实行公开拍卖，转让给集体或个人经营。

12月16日，国家经委、国家体改委印发《关于组建和发展企业集团的几点意见》。

12月18日，中国船舶工业首家企业集团——大连船舶工业公司（集团）在大连成立。

12月28日，改革开放以来创投的我国第一家股份制商业银行——深圳发展银行开业。

1988年

1月5日，国家机械委所属的一家大型军工企业——国营541总厂正式移交给中国国际信托投资公司经营管理。

1月31日，国家经委确定，今年在全国范围内选择100家条件较好的企业作为实行"满负荷工作法"的示范厂，以摸索经验，然后在全国工业企业中进一步推广。

2月10日，全国加强企业管理领导小组等部门联合发布了《关于企业升级中考评安全问题的暂行规定》。规定中指出，凡是安全生产指标达不到标准的不能评为国家级企业。

2月26日，国务院发出《关于加强和深化外贸体制进行重大改革若干问题的规定》，我国外贸企业全面推行承包经营责任制。

2月27日，国务院批准《国家体改委关于1988年经济体制改革的总体方案》，该方案提出1988年的改革以落实和完善企业承包经营责任制为重点。同日，国务院颁发《全民所有制工业企业承包经营责任制暂行条例》，规范企业承包经营责任制，决定从3月1日起施行。

4月1日，经国务院批准，国家物价局、商业部决定提高部分粮食、油料的合同订购价格，从而开始了加快价格改革、消除价格双轨制带来的弊端的"闯关"。此后，经国务院和有关部门批准出台的价格调整和改革措施有12项。但由于社会经济生活中出现通货膨胀加剧和抢购风潮，党中央和国务院及时作出调整，放慢了价格改革的步伐。

4月13日，七届全国人大一次会议通过《中华人民共和国全民所有制工业企业法》和《中华人民共和国中外合作经营企业法》。

4月18日，国务院决定核工业部改为中国核工业总公司。

4月28日，国务院颁发《禁止向企业乱摊派暂行条例》。

5月3日，国务院作出《关于深化科技体制改革若干问题的决定》，提出深化科技体制改革要以积极推进各种形式的承包经营责任制为重点。

5月4日，国务院批准物资体制改革领导小组提出的《关于深化物资体制改革的方案》，决定逐步取消国务院各部门管理物资的职能，将物资供应、销售机构并入物资部；减少指令性计划的同时，推广发展生产资料市场的经验。

5月27日，改革开放以来我国第一家合资保险公司——平安保险公司在深圳蛇口开业。

6月3日，国务院发布《中华人民共和国企业法人登记管理条例》。

△ 国务院常务会议通过《中华人民共和国私营企业暂行条例》。

6月5日，国务院颁发《全民所有制小型工业企业租赁经营暂行条例》，规范小型工业企业的租赁经营。

6月25日，国务院发布《中华人民共和国私营企业暂行条例》、《中华人民共和国私营企业所得税暂行条例》、《国务院关于征收私营企业投资者个人收入调节税的规定》。

6月29日，财政部颁布《关于沿海经济开放区鼓励外商投资减征、免征企业所得税和工商统一税的暂行规定》。

7月5日，航空航天工业部正式成立。

7月7日，中国工商银行信托投资公司成立，这是一家全国性的股份制金融企业。

7月13日，机械电子工业部正式成立。

7月21日，中共中央办公厅、国务院办公厅发出《关于解决公司政企不分问题的通知》。

△ 国务院公布《女职工劳动保护规定》，自1988年9月1日起施行。

8月，中央财经领导小组专门听取国家体改委关于发展企业集团的汇报，并确定选择少数重点企业集团进行扩大自主权的试点。明确指出要利用企业兼并和控股、参股的办法突破“三不变”，给予企业集团比单个企业更大的自主权，大型企业集团可以与政府直接对话，政府对企业集团要给予更多的支持。

8月8日，国家烟草专卖局决定，对名烟生产实行计划单列。

9月20日，经国务院批准，中国石油天然气总公司正式成立。原石油工业部撤销。

9月29—30日，中共十三届三中全会在北京召开，会议确定了治理经济环境、整顿经济秩序、全面深化改革的指导方针和政策措施，原则通过《关于价格、工资改革的出版方案》和《中共中央关于加强和改进企业思想政治工作的通知》。

10月3日，中共中央、国务院作出《关于清理整顿公司的决定》，要求解决政企不分、官商不分、转手倒卖、牟取暴利等问题。

10月15日，国务院办公厅发出通知，成立国务院企业管理指导委员会。

11月17日，国务院决定组建国有资产管理局，行使国家赋予的国有资产所有者的代表权、国有资产监督权、国家投资和收益权、资产处置权。

12月15日，国务院决定改革电力工业管理体制，所有省电网都实行独立核算，成为经济实体。

据1988年《统计公报》，当年大中型工业企业有9024个实行了承包经营责任制，实现利税比上年增长20.8%。另据统计，在全国实行承包经营责任制的全民所有制企业中，竞争选聘经营者的达到30%左右，试行全员风险抵押承包的达到25%，实施各种形式工效挂钩办法的达到50%。此外，作为完善承包制的配套改革重要内容之一，全国有3.6万个国营企业、1300万名职工实行了优化劳动组合。

当年，全国有2856家企业兼并了3424家企业。根据11个省、直辖市、自治区的统计资料表明，被兼并的亏损企业80%都实现了扭亏。武汉、石家庄等城市还开办了企业产权交易市场，把企业兼并推向了市场。

1989年

1月8日，中国电子信息产业集团公司成立。

2月5日，中共中央办公厅、国务院办公厅发出《关于清理党和国家机关干部在公司（企业）兼职有关问题的通知》。

2月19日，国家体改委、国家计委、财政部、国家国有资产管理局颁发《关于企业兼并的暂行办法》和《关于出售国有小型企业产权的暂行办法》。对企业兼并的概念、企业兼并的原则、企业兼并的形式、企业兼并的程序、被兼并企业资产的评估作价、企业兼并的资金来源和兼并后的产权归属、被兼并方企业产权转让的收入归属、被兼并方企业职工的安置、兼并后企业的财政税收管理等方面都作出明确的规定。

2月20日，国务院发出《关于清理整顿各类对外经济贸易公司的通知》。

3月6日，国务院批转劳动部、财政部、国家计委《关于进一步改进和完善企业工资总额同经济效益挂钩的意见》。

3月21日，财政部、国家体改委颁发《关于国营企业实行利税分流的试点方案》。

3月25日，国务院发出《关于加强企业内部债权管理的通知》。

3月30日，国务院发出《关于进一步加强工资基金管理的通知》。

4月11日，国务院批转国家体改委提出的《1989年经济体制改革要点》指出：(1) 把深化企业改革、提高经济效益作为首要任务。(2) 逐步建立有利于总量平衡和结构优化的宏观调控体系。(3) 抑制和引导消费，缓解分配不公，促进分配机制转换。(4) 整顿市场秩序，促进市场发育。(5) 加强改革中期规划的研究制订工作，急需抓好综合改革试点。

4月18日，财政部发出通知，要求对新一轮承包企业要认真合理地核定承包基数，对一些经济效益无明显提高、履行合同较差以及承包基数严重不实的企业，要依法中止其承包合同，重新公开指标承包。通知指出，要严格控制企业税前还贷。

5月2日，经国务院批准，从5月起由中国人民银行牵头，工商银行、农业银行、建设银行、中国银行、交通银行联合在全国范围内有组织地清理企业“三角债”。

6月3日，国家税务局发布《关于急需给予煤炭工业企业减免税照顾的通知》。

6月20日，国务院批准福建沿海划定台商投资区，鼓励投资者从事土地开发经营和投资设厂。

8月17日，中共中央、国务院颁发《关于进一步清理和整顿公司的决定》。据统计，截至1990年2月底，全国已查处案件91960件，其中大案要案17791件；已结案84358件，占案件总数的91.7%，其中大案要案已结案15648件，占该类案件总数的87.9%。到1990年底，全国已撤并公司10万多个，占原有各类各级公司总数的35.2%；党政机关办的各种公司绝大多数已经撤销或者同机关脱钩，机关干部在公司兼并或任职的问题已经基本解决，流通领域内公司盲目发展的状况得到控制。

9月3日，国务院发出《关于加强城乡个人工商户和私营企业税收征管工作的决定》。

9月5日，全国清理整顿公司领导小组举行首次会议，决定中央国家机关各部门坚决撤并11类所属公司。

10月13日，国务院发布《全民所有制企业临时工管理暂行规定》。“暂行规定”对全民所有制企业临时工的招用、工资待遇、劳动保护、养老保险以及企业对临时工的管理都做了明确的原则规定。

11月9日，中共十三届五中全会通过《中共中央关于进一步治理整顿和深化改革的决定》，指出企业承包经营责任制有利于调动企业和职工发展生产的积极性，应当继续坚持。

11 月 16 日，经全国清理整顿公司领导小组审查批准，中央国家机关第一批撤销 1016 个公司。

12 月 22 日，国家技术监督局发布实施《社会保障号码》、《全国企业、事业单位和社会团体代码》。

1990 年

1 月 4—8 日，国务院在北京召开全国经济体制改革工作会议，会议提出：完善发展承包经营责任制、完善厂长负责制、发挥大中型企业骨干作用、发展企业集团、强化企业管理、推进各项改革试点。

1 月 5 日，新华社讯，鞍钢 40 年来（截至 1989 年底）上交国家利税 400 多亿元。国务院企业指导委员会日前批准鞍钢为一级企业。这是我国首次命名国家一级企业。

1 月 6—10 日，国务院召开新中国建立以来第一次全国国有资产管理工作会议，决定有计划地开展清产核资工作，用三四年时间把家底摸清。

1 月 12 日，国务院企业管理指导委员会宣布，批准哈尔滨锅炉厂、上海柴油机厂等 45 个企业为国家一级企业。

1 月 14 日，《人民日报》发表吕东题为《我国工业发展要实行战略性的转变》的文章，指出我国工业面临着由粗放经营向集约经营的转变，由速度型向效益型、科技先导型、资源节约型的转变。这是一个战略性的转变，如果不过好这一“关”，我国国民经济发展的战略目标就很难实现。

1 月 17 日，党的十三届五中全会通过的《中共中央关于进一步治理整顿和深化改革的决定》公布。

2 月 10 日，经国务院批准，中国汽车工业总公司在北京成立。该公司在国家计划中实行单列，担负着加速实现汽车工业集团化和加强行业管理的双重任务。

2 月 20 日，全国化工行业最大的中外合资企业——中美浙江太平洋化学有限公司在宁波开业。

2 月 24 日，国务院发布《国务院关于修改〈全民所有制工业企业承包经营责任制暂行条例〉第二十一条的决定》和《国务院关于修改〈全民所有制小型工业企业租赁经营暂行条例〉第二十二条的决定》，均自发布之日起施行。

3 月 26 日，国务院发出《关于在全国范围内开展清理“三角债”工作的通知》。4 月 2 日，国务院清理“三角债”领导小组成立。4 日召开全国清理“三角债”工作电话会议。8 月，清理“三角债”领导小组公布《关于在全国范围内清理企业拖欠贷款实施方案》。国务院办公厅就此发出通知。

3 月 28 日，国家科委、国家工商管理局共同制定《关于加强科技开发企业登记管理的暂行规定》，在京举行新闻发布会。

4 月 2 日，为了提高企业素质、增强企业的应变能力，农业部决定 1990 年在全国乡镇企业中开展“企业管理年活动”。

4 月 4 日，七届全国人大第三次会议通过新修正的《中华人民共和国中外合资经营企业法》，同日公布并施行。该法于 2001 年第二次修正。

4月21日，国务院批转国家计委、国务院生产委《关于对234户重点骨干企业试行“双保”办法的报告》。“双保”是企业保证完成对国家承担的任务，国家基本保证企业的外部生产条件。

4月24日，国务院常务会议讨论通过了《中华人民共和国烟草专卖法（草案）》。

4月29日，财政部决定今年对全国预算外企业进行清理整顿。重复建设、严重亏损负债的企业必须撤销或并转，其余企业原则上纳入预算内管理。由中央部门投资兴建的，其收支纳入地方各级财政预算。并统一执行预算内企业财会和税收制度。

4月，国有资产管理局首次正式发文批准首钢兼并锦州电子计算机厂和开封联合收割机厂。从此，我国的企业兼并正式步入法制化管理的轨道。

5月20日，我国纺织系统最大的行业协会——中国纺织机械器材工业协会在京成立。该协会集合了纺织、军工、机电、乡镇等系统的企业800多个。

5月23日，国务院发出通知，批转国家体改委《关于在治理整顿中深化企业改革强化企业管理意见》。

6月3日，国务院颁发《中华人民共和国乡村集体所有制企业条例》，从8月1日起施行。

6月11日，国务院批转国家体改委关于《在治理整顿中深化企业改革，强化企业管理的意见》的通知。

6月20日，国务院企业管理指导委员会、国务院生产委员会联合发出《关于做好资金分账制试点工作的通知》。

7月1日，国家体改委企业体制司划给国家计委，作为国务院生产委员会的办事机构之一。根据国家机构编制委员会的决定，“国家体改委企业体制司划给国家计委后，企业改革的职能，仍留在国家体改委”，该司更名为“企业管理司”。

7月2日，国务院发出《关于加强国有资产管理工作的通知》。

7月6日，国家工商行政管理局发布《关于公司撤并后有关事项的通告》。

7月13日，上海市的永久、凤凰集团和联合自行车公司，结束“三足鼎立”的局面，成立上海自行车（集团）公司。从1991年起统一承担对国家的经济责任。

7月26日，国务院发出《关于贯彻国家产业政策对若干产品生产能力建设和改造加强管理的通知》，要求对引进汽车、乙烯、冰箱压缩机、棉纺等生产线实行控制。

8月，国务院清理“三角债”领导小组公布《关于在全国范围内清理企业拖欠贷款实施方案》。国务院办公厅就此发出通知指出，国务院把清理“三角债”作为1990年下半年促进经济形势进一步向好的方向发展的重要措施之一。

8月7日，国务院发出《关于贯彻国家产业政策对若干产品生产能力的建设和改造加强管理的通知》。

9月24日，纺织工业部发出通知，明确规定棉纺、毛纺、化纤原料及抽丝等三大生产能力属于国家指令性计划，由纺织工业部归口管理，统一规划、统一计划。

9月30日，国务院批准对外经济贸易部《关于中外合资经营企业合营期限暂行规定》。

11月9日，中共十三届五中全会召开，作出进一步治理整顿和深化改革的决定。

11月11日，上海36家企业集团，实行统一财务结算、统一承包经营、统一工资效益挂钩、统一银行信贷、统一对外贸易的生产、经营、利益一体化实体，取得明显的经济成果。

11月22日，国务院颁布《劳动就业服务企业管理规定》、《国务院关于修改的全民所有制矿山企业采矿登记管理暂行办法》。

11 月 26 日，经国务院授权、中国人民银行批准，上海证券交易所正式成立，12 月 19 日正式开业。这是改革开放以来我国大陆第一家证券交易所。

11 月 28 日，国家机构编制委员会印发国家经济体制改革委员会“三定”调整方案。国家体改委的主要任务是，拟定全国经济体制改革总体规划和方案，统筹、协调和指导全国城乡经济体制改革工作，推进企业改革，组织重要改革措施的试点和推广。

12 月 13 日，劳动部明确规定私营企业用工要执行下列四项原则：（1）主要在城镇招工，并到当地劳动部门登记；（2）不得招用在校学生，禁止使用未满 16 周岁的童工；（3）一方需解除合同，须提前 10 天通知对方，并办理解除合同的手续；（4）实行 8 小时工作制，加班应发工资。日加班时间不得超过 3 小时，连续加班不得超过 3 天。

12 月 14 日，全国劳动厅局长会议在北京召开，会议提出，从 1991 年起，积极推进劳动制度改革，重点完善劳动合同制，推行社会保险。

12 月 25—30 日，中共十三届七中全会在北京举行，审议并通过了《中共中央关于制订国民经济和社会发展十年规划和“八五”计划的建议》。提出：按照发展社会主义有计划商品经济的要求，建立“计划经济与市场调节相结合”的经济运行机制。

12 月 26 日，国务院办公厅发出《关于向社会公开发行股票的股份制试点问题的通知》，正式拉开股份制改革的帷幕。

1990 年的清理“三角债”工作未能实现预定目标，企业之间相互拖欠问题不仅没有得到根本解决，反而越清越欠。到 1991 年 6 月底，仅对在全国工商银行开户的 4 万户工业企业统计，“三项资金”（即产成品资金、发出商品在途占用资金应收货款未付资金）占用达 3523 亿元，其中产成品资金占用达 1306 亿元，严重影响了正常生产秩序。

1991 年

1 月 12 日，国务院企业管理指导委员会和国务院生产委员会公布：济南第一机床厂等 88 个企业晋升为国家一级企业。至此，全国共有国家一级企业 133 个，国家二级企业 4210 个。

1 月 23 日，国务院批准外贸体制改革方案，决定在调整人民币汇率的基础上，建立外贸企业自负盈亏机制，使外贸企业平等竞争，自主经营。

2 月 7—11 日，国务院在京召开全国企业工作会议，研究增强企业活力的政策措施，部署开展“质量、品种、效益年”活动。

2 月 25 日—3 月 1 日，国务院在北京召开全国经济体制改革工作会议。重点围绕搞活全民所有制企业特别是大中型企业，研究深化改革的有关政策和配套措施。会议讨论《经济体制改革“八五”纲要和十年规划》及《1991 年经济体制改革要点》。

3 月 3—5 日，国家体改委、国家计委、国务院生产委联合召开全国企业集团工作会议，贯彻党中央、国务院关于发展企业集团的一系列指示精神。组建 100 个左右大型企业集团作为重要任务提上议事日程。12 月 14 日，国务院发出通知，批转国家计委、国家体改委、国务院生产办《关于选择一批大型企业集团进行试点请示》，并确定首批 55 家（后增加为 57 家）大型企业集团试点名单。此后，相关部门相继出台了有关文件，进一步规范和促进企业集团试点工作。1997 年，经国务院批准，又增加了 63 家试点企业。

3月6日，国务院发出《关于批准高新技术产业开发区和有关政策规定的通知》，决定在北京市高新技术产业开发试验区之后，再批准21个国家高新技术产业开发区。

3月13日，国务院发出《关于加强外资企业重大项目审批工作的通知》。

3月14日，国务院物价委员会、国家物价局联合发出通知，决定下放物价管理权。

3月26日，国家国有资产管理局、财政部、国家工商局颁发《企业国有资产所有权界定暂行规定》。

4月9日，七届全国人大第四次会议通过《中华人民共和国外商投资企业和外国企业所得税法》，自1991年7月1日起施行。

4月11日，中国人民银行批准成立深圳证券交易所，7月3日正式开业。

4月27日，国务院生产委员会等单位下发《关于坚持和完善企业内部经济责任制的意见》。

5月16日，国务院发出《关于进一步增强国营大中型企业活力的通知》，提出11项政策措施。9月23—27日，中共中央在北京召开工作会议，专门研究搞好国营大中型企业问题，提出改善外部条件的12条措施和加强内部管理的8条规定。会后，国务院派出20个调查组深入企业调查研究，检查监督各地落实会议精神情况。12月22日，在全国企业技术进步工作会议上，又提出全面推进大中型企业技术进步的12条政策措施。

6月1日，国务院召开总理办公会议，研究清理“三角债”问题。决定把清理“三角债”作为搞好国有大中型企业、提高经济效益的一个突破口来抓，并成立由副总理朱镕基领导的国务院清理“三角债”领导小组，由国务院生产委员会具体负责。

6月8日，财政部、国家计委、国务院生产委员会发出《关于下达实行加速折旧的部分大中型骨干企业名单的通知》，力求使搞活大中型企业的十一项政策措施尽快落实到位。

6月16日，国务院颁发《关于企业职工养老保险制度改革的决定》。

6月30日，国务院发布《中华人民共和国外国投资企业和外国企业所得税法实施细则》，自7月1日起施行。

7月1日，国务院发出《关于严格控制企业继续生产和积压产品的通知》。

7月11日，新华社报道，全国比较规范的企业集团已达1600家，它们是按资产一体化原则组建的，实行人、财、物、供、产、销全方位联合。

7月22日，国家工商局发布经国务院批准的《企业名称登记管理规定》，自9月1日起施行。

7月25日，国务院发布《全民所有制企业招用农民合同制工人的规定》。

8月14日，财政部、国家体改委发布《国营企业实行“利税分流、税后还贷、税后承包”的试点办法》。截至当年底，已进行税利分流试点的省、自治区、市（包括计划单列市），中央部门有36个，试点企业2000多个。其中，经财政部批准试点的省、自治区、市和中央部门共20个，试点企业约1600个。

8月27日，国务院召开电话会议，朱镕基副总理要求深入开展“质量、品种、效益年”活动，并提出暂停对企业的评比升级活动，凡是与《企业法》相抵触的政策、法规、条例应当废止。

8月31日，财政部发出通知，允许一些国营大中型企业从销售收入中，提取技术开发费，最高比例不超过1%。

8 月 31 日—9 月 4 日，国务院召开全国清理“三角债”工作会议，提出了清理任务和步骤。

9 月 9 日，国务院发布《中华人民共和国城镇集体所有制企业条例》，自 1992 年 1 月 1 日起施行。

9 月 23—27 日，中共中央工作会议在京举行，着重研究如何进一步搞好国营大中型企业问题，强调重点转换企业经营机制。会议决定采取 12 条措施，为搞好大中型企业创造良好的外部条件。

9 月 25 日，全国劳动制度改革工作会议在北京召开，会议提出“八五”期间劳动制度改革的重点是进行全员劳动合同制试点，并逐步扩大范围。

11 月 7 日，国务院下发《关于调整食糖经营管理有关政策的通知》，决定将 40 多年来一直由国家统一定价、统一收购、统一调拨、定量供应的食糖流通体制改为放开经营。

11 月 8 日，中组部、人事部作出《全民所有制企业聘用干部管理暂行规定》，规定可以从工人中选拔聘用干部。

11 月 15 日，中国企业改革与发展研究会在北京正式成立。

11 月 16 日，国务院颁发《国有资产评估管理办法》。

11 月 25—29 日，中共十三届八中全会在北京举行，审议通过了《中共中央关于进一步加强农业和农村工作的决定》，提出把以家庭联产承包为主的责任制、统分结合的双层经营体制作为我国乡村集体经济组织的一项基本制度长期稳定下来，并不断充实完善。

12 月 5 日，中国食品工业总公司成立，下设传统食品等三个子公司。

12 月 14 日，国务院批转国家计委、国家体改委、国务院生产办公室《关于选择一批企业集团进行试点的请示》。55 个企业集团将分别在国家和省级计划中实行单列。

12 月 28 日，国务院副总理朱镕基在全国企业技术进步会议上指出，大力调整结构，推进技术进步，转换经营机制，提高国营大中型企业的经济效益，不仅是 1992 年，也是整个“八五”时期工交工作的指导思想。

据统计，1991 年全国进行劳动人事、工资分配、社会保险制度综合配套改革的企业达 1458 个，职工 231 万人；试行全员劳动合同制的企业 2903 个，职工 447 万人，其中国营大中型企业 1168 个；实行优化劳动组合的企业 3.5 万个，职工 1053 万人，其中下岗富余 94 万人，已妥善安排 84 万人。1992 年参加养老保险费用统筹的企业 33.6 万户，占应参加企业总数的 95.5%，在职职工 5874.3 万人，退休、离休职工 1204.4 万人；参加待业保险的企业 47.6 万个，职工 7413 万人。

1992 年

1 月 6—10 日，国务院召开的全国经济体制改革工作会议在北京举行，国家体改委主任陈锦华作《以转换企业经营机制为重点，进一步深化经济体制改革》的讲话。李鹏总理在讲话中指出，要加快改革的步伐，加大改革的分量。朱镕基副总理就制定《全民工业企业转换经营机制暂行条例》作了部署。

1 月 10 日，劳动部、国务院生产办公室发出通知，决定对关停企业被精简职工实行待业保险。

1月13日，国务院关于选择100个大型企业集团进行试点的决定已进入实施阶段，首批55个大型企业集团已经国务院批准。

1月18日—2月21日，邓小平在武昌、深圳、珠海、上海等地视察，发表了重要谈话。他强调基本路线要坚持一百年不动摇，提出：判断各方面工作的是非标准应该主要看是否有利于发展社会主义社会的生产力，是否有利于增强社会主义国家的综合国力，是否有利于提高人民的生活水平；社会主义的本质是解放生产力，发展生产力，消灭剥削，消除两极分化，最终达到共同富裕；计划经济不等于社会主义，资本主义也有计划，市场经济不等于资本主义，社会主义也有市场，计划和市场都是经济手段；计划多一点还是市场多一点，不是社会主义与资本主义的本质区别；要抓住时机，发展自己，关键是发展经济；发展才是硬道理；要坚持两手抓，两手都要硬。

1月24日，全国工业企业转换经营机制工作座谈会在京召开。座谈会强调，1992年企业工作的一项主要任务是适当加大改革分量，着力转换企业经营机制。

1月25日，劳动部、国务院生产办、国家体改委、人事部、全国总工会联合发出《关于深化企业劳动人事、工资分配、社会保险制度改革的意见》。全国掀起轰轰烈烈的“破三铁”改革，各地以企业劳动、人事、分配三项制度为突破口，把竞争机制引入企业内部，努力建立“干部能上能下、人员能进能出、工资能高能低”的机制和相应制度。据统计，全国三项制度试点企业达6万多家，涉及职工3000多万人，占职工总数的30%。然而，“破三铁”改革因没有相应的社会福利保障而可能诱发社会动荡，刚刚掀起热潮就不得不戛然中止。

2月1日，国务院清理“三角债”领导小组发出《关于1991年全国清理“三角债”成果和1992年继续开展清理“三角债”工作》的公告。

2月9日，国务院批复同意成立中国光大银行。中国光大银行是中国光大（集团）总公司全资附属的金融企业，是独立核算、自主经营、自负盈亏的法人，接受中国人民银行归口管理。

2月11日，国务院决定，今年要继续开展“质量、品种、效益年”活动，并以此促进企业经营机制的转换。

2月13日，劳动部、国务院生产办、国家体改委、人事部、全国总工会联合发文，要求深化企业劳动人事、工资分配、社会保险制度改革，转换企业经济机制，提高企业经济效益。

2月23日，我国首次发行的1亿元人民币B种股票在上海证券交易所开始上市交易。

2月29日—3月4日，国家体改委、国务院生产办公室在深圳召开股份制企业试点工作座谈会。4月24日，国务院发出《关于批转国家体改委、国务院生产办公室〈关于股份制企业试点工作座谈会情况的报告〉的通知》。

3月9—13日，第三次全国清理“三角债”工作会议在京开幕。今年清理“三角债”总的要求是，紧紧围绕搞好国营大中型企业，清防结合，以防为主，继续从清理固定资产投资缺口、产品积压、企业亏损这三个源头入手，促进企业经营机制的转换，提高经济效益，使“三角债”进一步得到缓解。

3月20日，经国务院授权批准，我国第一部企业股份经营法规——《深圳市股份有限公司暂行规定》在深圳颁布并开始实施。

3月25日，国务院生产办公室印发《关于全民所有制工业企业实行关停并转若干问题的意见》，对关停并转的指导思想、基本原则、主要形式、适用条件、一般程序等作了原则规定。《意见》指出，综合运用经济的、行政的和法律的手段，促进扭亏有望的亏损企业扭亏为盈；迫使少数扭亏无望的亏损企业关停并转，直至破产，已成为当前转换经营机制，搞好国营大中型企业的重要任务之一。

4月27日，国务院提出清理“三角债”新举措：谁能防治新欠，就帮谁清理旧欠。在上海召开的全国流动资金清欠试点工作会议，决定在宝钢等43个单位进行试点。

4月28日，国务院批转国家经济体制改革委员会、国务院生产办公室的《关于股份制企业试点工作座谈会情况的报告》，强调股份制试点要严格按照规范化的要求进行，股票公开上市的试点只限于上海、深圳两地。

5月10日，国务院发出关于深入开展企业扭亏增盈工作的通知：（1）大力开展扭亏增盈工作，为进一步加快国民经济发展创造有利条件；（2）明确目标，层层建立扭亏增盈责任制；（3）认真落实扭亏增盈的政策措施；（4）切实加强对扭亏增盈工作的组织领导。

5月15日，国家体改委、国家计委、财政部、中国人民银行、国务院生产办公室发布《股份制企业试点办法》。随后，政府有关部门先后颁发一系列配套政策。这些政策是：国家体改委《股份有限公司规范意见》和《有限责任公司规范意见》；财政部、体改委《股份制试点企业会计制度》、《股份制试点企业财务管理若干问题的暂行规定》；劳动部、体改委《股份制试点企业劳动工资管理暂行规定》；国家税务局、体改委《股份制试点企业有关税收问题的暂行规定》；审计署、体改委《股份制试点企业审计暂行规定》；国家土地管理局、体改委《股份制试点企业土地资产管理暂行规定》；国家国有资产管理局《国有资产评估管理办法施行细则》；国家国有资产管理局、体改委《股份制试点企业国有资产管理暂行规定》等。

5月19日，国务院批转全国企业管理干部培训工作领导小组《关于对国营企业领导干部进行岗位任职资格培训的意见》，要求各级政府人事部门和党委组织部门，把企业领导干部参加培训的成效，作为考核干部的一项重要内容。

6月15日，国家计委、国家体改委印发《股份制试点企业宏观管理的暂行规定》。同日公布了三个有关文件。

6月16日，中共中央、国务院发出《关于加快发展第三产业的决定》，提出了加快发展第三产业的主要政策和措施。

7月5日，《人民日报》报道，在我国创办的第一家外资银行总行——泰华国际银行，经中国人民银行批准于6月26日在汕头特区创办，该行可以经营除人民币以外的一切银行业务。

7月8日，财政部颁布了《中华人民共和国外商投资企业财务管理规定》和《中华人民共和国外商投资企业会计制度》。

7月23日，国务院颁发《全民所有制工业企业转换经营机制条例》。《条例》根据企业法的基本原则，对全面落实企业经营自主权，加快经营机制转换，把企业推向市场作出了明确规定。10月15日，中共中央、国务院发出《关于认真贯彻执行〈全民所有制工业企业转换经营机制条例〉的通知》。全国以各种形式转换企业经营机制改革的试点企业达到8000家左右。

8月8日，新华社报道，国有资产管理局、国家科委、国家体改委最近发布《关于科研机构兴办科技开发企业国有资产管理暂行规定》。

8月10日，深圳市发生因发售新股认购抽签表引发的股市风波。

△ 商业部发布实施《〈中华人民共和国城镇集体所有制企业条例〉商业企业实施细则》。

9月5日，中共中央、国务院发出《关于加强对固定资产投资和信贷规模进行宏观调控的通知》，针对固定资产投资增加较猛以及银行货币、信贷投放增长过快等情况，提出了相应的调控措施。

9月17日，财政部、国家体改委公布《注册会计师执行股份制试点企业有关业务的暂行规定》。

10月8日，轻工业部组建的第一个科工贸相结合的大学企业集体——中国轻工业装备集团在京成立。

10月9日，中国第一家企业股票——中国华晨汽车控股有限公司股票正式在美国纽约股票交易所挂牌交易。

10月11日，国家工商局推出《关于改进企业登记管理工作，促进改革开放和经济发展的若干意见》。

10月12日，国务院撤销国务院证券管理办公会议，成立国务院证券委员会（简称证券委），并决定成立中国证券监督管理委员会（简称证监会）。

10月12—18日，中共十四大召开，会议正式确立“中国经济体制改革的目标是建立社会主义市场经济体制”，提出“适应建立社会主义市场经济的要求，国有企业改革要进一步从放权让利为主，转向机制转换、制度建设为主”，宣告国有企业制度改革的全面展开。十四大报告中，首次将全民所有制企业由过去称为“国营企业”改称为“国有企业”。

10月18日，我国第一家由工商企业创办的商业银行——华夏银行对外营业。

10月30日，深圳首家破产企业——深圳广昌彩印器材有限公司的资产，由深圳市不动产拍卖行公开拍卖。这在我国尚属首次。

11月6日，商业部、国务院经贸办、国家体改委发布关于《全民所有制商业企业转换经营机制实施办法》的通知。这是国务院各部委中发布的以一个具体实施办法。

11月11日，山东淄博乡镇企业投资基金成立。这是中国人民银行总行批准的第一家乡镇企业投资基金。

11月17日，中华全国总工会、国务院经贸办公室发出《关于适应企业经营机制转换，进一步加强工业企业班组建设的意见》。

11月30日，经国务院批准，财政部发布《企业财务通则》和《企业会计准则》，自1993年7月1日起施行。

12月2日，新华社报道，物资部、国家体改委作出《关于股份制试点企业物资供销管理暂行规定》。

12月14日，国务院发出《关于进一步加强证券市场宏观管理的通知》，对证券市场管理体制等问题作了规定。

12月18日，《人民日报》报道，我国股份制改革又有新进展，在国务院有关部门指导下，公有法人股内部流通试点成功。

12 月 23 日，国务院召开全国清理“三角债”总结表彰会议，会议对防止今后出现新欠工作，提出了八条措施。1992 年底，全国“三角债”的清理工作基本结束。从 1991 年 6 月到 1992 年底，全国共注入清欠资金 555 亿元（其中银行贷款 520 亿元，地方和企业自筹 35 亿元），共清理欠款项目 14121 个（其中基建项目 5420 个，技改项目 8701 个），清理了 1838 亿元的连环拖欠款。除个别项目外，全国基建、技改项目在 1991 年底以前形成的“三角债”基本清理完毕。两年共清理固定资产投资和流动资金欠款 2190 亿元（其中 1991 年清理 1360 亿元，1992 年清理 830 亿元），取得了注入 1 元资金清理 4 元拖欠的预期效果。

1993 年

1 月 1 日，我国陆上重要油田将在价格上实行重大改革。除大庆、胜利和辽河三大油田外，华北、大港、冀东、中原、河南、江汉、江苏、新疆、长庆、玉门、青海、滇黔桂和四川等 13 个油田上交给国家的全部统配商品原油，由中国石油天然气总公司比照国际油价收购。

1 月 9 日，中国联合石油公司成立，这是国务院批准成立的我国第一家高层次的工贸结合的企业。

1 月 11 日，中国华北、东北、华东、华中、西北五大电力集团在北京宣告成立。这五大电力集团是在我国原有的五大电网基础上成立的，在多年的统一规划、调度、运行中，已经形成了具有良好的整体经济效益的企业集团。

1 月 30 日，新华社报道，为推动钢铁工业更快走向市场，使企业尽快成为自主经营的实体，国家采取重大措施，大幅度减少指令性统配钢材计划，从 1993 年起首都钢铁公司、湖南湘潭钢厂、甘肃酒泉钢厂等 7 家钢铁企业将不承担指令性计划任务，产品全部自销。

2 月 11 日，国家国有资产管理局、财政部、中国人民银行联合发布《股份制试点企业国家股股利收缴管理办法》。

△ 国务院经贸办公室公布《审批设立全民所有制公司暂行办法》。

2 月 12 日，我国质量管理和质量保证系列标准与国际接轨。

△ 北京标准股份制咨询公司在京成立。这是我国首家以对企业的股份制改造、设立、募股及按股份制原则转换企业机制进行规范的专业咨询公司。

2 月 22 日，七届全国人大常委会第三十次会议审议通过了《中华人民共和国产品质量法》，自 1993 年 9 月 1 日起施行。

3 月 8 日，国务院批转《1993 年经济体制改革要点》。《要点》提出，要有领导、规范化地进行企业股份制试点。积极调整企业组织结构。积极推进多种形式的企业兼并。切实转变政府经济管理职能，搞好机构改革。加快价格改革的步伐，逐步建立以市场价格为主的价格形成机制。进一步改革流通体制，积极发展统一的市场体系。

3 月 18 日，国务院决定，给予企业集团五个方面的优惠政策：1. 着重突破部门、地方所有制“三不变”的束缚。2. 建立有竞争机制的领导体制。3. 给予试点企业集团一定的金融手段。4. 赋予试点企业集团一定的外贸经营自主权。5. 给予试点企业集团最高负责人对集团的有关生产经营流通方面的审批权。

3 月 29 日，八届全国一次会议通过的《中华人民共和国宪法（修正案）》，正式将“国有企业”的称谓以法律形式固定下来。至此，全民所有制经济由“国营经济”，正式改称为“国有经济”，全民所有制企业由“国营企业”正式改称为“国有企业”。

4月2日，国务院发出通知，撤销航空航天工业部，成立中国航空工业总公司和中国航天工业总公司（在对外业务交往中，可用国家航天局名义）。

4月5日，国有资产授权经营试点工作在东风汽车、中国重型汽车等8个企业集团启动。国有资产授权经营，是指由国有资产管理部门将企业集团中紧密层企业的国有资产统一授权给核心企业经营和管理，建立核心企业与紧密层企业之间的产权纽带，增强集团凝聚力，发挥整体优势。

4月11日，国务院下发《关于坚决制止乱集资和加强债券发行管理的通知》。

4月12日，国务院发布《国有企业职工待业保险规定》。《规定》要求，企业按照全部职工工资总额的0.6%缴纳待业保险费。企业缴纳的待业保险费在缴纳所得税前列支，由企业的开户银行按月代为扣缴。企业缴纳的待业保险费转入企业所在地的待业保险机构在银行开设的“待业保险基金专户”，专项储存，专款专用，任何部门、单位和个人不得挪用。

4月20日，国务院总理李鹏签署111号国务院令，发布《安置国有企业富余职工规定》。《规定》指出，安置国有企业中的富余职工，应当遵循企业自行安置为主、社会帮助安置为辅，保障富余职工基本生活的原则。

4月22日，国务院发布《股票发行与交易管理暂行条例》。《条例》规定，股票的发行与交易，应当遵循公开、公平和诚实信用的原则，维护社会主义公有制的主体地位，保障国有资产不受侵害。国务院证券委员会是全国证券市场的主管机构，依照法律、法规的规定对全国证券市场进行统一管理。

4月25日，审计署、国家体改委、国家经贸委联合印发《全民所有制工业企业转换经营机制审计监督规定》。

4月28日，国家工商局颁布《期货经纪公司登记管理暂行办法》，这是我国建国以来第一个期货市场法制建设方面的行政规章。

5月8日，我国首家由外资企业开发和经营的保税区——广州保税区获得海关总署颁发的合格证书后正式封关营运。

5月11日，国家经贸委在邯郸钢铁总厂召开企业加强管理、降低成本现场会，从推广邯钢经验入手，引导企业眼睛向内、减少亏损。国家经贸委认为，邯钢的经验说明，国有企业特别是亏损企业在节能、降耗等方面大有潜力可挖。因此，在当前企业经济效益低下，而外部能源、运输、原材料价格普遍上涨的情况下，各级政府和企业主管部门要充分认识挖掘降低成本的潜力对扭亏增盈的重要意义。8月23日国务院办公厅转发了国家经贸委关于学习邯郸钢铁总厂加强管理的经验进一步抓好扭亏增盈工作的报告，要求各地区、各部门从实际情况出发，研究、参考邯郸钢铁总厂的经验，进一步深化改革、转换机制、提高效益，抓好扭亏增盈工作。

5月12日，国务院发出《关于促进生产企业搞好自营进出口工作的通知》。

5月15日，国务院办公厅发出《关于执行（股份有限公司规范意见）的通知》。

6月11日，建设银行上海市分行与上海宝山钢铁总厂就加强宝钢三期工程建设资金方面的合作等事项举行银企业务合作协议签字仪式。这一举动标志着宝钢建设将由国家投资改为企业自筹资金。

6月12日，为了集中有限的资金保证当前经济工作的重点需要，取得好的经济效益，国务院发出通知，要求集中资金保证当前经济工作的重点需要。资金的分配和运用必须突出重点。

6月24日，中共中央、国务院印发《关于当前经济情况和加强宏观调控的意见》。《意见》提出了加强宏观调控的16条措施。一、严格控制货币发行、稳定金融形势。二、坚决纠正违章拆借资金。三、灵活运用利率杠杆，大力增加储蓄存款。四、坚决制止各种乱集资。五、严格控制信贷规模。六、专业银行要保证对储蓄存款的支付。七、加快金融改革步伐。八、投资体制改革要与金融体制改革相配套。九、限期完成国库券发行任务。十、改进外汇管理办法，稳定外汇市场价格。十一、加强房地产市场的宏观管理，促进房地产业的健康发展。十三、强化税收征管，堵住减免税的漏洞。十四、对在建项目进行审核排队，严格控制新开工项目。十五、积极稳妥地推进物价改革，抑制物价总水平过快上涨。十六、严格控制社会集团购买力的过快增长。

6月26日，国务院发出《关于同意上海石化总厂等9家企业股票到香港上市的通知》。这种股票被统称为H股，以区别于B股（人民币特种股票）和A股（人民币普通股票）。

7月1日，经国务院批准，财政部颁布的《企业财务通则》和《企业会计准则》。从7月1日起施行。新财务会计制度的实施使我国财务会计制度实现了从有计划商品经济向社会主义市场经济体制的转轨。

7月6日，国家计委批准的实行计划单列的企业集团累计达到25家。企业集团计划单列工作的主要目的是：一是使企业集团的发展适应政企分开的发展方向，淡化行政隶属关系，在一定程度上摆脱“条块”束缚；二是突破所谓“三不变”，为推动企业法人跨地区、跨行业的联合以适应社会化大生产的客观要求，尽可能提供一个较好的外部环境；三是探索政府与企业之间的新型关系，使国家对经济的宏观调控由单纯依赖行政部门向同时依靠经济组织转变，增强宏观调控的有效性。

7月16日，上海市国有资产管理委员会成立。这一重大举措，表明上海国有资产管理体制改革迈出了实质性的一步。成立市国有资产管理委员会的目的，是为了加强上海市国有资产的宏观管理调控，确保国有资产的保值增值，进而确保公有制经济的巩固和发展。

7月23日，国务院副总理朱镕基对国家经贸委、国家体改委、国务院法制局关于贯彻落实《全民所有制工业企业转换经营机制条例》的一份调查报告作了重要批示。

7月26日，中国首家境外上市公司股票，上海石油化工股份有限公司股票同时在美国纽约证券交易所和香港证券交易所挂牌交易，H股融资总额16.8亿元。

7月28日，为加强对境外国有资产的管理工作，国家国有资产管理局、对外贸易经济合作部、海关总署联合制定颁发了《关于用国有资产实物投入境外开办企业的有关规定》。

8月1日，国务院发布《企业债券管理条例》。

8月6日，国务院发出《关于加强税收管理和严格控制减免税收的通知》。《通知》要求严格控制税收（包括关税）减免。

8月12日，国家经贸委召开全国转换企业经营机制工作会议。会议提出贯彻《转换企业经营机制条例》必须抓好十个方面的工作。会议特别强调，要尽快出台养老、医疗、工伤保险制度；认真解决政府机构改革中出现的“翻牌公司”和“拉郎配”集团问题；抓紧进行金融体制、财税体制、投资体制等项配套改革。引导企业眼睛向内，苦练内功。继续推进企业三项制度改革。

8月16日，为加强对固定资产投资的宏观调控，严格控制新开工项目，保证重点项目的建设，保证国民经济持续、快速、健康地发展，国务院转发国家计委《关于加强固定资产投资宏观调控的具体措施》。

8月17日，国务院发出《关于积极稳妥地推进物价改革、抑制物价总水平过快上涨的通知》，提出12项宏观调控措施。

8月23日，国家经贸委、财政部联合召开全国扭亏增盈工作会议。会议指出，扭亏增盈不仅是个微观问题，更是一个关系到改革开放、经济发展和社会稳定的宏观问题。

8月30—31日，国务院召开第八次常务会议，原则通过了金融、财政、税收、国有资产管理体制和外贸改革总体方案。

9月1日，全国产业政策工作会议在北京召开。会议就新形势下如何做好产业政策工作提出四项基本要求：一、把握全局，突出重点。二、了解市场，适应市场，引导市场，调控市场。三、多方配合，统一决策。四、强化基础，规范制度。

9月2日，八届全国人大常委会第三次会议通过的《中华人民共和国反不正当竞争法》颁布，自1993年12月1日起实施。

9月7日，国务院颁布《中华人民共和国对外合作开采陆上石油资源条例》。《条例》规定，中国政府依法保护参加合作开采陆上石油资源的外国企业的合作开采活动及其投资、利润和其他合法权益。国家对参加合作开采陆上石油资源的外国企业的投资和收益不实行征收。

9月20日，国务院转发劳动部《关于加强企业工资总额宏观调控的意见》。《意见》指出，今年国家对地区和部门实行动态调控的弹性工资总额计划管理，原则上按照劳动部已组织试行的弹性计划实施办法执行。

11月4日，国务院发出通知，要求必须坚持"规范起步，加强立法，一切经过试验和严格控制"的原则，坚持制止期货市场盲目发展。

11月11日，中共十四届三中全会举行。全会通过《中共中央关于建立社会主义市场经济体制若干问题的决定》，明确提出"建立现代企业制度，是发展社会化大生产和市场经济的必然要求，是我国国有企业改革的方向"，指出现代企业制度的内涵是"产权清晰、权责明确、政企分开、管理科学"。《决定》标志着国有企业改革的指导思想由政企间的放权让利转向企业制度创新。

12月1—4日，国务院召开全国经济工作会议，提出1994年经济工作的方针是：全面贯彻党的十四大和十四届三中全会精神，加快建立社会主义市场经济体制的改革步伐，进一步扩大对外开放，加强和改善宏观调控，大力调整经济结构，提高经济效益，保持国民经济持续、快速、健康发展。

12月5日，全国经贸工作会议提出1994年经贸工作以企业工作为中心，突出企业改革、市场建设、技术改造和企业管理四个重点，加强对经济运行的综合协调，保证国民经济的正常运行。会议提出，要制定并组织实施"万千百十、转机建制"规划。

△ 全国经济体制改革工作会议召开，这次会议的主要议题是研究讨论1994年经济体制改革实施要点。会议提出的1994年经济体制改革的主要任务是：以转换企业经营机制为重点，探索建立现代企业制度的有效途径。在努力探索国有企业财产构成的组织形式方面，从经营状况好的企业开始，逐步进行公司制改组。

12月13日，国务院颁布《中华人民共和国企业所得税暂行条例》。《条例》规定，中华人民共和国境内的企业，除外商投资企业和外国企业外，应当就其生产、经营所得和其他所得，依照本条例缴纳企业所得税。

12月15日，国务院决定从1994年1月1日起，改革现行地方财政包干体制，实行分税制财政管理体制。

12月25日，国务院发布《关于金融体制改革的决定》。《决定》提出的金融体制改革的目标是，建立一个在国务院领导下的独立执行货币政策的中央银行体系；一个中央银行领导的国有商业银行为主体、多种金融机构并存、密切协作的组织体系；建立一个统一开放，有序竞争，严格管理的金融市场体系。

△ 国务院同意并转发国家税务总局《工商税制改革实施方案》。这次工商税制改革是建国以来规模最大、范围最广泛、内容最深刻的一次税制改革。

12月29日，江泽民主席签署命令，发布第八届全国人民代表大会常务委员会第五次会议通过的《全国人民代表大会常务委员会关于外商投资企业和外国企业适用增值税、消费税、营业税等税收暂行条例的决定》。

△《中华人民共和国公司法》颁布。自1994年7月1日起施行。

△ 中国人民银行发布关于进一步改革外汇管理体制的公告，对我国现行外汇管理体制作了重大改革。

1994年

1月11日，国务院作出《关于进一步深化对外贸易体制改革的决定》，提出我国外贸体制改革的目标是：统一政策，放开经营，平等竞争，自负盈亏，工贸结合，推行代理制，建立适应国际经济通行规则的运行机制。

1月29日，国务院通知继续加强固定资产投资宏观调控，通知强调，要集中财力物力，保证重点建设。

2月3日，国务院发出通知，规定从3月1日起实行职工每日工作8小时，平均每周工作44小时的工作制度。

2月4日，国家工商局根据《中华人民共和国反不正当竞争法》发布《关于禁止公用企业限制竞争行为的若干规定》。

2月22日，根据建立社会主义市场经济体制的要求，国家统计局制定了新的国家统计报表制度。新的统计报表制度初步克服了长期以来在计划经济体制下形成的各专业统计彼此分割、自成体系、互不衔接配套的弊端，从整体上提高了统计制度的标准化和规范化程度。

2月25日，中华人民共和国国务院总理签署命令发布《中华人民共和国外资金融机构管理条例》。

2月28日，经国务院同意，国家计委发布《关于商品和服务实行明码标价的规定》，要求凡在中华人民共和国境内收购、销售商品或收取费用的企业、行政事业单位和个体工商户，都必须执行本规定。

3月5日，国务院作出关于改革山西煤炭工业管理体制问题的批复，决定对山西煤炭工业实行统一管理。

3月17日，国务院决定组建国家开发银行，作为国务院领导下的政府性金融机构。其具体任务是：建立长期稳定的资金来源，筹集和引导社会资金用于国家重点建设，从资金来源上对固定资产投资总量及结构进行控制和调节。

△ 建设部、国家体改委《印发关于在全国大中城市推行建筑行业管理的意见》。

3月19日，国务院决定组建中国进出口银行，作为国务院直属的政策性金融机构。其具体任务是：为扩大我国机电产品和成套设备等资本性货物出口提供政策性金融支持。

3月22日，八届全国人大第二次会议通过的《中华人民共和国预算法》公布，自1995年1月1日起实施。

4月9日，国家国有资产管理局日前发出紧急通知，要求国家股持股单位应正确、有效地行使股权，在股东会决定送配股事宜时要维护国家股利益，不得盲目赞成配股，只有在股份公司确需筹集资金、筹资最佳途径为增加股本、股东要求保持现有股权比例不被稀释、国家股东有能力追加股本投资这几方面条件同时具备时，国家股持股单位才可以同意上市公司采用配股方式发行新股。

4月12日，国务院常务会议讨论并通过《90年代国家产业政策纲要》。该《纲要》的制定遵循了以下四个原则：一是符合工业化和现代化进程的客观规律，密切结合我国国情和产业结构变化的特点；二是符合建立社会主义市场经济体制的要求，充分发挥市场在国家宏观调控下对资源配置的基础性作用；三是突出重点，集中力量解决关系国民经济全局的重大问题；四是具有可操作性，主要通过经济手段、法律手段和必要的行政手段，保证产业政策的实施。

4月22日，国务院办公厅发出《关于加强国有企业产权交易管理的通知》。

5月1日，国务院决定，改革现行原油、成品油的流通体制，加强对原油、成品油生产、流通的管理，理顺油品价格，整顿流通秩序，减少流通环节，逐步建立起一个适应社会主义市场经济要求，促进生产发展的原油、成品油流通体制。

5月8日，国务院同意并转发国家体改委1994年4月26日提出的《1994年经济体制改革实施要点》。1994年经济体制改革的重点：一是转换国有企业经营机制，积极探索建立现代企业制度的有效途径；二是加快财税、金融、外贸、外汇体制改革。围绕这两个重点，配套推进其他方面的改革。

5月22日，国务院召开的全国扭亏增盈工作会议，会议指出当前企业亏损的主要原因：一是内部经营管理不善，领导不力；二是企业债务包袱沉重，生产经营自有资金比重过低；三是设备老化，技术、工艺落后，消耗居高不下，产品无竞争力；四是企业的社会包袱重；五是企业增支减利因素增多；六是由于实施“两则”，把潜亏变成了明亏，也增加了亏损。

△ 国务院发布《国有企业财产监督管理条例》。《条例》还对企业财产的监督管理应遵循的原则，分级管理和分工监督、监事会、企业法人财产权、法律责任等做了规定。

6月1日，国务院批复，同意停止执行企业以留利再投资退40%所得税的规定。

7月20日，经国务院批准，我国以经营基本电信业为主的大型股份公司——中国联合通信有限公司在北京宣布成立。这是一家打破部门界限成立的公司。

8月4日，国务院发布《关于股份有限公司境外募集股份及上市的特别规定》。

8月5日，财政部、中国人民建设银行联合发出《关于财政部收回原委托中国人民建设银行代行财政职能的通知》，从9月1日起财政部收回原委托中国人民建设银行代行的财政职能。

8月16日，国务院批准国家开发投资公司组建方案。国家开发投资公司是国务院直接联系的国有独资政策性投资机构，受开发银行监管。公司为独立法人，实行独立核算，自主经营，自负盈亏。国家投资公司的任务是：运用国家开发银行核拨的资本金及软贷款，对少数不宜由国家控股公司和中央企业集团公司参股、控股的政策性项目进行投资，以推进投资体制改革，提高投资效益。

9月16日，国家经贸委、国家体改委、劳动部颁发《国有企业厂长（经理）奖惩办法》。

9月21日，国务院办公厅转发财政部、中国人民银行、国家税务总局、海关总署《关于抓紧清理企业欠税的紧急请示》，要求各有关方面认真贯彻执行。

△ 财政部、国有资产管理局、人民银行发布《国有资产收益收缴管理办法》。该《办法》是根据《中华人民共和国预算法》、《中华人民共和国金库条例》和《国有企业财产监督管理条例》的相关内容制定的。

10月7日，国务院发出《关于搞好纺织工业生产和调整的通知》，要求淘汰1000万锭棉纺落后设备调整纺织工业结构。

10月25日，国务院决定在若干城市试行国有企业破产，并就有关问题发出通知。要求企业实施破产，必须首先安排好企业职工。并对破产企业土地使用权的处置，破产企业财产的处置，担保的处理、银行贷款损失的处理、破产企业的整体接收和濒临破产企业的重组等问题作出明确的规定。

10月27日，八届全国人大常委会第十次会议通过《中华人民共和国广告法》，自1995年2月1日起施行。

11月2日，全国建立现代企业制度试点工作会议今天在北京举行。国务院决定，试点工作由国家经贸委牵头负责，会同国家体改委等有关部门和单位具体组织实施，重大问题由国务院研究确定。

11月22日，财政部、劳动部印发《关于加强企业职工社会保险基金投资管理的暂行规定》，《规定》指出，企业职工社会保险基金是按国家规定提取、筹集和使用的专项基金，必须坚持专款专用的原则，任何单位和个人无权自行决定该基金的其他用途。

11月，按照国务院批准的《关于在若干城市进行企业"优化资本结构"试点的方案》，以调整产业结构、行业结构、企业组织结构为目的的城市优化资本结构试点工作开始实施。第一批试点有上海、天津等18个城市。试点工作主要围绕"增资、改造、分流、破产"四个方面进行。

12月20日，为了加强煤炭生产的行业管理，促进煤炭安全生产，国务院制定《煤炭生产许可证管理办法》，对取得煤炭生产许可证的条件、程序及煤炭生产许可证的监督管理、罚则等作了具体规定。

12月31日，国家国有资产管理局、财政部、劳动部颁发《国有资产保值增值考核试行办法》。

1995年

1月1日，国务院发出《关于进行第三次全国工业普查》的通知。

1月7日，国家体改委提出1995年深化流通体制改革任务：明确划清各级政府的职责和权力，尽快建立多层次的粮食储备制度和风险基金制度，形成吞吐及时、调节自如的粮食流通体制；重点发展完善批发市场和要素市场，把商品的批发市场建设放在重要位置；抓紧市场管理制度和市场法规建设工作，推动市场运行的规范化和法制化。

1月9日，财政部发布新的《企业经济效益评价指标体系（试行）》，自1995年起试行。新的经济效益评价指标体系包括销售利润率、资产报酬率等十项指标。

1月15日，国家国有资产管理局、财政部、劳动部联合发布实施《国有资产保值增值考核试行办法》。

1月26日，国家经贸委组织研究制定现代企业制度试点实施方案，试点工作正式进入实施阶段。

2月28日，八届全国人大常委会第十二次会议通过新修正的《中华人民共和国税收征收管理法》，同日公布并施行。该法于2001年修正。

3月1日，国务院发出《关于深化企业职工养老保险制度改革的通知》。

3月2日，劳动部、国家经贸委联合发出《关于配合企业深化改革试点做好失业保险工作的通知》。

3月5日，八届全国人大三次会议审议并通过1995年政府工作报告。报告提出，今年的经济体制改革，要以国有企业改革为重点，配套推进社会保障体制改革，巩固和完善宏观管理体制改革措施，进一步转变政府职能，培育市场体系，沿着建立社会主义市场经济体制的方向继续前进。

3月6日，为配合深化改革、摸清国有资产家底、促进企业转换经营机制和建立现代企业制度，国务院办公厅发出《关于在全国进一步开展清产核资工作的通知》。清产核资具体组织工作由财政部、国家国有资产管理局负责。

3月18日，八届全国人大三次会议通过《中华人民共和国中国人民银行法》，同日公布并施行。该法于2003年修正。

3月25日，国务院办公厅转发国家经贸委《关于深化企业改革搞好大中型企业的意见》。提出"三改一加强"的工作方针，即把企业改组、改制和改造有机地结合起来，加强企业内部管理，提高国有大中型企业的效益。指出深化国有大中型企业改革必须做好11项工作。

4月6日，由国家经贸委、国家计委、国家体改委联合召开的全国试点企业集团工作会议提出：组建企业集团要注重机制转换和制度创新，利用改组、改制、改造的合力壮大企业集团。

4月18日，国家经贸委，国家国有资产管理局印发《关于监督机构对国有企业派出的监事会工作规范意见的通知》。

5月1日，根据国务院令，从当日起我国实行每日工作8小时、每周工作40小时的新工时制度，即每周5天工作制。

5月2日，国家经贸委、国家教委、劳动部、财政部、卫生部联合颁布《关于若干城市分离企业办社会职能分流富余人员的意见》。要求具备条件的企业分离自办中小学校、医院、后勤服务等单位，不具备条件的企业先在内部分离，独立核算，待条件具备后再逐步推向社会交由政府管理。

5月5日，国家开发投资公司成立。国家开发投资公司是国务院直接联系的国有独资政策性投资机构，其主要任务是，按照国家产业政策和区域布局政策，对能源、交通、原材料、机电轻纺、农业、林业森工等政策性项目进行参股、控股投资，以提高投资效益，增强宏观调控能力，推进投资体制改革。

5月6日，《中共中央、国务院关于加速科学技术进步的决定》发布，提出科教兴国战略。

5月10日，八届全国人大常委会第十三次会议通过《中华人民共和国商业银行法》，自1995年7月1日起施行，于2003年修正；同时通过《中华人民共和国票据法》，自1996年1月1日起施行。

5月25日，国务院批转中国人民银行《关于中国工商银行等四家银行与所属信托投资公司脱钩意见》，指出：银行与所属信托投资公司彻底脱钩，实行分业管理，是进一步深化金融体制改革、保证国民经济健康发展的大举措。

6月21日，中国人民银行、国家经贸委、财政部联合发出〈关于鼓励和支持18个试点城市优势国有企业兼并困难国有工业企业后有关银行贷款及利息处理问题的通知〉，支持试点城市国有企业兼并工作。

7月2日，国务院批转国家计委、财政部、国家经贸委《关于将部分企业"拨改贷"资金本息余额转为国家资本金的意见》。

8月11日，我国第一家中外合资投资银行——中国国际金融有限公司宣告成立。这家合资投资银行由中国建设银行、美国摩根士丹利集团、新加坡投资公司、香港名力集团、中国经济技术投资担保公司等机构出资组建，中国建设银行是最大的股东。

8月15日，中组部、国家经贸委、人事部发出《关于加强国有企业领导班子建设意见的通知》。

8月27日，国务院批准成立神华集团有限责任公司，这是自《公司法》颁布以来第一家由国家按现代企业制度原则组建的国有独资公司，标志着我国基础产业体制改革取得重大突破。

9月4日，外经贸部发布《中华人民共和国中外合作经营企业法实施细则》，规定在中国境内举办中外合作经营企业，应当符合国家的发展政策和产业政策，遵守国家关于指导外商投资方向的规定。

9月5日，1995年度中国500家最大工业企业评价结果在北京揭晓。位于前15位的企业依次是：大庆油田、华东电力集团、华北电力集团、上海汽车工业总公司、东北电力集团、宝钢（集团）公司、一汽集团公司、华中电力集团、东风汽车集团、鞍钢（集团）公司、首钢总公司、胜利油田、广东电力公司、玉溪卷烟厂、华能集团。从1987年开始的工业企业评价活动表明，国有工业大企业是500家最大工业企业的主体。

9月13日，国家体改委发布《关于积极推进国有小型企业改革的意见》。

9月25—28日，中共十四届五中全会在北京召开，讨论并通过《中共中央关于制定国民经济和社会发展"九五"计划和2010年远景目标的建议》，提出要实行两个具有全局意义的根本性转变：一是经济体制从传统的计划经济体制向社会主义市场经济体制转变；二是经济增长方式从粗放型向集约型转变。

9月27日，经国务院同意，国务院证券委批准中国第一汽车集团公司、深圳市高速公路开发公司、皖通高速公路股份有限公司、山东新华制药股份公司、天津中药集团股份有限公司、广东科龙电器股份有限公司、北京北大方正集团为境外上市预选企业。

11月21日，国家经贸委发布《关于国务院确定的百户现代企业制度试点工作操作实施阶段的指导意见》，提出主要任务和总体目标，以及8项主要工作和4项工作要求。

12月5日，中国证券监督管理委员会、国家经济贸易委员会、国内贸易部发出《关于国有企业、事业单位参与期货交易的规定》。《规定》指出：一、国有企业、事业单位参与期货交易要经主管部门或公司董事会批准。二、国有企业、事业单位参与期货交易，要以套期保值为主。经营亏损的国有企业、事业单位只能从事套期保值业务，不得进行投机性交易。三、国有企业、事业单位参与期货交易，必须有专门的机构、健全的管理规章和完善的账目管理制度。企业、事业单位主要负责人要经常检查本单位参与期货交易的情况。四、国有企业、事业单位参与期货交易，持仓额超过其营运资金（流动资产减去流动负债）五倍时，必须得到主管部门或公司董事会的批准。

12月11日，为切实维护国家对矿产资源的权益，保障矿产资源勘查、开采活动依法进行，国务院发出《关于整顿矿业秩序维护国家对矿产资源所有权》的通知。

12月25日，为了规范股份有限公司境内上市外资股的发行及交易，保护投资人的合法权益，根据《中华人民共和国公司法》的有关规定，国务院发布《关于股份有限公司境内上市外资股的规定》。

12月28日，八届全国人大常委会第十七次会议通过并由江泽民签署第60号主席令公布《中华人民共和国电力法》。《电力法》规定，电力事业应当适应国民经济和社会发展的需要，适当超前发展。国家鼓励、引导国内外的经济组织和个人依法投资开发电源，兴办电力生产企业。

1996年

1月1日，我国三家大型、特大型国有企业——华北制药集团、唐山钢铁集团和邯郸钢铁总厂，由实行了30多年的工厂制改组为国有独资企业。

1月3日，国务院批转国家经贸委、冶金部《关于邯郸钢铁总厂管理经验调查报告的通知》，要求各地、各单位结合实际学习、推广邯钢经验。

△国务院发布《关于股份有限公司境内上市外资股的规定》，自发布之日起施行。

1月8日，经中国人民银行批准，北京城市合作银行正式挂牌营业。这是一家统一法人的地方性股份制商业银行，注册资金15亿元，其中财政入股2.5亿元。组建城市合作银行，是党中央、国务院深化金融体制改革的重大决策。

1月12日，我国首家主要由民营企业投资的全国性股份制商业银行——中国民生银行在京宣布成立。

1月25日，为了加强企业国有资产产权登记管理，健全国有资产基础管理制度，防止国有资产流失。国务院颁布《企业国有资产产权登记管理办法》。企业国有资产产权登记，是指国有资产管理部门代表政府对占有国有资产的各类企业的资产、负债、所有者权益等产权状况进行登记，依法确认产权归属关系的行为。国有企业、国有独资公司、持有国家股权的单位以及以其他形式占有国有资产的企业，都应当办理产权登记。

1月30日，国家体改委在北京召开建立现代企业制度试点工作会议，对30家试点企业提出了新的要求。

2月23日，为进一步遏制过度投机活动，加强对期货市场的监管工作，国务院批转了国务院证券委员会、中国证券监督管理委员会《关于进一步加强期货市场监管工作的请示》。

3月7日，国务院批转《1996年国有企业改革工作实施意见》。提出1996年国有企业改革要做好以下几方面的工作：一、抓好各项企业改革试点工作。二、搞好大的，放活小的，加大结构调整的力度。三、继续贯彻《全民所有制工业企业转换经营机制条例》，加快组织实施《国有企业财产监督管理条例》。四、切实加大技术改造的力度。五、学习推广邯郸钢铁总厂管理经验，进一步改进和加强企业管理。六、多渠道增加国有企业生产经营资金。七、促进优胜劣汰，探索处理银行不良资产的办法。

3月18日，国家经贸委颁布《“九五”企业管理纲要》。

4月29日，中国人民银行总行颁布《贷款证管理办法》，决定从4月1日起，在全国部分大中城市实行贷款证管理制度。

5月3日，全国矿产资源委员会成立。这是国务院为了全面加强矿产资源管理的一项重要措施，是我国矿产资源管理体制上的一项重要改革。

5月22日，国家经贸委制定加强合营企业中国有财产监督管理的暂行规定，加强国有资管理。

6月3日，由国务院批准的全国企业调查队在北京成立，这是我国实施统计改革和发展战略的重要步骤。它的主要任务有五项：一是负责对遍布全国城乡的各种所有制企业进行抽样调查；二是开展与建立现代企业制度和发展市场体系密切相关的快速专项调查和跟踪监测调查；三是进行企事业单位的统计登记工作，建立和管理企事业单位名录库；四是开展分析研究，特别是与企业和市场密切相关的宏观经济决策及微观经济管理问题的分析和研究；五是承接社会各界委托的与企业和市场有关的调查、咨询和研究项目。

6月18日，国家电网建设有限公司在京正式成立。国家电网建设有限公司为国有独资公司，设立董事会，由电力部行使股东权，由电力部管理。该公司是独立核算、自主经营、自负盈亏的企业法人和经济实体，注册资本为25亿元人民币。

6月20日，中国人民银行发布《关于对外商投资企业实行银行结售汇的公告》，并修订颁布了新的《结汇、售汇及付汇管理规定》。在全国范围对外商投资企业实行银行结售汇，是我国货币管理制度的一个重大突破，也是中国进一步扩大开放的标志。

6月25日，国家体改委印发《关于加快国有小企业改革的若干意见》。

7月4日，国家经贸委印发《关于放开搞活国有小企业改革的意见》，提出“抓大放小”的指导方针。

7月6日，国务院发布《关于加强预算外资金管理的决定》。这是国家为了进一步加强对预算外资金的管理，统筹运用预算内外综合财力，更好地发挥预算外资金在国民经济建设和社会事业发展中的作用所作出的一项重大决策，也是整顿财经秩序、深入开展反腐败斗争的重要举措。

7月24日，国务院向各省、自治区、直辖市及国务院各部委、各直属机构批转了国家经贸委、财政部、中国人民银行、国家统计局《关于建立企业扭亏增盈工作目标责任制的意见》，要求各地、各部门认真贯彻执行。

7月25日，国家经贸委、中国人民银行发出《关于试行国有企业兼并破产中若干问题的通知》。

7月30日，经国务院同意，国家经贸委和中国人民银行联合发出通知，就试行国有企业兼并破产中若干问题作出了进一步规定。通知要求，对有挽救希望的濒临破产企业，应充分尊重主要债权人意见，尽可能采取兼并、合并、代管、分立等方式予以挽救。

8月20日，财政部发布《关于企业兼并有关财务问题的暂行规定》和《关于国有企业试行破产有关财务问题的暂行规定》。

8月21日，国家经贸委宣布正式启动技术创新工程，把研究开发、生产、销售和获得商业利益作为一个系统工程整体推进，全面增强我国企业的竞争能力，加速形成有利于自主创新的技术进步机制，推动经济体制和经济增长方式的转变，使国民经济持续、快速、健康地发展。

8月23日，国务院发出《国务院关于固定资产投资项目试行资本金制度的通知》。从1996年开始，对各种经营性固定资产投资项目，包括国有单位的基本建设、技术改造、房地产开发项目和集体投资项目，试行资本金制度，投资项目必须首先落实资本金才能进行建设。

8月27日，国家计委、国家经贸委、体改委联合发出通知，将选择第二批大型企业集团参加现代企业制度试点工作。通知指出，选择第二批大型企业集团参加试点，立足点是建立现代企业制度，转换经营机制，构造母子公司体制，发挥群体优势，提高企业市场竞争力。

8月29日，《全国人大常委会关于修改〈中华人民共和国矿产资源法〉的决定》由中华人民共和国八届人大委员会第二十一次会议通过。修改后的矿产资源法，从法律制度上强化了国家对矿产资源的所有权，明确规定矿产资源属国家所有，由国务院行使国家对矿产资源的所有权。肯定了探矿权、采矿权的财产属性，确立了“两权”有偿取得依法转让制度，对探矿权和采矿权进入市场进行转让也作了原则规定，加大了矿业体制的改革力度，标志着我国矿业经济活动向社会主义市场经济迈出了重要一步。

△ 八届全国人大常委会第二十一次会议通过《中华人民共和国煤炭法》。

9月18日，国家计划委员会、国家土地管理局联合发布了《建设用地计划管理办法》。

9月27日，中国人民银行印发《企业集团财务公司管理暂行办法》。

10月3日，国务院作出《关于“九五”期间深化科学技术体制改革的决定》。

10月23日，中共中央办公厅、国务院办公厅发出《关于进一步解决部分企业职工生活困难问题的通知》。

10月29日，八届全国人大常委会第二十二次会议通过《中华人民共和国乡镇企业法》，从1997年1月1日起施行。

11月8日，首钢组建企业集团正式挂牌。首钢集团是按现代企业制度的要求，以首钢总公司为核心企业，由从事钢铁、机械、电子、建筑、航运和金融等多种行业的企业组建而成的多法人经济联合体。

12月11日，国家计委发出《国家计委关于严格控制扩大原油加工能力的通知》，强调“九五”期间我国炼油工业要走以改造、扩建现有炼油厂为主的发展道路。

12月24日，历时四年的全国国有企业清产核资工作圆满结束，国有资产的“家底”基本摸清。

1997 年

1 月 3 日，国务院颁布实施《质量振兴纲要》。该《纲要》体现了社会主义市场经济体制对质量工作的要求和与国际市场接轨的要求。明确了政府主要在引导、协调、监督、服务等方面为质量振兴创造良好的外部环境；提出了建立商品市场的质量规范，建立健全质量认证、工程项目管理、产品标识、质量投诉和仲裁检验、产品质量保险等制度，发挥中介组织作用等市场经济和国际惯例的通行做法。

1 月 4 日，国务院批准中国有色金属工业总公司、中国石化总公司和中国航空工业总公司进行国家控股试点，作为国家授权投资机构，对其现有直属企业、控股企业、参股企业，依照公司法行使出资人权利，进行资产经营活动。

1 月 6—9 日，国务院在北京召开全国国有企业职工再就业工作会议。会议强调要把搞好国有企业放在更加突出的地位，要靠减员增效、下岗分流、规范破产、鼓励兼并来推动国有企业机制的转换，促进国民经济结构调整，解决国有企业当前困难。

1 月 14 日，国务院颁布新修正的《中华人民共和国外汇管理条例》，自颁布之日起施行。

1 月 16 日，国务院批准组建国家电力公司，这标志着我国电力工业管理体制改革已正式进入实施阶段。国家电力公司由国务院出资设立，采用国有独资的形式，是国务院界定的国有资产的出资者和国务院授权的投资主体及资产经营主体，是经营跨地区送电的经济实体和统一管理国家电网的企业法人，按企业集团模式经营管理。

1 月 16 日，中国证监会公布《关于股票发行工作若干规定的通知》。

△ 国务院办公厅转发国家税务总局《关于深化税收征管改革的方案》。

△ 第三次工业普查结束。这次普查是在国务院第三次全国工业普查协调联席会议领导下进行的，是一项规模更为全面和巨大的系统工程。根据这次普查的主要数据撰写的《中华人民共和国第三次全国工业普查公报》，从工业经济规模、工业经济类型结构、工业产业结构、工业地区结构、工业劳动者、工业装备水平、工业科技活动、工业经济效益、国有工业、“三资”工业、乡镇工业、大中型工业企业等 12 个方面，对中国工业的现状进行了描述。

2 月 23 日，八届全国人大常委会第二十四次会议通过《中华人民共和国合伙企业法》，自 1997 年 8 月 1 日起施行。

2 月 25 日，国务院发出关于对生产企业自营出口或委托代理出口货物实行“免、抵、退”税办法的通知。

2 月 27 日，国务院转发财政部关于加强国有企业财务监督的意见。

3 月 2 日，为规范企业破产，鼓励企业兼并，对国有企业富余职工实施再就业工程，促进产业结构调整、优化企业资本结构和转换经营机制，国务院印发《关于在若干城市试行国有企业兼并破产和职工再就业有关问题的通知》。4 月 20 日，国务院就在若干城市试行国有企业兼并破产和职工再就业有关问题发出补充通知。

3 月 14 日，八届人大五次会议通过《政府工作报告》。《报告》提出，要加大结构调整力度，培育新的经济增长点。1. 以增量带动和促进存量调整，努力解决经济生活中“大而全、小而全”和盲目重复建设问题。坚决停止建设那些规模不经济、技术落后，投产后必然出现严重亏损的在建项目。对已批立项尚未开工的项目都要清理，凡属全国生产能力过剩的重复建设和资金不落实的项目，坚决撤销立项，不再批准开工建设。2. 以市场需求为导向，培育新的经济增长点。积极开拓农村市场，带动相关产业的发展。继续深化经济体制改革，形成有利于结构调整的体制环境。配合国有企业改革和产品结构调整，继续做好“拨改贷”资金余额转为资本金的工作，着重减轻产品有销路、效益好的企业的债务负担。全面推行建设项目资本金制度、项目法人责任制、工程招标投标制和项目监理制度。结合企业股份改造和试行建设项目股份投资，进行可转换债券试点。积极推进社会保障制度改革。

3月24日，国家国有资产管理局、国家体改委颁发《股份有限公司国有股股东行使股权行为规范意见》，明确了国有股股东的权利、义务和责任，国有股股东代表的条件。

3月27日，国家体改委出台1997年经济体制改革实施要点《要点》。主要内容包括：一、加快国有企业改革步伐，加大结构调整力度。二、加大投资体制改革力度，改善投资结构。三、配合国有企业改制改组，加快社会保障制度改革。四、搞好住房制度改革，努力开拓住宅市场。五、以粮棉为重点，积极推进流通体制改革。六、进一步完善财税金融体制，增强宏观调控能力。

4月11—13日，国家体改委召开现代企业制度试点暨原有股份公司规范工作会议。

4月15日，国家科委决定把CIMS（计算机集成制造系统）应用示范工程列入重中之重项目，全面启动，加大力度推广，开始大面积向现实生产力转化，从而推动企业生产力方式和管理的飞跃。CIMS是现代企业运行的新模式。

4月29日，国务院批转国家计委等部门提出的《关于深化大型企业等集团试点工作的意见》。《意见》提出：（一）建立以资本为主要联结纽带的母子公司体制。（二）进一步增强试点企业集团母公司的功能。试点企业集团母公司要在制定集团发展战略、调整结构、协调利益等方首发挥主导作用，逐步成为集团的投融资、科技开发、对外贸易和经济技术交流等重大经营活动的决策中心。（三）多渠道增补试点企业集团资本金，发挥其在结构调整中的作用。

5月16日，国家计委、国务院证券委确定股票发行的重点是支持国家确定的1000家国有重点企业、120家企业集团、100家现代企业制度试点企业和农业、能源、交通、通讯、重要原材料及高新技术企业。1997年股票发行300亿元。

5月21日，国务院证券委、中国人民银行、国家经贸委颁发《关于严禁国有企业和上市公司炒作股票的规定》。

5月23日，国务院批转国家经贸委颁发《关于1997年国有企业改革与发展工作的意见》。

6月16日，国家体改委下发发展城市股份合作制企业指导意见《意见》提出，（一）为了形成多元投资主体，允许职工投资人企业，在自愿的基础上，鼓励企业职工个人投资入股，也允许少数职工暂时不入股，未投资入股的职工可以在企业增资扩股时投资入股。（二）为了促进资产的流动与重组，企业改制应取得职工代表大会、出资人和主管部门的同意，由企业出申请，经政府指定的部门审批，企业清产核资按国家有关规定进行，同时应有企业出资人和职工代表参加，资产评估要由国家认可资格的评估机构进行，评估结果要经过出资人的认可和有关部门的确认。（三）按照谁投资谁享有产权的原则，搞好原有企业产权的界定工作，国有、法人单位等出资人在企业中的投资及投资收益所形成的所有者权益归出资人所有。

6月18日，《企业所得税减免税管理办法》印发。

6月20日，国务院发出《关于进一步加强在境外发行股票和上市管理的通知》。要求国务院证券委指导好这项工作，选择符合国家产业政策和境外上市条件的国有企业到境外直接上市。

7月4日，国家科委、国家工商局《关于高新技术成果出资入股的规定》明确，以高新技术成果出资入股，入股作价金额可以超过公司注册资本的20%，但不得超过35%。

7月7日，中共中央、国务院发出《关于治理向企业乱收费、乱罚款和各种摊派等问题的决定》，全面清理按规定未被取消的向企业的行政事业性收费、罚款、集资、基金项目。

7月16日，国务院作出《关于建立统一的企业职工基本养老保险制度的决定》。

△ 29—30日，国务院在北京召开全国统一的企业职工基本养老保险制度工作会议。

7月25日，国家体改委颁发《关于城市国有资本营运体制改革试点的指导意见》。《指导意见》是针对国有资本出资人缺位、政府与国有企业关系不明确、投入企业的国有资本的保值增值无人负责等问题而提出的。

8月26日，经国务院总理办公会议决定，金陵石化、扬子石化、仪征化纤、南化集团组建石化产业集团公司。这次合并是国家落实“抓大放小”战略的具体体现。新成立的东联石化集团有限责任公司总资产达450亿元。

8月，劳动部、国家经贸委、财政部联合发出《关于在企业“优化资本结构”试点城市建立再就业服务中心的通知》，明确要求试点城市把建立再就业服务中心、保证资金到位、落实再就业计划等作为实施企业兼并破产、减员增效计划和核销银行呆坏账准备金的前提条件。

△ 截至1997年，破产终结的企业共有675户，被兼并企业1022户，减人增效企业789户，核销银行呆坏账准备金320.5亿元，其中用于破产企业170.35亿元，用于被兼并企业90.15亿元，用于减员增效企业60亿元。

9月12—18日，中国共产党第十五次全国代表大会在北京召开。会议着重阐述了邓小平理论的历史地位和指导意义，论述了党在社会主义初级阶段的基本纲领；提出公有制的实现形式可以而且应当多样化，非公有制经济是我国社会主义市场经济的重要组成部分，允许和鼓励资本、技术等生产要素参与收益分配。

9月29日，为了对外商投资企业投资者（含收购国内企业资产或股权设立的外商投资企业）出资加强管理，外贸部、国家工商管理局作出《关于中外合资经营企业合营各方出资的若干规定》。

11月10日，齐鲁石化公司兼并淄博化纤总厂与淄博石化厂协议书签字仪式在山东省淄博市举行。此次兼并，因涉及债务总额30多亿元，盘活资产存量近20亿元，成为建国以来最大一起企业兼并行为。

11月14日，经国务院批准，我国第一个证券投资基金法规性文件《证券投资基金管理暂行办法》由国务院证券委员会正式发布。制定和颁布该办法的宗旨是加强对证券投资基金的管理，保护基金当事人的合法权益。

12月9日，国家国有资产管理局颁布《在若干城市试行国有企业破产有关资产评估问题的暂行规定》。《规定》明确了破产企业的评估程序和范围。

1998年

2月19日，国家体改委、财政部、国家国有资产管理局颁发《关于出售国有小型企业产权的暂行办法》。主要内容是：1. 出售国有企业产权，应由各级政府的国有资产管理部门负责。2. 有条件的地方，可组织企业拍卖市场或产权交易市场。3. 国有小企业的产权原则上都可以出售，当前出售的重点是三类企业产权：资不低债和接近破产的企业，长期经营不善、连续多年亏损或微利的企业，为了优化结构、当地政府认为需要出售产权的企业。4. 被出售企业在职职工的安置要实行双向选择，未被录用的职工，由当地劳动部门帮助安排。

2月27日，国务院发出《关于纺织工业深化改革调整结构解困扭亏工作有关问题的通知》，提出纺织工业解困扭亏三年目标。3月2日，国家税务总局发出通知，决定从1998年元月1日起将纺织品的出口退税率提高到11%。

3月19日，九届全国人大一次会议在北京闭幕，新任国务院总理朱镕基在回答记者提问时指出，本届政府的任务，概括起来说是“一个确保、三个到位、五项改革”。其中“三个到位”的第一个到位“到位”就是用三年左右的时间使大多数国有大中型亏损企业摆脱困境进而建立现代企业制度。

4月7日，中国人民银行颁布实施《企业债券发行与转让管理办法》。

5月7日，国务院印发《国务院向国有重点大型企业派出稽查特派员方案》。该方案规定，稽查特派员对国务院负责，代表国家行使监督权力。稽查特派员的职责是，以财务监督为核心，对企业执行党的路线方针政策和国家的法律法规情况、国有资产保值增值情况、主要领导成员的经营业绩等进行监督。

6月9日，中共中央、国务院发出《关于切实做好国有企业下岗职工基本生活保障和再就业工作的通知》。

6月22日，国务院批转中国证券监督管理委员会《关于清理整顿证券经营机构的方案》。此次清理整顿的指导思想是：按照分业经营、分业管理的原则，实行证券经营机构与银行、财政和信托业彻底脱钩。

6月26日，中国银行与中国联合通信有限公司在北京举行“银企合作协议”签字仪式。中行向中国联通提供融资220亿元。

7月1日，为维护我国商业领域吸收外商投资试点政策的统一性和严肃性，国务院办公厅发出《关于清理整顿非外商投资商业企业情况的通知》。

7月3日，国家改革国有重点煤矿管理体制。国务院决定从1998年7月起，将原煤炭工业部直属和直接管理的94户国有重点煤矿一起上收。为煤矿服务的地质勘探、煤矿设计、基建施工、机械制造、科研教育等企事业单位，下放地方管理。

7月9日，中共中央大型企业工作委员会成立。这是加强国有大型企业领导班子建设的重大举措。

7月10日，国家经贸委发出《关于制止出售国有小企业成风有关问题的通知》。《通知》要求：要全面准确理解和落实党的十五大精神，采取多种形式进行国有小企业改制。

7月27日，根据九届全国人大一次会议审议批准的《国务院机构改革方案》和国务院关于中国石油天然气集团公司和中国石油化工集团公司有关问题的批复精神，中国石油天然气集团公司和中国石油化工集团公司正式宣告成立。

7月，中央决定军队、武警部队、党政机关和政法机关一律不再从事经商活动，1998年底以前一律与所办的经营性企业彻底脱钩。

8月24日，国家经贸委发出《关于国家大型企业集团制定试点方案有关问题的通知》，对制定企业集团试点方案提出了具体要求，企业集团内部要建立母子公司体制，加快建立现代企业制度步伐，增强集团母公司的功能建设，注重大企业集团发展战略的制定等。

8月29日，九届全国人大常委会通过新修订的《中华人民共和国土地管理法》，自1999年1月1日起实施。

9月2日，经国务院批准，外经贸部发布《关于赋予私营生产企业和科研院所自营进出口权的暂行规定》。

11月，国务院召开全国煤炭行业关闭非法和布局不合理煤矿工作会议，决定到1999年底，关闭非法和布局不合理的各类小煤矿2.58万处，压减煤炭产量2.5亿吨。

12月1日，全国工商行政管理体制改革暨工作会议召开。会议要求：根据中共中央和国务院的决定，改革现行体制，对省以下工商行政管理系统实行垂直领导，实行机构、编制、干部、财务管理四统一。同日，国家海事局成立。

12月5日，国务院决定依照《中华人民共和国矿产资源法》和《中华人民共和国煤炭法》的有关规定，凡没有采矿许可证和煤炭生产许可证以及1997年1月1日后在国有煤矿矿区范围内开办的各类小煤矿，一律依法取缔。

12月7—9日，中共中央、国务院召开中央经济工作会议，会议确定了1999年经济工作的总体要求，提出把扩大国内需求作为促进经济增长的主要措施。

12月14日，国务院颁发《关于建立城镇职工基本医疗保险制度的决定》，在全国范围内实行城镇职工医疗保险制度改革。

12月24日，国家经贸委提出《深化电力工业体制改革的意见》。

12月，财政部、国家经贸委发布《国家试点企业集团国有资本金管理暂行办法》。

1999年

1月6日，经国务院批准，我国决定从1999年1月1日起，停止执行“老三资”企业超税负返还政策，同时将“老三资”企业出口货物不征不退政策延长两年。

1月8日，外经贸部决定从1999年1月起对全国大型工业企业实行进出口经营权登记备案，这是继对国家确定的千户重点企业实行进出口经营权登记备案制之后，进出口经营权从审批制向登记制过渡的又一重大举措。

1月12日，国务院在北京召开国有企业下岗职工基本生活保障和再就业工作会议。

1月20日，国务院对电力体制结构作出重大调整，东北电力集团将成为改革试点，改组为国家电力公司分公司。东北电力集团所在地组建辽宁省电力公司，将黑龙江、吉林两省电力公司改组为具有独立法人资格的子公司，从而完成东北电力集团公司的改组。

1月22日，国务院办公厅转发科技部、国家经贸委、国家计委、财政部、税务总局、中编办《关于国家经贸委管理的10个国家局所属科研机构管理体制改革的意见》。

2月2日，国务院办公厅发出《关于进一步做好国有企业下岗职工基本生活保障和企业离退休人员养老金发放工作有关问题的通知》。

2月8日，中国轻工业行业协会正式成立。

2月11日，为制止部分地区在出售国有小型企业时出现的错误倾向，国家经贸委、财政部、中国人民银行联合发出《关于出售国有小型企业中若干问题意见的通知》。

3月15日，九届全国人大第二次会议通过《中华人民共和国合同法》，自1999年10月1日起施行。

3月29日，国家经贸委、中国证监会联合发出《关于进一步规范境外上市公司规范运作和深化改革的意见》。

4月4日，国务院转发中国人民银行等单位《关于组建中国信达资产管理公司的意见》。同年4月21日该公司宣布成立，负责处理中国建设银行的不良资产。

4月，"债转股"改革措施开始实质性运作，旨在把原来银行与企业间的债权债务关系，转变为金融资产管理公司对企业的股权投资关系。经国务院批准，先后成立信达、东方、长城、华融四家具有独立法人资格的国有独资金融资产管理公司，注册资本金分别为100亿元，作为投资主体，主要任务是收购、管理、处置"债转股"过程中从中国建设银行、中国银行、中国农业银行和中国工商银行剥离的不良资产，最大限度保全资产、减少损失。

5月6日，国务院办公厅转发国家经贸委等部门《关于清理整顿小炼油厂和规范原油成品油流通秩序的意见》。

5月20日，国家经贸委、财政部、中国人民银行发布《关于出售国有小型企业中若干问题的意见》，旨在制止放开搞活国有小型企业过程中的一些错误做法，进一步强调要采取改组、联合、兼并、租赁、承包经营和股份合作制、出售等多种形式，搞活国有小企业。

5月21日，为了扶持、促进科技型中小企业技术创新，设立用于支持科技型中小企业技术创新项目的政府专项基金。国务院办公厅转发科学技术部、财政部《关于科技型中小企业技术创新基金的暂行规定》。

6月14日，为贯彻党中央、国务院关于扶持中小企业发展的精神，推动中小企业服务体系的建设，改善对中小企业的金融服务，国家经贸委研究起草了《关于建立中小企业信用担保体系试点的指导意见》。

6月28日，国务院批复组建中国铝业集团公司、中国铜铅锌集团公司、中国稀有稀土金属集团公司。组建三大集团公司是深化国有企业改革，完善有色金属工业管理体制的重大举措。

6月29日，国务院发布《国有企业及国有控股企业领导人员任期经济责任审计暂行规定》，自发布之日起施行。

7月1日，国防科技工业十大集团公司成立。国务院总理朱镕基出席成立大会并作重要讲话。朱镕基指出，各军工总公司改组为若干集团公司是改革国防科技工业管理体制、增强企业活力和竞争力、加速国防现代化建设的重大举措。

7月23日，国务院办公厅转发科技部《科学技术奖励制度改革方案》，决定从1999年起设立国家最高科技奖。

7月30日，国家经贸委、中国人民银行颁发《关于实施债权转股权若干问题的意见》，“债转股”工作全面启动。列入“债转股”计划的共有601户，务总额达4596亿元。

8月3日，为规范封闭贷款管理，积极支持亏损严重的国有工业企业培育新的盈利增长点，中国人民银行、国家经贸委、国家计委、财政部、国家税务总局五部门联合下发《封闭贷款管理暂行办法》，对封闭贷款的贷款条件、审核程序、管理方式等作出了统一规定。

△由国家经贸委、国家计委、财政部、人事部、审计署、税务总局、国家统计局、工商行政管理局、质量技术监督局、外汇管理局联合制定的《控制对企业进行经济检查的规定》，经国务院批准发布实施。

8月20日，中共中央、国务院发布《关于加强技术创新，发展高科技，实现产业化的决定》。《决定》指出，要充分估量未来科学技术特别是高技术发展对综合国力、社会经济结构和人民生活的巨大影响，把加速科技进步放在经济社会发展的关键地位，通过深化改革，从根本上形成有利于科技成果转化的体制和机制。

8月30日，第九届全国人民代表大会常务委员会第十一次会议通过《中华人民共和国个人独资企业法》和《中华人民共和国招标投标法》。

9月2日，中国信达资产管理公司与首家实施“债转股”企业，北京水泥厂的母公司北京建材集团公司在北京签订7.78亿元的债转股协议，标志“债转股”工作正式启动。

9月22日，中共中央召开十五届四中全会。会议通过了《中共中央关于国有企业改革和发展若干重大问题的决定》。

10月18日，国家经贸委提出《关于进一步促进自营企业扩大出口的意见》。一、全面落实企业的外经贸经营权。二、调整和优化出口商品结构，提高出口商品的附加值。三、努力改善企业自营出口的外部经营环境，落实出口退税政策。四、围绕实现国有企业三年改革与脱困的两大目标，努力提高自营企业的竞争力。五、鼓励自营生产企业到境外设点建厂，开展国际化经营。六、工贸结合，广开渠道，采取多种方式扩大自营企业出口。七、抓重点、抓骨干，带动自营企业出口稳步增长。八、加强领导和协调，引导和督促自营企业健康发展。

11月1日，国家计委、财政部发出《通知》，决定降低468项收费标准，以切实减轻企业负担，改善我国的投资环境，促进外贸进出口和社会经济的健康发展。

11月6日，经国务院减轻企业负担部际联席会议批准，并报经国务院同意，财政部等六部门联合发布《关于公布第三批取消的各种基金（资金、附加、收费）项目的通知》，公布取消73项各种基金项目。

11月15—17日，中共中央、国务院召开中央经济工作会议，提出：要继续扩大国内需求，调整经济结构，着手实施西部大开发战略，搞好社会保障体系建设。

12月8日，财政部、国家税务总局发布《技术改造国产设备投资抵免企业所得税暂行办法》。《办法》规定除外商投资企业和外国企业外；凡在我国境内投资于符合国家产业政策的技术改造项目的企业，其项目所需国产设备投资的40%可从企业技术改造项目设备购置当年比前一年新增的企业所得税中抵免。

12月17日，国家税务总局发出《关于实施对设在中西部地区的外商投资企业给予三年减按40%税率征收企业所得税的优惠》的通知。

12月25日，第九届全国人民代表大会常务委员会第十三次会议通过修改《中华人民共和国公司法》。对《中华人民共和国公司法》作如下修改：1. 第六十七条修改为："国有独资公司监事会主要由国务院或者国务院授权的机构、部门委派的人员组成，并有公司职工代表参加。监事会的成员不得少于三人。监事会行使本法第五十四条第一款第（一）、（二）项规定的职权和国务院规定的其他职权。""监事列席董事会会议。""董事、经理及财务负责人不得兼任监事。"2. 第二百二十九条增加一款作为第二款，"属于高新技术的股份有限公司，发起人以工业产权和非专利技术作价出资的金额占公司注册资本的比例，公司发行新股、申请股票上市的条件，由国务院另行规定。"

2000 年

1 月 11 日，中国最大的矿用汽车生产企业——内蒙古北方重型汽车有限责任公司正式宣布改组为中外合资的股份制公司。这是中国矿用汽车行业第一个有外资参股的股份制企业。

1 月 13 日，中国长城资产管理公司正式启动不良资产的跨地区、跨行业重组，首批重组项目 210 个，重组资金 400 多亿元。这是迄今为止我国最大规模的不良资产重组。

1 月 18 日，《个人独资企业登记管理办法》经国家工商行政管理局局务会议审议通过予以公布实行。这意味着广受关注的《中华人民共和国个人独资企业法》开始进入实际操作阶段。

1 月 26 日，国家经贸委和信息产业部共同发起"企业信息化工程"。此举旨在推进企业信息化，加强和改善企业管理以适应市场和技术发展变化的需要。

△ 国家计委、财政部、国家经贸委、人民银行发出《关于整顿企业抵押贷款收费的通知》，对企业抵押贷款收费进行整顿。

1 月 30 日，根据《中华人民共和国建筑法》，国务院制定并发布《建设工程质量管理条例》。

2 月 1 日，国家质量技术监督局在京受理了绍兴酒原产地域产品保护申请，这标志着我国原产地域产品保护制度的建立和实施工作开始进入实践阶段。原产地域产品保护制度旨在通过原产地域产品命名及其控制手段，确定其产品生产条件和生产标准，保证其产品质量和特色，同时用法规的形式明确规定原产地域范畴以外的生产者不得使用也不得假冒专用标志，从而保护和提高其产品知名度和产品附加值。

2 月 28 日，中国石油化工股份有限公司成立，该公司是由中国石化集团公司依据《公司法》，通过业务、资产、债权债务、机构、人员等方面的整体重组改制，以独家发起方式设立的。

3 月 15 日，为加强对国有企业的监督，国务院决定向国有重点大型企业派出监事会。代表国家对国有重点大型企业的国有资产保值增值状况实施监督，并为此制定发布《国有企业监事会暂行条例》。

4 月 10 日，全国企业改革与管理工作会议召开。会议认为，两年多来，国有企业改革与脱困工作取得进展。1997 年年底 6599 户国有及国有控股大中型亏损企业中，到 1999 年年末已脱困 3211 户，脱困面达到 48.7%。

4 月 16 日，"2000 中国企业高峰年会"在京举行。中外企业家将就 30 多个议题展开讨论，主要涉及全球化与世界贸易组织对中国经济、企业及西部大开发的影响，信息产业如何改变中国，如何运用信息技术改善企业的运作，资本市场在变化中的形式和作用等问题。

4 月 18 日，世界企业孵化与技术创新大会在上海国际会议中心隆重开幕。这是在我国首次举办的一次世界范围内科技界、知识界、金融界、企业界人士交流高技术成果转化和技术创新经验的盛会。

4 月 30 日，为规范上市公司向社会公开募集股份行为，中国证券监督管理委员会制定并发布《上市公司向社会公开募集股份暂行办法》。

5 月 1 日，国家计委根据《中华人民共和国招标投标法》颁布《工程建设招标范围和规模标准规定》。

5 月 31 日，为实现三年脱困目标，明确工作重点，国家经贸委提出《2000 年国有大中型亏损企业脱困工作指导意见》。

6 月 30 日，经国务院批准，我国首家债转股设立公司的企业——北京水泥厂有限责任公司在京成立。

7 月 1 日，国务院办公厅转发国家经贸委《关于鼓励和促进中小企业发展的若干政策意见》。这是我国改革开放，20 年来国家出台的第一个鼓励促进中小企业健康发展的文件。

8 月 17 日，国家计委在总结两年来我国开展重大建设项目稽察工作实践经验基础上，颁布了《国家重大建设项目稽察办法》。《稽察办法》规定，国家重大建设项目稽察工作实行稽察特派员负责制，由国家发展计划委员会负责组织和管理。

9 月 20 日，国务院发布《建设工程勘察设计管理条例》。《条例》明确从事建设工程勘察、设计活动，应当坚持先勘察、后设计、再施工的原则。国家对从事建设工程勘察、设计活动的单位，实行资质管理制度。

9 月 28 日，国务院发出《关于转发国家经贸委国有大中型企业建立现代企业制度和加强管理基本规范（试行）的通知》。该文件的基本要求是鼓励国有企业通过规范上市、中外合资和相互参股等形式实行股份制。

10 月 26 日，国务院发出，《关于实施西部大开发若干政策措施的通知》。

10 月 27 日，国务院办公厅转发国家经贸委等部门《国有大中型企业建立现代企业制度和加强管理的基本规范（试行）》。

10 月 31 日，全国人大常委会修改公布《中华人民共和国中外合作经营企业法》。《中华人民共和国中外合作经营企业法》修改如下：将第十九条修改为："合作企业可以在经批准的经营范围内，进口本企业需要的物资，出口本企业生产的产品。合作企业在经批准的经营范围内所需的原材料、燃料等物资，按照公平、合理的原则，可以在国内市场或者在国际市场购买。"删去第二十条。

△ 全国人大常委会修改公布《中华人民共和国外资企业法》。修改的主要内容：第三条第一款修改为："设立外资企业，必须有利于中国国民经济的发展。国家鼓励举办产品出口或者技术先进的外资企业。"删去第十一条第一款。第十五条修改为："外资企业在批准的经营范围内所需的原材料、燃料等物资，按照公平、合理的原则，可以在国内市场或者在国际市场购买。"删去第十八条第三款。

12 月 11 日，全国经贸工作会议宣布：中共中央确定的国有企业改革与脱困三年目标已基本实现。国有及国有控股工业企业实现利润大幅度提高，大多数国有大中型亏损企业摆脱困境。截至2000年12月，全国已有580家国有企业实施“债转股”，“债转股”总金额4050亿元。这些“债转股”企业从2000年4月1日开始停息，当年可减轻的利息负担为亿元左右，“债转股”企业的资产负债率由“债转股”之前的70%以上降到50%以下，80%的“债转股”企业当年扭亏为盈。

△ 宝山钢铁股份有限公司上市，融资约70亿元人民币。这是中国证券市场有史以来规模最大的募股行为。宝山钢铁股份有限公司上市，标志着中国国有企业股份制改革已取得重大突破，上市重组成为国企改制的大方向。国企也在积极利用国际资本市场进行融资。2000年，中国石油天然气股份有限公司、中国联通股份公司和中国石油化工股份公司先后成功在境外上市，三家公司融资额超过120亿美元。

12月13日，劳动和社会保障部发布《劳动力市场管理规定》。这是我国第一部全面规范劳动力市场的法规。

2001年

2月24日，中国证监会发布《亏损上市公司暂停上市和终止上市实施办法》。对连续3年亏损的上市公司，就暂停上市、恢复上市和终止上市的条件、法律程序、信息披露等事宜作出了详细规定。

3月13日，国家经贸委、人事部、劳动和社会保障部颁发《关于深化国有企业内部人事、劳动、分配制度改革的意见》，同时印发了许继集团和广西壮族自治区推进企业内部三项制度改革的调研报告。

3月15日，九届全国人大第四次会议在北京举行。会议通过《中华人民共和国国民经济和社会发展第十个五年计划纲要》；同时通过第二次修正的《中华人民共和国中外合资经营企业法》，同日公布并施行。

3月23日，财政部、国家经贸委、劳动和社会保障部、国家计委发出《关于深入开展企业绩效评价工作，加强国有企业监督管理的通知》。

4月16日，我国山东省青岛海信集团成功收购韩国大宇集团设在南非的生产电视机的生产厂。这是中国企业第一次在国外收购国际化公司的资产。

4月23日，根据《公司法》、《证券法》和《亏损上市公司暂停上市和终止上市实施办法》，证监会宣布依法终止连续3年亏损的PT水仙（上市公司）上市，这表明在我国证券市场上退市机制正式实施，证券市场退出机制形成。同年12月4日，证监会发布《亏损上市公司暂停上市和终止上市实施办法（修订)》，于2002年1月1日起实施。

4月27日，国家经济贸易委员会、国家工商行政管理总局、公安部、财政部、中国人民银行、海关总署、国家税务总局、中国证券监督管理委员会、国家质量监督检验检疫总局、国家外汇管理局十个部委，联合下发了《关于加强中小企业信用管理工作的若干意见》，这标志着我国以中小企业为主体的社会化信用体系建设开始启动。

4月28日，财政部发布《企业国有资本与财务管理暂行办法》。

5月29日，国家经贸委、人事部等联合发文，决定今后国有企业经营者不再套用国家机关的行政级别。

6月5日，国家经贸委决定，今年国有企业兼并破产工作重点在三个方面展开：一是完成已批准兼并破产项目的清理工作，对已破产终结项目作好妥善工作，未核销的要抓紧上报核销。二是重点抓好有色金属、军工、军队保障性企业移交和煤炭等行业破产项目的实施。三要准确把握政策，严格规范操作。

6 月 6 日，国务院颁发《减持国有股筹集社会保障资金管理暂行办法》。

6 月 13 日，经国务院批准，《全国矿产资源规划》开始实施。《规划》提出我国矿产资源勘查、开发利用与保护的主要目标和任务，即进一步加强矿产资源调查评价与勘查，提高国内矿产资源的可供性；充分利用国内国外两种资源、两个市场，保障国民经济和社会发展对矿产资源的需求；调整优化资源利用结构和布局，提高资源利用效率，实现资源利用方式从粗放向集约转变，促进矿产资源的有效保护与合理开发利用；改善矿山生态环境状况，促进矿产资源勘查、开发利用与生态建设和环境保护协调发展等。

6 月 14 日，国家经贸委发出《关于进一步规范债转股工作，加强“债转股”企业改革的通知》。

6 月 25 日，国家经贸委公布机械、汽车、冶金、有色、石油、石化、化工、医药、煤炭、建材、轻工、纺织、电力 13 个行业“十五”规划。《规划》表明，“十五”期间我国工业结构调整具有全局性、整体性和战略性的特点。

6 月，国家经贸委在广西召开全国深化国有企业内部改革工作会议，全面部署深化国有企业内部三项制度改革的各项工作。

11 月 16 日，“十五”工业结构调整规划纲要出台。《“十五”工业结构调整规划纲要》提出了“十五”期间产业结构升级、所有制结构改善、组织结构优化、技术创新能力提高、可持续发展能力增强等目标。

11 月 17 日，国务院办公厅转发国家经贸委、中央企业工委、国家计委、财政部、劳动和社会保障部、外经贸部、中国人民银行、外汇管理局《关于发展具有国际竞争力的大型企业集团指导意见》。

12 月 20 日，国务院颁布《中华人民共和国外资金融机构管理条例》，自 2002 年 2 月 1 日起施行。同日，国务院西部开发办公室公布《关于西部大开发若干政策措施的实施意见》。

12 月 24 日，国家计委发布《“十五”利用外资和境外投资规划》。《规划》提出“十五”期间，利用外资的重点将从引进国外资金向引进国外先进技术、现代化管理和专门人才转变；利用外资的领域将从加工工业为主向服务领域大力推进；利用外资的方式在以吸收外商直接投资为主的同时向多方式引资拓展；政府对利用外资的管理将从行政性审批为主向依法规范、引导、监督转变。

2002 年

1 月 1 日，第九届全国人民代表大会常务委员会第二十八次会议通过的《中华人民共和国中小企业法》开始施行。

1 月 2 日，国办转发《财政部关于中国移动通信集团公司和中国联合通信有限公司重组改制后有关企业所得税收入归属问题的意见》。

1 月 7 日，中国证监会、国家经贸委发出《关于发布〈上市公司治理准则〉的通知》。

1月11日，国务院办公厅转发财政部《关于改革国有资产评估行政管理方式，加强资产评估监督管理工作的意见》，要求各有关单位认真贯彻执行。

1月14日，“2002年中国经济政策与重点行业发展预测会”召开。国家经贸委副主任蒋黔贵在会上说，2002年企业改革与发展要围绕3个主题来进行，即：结构调整、制度创新和管理信息化。

3月1日，中国电子科技集团公司成立。该公司是经国务院批准组建的大型国有企业集团，是国务院批准授权的20家投资机构之一，也是我国唯一以科研院所为主体组建的企业集团。

4月11日，国务院批准了《电力体制改革方案》，总体目标是：打破垄断、引入竞争，提高效率、降低成本，健全电价机制，优化资源配置，促进电力发展，推进全国联网，构建政府监管下的政企分开、公平竞争、开放有序、健康发展的电力市场体系。

4月14日，经国务院同意，国办转发科技部、财政部《关于国家科研计划项目研究成果知识产权管理的若干规定》。

4月18日，中国企业联合会和世界经济论坛在京共同举办了2002年中国企业高峰会。来自中外双方的政府官员、企业家和经济学家共600人出席了会议。

4月26日，国家经贸委、财政部、教育部、卫生部、劳动和社会保障部、建设部颁发《关于进一步推进国有企业分离办社会职能工作的意见》。

5月16日，经国务院批准，重新组建的中国电信公司、中国网络通信集团公司宣告成立。

5月17日，中国证监会发布《期货交易所管理办法》和《期货经纪公司管理办法》，自2002年7月1日起施行。

5月23日，中国人民银行发布施行《股份制商业银行公司治理指引》和《股份制商业银行独立董事和外部监事制度指引》。

6月22日，中共中央办公厅、国务院办公厅下发了《关于在国有企业、集体企业及其控股企业深入实行厂务公开制度的通知》。《通知》要求，企业重大决策、涉及职工切身利益和与企业领导班子建设及党风廉政建设密切相关问题等需要公开。

6月24日，国务院决定，除企业海外发行上市外，对国内上市公司停止执行《减持国有股筹集社会保障资金管理暂行办法》中关于利用证券市场减持国有股的规定。

6月27日，我国钢铁行业产业损害预警机制正式启动。国家经贸委产业损害调查局与中国钢铁工业协会联合在京举行会议进行部署。

6月29日，九届全国人大常委会第二十八次会议通过了《中华人民共和国清洁生产促进法》、《中华人民共和国中小企业促进法》和《中华人民共和国政府采购法》，并决定自2003年1月1日起施行。此次会议还通过了《中华人民共和国安全生产法》，决定从12月1日起施行。

7月18日，外经贸部公布《原油、成品油、化肥国营贸易进口经营管理试行办法》。

7月18日，国家经贸委、财政部、科技部和税务总局联合发布《国家产业技术政策》并提出，今后5—10年，我国将重点推进高新技术与产业化发展，着力发展信息技术、生物工程技术、先进制造技术、新材料技术、航空航天技术、新能源技术、海洋技术等。

8月2日，最高人民法院《关于审理企业破产案件若干问题的规定》已经最高人民法院审判委员会会议通过，将于2002年9月1日起正式施行。

8 月 12 日，国家经贸委、中组部、中央企业工委、中央金融工委、人事部、司法部、国务院法制办共同成立国家重点企业总法律顾问制度试点工作小组，负责组织、指导试点工作。

9 月 5 日，国务院发出《关于暂将中国石油天然气股份有限公司、中国石油化工股份有限公司缴纳的企业所得税继续作为中央收入的通知》。

9 月 7 日，《中华人民共和国税收征收管理法实施细则》公布，自 2002 年 10 月 15 日起施行。

9 月 12 日，中国企业联合会、中国企业家协会在广泛征求企业经营管理者、有关企业团体负责人和专家等各方面意见的基础上，制定并公布了《企业诚信经营自律守则》。该守则针对企业经营管理和市场运营过程中易发生诚信问题的主要环节，提出企业应遵守的准则，作为企业在生产经营活动中自律的依据。

9 月 17 日，财政部、科技部《关于国有高新技术企业开展股权激励试点工作的指导意见》经国务院同意，由国办转发各地、各部门贯彻执行。

△ 尉健行在河北考察非公有制企业民主管理工作时强调，要依法实行民主管理，促进非公有制经济健康发展。

9 月 27 日，国务院同意国务院体改办、国家经贸委《关于促进连锁经营发展的若干意见》，由国办转发各地、各部门贯彻执行。

9 月 28 日，国家经贸委发出《关于公布〈工业行业近期发展导向〉的通知》。

9 月 30 日，中共中央、国务院发出《关于进一步做好下岗失业人员再就业工作的通知》，要求进一步贯彻执行 1998 年提出的改革任务。

10 月 8 日，中国证监会发布《上市公司收购管理办法》和《上市公司股东持股变动信息披露管理办法》。

10 月 13 日，上海汽车工业（集团）总公司宣布，将投资 5970 万美元，参与通用大宇项目。这标志着中国大型汽车集团首次走出国门，参与全球汽车工业重组。

10 月 15 日，国家出台电力行业改革计划，明确实行“厂网分开，竞价上网”的改革方案，并成立新的监管机构——国家电力监管委员会。

11 月 1 日，中国证监会、财政部、国家经贸委发出《关于向外商转让上市公司国有股和法人股有关问题的通知》。

11 月 9 日，国家经贸委、财政部、国家工商总局和国家外汇管理局联合发布了《利用外资改组国有企业暂行规定》，将对调整和优化国有经济布局产生重要影响。

11 月 18 日，国家经贸委、财政部等八部委联合下发《关于国有大中型企业主辅分离辅业改制分流安置富余人员的实施办法》（简称“859 号文件”），明文规定予以符合条件的改制企业 3 年内免征企业所得税的扶持政策。

12 月 5 日，经国务院同意、中国人民银行批准，由中国中信集团公司出资设立的国有独资有限责任公司——中信控股有限责任公司正式成立。这是我国第一家金融控股公司。

2003 年

1 月 14 日，国务院印发《中国 21 世纪初可持续发展行动纲要》。

△ 国有大中型企业改制分流促进再就业工作经验交流会召开。会议提出，国有企业在主辅分离改革中要实行辅业改制，分离出去的辅业要改制为产权多元的经济实体，使其真正成为自主经营、自负盈亏的市场主体。

1月20日，国务院作出《关于改组中国华能集团公司有关问题的批复》。

△ 中国华融资产管理公司、中国长城资产管理公司、中国东方资产管理公司、中国信达资产管理公司等4家金融资产管理公司公布2002年工作业绩。2002年共处置不良资产1327.25亿元，收回现金317.5亿元。3年来，4家公司共收购13939亿元不良资产，其中非债转股不良资产9889亿元。

1月30日，《外商投资创业投资企业管理规定》公布，自3月1日起施行。

2月2日，作为深化电力工业体制改革的重要内容之一，国务院发出《关于组建中国大唐集团公司有关问题的批复》、《关于组建中国电力投资集团公司有关问题的批复》、《关于组建中国国电集团公司有关问题的批复》和《关于组建中国华电集团公司有关问题的批复》。

2月23日，国务院办公厅转发国家经贸委、财政部、中国人民银行《关于进一步做好国有企业债权转股权工作的意见》。

2月24日，国务院体改办、科技部、财政部、国家经贸委《关于深化转制科研机构产权制度改革的若干意见》经国务院同意，由国务院办公厅转发各地、各部门贯彻执行。

3月19日，《中华人民共和国海关对加工贸易企业实施计算机联网监管办法》发布，自5月1日起施行。

3月20日，劳动和社会保障部、财政部发出《关于调整原行业统筹企业基本养老保险缴费比例的通知》。

3月22—24日，“中国资本市场开放与发展论坛暨中国企业境外融资及项目合作洽谈会”在北京国际会议中心隆重举行。本次会议围绕“开放、合作、发展”的主题，广泛探讨中国加入WTO后，资本市场开放与发展以及企业境外融资上市的相关问题。

4月6日，国务院国有资产监督管理委员会正式挂牌。随后，196户中央企业由原中央企业工委移交新成立的国务院国资委管理。

5月11日，国务院国资委颁布《国有企业法律顾问管理办法》。14日发出《关于在国有重点企业加快推进企业总法律顾问制度建设的通知》。

5月27日，《企业国有资产监督管理暂行条例》公布施行。

6月2日，国务院派出12个安全生产检查组，前往有关重点地区、重点行业和重点企业进行安全生产检查。

6月6日，《专利代理管理办法》公布，自7月15日起施行。

6月8日，《物业管理条例》公布，自9月1日起施行。

△ 商务部、财政部发出《关于做好2003年度中小企业国际市场开拓资金有关工作的紧急通知》，要求进一步加大对中小企业开拓国际市场活动的支持力度。

6月18日，国家发改委公布《制止价格垄断行为暂行规定》，自11月1日起施行。

6月22日，国务院办公厅发出《关于深化安全生产专项整治工作的通知》。

7月18日，《出口工业产品生产企业分类管理办法》公布，自10月1日起施行。

7月31日，劳动和社会保障部、财政部、国务院国资委印发《关于国有大中型企业主辅分离辅业改制分流安置富余人员的劳动关系处理办法》。

8月19日，国务院国资委、财政部发出《关于做好执行〈企业会计制度〉工作的通知》，提出到2005年止，用3年的时间在国有企业完成执行2000年12月财政部公布的《企业会计制度》的工作。

8月20日，财政部、国家税务总局发出《关于企业改制重组若干契税政策的通知》。

8月28日，中国证监会、国务院国资委发出《关于规范上市公司与关联方资金往来及上市公司对外担保若干问题的通知》。

8月29日，国家税务总局、劳动和社会保障部发出《关于落实劳动就业服务企业中的加工型企业和街道社区具有加工性质的小型企业实体再就业税收政策具体实施意见的通知》。

9月9日，国务院国资委发布《国有企业清产核资办法》及配套工作制度，要求各级国有资产监督管理机构组织监管范围内的企业进行账务清理、财产清查。同时，下发《中央企业清产核资工作方案》，组织中央企业全面开展清产核资工作。

9月21日，中国证券监督管理委员会公布《关于进一步规范股票首次发行上市有关工作的通知》，对拟上市公司的业绩计算、独立性和融资额等提出了严格的要求，股份公司必须设立满3年后才能申请发行上市。

10月11—14日，中国共产党十六届三中全会举行。审议通过了《中共中央关于完善社会主义市场经济体制若干问题的决定》。

10月13日，国务院发布《关于改革现行出口退税机制的决定》。

11月1日，国务院办公厅转发商务部等部门《关于改革内地驻港澳地区“窗口公司”管理模式的意见》。

11月3日，TCL集团与世界第四大消费类电子供应商法国汤姆逊公司签订协议，组建全球最大的彩电供应企业——TCL与汤姆逊电子公司。这是中国家电企业首次兼并世界500强公司主流业务。

11月13日，国家发改委中小企业司与广东发展银行在北京启动中小企业融资试点工作启动。

11月19—20日，国务院国有资产监督管理委员会与联合国工业发展组织在北京人民大会堂联合举办“并购重组国际高峰论坛”论坛的主题是：“并购重组——融合全球经济的桥梁”。国务院副总理黄菊作了重要讲话。国务院国有资产监督管理委员会主任李荣融表示，将以国有资产管理体制改革为契机，采取五项措施推进国有经济布局和结构的战略性调整。

11月21日，国家统计局宣布，中国将改进GDP核算与数据发布制度：年末不再公布当年预计数，将对历史数据进行修正，季度核算改为初步核算、初步核实和最终核实3个步骤。

11月25日，《中央企业负责人经营业绩考核暂行办法》公布，自2004年1月1日起施行。

12月2日，国务院作出《关于成立国务院振兴东北地区等老工业基地领导小组的决定》。

12月15日，国务院国有资产监督管理委员会召开中央企业负责人会议。国务院副总理黄菊对会议作出批示，要求加快推进国有资产管理体制改革，落实国有资产经营责任；深化国有企业改革，加快中央企业的改革和发展。中国兵器工业集团公司、国家电网公司等首批20家企业主要负责人在会上与国有资产监督管理委员会主任李荣融签订了《中央企业负责人经营业绩责任书》。

12月16日，国务院办公厅转发国务院国资委《关于规范国有企业改制工作的意见》，对涉及国有企业改制的主要环节和方面提出了明确的政策要求。

12月22日，国务院国资委宣布，2004年将在部分国有独资中央企业建立董事会试点工作。

12月23日，国务院办公厅发出《转发国家发改委等部门关于制止钢铁、电解铝、水泥行业盲目投资若干意见的通知》，要求各地区、各部门采取有力措施，迅速遏制盲目投资、低水平重复建设的势头，促进这些行业健康发展。

12月27日，十届全国人大常委会第六次会议通过《中华人民共和国银行业监督管理法》、新修正的《中华人民共和国中国人民银行法》、新修正的《中华人民共和国商业银行法》，同日公布，自2004年2月1日起施行。

2004年

1月6日，劳动保障部公布《企业年金试行办法》，自2004年5月1日起施行。

1月9日，国务院国有资产监督管理委员会、财政部联合颁布《企业国有产权转让管理暂行办法》，2月1日起施行。

1月16日，中国企业联合会可持续发展工商委员会（CBCSD）在京举行揭幕仪式。CBCSD是第一个由中外共同发起、共同参与的企业组织，这标志着中国企业界可持续发展的国际交流与合作迈入了一个新的阶段。

1月31日，《国务院关于推进资本市场改革开放和稳定发展的若干意见》发布。该文件对促进市场稳定发展、丰富市场品种、提高上市公司质量、促进中介服务机构规范发展等重要方面作出具体部署，特别针对加强资本市场的法制建设和诚信建设提出了具体要求。

2月1日，我国第一个专门规范企业国有产权转让的规章《企业国有产权转让管理暂行办法》正式实施。

2月4日，国务院召开严格控制部分行业过度投资电视电话会议，要求各级政府严格控制钢铁、水泥、电解铝等行业的过度投资，避免部分行业低层次重复建设。国务院副总理曾培炎强调：加强和改善宏观调控，严格控制部分行业过度投资。

2月5日，《中央企业财务决算审计工作规划》印发。

2月12日，《企业国有资产统计报告办法》和《中央企业财务决算报告管理办法》公布施行。

3月10日，国务院办公厅发出《关于中央企业分离办社会职能试点工作有关问题的通知》。

3月23日，国务院振兴东北地区等老工业基地领导小组第一次全会召开。会议提出，实施东北地区等老工业基地振兴战略今年要抓好四方面重点工作；强调要处理好实施振兴战略与保持全国经济平稳较快发展的关系。

3月31日，中国通用技术（集团）控股有限责任公司发行公司债券。这是中国第一只附有发行人选择权的浮动利率企业债券，第一只将募集资金投入对外工程承包项目的企业债券，也是中国中央直属大型外经贸集团第一次进入境内企业债券市场融资。

4 月 23 日，国家劳动和社会保障部、中国银行业监督管理委员会、中国证券监督管理委员会和中国保险监督管理委员会 4 部委联合发布《企业年金基金管理试行办法》。

4 月 24 日，国务院同意废止《汽车工业产业政策》，由国家发展改革委制定新的《汽车产业发展政策》。

△ 国务院发出《关于调整部分行业固定资产投资项目资本金比例的通知》。

△ 由国务院发展研究中心主办的“中国企业人力资源管理发展论坛暨调查成果发布会”在北京召开。中国第一份人力资源发展报告（白皮书）《转型中国企业人力资源管理》同时发布。

4 月 27 日，国务院办公厅发出《关于清理固定资产投资项目的通知》，要求各地区、各部门和各有关单位对所有在建、拟建固定资产投资项目进行一次全面清理、审核。清理的重点是钢铁、电解铝、水泥、党政机关办公楼和培训中心、城市快速轨道交通、高尔夫球场、会展中心、物流园区、大型购物中心等项目，以及 2004 年以来新开工的所有项目。

4 月 28 日，国务院召开常务会议，听取国家发展和改革委员会、国土资源部、监察部对江苏铁本钢铁有限公司违规建设钢铁项目检查情况的汇报，责成江苏省和有关部门对江苏铁本钢铁有限公司违规建设钢铁项目有关负责人作出处理。会议研究、部署了深入开展土地市场治理整顿工作。

4 月 30 日，国家发展和改革委员会、中国人民银行、中国银行业监督管理委员会联合颁布《关于进一步加强产业政策和信贷政策协调配合，控制信贷风险有关问题的通知》和《当前部分行业制止低水平重复建设目录》。

5 月 11 日，《国有企业法律顾问管理办法》公布，自 2004 年 6 月 1 日起施行。

5 月 17 日，国务院办公厅印发《2004 年全国整顿和规范市场经济秩序工作要点》。

△ 经国务院批准，中国证监会批复同意深圳证券交易所在主板市场内设立中小企业板块，并核准了中小企业板块实施方案。

6 月 1 日，根据国务院国有资产监督管理委员会公布的《国有企业法律顾问管理办法》，从 6 月 1 日起，国有及国有控股企业将全面实行法律顾问制度，其中大型企业应设置企业总法律顾问，以建立健全国有企业法律风险防范机制，加强企业国有资产的监督管理。

6 月 2 日，国务院国资委发布《中央企业负责人薪酬管理暂行办法》，规定中央企业负责人的薪酬由基薪、绩效薪金和中长期激励单元构成。其中，绩效薪金与经营业绩考核结果挂钩，60% 在年度考核结束后当期兑现，其余 40% 延期兑现部分与企业负责人任期资产经营考核结果挂钩。

6 月 7 日，国务院国资委发布《关于中央企业建立和完善国有独资公司董事会试点工作的通知》。随后，一批中央企业率先进行董事会试点。到 2006 年底，22 户实行公司制的企业中，有 19 户开展了董事会试点。

6 月 14 日，中国银行业监督管理委员会发布《股份制商业银行非现场监管规程（试行）》。《规程》基本规范了非现场监管工作的整个流程和各个环节，以风险监管为核心，以监管信息为主线，建立了监管部门持续识别、监测和评估商业银行风险的操作规程。

6 月 21 日，劳动和社会保障部、财政部、国务院国资委发出《关于做好大中型企业主辅分离辅业改制分流安置富余人员有关工作的通知》。

△《中华人民共和国企业破产法（草案）》，历经全国人大常委会财经委员会10年的起草工作，被提请十届全国人大常委会第十次会议审议。

6月23日，国家发展和改革委员会发出《关于清理整顿涉及煤炭生产企业收费的通知》，决定全面清理面向煤炭生产企业的收费。《通知》要求各省、自治区、直辖市价格主管部门要将清理后取消与保留的收费项目和收费标准向社会公布，并将清理收费的有关情况报国家发展和改革委员会。

6月，全国31个省（区、市）和新疆生产建设兵团国资委全部组建完毕。到2006年底，市（地）级国有资产监管机构的组建工作基本完成。据统计，全国有237个市（地）单独设立国资委，没有单独设立国资委的也采取多种形式明确了国有资产监管机构。

△ 围绕国有企业产权制度改革中国有资产流失，并带来社会分配不公的问题，引发了一场广泛的社会大争论。这场争论虽然在相当程度上涉及国有企业改革方向和基本政策问题，甚至一度出现否定国有企业产权改革大方向的某些社会舆论倾向，但并不可能影响国有企业产权制度改革大方向正确的整体判断。而对于选择何种制度变革路径，或者改进现有的制度变革路径的技术性问题，引起了各个层面的重视。

7月6日，国务院国有资产监督管理委员会在大庆召开中央企业企业文化建设研讨交流会。会议明确了中央企业企业文化建设的总目标是：力争用3年时间，初步建立起适应改革开放和社会主义市场经济发展要求，符合企业发展战略，遵循文化发展规律，体现员工根本利益，具有中央企业特色的企业文化。

7月19日，国务院印发《国务院关于投资体制改革的决定》。

7月26日，国务院召开促进非公有制经济发展座谈会，国务院总理温家宝指出：我国个体、私营等非公有制经济是社会主义市场经济的重要组成部分，是促进社会生产力发展的重要力量，对经济增长、扩大就业、活跃市场、增加财政收入发挥着重要作用。

8月23日，《中央企业经济责任审计管理暂行办法》和《中央企业内部审计管理暂行办法》公布，自2004年8月30日起施行。

8月25日，《企业国有资本保值增值结果确认暂行办法》公布，自2004年8月30日起施行。

8月26日，中国银行股份有限公司成立。它是由中国银行整体改制创立，完全承继原中国银行的资产、负债、债权、债务和员工，业务范围不变。该公司注册资本1863.90亿元。

9月12—13日，中国企业联合会和世界经济论坛共同举办的主题为“中国的发展：快速与理性的平衡增长”的“2004′中国企业高峰年会”在北京开幕。

9月13日，国务院召开常务会议，部署宏观调控工作。会议指出，这次宏观调控的实质，是要调整结构，改革体制和机制，转变经济增长方式，保持经济平稳、较快发展。

9月14日，国务院国有资产监督管理委员会在官方网站上发布通知，对国有资产转让过程中一些操作问题作出说明和规定。这是继2003年12月国资委和财政部公布《企业国有产权转让管理暂行办法》之后，对该《办法》再次下发的实施细则。

9月18日，国家统计局举行“第四届中国大企业集团信息发布会”，发布了关于中国企业集团的最新统计信息：我国大企业集团已有2692家，其中，资产超百亿元企业集团232

家，利润超10亿元企业集团74家。

10月13日，国务院召开常务会议，讨论《国务院关于深化改革，严格管理土地的决定》，部署加强和改进土地管理工作。

10月18日，中国长城资产管理公司宣布，将剩余的1500多亿元不良资产（不含政策性债转股）整体打包，面向国内外投资者一次性转让出售。这是目前中国最大的一笔不良资产交易。

11月11日，商务部出台了《国别投资经营障碍报告制度》，该《制度》的出台，是我国实施"走出去"战略的重要举措，充分体现了政府为企业"走出去"提供宏观指导和有效的服务，为企业开拓了良好的市场环境，增强了企业的维权意识。

11月27日，"2004′中国非公有制经济发展论坛"开幕。全国人大常委会副委员长、民建中央主席成思危出席开幕式并作了题为《攀登战略人本管理——论我国私有企业的发展》的主题报告。

11月29日，国家发展和改革委员会正式发布并实施《外商投资项目核准暂行管理办法》。此办法在3个方面进行了改革，一是改审批制为核准制，简化了核准内容；二是进一步扩大了地方政府的核准权限；三是明确了核准程序和时限。

12月15日，国资委与30家企业签订首批任期经营业绩责任书和2005年度经营业绩责任书。

12月30日，国务院办公厅转发《关于推进和规范国有企业债权转股权二作的意见》。

2005年

1月1日，为了贯彻落实《国务院关于推进资本市场改革开放和稳定发展的若干意见》，促进资本市场稳定健康发展，财政部、国家税务总局发出通知，出台资本市场营业税优惠政策，于2005年1月1日起执行。

1月20日，国务院国资委发布《中央企业重大法律纠纷案件管理暂行办法》，进一步明确，要促进中央企业建立健全企业法律顾问制度和法律风险防范机制，明文要求企业法律顾问依法履行职责，对企业经营管理相关的法律风险提出防范意见，避免或者减少重大法律纠纷案件的发生。

2月6日，劳动和社会保障部第9次部务会议通过《企业年金基金管理机构资格认定暂行办法》，此《办法》于2005年3月1日起施行。

2月19日，国务院发出《关于鼓励支持和引导个体私营等非公有制经济发展的若干意见》。

3月2日，国务院常务会议研究了电力工业发展问题，要求坚决制止电力无序建设。

3月18日，铁道系统撤销全部铁路分局，实行部—路局—站段三级管理体制。

3月27日，国务院通过有关国有企业关闭破产的四年规划，国资委将用最后四年时间完成国有企业结构调整中的关闭破产工作。

3月30日，国务院常务会议讨论通过《国务院2005年工作要点》和《关于推进2005年经济体制改革的意见》，并分析了钢铁供求形势和价格走势。

4月15日，《企业国有产权向管理层转让暂行规定》出台。

5月12日，国务院决定成立国家能源领导小组。

5月13日，国务院国有资产监督管理委员会主任李荣融在全国国有企业改制和产权转让工作会议上指出，决不能把国有经济布局和结构的战略性调整理解为国有经济从一切竞争性领域退出，也不能理解为中央“进”、地方“退”。

5月30日，中国证券监督管理委员会、国务院国有资产监督管理委员会联合发布《关于做好股权分置改革试点工作的意见》。

6月12日，中国证券监督管理委员会就股权分置改革有关问题发出《关于实施股权分置改革的上市公司的控股股东增持社会公众股份有关问题的通知》（征求意见稿），拟允许试点控股股东增持流通股。

6月17日，国务院国资委发布《国有控股公司股权分置改革的指导意见》，要求国有控股上市公司及其国有股股东、各级国有资产监督管理机构，从改革全局出发，积极支持股权分置改革工作，并要求国有控股上市公司的控股股东结合企业实际情况，确立合理的最低持股比例。

7月13日，曾培炎副总理出席中国改革高层论坛开幕式并讲话，指出深化改革的重点：一是加快行政管理体制改革，切实转变政府职能；二是完善公有制为主体、多种所有制经济共同发展的基本经济制度；三是建设统一开放、竞争有序的现代市场体系；四是加快金融体制改革；五是深化财政、税收、投资体制改革；六是完善有利于城乡、区域、经济社会协调发展的体制和机制。

7月19日，国家发展改革委公布《钢铁产业发展政策》。

7月22日，《国务院关于促进煤炭工业健康发展的若干意见》公布。

△《中华人民共和国工业产品生产许可证管理条例》颁布，自2005年9月1日起施行。

7月29日，建设部等六部门印发《关于加快建筑业改革与发展的若干意见》。

8月10日，经国务院批准，中国银行业监督管理委员会颁布实施《货币经纪公司试点管理办法》，将在我国建立货币经纪制度。

8月17日，国家税务总局发布《税收减免管理办法（试行）》，自2005年10月1日执行。

8月25日，国家税务总局公布《企业财产损失税前扣除管理办法》，自2005年9月1日起施行。

9月4日，证监会正式公布《上市公司股权分置改革管理办法》。

9月9日，国资委公布《关于上市公司股权分置改革中国有股股权管理有关问题的通知》。

9月9—10日，由中国企业联合会、中国企业家协会与世界经济论坛在京共同举办了以“中国下一阶段现代化：制定科学与可持续的解决方案”为主题的“2005′中国企业高峰年会”。

9月28日，温家宝总理主持召开国务院常务会议，研究部署第四季度经济发展工作，讨论并原则通过《国务院关于加快振兴装备制造业的若干意见》。

△ 国务院下发《关于发布实施〈促进产业结构调整暂行规定〉的决定》，国家发展改革委配套发布实施《产业结构调整指导目录（2005年本）》，产业结构调整确定八个方向。

10月17日，中央企业首家规范董事会，宝钢集团董理会正式成立。

10月21日，国家统计局在“2005′中国大型工业企业发布会”上公布大型工业企业排名。上海宝钢集团公司、华北电网有限公司、中国第一汽车集团主营业务收入居中国大型工业企业前三名。

10月22日，由国务院发展研究中心金融研究所和上海浦东发展银行共同主办的“中国企业年金制度建设与市场发展高层论坛”在北京召开。

10月27日，十届全国人大常委会第18次会议通过修订后的公司法，200年1月1日起实施。

11月4日，国务院发出《关于进一步加强就业再就业工作的通知》。

11月9日，国务院总理温家宝主持召开国务院常务会议，审议并原则通过《促进产业结构调整暂行规定》和《产业结构调整指导目录》。

11月19日，国务院办公厅转发国资委《关于进一步规范国有企业改制工作实施意见》。

12月6日，国务院国资委、财政部、国家发展改革委员会、监察部、国家工商行政管理总局、中国证监会联合发出通知，要求重点检查企业国有产权转让九种情况。

12月11日，大同煤矿集团、阳泉煤业集团、西山煤电集团、晋城无烟煤矿业集团、汾西矿业集团和霍州煤电集团6家年产煤千万吨以上的大型煤炭企业在债转股协议上签字，共同组建有限责任公司。

12月19日，国家开发投资公司宣布获得国务院国有资产监督管理委员会正式批准，成为试点国有资产经营公司。这是继诚通集团后，第2家获得国资经营试点的中央企业。

△ 中国人民银行称，为推动公司债券市场发展，中央银行已准许公司债券交易流通审核从事前审批改为核准制，这极大提高了公司债券进入银行间债券市场便捷性。央行发布了《公司债券进入银行间债券市场交易流通的有关事项公告》。

2006年

1月4日，商务部、证监会、税务总局、工商总局、国家外汇局联合发布《外国投资者对上市公司战略投资管理办法》，规定国外投资者可以对已完成股改的上市公司和股改后新上市公司两类对象进行战略投资，将于1月31日起施行。

△《人民日报》全文刊载《中华人民共和国公司登记管理条理》，自2006年1月1日起施行。

1月5日，中国证监会发布《上市公司股权激励管理办法》，已完成股权分置改革的上市公司，可遵照该办法的要求实施股权激励，建立健全激励与约束机制。激励对象不应当包括独立董事。

1月16日，国务院办公厅转发全国企业兼并破产和职工再就业工作领导小组《关于进一步做好国有企业政策性关闭破产工作的意见》。

1月23日，国务院国资委出台了《关于进一步规范国有企业改制工作的实施意见》，对管理层成员持股作出了严格的限定。

2月1日，“十一五”期间，中央财政将重点从四个方面促进提高企业自主创新能力：一是建立和完善财税政策的激励约束机制；二是发挥财政资金的引导作用，鼓励企业加大科技创新投入；三是完善企业财务和分配制度，营造有利于企业自主创新的制度环境。四是增加财政科技投入，促进科技进步和劳动力素质的提高。

2月16日，中国石油化工股份有限公司143亿元收购齐鲁石化、扬子石化、中原油气、石油大明四家上市子公司，有效解决关联交易与同业竞争等问题。

2月27日，《人民日报》刊登国务院关于印发实施《国家中长期科学和技术发展规划纲要（2006—2020年）》若干配套政策的通知。

3月3日，国务院国资委发布《国有独资公司董事会试点企业职工董事管理办法（试行）》，要求国有独资公司董事会成员中至少有1名职工董事。

3月24日，全国经济体制改革工作会议召开，国家发改委今年将把推进综合配套改革试点作为一项重要工作内容，推动一批有条件的地方率先建立完善的社会主义市场经济体制，为全国提供示范。同时，积极搞好公务用车改革、行业协会商会改革、投资项目“代建制”、产业投资基金等专项改革试点。

4月5日，财政部出台了石油特别收益金征收管理办法。办法规定，凡在中华人民共和国陆地领域和所辖海域独立开采并销售原油的企业，以及在上述领域以合资、合作等方式开采并销售原油的其他企业，均应当按照规定缴纳石油特别收益金。

△ 国家安监总局、煤监局、国家发改委、公安部、监察部、财政部、国土资源部、国资委、工商总局、电监会、全总等11个部门联合提出了《关于加强煤矿安全生产工作规范煤炭资源整合的若干意见》。《意见》强调，纳入煤炭资源整合的矿井必须是合法的生产矿井或建设矿井。

4月14日，国务院国资委颁布《中央企业总会计师工作职责管理暂行办法》，要求企业建立和完善总会计师管理制度，由总会计师就企业会计基础管理、财务管理与监督、财会内控机制建设，以及企业投融资、担保、大额资金使用、兼并重组等重大财务事项行使相应的监管工作职责。

4月17日，中国证监会发布《上市公司证券发行管理办法（征求意见稿）》。这一《管理办法》确定市价发行原则，将净资产收益率要求从10%降低到6%，配股引入发行失败机制。

4月20日，温家宝总理主持召开国家能源领导小组第二次会议，审议《可再生能源中长期发展规划》。

4月21日，国家发展和改革委员会发出《关于加快电石行业结构调整有关意见的通知》。

4月24日，中国移动向世界一流企业迈进（国有企业典型）。本月初，英国《金融时报》向全球发布的最新“全球最强势100品牌”排名中，中国移动通信以品牌价值392亿美元排在微软、通用和可口可乐之后，居全球第四名，这是中国企业首次跻身世界一流企业之列。2005年中国移动通信，客户数达到2.46亿户，利润535亿元，市值为创纪录的1100亿美元。

4月27日，国务院办公厅印发的《保护知识产权行动纲要（2006—2007年）》由《人民日报》全文刊载。就2006—2007年全国保护知识产权工作的目标、重点和措施等作出具体部署。

4月28日，国家发改委、国土资源部、人民银行等7部门联合下发《加快煤炭行业结构调整、应对产能过剩的指导意见》，明确提出“十一五”时期煤炭行业结构调整主要目标。

5月5日，国家发改委提出，一些地区、行业投资增长过快，部分行业产能过剩压力加大，应抓住时机推进产业结构调整。国家发改委会同有关部门，已出台了钢铁、煤炭、水泥、铝、铁合金、焦炭等行业加快结构调整的指导意见，将陆续出台其他有关行业加快结构调整的指导意见。

△《人民日报》报道，中国证监会近日公布了《上市公司证券发行管理办法》，并将自5月8日起施行。原有的《上市公司新股发行管理办法》、《关于做好上市公司新股发行工作的通知》、《关于上市公司增发新股有关条件的通知》、《上市公司发行可转换公司债券实施办法》和《关于做好上市公司可转换公司债券发行工作的通知》则同时废止。

5月7日，国资委出台《中央企业综合绩效评价管理暂行办法》从即日起实施。

5月10日，国务院国资委发布《地方国有资产监管工作指导监督暂行办法》，用于规范地方国资监管部门履行出资人职责的相关行为。

5月11日，国土资源部下发《关于加强矿产资源补偿费征收管理促进煤矿回采率提高的通知》，对开采回采率高的矿产企业，将相应减少补偿费征收。

6月6日，国务院国资委发布《中央企业全面风险管理指引》，充分借鉴发达国家有关企业风险管理的法律法规和国内外企业在风险管理、内控机制方面的通行做法，引导中央企业建立健全风险管理长效机制。

6月19日，国务院转发国家发改委、国土资源部和中国银监会《关于加强固定资产投资调控从严控制新开工项目的意见》，以期遏制固定资产投资过快增长的势头。

7月5日，《人民日报》报道，国家质检总局日前发出《关于进一步加快实施名牌战略的意见》，对"十一五"期间的名牌战略工作进行了整体部署，提出要在轻工、纺织、机电、信息、石化、航天、航空、船舶、材料等产业形成10个左右拥有自主知识产权、国际竞争力较强、品牌知名度较高、在国际市场占有一定份额的世界级品牌；培育100个向世界级品牌进军的中国自主品牌。

7月6日，国务院办公厅下发了《关于加强煤炭行业管理有关问题的意见》，对政府部门煤矿安全管理的相关职能作了调整。《意见》在维护"国家监察、地方监管、企业负责"的煤矿安全工作基本体制的同时，从当前煤矿安全生产的实际出发，针对当前存在的问题，加大了国务院安委会及其办公室指导协调的力度，强化了与安全生产密切相关的煤炭行业管理手段，进一步明确了相关部门的职责。

7月7日，国家发改委下发《关于加强煤化工项目建设管理，促进产业健康发展的通知》，要求各地区、各部门，特别是主要煤炭生产省要高度重视煤化工产业发展工作，以保障国家石油供应安全，满足国内市场需求为出发点，科学规划，合理布局，统筹兼顾资源产地经济发展、环境容量，审慎发展煤化工产业。

7月18日，国务院国资委发布《中央企业投资监督管理暂行办法实施细则》。

7月19日，国家出台《促进产业结构调整暂行规定》及相关措施，优化产业结构，控制产能过剩，鼓励高新技术产业和先进装备制造业的发展，从此打响产业结构优化升级的攻坚战。

7月24日，科技部、国资委和中华全国总工会联合启动创新型企业试点工作，103家企业成为首批创新型企业试点，包括国有大型骨干企业15家，民营科技企业77家，实行了企业化转制的应用开发类科研机构11家。既涉及高新技术产业，也涉及传统产业。

7月28日，为组织实施好《节能中长期专项规划》提出的十大重点节能工程，国家发改委会同科技部、财政部、建设部、国家质检总局、国家环保总局、国管局和中直管理局组织编制并下发了《“十一五”十大重点节能工程实施意见》。

8月3日，为规范上市公司的收购及相关股份权益变动活动，中国证监会7月31日正式发布新修订的《上市公司收购管理办法》，对上市公司收购制度作出重大调整。

8月11日，商务部、国务院国资委、国家税务总局、国家工商总局、中国证监会和国家外汇管理局联合发布修订后的《关于外国投资者并购境内企业的规定》，并将自下月8日起施行。

8月16日，《中央企业投资监督管理暂行办法实施细则》出台，为了“突出主业”，国资委要求中央企业在投资时，非主业投资占总投资的比重必须控制在合理范围，一般要求不能超过10%。而在投资资金构成方面，国资委要求央企自有资金占总投资的比重一般在30%以上。

8月28日，中国最高立法机构高票表决通过了《中华人民共和国企业破产法》。新企业破产法首次规定了金融机构破产事宜，填补了1986年出台的企业破产法（试行）在此领域的空白。从立法上确立了真正意义上的企业破产制度。

8月29日，国务院办公厅近日印发了《安全生产“十一五”规划》。这是新中国成立以来从国家层面组织编制的第一部安全生产专项规划，也是国办印发的第一部“十一五”专项规划。

9月2日，国家电网电力交易中心今天正式投入运行，这是国家电网公司深化电力体制改革、积极推进电力市场化建设的重大举措，将对我国电力工业可持续发展产生重要而深远的影响。以国家电网电力交易中心正式运行为标志，我国电力市场建设迈出了重要而关键的一步。

9月8日，财政部、国土资源部、中国人民银行联合发布《关于探矿权采矿权价款收入管理有关事项的通知》。

10月5日，财政部、国家发改委联合发布《中小企业发展专项资金管理办法》，其中规定中小企业发展专项资金由中央财政预算安排。

10月31日，国资委正式公布《中央企业综合绩效评价实施细则》。

11月1日国务院总理温家宝主持召开国务院常务会议，审议并原则通过《关于“十一五”深化电力体制改革的实施意见》。

11月14日，备受关注的《国有控股上市公司股权激励试行办法》已于日前开始试行。根据这一办法，上市公司全部有效的股权激励计划所涉及的标的股票总数累计不得超过公司股本总额的10%。

11月22日，中国首部安全责任处理法规——由监察部和国家安全生产监督管理总局联合制定的《安全生产领域违法违纪行为政纪处分暂行规定》正式颁布实施。

12月7日，商务部公布《成品油市场管理办法》和《原油市场管理办法》，自2007年1月1日起施行。两个办法实施后，将打破国家统一配置原油资源和中石油、中石化两大集团集中批发成品油的格局，我国石油市场将逐步形成国有大型石油公司、跨国石油公司和社会经营单位共同参与竞争的格局。

12 月 8 日，国务院召开常务会议，研究国有资本调整和国有企业重组工作，提出：通过资本调整和企业重组，进一步提高国有经济的控制力、影响力和带动力，并提出了国企改革今后的四大走向。

12 月 18 日，国务院办公厅转发国务院国资委《关于推进国有资本调整和国有企业重组的指导意见》，明确指出："积极支持资产或主营业务资产优良的企业实现整体上市，鼓励已经上市的国有控股公司通过增资扩股、收购等方式，把主营业务资产全部注入上市公司"。该《意见》明确中央企业 2010 年的重组目标，是要将企业数量减少至 80—100 家。

12 月 30 日，国务院国资委发布修订后的《中央企业负责人经营业绩考核暂行办法》，强调建立企业负责人经营业绩同激励约束机制相结合的考核制度、业绩上、薪酬上、业绩下、薪酬下，并作为职务任免的重要依据；同时，将中央企业重大法律纠纷案件备案、企业依法经营管理、企业自主创新和自主知识产权纳入业绩考核范畴。

2007 年

1 月 10 日，经国务院批准，财政部、国家税务总局日前制定下发了《关于豁免东北老工业基地企业历史欠税有关问题的通知》，这是我国出台的又一支持东北老工业基地振兴的重要政策措施。

1 月 10 日，国家环保总局对唐山等四个城市和大唐国际等四大电力集团所有建设项目停止审批，将大唐国际、华能、华电、国电四大电力集团列入"黑名单"。

1 月 30 日，国务院近日批转了国家发改委、能源办《关于加快关停小火电机组的若干意见》，进一步明确了鼓励关停小火电机组的政策措施。国家发改委将电力工业实施"上大压小"、关停小火电机组作为节能降耗工作的重要举措。

△ 中央企业第二任期经营业绩考核全面启动，试用新的考核标准——经济增加值(Economic Value Added，简称"EVA")。第一任期考核基本指标为利润总额和净资产收益率，相比之下，EVA 指标更能真实地反映企业的经营情况。

3 月 2 日，《人民日报》报道，国务院近日正式批复《西部大开发"十一五"规划》，《规划》把发展作为继续推进西部大开发的第一要务，提出了西部大开发要达到的主要奋斗目标，即实现"一稳"和"三新"。

3 月 19 日，《中华人民共和国企业所得税法》正式发布，自 2008 年 1 月 1 日起施行。新税法统一了内外企业所得税税率，扩大了企业投资于环境保护等方面的税收优惠。

3 月 20 日，国务院国资委发出《关于中央企业执行（企业会计准则）有关事项的通知》，要求中央企业积极稳妥地执行新会计准则。

4 月 14 日，国务院发出《关于鼓励和规范企业对外投资合作的意见》。

5 月 9 日，国土资源部等九部门联合公布《2007 年整顿和规范矿产资源开发秩序工作方案》。

5 月 23 日，国务院发出《关于印发节能减排综合性工作方案的通知》。指出：要把节能减排作为当前宏观调控重点，作为调整经济结构、转变增长方式的突破口和重要抓手，坚决遏制高耗能、高污染产业过快增长，切实保证节能减排、保障民生等工作所需资金投入。

5 月 30 日，经国务院批准，财政部决定将证券（股票）交易印花税税率由现行的 1%

调整为3%。

6月11日，年销售收入共达9000亿元的26家龙头企业今天与18所一流大学、9家骨干科研机构携起手来，成立四大产业技术创新战略联盟，共同推进钢铁、煤炭、化工、农机领域的产业技术创新。科技部、财政部、教育部、国资委、全国总工会、国家开发银行联手开展的"产业技术创新战略联盟试点"由此正式启动。

6月15日，《人民日报》刊发中华人民共和国国务院总理温家宝签署的第497号国务院令，公布《国务院关于修改〈中华人民共和国合伙企业登记管理办法〉的决定》，自2007年6月1日起施行。并同时全文刊发《中华人民共和国合伙企业登记管理办法》。

6月23日，经国务院同意，国防科工委、国家发改委和国资委发布《关于推进军工企业股份制改革的指导意见》。

6月29日，全国人大常委会通过《中华人民共和国劳动合同法》，这将逐步改变中国不少企业"速招速裁"的用工方式，有利于建立和谐稳定的劳动关系。

7月7日，经国务院同意，国家发改委印发了《高技术产业发展"十一五"规划》。这一《规划》是实施国家中长期科学和技术发展规划纲要的行动计划，也是推动我国高技术产业快速健康发展的一项重要举措。

△ 国务院国资委、中国证监会公布了《国有股东转让所持上市公司股份管理暂行办法》、《国有单位受让上市公司股份管理暂行规定》以及《上市公司国有股东标识管理暂行办法》三个政策性文件，国务院国资委有关负责人就规范国有单位转让或受让上市公司股份行为进行了解读。

7月10日，中国人民银行今天发布了《同业拆借管理办法》，自2007年8月6日起实施，这是十年来最重要的同业拆借政策调整。《办法》规定，16类金融机构可申请进入同业拆借市场，其中，信托公司、金融资产管理公司、金融租赁公司、汽车金融公司、保险公司、保险资产管理公司等六类非银行金融机构是首次纳入同业拆借市场申请人范围。

8月3日，中央企业2006年度业绩考核结果显示，有11户企业因安全生产责任事故予以降级或降分处理，9户企业因存在违规违纪或严重财务管理问题予以降分处理。国资委再次强调，要严格执行企业重大投资活动报告制度，严禁中央企业违规使用银行信贷资金投资证券和房地产业。

8月16日，中国证监会公布《公司债券发行试点办法》，标志着公司债的发行将正式启动。发展我国公司债市场，对于拓展企业融资渠道、丰富证券投资品种、完善金融市场体系以及促进资本市场协调发展都具有重要意义。

8月30日，十届全国人大常委会第29次会议通过《反垄断法》。

9月5日，国家发改委向全社会公布了《可再生能源中长期发展规划》。规划提出，到2010年，我国可再生能源消费量占能源消费总量的比重要达到10%，2020年达到15%，形成以自主知识产权为主的可再生能源技术装备能力，实现有机废弃物的能源化利用，基本消除有机废弃物造成的环境污染。

9月8日，国务院颁发《关于试行国有资本经营预算的意见》，明确指出：国有资本经营预算，是国家以所有者身份依法取得国有资本收益，并对所得收益进行分配而发生的各项收支预算，是政府预算的重要组成部分。

9月30日，经国务院批准，中国投资有限责任公司于当日成立。该公司是依据《公司法》设立的国有独资公司，公司注册资本金为2000亿美元。该公司当前所从事的外汇投资业务以境外金融组合产品为主。公司将实行政企分开、自主经营、商业化运作，在可接受的风险范围内，实现长期投资收益最大化。

11月1日，国家发改委近日发布了《造纸产业发展政策》。这是第一部全面规范和指导我国造纸产业发展的规范性文件，对产业发展目标、管理机制、发展模式、结构调整、资源节约、环境保护、投资行为、市场准入、市场监管及消费理念等进行了较全面及系统的规定与规范。

11月4日，商务部和国家环保总局联合发出通知，要求各级商务和环保部门采取切实有效措施，加强对出口企业的环境监管，督促出口企业率先承担社会环境责任，坚决制止以牺牲环境为代价的出口行为。率先在冶金、化工、水泥、纺织、轻工等顺差规模大、增长快、环境问题突出的行业推行企业环境监督员制度。

11月5日，中国银监会发布了《关于有效防范企业债担保风险的意见》，对银行业金融机构为企业发行债券提供担保以及其他融资类担保行为进行规范，要求停止对以项目债为主的企业债进行担保。

11月21日，国务院日前发出通知，决定于2008年开展第二次全国经济普查。普查的主要目的是：全面调查了解我国第二产业和第三产业的发展规模及布局；了解我国产业组织、产业结构、产业技术的现状以及各生产要素的构成；摸清我国各类企业和单位能源消耗的基本情况；建立健全覆盖国民经济各行业的基本单位名录库、基础信息数据库和统计电子地理信息系统。

11月22日，为深入贯彻落实科学发展观，加强和改善宏观调控，进一步深化投资体制改革，依法加强和规范新开工项目管理，切实从源头上把好项目开工建设关，维护投资建设秩序，以促进国民经济又好又快发展，国务院办公厅发出关于加强和规范新开工项目管理的通知。

11月23日，国务院下发通知，将节能减排作为政府领导干部综合考核评价和企业负责人业绩考核的重要内容，实行严格的问责制和“一票否决”制。

11月30日，国家发改委、财政部日前已经联合发出通知，要求进一步稳定成品油市场供应，加强价格监管。

△ 国家发展和改革委员会公布了《煤炭产业政策》，进一步明确了煤炭产业准入门槛。鉴于当前小煤矿数量多、布局不合理、破坏资源和环境的状况尚未根本改善，煤矿安全生产形势依然严峻，“十一五”期间一律停止核准（审批）30万吨/年以下的新建煤矿项目。

12月11日，财政部、国务院国资委发布《中央企业国有资本收益收取管理暂行办法》，明确：第一，财政部负责收取中央企业国有资本收益；第二，国资委负责组织所监管企业上交国有资本收益；第三，根据行业类型的不同，国有独资企业分别按照10%、5%免交（或暂缓3年上交）三种比例标准上交年度净利润。

12月26日，国务院新闻办公室发表长达1.6万字的《中国的能源状况与政策》白皮书，详细介绍了中国能源发展现状、能源发展战略和目标、全面推进能源节约、提高能源供给能力、促进能源产业与环境协调发展、深化能源体制改革以及加强能源领域的国际合作等政策措施。

12月29日，国务院国资委发布《关于中央企业履行社会责任的指导意见》。

12月30日，国务院第197次常务会议通过《中华人民共和国企业所得税法实施条例》，自2008年1月1日起施行。国务院近日发出通知，对企业所得税优惠政策过渡问题作出规定。通知指出，企业所得税过渡优惠政策与新税法及实施条例规定的优惠政策存在交叉的，由企业选择最优惠的政策执行，不得叠加享受。

△ 到2007年底，经各种形式的重组，中央企业已经调整至151户，实现利润突破1万亿元、达到1.1万亿元，同比增长将近30%。

2008年

1月10日，新华社讯，国务院召开会议审议《天然气、原油、成品油管网布局及“十一五”发展规划》，国务院副总理曾培炎主持会议，强调加强管网建设，优化资源配置，提高能源保障能力和水平，并对做好油气管网规划和建设工作提出要求：一是科学合理制订规划；二是夯实油气资源基础；三是促进油气供需衔接；四是提高管网技术水平；五是搞好管网保护和管理。

1月14日，新华社讯，国务院总理温家宝13日签署第515号国务院令，公布《国务院关于修改〈价格违法行为行政处罚规定〉的决定》，自公布之日起施行。《价格违法行为行政处罚规定》根据这一决定作相应修改，重新公布。

1月15日，经国务院批准，国家发改委公布《关于对部分重要商品及服务实行临时价格干预措施的实施办法》。《办法》根据有关规定，从当日起启动临时价格干预措施。该《办法》规定了实行临时价格干预措施的品种范围、干预形式和具体办法。

2月2日，由中国农业银行、中国建设银行股份有限公司、国家开发银行、中国银行股份有限公司、中国工商银行股份有限公司、首钢京唐钢铁联合有限责任公司六方组成，国内最大的钢铁项目贷款银团组建成功，贷款总金额420亿元。

2月16日，为贯彻落实《国务院关于促进节约集约用地的通知》，国土资源部日前发布了新修订的《工业项目建设用地控制指标》。新指标相应提高了工业用地准入门槛，以促进产业结构调整和产业升级。

2月19日，经国务院批准，国务院关税税则委员会决定，自2008年2月15日起，对部分化肥产品出口关税税率进行上调，以确保国内化肥市场的供应和价格稳定。

2月25日，国务院国资委发布《中央企业国有资本经营预算建议草案编报办法（试行）》。

2月26日，东北中小企业信用再担保股份有限公司成立大会暨揭牌仪式在北京人民大会堂举行。东北中小企业信用再担保公司是由辽宁、吉林、黑龙江、内蒙古四省区及大连市政府共同出资设立，首期注册资本30亿元人民币。作为全国第一家区域性中小企业信用再担保机构试点，东北中小企业信用再担保公司采取“政策性导向、市场化运作、公司化管理”运行模式，建立完善的法人治理结构，组建股东大会并设立董事会和监事会，政策性地为东北区域内各类中小企业信用担保机构提供增信和分险功能服务。

3月4日，科技部、财政部联合宣布，设立国家重点实验室专项经费，持续稳定支持基础研究和前沿技术研究，全国220个国家重点实验室将获得稳定的公共财政支持。中央财政将于3月份先期下达开放运行和自主选题研究经费14亿元，加上后续下达的科研仪器设备经费，预计全年的投入将达到20亿元左右。

3月11日，上海联合产权交易所、北京产权交易所、天津产权交易中心、重庆联合产权交易所四家产权交易机构在上海联合产权交易所正式签署合作协议，促进产权交易市场的功能提升，共同建设统一的交易制度体系和交易信息系统。这标志着全国产权市场统一交易规则系统工程正式启动，这是继今年3月1日中央企业国有产权转让信息联合发布制度之后，全国产权市场又一重大历史性事件，中国统一产权大市场建设迈出历史性一步。

4月3日，国务院国资委发布《中央企业债券发行管理暂行办法》。

4月11日，为支持核电事业的发展，经国务院批准，财政部和国家税务总局下发《关于核电行业税收政策有关问题的通知》，统一明确了鼓励核电发展的税收政策。

4月23日，经国务院批准，财政部、国家税务总局决定，4月24日起，调整证券（股票）交易印花税率，由现行的3‰下调为1‰。即对买卖、继承、赠与所书立的A股、B股股权转让书据，由立据双方当事人分别按1‰的税率交纳证券交易印花税。

7月1日，由于成品油价格调整增加了公路、水路客货运输成本，国家发改委、财政部、交通运输部近日下发《通知》，要求各级价格、财政、交通主管部门在当地党委、政府统一领导下，密切配合，采取综合配套措施，缓解成品油价格调整对交通运输业的影响，严格控制油价调整的连锁反应。

7月2日，国务院日前同意国家发展改革委、电监会制订的《关于加强电力系统抗灾能力建设的若干意见》，要求各地和有关部门分析总结各种自然灾害对电力系统的影响，兼顾安全性和经济性，修订和完善适合我国国情的电力建设标准和规范。

7月14日，中国证监会发行监管部近日发布《关于调整预先披露时间的通知》。根据通知，自今年7月1日起，对所有新受理首次公开发行（IPO）申请，将在发行人和保荐机构按照反馈意见修改申请文件后的五个工作日内在网上公开招股说明书（申报稿）。

7月15日，国务院常务会议指出，下半年要把保持经济平稳较快发展、控制物价过快上涨作为宏观调控的首要任务（即“一保一控”），把抑制通货膨胀放在突出的位置。

7月30日，国务院日前正式批准了国家能源局的主要职责、内设机构和人员编制（即“三定”方案），并对外公布，这标志着新组建的我国能源行业管理机构王式开始运行。成立国家能源局是国务院机构调整方案中的一项重要内容，旨在加强对能源行业的集中统一管理，应对日益严峻的国际国内能源问题，保障国民经济持续稳定健康发展。

8月1日，财政部、国家税务总局发出通知，从2008年8月1日起，将部分纺织品、服装的出口退税率由11%提高到13%，将部分竹制品的出口退税率提高到11%。同时取消部分高耗能、高污染、资源性产品的出口退税。

8月1日，《反垄断法》正式实施。

8月10日，为支持汶川地震灾区灾后恢复重建，财政部、国家税务总局近日联合印发《汶川地震受灾严重地区扩大增值税抵扣范围暂行办法》，将汶川地震受灾严重地区纳入增值税转型改革试点的范围。

8月13日，按照国务院抗震救灾总指挥部的工作部署，国家发改委今天发布了《国家汶川地震灾后恢复重建总体规划（公开征求意见稿）》（全文见第十七至第十九版），公开向社会征求意见。

8月15日，截至8月14日12时，各级财政部门共投入抗震救灾资金644.1亿元。其中，中央财政投入574.12亿元，包括应急抢险救灾资金250.92亿元，灾后恢复重建资金323.2亿元。地方财政投入69.98亿元。

8月18日，国务院国资委发布《中央企业安全生产监督管理暂行办法》。

8月29日，《中华人民共和国循环经济促进法》在十一届全国人大常委会第四次会议上获得通过。该法鼓励与约束并举，既规定了一系列的激励政策，又有很强的约束力。业界普遍认为，该法的出台将给石油和化工行业发展循环经济带来新的契机。

9月2日，经国务院批准，国务院关税税则委员会决定对部分产品出口关税进行调整。从2008年9月1日起将氮肥及合成氨的特别出口关税上调至150%，并实施至2008年12月31日；从2008年10月1日至12月31日，对除上述两种产品外的其他化肥及化肥原料继续征收100%特别出口关税。

9月3日，武钢柳钢正式重组，广西钢铁集团公司挂牌成立。这标志着我国钢铁行业进入一个优化资源配置、提高核心竞争力的大整合时代。钢铁企业兼并重组，已成为我国业内外的共识，也是全球钢铁工业发展的大趋势。

9月5日，海证券交易所、深圳证券交易所发布股票上市规则（2008年修订），并将于10月1日起施行。针对全流通市场突出问题改革停牌制度，新增破产和股权激励等相关规定，成为新上市规则最引人注目的改变。

9月11日，国务院国有资产监督管理委员会公布《中央企业资产损失责任追究暂行办法》，首次以文件形式对中央企业及其独资或控股子企业的资产损失责任追究工作进行规范。办法将自2008年10月1日起施行。

△ 财政部、国家税务总局和国家发改委联合发布了《资源综合利用企业所得税优惠目录》（2008年版），可再生资源利用型企业成为税收优惠重点。

9月16日，为了贯彻党中央、国务院对下半年经济工作的部署，解决当前经济运行中存在的突出问题，落实区别对待、有保有压、结构优化的原则，保持国民经济平稳较快持续发展，中国人民银行决定下调人民币贷款基准利率和中小金融机构人民币存款准备金率。

9月18日，三鹿牌婴幼儿奶粉事件发生后，国务院总理温家宝主持召开国务院常务会议，决定在全国全面检查奶制品，整顿奶制品行业。启动国家重大安全事故Ⅰ级响应，成立领导小组，部署有关工作。

9月20日，财政部近日发布了《汶川地震灾后恢复重建资金（基金）预算管理办法》，对中央和地方财政建立的、专项用于汶川地震灾后恢复重建的地震灾后恢复重建基金，以及地方财政通过预算内安排的、专项用于支持和开展汶川地震灾后恢复重建的资金加强管理。

10月6日，国务院总理温家宝主持召开国务院常务会议，听取婴幼儿奶粉事件处置情况汇报，研究部署奶业整顿和振兴工作，审议并原则通过《乳品质量安全监督管理条例（草案）》。

10月10日，国务院国资委发布了《关于规范国有企业职工持股、投资的意见》，要求严格控制职工持股企业范围，职工入股原则上限于持有本企业股权，严格限制职工投资关联关系企业。

10月22日，经国务院批准，财政部、国家税务总局发出通知，决定从2008年11月1日起，适当调高部分劳动密集型和高技术含量、高附加值商品的出口退税率。

10月28日，十一届全国人大常委会第五次会议表决通过了《中华人民共和国国有企业资产法》，该法将于09年5月1日起实行，其中明确规定国有资产转让应当在依法设立的产权交易场所进行，产权交易市场痴心等待多年的法律保障终于一朝实现。

10月29日，为引导煤化工产业健康发展，科学确定全国煤化工产业布局和阶段性发展目标，国家发改委工业司2008年10月份组织编制了《煤化工产业中长期发展规划（初稿)》。

11月7日，国家发改委发布《“十二五”规划前期重大问题选题指南》，《指南》选取的这些题目，重点是两个方面：一是关于“十二五”规划总体思路研究，发展目标研究等；二是关于需要推动解决的制约经济社会中长期发展的一些重大问题。

11月9日，据新华网发布消息，在世界金融危机日趋严峻、我国经济遭受冲击日益显现的背景下，中国宏观调控政策作出了重大调整，将实行积极的财政政策和适度宽松的货币政策，并在今后两年多时间内安排4万亿元资金强力启动内需，促进经济稳定增长。

△ 国家发改委、交通运输部、铁道部、工业和信息化部、水利部、国家能源局等部门近日联合印发了《汶川地震灾后恢复重建基础设施专项规划》，这一规划包括交通、通信、能源和水利四个方面内容，规划恢复重建期限为三年，估算总投资1670亿元。

11月12日，国务院常务会议近日决定自2009年1月1日起在全国所有地区和行业推行增值税转型改革。预计，明年这项改革将减轻企业税负共约1233亿元。

11月18日，为扶持劳动密集型中小企业，支持产业优化升级，会议决定，在2008年下半年两次调高出口退税率的基础上，2008年12月1日起，进一步提高部分劳动密集型产品、机电产品和其他受影响较大产品的出口退税率。这次调整总共涉及3770项产品。

△ 央行将采取六项举措，积极支持扩大内需，加大金融对经济增长支持力度：根据形势变化及时启动保障经济金融稳健运行的各项应对预案；确保金融体系流动性充足，及时向金融机构提供流动性支持；促进货币信贷总量稳定增长，加大银行信贷对经济增长的支持力度；加强窗口指导和政策引导，着力优化信贷结构；进一步发挥债券市场融资功能，拓宽企业融资渠道；加强对国际经济金融形势和资本流动的监测分析。加强对外投资的风险提示和监管。

11月20日，工业和信息化部近日表示，要重点做好六方面工作，推进信息化和工业化融合发展，推动工业结构优化升级。一是促进产品结构和布局调整；二是振兴装备制造业；三是推动企业技术改造工作；四是推进信息化和工业化融合；五是继续推动TD-SCDMA（我国提出的第三代移动通信标准）研发和产业化工作；六是加快推进自主品牌建设。

△ 国务院办公厅日前转发了发展改革委等13个部门制定的《奶业整顿和振兴规划纲要》。《纲要》对奶业整顿和振兴工作，提出了3个阶段的工作目标。

11月21日，《人民日报》报道：按照党中央、国务院的统一部署，国家发改委重点对产业结构优化升级作用突出、基础条件好、带动性强的20个国家工程中心和50个国家工程实验室集中进行了支持。

11月25日，中央纪委、国家发展改革委、监察部、财政部、审计署联合发出通知，强调加强对今年新增1000亿元中央投资的管理和监督检查工作。

11月28日，2008年中央企业国有资本经营预算已经国务院批准，确定国资委国有资本经营预算支出总额547.8亿元。

12月5日，中国石化收购位于叙利亚的加拿大石油公司TYK（Tanganyika），这起发生国际金融危机下的海外交易，被赋予光明前景，并成为能源资源企业“走出去”的一个样板。

12月11日中国电力投集团通过增资扩股控股贵州金元协议悄然落笔。这两大电力企业资产股权变局，被业界视为中国电力私有化进程中的“纠偏”之举。

2009年

1月5—6日，2009年中国人民银行工作会议在京召开。会议提出，2009年要把促进经济平稳较快发展作为金融宏观调控的首要任务，实施适度宽松的货币政策，加大金融支持力度。

1月8日，以推进矿产资源可持续利用，提高矿产资源对经济社会保障能力为目标的《全国矿产资源规划（2008—2015年）》，近日由国务院正式批复并由国土资源部组织实施。

△ 由中华职业教育社职业指导中心主办的“百万管理者培育工程”日前在京启动。在全球金融危机对实体经济影响日益加深、企业压力不断加大的背景下，该工程将为企业管理者、客户、供应商提供整体解决方案。

2月1日，为积极应对当前经济形势对劳动关系的影响，国家协调劳动关系三方（中华全国总工会、人力资源和社会保障部、中国企业联合会/中国企业家协会）近日印发了《关于应对当前经济形势稳定劳动关系的指导意见》。

2月3日，全国能源工作会议在北京召开，今年我国电力工业结构调整步伐将进一步加快，建设大型煤电基地、继续推进电力工业“上大压小”。

2月5日，财政部、国家税务总局发布通知，明确从2009年2月1日起将纺织品、服装出口退税率由14%提高到15%。专家认为，提高纺织品服装出口退税率，有利于减轻企业负担，增强市场竞争力，有利于扩大出口和吸纳就业，促进纺织工业振兴。

2月10日，中国政府网公布《国务院关于做好当前经济形势下就业工作的通知》。《通知》要求实施更加积极的就业政策，全方位促进就业增长，稳定就业局势。要求发挥好政府投资和重大建设项目带动就业的作用，推进产业结构升级与扶持就业创业相协调。

2月12日，河北省石家庄市中级人民法院发出民事裁定书，正式宣布三鹿集团股份有限公司破产。昔日中国乳制品行业巨头——三鹿集团终因奶粉丑闻而自食恶果。

2月15日，由国家电网公司作为最大股东的“菲律宾国家电网公司”日前已与有关方面完成交接，开始正式运营菲律宾国家输电网。这是迄今为止中国在菲律宾的最大投资项目，也是我国电网企业首次获得境外国家级电网的运营权。

3月1日，宝钢集团有限公司与杭州钢铁集团公司在宁波举行《关于宁波钢铁有限公司的股权收购协议》和《关于宁波钢铁有限公司之合资合同》签约仪式。根据协议，宝钢以20.214亿元取得宁波钢铁56.15%的控股权，掀开了国家钢铁产业调整振兴规划出台后首个重组并购的序幕，这也是继重组新疆八钢、广钢之后，宝钢又一次实现了跨地区重组的重大举措。

3月24日，国资委日前发出通知，要求中央企业对已开展的所有金融衍生业务包括期货、期权、远期、掉期及其组合产品进行全面彻底清理。从事金融衍生业务的央企要选择与主业经营密切相关、符合套期会计处理要求的简单衍生产品，不得从事风险及定价难以认知的复杂业务，且持仓规模不得超过同期保值范围现货的 90%。

4 月 4 日，国务院国资委发布公告称，中国电子工程设计院、中国成套设备进出口（集团）总公司并入国家开发投资公司成为其全资子企业，中国卫星通信集团公司并入中国航天科技集团公司成为其全资子企业，至此国资委履行出资人职责的企业由 141 户调整为 138 户。

4 月 20 日，我国首个由中央企业发起并经国务院批准设立的产业基金——中广核产业投资基金一期募集协议 18 日在北京签署。一期募集资金 70 亿元将主要投资于核电等清洁能源及相关产业项目。

5 月 7 日，国资委对中央企业执行 4 万亿元投资项目情况的督查全面展开。督查的领域主要集中在电网、电信、交通、装备、建筑、冶金、建材等方面，以确保央企所执行项目优质安全，项目管理和资金使用规范透明。

5 月 16 日，由北京三元集团有限责任公司、北京华都集团有限责任公司和北京大发畜产公司重组而成的首都最大农业国企——北京首都农业集团有限公司今日在京揭牌。

参考文献

第一章

[1] 邓善修："企业制度结构变革：中国企业现代化的关键"，《探索与争鸣》，2004 年第 5 期。

[2] 教育部社会科学委员会主编：《中国高校哲学社会科学发展报告（1978—2008）（管理学卷）》，广西师范大学出版社 2008 年版。

[3] 李京文、关峻："中国管理科学发展方向之管窥"，《南开管理评论》，2009 年第 1 期。

[4] 李占才："建国初期共产党人的工商业经营管理思想"，《首都师范大学学报（社会科学版）》，2002 年第 5 期。

[5] 刘凤朝、孙玉涛："我国科技政策向创新政策演变的过程、趋势与建议——基于我国 289 项创新政策的实证分析"，《中国软科学》，2007 年第 5 期。

[6] 刘文瑞："西方管理思潮在中国"，《人力资本》，2007 年第 6 期。

[7] 刘源张：《全面质量管理》，天津人民出版社 1984 年版。

[8] 汪海波：《中国经济发展 30 年》，中国社会科学出版社 2008 年版。

[9] 吴晓波、王世良："我国企业技术创新现状的实证分析"，《科研管理》，1991 年第 6 期。

[10] 俞东慧、黄丽华："中国大陆信息管理与信息系统研究现状评述"，《科研管理》，2004 年第 3 期。

[11] 中国科学院可持续发展研究组：《2003 中国可持续发展战略报告》，科学出版社 2003 年版。

[12] 黄速建、黄群慧：《管理科学化与管理学方法论》，经济管理出版社 2005 年版。

[13] 黄速建、黄群慧等：《中国管理学发展研究报告》，经济管理出版社 2007 年版。

[14] 赵纯均："管理学"，载教育部社会科学委员会秘书处编：《中国高校哲学社会科学发展报告 2005》，高等教育出版社 2005 年版。

第二章

[1] 李越然：《外交舞台上的新中国领袖》，外语教学与研究出版社 1994 年版。

[2] 敬书生："前苏联专家在华待遇揭秘"，《湖北档案》，2004 年第 6 期。

[3] 中共中央文献研究室编：《周恩来外交文选》，中央文献出版社 1990 年版。

[4] 戴茂林："鞍钢宪法研究"，《中共党史研究》，1999 年第 6 期。

[5] 蒋一苇：《我的经济改革观》，经济管理出版社 1994 年版。

[6] 贾根良："'鞍钢宪法'的历史教训与我国跨越式发展战略"，《南开学报（哲学社会科学版）》，2002 年第 4 期。

[7] 赵德馨：《中华人民共和国经济史》，河南人民出版社 1988 年版。

[8] 汪海波：《新中国经济史》，经济管理出版社 1986 年版。

[9] 张问敏、张卓元、吴敬琏：《建国以来社会主义商品生产和价值规律论文选》上卷，上海人民出版社 1978 年版。

[10] 中共中央文献研究室编：《刘少奇论断中国经济建设》，中央文献出版社 1993 年版。

[11] 刘少奇："关于六十年代初期试办工业、交通托拉斯的一组文献"，《党的文献》，1993 年第 2 期。

[12] 顾准：《顾准文集》，中国市场出版社 2007 年版。

[13] 孙冶方：《社会主义经济的若干理论问题》，人民出版社 1979 年版。

第三章

[1] 黄速建："大师马洪"，《经济管理》，2007 年第 3 期。

[2] 袁宝华："难忘的历程 伟大的实践——十一届三中全会企业改革的回忆"，《企业管理》，2008 年第 12 期。

[3] 马洪："改革经济管理体制与扩大企业自主权"，1979 年 9 月向北京地区社会科学界庆祝中华人民共和国成立三十周年学术讨论会提交的论文。

[4] 何伟："论社会主义制度下的商品经济兼论企业的独立性问题"，《经济学动态》，1979 年第 3 期。

[5] 晓亮："所有权同经营权分开的模式选择"，《光明日报》，1986 年 5 月 10 日。

[6] 杨瑞龙："产权清晰权与双层股份制模式"，《经济研究》，1988 年第 2 期。

[7] 张振斌："论所有权代理制"，《光明日报》，1987 年 1 月 31 日。

[8] 魏杰、王国刚："国营企业所有制关系改革的构想"，《河北财政学院学报》，1987 年第 2 期。

[9] 厉以宁："股份制是明确企业财产关系的最好形式"，《红旗》，1988 年第 1 期。

[10] 厉以宁："论股份制"，《南方日报》，1992 年 3 月 16 日。

[11] 刘伟、平新乔：《经济体制改革三论：产权论、均衡论、市场论》，北京大学出版社 1990 年版。

[12] 蒋一苇："企业自由联合的一种有效形式——东风汽车工业联营公司在自愿基础上搞好联合的调查报告"，《人民日报》，1984 年 11 月 30 日。

[13] 厉以宁："企业集团与垄断、竞争"，《光明日报》，1986 年 10 月 10 日。

[14] 萧冬连："中国改革初期对国外经验的系统考察和借鉴"，《中共党史研究》，2006 年第 4 期。

[15] 潘承烈："企业要有经营战略思想"，《企业管理》，1985 年第 6 期。

[16] 中国人民大学工程系宝钢调研组："走现代化管理之路"，《中国工业经济》，1992年第12期。

第四章

[1] Gulati R. and H. Singh, The architecture of cooperation: Managing coordination costs and appropriation concerns in strategic alliances [J]. *Administrative Science Quarterly*, 1998, (4).

[2] Malnight, T. The transition from decentralized to network - based MNC structures: An evolutionary perspective [J]. *Journal of International Business*, 1996, (1).

[3] Tallman, S. and Fladmore - Lindquist, K. Internationalization, Globalization, and Capabilities - Based Strategy [J]. *California Management Review*, 2002, (1).

[4] 黄速建、黄群慧等著：《中国管理学发展研究报告》，经济管理出版社2007年版。

[5] 黄速建、王钦、贺俊等著：《中国民营企业治理演进问题研究》，经济管理出版社2008年版。

[6] 焦晓波："近从库恩的科学哲学看管理学研究范式的变革"，《技术经济》，2005年第10期。

[7] 罗珉："价值星系：理论解释与价值创造机制的构建"，《中国工业经济》，2006年第1期。

[8] 马晓军："近年来我国管理学研究进展分析——基于CSSCI（1998—2006）数据统计"，《管理学报》，2009年第3期。

[9] 苏勇、刘国华："中国管理学发展进程：1978—2008"，《经济管理》，2009年第1期。

[10] 王学秀："'管理学在中国'研究：概念、问题与方向——第1届'管理学在中国'学术研讨会观点评述"，《管理学报》，2008年第5期。

[11] 张敬伟、马东俊："扎根理论研究法与管理学研究"，《现代管理科学》，2009年第2期。

[12] 历届党代会文件，参见"中国共产党历次代表大会数据库"
http://cpc. people. com. cn/GB/64162/64168/index. html

第五章

[1] 艾尔弗雷德·D. 钱德勒：《战略与结构》，云南人民出版社2002年版。

[2] C.I. 巴纳德：《经理人员的职能》，中国社会科学出版社1997年版。

[3] 陈文雅：《论企业战略》，中国财政经济出版社1987年版。

[4] 杜丹丽、王发银："企业战略管理思想的发展历程及其新视角"，《管理科学文摘》，2006年第10期。

[5] H. 法约尔：《工业管理与一般管理》，中国社会科学出版社1982年版。

[6] 亨利·明茨伯格、布鲁斯·阿尔斯特兰德、约瑟夫·兰佩尔等著，刘瑞红等译：《战略历程：纵览战略管理学派》，机械工业出版社2001年版。

[7] 黄速建、黄群慧：《现代企业管理——变革的观点》，经济管理出版社2002年版。

[8] 金占明、杨鑫："改革开放三十年版：中国战略管理的理论与实践之路"，《清华大学学报（哲学社会科学版）》，2008 年增 2。

[9] 刘冀生：《企业经营战略》，清华大学出版社 1995 年版。

[10] 刘兴国等：《现代企业经营战略》，企业管理出版社 1987 年版。

[11] 迈克尔·波特：《竞争优势》，中国财政经济出版社 1988 年版。

[12] 迈克尔·波特：《竞争战略》，中国财政经济出版社 1989 年版。

[13] 邱国栋："基于系统动力视角的企业动态能力研究"，《财经问题研究》，2008 年第 4 期。

[14] 天津企业管理培训中心：《现代企业经营战略》，企业管理出版社 1990 年版。

[15] 徐二明、王智慧："企业战略管理理论的发展与流派"，《首都经济贸易大学学报》，1999 年第 1 期。

[16] 夏晖："关于战略管理理论发展历程的综述"，《中南民族大学学报》，2003 年第 8 期。

[15] 汪涛、万健坚："西方战略管理理论的发展历程、演进规律及未来趋势"，《外国经济与管理》，2002 年第 3 期。

[17] 王钦："改革开放三十年版中国企业战略的发展：复杂环境下的协同演进"，《清华大学学报（哲学社会科学版）》，2008 年增 2。

[18] 张彦宁等：《现代企业经营战略》，中国展望出版社 1988 年版。

[19] 郑海航：《中国企业理论五十年》，经济科学出版社 1999 年版。

[20] 赵鹰："管理学发展三十年：从零开始到繁花似锦"，《科学时报》，2008 年 11 月 4 日。

[21]《中共中央关于建立社会主义市场经济体制若干问题的决定》，人民出版社 1993 年版。

[22]《中共中央关于国有企业改革和发展若干重大问题的决定》，人民出版社 1999 年版。

[23]《中国共产党第十五次全国代表大会文件汇编》，人民出版社 1997 年版。

[24]《中国共产党第十六次全国代表大会文件汇编》，人民出版社 2002 年版。

[25] 周三多、邹统钎：《战略管理思想史》，复旦大学出版社 2002 年版。

[26] 张卓元、郑海航：《中国国有企业改革 30 年版回顾与展望》，人民出版社出版 2008 年版。

[27] 陈佳贵、金碚、黄速建：《中国国有企业改革与发展研究》，经济管理出版社 2000 年版。

[28] Ansoff, H. I. Corporate Strategy: *An Analytic Approach to Business Policy for Growth and Expansion* [M]. New York: McGraw Hill, 1965.

第六章

[1] 陈荣秋：《生产运作管理的理论与实践》，中国人民大学出版社 2002 年版。

[2] 谢家平：《生产方式变革》，上海财经大学出版社 2007 年版。

[3] 陈志祥："本科层次生产管理课程建设与教学改革"，《高等工程教育研究》，2005 年第 5 期。

第七章

[1] Svensson, Goran. et. al. Scientific identity of "top" research journals in the broader discipline of marketing [J]. *European Business Review*, 2008, 20 (5), PP384 -400.

[2] 21世纪中国管理学发展研究课题组："中国市场营销学研究的现状分析——基于文献计量的研究"，《学习与探索》，2007年第1期。

[3] 费明胜："营销管理理论的演变与发展——基于菲利普·科特勒《营销管理》中文各版本的比较研究"，《经济管理·新管理》，2006年第20期。

[4] 峻峰、王彩玲："西方国家营销思想在中国的发展现状"，《内蒙古工业大学学报(社会科学版)》，1998年第1期。

[5] 黎明："抓好主干课程建设　夯实专业基础——《市场营销学》主干课程建设启示"，《楚雄师范学院学报》，2008年第12期。

[6] 李家龙、李家齐："对营销观念在中国拓展与应用的探讨"，《特区经济》，2005年第3期。

[7] 卢泰宏："营销管理研究进展"，《外国经济与管理》，2008年第1期。

[8] 迈克尔·古尔德、安德鲁·坎贝尔、马库斯·亚历山著：《大公司层面战略：多业务公司的管理与价值创造》，人民邮电出版社2004年版。

[9] 史明瑛："市场营销学的形成与发展"，《合肥联合大学学报》，2009年第3期。

[10] 苏亚明：《现代市场营销学（第四版)》，中国对外经济贸易出版社、首都经济贸易大学出版社2002年版。

[11] 汤正如："改革开放30年市场营销学在中国传播应用的发展变化"，《市场营销导刊》，2008年第6期。

[12] 王海忠："欧美学术影响下的市场营销学专业建设道路的探索"，《西南民族学院学报（哲学社会科学版)》，2002年第6期。

[13] 吴健安："市场营销学在中国的传播"，《市场营销导刊》，2002年第4期。

[14] 阎丹文："营销困境——20年营销观念更新的反思"，《亚太经济》，2004年第5期。

[15] 杨保军："市场营销学学科体系及其发展方向"，《文化教育市场》，2008年第11期。

[16] 杨望成："市场营销学的逻辑起点"，《佛山科学技术学院学报》，2008年第1期。

[17] 俞满娇："从我国营销学期刊看营销学科状况"，《河海大学学报（哲学社会科学版)》，2005年第2期。

[18] 张剑、饶琦："营销理论的变迁与发展"，《社科纵横》，2008年第6期。

[19] 朱希彦："市场营销理论在中国的发展与展望"，《中国流通经济（双月刊)》，1998年第3期。

第八章

[1] 曾湘泉、苏中兴："改革开放30年回顾：人力资源管理在中国的探索、发展和展望"，《中国人才》，2009年第3期。

[2] 陈平："劳动工作基本知识介绍（四）"，《中国劳动》，1980年第4期。

[3] 许玉龙、王国栋："劳动定额是按劳分配的基础"，《社会科学辑刊》，1980年第5期。

[4] 刘喜林："劳动定额是实现企业科学管理的重要基础工作"，《机械设计与制造》，1982年第4期。

[5] 乐群星、魏法杰："劳动计量理论与方法研究"，《生产力研究》，2004年第2期。

[6] 曾建权："人力资源管理理论与实务研究"，《天大博士论文》，2003年6月。

[7] 时勘："管理心理学的现状与发展趋势"，《应用心理学》，2001年第7卷第2期。

[8] 时勘："技术培训心理学研究的发展概况"，《应用心理学》，1990年第4期。

[9] 时勘："转型期人力资源开发的心理学研究"，《中国人力资源开发》，2000年第11期。

[10] 曾湘泉、苏中兴："改革开放30年回顾：人力资源管理在中国的探索、发展和展望"，《中国人才》，2009年第3期。

[11] 赵曙明：《人力资源管理研究》，中国人民大学出版社2001年版。

[12] 潘永明、米冠旭："战略人力资源管理：为组织赢得竞争优势"，《江西社会科学》，2009年第5期。

[13] 赵曙明：《人力资源管理研究》，中国人民大学出版社2001年版。

[14] 魏巍："两种战略人力资源管理理论的比较"，《管理观察》，2009年第16期。

[15] 潘永明、米冠旭："战略人力资源管理：为组织赢得竞争优势"，《江西社会科学》，2009年第5期。

[16] 曾仕强：《中国式管理》，中国社会科学出版社2005年版。

[17] 彭剑锋：《人力资源管理概论》，复旦大学出版社2008年版。

[18] 朱沅："切实抓好劳动定额管理工作"，《中国劳动》，1961年第4期。

[19] 陈晓萍、徐淑英、樊景立著：《组织与管理研究的实证方法》，北京大学出版社2008年版。

[20] 郑海航、吴冬梅：《人力资源管理：理论实务案例》，经济管理出版社2006年版。

[21] 叶曙光："如何将传统人事管理转向资源开发型现代化管理"，《人力资源》，2002年第4期。

[22] 陈晓萍、徐淑英、樊景立著：《组织与管理研究的实证方法》，北京大学出版社2008年版。

[23] 陈晓萍、徐淑英、樊景立著：《组织与管理研究的实证方法》，北京大学出版社2008年版。

[24] 萧鸣政：《人员测评理论与方法》，中国劳动社会保障出版社2004年版。

[25] 刘庆唐："新中国劳动经济专业的发展里程与课程设置"，《劳动与人事》，1990年第5期。

[26] 曾湘泉、苏中兴："改革开放30年回顾：人力资源管理在中国的探索、发展和展望"，《中国人才》，2009年第3期。

[27] 刘庆唐："新中国劳动经济专业的发展里程与课程设置"，《劳动与人事》，1990年第5期。

[28] 曾湘泉：《劳动经济学》，中国劳动社会保障出版社2005年版。

[29]《公共部门人力资源管理》编写组著：《公共部门人力资源管理》，中国国际广播出版社2003年版。

[30] 朱永新：《人力资源管理心理学》，华东师范大学出版社2003年版。

[31] 袁方、姚裕群：《劳动社会学》，中国劳动社会保障出版社2003年版。

[32] 高建华：《笑着离开惠普》，商务印书馆2007年版。

[33] 茅以翔：《家业长青》，浙江人民出版社2008年版。

[34] 李华刚：《中国私企内幕》，时事出版社2005年版。

[35] 曾仕强：《中国式管理》，中国社会科学出版社2005年版。

[36] 吴冬梅、白玉苓、马建明：《人力资源管理案例分析》，机械工业出版社2008年版。

第九章

[1] 曹侠："关于社会主义企业财务本质各派学说的评价"，《当代经济科学》，1992年第2期。

[2] 黄菊波：《新中国企业财务管理发展史》，经济科学出版社1996年版。

[3] 刘恩禄、汤谷良："财务管理学建设的系统构想"，《北京商学院学报》，1990年第4期。

[4] 钱美琴、王齐祥、李华："基于科学发展观的财务管理学科建设创新研究"，《铜陵学院学报》，2009年第1期。

[5] 汤谷良："我国财务管理理论世纪回眸"，《财务与会计》，2000年第2期。

[6] 王化成：《财务管理研究》，中国金融出版社2006年版。

[7] 王化成：《高级财务学》，中国人民大学出版社2006年版。

[8] 王化成：《高级财务管理学》，中国人民大学出版社2003年版。

[9] 王化成、佟岩："财务管理理论研究的回顾与展望——20世纪后20年中国财务理论研究述评"，《会计研究》，2001年第12期。

[10] 王庆成："我国近期财务管理若干理论观点述评"，《会计研究》，2003年第6期。

[11] 王庆成、李相国、顾志晟："建立和完善新的财务管理学"，《中国人民大学学报》，1998年第2期。

[12] 王庆成、王化成："财务管理学科建设的几个问题"，《浙江财经学院学报》，1990年第4期。

[13] 王庆成：《财务管理理论探索》，中国人民大学出版社1999年版。

[14] 王庆成："关于财务管理理论结构的思考"，《财务通讯》，2004年第15期。

[15] 王庆成："我国财务管理理论研究概述"，《会计之友》，2003年第9—10期。

[16] 王志亮、牛如海："本科财务管理专业学科建设亟待创新"，《财会月刊》，2006年第26期。

[17] 阎达五、王化成："面向21世纪会计学类系列课题及其教学内容改革的研究"，《会计研究》，1998年第9期。

[18] 杨克泉："高校财务管理专业建设现状及改革构想"，《财会通讯（综合版）》，

006 年第 8 期。
［19］杨淑娥：《财务管理学研究》，经济科学出版社 2008 年版。
［20］张先治：《财务学概论》，东北财经大学出版社 2006 年版。
［21］赵德武、马永强：“中国财务管理教育改革发展 30 年回顾与展望”，《财经科学》，008 年第 11 期。

第十章

［1］张文泉、李泓泽：“组织理论的演进与发展”，《工业工程与管理》，2000 年第 5 期。
［2］苏勇 、刘国华：“中国管理学发展进程 1978—2008”，《经济管理》，2009 年第 1 期。
［3］孙平：“管理组织理论的比较与发展”，《财经科学》，1996 年第 5 期。
［4］张长立：“西方管理组织理论创新研究”，苏州大学博士学位论文，2003 年。
［5］罗珉：“中国管理学反思与发展思路”，《管理学报》，2008 年第 4 期。
［6］孙佳敏：“组织理论研究的范式演变及其理论见解”，《科技咨询导报》，2007 年第 6 期。
［7］吴丽民、袁山林、张襄英：“组织理论演进评述”，《西北农林科技大学学报（社会科学版）》，2001 年第 5 期。
［8］于显洋：《组织社会学》，中国人民大学出版社 2001 年版。
［9］普品越编译：《社会组织学》，中国人民大学出版社 2001 年版。
［10］［美］斯蒂芬·P. 罗宾斯：《组织行为学》，中国人民大学出版社 1997 年版。
［11］［英］奈杰尔·金、尼尔·安德森：《组织创新与变革》，清华大学出版社 2002 年版。
［12］郑海航：“关于企业组织学的学科体系探讨”，《中国工业经济》，1990 年第 4 期。
［13］王凤彬：“企业组织的结构变革”，《中国工业经济》，1991 年第 12 期。
［14］郑海航：“建立企业组织新学科刍议”，《中国社会科学》，1993 年第 1 期。
［15］王凤彬：“中国企业管理组织变革：基本经验与方向”，《经济理论与经济管理》，993 年第 6 期。
［16］王凤彬：“企业组织变革重心从结构向过程的转移”，《经济学动态》，1996 年第 8 期。
［17］苗玉柱：“建立新型企业管理绩效的利益相关者指标体系”，《中国企业报》，2001 年 5 月 16 日。
［18］罗珉：“组织理论的新发展——种群生态学理论的贡献”，《外国经济与管理》，001 年第 10 期。
［19］王凤彬、陈莉平：“学科研究与企业管理科学的发展——组织理论角度的探讨”，《管理世界》，2002 年第 7 期。
［20］罗珉：《组织管理学》，西南财经大学出版社 2003 年版。
［21］郑海航：《企业组织论》，经济管理出版社 2004 年版。
［22］王凤彬：“职能部门：资源控制者还是服务提供者——兼评内部网络型组织模式及其应用”，《财经问题研究》，2004 年第 8 期。
［23］王凤彬：“作为‘二阶系统’的供应链网络组织研究”，《数量经济技术经济研究》，2004 年第 6 期。

[24] 王凤彬："组织层面学习与组织学习过程研究的新进展"，《经济理论与经济管理》，2005 年第 7 期。

[25] 陈树文：《组织管理学》，大连理工大学出版社 2005 年版。

[26] 王慧炯："国外组织管理理论的发展及系统观点的管理"，《经济问题探索》，198 年第 2 期。

[27] 奚浩、李敏："从宝钢组织设计来谈企业管理组织系统的设计与再设计"，《上海企业》，1986 年第 9 期。

[28] 陈佳贵："发展社会主义市场经济与企业组织结构的调整改革"，《经济研究》1993 年第 5 期。

[29] 刘世锦、江小娟："中国工业企业组织结构变动的长期展望"，《社会科学辑刊》1992 年第 2 期。

[30] 沈志渔："我国企业组织结构理论的形成与发展"，《学术研究》，1993 年第 6 期。

[31] 金占明："企业组织结构和管理模式的选择"，《中国工业经济》，1996 年第 4 期。

[32] 麦勇："网络组织在跨国公司创新中的作用及其挑战"，《特区经济》，2006 年第 期。

[33] 张军、王丽敏："网络组织中企业合作竞争的风险研究"，《生产力研究》，2007 年第 22 期。

[34] 牛成喆、张伟艳、苏正建："基于网络经济的企业组织创新研究"，《江苏商论》2006 年第 8 期。

[35] 武巧珍："网络经济条件下企业技术创新与组织创新互动研究"，《经济管理》2006 年第 14 期。

[36] 谢洪明："社会资本对组织创新的影响：中国珠三角地区企业的实证研究及其启示"，《科学学研究》，2006 年第 1 期。

[37] 汪淼军、张维迎、周黎安："信息化、组织行为与组织绩效：基于浙江企业的实证研究"，《管理世界》，2007 年第 4 期。

[38] 朱瑜、王雁飞、蓝海林："企业文化、智力资本与组织绩效关系研究"，《科学学研究》，2007 年第 5 期。

第十一章

[1] 蔡全胜："治理：公共管理的新图式"，《东南学术》，2002 年第 5 期。

[2] 陈辉："中国行政学研究评估：基于高校学报的分析"，《公共管理研究》，2008 年第 6 期。

[3] 陈庆云、鄞益奋、曾军荣："论公共管理中的公共利益"，《中国行政管理》，200 年第 7 期。

[4] 陈淑伟："对我国行政学几个基本概念的思考"，《理论学刊》，2006 年第 5 期。

[5] 陈振明："公共管理学科发展的背景和特征"，《中国行政管理》，1999 年第 12 期。

[6] 陈振明："评西方的'新公共管理'范式"，《中国社会科学》，2000 年第 6 期。

[7] 陈振明："什么是公共管理（学）——相关概念辨析"，《中国行政管理》，2001 年第 2 期。

[8] 陈振明：《公共管理学》，中国人民大学出版社 2005 年版。

[9] 陈振明："走向规范化的中国公共管理学研究"，《东南学术》，2006 年第 2 期。

[10] 陈振明："公共管理是一个什么样的学科——漫谈公共管理硕士专业学位的学科基础"，《中国工商管理研究》，2006 年第 3 期。

[11] 陈振明、薛澜："中国公共管理理论研究的重点领域和主题"，《中国社会科学》，2007 年第 3 期。

[12] 陈振明、李德国："我国公共行政学博士学位论文的质量评估与比较分析"，《公共行政评论》，2009 年第 2 期。

[13] 董克用："关于公共管理学科体系与专业设置的思考"，《中国行政管理》，2005 年第 11 期。

[14] 郭济："中国公共管理学的建设及其发展"，《中国行政管理》，2000 年第 1 期。

[15] 何艳玲："危机与重建：对我国行政学研究的进一步反思"，《中国人民大学学报》，2007 年第 4 期。

[16] 何艳玲："'我们在做什么样的研究'：中国行政学研究评述"，《公共管理研究》，2007 年第 5 期。

[17] 胡仙芝："治理理论与行政改革"，《中国行政管理》，2001 年第 1 期。

[18] 胡伟："公共管理学科建设的若干战略思考"，《公共管理学报》，2006 年第 7 期。

[19] 金太军："新公共管理：当代西方公共行政的新趋势"，《国外社会科学》，1997 年第 5 期。

[20] 毛寿龙：《西方政府的治道变革》，中国人民大学出版社 1998 年版。

[21] 王乐夫、蔡立辉：《公共管理学》，中国人民大学出版社 2008 年版。

[22] 王乐夫、陈干全、李伟权：《公共管理基础理论及体系》，中国社会科学出版社 2008 年版。

[23] 王乐夫："论公共管理类型——公共管理横向体系分析"，《政治学研究》，2006 年第 1 期。

[24] 王乐夫："试论公共管理的内涵演变与公共管理学的纵向学科体系"，《管理世界》，2005 年第 6 期。

[25] 吴长春："公共管理（学）的概念及与行政管理学的关系"，《公共管理学报》，2004 年第 2 期。

[26] 夏书章：《行政管理学》（第四版），高等教育出版社 2008 年版。

[27] 许康、张成伟："论新公共服务与新公共管理"，《中共珠海市委党校学报》，2006 年第 5 期。

[28] 杨延昭："未来公共行政发展理念前瞻——由新公共管理到新公共服务的启示"，《管理世界》，2009 年第 6 期。

[29] 袁达毅："中国行政学的危机与出路"，《江西行政学院学报》，2002 年第 2 期。

[30] 俞可平：《全球化：全球治理》，社会科学文献出版社 2003 年版。

[31] 俞可平："经济全球化与治理的变迁"，《哲学研究》，2000 年第 10 期。

[32] 俞可平："全球治理引论"，《政治学》（人大复印报刊资料），2002 年第 3 期。

[33] 张成福、党秀云：《公共管理学》，中国人民大学出版社 2007 年版。

[34] 张成福："论政府治理工具及其选择"，《公共行政》（人大复印报刊资料），2003年第4期。

[35] 张成福："变革时代的中国公共行政学：发展与前景"，《中国行政管理》，2008年第9期。

[36] 张成福："公共行政的管理主义——反思与批判"，《中国人民大学学报》，2001年第1期。

[37] 张成福："重建公共行政的公共理论"，《中国人民大学学报》，2007年第4期。

[38] 张国庆：《行政管理概论》，北京大学出版社2000年版。

[39] 张永桃：《行政管理学》，高等教育出版社2003年版。

[40] 周树志："公共管理与行政管理、私人管理"，《学术研究》，2007年第1期。

[41] 周晓丽："新公共管理：反思、批判和超越"，《公共管理学报》，2005年第1期。

[42] 周志忍："论公共管理的学科整合：问题、挑战与思路"，《中国行政管理》，2004年第7期。

[43] 朱立言："中国改革开放进程中的MPA教育"，《中国高教研究》，2008年第10期。

[44] 朱立言："中国MPA的十大贡献"，《中国行政管理》，2003年第11期。

[45] 朱立言："公共管理学科发展的动力与源泉"，《公共管理学报》，2006年第2期。

[46] 林尚立："公共管理学：定位与使命"，《公共管理学报》，2006年第2期。

[47] 刘熙瑞："中国公共管理：概念及基本框架"，《中国行政管理》，2005年第7期。

第十二章

[1] [英] C. P. 斯诺著，纪树立译：《两种文化》，三联书店出版社1994年版。

[2] 黄速建、黄群慧：《管理科学化与管理学方法论》，经济管理出版社2005年版。

[3] 郭莲："文化的定义与综述"，《中共中央党校学报》，2002年第1期。

[4] 李英姿："对科学主义的深层认识及其作用探讨"，《中共山西省委党校学报》，2007年第2期。

[5] 卫羚、盛邦跃："科学发展观视角下的科学文化与人文文化"，《常州工学院学报(社科版)》，2008年第5期。

[6] 祁亚辉："从科学管理到人本管理——兼论人本主义在管理理论发展中的地位"，《社会科学论坛：B版》，2005年第2期。

[7]《毛泽东选集》第4卷，人民出版社1991年版。

[8] 苏星：《新中国经济史（修订本）》，中共中央党校出版社2007年版。

[9] 尹永钦、杨峥晖：《巨变：1978—2004年中国经济改革历程》，当代世界出版社2004年版。

[10] 黄速建："国有企业改革的实践演进与经验分析"，《经济与管理研究》，2008年第10期。

[11]《十二大以来重要文件选编》，人民出版社1986年版。

[12]《邓小平文选》第3卷，人民出版社2002年版。

[13] 中共中央文献研究室：《十四大以来重要文献选编（上册）》，人民出版社1996年

版。

[14] 黄速建："国有企业改革三十年：成就、问题与趋势"，《首都经贸大学学报》，2008 年第 6 期。

[15] 周叔莲："中国 20 年国有企业改革的回顾与展望"，《理论学刊》，1998 年第 4 期。

[16] 辛迪诚：《中国国有企业改革编年史（1978—2005)》，中国工人出版社 2006 年版。

[17] 李琪："转轨时期的中国企业管理思想延边研究"，复旦大学博士学文论文，2007 年。

[18] 张皓若：《辉煌的历程：中国改革开放二十年》，中国商业出版社 1998 年版。

[19] 杨圣明："中国经济体制改革的历程"，《百年潮》，2004 年第 3 期。

[20] 苏永乐："从十一届三中全会到十六届三中全会——我国经济体制改革历程回顾"，《西安财经学院学报》，2004 年第 2 期。

[21] 龚建飞："马克思恩格斯的社会管理思想及其现实意义——兼析党的十七大报告中的社会管理思想"，《江西社会科学》，2008 年第 1 期。

[22] 黄速建、金书娟："中国国有资产管理体制改革 30 年"，《经济管理》，2009 年第 1 期。

[23] 迟福林主编：《2007' 中国改革评估报告》，中国经济出版社 2007 年版。

[24] 张亮："改革开放三十年以来中国私营企业发展综述及展望"，《山东经济》，2009 年第 1 期。

[25] 黄孟复、胡德平：《中国民营经济发展报告（2005—2006)》，社会科学文献出版社 2006 年版。

[26] 朱红军、喻立勇、汪辉："泛家族化还是家长制？——基于雅戈尔和茉织华案例的中国民营企业管理模式选择与经济后果分析"，《管理世界》，2007 年第 2 期。

[27] 尹作亮："我国民营企业管理模式及其制度创新研究"，《中央财经大学学报》，2009 年第 2 期。

[28] 苏东水等著：《东方管理》，山西经济出版社 2003 年版。

[29] 苏东水："东方管理文化的探索"，《当代财经》，1996 年第 2 期。

[30] 黄津孚：《企业管理现代化：理论、轨迹、经验》，经济管理出版社 2008 年版。

[31] 阮平南、黄蕾："东方管理文化与中国式管理模式的融合与创新"，《经济师》，2007 年第 1 期。

[32] 冒天启："五十年巨变：由计划经济转向市场经济"，《兰州大学学报》，1999 年第 3 期。

[33] 白永秀、吴振磊："我国 30 年经济体制改革的历史回顾与经验总结"，《改革与战略》，2008 年第 11 期。

[34] 熊平安："管理方式伦理化与儒家管理文化"，《上海企业》，2004 年第 8 期。

[35] 苏东水、赵晓康："论东方管理文化复兴的现代意义"，《复旦学报（社会科学版)》，2001 年第 6 期。

[36] 张阳、周海炜："基于东西方管理文化的战略管理"，《世界经济文汇》，2001 年第 1 期。

[37] 王圆圆、袁泽沛："近代以来中国管理思想的发展脉络"，《兰州商学院学报》，2006 年第 6 期。

[38] 韩卫平："论管理文化的几个问题"，《商业研究》，2006 年第 4 期。

[39] 蒋萍："论我国企业文化百年来艰难发展历程"，《江南大学学报（人文社会科学版）》，2005 年第 2 期。

[40] 国际管理学会：《中国管理年鉴（2008）》，中国年鉴出版社 2008 年版。

[41] 苏勇、刘国华："中国管理学发展进程：1978—2008"，《经济管理》，2009 年第 1 期。

[42] 刘振华："'鞍钢宪法'出台始末"，《中国档案》，2009 年第 4 期。

[43] 王晓梅："'两参一改三结合'：我国社会主义企业管理制度探索的初步成果"，《理论学刊》，2007 年第 9 期。

[44] 苏永乐："从十一届三中全会到十六届三中全会——我国经济体制改革历程回顾"，《西安财经学院学报》，2004 年第 1 期。

[45] 黄如军："从计划经济到社会主义市场经济——我国经济体制改革目标模式的确立"，《中共党史研究》，1999 年第 2 期。

[46] 张焰："市场经济条件下的我国企业管理创新"，《云南科技管理》，2003 年第 3 期。

[47] 曾仕强：《中国式管理》，中国社会科学出版社 2005 年版。

[48] 苏东水：《东方管理学》，复旦大学出版社 2005 年版。

[49] 席酉民等："和谐管理理论的提出及其原理的新发展"，《管理学报》，2005 年第 1 期。

[50] 席酉民、韩巍、葛京等：《和谐管理理论研究》，西安交通大学出版社 2006 年版。

第十三章

[1] 陈志祥："发展 MBA 教育与提高教学质量的若干问题探讨"，《四川教育学院学报》，2005 年第 5 期。

[2] 何志毅："中国管理案例教学现状调查与分析"，《经济与管理研究》，2002 年第 6 期。

[3] 胡远华、蒋建华："工商管理高等教育基本特征及其课程体系建设"，《浙江工业大学学报》（社会科学版），2003 年第 2 期。

[4] 黄国菊："管理教育的历史与未来"，《教育与现代化》，2002 年第 4 期。

[5] 黄速建、黄群慧等著：《中国管理学发展研究报告》，经济管理出版社 2007 年版。

[6] 李继刚、黄志启："论管理的教育"，《华北水利水电学院学报》（社科版），2002 年第 1 期。

[7] 李明斐、施海涛："案例教学法在现代管理培训中的作用"，《中国培训》，2001 年第 10 期。

[8] 李永强："发展我国工商管理教育之我见"，《电子科技大学学报》（社科版），2004 年第 2 期。

[9] 刘刚："认识真实的哈佛商学院案例教学"，《数字商业时代》，2005 年第 9 期。

[10] 刘刚："哈佛商学院案例教学作用机制及其启示"，《中国高教研究》，2008 年第 5 期。

[11] 牛三平："高等管理教育中的案例教学法及'课堂讨论'"，《山西高等学校社会科学学报》，2005 年第 2 期。

[12] 田恩舜、李文沁："我国高校管理教育教学改革探析"，《高等建筑教育》，2005 年第 1 期。

[13] 王洪涛、韩巍、席酉民："管理教育机制与 MBA 教育模式变革"，《电子科技大学学报》（社科版），2002 年第 3 期。

[14] 王民朴："美国工商管理教育培训经验对我们的启示"，《四川经济管理学院学报》，2002 年第 4 期。

[15] 王晓义、杨忠直："从美国经验看我国 MBA 教育的可持续发展"，《中国大学教育》，2004 年第 7 期。

[16] 曾冬梅："建国以来我国高校本科专业结构调整的历史演进"，《高等教育的改革与发展》，广西教育出版社 2004 年版。

[17] 张玉利："管理教育不同层次的教学重点与方法分析"，《南开商业评论》，1999 年第 6 期。

[18] 张玉利、陈忠卫："国外著名商学院工商管理专业人才培养的层次性比较及其借鉴"，《管理评论》，2003 年第 4 期。

[19] 赵纯均、雷曜、杨斌：《中国管理教育报告》，清华大学出版社 2003 年版。

[20] Louis B. Barnes, C. Roland Christensen and Abby J. Hansen. *Teaching and the Case Method* (*Third Edition*). Boston: Harvard Business School Press, 1987.

第十四章

"企业公民与企业社会责任"部分

[1] 霍季春："从'企业社会责任'到'企业公民'"，《理论与现代化》，2007 年第 1 期。

[2] 朱春蕾："企业外部性理论探讨一试论企业社会责任制度的建立"，硕士学位论文，复旦大学世界经济研究所，2004 年。

[3] 乔治·斯蒂娜、约翰·斯蒂娜著，张志强、王春香译：《企业、政府与社会》，华夏出版社 2002 年版。

[4] *The Blackwell Encyclopedic Dictionary of Business Ethics*, Edited by Patricia H. Werhane and R. Edward Freeman. Malden, Mass. USA: Blackwell Business, 1998. p594.

[5] 阿奇 B. 卡罗尔、安 K. 巴克霍尔茨著，黄煜平、李春玲等译：《企业与社会——伦理与利益相关者管理》，机械工业出版社 2004 年版。

[6] 理查德·乔治著，李布译：《经济伦理学》，北京大学出版社 2002 年版。

[7] 约翰 B·库伦著，邱立成译：《多国管理——战略要径》，机械工业出版社 2002 年版。

[8] Stephen P. Robbins&Mary Coultar: *Management* (*Fifth Edition*), Prentice Hall, 1996. 清华大学出版社 1997 年影印版。

[9] 哈罗德·孔茨著，郝国华等译：《管理学》，经济科学出版社 1993 年版。

[10] 林恩·夏普·佩因著，杨涤等译：《公司道德——高绩效企业的基石》，机械工业出版社 2004 年版。

[11] 杨玲丽："企业社会责任理论述评"，《兰州学刊》，2007 年第 2 期。

[12] Dirk Matten, Andrew Crane, Wendy Chapple. Behind the Mask: *Revealing the True Face of Corporate Citizenship Journal of Business Ethics* 45: 109 - 120, 2003.

[13] 沈洪涛:“21 世纪的公司社会责任思想主流——公司公民研究综述”,《外国经济与管理》, 2006 年第 8 期。

[14] 余逊达:“公众视野中的企业社会责任”,《浙江社会科学》, 2006 年第 5 期。

[15] 周勇:“市场经济条件下企业社会责任的概念及价值”,《湖北大学学报(社会科学版)》, 2004 年第 5 期。

[16] 刘诚:“企业社会责任概念的界定”,《上海师范大学学报(哲学社会科学版)》, 2006 年第 5 期。

[17] 张帆:“论转型经济中的企业社会责任”,《湖南科技学院学报》, 2005 年第 9 期。

[18] 李立清:“企业社会责任评价理论与实证研究:以湖南省为例”,《南方经济》, 2006 年第 1 期。

[19] 陈永正:“企业社会责任的本质、形成条件及表现形式”,《云南师范大学学报(哲学社会科学版)》, 2005 年第 3 期。

[20] 陈亚东:“论企业的社会责任”,《重庆科技学院学报(社会科学版)》, 2005 年第 3 期。

[21] 惠宁、霍丽:“企业社会责任的构建”,《改革》, 2005 年第 5 期。

[22] 郑延:“浅议我国企业公民发展的现状及对策”,《商场现代化》, 2007 年 6 月(下旬刊), 总第 507 期。

“企业创业管理”部分

[1] 蔡莉、葛宝山等:“基于资源视角的创业研究框架构建”,《中国工业经济》, 2007 年第 11 期。

[2] 蔡莉、崔启国、史琳:“创业环境研究框架”,《吉林大学社会科学学报》, 2007 年第 1 期。

[3] 曹欣:“创业投资退出机制的分析与中国实现方式研究”,《华中科技大学学报》(社会科学版), 2003 年第 3 期。

[4] 陈震红、董俊武:“国外创业研究的历程、动态与新趋势”,《外国经济与管理》, 2004 年第 2 期。

[5] 程静:“风险投资项目退出的时机与方式选择研究”,《科学管理研究》, 2004 年第 2 期。

[6] 池仁勇:“美日创业环境比较研究”,《外国经济与管理》, 2002 年第 9 期。

[7] 雷家骕、冯婉玲:《高新技术创业管理》, 机械工业出版社 2001 年版。

[8] 姜彦福:《2003 全球创业观察中国报告》, 清华大学出版社 2004 年版。

[9] 林嵩:《创业学》, 上海财经大学出版社 2008 年版。

[10] 林嵩:“创业机会的深度分析——生命周期理论的视角”,《科学学研究》, 2007 年第 6 期。

[11] 林强、姜彦福、张健:“创业理论及其架构分析”,《经济研究》, 2001 年第 9 期。

[12] 李良智、查伟晨、钟运动:《创业管理学》, 中国社会科学出版社 2007 年版。

[13] 刘常勇:《创业管理的 12 堂课》, 中信出版社 2002 年版。

[14] 刘曼红：《风险投资创新与金融》，中国人民大学出版社 1998 年版。

[15] 沈超红、欧阳苏腾："国内创业环境研究综述"，《企业技术开发》，2004 年第 9 期。

[16] 盛立军：《风险投资——操作、机制与策略》，上海远东出版社 2000 年版。

[17] 郁义鸿、李志能等：《创业学》，复旦大学出版社 2000 年版。

[18] 俞自由、李松涛、赵荣信：《风险投资理论与实践》，上海财经大学出版社 2001 年版。

[19] 王伟毅、李乾文："环境不确定性与创业活动关系研究综述"，《外国经济与管理》，2007 年第 3 期。

[20] 王益、许小松：《风险资本市场的理论与实践》，中国经济出版社 2000 年版。

[21] 张玉利、陈立新："中小企业创业的核心要素与创业环境分析"，《经济界》，2004 年第 3 期。

[22] 张健、姜彦福、雷家骕："美国创业学术研究及其对我们的启示"，《外国经济与管理》，2003 年第 1 期。

[23] 张玉利、李乾文、陈寒松："创业管理理论的最新评述及研究趋势"，《预测》，2004 年第 4 期。

[24] 张玉利、李新春：《创业管理》，清华大学出版社 2006 年版。

[25] 张玉利、杨俊："企业家创业行为的实证研究"，《经济管理》，2003 年第 20 期。

"发展中国家技术创新与赶超" 部分

[1] 傅家骥：《技术创新学》，清华大学出版社 1998 年版。

[2] 傅家骥：《技术经济学前沿问题》，经济科学出版社 2003 年版。

[3] 侯高岚："试析发展中国家技术跨越与经济赶超"，《生产力研究》，2004 年第 12 期。

[4] 李平、刘志勇："发展中国家技术创新的特点与对策"，《南开经济研究》，2001 年第 6 期。

[5] 李永波、朱方明："企业技术创新理论研究回顾与展望"，《西南民族学院学报：哲学社会科学版》，2002 年第 23 期。

[6] 林毅夫："技术创新、发展阶段与战略选择"，《山东经济战略研究》，2003 年第 9 期。

[7] 雷家骕："中国技术创新学术研究 18 年述评"，《中国科技论坛》，2007 年第 9 期。

[8] 毛凯军："技术创新：理论回顾与探讨"，《科学学与科学技术管理》，2005 年第 10 期。

[9] 彭靖里、邓艺等："国内外技术创新研究的进展与发展趋势"，《科技与经济》，2006 年第 4 期。

[10] 熊彼特：《经济发展理论》，商务印书馆 1990 年版。

[11] 熊彼特：《资本主义、社会主义和民主主义》，商务印书馆 1979 年版。

[12] 杨德林、周亮、吴贵生："技术创新研究在中国"，《技术经济》，2009 年第 1 期。

[13] 周新川、陈劲："创新研究趋势探讨"，《科学学与科学技术管理》，2007 年第 5 期。

“公司治理与评价”部分

［1］姚伟等：“公司治理理论前沿综述”，《经济研究》，2003年第5期。

［2］曹廷求等：“公司治理研究的深化与拓展：对近期文献的回顾”，《产业经济评论》，2007年第6期。

［3］李维安：《公司治理原则与国际比较》，中国财政经济出版社2002年版。

［4］李维安：“中国上市公司治理指数与治理绩效的实证分析”，《管理世界》，2004年第2期。

［5］郑红亮：“中国公司治理结构改革研究：一个理论综述”，《管理世界》，2000年第3期。

［6］陈建波：《公司治理：激励与控制》，中国社会科学出版社2006年版。

［7］刘洋：“公司治理结构与中国上市公司治理问题研究”，博士论文，复旦大学。

［8］冯果：《公司法要论》，武汉大学出版社2003年版。

［9］朱义坤：“公司治理制度的多元结构”，《暨南学报》，1998年第4期。

［10］郑海航：“内外主体平衡论——国有独资公司治理理论探讨”，《中国工业经济》，2008年第7期。

［11］黄速建：“制度约束、需求驱动和适应性选择——中国民营企业治理演进的分析”，《中国工业经济》，2008年第6期。

［12］南开大学公司治理课题研究组：“上市公司治理指数及行业分析”，《证券市场周刊》，2004年第4期。

［13］魏刚：“高层管理激励与上市公司经营绩效”，《经济研究》，2000年第4期。

［14］许小年：“以法人机构为主体建立公司治理机制和资本市场”，《改革》，1997年第5期。

［15］Alehian, A. andDemsetz, H. (1972), Production, information costs, and economic organization, *American Economic Review*.

［16］Baker, G., Jensen, M. and Merphy, K. (1988), Compensation and incentives: PracticeVSTheory, *The Journal of Finance*, 43

［17］See Mary O'Sullivan. *Corporate Governance and Globalization*, American Academy of Political Science, (2000)

［18］Core, J., J. Holthausen and Lareker, D. (1999), Corporate governance, chief executive officer compensation, and firm Performance, *Journal of Financial Economics*, 51

［19］Demsetz, H. (1983), The structure of ownership and the theory of the Firm, *Journal of Low and Economics*, 26

［20］Hart, O. (1995), Corporate goverance: Some theory and implications, *The Economic Journal*, 105

“供应链与物流管理”部分

［1］王国文：“从物流到供应链——美国物流发展趋势对中国物流的影响”，《中国物流与采购》，2005年。

［2］王国文：“全球物流与供应链的走势”，《中国储运杂志》，2007年第2期。

［3］陈畴镛、景秀平、鄢冰文：“国内外供应链管理研究的比较及对未来研究的启迪”，

《经济论坛》，2006 年。

[4] 丁克义等："中国供应链的现状与优化"，《中国储运杂志》，2007 年第 8 期。

[5] 崔冬："'中国供应链时代'到来"，《中国物流与采购》，2008 年第 15 期。

[6] 马士华、孟庆鑫："供应链物流能力的研究现状及发展趋势"，《计算机集成制造系统》，2005 年第 3 期。

[7] 王冲、夏远强、张昌生："供应链管理相关理论研究综述"，《价值工程》，2006 年第 3 期。

[8] 郭祥栋、李弘："供应链与物流管理的发展现状及前景研究"，《内蒙古科技与经济》，2007 年第 4 期。

[9] 侯方森：《供应链管理（第一版）》，对外经济贸易大学出版社 2004 年版。

[10] 黄梦醒等："供应链管理研究现状及展望"，《矿山机械》，2006 年第 6 期。

[11] 徐剑、方晓昌："我国制造业供应链发展战略研究"，《现代管理科学》，2005 年第 12 期。

[12] 李龙洙："制造业供应链的协调问题探讨"，《现代管理》，2002 年第 5 期。

[13] 李玉勇："现代物流管理的新模式——供应链管理"，《物流管理》，2007 年第 2—3 期。

[14] 陈雯、凌定成："现代供应链管理与物流管理的关系"，《沿海企业与科技》，2006 年第 4 期。

[15] 林零玲：《供应链管理》，清华大学出版社 2004 年版。

[16] 皱辉下：《供应链物流管理》，清华大学出版社 2004 年版。

[17] 夏春玉：《绿色物流》，中国物资出版社 2005 年 8 月版。

[18] 胡军：《供应链管理理论与实务》，中国物资出版社 2006 年版。

[19] 李波、洪涛：《供应链管理》，电子工业出版社 2006 年版。

[20] 马士华：《供应链管理》，机械工业出版社 2000 年版。

[21] 王昭凤：《供应链管理》，电子工业出版社 2006 年版。

"企业危机管理"部分

[1] 杨安华："近年来我国公共危机管理研究综述"，《江海学刊》，2005 年第 1 期。

[2] 李道豫等："居安思危，防患未然，持续发展——首届经济全球化下的企业危机管理国际论坛"，《化工管理》，2003 年第 3 期。

[3] 佘廉：《企业预警管理论》，河北科学技术出版社 1999 年版。

[4] 谢科范：《企业生存风险》，经济管理出版社 2001 年版。

[5] 高明："危机公关，重在超越"，《中国软科学》，2000 年第 2 期。

[6] 皮伟兵：《危机制胜：企业危机管理新思路》，国防科技大学出版社 2005 年版。

后　记

新中国成立60年来，我国的管理学经历了从无到有、逐步发展壮大的过程。尤其是改革开放以来，伴随着中国市场化改革和快速的工业化进程，中国管理学发展成就显著，呈现一片欣欣向荣的景象。在这种背景下，对新中国管理学60年的发展历程进行研究，具有十分重要的意义。全书共分十四章：第一章概述了整个新中国管理学60年发展脉络，并对新中国管理学的未来进行了展望；第二章至第四章详细回顾了新中国管理学发展的三个阶段；接下来的第五章至第十二章分别对战略管理、生产管理、营销管理、人力资源管理、财务管理、组织管理、公共管理、管理文化等管理学主要分支的发展进行了研究；第十三章至第十四章分别对管理学教育、管理学热点问题等专题进行了分析研究。在附录中，我们收录了新中国管理学60年发展中的一些重要事件。

本书是由中国企业管理研究会组织编写的。陈佳贵主编，黄速建、黄群慧、王钦副主编。陈佳贵、黄速建、黄群慧、吴照云、林志扬、卢福财、孙明贵、吴冬梅、余菁、刘刚、王钦、徐炜任编委。中国社会科学院、中国地质大学、厦门大学、首都经济贸易大学、东华大学、山西大学、首都医科大学、江西财经大学、中国人民大学等研究机构和院校专家学者参加了编写工作。全书由黄速建、黄群慧、王钦统稿。

本书在写作的过程中，参考了大量的文献资料，我们在参考文献中尽可能地全部列出，对这些文献资料的作者表示衷心感谢。本书的出版，得到了中国财政经济出版社周桂元编审的大力帮助和支持，这里一并表示感谢。

全面回顾新中国管理学60年的发展历程，实际上是一件十分困难的事情。面对新中国管理学发展60年这个重大的主题，我们的研究深度远远不够。严格意义上说，本书不能称之为一本史学方面的研究著作，只是基于资料对新中国管理学发展脉络的一个梳理。即使是这种梳理，由于主客观原因，本书也会存在这样那样的问题，如选择的一些事件可能不具有代表性，对一些重要的问题可能遗漏，一些资料引证可能不准确或者引证不丰富，甚至可能出现谬误，等等。对此，我们诚恳欢迎读者批评指正，多提宝贵意见。

作　者

2009年9月